O EVANGELHO POR
Emmanuel

COMENTÁRIOS ÀS
Cartas de Paulo

COMENTÁRIOS ÀS
Cartas de Paulo

Coordenação
Saulo Cesar Ribeiro da Silva

Copyright © 2013 *by*
FEDERAÇÃO ESPÍRITA BRASILEIRA – FEB

1ª edição – 8ª impressão – 1,1 mil exemplares – 7/2025

ISBN 978-85-9466-097-8

Todos os direitos reservados. Nenhuma parte desta publicação pode ser reproduzida, armazenada ou transmitida, total ou parcialmente, por quaisquer métodos ou processos, sem autorização do detentor do *copyright*.

FEDERAÇÃO ESPÍRITA BRASILEIRA – FEB
SGAN 603 – Conjunto F – Avenida L2 Norte
70830-106 – Brasília (DF) – Brasil
www.febeditora.com.br
editorial@febnet.org.br
+55 61 2101 6161

Pedidos de livros à FEB
Comercial
Tel.: (61) 2101 6161 – comercial@febnet.org.br

Adquirindo esta obra, você está colaborando com as ações de assistência e promoção social da FEB e com o Movimento Espírita na divulgação do Evangelho de Jesus à luz do Espiritismo.

Dados Internacionais de Catalogação na Publicação (CIP)
(Federação Espírita Brasileira – Biblioteca de Obras Raras)

E54e   Emmanuel (Espírito)

       O evangelho por Emmanuel: comentários às Cartas de Paulo / coordenação de Saulo Cesar Ribeiro da Silva. – 1. ed. – 8. imp. – Brasília: FEB, 2025.

       652 p.; 23 cm – (Coleção O evangelho por Emmanuel; 6)

       Compilação de textos de 138 obras e 441 artigos publicados em *Reformador* e *Brasil Espírita* ditados pelo Espírito Emmanuel e psicografados por Francisco Cândido Xavier.
       Inclui relação dos comentários em ordem alfabética e índice geral.

       ISBN 978-85-9466-097-8

       1. Jesus Cristo – Interpretações espíritas. 2. Bíblia e Espiritismo. 3. Espiritismo. 4. Obras psicografadas. I. Xavier, Francisco Cândido, 1910-2002. II. Silva, Saulo Cesar Ribeiro da, 1974–. III. Federação Espírita Brasileira. IV. Título.

CDD 133.93
CDU 133.7
CDE 20.03.00

Sumário

Agradecimentos 11
Apresentação 12
Prefácio 15
Introdução geral às *Cartas de Paulo* 19

Introdução à *Carta aos romanos* 23
Comentários à *Carta aos romanos* ... 29
Romanos 1:14 30
   Romanos 1:17 31
   Romanos 1:20 32
Romanos 2:6 33
   Romanos 2:10 39
Romanos 3:13 40
   Romanos 3:16 41
Romanos 5:1 42
   Romanos 5:3 43
Romanos 6:4 45
   Romanos 6:23 46
Romanos 7:10 47
   Romanos 7:21 48
Romanos 8:9 49
   Romanos 8:13 52
   Romanos 8:17 54
   Romanos 8:31 55
Romanos 10:11 57
Romanos 11:23 58
Romanos 12:2 59
   Romanos 12:15 63
   Romanos 12:16 64
   Romanos 12:20 66
   Romanos 12:21 67
Romanos 13:7 71
   Romanos 13:10 72
Romanos 14:1 73
   Romanos 14:6 76
   Romanos 14:7 77
   Romanos 14:10 78
   Romanos 14:12 79

   Romanos 14:14 82
   Romanos 14:15 83
   Romanos 14:19 84
   Romanos 14:22 85
Romanos 15:1 88
   Romanos 15:2 89
   Romanos 15:4 90
   Romanos 15:30 91
Romanos 16:20 93

Introdução às *Cartas I e II aos coríntios* 95
Comentários à *Primeira carta aos coríntios* 101
I Coríntios 1:9 102
   I Coríntios 1:17 103
   I Coríntios 1:18 104
   I Coríntios 1:19 105
   I Coríntios 1:23 106
I Coríntios 2:12 107
   I Coríntios 2:16 108
I Coríntios 3:2 109
   I Coríntios 3:6 110
   I Coríntios 3:9 112
   I Coríntios 3:13 114
   I Coríntios 3:16 116
I Coríntios 4:2 117
   I Coríntios 4:9 119
   I Coríntios 4:19 121
   I Coríntios 4:21 122
I Coríntios 5:6 123
   I Coríntios 5:7 125
I Coríntios 6:7 126
   I Coríntios 6:13 127
   I Coríntios 6:20 128
I Coríntios 8:1 129
   I Coríntios 8:2 130
I Coríntios 9:16 131

I Coríntios 9:22 132	II Coríntios 1:12 193
I Coríntios 9:26 134	**II Coríntios 2:1 ....195**
I Coríntios 9:27 135	**II Coríntios 3:2 ....196**
I Coríntios 10:7 136	II Coríntios 3:3 197
I Coríntios 10:12 138	II Coríntios 3:16 198
I Coríntios 10:23 139	**II Coríntios 4:5 ....199**
I Coríntios 11:19 140	II Coríntios 4:7 200
I Coríntios 12:4 141	II Coríntios 4:8 203
I Coríntios 12:6 143	II Coríntios 4:16 204
I Coríntios 12:7 144	II Coríntios 4:18 207
I Coríntios 12:17 147	**II Coríntios 5:7 ....208**
I Coríntios 12:19 148	II Coríntios 5:10 209
I Coríntios 12:27 149	II Coríntios 5:14 211
I Coríntios 12:31 153	II Coríntios 5:17 213
I Coríntios 13:1 155	II Coríntios 5:20 216
I Coríntios 13:3 157	**II Coríntios 6:2 ....217**
I Coríntios 13:4 158	II Coríntios 6:4 219
I Coríntios 13:7 161	II Coríntios 6:16 220
I Coríntios 13:8 162	**II Coríntios 7:2 ....221**
I Coríntios 13:11 166	II Coríntios 7:9 223
I Coríntios 13:13 168	II Coríntios 7:10 224
I Coríntios 14:7 170	**II Coríntios 8:1 ....225**
I Coríntios 14:8 171	**II Coríntios 9:7 ....226**
I Coríntios 14:26 172	**II Coríntios 10:7 ....227**
I Coríntios 14:40 173	**II Coríntios 12:7 ....229**
I Coríntios 15:2 174	II Coríntios 12:9 232
I Coríntios 15:9 175	II Coríntios 12:15 234
I Coríntios 15:10 177	**II Coríntios 13:5 ....235**
I Coríntios 15:13 179	II Coríntios 13:7 236
I Coríntios 15:19 180	II Coríntios 13:8 237
I Coríntios 15:33 181	II Coríntios 13:10 238
I Coríntios 15:37 182	II Coríntios 13:11 239
I Coríntios 15:44 183	**Introdução à** *Carta aos gálatas* **.......241**
I Coríntios 15:51 185	**Comentários à** *Carta aos gálatas* **....245**
I Coríntios 15:58 186	**Gálatas 1:10..............246**
I Coríntios 16:13 189	**Gálatas 2:8..............247**
I Coríntios 16:14 190	**Gálatas 3:3..............248**
Comentários à *Segunda carta aos coríntios* **..............191**	**Gálatas 4:26..............249**
	Gálatas 5:1..............250
II Coríntios 1:11 192	Gálatas 5:9 253

Gálatas 5:13 254
Gálatas 5:25 257
Gálatas 6:1 258
Gálatas 6:4 259
Gálatas 6:5 260
Gálatas 6:7 262
Gálatas 6:8 265
Gálatas 6:9 266
Gálatas 6:10 269
Gálatas 6:17 272
Introdução à *Carta aos efésios* **........273**
Comentários à *Carta aos efésios* **.....277**
Efésios 2:10 278
Efésios 4:1 280
Efésios 4:3 281
Efésios 4:7 282
Efésios 4:15 283
Efésios 4:20 284
Efésios 4:23 285
Efésios 4:28 290
Efésios 4:29 292
Efésios 4:31 294
Efésios 4:32 295
Efésios 5:2 297
Efésios 5:8 298
Efésios 5:9 300
Efésios 5:11 301
Efésios 5:14 302
Efésios 5:15 304
Efésios 5:20 306
Efésios 5:28 308
Efésios 5:33 309
Efésios 6:1 310
Efésios 6:4 311
Efésios 6:6 312
Efésios 6:7 313
Efésios 6:10 315
Efésios 6:12 316
Efésios 6:13 317
Efésios 6:14 319

Efésios 6:16 320
Efésios 6:17 321
Efésios 6:20 322
Introdução à *Carta aos filipenses* **....323**
Comentários à *Carta aos filipenses* **.327**
Filipenses 1:9-10 328
Filipenses 1:29 330
Filipenses 1:30 331
Filipenses 2:3 332
Filipenses 2:5 333
Filipenses 2:6 334
Filipenses 2:7 335
Filipenses 2:8 336
Filipenses 2:12 337
Filipenses 2:14 338
Filipenses 2:21 339
Filipenses 3:2 341
Filipenses 3:11 343
Filipenses 3:13 344
Filipenses 3:14 346
Filipenses 3:16 349
Filipenses 4:4 350
Filipenses 4:6 351
Filipenses 4:8 353
Filipenses 4:11 355
Filipenses 4:12 357
Filipenses 4:13 358
Filipenses 4:19 359
Filipenses 4:20 361
Filipenses 4:22 362
Introdução à *Carta aos colossenses* **363**
Comentários à *Carta aos colossenses* **..**
..367
Colossenses 2:6 368
Colossenses 2:8 369
Colossenses 3:2 370
Colossenses 3:8 371
Colossenses 3:12 372
Colossenses 3:13 373

Colossenses 3:14 375
Colossenses 3:15 376
Colossenses 3:16 379
Colossenses 3:17 381
Colossenses 3:23 383
Colossenses 4:2 .... **384**
Colossenses 4:3 385
Colossenses 4:6 386
Colossenses 4:16 387
Colossenses 4:18 388

Introdução à *Primeira carta aos tessalonicenses* **389**
Comentários à *Primeira carta aos tessalonicenses* **393**
I Tessalonicenses 4:4 .... **394**
I Tessalonicenses 4:9 395
I Tessalonicenses 4:11 397
I Tessalonicenses 5:6 .... **399**
I Tessalonicenses 5:8 400
I Tessalonicenses 5:9 402
I Tessalonicenses 5:13 403
I Tessalonicenses 5:16 406
I Tessalonicenses 5:18 408
I Tessalonicenses 5:19 410
I Tessalonicenses 5:21 415
I Tessalonicenses 5:25 418

Introdução à *Segunda carta aos tessalonicenses* **419**
Comentários à *Segunda carta aos tessalonicenses* **421**
II Tessalonicenses 3:2 .... **422**
II Tessalonicenses 3:8 423
II Tessalonicenses 3:13 424

Introdução às *Cartas a Timóteo* **427**
Comentários à *Primeira carta a Timóteo* **433**
I Timóteo 1:7 .... **434**
I Timóteo 1:15 435
I Timóteo 2:2 .... **436**

I Timóteo 2:8 437
I Timóteo 3:9 .... **438**
I Timóteo 4:6 .... **439**
I Timóteo 4:7 440
I Timóteo 4:12 441
I Timóteo 4:14 442
I Timóteo 4:15 443
I Timóteo 4:16 445
I Timóteo 5:4 .... **446**
I Timóteo 5:8 447
I Timóteo 6:5 .... **449**
I Timóteo 6:6 450
I Timóteo 6:7 451
I Timóteo 6:8 453
I Timóteo 6:10 454
I Timóteo 6:12 456
I Timóteo 6:19 457
I Timóteo 6:20 459

Comentários à *Segunda carta a Timóteo* **461**
II Timóteo 1:6 .... **462**
II Timóteo 1:7 464
II Timóteo 1:13 466
II Timóteo 1:17 467
II Timóteo 2:2 .... **468**
II Timóteo 2:6 469
II Timóteo 2:7 471
II Timóteo 2:11 472
II Timóteo 2:14 473
II Timóteo 2:15 474
II Timóteo 2:16 477
II Timóteo 2:21 479
II Timóteo 2:22 480
II Timóteo 2:24 481
II Timóteo 3:12 .... **482**
II Timóteo 3:16 483
II Timóteo 4:5 .... **484**
II Timóteo 4:7 485
II Timóteo 4:21 486

Introdução à *Carta a Tito* **487**	**Hebreus 8:10** **531**
Comentários à *Carta a Tito* **491**	Hebreus 8:11 532
Tito 1:15 .... **492**	**Hebreus 10:6** **533**
Tito, 1:16 493	Hebreus 10:8 534
Tito 2:1 .... **494**	Hebreus 10:16 535
Tito 2:8 497	Hebreus 10:24 536
Tito 3:3 .... **498**	Hebreus 10:32 539
Tito 3:10 499	Hebreus 10:35 540
Tito 3:14 500	Hebreus 10:36 541
Introdução à *Carta a Filêmon* **501**	**Hebreus 11:8** **542**
Comentários à *Carta a Filêmon* **503**	Hebreus 11:25 544
Filêmon 1:14 .... **504**	**Hebreus 12:1** **546**
Filêmon 1:18 506	Hebreus 12:4 549
Filêmon 1:21 507	Hebreus 12:6 550
	Hebreus 12:7 551
Introdução à *Carta aos hebreus* ... **509**	Hebreus 12:11 552
Comentários à *Carta aos hebreus* ... **513**	Hebreus 12:12 553
Hebreus 1:2 .... **514**	Hebreus 12:13 555
Hebreus 1:11 516	Hebreus 12:15 556
Hebreus 3:4 .... **517**	Hebreus 12:28 559
Hebreus 3:13 518	**Hebreus 13:1** **560**
Hebreus 3:15 519	Hebreus 13:2 561
Hebreus 5:9 .... **520**	Hebreus 13:4 562
Hebreus 5:13 521	Hebreus 13:5 563
Hebreus 6:1 .... **522**	Hebreus 13:9 565
Hebreus 6:7 524	Hebreus 13:10 566
Hebreus 6:9 525	Hebreus 13:14 567
Hebreus 6:15 526	Hebreus 13:24 568
Hebreus 7:3 .... **528**	**Relação dos comentários em ordem alfabética** **569**
Hebreus 7:7 529	**Índice geral** **577**
Hebreus 7:27 530	

Agradecimentos

Ao chegarmos ao sexto volume da coleção *O Evangelho por Emmanuel*, é preciso reconhecer que grandes e pequenas contribuições se somaram neste que é o resultado de muitas mãos e corações. Por isso, queremos deixar grafados aqui nossos agradecimentos.

Em primeiro lugar, queremos registrar nossa gratidão à Federação Espírita Brasileira, particularmente à diretoria da instituição, pelo apoio e incentivo com que nos acolheram; às pessoas responsáveis pela biblioteca e arquivos, que literalmente abriram todas as portas para que tivéssemos acesso aos originais de livros, revistas e materiais de pesquisa, e à equipe de editoração, pelo carinho, zelo e competência demonstrados durante o projeto.

Aos nossos companheiros e companheiras da Federação Espírita do Distrito Federal, que nos ofereceram o ambiente propício ao desenvolvimento do estudo e reflexão sobre o Novo Testamento à luz da Doutrina Espírita. Muito do que consta nas introduções aos livros e identificação dos comentários tiveram origem nas reuniões de estudo ali realizadas.

Aos nossos familiares, que souberam compreender-nos as ausências constantes, em especial ao João Vitor e à Ana Clara, que por mais de uma vez tiveram que acompanhar intermináveis reuniões de pesquisa, compilação e conferência de textos. Muito do nosso esforço teve origem no desejo sincero de que os ensinos aqui compilados representem uma oportunidade para que nos mantenhamos cada vez mais unidos em torno do Evangelho.

A Francisco Cândido Xavier, pela vida de abnegação e doação que serviu de estrada luminosa através da qual foram vertidas do Alto milhares de páginas de esclarecimento e conforto que permanecerão como luzes eternas a apontar-nos o caminho da redenção.

A Emmanuel, cujas palavras e ensinos representam o contributo de uma alma profundamente comprometida com a essência do Evangelho.

A Jesus, que, na qualidade de Mestre e Irmão Maior, soube ajustar-se a nós, trazendo-nos o seu sublime exemplo de vida e fazendo reverberar em nosso íntimo a sinfonia imortal do amor. Que a semente plantada por esse Excelso Semeador cresça e se converta na árvore frondosa da fraternidade, sob cujos galhos possa toda a Humanidade se reunir um dia.

A Deus, Inteligência Suprema, causa primeira de todas as coisas e Pai misericordioso e bom de todos nós.

Apresentação[1]

O Novo Testamento constitui uma resposta sublime de Deus aos apelos aflitos das criaturas humanas.

Constituído por 27 livros, que são: os 4 evangelhos, 1 Atos dos apóstolos, 1 carta do Apóstolo Paulo aos Romanos, 2 aos Coríntios, 1 aos Gálatas, 1 aos Efésios, 1 aos Filipenses, 1 aos Colossenses, 2 aos Tessalonicenses, 2 a Timóteo, 1 a Tito, 1 a Filêmon, 1 aos Hebreus, 1 carta de Tiago, 2 de Pedro, 3 de João, 1 de Judas e o Apocalipse, de João.

A obra, inspirada pelo Senhor Jesus, que vem atravessando os dois primeiros milênios sob acirradas lutas históricas e teológicas, pode ser considerada como um escrínio de gemas preciosas que rutilam sempre quando observadas.

Negada a sua autenticidade por uns pesquisadores e confirmada por outros, certamente que muitas apresentam-se com lapidação muito especial defluente da época e das circunstâncias em que foram grafadas em definitivo, consideradas algumas como de natureza canônica e outras deuterocanônicas, são definidas como alguns dos mais lindos e profundos livros que jamais foram escritos. Entre esses, o *Evangelho de Lucas*, portador de beleza incomum, sem qualquer demérito para os demais.

Por diversas décadas, o nobre Espírito Emmanuel, através do mediumato do abnegado discípulo de Jesus, Francisco Cândido Xavier, analisou incontáveis e preciosos versículos que constituem o Novo Testamento, dando-lhe a dimensão merecida e o seu significado na atualidade para o comportamento correto de todos aqueles que amam o Mestre ou o não conhecem, sensibilizando os leitores que se permitiram penetrar pelas luminosas considerações.

Sucederam-se centenas de estudos, de pesquisas preciosas e profundas, culminando em livros que foram sendo publicados à medida que eram concluídos.

Nos desdobramentos dos conteúdos de cada frase analisada, são oferecidos lições psicológicas modernas e psicoterapias extraordinárias, diretrizes de segurança para o comportamento feliz, exames e soluções para as questões sociológicas, econômicas, étnicas, referente aos homens e às mulheres, aos grupos humanos e às Nações, ao desenvolvimento tecnológico e

---

[1] Página psicografada pelo médium Divaldo Pereira Franco, na Mansão do Caminho, em Salvador, Bahia.

científico, às conquistas gloriosas do conhecimento, tendo como foco essencial e transcendente o amor conforme Jesus ensinara e vivera.

Cada página reflete a claridade solar na escuridão do entendimento humano, contribuindo para que o indivíduo não mais retorne à caverna em sombras de onde veio.

Na condição de hermeneuta sábio, o nobre Mentor soube retirar a ganga que envolve o diamante estelar da Revelação Divina, apresentando-o em todo o seu esplendor e atualidade, porque os ensinamentos de Jesus estão dirigidos a todas as épocas da Humanidade.

Inegavelmente, é o mais precioso conjunto de estudos do Evangelho de que se tem conhecimento através dos tempos, atualizado pelas sublimes informações dos Guias da sociedade, conforme a revelação espírita.

Dispondo dos originais que se encontram na Espiritualidade Superior, Emmanuel legou à posteridade este inimaginável contributo de luz e de sabedoria.

Agora enfeixados em novos livros, para uma síntese final, sob a denominação *O Evangelho por Emmanuel*, podem ser apresentados como o melhor roteiro de segurança para os viandantes terrestres que buscam a autoiluminação e a conquista do Reino dos Céus a expandir-se do próprio coração.

Que as claridades miríficas destas páginas que se encontram ao alcance de todos que as desejem ler possam incendiar os sentimentos com as chamas do amor e da caridade, iluminando o pensamento para agir com discernimento e alegria na conquista da plenitude!

Salvador (BA), 15 de agosto de 2013.
JOANNA DE ÂNGELIS

Prefácio

O Novo Testamento é a base de uma das maiores religiões de nosso tempo. Ele traz a vida e os ensinos de Jesus da forma como foram registrados por aqueles que, direta ou indiretamente, tiveram contato com o Mestre de Nazaré e sua mensagem de amor que reverbera pelos corredores da história.

Ao longo dos séculos, esses textos são estudados por indivíduos e comunidades, com o propósito de melhor compreender o seu conteúdo. Religiosos, cientistas, linguistas e devotos, de variados credos, lançaram e lançam mão de suas páginas, ressaltando aspectos diversos, que vão desde a história e confiabilidade das informações nelas contidas, até padrões desejáveis de conduta e crença.

Muitas foram as contribuições que, ao longo de quase dois mil anos, surgiram para o entendimento do Novo Testamento. Esta, que agora temos a alegria de entregar ao leitor amigo, é mais uma delas, que merece especial consideração. Isso porque representa o trabalho amoroso de dois benfeitores que, durante mais de 70 anos, se dedicaram ao trabalho iluminativo da senda da criatura humana. Emmanuel e Francisco Cândido Xavier foram responsáveis por uma monumental obra de inestimável valor para nossos dias, particularmente no que se refere ao estudo e interpretação da mensagem de Jesus.

Os comentários de Emmanuel sobre o Evangelho encontram-se distribuídos em 138 livros e 441 artigos publicados ao longo de 39 anos nas revistas *Reformador* e *Brasil Espírita*. Por essa razão, talvez poucos tenham a exata noção da amplitude desse trabalho, que totaliza 1.616 mensagens sobre mais de mil versículos. Além dos comentários aos versículos, as passagens presentes no livro *Paulo e Estêvão*, que fazem paralelo ao texto de *Atos dos apóstolos*, constituem um inestimável material de estudo sobre o Evangelho.

Todo esse material foi agora compilado, reunido e organizado em uma coleção, cujo sexto volume é o que ora apresentamos ao público.

Essa coletânea proporciona uma visão ampliada e nova do que representa a contribuição de Emmanuel para o entendimento e resgate do Novo Testamento. Em primeiro lugar, porque possibilita uma abordagem diferente da que encontramos nos livros e artigos que trazem, em sua maioria, um versículo e um comentário em cada capítulo. Neste trabalho, os comentários foram agrupados pelos versículos a que se referem, possibilitando o estudo e a reflexão sobre os diferentes aspectos abordados pelo autor. Encontraremos, por exemplo: 8 comentários sobre Romanos, 2:6; 22 comentários sobre *Mateus*, 5:44; 11 comentários sobre *João*, 8:32; e 8 sobre *Lucas*, 17:21. Ao todo, 305 versículos receberam do autor mais de um comentário.

Relembrando antigo ditado judaico, "a Torá tem setenta faces", Emmanuel nos mostra que o Evangelho tem muitas faces, que se aplicam às diversas situações da vida, restando-nos a tarefa de exercitar a nossa capacidade de apreensão e vivência das lições nele contidas. Em segundo lugar, porque a ordem dos comentários e passagens paralelas obedece à sequência dos 27 textos que compõem o Novo Testamento. Isso possibilitará ao leitor localizar mais facilmente os comentários sobre um determinado versículo. O projeto gráfico foi idealizado também com esse fim.

A coleção é composta de sete volumes:
Volume 1 – Comentários ao Evangelho segundo Mateus.
Volume 2 – Comentários ao Evangelho segundo Marcos.
Volume 3 – Comentários ao Evangelho segundo Lucas.
Volume 4 – Comentários ao Evangelho segundo João.
Volume 5 – Comentários aos Atos dos apóstolos.
Volume 6 – Comentários às Cartas de Paulo.
Volume 7 – Comentários às Cartas Universais e ao Apocalipse.

Em cada volume, foram incluídas introduções específicas, com o objetivo de familiarizar o leitor com a natureza e características dos escritos do Novo Testamento, acrescentando, sempre que possível, a perspectiva espírita. Neste volume, foram incluídas 15 introduções. Uma para o conjunto das cartas e uma para cada uma das 14 cartas atribuídas a Paulo de Tarso.

Metodologia

O conjunto das fontes pesquisadas envolveu toda a obra em livros de Francisco Cândido Xavier, publicada durante a sua vida; todas as revistas *Reformador*, de 1927 até 2002 e todas as edições da revista *Brasil Espírita*. Dos 412 livros de Chico Xavier, publicados durante a vida de Chico, foram identificados 138 com comentários de Emmanuel sobre o Novo Testamento.

A equipe organizadora optou por atualizar os versículos comentados de acordo com as traduções mais recentes. Isso se justifica porque, a partir da década de 1960, os progressos, na área da crítica textual, possibilitaram um avanço significativo no estabelecimento de um texto grego do Novo Testamento, que estivesse o mais próximo possível do original. Esses avanços deram origem a novas traduções, como a *Bíblia de Jerusalém*, bem como correções e atualizações de outras já existentes, como a João Ferreira de Almeida Revista Corrigida (conhecida pela sigla ARC – Almeida Revista e Corrigida). Todo esse esforço tem por objetivo resgatar o sentido original dos textos bíblicos. Os comentários de Emmanuel apontam na mesma direção, razão pela qual essa atualização foi considerada adequada. Na data de publicação deste sexto volume, a tradução de Haroldo Dutra Dias das cartas de Paulo não havia sido publicada e, por isso, tivemos que optar por outra tradução em língua portuguesa. Das várias opções existentes, escolhemos a *Bíblia de Jerusalém,* em sua edição revista e ampliada em 2002. Duas razões levaram a essa escolha. A primeira é que ela é o resultado do trabalho de uma comissão de tradutores e estudiosos. A segunda é que se trata da tradução mais utilizada nos meios acadêmicos. Nas poucas ocorrências em que essa opção possa suscitar questões mais complexas, as notas auxiliarão o entendimento.

Foram incluídos todos os comentários que indicavam os versículos de maneira destacada ou que a eles faziam referência no título ou no corpo da mensagem.

Os textos transcritos tiveram como fonte primária os livros e artigos publicados pela Federação Espírita Brasileira. Nos casos em que um mesmo texto tenha sido publicado em outros livros, a referência a esses está indicada em nota.

A história do projeto *O Evangelho por Emmanuel*

Esse trabalho teve três fases distintas. A primeira iniciou em 2010, quando surgiu a ideia de estudarmos o Novo Testamento nas reuniões do culto no lar. Com o propósito de facilitar a localização dos comentários de Emmanuel, foi elaborada uma primeira relação ainda parcial. Ao longo do tempo, essa relação foi ampliada e compartilhada com amigos e trabalhadores do Movimento Espírita.

No dia 2 de março de 2013, iniciou-se a segunda e mais importante fase. Terezinha de Jesus, que já conhecia a relação através de palestras e estudos que desenvolvemos no Grupo Espírita Operários da Espiritualidade, comentou com o então e atual vice-presidente da FEB, Geraldo Campetti Sobrinho, que havia um trabalho sobre os comentários de Emmanuel que merecia ser conhecido. Geraldo nos procurou e marcamos uma reunião para o dia seguinte, na sede da FEB, às nove horas da manhã. Nessa reunião, o que era apenas uma relação de 29 páginas tornou-se um projeto de resgate, compilação e organização do que é um dos maiores acervos de comentários sobre o Evangelho. A realização dessa empreitada seria impensável para uma só pessoa, e por isso uma equipe foi reunida e um intenso cronograma de atividades foi elaborado. As reuniões para acompanhamento, definições de padrões, escolhas de metodologias e análise de situações ocorreram praticamente todas as semanas desde o início do projeto até a sua conclusão.

No final de 2015, uma terceira fase teve início com a pesquisa dos textos paralelos aos de *Atos dos apóstolos* presentes no livro *Paulo e Estêvão*, também de autoria de Emmanuel. Esse projeto de pesquisa teve características distintas, pois não se tratava agora de identificar, catalogar e revisar comentários, mas de analisar passagens, comparar textos e reunir relatos semelhantes. Isso resultou em um material que esperamos seja útil para estudiosos e simpatizantes do texto. Destacamos o inestimável trabalho de Larissa Meirelles Barbalho Silva nessa pesquisa. Sem seu esforço, dedicação e paciência, ele não teria sido concluído no tempo necessário à inclusão no quinto volume da coleção.

O que surgiu inicialmente em uma reunião familiar, composta por algumas pessoas em torno do Evangelho, hoje está colocado à disposição do grande público, com o desejo sincero de que a imensa família humana se congregue cada vez mais em torno desse que é e será o farol imortal a iluminar o caminho de nossas vidas. Relembrando o Mestre Inesquecível em sua confortadora promessa:

"*Pois onde dois ou três estão reunidos em meu nome, aí estou no meio deles*" *(Mt., 17:20).*

Barueri (SP), 23 de outubro de 2017.
Saulo Cesar Ribeiro da Silva
Coordenador

Introdução geral às *Cartas de Paulo*

As cartas que Paulo endereça às comunidades e indivíduos constituem um dos mais importantes conjuntos de textos do Novo Testamento. Desde a antiguidade, foram objeto de estudo e reflexão, sendo considerados, por alguns, como basilares para o entendimento e a prática do Cristianismo. Basta que nos lembremos que Marcião de Sinope (85 d.C. a 160 d.C.), o primeiro a propor um conjunto de textos canônicos, incluía na sua relação, exclusivamente, dez das cartas de Paulo e uma versão resumida do *Evangelho de Lucas*. Sem adentrarmos nas ideias que Marcião defendia, muitas delas bastante controversas, e que o levariam a constituir um isolado número de seguidores, a sua iniciativa refletia dois importantes aspectos do Cristianismo nascente. O primeiro, a necessidade cada vez maior, em função da diversidade de textos que começavam a surgir, de se indicar quais seriam mais fiéis à proposta do Evangelho e portanto deveria ser objeto de estudo e reflexão dos cristãos e, o segundo, a importância das cartas de Paulo.

A natureza das cartas de Paulo precisa ser compreendida nas suas características próprias, a fim de que a sua contribuição para o Cristianismo de ontem e de hoje possa ser compreendida e resgatada. Em primeiro lugar, é preciso reconhecer que, embora contenham elementos importantes da doutrina cristã, expostos com todo o vigor da inteligência e bagagem que a condição de doutor da lei conferiam a Paulo, esses escritos são, sobretudo, cartas. Nesse sentido, a motivação principal está relacionada menos com a construção de tratados teológicos do que com elementos da vivência e da prática cristã, exceção feita, talvez, à epístola aos *Hebreus* e parte da endereçada aos *Romanos*. Os temas que surgem são, frequentemente, relacionados ao dia a dia das comunidades: o uso da liberdade, abordado em *Gálatas*; a organização das comunidades, orientada em *Tito* e *I Timóteo*; as expectativas em relação ao retorno de Jesus em *I* e *II Tessalonicenses*; o retorno de um escravo fugitivo ao seu senhor, no quase bilhete a *Filêmon*; as condutas no lar e na família em *II Timóteo* e *Efésios*, são alguns exemplos de temáticas e das motivações desses textos. Como não poderia deixar de ser, encontraremos, também, nessas cartas, registros da vida de Paulo e de seus companheiros de trabalho; de pessoas com quem ele convivia; do confronto com os adversários; de suas viagens e desafios pelas várias localidades por onde passou, compreendendo, assim, um importante registro biográfico do convertido de Damasco e do Cristianismo enquanto movimento nascente.

As características e conteúdos das cartas de Paulo deixam entrever que o Cristianismo, nos seus primórdios, era constituído por pessoas que buscavam seguir Jesus, mas que, como é natural, traziam suas dúvidas, suas ideias próprias, nem sempre concordantes com a proposta do Mestre, interesses louváveis ou não e entendimento mais ou menos limitado da Boa-Nova. Lidar com toda essa diversidade, a partir das bases cristãs, e prover orientações que levassem o Evangelho ao coração, à mente e às ações das pessoas nas diversas posições, dentro e fora da comunidade, era, e ainda é, o objetivo desses textos. Além disso, o fato de Paulo escrever tanto para comunidades quanto para indivíduos, reflete a realidade de que a proposta, trazida e vivida por Jesus, só pode ser efetivamente internalizada, na conjugação dessas duas dimensões, social e individual.

Muito embora tenha como pano de fundo a cultura e os aspectos sociais do Império Romano do primeiro século, o conteúdo dessas cartas possui aplicabilidade em contextos muito mais amplos e atemporais. Isso porque os maiores desafios da compreensão e da prática da Boa-Nova são encontrados no campo dos nossos sentimentos, ideias e relações. Por isso, esses textos permanecem como fundamentais para todos aqueles que pretendem reviver a mensagem do Cristo em si mesmos e nos ambientes em que se encontram, no ontem, no hoje e no amanhã.

A ordem em que as cartas aparecem no Novo Testamento não reflete sua cronologia, mas, principalmente, o tamanho de cada texto, divididos em três grupos: as cartas endereçadas às comunidades, as endereçadas a indivíduos e a carta aos *Hebreus*. Para demonstrar isso, o gráfico a seguir apresenta a quantidade de versículos de cada uma das cartas de Paulo, na ordem em que aparecem no Novo Testamento.

GRÁFICO 1 – Quantidade de versículos das Cartas de Paulo.

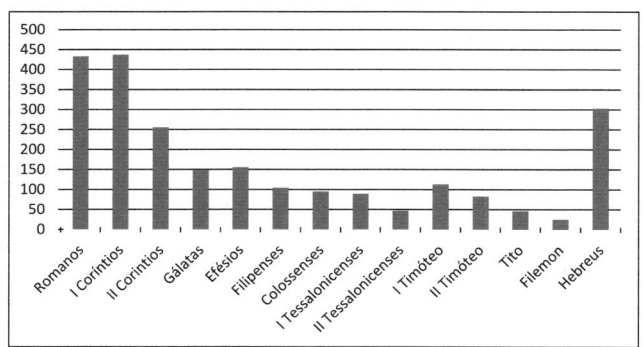

É importante destacar, também, que Paulo é o autor que possui a maior parte de escritos incluídos no Novo Testamento, tanto em número (14 dos 27 textos são a ele atribuídos), quanto em quantidade de versículos. Dos 7.947 versículos do Novo Testamento, 2.335 são atribuídos a Paulo, compreendendo 29,4% do Novo Testamento. O segundo autor é Lucas, com 27,1% e o terceiro é João com 17,7% (considerando o Evangelho de João, suas cartas e o Apocalipse).

Como cada carta possui elementos próprios, incluímos, antes dos comentários de Emmanuel, pequenas introduções, com os seguintes objetivos: a) familiarizar o leitor com alguns aspectos do texto e dos debates existentes sobre ele; b) apresentar, resumidamente, alguns pontos que a perspectiva espírita e o material disponibilizado por Emmanuel agregam ao entendimento e ao debate sobre os textos; c) despertar no leitor o interesse de ler, reler e estudar essas cartas. Este último, o mais importante. Muito mais poderia ser escrito, contudo, isso fugiria ao propósito do presente trabalho.

Paulo de Tarso e seus colaboradores encarnados e desencarnados foram responsáveis pelo mais extenso trabalho de divulgação da mensagem de Jesus no primeiro século. O testemunho dessas almas abnegadas, que abriram mão de todos os interesses pessoais em prol de levar a Boa-Nova aos corações e mentes dos seus contemporâneos, deu origem ao primeiro movimento de disseminação do Evangelho. Por isso, qualquer que seja a corrente religiosa que tenha a pretensão de fazer reviver a mensagem de Jesus, em qualquer época da Humanidade, terá, nessas cartas, um testemunho e um contributo precioso para orientar as suas atividades, com bases em uma comunhão de pensamentos com o próprio Cristo.[2]

A nossa gratidão a esses Espíritos que, através do suor e trabalho, do sacrifício e da exemplificação, nos possibilitaram compreender o sentido da frase: "Já não sou eu que vivo, mas é Cristo que vive em mim."[3]

---

[2] Ver introdução à carta *I Tessalonicenses*.
[3] *Gálatas*, 2:20.

Fac-símile do comentário mais antigo a fazer parte da coleção, referente a *João* 10:30, publicado em novembro de 1940 na revista *Reformador*.[4]

Reformador

FUNDADO EM 1883

Carlos Imbassahy — SECRETÁRIO
Guillon Ribeiro — DIRETOR
A. Wantuil de Freitas — GERENTE

Comungar com Deus

A fidelidade a Deus e a comunhão com o seu amor são virtudes que se completam, mas que se singularizam, no quadro de suas legítimas expressões.

Job foi fiel a Deus quando afirmou, no torvelinho do sofrimento: — "Ainda que me mate, n'Ele confiarei."

Jesus comungou de modo perfeito com o amor divino, quando acentuou: — "Eu e meu Pai somos um."

A fidelidade precede a comunhão verdadeira com a fonte de toda a sabedoria e misericórdia.

As lutas do mundo representam a sagrada oportunidade oferecida ao homem para ser perfeitamente fiel ao Creador.

Aos que se mostram leais no "pouco", é concedido o "muito" das grandes tarefas. O Pai reparte os talentos preciosos de sua dedicação com todas as creaturas.

Fidelidade, pois, é compreensão do dever.

Comunhão com Deus é aquisição de direitos sagrados.

Não ha direitos sem deveres. Não ha comunhão sem fidelidade.

Eis a razão pela qual, para que o homem se integre no recebimento da herança divina, não pode dispensar as certidões de trabalho proprio.

Antes de tudo, é imprescindível que o discipulo saiba organizar os seus esforços, operando no caminho do aperfeiçoamento individual, para a aquisição dos bens eternos.

Existiram muitos homens de vida interior iluminada, que podem ter sido mais ou menos fieis, porém, só Jesus pôde apresentar ao mundo o estado de perfeita comunhão com o Pai que está nos céus.

O Mestre veiu trazer-nos a imensa oportunidade de compreender e edificar. E, se confiamos em Jesus, é porque, apesar de todas as nossas quedas, nas existencias sucessivas, o Cristo espera dos homens e confia em seu porvir.

Sua exemplificação foi, em todas as circunstancias, a do Filho de Deus, na posse de todos os direitos divinos. E' justo reconhecermos que essa conquista foi a sagrada resultante de sua fidelidade real.

E o Cristo se nos apresentou no mundo, em toda a resplendencia de sua gloria espiritual, para que aprendessemos com Ele a comungar com o Pai. Sua palavra é a do convite ao banquete de luz eterna e de amor imortal.

Eis porque, em nosso proprio beneficio, conviria fossemos perfeitamente fieis a Deus, desde hoje.

EMMANUEL.

(Mensagem recebida em Pedro Leopoldo, pelo medium Francisco Candido Xavier, em outubro de 1940, e enviada exclusivamente para "Reformador".)

JESUS

Quanta vez, neste mundo, em rumo escuro e incerto,
O homem vive a tatear na treva em que se cria!
Em torno, tudo é vão, sobre a estrada sombria,
No pavor de esperar a angustia que vem perto!...

Entre as vascas da morte, o peito exangue e aberto,
Desgraçado viajor rebelado ao seu guia,
Desespera, soluça, anseia e balbucia
A suprema oração, na dor de seu deserto.

Nessa grande amargura, a alma pobre entre escombros,
Sente o mestre do amor que lhe mostra nos ombros
A grandeza da cruz que ilumina e socorre.

Do mundo é a escuridão que sepulta a quimera...
No negro turbilhão só Jesus persevera,
Como a luz imortal do amor que nunca morre.

ALBERTO DE OLIVEIRA.

(Recebido em Pedro Leopoldo, pelo medium Francisco Candido Xavier, em outubro de 1940, e enviado exclusivamente para "Reformador".)

---

[4] N.E.: Essa mensagem foi publicada no 4º volume da coleção *O Evangelho por Emmanuel*, mas, dado a seu conteúdo e significação, optamos por incluí-la também no início de cada volume.

Introdução à *Carta aos romanos*

A *Carta aos romanos* é, desde cedo, considerada um dos escritos mais importantes do Novo Testamento. Tertuliano, Marcião, Clemente, dentre outros, a conhecem e citam-na. Lutero a considera o escrito mais importante e, sobre ela, Calvino escreveria que "quem a compreendeu, recebe precisamente com ela a chave para todas as câmaras secretas do tesouro da Sagrada Escritura".

É uma das cartas de Paulo que mais faz referências ao Antigo Testamento, traz a maior relação de nomes de colaboradores e saudações, incluindo o de Tércio, a quem possivelmente Paulo ditou esta carta (*Romanos*, 16:22) e o de Febe, que seria a portadora desta (*Romanos*, 16:1).

Registra, ainda, a base de um dos grandes debates teológicos sobre a justificação pela fé (*Romanos*, 1:17). Apesar disso, é importante não perder de vista as circunstâncias concretas que deram origem à carta, principalmente no que se refere ao desentendimento entre judeus e gentios daquela comunidade, e, também, a intenção de Paulo de ir até Roma, tendo que, antes, viajar para Jerusalém. A carta, portanto, o precederia naquela comunidade, que ele esperava utilizar como base para dali seguir até a Espanha.

Estrutura e temas

Remetente: Paulo Capítulos – 16 Versículos – 433	
Conteúdo/tema	**Versículos**
Destinatários e saudações	1:1 – 1:7
Gratidão e desejo de visitar a comunidade em Roma	1:8 – 1:13
Paulo se sente devedor de gregos e bárbaros, sábios e ignorantes	1:14 – 1:15
Tema da epístola: viver pela fé	1:16 – 1:17
A justiça de Deus	1:18 – 1:32
Responsabilidade de todas as pessoas perante Deus	2:1 – 2:16
Advertência aos judeus	2:17 – 2:29
A vantagem de ser judeu	3:1 – 3:8
Tanto judeus como gregos se equivocam	3:9 – 3:19
A manifestação da justiça de Deus	3:20 – 3:31
Abraão tornou-se justo por sua fé	4:1 – 4:25
Recompensa por ser justo. O papel de Jesus no desenvolvimento do homem justo	5:1 – 5:11
Adão e seu erro comparado com Jesus e sua retidão	5:12 – 5:21
Necessidade da mudança. A vida com o Cristo	6:1 – 6:14
Ser justo onde quer que estejamos	6:15 – 6:23
Limites de atuação da lei judaica	7:1 – 7:6
Característica e função da lei judaica	7:7 – 7:13
Dificuldades existentes no cumprimento da lei judaica	7:14 – 7:25
Não há mais condenação para os que vivem de acordo com o que Jesus ensinou e realizou	8:1 – 8:13
Todos são filhos de Deus	8:14 – 8:17
Sofrimento presente e recompensa e alegria futuras	8:18 – 8:27
Deus age para o bem dos que o amam	8:28 – 8:30
Se Deus é por nós, quem será contra?	8:31 – 8:39
O que Paulo sente sobre os equívocos do povo de Israel	9:1 – 9:33
Desejo de Paulo em relação ao futuro do povo de Israel	10:1 – 10:21
O povo de Israel não foi repudiado por Deus	11:1 – 11:15
Advertência contra a soberba dos gentios	11:16 – 11:24
Todo o povo de Israel será salvo	11:25 – 11:36
O culto espiritual	12:1 – 12:2

| Remetente: Paulo
Capítulos – 16
Versículos – 433	
Conteúdo/tema	**Versículos**
Necessidade da humildade e da caridade	12:3 – 12:13
A caridade deve ser para todos, mesmo para os inimigos	12:14 – 12:21
O respeito e a submissão às autoridades do mundo	13:1 – 13:7
A caridade é a plenitude da lei judaica	13:8 – 13:10
O cristão deve ser um foco de luz	13:11 – 13:14
Necessidade da caridade para com os mais fracos	14:1 – 14:23
Os fortes devem carregar a fragilidade dos fracos	15:1 – 15:3
Necessidade de esperança e perseverança. A consolação virá	15:4 – 15:13
A tarefa de Paulo	15:14 – 15:21
O projeto de viajar até Roma	15:22 – 15:33
Saudações e recomendações – primeira parte	16:1 – 16:16
Advertência. O mal será esmagado	16:17 – 16:20
Saudações e recomendações – parte final
Tércio como escrevente da epístola	16:21 – 16:24
Louvor final	16:25 – 16:27

A comunidade

Roma é a capital do Império, fundada em torno de 750 a.C. A comunidade cristã existente não foi fundada por Paulo e ele não a conhecia quando a carta é escrita.

Sua origem pode apoiar-se tanto em judeus, levados até a capital do Império, quanto por romanos, que recolheram a mensagem do Evangelho na Galileia, Judeia ou Samaria. Lembremos que, em *Atos*, 2:10, existe uma pequena referência a romanos ouvindo os apóstolos, por ocasião do Pentecostes. A depreender do próprio teor da carta, não existia uma hegemonia entre judeus e gentios dentro da comunidade, e divergências entre esses dois grupos motivaram o pedido de auxílio ao Apóstolo dos Gentios, sobre temas bastante concretos.

Autoria e origem

Não há, praticamente, nenhuma contestação séria sobre a autoria atribuída a Paulo de Tarso. Ele está em Corinto, provavelmente na casa de Gaio, preparando-se para empreender uma viagem até Jerusalém, a fim de levar recursos angariados para aquela comunidade. Informado da situação na comunidade de Roma, redige uma carta que deveria precedê-lo e contribuir para diminuir os conflitos que surgiram.

Possível datação

As datas que tratam da redação incluem o ano de 55 como o mais antigo e o de 58 como o mais tardio.

Conteúdo e temática

Romanos é uma carta que trata de divergências surgidas no seio de uma comunidade, formada por pessoas com diferentes históricos e perspectivas religiosas, acerca de elementos da prática e da crença. É uma carta de especial importância, não só pela longa e cuidadosa exposição de vários temas que estariam na origem das comunidades cristãs, como também pela forma pela qual os conflitos surgidos, dentro dessas igrejas, deveriam ser considerados e tratados. Para a atualidade das comunidades cristãs, constitui um atual e importante apelo à concórdia, à fé e a uma prática cristã que se aproxime do exemplo de Jesus.

Perspectiva espírita

De acordo com Emmanuel, em *Paulo e Estêvão*, a *Epístola aos romanos* foi escrita quando o Apóstolo dos Gentios estava em Corinto. A carta teria o propósito de preparar a sua chegada à capital do Império, e, por isso, durante alguns dias, ele trabalhou nesse documento, de modo que ele recapitulasse a doutrina consoladora do Evangelho e também referências a todos os trabalhadores de que Paulo já tivera notícias naquela cidade.

A portadora da carta foi uma grande colaboradora de Paulo no porto de Cencreia, que teria que viajar a Roma para visitar alguns familiares.

Emmanuel também confirma a importância dessa carta quando narra a chegada de Paulo preso à cidade de Puteólli. Um velhinho chamado Sexto Flacus foi até a hospedaria humilde onde ele estava, informando que a cidade possuía, há muito, uma comunidade onde várias cartas do Apóstolo dos Gentios eram lidas, dentre elas a escrita aos *Romanos*, da qual ele trazia uma cópia, guardada com especial carinho pelos confrades.

A *Epístola aos romanos* representa um importante marco na história do Cristianismo. Escrita já na maturidade de Paulo, destinada a uma comunidade existente na capital do Império, demonstra a universalidade do Evangelho, cuja prática e aplicação alcançam todas as dimensões da vida humana. Seus ensinos ecoam pelos séculos, nos fazendo lembrar que, para além de todas as artificiais e transitórias divisões que podem surgir nos agrupamentos humanos, o Evangelho, como proposta libertadora, nos une e orienta, nos consola e esclarece, aguardando, de nós, as disposições de agir e servir, cooperando com a difusão da luz onde quer que estejamos.

COMENTÁRIOS À
Carta aos romanos

Pois eu me sinto devedor a gregos e a bárbaros, a sábios e a ignorantes.

Romanos
1:14

Dívidas

O Apóstolo da Gentilidade frisou claramente a sua condição de legítimo devedor de todos e essa condição é a de qualquer outro ser da comunidade humana.

A criatura em si, não é apenas a soma das próprias realizações, mas também o produto de débitos inumeráveis para com o grupo a que pertence.

Cada um deve incalculáveis tributos às almas com quem convive.

Não nos esqueçamos de que vivemos empenhados à boa vontade dos corações amigos...

À sabedoria dos mais experientes...

Ao carinho dos companheiros próximos...

Ao apoio e ao estímulo dos familiares...

Aos nobres impulsos das relações fraternais...

Portanto, pelo reconhecimento das nossas dívidas comuns, provamos a real inconsequência do orgulho e da vaidade em qualquer coração e a impraticabilidade do insulamento em nosso passo evolutivo.

A dívida importa em compromisso e compromisso significa resgate natural ou compulsório.

Todos somos devedores uns dos outros.

Se ainda alimentas algum laivo de superioridade egoística, à frente dos semelhantes, lembra-te das dívidas numerosas, que ainda não saldaste, a começar pelo próprio instrumento físico que te foi emprestado temporariamente.

(*Ideal espírita*. Ed. Comunhão Espírita Cristã. Cap. 86)

Nós devemos

(*Levantar e seguir*. Ed. GEEM. Cap. "Nós devemos")[5]

---

[5] N.E.: A GEEM não autorizou a cessão de direito de uso para transcrição desta mensagem. Por consideração ao leitor, a FEB Editora manteve a indicação da fonte referente àquela instituição.

[...] O justo viverá da fé.

Romanos
1:17

Viver pela fé

Na epístola aos romanos, Paulo afirma que o justo viverá pela fé.

Não poucos aprendizes interpretaram erradamente a assertiva. Supuseram que viver pela fé seria executar rigorosamente as cerimônias exteriores dos cultos religiosos.

Frequentar os templos, harmonizar-se com os sacerdotes, respeitar a simbologia sectária, indicariam a presença do homem justo. Mas nem sempre vemos o bom ritualista aliado ao bom homem. E, antes de tudo, é necessário ser criatura de Deus, em todas as circunstâncias da existência.

Paulo de Tarso queria dizer que o justo será sempre fiel, viverá de modo invariável, na verdadeira fidelidade ao Pai que está nos céus.

Os dias são ridentes e tranquilos? tenhamos boa memória e não desdenhemos a moderação. São escuros e tristes? confiemos em Deus, sem cuja permissão a tempestade não desabaria. Veio o abandono do mundo? o Pai jamais nos abandona. Chegaram as enfermidades, os desenganos, a ingratidão e a morte? Eles são todos bons amigos, por trazerem até nós a oportunidade de sermos justos, de vivermos pela fé, segundo as disposições sagradas do Cristianismo.

(*Caminho, verdade e vida*. FEB Editora. Cap. 23)

Sua realidade invisível – seu eterno poder e sua divindade – tornou-se inteligível, desde a criação do mundo, através das criaturas, de sorte que não têm desculpa.

Romanos
1:20

Coisas invisíveis

O espetáculo da Criação universal é a mais forte de todas as manifestações contra o materialismo negativista, filho da ignorância ou da insensatez.

São as coisas criadas que falam mais justamente da natureza invisível.

Onde a atividade que se desdobre sem base?

Toda forma inteligente nasceu de uma disposição inteligente.

O homem conhece apenas as causas de suas realizações transitórias, ignorando, contudo, os motivos complexos de cada ângulo do caminho. A paisagem exterior que lhe afeta o sensório é uma parte minúscula do acervo de criações divinas, que lhe sustentam o *habitat*, condicionado às suas possibilidades de aproveitamento. O olho humano não verá além do limite da sua capacidade de suportação. A criatura conviverá com os seres de que necessita no trabalho de elevação e receberá ambiente adequado aos seus imperativos de aperfeiçoamento e progresso, mas que ninguém resuma a expressão vital da esfera em que respira no que os dedos mortais são suscetíveis de apalpar.

Os objetos visíveis no campo de formas efêmeras constituem breve e transitória resultante das forças invisíveis no plano eterno.

Cumpre os deveres que te cabem e receberás os direitos que te esperam. Faze corretamente o que te pede o dia de hoje e não precisarás repetir a experiência amanhã.

(*Pão nosso*. FEB Editora. Cap. 55)

Que retribuirá a cada um segundo suas obras.

Romanos
2:6

De acordo[6]

A vida, exprimindo os desígnios do Criador, assumirá para contigo atitudes adequadas às atitudes que assumes para com ela.
Honra aos títulos que procuras honrar.
Tratamento correto à conduta correta.
Dignidade ao que dignificas.
Experiência na pauta de tua escolha.
Instrução no nível em que te colocas.
Confiança no grau de tua fé.
Distinção naquilo em que te distingues.
Respeito em tudo o que te faça respeitável.
Versão disso ou daquilo, conforme os teus desejos.
Clareza ao que alimpes.
Isso significa, igualmente, que seja qual for a posição em que te situes, tens a resposta da Vida na vida que procuras.
É assim que dor ou alegria, paz ou inquietação, merecimento ou desvalia, sombra ou luz, em nosso caminho, será sempre salário moral, de acordo com as nossas próprias obras.

(*Reformador*, set. 1961, p. 194)

As três escolhas

O discípulo apresentou-se ao orientador cristão e indagou:
— Instrutor, em sua opinião, qual é a lei que englobaria em si todas as Leis de Deus?
O interpelado respondeu:
— A Lei do Bem.
— Entretanto — acrescentou o aprendiz — quem diz "lei" refere-se a clima de ação que todos devemos observar.
— Isto mesmo.

---

[6] Texto publicado em *Palavras de vida eterna*. Ed. Comunhão Espírita Cristã. Cap. 101; *Vereda de luz*. Ed. GEEM. Cap. "De acordo".

— Nesse caso, onde ficaria o livre-arbítrio?

O orientador meditou alguns momentos e considerou:

— O livre-arbítrio é concedido a todas as criaturas conscientes, porquanto, "a cada espírito será dado o que lhe cabe receber, conforme as próprias obras". O Criador, porém, não é autor de violência. Por isso, até mesmo ante a Lei do Bem, a pessoa humana dispõe de três opções distintas. Poderemos segui-la, parar na senda evolutiva, de modo a não segui-la, ou afastarmo-nos dela pelos despenhadeiros do mal.

— Instrutor amigo, esclareça, por obséquio, a que resultados nos levam as três escolhas referidas?

O mentor aclarou, com serenidade:

— Os que observam a Lei do Bem se encaminham para as Esferas Superiores; os que preferem descansar em caminho, por vezes se demoram muito tempo na inércia, retomando a marcha com muitas dificuldades para a readaptação às tarefas da jornada; e os que se distanciam voluntariamente, nos resvaladouros do desequilíbrio, muitas vezes, gastam séculos, presos nos princípios de causa e efeito, até que, um dia, deliberem aceitar a própria renovação... Compreendeu?

O aprendiz fez leve movimento afirmativo e começou a pensar.

(*O essencial*. Ed. Cultura Espírita União. Cap. "As três escolhas")

Usar e abusar

(*Confia e segue*. Ed. GEEM . Cap. 11)[7]

Pelas próprias obras

    O mundo é a oficina.
    O corpo é a ferramenta.
    A existência é a oportunidade.
    O dever a executar é a missão a cumprir.
    O pensamento escolhe.
    A ação realiza.
    O homem conduz o barco da vida com os remos do desejo e a vida conduz o homem ao porto que ele aspira a chegar.

---

[7] Vide nota 5.

Eis por que, segundo as Leis que nos regem, "a cada um será dado pelas próprias obras".

(*Ação e caminho.* Ed. IDEAL. Cap. 4)

Deus e nós

(*Chico Xavier pede licença.* Ed. GEEM. Cap. 34)[8]

Esperança e luz

A esperança é o estímulo com que a divina Providência marcou o crescimento e a elevação da vida.

A luz do conhecimento é o poder da visão e da análise com que todas as criaturas estão dotadas da faculdade de discernir.

A esperança é a força de compreender e de esperar.

A luz aclara os caminhos que devemos percorrer, a fim de que o nosso livre-arbítrio possa agir com a responsabilidade de nossas escolhas.

A própria Natureza nos propicia lições na área de nossas afirmativas.

A semente espera condições para germinar e oferece-nos a planta da espécie em que se configura; o embrião nascente espera crescer, aspirando a ser tronco; o tronco verde aguarda a formação das frondes que lhe proporcionará a posição da árvore que deseja ser; e a árvore adulta mobiliza as suas energias para produzir o fruto, que após nascido se desenvolve e amadurece, espalhando as próprias sementes, doando gratuitamente as possibilidades do plantio de outras árvores iguais a ela para o enriquecimento da Natureza.

Em síntese tão simples, temos uma noção de vida da criatura humana perante o mundo que lhe serve de temporária moradia e diante do próprio Universo.

Primeiramente o Espírito humano se prende à vida fetal; nasce nas condições em que se encontra trazendo consigo as qualidades ou os defeitos que procurou adquirir nas existências passadas; no estágio da primeira infância, anseia crescer e senhorear um corpo que lhe forneça oportunidade de expressar-se; chegando à meninice, quer a posse da juventude; atingindo a mocidade, sonha expandir as próprias tendências felizes ou infelizes.

Aproximando-se da maturidade, a criatura caminha sob os impulsos da esperança, encontrando sempre, diante de si, o conhecimento ou a luz do bem

---

[8] Vide nota 5.

e do mal, com o ensejo de reconstituir-se nas disciplinas e ensinamentos do bem ou descambar para as complicações e despenhadeiros do mal.

Entendemos, assim, facilmente que a personalidade humana vive sob o estímulo da esperança nas estradas do conhecimento que é luz a desvendar-lhe o caminho, aprendendo que, em verdade, conforme a promessa das Revelações Divinas: "A cada um será dado segundo as próprias obras."

(*Esperança e luz*. Ed. Cultura Espírita União. Prefácio – "Esperança e luz")

Anotações espíritas

De todas as mensagens que provavelmente aguardas do Além, nenhuma delas mais expressiva que a do Cristo no Evangelho: "ama e serve".

O conhecimento superior é clarão que verte do mais Alto para que te ilumines, clareando os caminhos por onde transites.

Amar sem exigir.

Compreender sem condenar.

Cultivar o otimismo, no entanto, não crer que a verdade se erija em vitórias fáceis.

Unge-te de confiança, contudo, sente raciocinando, para que não raciocines sem apoio no sentimento.

Indiscutivelmente o mal existe em forma de ignorância, no entanto, as vítimas do mal serão, um dia, recuperadas no Bem eterno.

Em todas as circunstâncias, particularmente naquelas que se enunciem no desfavor de teus interesses, deixa que a caridade te inspire a benefício dos outros.

Pensa na própria imortalidade e, acima de quaisquer patrimônios, prefere sempre o da consciência tranquila.

Não permitas que o dia se escoe, sem que atendas, pelo menos, a um ato de bondade ou a breve aquisição de algum conhecimento nobilitante.

Não levarás para o Mundo Espiritual nem as possibilidades materiais que usufruas e nem os títulos que te exornem o nome, mas, sim, a vida que levas, com todo o cortejo das imagens dignas ou menos dignas, felizes ou menos felizes que hajas criado. Por isso mesmo, no Além, antes de conviveres com os outros, viverás contigo mesmo, em plena observância da Lei: "a cada um por suas obras".

Devotados Instrutores Espirituais não apenas te amam e te protegem, todavia esperam também por teu aperfeiçoamento, a fim de que lhes expresses no mundo a mensagem de cooperação e de amor.

Valoriza a tua permanência na Terra e, cumprindo retamente todos os deveres que as circunstâncias te designam, faze o bem que possas.
A vida eterna vibra em nós, agora.
Movimenta-se a Terra em plenos Céus.
Hoje, o grande momento.
Melhoremo-nos hoje e tudo ser-nos-á melhor amanhã.

(*No portal da luz*. Ed. IDE. Cap. 21)

Reações

Mediante a realidade de que daremos conta de nós próprios às Leis do Universo, importa reconhecer que os acontecimentos que nos sobrevenham não são para nós as coisas mais importantes da existência e sim as nossas reações diante delas.

Através das circunstâncias, a vida traça as lições de que carecemos. À vista disso, na sucessão dos dias sempre renovados, somos impelidos aos testemunhos de nosso aproveitamento dos valores recebidos na fase da encarnação.

Há quem recolha a saúde do corpo, dela fazendo trampolim para a aquisição de prejuízos do espírito, e há quem carregue enfermidades dolorosas no envoltório físico, transfigurando-as em instrumentos preciosos para o reajuste da alma. Vemos quem desfruta os benefícios de imensa fortuna material, cavando com eles a fossa de sofrimento a que se arrojam, e encontramos aqueles outros que se prendem a pesados laços de penúria, metamorfoseando-os em recursos de acesso à prosperidade.

Anotamos dessa maneira que, se existem reações individuais semelhantes, não as identificamos, em parte alguma, absolutamente análogas entre si.

Em face do problema, considera, de quando em quando, a própria estrada percorrida.

Que fazes dos sucessos e dos insucessos que te interessam a personalidade? Que realizas com o reconforto? Como ages à frente da colaboração dos amigos e da hostilidade dos inimigos? Em que transformas aquilo que és, o que tens, o que recebes, o que sabes e o que desfrutas?

Ponderemos quanto a isso, enquanto se nos garantem, dos Planos Superiores, as oportunidades da permanência na Terra, seja na condição de Espíritos encarnados ou desencarnados, porque os supostos bens e males do mundo se expressam por material didático, sobre o qual apomos o selo de nossas réplicas, induzindo o mundo quanto ao que deva fazer por nós.

Afirma a divina Escritura que "a cada um será dado por suas obras", o que, no fundo, equivale a dizer-se que as reações dos homens perante a vida é que decidirão sobre o destino de cada um.

(*Reformador*, set. 1968, p. 206)

Glória, honra e paz para todo aquele que pratica o bem [...].

Romanos
2:10

Glória ao bem

A malícia costuma conduzir o homem a falsas apreciações do bem, quando não parta da confissão religiosa a que se dedica, do ambiente de trabalho que lhe é próprio, da comunidade familiar em que se integra.

O egoísmo fá-lo crer que o bem completo só poderia nascer de *suas* mãos ou dos *seus*. Esse é dos característicos mais inferiores da personalidade.

O bem flui incessantemente de Deus e Deus é o Pai de todos os homens. E é por intermédio do homem bom que o Altíssimo trabalha contra o sectarismo que lhe transformou os filhos terrestres em combatentes contumazes, de ações estéreis e sanguinolentas.

Por mais que as lições espontâneas do Céu convoquem as criaturas ao reconhecimento dessa verdade, continuam os homens em atitudes de ofensiva, ameaça e destruição, uns para com os outros.

O Pai, no entanto, consagrará o bem, onde quer que o bem esteja.

É indispensável não atentarmos para os indivíduos, mas sim observar e compreender o bem que o supremo Senhor nos envia por intermédio deles.

Que importa o aspecto exterior desse ou daquele homem? que interessam a sua nacionalidade, o seu nome, a sua cor? Anotemos a mensagem de que são portadores. Se permanecem consagrados ao mal, são dignos do bem que lhes possamos fazer, mas se são bons e sinceros, no setor de serviço em que se encontram, merecem a paz e a honra de Deus.

(*Caminho, verdade e vida*. FEB Editora. Cap. 42)

Sua garganta é sepulcro aberto [...].

Romanos
3:13

Sepulcros abertos

Reportando-se aos Espíritos transviados da luz, asseverou Paulo que têm a garganta semelhante a sepulcro aberto e, nessa imagem, podemos emoldurar muitos companheiros, quando se afastam da Estrada real do Evangelho para os trilhos escabrosos do personalismo delinquente.

Logo se instalam no império escuro do "eu", olvidando as obrigações que nos situam no reino divino da universalidade, transfigura-se-lhes a garganta em verdadeiro túmulo descerrado. Deixam escapar todo o fel envenenado que lhes transborda do íntimo, à maneira dum vaso de lodo, e passam a sintonizar, exclusivamente, com os males que ainda apoquentam vizinhos, amigos e companheiros.

Enxergam apenas os defeitos, os pontos frágeis e as zonas enfermiças das pessoas de boa vontade que lhes partilham a marcha.

Tecem longos comentários no exame de úlceras alheias, em vez de curá-las.

Eliminam precioso tempo em palestras compridas e ferinas, enegrecendo as intenções dos outros.

Sobrecarregam a imaginação de quadros deprimentes, nos domínios da suspeita e da intemperança mental.

Sobretudo, queixam-se de tudo e de todos.

Projetam emanações entorpecentes de má-fé, estendendo o desânimo e a desconfiança contra a prosperidade da santificação, por onde passam, crestando as flores da esperança e aniquilando os frutos imaturos da caridade.

Semelhantes aprendizes, profundamente desventurados pela conduta a que se acolhem, afiguram-se-nos, de fato, sepulcros abertos...

Exalam ruínas e tóxicos de morte.

Quando te desviares, pois, para o resvaladiço terreno das lamentações e das acusações, quase sempre indébitas, reconsidera os teus passos espirituais e recorda que a nossa garganta deve ser consagrada ao bem, pois só assim se expressará, por ela, o verbo sublime do Senhor.

(*Fonte viva*. FEB Editora. Cap. 51)

Há destruição e desgraça em seus caminhos.

Romanos
3:16

Destruição e miséria

Quando o discípulo se distancia da confiança no Mestre e se esquiva à ação nas linhas do exemplo que o seu divino apostolado nos legou, preferindo a senda vasta de infidelidade à própria consciência, cava, sem perceber, largos abismos de destruição e miséria por onde passa.

Se cristaliza a mente na ociosidade, elimina o bom ânimo no coração dos trabalhadores que o cercam e estrangula as suas próprias oportunidades de servir.

Se desce ao desfiladeiro da negação, destrói as esperanças tenras no sentimento de quantos se abeiram da fé e tece vasta rede de sombras para si mesmo.

Se transfere a alma para a residência escura do vício, sufoca as virtudes nascentes nos companheiros de jornada e adquire débitos pesados para o futuro.

Se asila o desespero, apaga o tênue clarão da confiança na alma do próximo e chora inutilmente, sob a tormenta de lágrimas destrutivas.

Se busca refúgio na casa fria da tristeza, asfixia o otimismo naqueles que o acompanham e perde a riqueza do tempo, em lamentações improfícuas.

A determinação divina para o aprendiz do Evangelho é seguir adiante, ajudando, compreendendo e servindo a todos.

Estacionar é imobilizar os outros e congelar-se.

Revoltar-se é chicotear os irmãos e ferir-se.

Fugir ao bem é desorientar os semelhantes e aniquilar-se.

Desventurados aqueles que não seguem o Mestre que encontraram, porque conhecer Jesus Cristo em espírito e viver longe dele será espalhar a destruição, em torno de nossos passos, e conservar a miséria dentro de nós mesmos.

(*Fonte viva*. FEB Editora. Cap. 27)

Tendo sido, pois, justificados pela fé, estamos em paz com Deus por nosso Senhor Jesus Cristo.

Romanos
5:1

Na conquista da fé[9]

Louváveis todas as nossas considerações referentes à coragem da fé, que nos cabe cultivar à frente das lutas, no mundo externo; todavia, é forçoso examinemos a importância da fé viva, portas a dentro do mundo de nós mesmos. Fé profunda e espontânea. Segurança íntima, tranquila, funcional.

Já sabemos realmente mecanizar as operações do corpo, comandando-as de maneira instintiva.

Alimentas-te e não te preocupas com as fases diversas do processo nutritivo. Dormes e entregas ao coração todo o trabalho de vigilância e sustento dos mais remotos distritos da vida orgânica.

Falta-nos, porém, até agora, automatizar os recursos superiores da própria alma. Falta-nos reconhecer — mas reconhecer claramente — que Deus está em nós, conosco, junto de nós, ao redor de nós e que, por isso mesmo, é imperioso, de nossa parte, aceitar as lições difíceis, mas sempre abençoadas do sofrimento, nas quais a pouco e pouco obteremos a coragem suprema da fé invencível.

Nesse sentido, jamais desinteressar-nos do aprendizado.

Confiar em Deus, nos dias de céu azul, mas igualmente confiar em sua divina Providência nas horas de tempestade.

Acolher a dor como sendo preparação da alegria. Atravessar a provação, entesourando experiência. Observar as leis da vida e acatá-las, compreendendo que dificuldade é instrução imprescindível e que o tempo de infortúnio não é senão a consequência dos nossos erros de pensamento ou de ação, favorecendo-nos o reajuste.

Tão somente assim, abraçando com paciência e proveito as lições menores da existência, transfigurando-as em luz para a vida prática, adquiriremos a fé vitoriosa que sabe esperar, agir, desculpar, amar e servir, segundo a misericórdia de Deus.

(*Reformador*, ago. 1967, p. 170)

---

[9] Texto publicado em *Bênção de paz*. Ed. GEEM. Cap. 51, com pequenas alterações.

[...] Nós nos gloriamos também nas tribulações, sabendo que a tribulação produz a perseverança.

Romanos
5:3

Fortaleza

Quereis fortaleza? Não vos esquiveis à tempestade.

Muita gente pretende robustecer-se ao preço de rogativas para evitar o serviço áspero. Chegada a preciosa oportunidade de testemunhar a fé, internam-se os crentes, de maneira geral, pelos caminhos largos da fuga, acreditando-se em segurança. Entretanto, mais dia menos dia, surge a ocasião dolorosa em que abrem falência de si mesmos.

Julgam-se, então, perseguidos e abandonados.

Semelhantes impressões, todavia, nascem da ausência de preparo interno.

Esquecem-se os imprevidentes de que a tempestade possui certas funções regeneradoras e educativas que é imprescindível não menosprezar.

A tribulação é a tormenta das almas. Ninguém deveria olvidar-lhe os benefícios.

Quando a verdade brilhar, no caminho das criaturas, ver-se-á que obstáculos e sofrimentos não representam espantalho para os homens, mas sim quadros preciosos de lições sublimes que os aprendizes sinceros nunca podem esquecer.

Que seria da criança sem a experiência? Que será do Espírito sem a necessidade?

Aflições, dificuldades e lutas são forças que compelem à dilatação de poder, ao alargamento de caminho.

É necessário que o homem, apesar das rajadas aparentemente destruidoras do destino, se conserve de pé, desassombradamente, marchando, firme, ao encontro dos sagrados objetivos da vida. Nova luz lhe felicitará, então, a esfera íntima, conduzindo-o, desde a Terra, à gloriosa ressurreição no plano Espiritual.

Escutemos as palavras de Paulo e vivamo-las!

Ai daqueles que se deitarem sob a tempestade! Os detritos projetados do monte pelas correntes do aguaceiro poderão sufocá-los, arrastando-os para o fundo do abismo.

(*Vinha de luz*. FEB Editora. Cap. 119)

Tribulações

Comentando Paulo de Tarso os favores recebidos do Plano superior, com muita propriedade não se esquecia de acrescentar o seu júbilo nas tribulações. O Cristianismo está repleto de ensinamentos sublimes para todos os tempos.

Muitos aprendizes não lembram o Apóstolo da Gentilidade senão em seu encontro divino com o Messias, às portas de Damasco, fixando-lhe a transformação sob o hálito renovador de Jesus, e muitos companheiros se lhe dirigem ao coração, mentalizando-lhe a coroa de espírito redimido e de trabalhador glorificado na casa do Pai Celestial.

A palavra do grande operário do Cristo, entretanto, não deixa margem a qualquer dúvida, quanto ao preço que lhe custou a redenção.

Muita vez, reporta-se às dilacerações do caminho, salientando as estações educativas e restauradoras, entre o primeiro clarão da fé e o supremo testemunho. Depois da bênção consoladora que lhe reforma a vida, ei-lo entre açoites, desesperanças e pedradas. Entre a graça de Jesus que lhe fora ao encontro e o esforço que lhe competia efetuar, por reencontrá-lo, são indispensáveis anos pesados de serviço áspero e contínua renunciação.

Reparemos em nós mesmos, à frente da luz evangélica.

Nem todos renascem na Terra, com tarefas definidas na autoridade, na eminência social ou no governo do mundo, mas podemos asseverar que todos os discípulos, em qualquer situação ou circunstância, podem dispor de força, posição e controle de si próprios.

Recordemos que a tribulação produz fortaleza e paciência e, em verdade, ninguém encontra o tesouro da experiência no pântano da ociosidade. É necessário acordar com o dia, seguindo-lhe o curso brilhante de serviço, nas oportunidades de trabalho que ele nos descortina.

A existência terrestre é passagem para a luz eterna. E prosseguir com o Cristo é acompanhar-lhe as pegadas, evitando o desvio insidioso.

No exame, pois, das considerações paulinas, não olvidemos que se Jesus veio até nós, cabe-nos marchar desassombradamente ao encontro dele, compreendendo que, para isso, o grande serviço de preparação há de ser começado na maravilhosa e desconhecida "terra de nós mesmos".

(*Vinha de luz*. FEB Editora. Cap. 142)

[...] assim também nós vivamos vida nova.

Romanos
6:4

Mudança e proveito[10]

Criaturas existem que se confessam dedicadas ao espírito de mudança que a vida exige de cada um, e, tão somente por se referirem a isso, alteram obrigações assumidas, logo se sintam incomodadas por singelos motivos de feição pessoal. Mal começam ação determinada ou em meio da empresa edificante a que se consagraram, se experimentam o impacto de pequeninos contratempos, asseveram que é preciso mudar para progredir, relegando a outrem problemas e encargos que lhes competem. Semelhante atitude, porém, resulta simplesmente de insatisfação e imaturidade.

Renovação não é alterar o caminho, porque estejamos sob as consequências de ajustes e decisões abraçados por nós mesmos, com vistas à nossa melhoria espiritual; muito mais que isso, é aceitar varonilmente as ocorrências adversas, os golpes da estrada, os desafios da prova e as crises da existência, incluindo as mudanças a que penúria, abandono, enfermidade ou desencarnação nos constranjam, procurando servir mais e melhor, no plano de evolução e trabalho em que a Providência Divina nos colocou. Transformação permanente por dentro, metamorfose da alma que encerra consigo bastante poder para transfigurar dificuldade em lição e sombra em luz.

Paulo de Tarso, que tanta vez nos impele à renovação, converteu cada dia em trilha mais alta de acesso à confiança no Senhor e ao serviço em favor do próximo, sem renunciar aos sacrifícios pessoais que a obra esposada lhe impunha.

Reformemos sentimento, ideia, observação, expressão e discernimento, descerrando portas e janelas sempre novas, em nosso mundo íntimo, para que a vida nos acrescente os recursos de conhecimento, receptividade, visão e interpretação, mas sejamos fiéis aos nossos compromissos até ao fim.

(*Reformador*, jan. 1965, p. 2)

---

[10] Texto publicado em *Bênção de paz*. Ed. GEEM. Cap. 5, com pequenas alterações.

Porque o salário do pecado é a morte, e a graça de Deus é a vida eterna em Cristo Jesus, nosso Senhor.

Romanos 6:23

Hoje, onde estivermos

Para os que permanecem na carne, a morte significa o fim do corpo denso; para os que vivem na esfera espiritual, representa o reinício da experiência.

De qualquer modo, porém, o término cheio de dor ou a recapitulação repleta de dificuldades constituem o salário do erro.

Quanta vez temos voltado aos círculos carnais em obrigações expiatórias, sentindo, de novo, a sufocação dentro dos veículos fisiológicos para tornar à vida verdadeira?

Muitos aprendizes estimam as longas repetições, entretanto, pelo que temos aprendido, somos obrigados a considerar que vale mais um dia bem vivido com o Senhor que cem anos de rebeldia em nossas criações inferiores.

Infelizmente, porém, tantos laços grosseiros inventamos para nossas almas que o nosso viver, na maioria das ocasiões, na condição de encarnados ou desencarnados, ainda é o cativeiro a milionárias paixões.

Concedeu-nos o Senhor a Vida eterna, mas não temos sabido vivê-la, transformando-a em enfermiça experimentação. Daí procede a nossa paisagem de sombra, desencarnando na Terra ou regressando aos seus umbrais.

A provação complicada é consequência do erro, a perturbação é o fruto do esquecimento do dever.

Renovemo-nos, pois, no dia de hoje, onde estivermos. Olvidemos as linhas curvas de nossas indecisões e façamos de nosso esforço a linha reta para o bem com a Vontade do Senhor.

Os pontos minúsculos formam as figuras gigantescas.

As coisas mínimas constroem as grandiosas edificações.

Retiremo-nos das regiões escuras da morte na prática do mal, para que nos tornemos dignos da vida eterna, que é dom gratuito de Deus.

(*Vinha de luz*. FEB Editora. Cap. 122)

E eu morri. Verificou-se assim que o preceito, dado para a vida, produziu a morte.

Romanos 7:10

Não te perturbes

Se perguntássemos ao grão de trigo que opinião alimenta acerca do moinho, naturalmente responderia que dentro dele encontra a casa de tortura em que se aflige e sofre; no entanto, é de lá que ele se ausenta aprimorado para a glória do pão na subsistência do mundo.

Se indagássemos da madeira, com respeito ao serrote, informaria que nele identifica o algoz de todos os momentos, a dilacerar-lhe as entranhas; todavia, sob o patrocínio do suposto verdugo, faz-se delicada e útil para servir em atividades sempre mais nobres.

Se consultarmos a pedra, com alusão ao buril, certo esclarecerá que descobriu nele o detestável perseguidor de sua tranquilidade, a feri-la, desapiedado, dia e noite; entretanto, é dos golpes dele que se eleva aos tesouros terrestres, aperfeiçoada e brilhante.

Assim, a alma. Assim, a luta.

Peçamos o parecer do homem, quanto à carne, e pronunciará talvez impropriedades mil. Ouçamo-lo sobre a dor e registraremos velhos disparates verbais. Solicitemos-lhe que se externe com referência à dificuldade, e derramará fel e pranto.

Contudo, é imperioso reconhecer que do corpo disciplinado, do sofrimento purificador e do obstáculo asfixiante, o espírito ressurge sempre mais aformoseado, mais robusto e mais esclarecido para a imortalidade.

Não te perturbes, pois, diante da luta, e observa.

O que te parece derrota, muita vez é vitória. E o que se te afigura em favor de tua morte, é contribuição para o teu engrandecimento na vida eterna.

(*Fonte viva*. FEB Editora. Cap. 16)

Verifico, pois, esta lei: quando quero fazer o bem, é o mal que se me apresenta.

Romanos
7:21

Conflito

Os discípulos sinceros do Evangelho, à maneira de Paulo de Tarso, encontram grande conflito na própria natureza.

Quase sempre são defrontados por enormes dificuldades nos testemunhos. No instante justo, quando lhes cabe revelar a presença do divino Companheiro no coração, eis que uma palavra, uma atitude ligeira os traem, diante da própria consciência, indicando-lhes a continuidade das antigas fraquezas.

A maioria experimenta sensações de vergonha e dor.

Alguns atribuem as quedas à influenciação de espíritos maléficos e, geralmente, procuram o inimigo no plano exterior, quando deveriam sanar em si mesmos a causa indesejável de sintonia com o mal.

É indubitável que ainda nos achamos em região muito distante daquela em que possamos viver isentos de vibrações adversas; todavia, é necessário verificar a observação de Paulo, em nós próprios.

Enquanto o homem se mantém no gelo da indiferença ou na inquietação da teimosia, não é chamado à análise pura; entretanto, tão logo desperta para a renovação, converte-se o campo íntimo em zona de batalha.

Contra a aspiração bruxuleante do bem, no dia que passa, levanta-se a pesada bagagem de sombras acumuladas em nossas almas desde os séculos transcorridos. Indispensável, portanto, grande serenidade e resistência de nossa parte, a fim de que o progresso alcançado não se perca.

O Senhor concede-nos a claridade de Hoje para esquecermos as trevas de Ontem, preparando-nos para o Amanhã, no rumo da luz imperecível.

(*Pão nosso*. FEB Editora. Cap. 136)

[...] pois quem não tem o Espírito de Cristo não pertence a ele.

Romanos
8:9

Rotulagem

A rotulagem não tranquiliza.

Procuremos a essência.

Há louvores em memória do Cristo em muitos estandartes que estimulam a animosidade entre irmãos.

Há símbolos do Cristo em numerosos tribunais, que, em muitas ocasiões, apenas exaltam a injustiça.

Há preciosas referências ao Cristo em vozes altamente categorizadas da cultura terrestre, que, em nome do Evangelho, procuram estender a miséria e a ignorância.

Há juramentos por Cristo nas conversações que constituem vastos corredores na direção das trevas.

Há invocações verbais ao Cristo em operações puramente comerciais, que são escuros atentados à harmonia da consciência.

Meditemos na extensão de nossos deveres morais, no círculo das responsabilidades que abraçamos com a fé cristã.

Jesus permanece em imagens, cartazes, bandeiras, medalhas, adornos, cânticos, poemas, narrativas, discursos, sermões, estudos e contendas, mas isso é muito pouco se lhe não possuímos o ensinamento vivo, na consciência e no coração.

É sempre fácil externar entusiasmo e convicção, votos brilhantes e frases benfeitas.

Acautelemo-nos, porém, contra o perigo da simples rotulagem. Com o Apóstolo, não nos esqueçamos de que, se não possuímos o espírito do Cristo, dele nos achamos ainda consideravelmente distantes.

(*Fonte viva.* FEB Editora. Cap. 170)

Reconheçamos, porém...[11]

Todos necessitamos de chamamento ao Evangelho, todos atravessamos o período da fome de informações, acerca de Cristo. E, aderindo às

---

[11] Texto publicado em *Palavras de vida eterna*. Ed. Comunhão Espírita Cristã. Cap. 160.

interpretações do ensinamento cristão a que mais nos ajustamos, não raro nos confiamos apaixonadamente às manifestações superficiais de nossa fé.

Partilhamos assembleias seletas ou humildes, nos templos materiais, o que, sem dúvida, nos dignifica o pensamento religioso.

Integramos equipes de propaganda dos pontos de vista que esposamos, o que, realmente, nos evidencia o zelo das atitudes.

Cultivamos discussões acirradas, por demonstrar a validade de nossas opiniões, o que, na essência, nos revela o fervor.

Adotamos hábitos exteriores, às vezes até mesmo em assuntos de alimentação e convenção social, com o decidido propósito de testemunhar, publicamente, a nossa maneira de sentir, o que, no fundo, nos patenteia a sinceridade sempre louvável.

Em muitas circunstâncias, oramos, segundo fórmulas especiais; obrigamo-nos a devoções particulares; formamos círculos de atividades afins, a isolar-nos dentro deles; ou carregamos dísticos que nos especificam a confissão...

Todas as manifestações externas, que lembrem o nome de Jesus e que se reportem, de qualquer modo, às lições de Jesus, são recursos preciosos, constituindo-se em sugestões edificantes para o caminho. Reconheçamos, porém, que a palavra do Evangelho é demasiado clara ao proclamar a necessidade do Cristo em nossa vida, sentimento, ideia, ação e conduta, quando afirma convincente: "Mas se alguém não tem o Espírito do Cristo, esse tal não é dele".

(*Reformador*, maio 1964, p. 100)

Parecem, mas não são

O governante recorrerá ao Testamento divino para conciliar os interesses do povo.

O legislador lançará pensamentos do Evangelho nas leis que estabelece.

O juiz valer-se-á das sugestões do Mestre para iluminar com elas as sentenças que redige.

O administrador combinará versículos sagrados para alicerçar pareceres em processos de serviço.

O escritor senhoreará sublimes imagens da Revelação para acordar o entusiasmo e a esperança em milhares de leitores.

O poeta usará passagens do Senhor para colorir os versos de sua inspiração.

O pintor reportar-se-á aos quadros apostólicos e realizará primores imperecíveis ajustando a tela, a tinta e o pincel.

O escultor fixará no mármore a lembrança das lições eternas do divino Mensageiro.

O revolucionário repetirá expressões do Orientador celeste para justificar reivindicações de todos os feitios.

O próprio mendigo se pronunciará em nome do Salvador, rogando esmolas.

Ninguém se iluda, porém, com as aparências exteriores.

Se o governante, o legislador, o juiz, o administrador, o escritor, o poeta, o pintor, o escultor, o revolucionário e o mendigo não revelam na individualidade traços marcantes e vivos do Mestre, demonstrando possuir-lhe o espírito, em verdade, ainda não são dele.

Parecem, mas não são.

(*Vinha de luz*. FEB Editora. Cap. 168)

Pois se viverdes segundo a carne, morrereis, mas se pelo Espírito fizerdes morrer as obras do corpo, vivereis.

Romanos
8:13

Segundo a carne

Para quem vive segundo a carne, isto é, de conformidade com os impulsos inferiores, a estação de luta terrestre não é mais que uma série de acontecimentos vazios.

Em todos os momentos, a limitação ser-lhe-á fantasma incessante.

Cérebro esmagado pelas noções negativas, encontrar-se-á com a morte, a cada passo.

Para a consciência que teve a infelicidade de esposar concepções tão escuras, não passará a existência humana de comédia infeliz.

No sofrimento, identifica uma casa adequada ao desespero.

No trabalho destinado à purificação espiritual, sente o clima da revolta.

Não pode contar com a bênção do amor, porquanto, em face da apreciação que lhe é própria, os laços afetivos são meros acidentes no mecanismo dos desejos eventuais.

A dor, benfeitora e conservadora do mundo, é-lhe intolerável, a disciplina constitui-lhe angustioso cárcere e o serviço aos semelhantes representa pesada humilhação.

Nunca perdoa, não sabe renunciar, dói-lhe ceder em favor de alguém e, quando ajuda, exige do beneficiado a subserviência do escravo.

Desditoso o homem que vive, respira e age segundo a carne! Os conflitos da posse atormentam-lhe o coração, por tempo indeterminado, com o mesmo calor da vida selvagem.

Ai dele, todavia, porque a hora renovadora soará sempre! E, se fugiu à atmosfera da imortalidade, se asfixiou as melhores aspirações da própria alma, se escapou ao exercício salutar do sofrimento, se fez questão de aumentar apetites e prazeres pela absoluta integração com o "lado inferior da vida", que poderá esperar do fim do corpo senão sepulcro, sombra e impossibilidade, dentro da noite cruel?

(*Pão nosso*. FEB Editora. Cap. 78)

Em espírito

Quem vive segundo as leis sublimes do espírito respira em esfera diferente do próprio campo material em que ainda pousa os pés.

Avançada compreensão assinala-lhe a posição íntima.

Vale-se do dia qual aprendiz aplicado que estima, na permanência sobre a Terra, valioso tempo de aprendizado que não deve menosprezar.

Encontra, no trabalho, a dádiva abençoada de elevação e aprimoramento.

Na ignorância alheia, descobre preciosas possibilidades de serviço.

Nas dificuldades e aflições da estrada, recolhe recursos à própria iluminação e engrandecimento.

Vê passar obstáculos, como vê correr nuvens.

Ama a responsabilidade, mas não se prende à posse.

Dirige com devotamento; contudo, foge ao domínio.

Ampara sem inclinações doentias.

Serve sem escravizar-se.

Permanece atento às obrigações da sementeira; todavia, não se inquieta pela colheita, porque sabe que o campo e a planta, o sol e a chuva, a água e o vento pertencem ao Eterno Doador.

Usufrutuário dos bens divinos, onde quer que se encontre, carrega consigo mesmo, na consciência e no coração, os próprios tesouros.

Bem-aventurado o homem que segue vida afora em espírito! Para ele, a morte aflitiva não é mais que alvorada de novo dia, sublime transformação e alegre despertar!

(*Pão nosso*. FEB Editora. Cap. 82)

E se somos filhos, somos também herdeiros; herdeiros de Deus e coerdeiros de Cristo [...].

Romanos 8:17

Herdeiros

Incompreensivelmente, muitas escolas religiosas, por intermédio de seus expositores, relegam o homem à esfera de miserabilidade absoluta.

Púlpitos, tribunas, praças, livros e jornais estão repletos de tremendas acusações.

Os filhos da Terra são categorizados à conta de réus da pena última.

Ninguém contesta que o homem, na condição de aluno em crescimento na Sabedoria Universal, tem errado em todos os tempos; ninguém ignora que o crime ainda obceca, muitas vezes, o pensamento das criaturas terrestres; entretanto, é indispensável restabelecer a verdade essencial. Se muitas almas permanecem caídas, Deus lhes renova, diariamente, a oportunidade de reerguimento.

Além disso, o Evangelho é o roteiro do otimismo divino.

Paulo, em sua epístola aos romanos, confere aos homens, com justiça, o título de herdeiros do Pai e coerdeiros de Jesus.

Por que razão se dilataria a paciência do Céu para conosco, se nós, os trabalhadores encarnados e desencarnados da Terra, não passássemos de seres desventurados e inúteis? Seria justa a renovação do ensejo de aprimoramento a criaturas irremediavelmente malditas?

É necessário fortalecer a fé sublime que elevamos ao Alto, sem nos esquecermos de que o Alto deposita santificada fé em nós.

Que a Humanidade não menospreze a esperança.

Não somos fantasmas de penas eternas e sim herdeiros da Glória Celestial, não obstante nossas antigas imperfeições. O imperativo de felicidade, porém, exige que nos eduquemos, convenientemente, habilitando-nos à posse imorredoura da herança divina.

Olvidemos o desperdício da energia, os caprichos da infância espiritual e cresçamos, para ser, com o Pai, os tutores de nós mesmos.

(*Vinha de luz*. FEB Editora. Cap. 120)

Depois disto, que nos resta a dizer? Se Deus está conosco, quem estará contra nós?

Romanos
8:31

Os contrários

A interrogação de Paulo ainda representa precioso tema para a comunidade evangélica dos dias que correm.

Perante nosso esforço desdobra-se campo imenso, onde o Mestre nos aguarda a colaboração resoluta.

Muitas vezes, contudo, grande número de companheiros prefere abandonar a construção para disputar com malfeitores do caminho.

Elementos adversos nos cercam em toda parte.

Obstáculos inesperados se desenham ante os nossos olhos aflitos, velhos amigos deixam-nos a sós, situações favoráveis, até ontem, são metamorfoseadas em hostilidades cruéis.

Enormes fileiras de operários fogem ao perigo, temendo a borrasca e esquecendo o testemunho.

Entretanto, não fomos situados na obra a fim de nos rendermos ao pânico, nem o Mestre nos enviou ao trabalho com o objetivo de confundir-nos por meio de experiências dos círculos exteriores.

Fomos chamados a construir.

Naturalmente, deveremos contar com as mil eventualidades de cada dia, suscetíveis de nascer das forças contrárias, dificultando-nos a edificação; nosso dia de luta será assediado pela perturbação e pela fadiga. Isto é inevitável num mundo que tudo espera do cristão genuíno.

Em razão de semelhante imperativo, entre ameaças e incompreensões da senda, cabe-nos indagar, bem-humorados, à maneira do Apóstolo aos Gentios: "Se Deus é por nós, quem será contra nós?".

(*Pão nosso*. FEB Editora. Cap. 154)

Paz de espírito[12]

Temos hoje, em toda parte da Terra, um problema essencial a resolver, a aquisição da paz de espírito, em que se desenvolvem todas as raízes da solução aos demais problemas que sitiam a alma.

Que diretrizes, porém, adotar na obtenção de semelhante conquista?

Usar a força, impor condições, armar circunstâncias?

Não desconhecemos, no entanto, que a tensão apenas consegue impedir o fluxo das energias criadoras que dimanam das áreas ocultas do espírito, agravando conflitos e mascarando as realidades profundas de nossa vida íntima, habitualmente imanifestas.

A paz de espírito, ao contrário, exclui a precipitação e a inquietude, para deter-se e consolidar-se na serenidade e no entendimento. Para adquiri-la, por isso mesmo, urge entregar as nossas síndromes de ansiedade e de angústia à providência invisível que nos apoia.

As ciências psicológicas da atualidade nomeiam esse recurso como sendo "o poder criativo e atuante do inconsciente", mas, simplificando conceitos a fim de adaptá-los ao clima de nossa fé, chamemos-lhe "o poder onisciente de Deus em nós". Render-nos aos desígnios de Deus, e confiar a Deus as questões que nos surjam intrincadas no cotidiano, é a norma exata da tranquilidade suscetível de garantir-nos equilíbrio no mundo interno para o rendimento ideal da vida.

Colocar à conta de Deus a parte obscura de nossa caminhada evolutiva, mas sem desprezar a parte do dever que nos compete.

Trabalhar e esperar, realizando o melhor que pudermos. Fé e serviço, calma sem ócio.

Pensemos nisso e alijemos o fardo dos agentes destrutivos de ódio, ressentimento, culpa, condenação, crítica ou amargura que costumamos arrastar no barro da hostilidade com que tratamos a vida, tanta vez arruinando tempo e saúde, oportunidades e interesses.

Fundamentemos a nossa paz de espírito numa conclusão clara e simples: Deus que nos tem sustentado, até agora, nos sustentará também de agora para diante.

Em suma, recordemos o texto evangélico que nos adverte sensatamente: "se Deus é por nós, quem poderia ser contra?".

(*Reformador*, out. 1968, p. 232)

---

[12] Texto publicado em *Alma e coração*. Ed. Pensamento. Cap. 37, com pequenas alterações.

Com efeito, a Escritura diz: Quem nele crê não será confundido.

Romanos
10:11

Não confundas

Em todos os círculos do Cristianismo há formas diversas quanto à crença individual.

Há católicos romanos que restringem ao padre o objeto de confiança; reformistas evangélicos que se limitam à fórmula verbal e espiritistas que concentram todas as expressões da fé na organização mediúnica.

É natural, portanto, a colheita de desilusões.

Em todos os lugares, há sacerdotes que não satisfazem, fórmulas verbalistas que não atendem e médiuns que não solucionam todas as necessidades.

Além disso, temos a considerar que toda crença cega, distante do Cristo, pode redundar em séria perturbação... Quase sempre, os devotos não pedem algo mais que a satisfação egoística no culto comum, no sentimento rudimentar de religiosidade, e, daí, os desastres do coração.

O discípulo sincero, em todas as circunstâncias, compreende a probabilidade de falência na colaboração humana e, por isso, coloca o ensino de Jesus acima de tudo.

O Mestre não veio ao mundo operar a exaltação do egoísmo individual, e sim traçar um roteiro definitivo às criaturas, instituindo trabalho edificante e revelando os objetivos sublimes da vida.

Lembra sempre que a tua existência é jornada para Deus.

Em que objeto centralizas a tua crença, meu amigo? Recorda que é necessário crer sinceramente em Jesus e segui-lo, para não sermos confundidos.

(*Vinha de luz*. FEB Editora. Cap. 13)

E eles, se não permanecerem na incredulidade, serão enxertados, pois Deus é capaz de os enxertar novamente.

Romanos
11:23

Enxertia divina

Toda criatura, em verdade, é uma planta espiritual, objeto de minucioso cuidado por parte do divino Semeador.

Cada homem, qual ocorre ao vegetal, apresenta diferenciados períodos na existência.

Sementeira, germinação, adubação, desenvolvimento, utilidade, florescência, frutificação, colheita...

Nas vésperas do fruto, desvela-se o pomicultor, com mais carinho, pelo aprimoramento da árvore.

É imprescindível haja fartura e proveito.

Na luta espiritual, em identidade de circunstâncias, o Senhor adota iguais normas para conosco.

Atingindo o conhecimento, a razão e a experiência, o Pomicultor Celeste nos confere preciosos recursos de enxertia espiritual, com vistas à nossa sublimação para a vida eterna.

A cada novo dia de tua experiência humana, recebes valioso concurso para que os resultados da presente encarnação te enriqueçam de luz divina pela felicidade que transmites aos outros. És, contudo, uma "árvore consciente", com independência para aceitar ou não os elementos renovadores, com liberdade para registrar a bênção ou desprezá-la.

Repara, atentamente, quantas vezes te convoca o sublime Semeador ao engrandecimento de ti mesmo.

A enxertia do Alto procura-nos por mil modos.

Hoje, é na palestra edificante de um companheiro.

Amanhã, será num livro amigo.

Depois, virá por intermédio de uma dádiva aparentemente insignificante da senda.

Se guardas, pois, o propósito de elevação, aproveita a contribuição do Céu, iluminando e santificando o templo íntimo. Mas se a incredulidade por enquanto te isola a mente, enovelando-te as forças no carretel do egoísmo, o enxerto de sublimação te buscará debalde, porque ainda não produzes, nos recessos do espírito, a seiva que favorece a Vida abundante.

(*Fonte viva*. FEB Editora. Cap. 78)

E não vos conformeis com este mundo, mas transformai-vos, renovando a vossa mente, a fim de poderdes discernir qual é a vontade de Deus, o que é bom, agradável e perfeito.

Romanos
12:2

Renovemo-nos dia a dia[13]

Não adianta a transformação aparente da nossa personalidade na feição exterior.

Mais títulos, mais recursos financeiros, mais possibilidades de conforto e maiores considerações sociais podem ser simples agravo de responsabilidade.

Renovemo-nos por dentro.

É preciso avançar no conhecimento superior, ainda mesmo que a marcha nos custe suor e lágrimas.

Aceitar os problemas do mundo e superá-los, à força de nosso trabalho e de nossa serenidade, é a fórmula justa de aquisição do discernimento.

Dor e sacrifício, aflição e amargura, são processos de sublimação que o Mundo Maior nos oferece, a fim de que a nossa visão espiritual seja acrescentada.

Facilidades materiais costumam estagnar-nos a mente, quando não sabemos vencer os perigos fascinantes das vantagens terrestres.

Renovemos nossa alma, dia a dia, estudando as lições dos vanguardeiros do progresso e vivendo a nossa existência sob a inspiração do serviço incessante.

Apliquemo-nos à construção da vida equilibrada, onde estivermos, mas não nos esqueçamos de que somente pela execução de nossos deveres, na concretização do bem, alcançaremos a compreensão da vida, e, com ela, o conhecimento da "perfeita vontade de Deus", a nosso respeito.

(*Fonte viva*. FEB Editora. Cap. 107)

Combatendo a sombra[14]

O aviso evangélico é demasiado eloquente, todavia é imperioso observar-lhe a expressão profunda.

---

[13] Texto publicado em *Relicário de luz*. FEB Editora. Cap. "Renovemo-nos dia a dia".
[14] Texto publicado em *Palavras de vida eterna*. Ed. Comunhão Espírita Cristã. Cap. 31.

O Apóstolo divinamente inspirado adverte-nos de que, em verdade, não nos será possível a tácita conformação com os enganos do mundo, tanta vez abraçados espontaneamente pela maioria dos homens, no entanto, não nos induz a qualquer atitude de violência.

Não nos pede rebelião e gritaria.

Não nos aconselha azedume e discussão.

A palavra da Boa-Nova solicita-nos simplesmente a nossa transformação.

Não nos cabe, a pretexto de seguir o Mestre, sair de azorrague em punho, golpeando aqui e ali, na pretensão de estender-lhe a influência.

É imprescindível adotar a conduta dele próprio que, em nos conhecendo as viciações e fraquezas, suportou-nos a rijeza de coração, orientando-nos para o bem, cada dia, com o esforço paciente da caridade que tudo compreende para ajudar.

Não movimentes, desse modo, o impulso da força, constrangendo os semelhantes a determinadas regras de conduta, diante da ilusão em que se comprazem.

Renovemo-nos para o melhor.

Eleva o padrão vibratório das emoções e dos pensamentos.

Cresce para a Vida superior e revela-te em silêncio, na altura de teus propósitos, convertendo-te em auxiliar precioso da divina iluminação do espírito, na convicção de que a sementeira do exemplo é a mais duradoura plantação no solo da alma.

Não te resignes aos hábitos da treva. Mas clareia-te, por dentro, purificando-te sempre mais, a fim de que a tua presença irradie, em favor do próximo, a mensagem persuasiva do amor, para que se estabeleça entre os homens o domínio da eterna luz.

(*Reformador*, mar. 1958, p. 50)

Diante do conformismo[15]

Há conformação e conformismo.

Conformismo é o sistema de ajustar-se alguém a todas as circunstâncias.

Conformação é a submissão voluntária e serena da pessoa às aperturas da vida.

Existem, por isso, diante de Jesus, os discípulos conformados e conformistas.

Os conformados são fiéis às disciplinas que o Mestre lhes aconselha.

---

[15] Texto publicado em *Palavras de vida eterna*. Ed. Comunhão Espírita Cristã. Cap. 131.

Os conformistas, porém, adaptam-se, mecanicamente, às convenções e ilusões que lubrificam os mecanismos das conveniências humanas.

Confessam respeito ao Cristo, mas não hesitam no desacato aos ensinamentos dele, quando se trate de preservar o conforto material excessivo em que se amolecem.

Dizem que Jesus é a única estrada para a regeneração do mundo; no entanto, esposam qualquer expediente da maioria em que a astúcia ou a clandestinidade lhes favoreçam o interesse individual.

Adotam exterior irrepreensível nos templos, e diretrizes inconfessáveis no intercâmbio com o próximo.

Distinguem-se na rua pela cortesia e pelas frases ponderosas, e andam, em casa, destemperados e agressivos, à maneira de furacões pensantes.

Entendamos, desse modo, o sábio apontamento do Apóstolo Paulo, aprendendo a suportar com paciência os enganos do mundo, sem nos acomodarmos com eles, certos de que é preciso manter indefectível lealdade à aplicação dos preceitos evangélicos a fim de que se nos renove o entendimento. Apenas abraçando semelhante orientação básica, ser-nos-á possível desintegrar as escamas do egoísmo cronificado em que respiramos, há séculos, para compreender os desígnios de Deus, na construção de nossa felicidade.

(*Reformador*, mar. 1963, p. 52)

Vontade divina[16]

Expressa-se a Vontade de Deus pelas circunstâncias da existência; todavia, devemos apreendê-la na essência e no rumo, o que nos será claramente possível...

Não só pelos avisos religiosos que nos ajudam a procurá-la.

Nem pelos constrangimentos da Terra, que nos impelem a compromissos determinados.

Nem pelos preceitos sociais que nos resguardam em disciplina.

Nem pela voz dos amigos que nos apoiam a caminhada.

Nem pelos acicates da prova que nos corrigem os sentimentos.

A fé ilumina, o trabalho conquista, a regra aconselha, a afeição reconforta e o sofrimento reajusta; no entanto, para entender os Desígnios Divinos a nosso respeito, é imperioso renovar-nos em espírito, largando a hera do

---

[16] Texto publicado em *Palavras de vida eterna*. Ed. Comunhão Espírita Cristã. Cap. 158; *Centelhas*. Ed. IDE. Cap. 13.

conformismo que se nos arraiga no íntimo, alentada pelo adubo do hábito, em repetidas experiências no plano material.

Recebamos o auxílio edificante que o mundo nos ofereça, mas fujamos de contemporizar com os enganos do mundo, diligenciando burilar-nos cada vez mais, porque educação conosco é clarão no âmago da própria alma e por muito brilhemos por fora, no jogo das ocorrências temporárias da estância física, nada entenderemos da luz de Deus que nos sustenta a vida, sem luz em nós.

(*Reformador*, abr. 1964, p. 74)

Entendimento

Quando nos reportamos ao problema da transformação espiritual, a comunidade dos discípulos do Evangelho concorda conosco quanto a semelhante necessidade, mas nem todos demonstram perfeita compreensão do assunto.

No fundo, todos anelam a modificação; no entanto, a maioria não aspira senão à mudança de classificação convencional.

Os menos favorecidos pelo dinheiro buscam escalar o domínio das possibilidades materiais, os detentores de tarefas humildes pleiteiam as grandes posições e, num crescendo desconcertante, quase todos pretendem a transformação indébita das oportunidades a que se ajustam, mergulhando na desordem inquietante. A renovação indispensável não é a de plano exterior flutuante. Transformar-se-á o cristão devotado, não pelos sinais externos, e sim pelo entendimento, dotando a própria mente de nova luz, em novas concepções.

Assim como qualquer trabalho terrestre pede a sincera aplicação dos aprendizes que a ele se dedicam, o serviço de aprimoramento mental exige constância de esforço no bem e no conhecimento.

Ainda aqui, é forçoso reconhecer que a disciplina entrará com fatores decisivos.

Não te cristalizes, pois, em falsas noções que já te prejudicaram o dia de ontem.

Repara a estrutura dos teus raciocínios de agora, ante as circunstâncias que te rodeiam. Pergunta a ti próprio quanto ganhaste no Evangelho para analisar retamente esse ou aquele acontecimento de teu caminho. Faze isto e a Bondade do Senhor te auxiliará na esclarecedora resposta a ti mesmo.

(*Pão nosso*. FEB Editora. Cap. 167)

Alegrai-vos com os que se alegram, chorai com os que choram.

Romanos
12:15

Solidariedade[17]

Realmente, na Terra, é mais fácil chorar com os que choram.

Em muitas circunstâncias, mágoas alheias servem de consolação para nossas mágoas.

Quem carrega fardos enormes como que nos estimula a suportar os estorvos leves.

Num desastre qualquer, que nos teria colhido, inclinamo-nos, comovidamente, para as vítimas, guardando, muita vez, a ilusão de que fomos agraciados por Deus, como se a responsabilidade de moratórias e empréstimos, que nos são concedidos pela Misericórdia Divina, dentro da Lei, fosse para nós regime de favoritismo e exceção.

Ajudar aos que se encontram em provações maiores que as nossas é caridade sublime; no entanto, é forçoso reconhecer que aconselhar paciência aos que choram, na posição de superiores tranquilos, é o mesmo que falar à margem de um problema, sem estar dentro dele.

Com isso, não queremos diminuir o valor da beneficência. Sem ela, nossas mãos se fariam garras de usura e o egoísmo transformaria a Terra num manicômio.

Desejamos simplesmente afirmar que é mais fácil chorar com os que choram, que alegrar-se alguém com os que se alegram; porquanto, ajudar com o pão ou com a alegria que nos sobram é ato que podemos realizar sem dificuldade, ao passo que, para regozijar-nos com o regozijo dos outros, sem qualquer ponta de inveja ou despeito, é preciso trazermos suficiente amor puro no coração.

(*Reformador*, mar. 1961, p. 50)

---

[17] Texto publicado em *Palavras de vida eterna*. Ed. Comunhão Espírita Cristã. Cap. 92.

Tende a mesma estima uns pelos outros, sem pretensões de grandeza, mas sentindo-vos solidários com os mais humildes: não vos deis ares de sábios.

Romanos
12:16

Em nossas tarefas

"Não ambicioneis coisas altas, mas acomodai-vos às humildes" — recomenda o Apóstolo, sensatamente.

Muitos aprendizes do Evangelho almejam as grandes realizações de um dia para o outro...

A coroa da santidade...

O poder da cura...

A glória do conhecimento superior...

As edificações de grande alcance...

Entretanto, aspirar só por si não basta à realização.

Tudo, nos círculos da Natureza, obedece ao espírito de sequência.

A árvore vitoriosa na colheita passou pela condição do arbusto frágil.

A catarata que move poderosas turbinas é um conjunto de fios d'água no nascedouro.

Imponente é o projeto para a construção de uma casa nobre, no entanto, é indispensável o serviço da picareta e da pá, do tijolo e da pedra, para que a arte e o reconforto se exprimam.

Abracemos os deveres humildes com devoção ao nosso ideal de progresso e triunfo.

Por mais árdua e mais simples a nossa obrigação, atendamo-la com amor.

A palavra de Paulo é sábia e justa, porque, escalando com firmeza as faixas inferiores do monte, com facilidade lhe conquistamos o cimo e, aceitando de boa vontade as tarefas pequeninas, as grandes tarefas virão espontaneamente ao nosso encontro.

(*Fonte viva*. FEB Editora. Cap. 118)

Necessitados[18]

A moeda, a cultura da inteligência, o verbo fulgurante e a segurança social nem sempre conseguem suprimir os problemas da pobreza, porque não nos é lícito esquecer a pobreza de espírito.

Seareiros do bem que esvaziam a bolsa em socorro dos semelhantes, conquanto a ventura que adquirem pela ventura que espalham, às vezes trazem cruzes dolorosas por dentro do coração. E o mesmo acontece a muitos daqueles outros que levantam no mundo o archote do gênio, empunhando o buril da frase, transportando os tesouros da emoção, desvendando novos ângulos da natureza ou detendo o cetro da autoridade.

Isso nos obriga a considerar que necessitados não são apenas aqueles que se nos mostram em condições visíveis de penúria material; em muitas circunstâncias, somos procurados por dores disfarçadas sob títulos honrosos do mundo ou recobertas por enfeites dourados.

Descerra, desse modo, o coração para o grande entendimento! Aquele que julgas como sendo o mais rico, diante da realidade será provavelmente o mais pobre, tanto quanto, o que se te figura o mais feliz seja talvez o mais infortunado.

Ouçamos a solicitação oportuna do Apóstolo Paulo: "Tenhamos o mesmo sentimento uns para com os outros...".

Não te impressiones tão somente pelos olhos físicos. Deixa que a tua visão espiritual funcione à frente de todos e encontrarás em cada um daqueles que te cruzam a estrada um filho de Deus e irmão nosso, qual acontece a nós, no rude labor do próprio burilamento, pedinte de compreensão e necessitado de amor.

(*Reformador*, set. 1966, p. 194)

---

[18] Texto publicado em *Bênção de paz*. Ed. GEEM. Cap. 32, com pequenas alterações.

Antes, se o teu inimigo tiver fome, dá-lhe de comer, se tiver sede, dá-lhe de beber. Agindo desta forma estarás acumulando brasas sobre a cabeça dele.

Romanos
12:20

Cura do ódio

O homem, geralmente, quando decidido ao serviço do bem, encontra fileiras de adversários gratuitos por onde passe, qual ocorre à claridade invariavelmente assediada pelo antagonismo das sombras.

Às vezes, porém, seja por equívocos do passado ou por incompreensões do presente, é defrontado por inimigos mais fortes que se transformam em constante ameaça à sua tranquilidade. Contar com inimigo desse jaez é padecer dolorosa enfermidade no íntimo, quando a criatura ainda não se afeiçoou a experiências vivas no Evangelho.

Quase sempre, o aprendiz de boa vontade desenvolve o máximo das próprias forças a favor da reconciliação; no entanto, o mais amplo esforço parece baldado. A impenetrabilidade caracteriza o coração do outro e os melhores gestos de amor passam por ele despercebidos.

Contra essa situação, todavia, o Livro Divino oferece receita salutar. Não convém agravar atritos, desenvolver discussões e muito menos desfazer-se a criatura bem-intencionada em gestos bajulatórios. Espere-se pela oportunidade de manifestar o bem.

Desde o minuto em que o ofendido esquece a dissensão e volta ao amor, o serviço de Jesus é reatado; entretanto, a visão do ofensor é mais tardia e, em muitas ocasiões, somente compreende a nova luz quando essa se lhe converte em vantagem ao círculo pessoal.

Um discípulo sincero do Cristo liberta-se facilmente dos laços inferiores, mas o antagonista de ontem pode persistir muito tempo, no endurecimento do coração. Eis o motivo pelo qual dar-lhe todo o bem, no momento oportuno, é amontoar o fogo renovador sobre a sua cabeça, curando-lhe o ódio, cheio de expressões infernais.

(*Pão nosso*. FEB Editora. Cap. 166)

Não te deixes vencer pelo mal, mas vence o mal com o bem.

Romanos
12:21

Estendamos o bem

Repara que, em plena casa da Natureza, todos os elementos, em face do mal, oferecem o melhor que possuem para o reajustamento da harmonia e para a vitória do bem.

Quando o temporal parece haver destruído toda a paisagem, congregam-se as forças divinas da vida para a obra do refazimento.

O Sol envia luz sobre o lamaçal, curando as chagas do chão.

O vento acaricia o arvoredo e enxuga-lhe os ramos.

O cântico das aves substitui a voz do trovão.

A planície recebe a enxurrada, sem revoltar-se, e converte-a em adubo precioso.

O ar que suporta o peso das nuvens e o choque da faísca destruidora torna à leveza e à suavidade.

A árvore de frondes quebradas ou feridas regenera-se, em silêncio, a fim de produzir novas flores e novos frutos.

A terra, nossa mãe comum, sofre a chuva de granizos e o banho de lodo, periodicamente, mas nem por isso deixa de engrandecer o bem cada vez mais.

Por que conservaremos, por nossa vez, o fel e o azedume do mal, na intimidade do coração?

Aprendamos a receber a visita da adversidade, educando-lhe as energias para proveito da vida.

A ignorância é apenas uma grande noite que cederá lugar ao sol da sabedoria.

Usa o tesouro de teu amor, em todas as direções, e estendamos o bem por toda parte.

A fonte, quando tocada de lama, jamais se dá por vencida. Acolhe os detritos no próprio seio e, continuando a fluir, transforma-os em bênçãos, no curso de suas águas que prosseguem correndo, com brandura e humildade, para benefício de todos.

(*Fonte viva*. FEB Editora. Cap. 35)

Vencer o mal[19]

Comumente empregamos a expressão "guerrear o mal", como se bastassem nossas atitudes mais fortes para exterminá-lo e vencê-lo.

Sem dúvida, semelhante conceituação não é de todo imprópria, porque, em muitas circunstâncias, para limitá-lo não podemos dispensar vigilância e firmeza.

Ainda assim, muitas vezes, zurzindo-lhe as manifestações com violência, criamos outros males a se expressarem através de feridas que apenas o bálsamo do tempo consegue cicatrizar.

O Apóstolo, contudo, é claro na fórmula precisa ao verdadeiro triunfo.

"Não te deixes vencer pelo mal, mas vence o mal com o bem."

Perseguir, quase sempre, é fomentar.

O melhor processo de extinguir a calúnia e a maledicência é confiar nosso próprio verbo à desculpa e à bondade. O recurso mais eficiente contra a preguiça é o nosso exemplo firme no trabalho constante. O meio mais seguro de reajustar aqueles que desajudam ao próximo é ajudar incessantemente. O remédio contra a maldição é a bênção. Os antídotos para o veneno da injúria são a paz do silêncio e o socorro da prece.

Por isso mesmo, Jesus ensinou:

"Amai os vossos inimigos.

Bendizei os que vos maldizem.

Orai por aqueles que vos maltratam e caluniam.

Perdoai setenta vezes sete.

Ofertai amor aos que vos odeiam".

Podemos, pois, muitas vezes, combater o mal para circunscrever-lhe a órbita de ação, mas a única maneira de alcançar a perfeita vitória sobre ele será sempre a nossa perfeita consagração ao bem irrestrito.

(*Reformador*, maio 1957, p. 114)

Para vencer o mal[20]

Muita gente, quando não se mostre positivamente inclinada à vingança, perante o mal que recebe, demonstra atitudes de hostilidade indireta, como sejam o favor adiado, o fel da reprovação de permeio com o mel do elogio, o

---

[19] Texto publicado em *Palavras de vida eterna*. Ed. Comunhão Espírita Cristã. Cap. 10.
[20] Texto publicado em *Palavras de vida eterna*. Ed. Comunhão Espírita Cristã. Cap. 30.

deliberado esquecimento quando se trate da honra ao mérito ou a diminuição do entusiasmo na prestação de serviço, em favor da pessoa menos simpática...

Entretanto, para vencer o mal não basta essa "meia-bondade" peculiar a quantos se devotam à desculpa cortês sem adesão do campo íntimo...

Todas as nossas manifestações que acusem essa ou aquela percentagem de mal, são sempre plantação do mal, gerando insucesso e desgosto contra nós mesmos.

O Evangelho é claro na fórmula apresentada para a extinção do flagelo.

Para que estejamos libertos da baba sinistra do antigo dragão que trava o progresso da Humanidade, é indispensável guardemos paciência contra as suas investidas, procurando esquecê-lo, perdoá-lo e fazer-lhe o bem tanto quanto nos seja possível, porque o bem puro é a única força suscetível de desarmar-lhe as garras inconscientes.

Não nos esqueçamos de que para anular a sombra noturna não basta arremeter os punhos cerrados contra o domínio da noite.

É preciso acender uma luz.

(*Reformador*, mar. 1958, p. 50)

Alterações na fé

Ante as questões de vivência no cotidiano, se consegues manter a fé em Deus e na imortalidade da alma, acima dos obstáculos em que se nos apuram as faculdades no campo da vida, pensa compadecidamente nos irmãos alterados, em matéria de fé. Especialmente naqueles que não puderam suportar o clima de trabalho e burilamento, em que te encontras e que se bandearam não só para a indiferença mas também para a negação.

Provavelmente, alguns deles se fazem passíveis dessa ou daquela observação, tendente a interromper-lhes, por algum tempo, a capacidade de influenciação no ânimo alheio, entretanto, em maioria, são companheiros em graves transformações na vida íntima.

Esse terá visto crises e tribulações no instituto doméstico e se vê traumatizado como quem se vê à beira do colapso nervoso.

Aquele terá concordado com sugestões deprimentes e haverá caído nos labirintos da obsessão.

Outro sofreu a deserção de pessoas queridas e não conseguiu furtar-se a profundo ressentimento.

Outro ainda varou desafios e testemunhos que lhe impuseram enfermidade e cansaço, estirando-se em desânimo.

E outros muitos terão aguardado compensações materiais e remunerações afetivas que o intercâmbio espiritual não lhes poderia oferecer e arrojaram-se à rebeldia ou ao desalento.

Diante dos irmãos alterados na fé por essa ou aquela circunstância, usa discrição e caridade em qualquer pronunciamento.

Não lhes agraves as inquietações, propondo-lhes problemas novos e nem lhes agites as feridas da alma com apontamentos infelizes.

Quando possível, entrega-lhes o pão do otimismo e a luz da esperança, sem reproches desnecessários, ao reerguer-lhes a confiança, reconhecendo que a Divina Providência, com justiça e misericórdia, vela por nós todos e que os companheiros de Jesus são por ele chamados para construir e reconstruir.

(*Ceifa de luz*. FEB Editora. Cap. 34)

Dai a cada um o que lhe é devido: o imposto a quem é devido; a taxa a quem é devida; a reverência a quem é devida; a honra a quem é devida.

Romanos
13:7

Dívida de amor

Todos nós guardamos a dívida geral de amor uns para com os outros, mas esse amor e esse débito se subdividem por inúmeras manifestações.

A cada ser, a cada coisa, paisagem, circunstância e situação, devemos algo de amor em expressão diferente.

A criatura que desconhece semelhante impositivo não encontrou ainda a verdadeira noção de equilíbrio espiritual.

Valiosas oportunidades iluminativas são relegadas, pelas almas invigilantes, à obscuridade e à perturbação.

Que prodigioso Éden seria a Terra se cada homem concedesse ao próximo o que lhe deve por justiça!

O homem comum, todavia, gravitando em torno do próprio "eu", em clima de egoísmo feroz, cerra os olhos às necessidades dos outros. Esquece-se de que respira no oxigênio do mundo, que se alimenta do mundo e dele recebe o material imprescindível ao aperfeiçoamento e à redenção. A qualquer exigência do campo externo, agasta-se e irrita-se, acreditando-se o credor de todos.

Muitos sabem receber, raros sabem dar.

Por que esquivar-se alguém aos petitórios do fragmento de terra que nos acolhe o espírito? Por que negar respeito ao que comanda, ou atenção ao que necessita?

Resgata os títulos de amor que te prendem a todos os seres e coisas do caminho.

Quanto maior a compreensão de um homem, mais alto é o débito dele para com a Humanidade; quanto mais sábio, mais rico para satisfazer aos impositivos de cooperação no progresso universal.

Não te iludas. Deves sempre alguma coisa ao companheiro de luta, tanto quanto à estrada que pisas despreocupadamente. E quando resgatares as tuas obrigações, caminharás na Terra recebendo o amor e a recompensa de todos.

(*Vinha de luz*. FEB Editora. Cap. 150)

> *[...] a caridade é a plenitude da Lei.*
>
> Romanos
> 13:10

Doações[21]

Milhares de dádivas transitam na Terra, diariamente.

Vemos aquelas que se constituem do dinheiro generoso que alimenta as boas obras; as que se definem por glórias da arte, enriquecendo a mente popular; as que se erigem sobre os louros da palavra, traçando caminhos para o encontro fraternal entre as criaturas e aquelas outras, inumeráveis, que consubstanciam a amizade de quem as oferece ou recolhe. Todas elas, demonstrações de bondade humana, são abençoadas na Vida Superior. Entretanto, uma existe, inconfundível, entre todas, da qual nós, os seres em evolução no Orbe Terrestre, não conseguimos prescindir... Ao alcance de todos, ela se expressa por exigência inarredável do caminho de cada um. Desejamos referir-nos ao amor, sem o qual ninguém logra subsistir. Além disso, o amor é a força que valoriza qualquer dádiva, tanto quanto a maneira de dar.

Muitos de nossos irmãos necessitados, junto de quem praticamos o ideal da beneficência, decerto agradecem o concurso materializado que lhes possamos ofertar, mas quantas vezes estimariam, acima de tudo, receber uma bênção de solidariedade e otimismo que lhes restaure a alegria de viver e o conforto de trabalhar!... Reflitamos de igual modo nos companheiros temporariamente apresados no cárcere das paixões e reconheceremos que o mundo tem tanta necessidade de amor quanto de luz. Meditemos nisso, e, diante da parte de trabalho que nos compete, na construção do reino de Deus entre os homens, seja à frente dos felizes ou dos imperfeitamente felizes, dos justos ou dos menos justos, comecemos por estender com as dádivas de nossas mãos aquelas outras que nos é lícito nomear como sendo o favor do sorriso fraterno, o benefício da boa palavra, o empréstimo da esperança e o donativo do entendimento.

(*Reformador*, set. 1966, p. 194)

---

[21] Texto publicado em *Bênção de paz*. Ed. GEEM. Cap. 58, com pequenas alterações.

Acolhei o fraco na fé sem querer discutir suas opiniões.

Romanos 14:1

Subdesenvolvimento espiritual

Quando a palavra subdesenvolvimento toma lugar na designação de grupos humanos menos dotados de mais amplos recursos, na ordem material da vida terrestre, não será impróprio referir-nos à outra espécie de carência — a carência de valores do espírito.

Isso nos induz a reconhecer a existência de uma retaguarda enorme de criaturas empobrecidas de esperança e coragem, não obstante quase toda ela constituída de companheiros com destaque merecido na cultura e na prosperidade da Terra.

Abastece-te de suficiente amor para compreendê-los e auxiliá-los.

São amigos chamados a caminhar nas frentes da evolução, com áreas enormes de influência e possibilidade no trabalho do bem de todos, mas detentores de escassos recursos no campo do sentimento para suportarem, com êxito, as crises das épocas de mudança.

Esse encontrou diferenças de conduta nos descendentes fascinados pelas experiências passageiras de equipes sociais em transição e se marginalizou nas moléstias da inconformidade; aquele traumatizou-se com as provações coletivas em que grupos vários de pessoas se viram defrontadas pela desencarnação em conjunto e se refugiou nas instituições de repouso e tratamento mental; outro observou criaturas queridas a se desgarrarem do lar, para se realizarem livremente nos ideais próprios, e transformou-se em doente complexo; e outros muitos viram a morte dos entes mais caros, arrancados ao corpo nas engrenagens da própria civilização e mergulharam-se na dor que acreditam sem consolo.

Se podes enxergar os conflitos impostos ao mundo pelo materialismo que vem desfibrando o ânimo de tantas criaturas, enternece-te com os sofrimentos de quantos se encontram nas faixas do subdesenvolvimento espiritual e trabalhemos nas novas construções de fé.

(*Ceifa de luz*. FEB Editora. Cap. 64)

Falta de fé[22]

Não se deve julgar a criatura sem fé pelo padrão moral daquela que a possui, como não se pode considerar o enfermo à maneira de alguém que se encontre sem saúde porque assim o deseje. E assim como não se extingue a doença com pancadas e sim à custa de amparo e remédio, não se remove a descrença a preço de controvérsia e sim pelo concurso do amor e da educação.

Existem motivações diversas para a incredulidade, tanto quanto existem causas variadas para a moléstia.

Em toda parte, onde se alinham seres humanos, encontramos aqueles irmãos que ainda se privam de mais amplo entendimento, no domínio das questões essencialmente espirituais:

– os que da infância à madureza tão somente estiveram no clima da mais profunda ignorância acerca dos assuntos da alma;

– os que se enredaram na inquietação, à face de compromissos inconfessáveis, e temem o contato com as realidades do Espírito;

– os que se apegam a preconceitos estéreis e fogem de incrementar no próprio ser o conhecimento da Vida superior;

– os que sofrem processos obsessivos, temporariamente incapacitados para raciocinar com segurança, em torno da orientação pessoal;

– os que caíram em extrema revolta ante as lides expiatórias que eles mesmos fizeram por merecer.

Quando te vejas defrontado pelos companheiros sem fé ou portadores de confiança ainda muito frágil, compadece-te deles e auxilia-os, quanto possas. Segundo a solicitação do Apóstolo Paulo, saibamos acolhê-los ao calor da bondade, nunca ao fogo da discussão.

(*Reformador*, jan. 1967, p. 2)

Fé e cultura[23]

Indubitavelmente, nem sempre a fé acompanha a expansão da cultura, tanto quanto nem sempre a cultura consegue altear-se ao nível da fé.

Um cérebro vigoroso pode elevar-se a prodígios de cálculo ou destacar-se nos mais entranhados campos da emoção, portas adentro dos valores artísticos, sem entender bagatela de resistência moral diante da tentação ou do

---

[22] Texto publicado em *Bênção de paz*. Ed. GEEM. Cap. 36.
[23] Texto publicado em *Ceifa de luz*. FEB Editora. Cap. 38. *Segue-me!...* Ed. O Clarim. Cap. "Fazer luz".

sofrimento. De análogo modo, um coração fervoroso é suscetível das mais nobres demonstrações de heroísmo perante a dor ou da mais alta reação contra o mal, patenteando manifesta incapacidade para aceitar os imperativos da perquirição ou dos requisitos do progresso.

A ciência investiga.

A religião crê.

Se não é justo que a ciência imponha diretrizes à religião, incompatíveis com as suas necessidades do sentimento, não é razoável que a religião obrigue a ciência à adoção de normas, inconciliáveis com as suas exigências do raciocínio.

Equilíbrio ser-nos-á o clima de entendimento, em todos os assuntos que se relacionem à fé e à cultura, ou estaremos sempre ameaçados pelo deserto da descrença ou pelo charco do fanatismo.

Auxiliemo-nos mutuamente.

Na sementeira da fé, aprendamos a ouvir com serenidade para falar com acerto.

Diz o Apóstolo Paulo: "acolhei o que é débil na fé, não, porém, para discutir opiniões." É que para chegar à cultura, filha do trabalho e da verdade, o homem é naturalmente compelido a indagar, examinar, experimentar e teorizar, mas, para atingir a fé viva, filha da compreensão e do amor, é forçoso servir. E servir é fazer luz.

(*Entre irmãos de outras terras*. FEB Editora. Cap. 26)

Aquele que distingue os dias, é para o Senhor que os distingue [...]

Romanos
14:6

O tempo[24]

A maioria dos homens não percebe ainda os valores infinitos do tempo.

Existem efetivamente os que abusam dessa concessão divina. Julgam que a riqueza dos benefícios lhes é devida por Deus.

Seria justo, entretanto, interrogá-los quanto ao motivo de semelhante presunção.

Constituindo a Criação universal patrimônio comum, é razoável que todos gozem as possibilidades da vida; contudo, de modo geral, a criatura não medita na harmonia das circunstâncias que se ajustam na Terra, em favor de seu aperfeiçoamento espiritual.

É lógico que todo homem conte com o tempo, mas, se esse tempo estiver sem luz, sem equilíbrio, sem saúde, sem trabalho?

Não obstante a oportunidade da indagação, importa considerar que muito raros são aqueles que valorizam o dia, multiplicando-se em toda parte as fileiras dos que procuram aniquilá-lo de qualquer forma.

A velha expressão popular "matar o tempo" reflete a inconsciência vulgar, nesse sentido.

Nos mais obscuros recantos da Terra, há criaturas exterminando possibilidades sagradas. No entanto, um dia de paz, harmonia e iluminação é muito importante para o concurso humano, na execução das Leis Divinas.

Os interesses imediatistas do mundo clamam que o "tempo é dinheiro", para, em seguida, recomeçarem todas as obras incompletas na esteira das reencarnações... Os homens, por isso mesmo, fazem e desfazem, constroem e destroem, aprendem levianamente e recapitulam com dificuldade, na conquista da experiência.

Em quase todos os setores de evolução terrestre, vemos o abuso da oportunidade complicando os caminhos da vida; entretanto, desde muitos séculos, o Apóstolo nos afirma que o tempo deve ser do Senhor.

(*Caminho, verdade e vida.* FEB Editora. Cap. 1)

---

[24] Texto publicado em *Luz no caminho*. Ed. Cultura Espírita União. Cap. "Tempo", com pequenas alterações.

Pois ninguém de nós vive e ninguém morre para si mesmo.

Romanos 14:7

Ninguém vive para si

A árvore que plantas produzirá não somente para a tua fome, mas para socorrer as necessidades de muitos.

A luz que acendes clareará o caminho não apenas para os teus pés, mas igualmente para os viajores que seguem ao teu lado.

Assim como o fio d'água influencia a terra por onde passa, as tuas decisões inspiram as decisões alheias.

Milhares de olhos observam-te os passos, milhares de ouvidos escutam-te a voz e milhares de corações recebem-te os estímulos para o bem ou para o mal.

"Ninguém vive para si..." — assevera-nos a divina Mensagem.

Queiramos ou não, é da Lei que nossa existência pertença às existências que nos rodeiam.

Vivemos para nossos familiares, nossos amigos, nossos ideais...

Ainda mesmo o usurário exclusivista, que se julga sem ninguém, está vivendo para o ouro ou para as utilidades que restituirá a outras vidas superiores ou inferiores para as quais a morte lhe arrebatará o tesouro.

Compreendendo semelhante realidade, observa o teu próprio caminho.

Sentindo, pensas.

Pensando, realizas.

E tudo aquilo que constitui tuas obras, as intenções, as palavras e os atos, representará influência de tua alma, auxiliando-te a libertação para a glória da luz ou agravando-te o cativeiro para o sofrimento nas sombras.

Vigia, pois, o teu mundo íntimo e faze o bem que puderes, ainda hoje, porquanto, segundo a sábia conceituação do Apóstolo Paulo, "ninguém vive para si".

(*Fonte viva*. FEB Editora. Cap. 154)

Por que julgas teu irmão? E tu, por que o desprezas? Pois todos nós compareceremos ao tribunal de Deus.

Romanos
14:10

Enquanto podes[25]

Constrangido a examinar a conduta do companheiro, nessa ou naquela circunstância difícil, não lhe condenes os embaraços morais.

Lembra-te dos dias de cinza e pranto em que o Senhor te susteve a queda a poucos milímetros da derrota.

Não te acredites a cavaleiro dos novos problemas que surgirão no caminho...

Todo serviço incompleto, que deixaste na retaguarda, buscar-te-á, de novo, o convívio para que lhe ofereças acabamento. E o remate legal de todas as nossas lutas pede o fecho do amor puro como selo da Paz Divina.

As pedras que arremessaste ao telhado alheio voltarão com o tempo sobre o teto em que te asilas, e os venenos que destilaste sobre a esperança dos outros tornarão no hausto da vida ao clima de tua própria esperança, testando-te a resistência.

Aprende, pois, desde hoje, a ensaiar tolerância e entendimento, para que o remédio por ti mesmo encomendado às mãos do "agora" não te amargue a existência, destruindo-te o coração.

Toda semente produz no solo do tempo e as almas imaculadas não povoam ainda a Terra.

Distribui, portanto, a paciência e a bondade com todos aqueles que se enganaram sob a neblina do erro, para que te não faltem a paciência e a bondade do irmão a que te arrimarás no dia em que a sombra te ameace o campo das horas.

Auxilia, enquanto podes.

Ampara, quanto possas.

Socorre, quanto possível.

Alivia, quanto puderes.

Procura o bem, seja onde for.

E, sobretudo, desculpa sempre, porque ninguém fugirá do exato julgamento na Eterna Lei.

(*Reformador*, set. 1958, p. 194)

---

[25] Texto publicado em *Palavras de vida eterna*. Ed. Comunhão Espírita Cristã. Cap. 40.

Assim, cada um de nós prestará contas a Deus de si próprio.

Romanos
14:12

Conta de si

É razoável que o homem se consagre à solução de todos os problemas alusivos à esfera que o rodeia no mundo; entretanto, é necessário saiba a espécie de contas que prestará ao supremo Senhor, ao termo das obrigações que lhe foram cometidas.

Inquieta-se a maioria das criaturas com o destino dos outros, descuidadas de si mesmas. Homens existem que se desesperam pela impossibilidade de operar a melhoria de companheiros ou de determinadas instituições.

Todavia, a quem pertencerão, de fato, os acervos patrimoniais do mundo? A resposta é clara, porque os senhores mais poderosos desprender-se-ão da economia planetária, entregando-a a novos operários de Deus para o serviço da evolução infinita.

O argumento, contudo, suscitará certas perguntas dos cérebros menos avisados. Se a conta reclamada refere-se ao círculo pessoal, que tem o homem a ver pelas contas de sua família, de sua casa, de sua oficina? Cumpre-nos, então, esclarecer que os companheiros da intimidade doméstica, a posse do lar e as finalidades do agrupamento em que se trabalha pertencem ao Supremo Senhor; mas o homem, na conta que lhe é própria, é obrigado a revelar sua linha de conduta para com a família, com a casa em que se asila, com a fonte de suas atividades comuns. Naturalmente, ninguém responderá pelos outros; todavia, cada espírito, relacionando o esforço que lhe compete, será compelido a esclarecer a sua qualidade de ação nos menores departamentos da realização terrestre, onde foi chamado a viver.

(*Caminho, verdade e vida*. FEB Editora. Cap. 50)

Nas contas[26]

Benfeitores garantem.
Instrutores educam.
Pastores guiam.
Amigos amparam.

---

[26] Texto publicado em *Palavras de vida eterna*. Ed. Comunhão Espírita Cristã. Cap. 102.

Companheiros alentam.
Adversários avisam.
Relações ajudam.
Preces iluminam.
Lições preparam.
Dificuldades adestram.
Provas definem.
Dores corrigem.
Lutas renovam.
Problemas propõem.
Soluções indicam.
Atitudes revelam.
Lágrimas purificam.
Experiências marcam.

Entretanto, segundo a palavra do Apóstolo Paulo, todas as criaturas e todas as situações, todas as circunstâncias e todas as coisas foram dispostas, nas contas da Lei, "de maneira que cada um de nós dará conta de si mesmo a Deus".

(*Reformador*, set. 1961, p. 194)

Conta pessoal[27]

Se te propões à renovação com o Cristo, é imperioso suportes, pacientemente, as opiniões contraditórias, em torno da diretriz diferente a que te afeiçoes.

Se algum erro te assinala o passado, muitos te acreditarão de pés chumbados à sombra que, há muito, já desterraste do espírito; se expressas algum voto de melhoria íntima, não obstante as deficiências naturais que ainda te marquem o início no aprendizado evangélico, há quem te exija espetáculos de grandeza de um instante para outro; se te dispões a trabalhar no auxílio aos semelhantes, de modo mais intenso, há quem veja desperdício em teus gestos de generosidade e beneficência; se nada mais podes dar ao necessitado, além da migalha de tuas escassas reservas materiais, aparece quem te acuse de sovinice; se te corriges decididamente perante a verdade com o propósito de servi-la, há quem te interprete a espontaneidade por fanatismo; se te recolhes à gentileza e à serenidade, na execução da tarefa que o serviço do Senhor te atribui, surge quem te aponte por exemplar de pieguice ou indolência...

---

[27] Texto publicado em *Palavras de vida eterna*. Ed. Comunhão Espírita Cristã. Cap. 170.

Apesar de todos os palpites antagônicos, acerca de teu esforço e conduta, entra no imo da própria alma, observa se a sinceridade te preside as resoluções e os atos, no foro da consciência e, se te reconheces, diante do Senhor, fazendo o melhor que podes, guarda o coração tranquilo e prossegue, de esforço limpo e atitude reta, caminho adiante, na convicção de que "cada um de nós dará conta de si mesmo a Deus".

(*Reformador*, out. 1964, p. 223)

Em ti próprio

Escutarás muita gente a falar de compreensão e talvez que, sob o reflexo condicionado, repetirás os belos conceitos que ouviste, através de preleções que te angariarão simpatia e respeito.

Entretanto, se não colocares o assunto nas entranhas da alma, situando-te no lugar daqueles que precisam de entendimento, quase nada saberás de compreensão, além da certeza de que temos nela preciosa virtude.

Falarás de paciência e assinalarás muitas vozes, em torno de ti, referindo-se a ela, no entanto, se no imo do próprio ser não tens necessidade de sofrer por algum ente amado, muito pouco perceberás, acerca de calma e tolerância.

Exaltarás o amor, a bondade, a paz e a união, mas se nas profundezas do espírito não sentires, algum dia, o sofrimento a ensinar-te o valor da nota de consolação sobre a dor de que te lamentas; a significação da migalha de socorro que outrem te estenda em teus dias de carência material; a importância da desculpa de alguém a essa ou àquela falta que cometeste e o poder do gesto de pacificação da parte de algum amigo que te restituiu a harmonia, em tuas próprias vivências, ignorarás realmente o que sejam entendimento e generosidade, perdão e segurança íntima.

Seja qual seja a dificuldade em que te vejas, abstém-te de carregar o fardo das aflições e das perguntas sem remédio.

Penetra no silêncio da própria alma, escuta os pensamentos que te nascem do próprio ser e reconhecerás que a solução fundamental de todos os problemas da vida surgirá de ti mesmo.

(*Ceifa de luz*. FEB Editora. Cap. 6)

Eu sei e estou convencido no Senhor Jesus que nada é impuro em si. Alguma coisa só é impura para quem a considera impura.

Romanos
14:14

Sexo

Quando Paulo de Tarso escreveu esta observação aos romanos, referia-se à alimentação que, na época, representava objeto de áridas discussões entre gentios e judeus.

Nos dias que passam, o ato de comer já não desperta polêmicas perigosas; entretanto, podemos tomar o versículo e projetá-lo noutros setores de falsa opinião.

Vejamos o sexo, por exemplo. Nenhum departamento da atividade terrestre sofre maiores aleives. Profundamente cego de espírito, o homem, de maneira geral, ainda não consegue descobrir aí um dos motivos mais sublimes de sua existência. Realizações das mais belas, na luta planetária, quais sejam as da aproximação das almas na paternidade e na maternidade, a criação e a reprodução das formas, a extensão da vida e preciosos estímulos ao trabalho e à regeneração foram proporcionadas pelo Senhor às criaturas, por intermédio das emoções sexuais; todavia, os homens menoscabam o "lugar santo", povoando-lhe os altares com os fantasmas do desregramento.

O sexo fez o lar e criou o nome de mãe; contudo, o egoísmo humano deu-lhe em troca absurdas experimentações de animalidade, organizando para si mesmo provações cruéis.

O Pai ofereceu o santuário aos filhos, mas a incompreensão se constituiu em oferta deles. É por isso que romances dolorosos e aflitivos se estendem através de todos os continentes da Terra.

Ainda assim, mergulhado em deploráveis desvios, pergunta o homem pela educação sexual, exigindo-lhe os programas. Sim, semelhantes programas poderão ser úteis; todavia, apenas quando espalhar-se a santa noção da divindade do poder criador, porque, enquanto houver imundície no coração de quem analise ou de quem ensine, os métodos não passarão de coisas igualmente imundas.

(*Pão nosso*. FEB Editora. Cap. 94)

Entretanto, se por causa de um alimento teu irmão fica contristado, já não procedes com amor. Não faças perecer por causa do teu alimento alguém pelo qual Cristo morreu!

Romanos
14:15

Conforme o amor

Preconceitos dogmáticos fazem vítimas em todos os tempos, e os herdeiros do Cristianismo não faltaram nesse concerto de incompreensão.

Ainda hoje os processos sectários, embora menos rigorosos nas manifestações, continuam ferindo corações e menosprezando sentimentos.

Noutra época, os discípulos procedentes do Judaísmo provocavam violentos atritos em face das tradições referentes à comida impura; agora, não temos o problema das carnes sacrificadas no Templo; entretanto, novos formalismos religiosos substituíram os velhos motivos de polêmica e discordância.

Há sacerdotes que só se sentem missionários celebrando os ofícios que lhes competem e crentes que não entendem a meditação e o serviço espiritualizante senão em horas domingueiras, com a prece em exclusiva atitude corporal.

O discípulo que já conseguiu sobrepor-se a semelhantes barreiras deve cooperar em silêncio para estender os benefícios de sua vitória.

Constituiria absurdo transpor o obstáculo e continuar, deliberadamente, nas demonstrações puramente convencionalistas, mas seria também ausência de caridade atirar impropérios aos pobres irmãos que ainda se encontram em angustiosos conflitos mentais por encontrarem a si mesmo, dentro da ideia augusta de Deus.

Quando reparares algum amigo prisioneiro dessas ilusões, recorda que o Mestre foi igualmente à cruz por causa dele. Situa a bondade à frente da análise e a tua observação será construtiva e santificante. Toda vez que houver compreensão no cântaro de tua alma, encontrarás infinitos recursos para auxiliar, amar e servir.

(*Pão nosso*. FEB Editora. Cap. 83)

Procuremos, portanto, o que favorece a paz e a mútua edificação.

Romanos
14:19

No reino interior

Não podemos esperar, por enquanto, que o Evangelho de Jesus obtenha vitória imediata no espírito dos povos. A influência dele é manifesta no mundo, em todas as coletividades; entretanto, referindo-nos às massas humanas, somos compelidos a verificar que toda transformação é vagarosa e difícil.

Não acontece o mesmo, porém, na esfera particular do discípulo. Cada espírito possui o seu reino de sentimentos e raciocínios, ações e reações, possibilidades e tendências, pensamentos e criações.

Nesse plano, o ensino evangélico pode exteriorizar-se em obras imediatas.

Bastará que o aprendiz se afeiçoe ao Mestre.

Enquanto o trabalhador espia questões do mundo externo, o serviço estará perturbado. De igual maneira, se o discípulo não atende às diretrizes que servem à paz edificante, no lugar onde permanece, e se não aproveita os recursos em mão para concretizar a verdadeira fraternidade, seu reino interno estará dividido e atormentado, sob a tormenta forte.

Não nos entreguemos, portanto, ao desequilíbrio de forças em homenagens ao mal, causados pelos comentários alusivos à deficiência de muitos dos nossos irmãos, cujo barco ainda não aportou à praia do justo entendimento.

O caminho é infinito e o Pai vela por todos.

Auxiliemos e edifiquemos.

Se és discípulo do Senhor, aproveita a oportunidade na construção do bem. Semeando paz, colherás harmonia; santificando as horas com o Cristo, jamais conhecerás o desamparo.

(*Vinha de luz*. FEB Editora. Cap. 24)

A fé esclarecida que tens, guarda-a para ti diante de Deus. [...]

Romanos
14:22

Em ti mesmo

No mecanismo das realizações diárias, não é possível esquecer a criatura aquela expressão de confiança em si mesma, e que deve manter na esfera das obrigações que tem de cumprir à face de Deus.

Os que vivem na certeza das promessas divinas são os que guardam a fé no poder relativo que lhes foi confiado e, aumentando-o pelo próprio esforço, prosseguem nas edificações definitivas, com vistas à eternidade.

Os que, no entanto, permanecem desalentados quanto às suas possibilidades, esperando em promessas humanas, dão a ideia de fragmentos de cortiça, sem finalidade própria, ao sabor das águas, sem roteiro e sem ancoradouro.

Naturalmente, ninguém poderá viver na Terra sem confiar em alguém de seu círculo mais próximo; mas a afeição, o laço amigo, o calor das dedicações elevadas não podem excluir a confiança em si mesmo, diante do Criador.

Na esfera de cada criatura, Deus pode tudo; não dispensa, porém, a cooperação, a vontade e a confiança do filho para realizar. Um pai que fizesse, mecanicamente, o quadro de felicidades dos seus descendentes, exterminaria, em cada um, as faculdades mais brilhantes.

Por que te manterás indeciso, se o Senhor te conferiu este ou aquele trabalho justo? Faze-o retamente, porque se Deus tem confiança em ti para alguma coisa, deves confiar em ti mesmo, diante dele.

(*Caminho, verdade e vida*. FEB Editora. Cap. 14)

Injustiças[28]

Momentos existem nos quais surgimos diante de nós mesmos na condição de pessoas injustiçadas.

Isso não ocorre tão somente quando somos focalizados na vida pública, em amplos movimentos de opinião. Pequeninos descontentamentos nos visitam com frequência, no cotidiano, principalmente:

– se somos preteridos no direito que acreditamos pertencer-nos;

---

[28] Texto publicado em *Bênção de paz*. Ed. GEEM. Cap. 43.

– se somos arredados de vantagens, ao mesmo tempo que somos forçados a prejuízos;
– se alvejados por repreensões que não fizemos por merecer;
– se espancados moralmente, nas provas que nomeamos como sendo ingratidões;
– se ficamos deserdados da atenção daqueles que julgamos dever-nos apreço e carinho;
– se contrariados nos desejos que consideramos oportunos e justos;
– se somos incomodados, em nossas realizações, pela intromissão de criaturas que nos subestimam os interesses;
– se apontados pela crítica...

Nessas ocasiões achamo-nos habitualmente sob a influência de personalidades outras, sejam amigos ou adversários, que não podem ver de imediato, as nossas necessidades e questões por nossos olhos e por nossas conveniências.

Quando isso aconteça, embora a frase de louvor e encorajamento, partida de outros em nosso favor, seja sempre uma bênção, saibamos perseverar em nosso trabalho com o bem e pelo bem de todos, reconhecendo que há muitas situações na vida em que nos cabe atender, com segurança, à exortação do Apóstolo Paulo: "A fé que tens, tem-na em ti mesmo, perante Deus."

(*Reformador*, mar. 1967, p. 50)

Em matéria de fé[29]

Conservarás a fé.

Aprenderás com ela a entoar louvores pelas bênçãos do Pai supremo, manifestando a gratidão que te nasça do espírito. Entretanto, acima de tudo, tomá-la-ás para guia seguro no caminho das provas regeneradoras da Terra, para que atendas dignamente aos desígnios do Senhor, na execução das tarefas que a vida te reservou.

Cultivarás a fé.

Encontrarás nela recursos de base que te endossem as súplicas endereçadas à Providência divina. Aplicar-te-ás, todavia, a empregá-la por sustentáculo de tuas forças, no dever a cumprir, a fim de que não desapontes o Plano superior, na cooperação que o Mundo Espiritual te pede, a benefício dos outros.

Falarás da fé.

---

[29] Texto publicado em *Alma e coração*. Ed. Pensamento. Cap. 36, com pequenas alterações.

Guardar-lhe-ás o clarão na concha dos lábios, suscitando segurança e paz naqueles que te ouçam. Descobrirás nela, porém, a escora precisa, para que não desfaleças nos testemunhos de abnegação que o mundo espera de ti, procurando sorrir ao invés de chorar, nos dias de sofrimento e provação, quando as notas de entusiasmo tantas vezes te esmorecem na boca.

Respeitarás a fé.

Reconhecerás nela o traço dominante dos grandes espíritos que veneramos na categoria de heróis e gigantes da virtude, transformados em balizas de luz, nas trilhas da Humanidade.

Observarás, contudo, que ela é igualmente um tesouro de energias à tua disposição, na experiência cotidiana, conferindo-lhe a capacidade de realizar prodígios de amor, a começarem da esfera íntima ou do âmago de tua própria casa.

Paulo de Tarso afirmou que o homem se salvará pela fé, mas, indubitavelmente, não se reportava a convicções e palavras estéreis. Decerto que o amigo da gentilidade queria dizer que o espírito humano se aperfeiçoará e regenerará, usando confiança positiva em Deus e em si mesmo, na construção do bem comum. Fé metamorfoseada em boas obras, traduzida em serviço e erguida ao alto nível dos ensinamentos que exponha, nos domínios da atividade e da realização. Tanto é verdade semelhante assertiva, que o Apóstolo se referia à fé por recurso dinâmico, no campo individual, para a edificação do reino divino, que ele próprio nos asseverou, convincente, no versículo 22 do capítulo 14 de sua epístola aos romanos: "Se tens fé, tem-na em ti mesmo, perante Deus".

(*Encontro de paz*. Ed. IDE. Cap. 32)

Nós, os fortes, devemos carregar as fragilidades dos fracos e não buscar a nossa própria satisfação.

Romanos 15:1

Vós, entretanto

Com que objetivo adquire o homem a noção justa da confiança em Deus? Para furtar-se à luta e viver aguardando o céu?

Semelhante atitude não seria compreensível.

O discípulo alcança a luz do conhecimento, a fim de aplicá-la ao próprio caminho. Concedeu-lhe Jesus um traço do Céu para que o desenvolva e estenda através da terra em que pisa.

Receber o sagrado auxílio do Mestre e subtrair-se-lhe à oficina de redenção é testemunhar ignorância extrema.

Dar-se a Cristo é trabalhar pelo estabelecimento de seu reino.

Os templos terrestres, por ausência de compreensão da verdade, permanecem repletos de almas paralíticas, que desertaram do serviço por anseio de bem-aventurança. Isso pode entender-se nas criaturas que ainda não adquiriram o necessário senso da realidade, mas vós, os que já sois fortes no conhecimento, não deveis repousar na indiferença ante os impositivos sagrados da luz acesa, pela infinita bondade do Cristo, em vosso mundo íntimo. É imprescindível tome cada um os seus instrumentos de trabalho, na tarefa que lhe cabe, agindo pela vitória do bem, no círculo de pessoas e atividades que o cercam.

Muitos espíritos doentes, nas falsas preocupações e na ociosidade do mundo, poderão alegar ignorância. Vós, entretanto, não sois fracos nem pobres da misericórdia do Senhor.

(*Pão nosso*. FEB Editora. Cap. 46)

Cada um de nós procure agradar ao próximo, em vista do bem, para edificar.

Romanos
15:2

Agradar

(*Harmonização*. Ed. GEEM. Cap. "Agradar")[30]

---

[30] Vide nota 5.

Ora tudo o que se escreveu no passado é para nosso ensinamento que foi escrito, a fim de que, pela perseverança e pela consolação que nos proporcionam as Escrituras, tenhamos a esperança.

Romanos 15:4

Esperança

A esperança é a luz do cristão.

Nem todos conseguem, por enquanto, o voo sublime da fé, mas a força da esperança é tesouro comum.

Nem todos podem oferecer, quando querem, o pão do corpo e a lição espiritual, mas ninguém na Terra está impedido de espalhar os benefícios da esperança.

A dor costuma agitar os que se encontram no "vale da sombra e da morte", onde o medo estabelece atritos e onde a aflição percebe o "ranger de dentes", nas "trevas exteriores", mas existe a luz interior que é a esperança.

A negação humana declara falências, lavra atestados de impossibilidade, traça inextricáveis labirintos, no entanto, a esperança vem de cima, à maneira do Sol que ilumina do alto e alimenta as sementeiras novas, desperta propósitos diferentes, cria modificações redentoras e descerra visões mais altas.

A noite espera o dia; a flor, o fruto; o verme, o porvir... O homem, ainda mesmo que se mergulhe na descrença ou na dúvida, na lágrima ou na dilaceração, será socorrido por Deus com a indicação do futuro.

Jesus, na condição de Mestre Divino, sabe que os aprendizes nem sempre poderão acertar inteiramente, que os erros são próprios da escola evolutiva e, por isto mesmo, a esperança é um dos cânticos sublimes do seu Evangelho de Amor.

Imensas têm sido, até hoje, as nossas quedas, mas a confiança do Cristo é sempre maior. Não nos percamos em lamentações. Todo momento é instante de ouvir Aquele que pronunciou o "Vinde a mim..."

Levantemo-nos e prossigamos, convictos de que o Senhor nos ofereceu a luz da esperança, a fim de acendermos em nós mesmos a luz da santificação espiritual.

(*Vinha de luz*. FEB Editora. Cap. 75)

Contudo, peço-vos, irmãos, por nosso Senhor Jesus Cristo, e pelo amor do Espírito, que luteis comigo, nas orações que fazeis a Deus por mim.

Romanos
15:30

Círculos cooperadores

Que será do mundo se o tenebroso movimento do mal, que atualmente o envolve, terminar em comédia diplomática, dilatando mentiras e encorajando agressões novas?

Que será dos povos trabalhadores se a luta paralisar em mistificação que reforce a tirania e restaure o cativeiro?

Escrevendo aos romanos, relativamente aos seus esforços no serviço áspero, Paulo de Tarso oferece uma fórmula sagrada aos tempos atuais...

O Apóstolo não recomenda rogativas pela cessação da luta, não reclama o término dos testemunhos, não alude à parte final de trabalhos e sacrifícios...

Pede, simplesmente, aos irmãos que combatam em orações, na sua companhia.

O grande trabalhador conhecia a força do pensamento e não ignorava que toda luta se processa através de linhas e círculos.

Jesus fazia excursões nas localidades palestinenses, mas voltava ao círculo de Cafarnaum em casa de Pedro.

Os apóstolos dilatavam cruzeiro de pregação, mas não dispensavam o círculo das igrejas.

O homem vai às frentes do trabalho, diariamente, todavia, não prescinde do círculo do lar.

Não há linhas de serviço sem os círculos de preparação eficiente.

Neste momento difícil dos povos, quando se recorre à organização de vanguardas valorosas, é justo não esquecer as fortalezas morais da retaguarda.

Os discípulos do Evangelho, em todo o mundo, passam por experimentação necessária.

Cultivar a fé, não significa adorar somente.

Seguir o Mestre não é incensar-Lhe o nome apenas.

É tomar a cruz deste testemunho, sem desdenhar sacrifícios.

Não esqueçamos que Paulo se refere a combater.

Em horas tão graves quanto estas, quando o direito e o bem, a paz e a verdade reclamam linhas de defesa, organizemos também os círculos espirituais de cooperação.

Ninguém deve esquecer que o esforço cristão há de ser total para a vitória total do Evangelho.

(*Alma e luz*. Ed. IDE. Cap. 2)

Pois o Deus da paz não tardará em esmagar Satanás debaixo de vossos pés. [...]

Romanos
16:20

Esmagamento do mal

Em toda parte do planeta se poderá reconhecer a luta sem tréguas entre o bem e o mal.

Manifesta-se o grande conflito, sob as mais diversas formas, e, no turbilhão de seus movimentos, muitas almas sensíveis, de modo invariável, conservam-se na atitude de invocação aos gênios tutelares para que estes venham à arena combater os inimigos que as atordoam, prostrando-os de vez.

Solicitar auxílio ou recorrer à Lei da Cooperação representam atos louváveis do Espírito que identifica a própria fraqueza; contudo, insistir para que outrem nos substitua no esforço, que somente a nós outros cabe despender, demonstra falsa posição, suscetível de acentuar-nos as necessidades.

Satanás, representando o poder do mal, na vida humana, será esmagado por Deus; todavia, Paulo de Tarso define, com bastante clareza, o local da vitória divina. O triunfo supremo verificar-se-á sob os pés do homem.

Quando a criatura, pela própria dedicação ao trabalho iluminativo, se entregar ao Pai, sem reservas, efetuando-lhe a vontade sacrossanta, com esquecimento do velho egoísmo animal, apreendendo a grandeza de sua posição de espírito eterno, atingirá a vitória sublime.

O Senhor Todo-Paternal já se entregou aos filhos terrestres, mas raros filhos se entregaram a Ele. Indispensável, pois, não esquecer que o mal não será eliminado a esmo, e sim debaixo dos pés de cada um de nós.

(*Pão nosso*. FEB Editora. Cap. 27)

Introdução às *Cartas I e II aos coríntios*

As cartas que Paulo escreve à comunidade em Corinto demonstram uma grande afeição do Apóstolo dos Gentios para com essa comunidade, que ele fundara e que visitara várias vezes, permanecendo ali longo período. Nenhuma outra comunidade recebe um conjunto tão extenso de escritos preservados. Apenas para comparação, enquanto as duas cartas destinadas aos tessalonicenses totalizam 136 versículos e as que se dirigem a Timóteo, 196, as endereçadas aos coríntios somam 693 versículos. Além disso, há quase um consenso entre estudiosos que, entre a primeira e a segunda carta, Paulo escreveu pelo menos mais uma carta aos coríntios, frequentemente referenciada como "a carta das lágrimas", que não foi preservada na sua integridade e à qual o Apóstolo se refere em *II Coríntios*, 2:4.

Em *I Coríntios* também encontramos o registro da saudação de próprio punho (*I Coríntios*, 16:21), *II Coríntios* é, sem dúvida, a carta mais pessoal de Paulo.

A importância das *Cartas aos coríntios* já é atestada, bem cedo, pela citação de Clemente (95 d.C.), que destaca as disputas no seio daquela comunidade, registradas em *I Coríntios*. Outros, como Inácio, Policarpo e Irineu, também fazem referência a uma ou às duas cartas.

Estrutura e temas

A primeira carta de Paulo aos coríntios Capítulos – 16 Versículos – 437 Remetentes: Paulo e Timóteo		
Conteúdo/tema	**Versículos**	
Saudações e destinatários	1:1 –	1:9
Exortação à união	1:10 –	1:16
A sabedoria humana e a mensagem do Evangelho	1:17 –	2:16
Divisões como sinal de infância espiritual	3:1 –	3:4
A responsabilidade e o papel dos que ensinam	3:5 –	3:17
Advertência contra o orgulho	3:18 –	3:23
Como Paulo espera ser reconhecido	4:1 –	4:5
O exemplo de Paulo e Apolo	4:6 –	4:13
Exortação a seguirem o exemplo de Paulo	4:14 –	4:21
Problemas de imoralidade na comunidade	5:1 –	5:13
Como resolver os conflitos dentro da comunidade	6:1 –	6:11
O exercício da liberdade "tudo me é permitido, mas nem tudo convém"	6:12 –	6:20
Esclarecimentos sobre casamento, celibato e virgindade	7:1 –	7:40
Esclarecimentos sobre as carnes sacrificadas aos ídolos	8:1 –	8:13
O uso que Paulo faz de sua liberdade e direitos	9:1 –	9:27
As lições nos exemplos na história do povo hebreu	10:1 –	10:13
Por que se deve evitar a idolatria	10:14 –	10:22
A alimentação e o uso das coisas materiais	10:23 –	11:1
A ordem espiritual explicada pela metáfora do homem e da mulher	11:2 –	11:16
Alimentação, egoísmo e postura na convivência dentro da comunidade	11:17 –	11:34
Sobre os dons espirituais	12:1 –	12:11
O corpo como metáfora da relação de Cristo com a comunidade	12:12 –	12:30
Hino ao amor – Ainda que eu falasse línguas, as dos homens e as dos anjos [...].	12:31 –	13:13
O uso dos dons espirituais (falar em línguas, profecias, etc.)	14:1 –	14:40
Lembrança do que Paulo ensinou sobre o Evangelho	15:1 –	15:34
Esclarecimento sobre a ressurreição	15:35 –	15:58
Recomendações e saudações finais	16:1 –	16:24

A segunda carta de Paulo aos coríntios

Capítulos – 13
Versículos – 256
Remetentes: Paulo e Timóteo

Conteúdo/tema	Versículos	
Destinatários e saudações	1:1	1:8
Sofrimento e confiança no futuro	1:9	1:11
Mudança nos planos da viagem	1:12	2:11
Viagem de Trôade para a Macedônia	2:12	2:17
A importância da comunidade para Paulo e para Jesus	3:1	3:5
Nova e antiga aliança	3:6	4:6
O Evangelho vivido na condição humana	4:7	4:12
Fé e esperança	4:13	4:18
A morada celeste	5:1	5:10
O trabalho de esclarecimento e convencimento	5:11	6:2a
O tempo presente é favorável	6:2b	6:10
Advertências	6:11	7:4
Relatos do que ocorreu na Macedônia	7:5	7:16
Motivos para generosidade por parte dos coríntios	8:1	8:15
Apresentação dos trabalhadores que Paulo está enviando	8:16	8:24
Confiança na boa vontade dos coríntios	9:1	9:5
Recompensas pelo apoio e doações	9:6	9:15
Resposta em relação a acusação de fraqueza	10:1	10:11
Resposta em relação a acusação de orgulho e ambição	10:12	10:18
Esclarecimento sobre a posição de Paulo	11:1	11:33
O relato do arrebatamento	12:1	12:10
O esforço de Paulo para não ser pesado aos coríntios	12:11	12:18
Apreensão quanto ao estado da comunidade em Corinto	12:19	13:4
Recomendações	13:5	13:10
Saudações finais	13:11	13:13

A comunidade

A cidade de Corinto era uma das mais importantes da Grécia. Ela foi reconstruída por Júlio Cesar em 46 a.C., e, em 29 a.C., Augusto a torna capital da Acaia. Sua localização entre o continente grego e a Península do Peloponeso, bem como sua proximidade de portos importantes, como o de Lechaion, que ficava a aproximadamente 2,5 km da cidade, e o de Cencreia, a 14 km, faziam com que ela se tornasse um local muito importante para o comércio, tanto da Grécia com o Peloponeso, como o que passava pelo istmo, então controlado pela cidade.

O comércio e a riqueza de Corinto juntavam-se ao culto à deusa do amor, Afrodite, para construir uma cultura de permissividade que fazia da imoralidade uma proverbial característica da cidade. Talvez, por isso, o tom da primeira carta de Paulo seja mais contundente, assim como seu apelo à caridade e à fraternidade entre os membros da comunidade.

Embora fundada por Paulo, isso não impediu que se tornasse palco de divergências e conflitos, alguns até mesmo contra o próprio fundador.

Se não a totalidade, pelo menos a grande maioria dos membros da comunidade inicial eram de origem pagã, o que se depreende de *I Coríntios*, 12:2.

Autoria e origem

Praticamente, não existem quaisquer controvérsias em torno da autoria das epístolas. Desde a mais remota antiguidade, as *Cartas aos coríntios* foram atribuídas a Paulo.

Em relação à integralidade das cartas, existem estudiosos que defendem a ideia de que elas representam uma junção de mais de uma carta. Isso porque sabemos que, pelo menos mais uma outra carta foi escrita por Paulo à comunidade de Corinto, como se pode depreender de *I Coríntios*, 5:9. Nesse versículo, Paulo refere-se a uma outra carta que teria escrito antes. Alguns estudiosos defendem que essa carta, que não sobreviveu sob nenhuma forma, teve seu conteúdo incorporado ao texto que hoje temos.

As propostas em relação às cartas serem uma fusão dos demais textos, embora tenham argumentos defendidos por estudiosos, fundam-se quase sempre na análise do conteúdo das cartas atuais. Contudo, a favor da integridade das cartas, pesam elementos muito sólidos. Em primeiro lugar, não existem quaisquer manuscritos que tragam as *Cartas aos coríntios* em conteúdo e forma diferente dos que temos hoje, salvo pequenas variantes textuais, que não suportam a hipótese de uma junção de conteúdo. Outro fator importante é que na Antiguidade não existiram registros de cartas combinadas ou reunidas em uma só. Quando existiam coleções de cartas, estas eram apresentadas cada uma na sua forma completa.

Em relação ao local em que as cartas foram escritas, *I Coríntios* claramente foi escrita em Éfeso, conforme *I Coríntios*, 16:8ss. Já em relação a *II Coríntios*, existem dúvidas se ela foi também escrita em Éfeso ou se na Macedônia, quando Paulo se dirigia para Corinto.

Possível datação

A datação das cartas depende grandemente do período a que se atribui a permanência de Paulo em Éfeso. Por essa razão, as datas sugeridas oscilam em um período relativamente grande. Para *I Coríntios*, as propostas de datas variam entre os anos de 51 a 55, com maior tendência para o ano de 54. Para *II Coríntios*, o período é de 53 a 57, com tendência para o ano 56.

Conteúdo e temática

A *Primeira carta aos coríntios* é, às vezes, vista como um manual de conduta, dado o extenso conteúdo que Paulo dedica para tratar de questões do cotidiano. Sabemos que pelo menos parte dessa carta é uma resposta às questões que foram endereçadas por escrito pelos membros da comunidade de Corinto (*I Coríntios*, 7:1). Uma outra parte trata de notícias recebidas por intermédio de familiares de Cloé (*I Coríntios*, 1:11). Nela são abordadas as divisões que começam a surgir dentro da comunidade, entre os que se diziam seguidores ou de Apolo, ou de Cefas, ou do próprio Paulo; e também o tema da ressurreição (ἀνάστασις – anástasis) de Jesus, no capítulo 15. Destaca-se o texto da caridade ou amor (Ágape), segundo Paulo, no capítulo 13.

A *Segunda carta aos coríntios* é de tom profundamente pessoal. Tanto a afeição de Paulo aos membros da comunidade, quando ele considera sua carta de recomendação escrita no coração (*II Coríntios*, 3:2), quanto a autodefesa de sua posição como apóstolo estão marcadamente presentes. Os temas da coleta, da reconciliação e experiências pessoais surgem também como elementos de destaque.

Perspectiva espírita

Do ponto de vista histórico, os vínculos afetivos de Paulo com a comunidade de Corinto são bem explicados pela narrativa trazida por Emmanuel em

Paulo e Estêvão, uma vez que a cidade fora berço de Abigail e Estêvão. O surgimento da comunidade, que se dera pelo apoio de Tito Justos e a colaboração de Áquila, Prisca, Loide e Eunice, sugere que, desde o princípio, a proposta do Evangelho foi aceita, principalmente pelos gentios, e que, em contrapartida, houve a rejeição por parte dos membros da sinagoga local à ideia de que Jesus era superior a Moisés. A experiência, ligeiramente referida em *II Coríntios*, 12:2, também é detalhadamente relatada em *Paulo e Estêvão*, o que torna possível entender a referência a ela feita na epístola.

As questões pessoais, que de início aparecem como pormenores, são reflexos de situações gerais que dizem respeito, não só a indivíduos em todos os tempos, como, também, às comunidades cristãs de todas as épocas. Temos, nessas cartas, as propostas, exemplos e experiências de como vivenciar o Evangelho dentro do mundo, sem dele se afastar, porque é, sobretudo, no cotidiano que a fé cristã se corporifica, fortalece e cresce. Conflitos, choques de ideias, divergências e condutas são fatores que devem permanecer sob o manto da fraternidade e da caridade.

Nessas cartas, temos também o desenvolvimento de questionamentos e reflexões de Paulo acerca de temas como: vida futura, corpo espiritual e ressurreição. Percebe-se uma profunda convicção acerca de pontos chaves, sem, contudo, uma exposição detalhada de processos e mecanismos, o que deu origem a diversas interpretações. Caberia à Doutrina Espírita, dezoito séculos mais tarde, o completo desenvolvimento de tais mecanismos e processos, demonstrando a profunda vinculação entre as Revelações, que vão se descortinando, no tempo certo, para a Humanidade, apontando os horizontes infinitos do progresso, baseado no amor e na sabedoria.

COMENTÁRIOS À
Primeira carta aos coríntios

*É fiel o Deus que vos chamou à comunhão com
o seu Filho Jesus Cristo, nosso Senhor.*

I Coríntios
1:9

Serve e confia

Frequentemente, aparecem os companheiros que se dizem inabilitados para a tarefa que se lhes conferiu.

Assumiram compromissos de que se afastam nas primeiras dificuldades, alegando incompetência; iniciam empreendimentos de que se retiram, logo surjam certos empeços, declarando-se frágeis para o trabalho a fazer.

E retardam a execução de serviços que lhes carreariam paz e felicidade sem delonga maior.

Se te sentes na órbita de semelhante problema, persevera no dever que abraçaste e não temas.

As Leis Divinas jamais falham.

A Natureza não espera frutos de laranjeira nascente.

A Vida não senta a criança na cátedra do professor.

Se repontam horas de crise nos encargos que te competem, mantém-te firme no lugar de trabalho em que o mundo te colocou e cultiva a certeza de que não te faltará auxílio para a concretização do bem a que te dedicas.

Rememoremos as palavras do Apóstolo Paulo, quando nos assevera: "Fiel é Deus pelo qual fostes chamados", conscientizando-nos de que Deus não nos deixará tentar empresa alguma, acima das forças de que possamos dispor. Com semelhante dedução, prossigamos nas tarefas em que fomos engajados, com vistas ao bem de todos, agindo e aprendendo, trabalhando e servindo, ante a bênção de Deus.

(*Ceifa de luz*. FEB Editora. Cap. 63)

Pois não foi para batizar que Cristo me enviou, mas para anunciar o Evangelho, sem recorrer à sabedoria da linguagem, a fim de que não se torne inútil a cruz de Cristo.

I Coríntios
1:17

Vejamos isso

Geralmente, quando encarnados, sentimos vaidoso prazer em atrair o maior número de pessoas para o nosso modo de crer.

Somos invariavelmente bons pregadores e eminentemente sutis na criação de raciocínios que esmaguem os pontos de vista de quantos nos não possam compreender no imediatismo da luta.

No primeiro pequeno triunfo obtido, tornamo-nos operosos na consulta aos livros santos, não para adquirir mais vasta iluminação, e sim com o objetivo de pesquisar as letras humanas das divinas escrituras, buscando acentuar as afirmativas vulneráveis de nossos opositores.

Se católicos-romanos, insistimos pela observância de nossos amigos à frequência da missa e dos sacramentos materializados; se adeptos das igrejas reformadas, exigimos o comparecimento geral ao culto externo; e, se espiritistas, buscamos multiplicar as sessões de intercâmbio com o plano invisível.

Semelhante esforço não deixa de ser louvável em algumas de suas características; todavia, é imperioso recordar que o aprendiz do Evangelho, quando procura sinceramente compreender o Cristo, sente-se visceralmente renovado na conduta íntima.

Quando Jesus penetra o coração de um homem, converte-o em testemunho vivo do bem e manda-o a evangelizar os seus irmãos com a própria vida, e quando um homem alcança Jesus, não se detém, pura e simplesmente, na estação das palavras brilhantes, mas vive de acordo com o Mestre, exemplificando o trabalho e o amor que iluminam a vida, a fim de que a glória da cruz se não faça vã.

(*Pão nosso*. FEB Editora. Cap. 138)

Com efeito, a linguagem da cruz é loucura para aqueles que se perdem, mas para aqueles que se salvam, para nós, é poder de Deus.

I Coríntios
1:18

A palavra da cruz

A mensagem da cruz é dolorosa em todos os tempos.

Do Calvário desceu para o mundo uma voz, a princípio desagradável e incompreensível.

No martirológio do Mestre situavam-se todos os argumentos de negação superficialmente absoluta.

O abandono completo dos mais amados.

A sede angustiosa.

Capitulação irremediável.

Perdão espontâneo que expressava humilhação plena.

Sarcasmo e ridículo entre ladrões.

Derrota sem defensiva.

Morte infamante.

Mas o Cristo usa o fracasso aparente para ensinar o caminho da Ressurreição eterna, demonstrando que o "eu" nunca se dirigirá para Deus, sem o aprimoramento e sem a sublimação de si próprio.

Ainda hoje, a linguagem da cruz é loucura para os que permanecem interminavelmente no círculo de reencarnações de baixo teor espiritual; semelhantes criaturas não pretendem senão mancomunar-se com a morte, exterminando as mais belas florações do sentimento. Dominam a muitos, incapazes do próprio domínio, ajuntam tesouros que a imprudência desfaz e tecem fios escuros de paixões obcecantes em que sucumbem, vezes sem conto, à maneira da aranha encarcerada nas próprias teias.

Repitamos a mensagem da cruz ao irmão que se afoga na carne e ele nos classificará à conta de loucos, mas todos nós, que temos sido salvos de maiores quedas pelos avisos da fé renovadora, estamos informados de que, nos supremos testemunhos, segue o discípulo para o Mestre, e o Mestre subiu para o Pai, na glória oculta da crucificação.

(*Fonte viva*. FEB Editora. Cap. 97)

Pois está escrito: Destruirei a sabedoria dos sábios e rejeitarei a inteligência dos inteligentes.

I Coríntios
1:19

Acima de nós

Dezenas de séculos passaram sobre o planeta, renovando a estruturação de todos os conceitos humanos.

A ciência da guerra multiplicou os Estados, entretanto, todos os gabinetes administrativos que lhe traçam os escuros caminhos sucumbem, através do tempo, pelas garras dos monstros que eles próprios criaram.

A ciência religiosa estabeleceu muitos templos veneráveis, contudo, toda vez que esses santuários se confiam ao conforto material desregrado, sobre o pedestal do dogma e do despotismo, caem, pouco a pouco, envenenados pelo vírus do separatismo e da perseguição que decretam para os outros.

A ciência filosófica erige sistemas sobre sistemas, todavia, quando procura instalar-se no negativismo absoluto, perante a Divindade do Senhor, sofre humilhações e reveses, dentro dos quais atinge fins integralmente contrários aos que se propunha realizar.

Em toda parte da História, vemos triunfadores de ontem arrojados ao pó da Terra, cientistas que semeiam vaidade e recolhem os frutos da morte, filósofos louvados pela turba invigilante, que plantam audaciosas teorias de raça e economia, conduzindo o povo à fome, à ignorância e à destruição.

Procura, pois, a fé e age, de conformidade com a Lei de Amor que ela te descortina ao coração, porque, acima de nós, infinito é o Poder do Senhor e dia virá em que toda a mentira e toda a vaidade serão confundidas.

(*Vinha de luz*. FEB Editora. Cap. 164)

Nós, porém, anunciamos Cristo crucificado, que para os judeus, é escândalo, para os gentios é loucura.

I Coríntios
1:23

Aos discípulos

A vida moderna, com suas realidades brilhantes, vai ensinando às comunidades religiosas do Cristianismo que pregar é revelar a grandeza dos princípios de Jesus nas próprias ações diárias.

O homem que se internou pelo território estranho dos discursos, sem atos correspondentes à elevação da palavra, expõe-se, cada vez mais, ao ridículo e à negação.

Há muitos séculos prevalece o movimento de filosofias utilitaristas. E, ainda agora, não escasseiam orientadores que cogitam da construção de palácios egoísticos à base do magnetismo pessoal e psicólogos que ensinam publicamente a sutil exploração das massas.

É nesse quadro obscuro do desenvolvimento intelectual da Terra que os aprendizes do Cristo são expoentes da filosofia edificante da renúncia e da bondade, revelando em suas obras isoladas a experiência divina daquele que preferiu a crucificação ao pacto com o mal.

Novos discípulos, por isso, vão surgindo, além do sacerdócio organizado. Irmãos dos sofredores, dos simples, dos necessitados, os espiritistas cristãos encontram obstáculos terríveis na cultura intoxicada do século e no espírito utilitário das ideias comodistas.

Há quase dois mil anos, Paulo de Tarso aludia ao escândalo que a atitude dos aprendizes espalhava entre os judeus e à falsa impressão de loucura que despertava nos ânimos dos gregos.

Os tempos de agora são aqueles mesmos que Jesus declarava chegados ao planeta; e os judeus e gregos, atualizados hoje nos negocistas desonestos e nos intelectuais vaidosos, prosseguem na mesma posição do início. Entre eles, surge o continuador do Mestre, transmitindo-lhe o ensinamento com o verbo santificado pelas ações testemunhais.

Aparecem dificuldades, sarcasmos e conflitos... O aprendiz fiel, porém, não se atemoriza. O comercialismo da avareza permanecerá com o escândalo, e a instrução envenenada demorar-se-á com os desequilíbrios que lhe são inerentes. Ele, contudo, seguirá adiante, amando, exemplificando e educando com o Libertador Imortal.

(*Vinha de luz*. FEB Editora. Cap. 7)

Quanto a nós, não recebemos o espírito do mundo, mas o Espírito que vem de Deus [...].

I Coríntios
2:12

Como cooperas?

Lendo a afirmativa de Paulo, reconhecemos que, em todos os tempos, o discípulo sincero do Evangelho é defrontado pelo grande conflito entre as sugestões da região inferior e as inspirações das esferas superiores da vida.

O "espírito do mundo" é o acervo de todas as nossas ações delituosas, em séculos de experiências incessantes; o "espírito que provém de Deus" é o constante apelo das Forças do Bem, que nos renovam a oportunidade de progredir cada dia, a fim de descobrirmos a glória eterna a que a infinita Bondade nos destinou.

Deus é o Pai da Criação.

Tudo, fundamentalmente, pertence a Ele.

Todo campo de trabalho é do Senhor, todo serviço que se fizer será entregue ao Senhor, mas nem todas as ações que se processam na atividade comum provêm do Senhor.

Coexistem nas oficinas terrestres, quaisquer que sejam, a criação divina e a colaboração humana. E cooperadores surgem que se valem da mordomia para exercer a dominação cruel, que se aproveitam da inteligência para intensificar a ignorância alheia ou que estimam a enxada prestimosa, não para cultivar o campo, mas para utilizá-la no crime.

O cientista, no conforto do laboratório, e o marinheiro rude, sob a tempestade, estão trabalhando para o Senhor; entretanto, para a felicidade de cada um, é importante saber como estão trabalhando.

Lembremo-nos de que há serviço divino dentro de nós e fora de nós. A favor de nossa própria redenção, é justo indagar se estamos cooperando com o espírito inferior que nos dominava até ontem ou se já nos afeiçoamos ao espírito renovador do eterno Pai.

(*Vinha de luz*. FEB Editora. Cap. 106)

[...] Nós, porém, temos o pensamento de Cristo.

I Coríntios
2:16

No dia da incerteza

Para qualquer de nós, chega o minuto das grandes hesitações.

Trabalhamos, por tempo enorme, no encalço de determinada realização e eis que, de chofre, todo o nosso esforço parece perdido...

Buscávamos diretrizes no exemplo de alguém, que aceitávamos como possuindo bastante virtude para guiar-nos a vida e esse alguém falha desastradamente no instante preciso em que mais lhe requisitamos as luzes...

Contávamos com certos recursos para o atendimento a compromissos diversos e esses recursos como que se evaporam, deixando-nos amarguradamente frustrados...

Retínhamos elementos valiosos que nos garantiam segurança e tranquilidade e, por circunstâncias inelutáveis, nos vemos privados deles, largados à prova, sem alegria e sem direção...

Todos somos surpreendidos pelo dia nublado de incerteza em que nos reconhecemos perplexos.

Por dentro, ansiedade; por fora, consternação...

Não nos sintamos, porém, sozinhos.

Dispomos da mente de Cristo, o Divino Mestre da Alma.

Roguemos a Jesus caminho e sustento.

A hora da incerteza é, sobretudo, a hora da prece.

Quando a sombra chega é o momento de fazer luz.

(*Palavras de vida eterna.* Ed. Comunhão Espírita Cristã. Cap. 176)

Dei-vos a beber leite, não alimento sólido, pois não o podíeis suportar. Mas nem mesmo agora podeis.

I Coríntios
3:2

Amizade e compreensão

Muitos companheiros de luta exigem cooperadores esclarecidos para as tarefas que lhes dizem respeito, amigos valiosos que lhes entendam os propósitos e valorizem os trabalhos, esquecidos de que as afeições, quanto as plantas, reclamam cultivo adequado.

Compreensão não se improvisa. É obra de tempo, colaboração, harmonia.

O próprio Cristo, primeiramente, semeou o ideal divino no coração dos continuadores, antes de recolher-lhes o entendimento. Sofreu-lhes as negações, tolerou-lhes as fraquezas e desculpou-lhes as exigências para formar, por fim, o colégio apostólico.

Nesse particular, Paulo de Tarso fornece-nos judiciosa lição, declarando aos coríntios que os criara *com leite*. Tão pequena afirmativa transborda sabedoria vastíssima. O Apóstolo generoso, gigante no conhecimento e na fé viva, edificara os companheiros de sua missão evangélica em Corinto, não com o alimento complexo das teses difíceis, mas com os ensinamentos simples da verdade e as puras demonstrações de amor em Cristo Jesus. Não lhes conquistara a confiança e a estima exibindo cultura ou impondo princípios, mas sim orando e servindo, trabalhando e amando.

Existe uma ciência de cultivar a amizade e construir o entendimento. Como acontece ao trigo, no campo espiritual do amor, não será possível colher sem semear.

Examina, pois, diariamente, a tua lavoura afetiva. Observa se estás exigindo flores prematuras ou frutos antecipados. Não te esqueças da atenção, do adubo, do irrigador. Coloca-te na posição da planta em jardim alheio e, reparando os cuidados que exiges, não desdenhes resgatar as tuas dívidas de amor para com os outros.

Imita o lavrador prudente e devotado, se desejas atingir a colheita de grandes e precisos resultados.

(*Vinha de luz*. FEB Editora. Cap. 121)

Eu plantei; Apolo regou, mas é Deus quem fazia crescer.

I Coríntios
3:6

Pretensões

A igreja de Corinto estava cheia de alegações dos discípulos inquietos.

Certos componentes da instituição imprimiam maior valor aos esforços de Paulo, enquanto outros conferiam privilégios de edificação a Apolo.

O advogado dos gentios foi divinamente inspirado, comentando o assunto em sua carta.

Por que pretensões individuais numa obra da qual somos todos beneficiários do mesmo Senhor?

Na atualidade, é louvável o exame da recomendação de Paulo aos coríntios, porquanto já não são os usufrutuários da organização cristã que se rejubilam pela recepção das bênçãos do Evangelho por intermédio desse ou daquele dos trabalhadores do Cristo, mas os operários da causa que, por vezes, chegam ao campo de serviço exibindo-se por vultos destacados dessa ou daquela obra do bem.

A certeza de que "toda boa dádiva vem de Deus" constitui excelente exercício para os trabalhos comuns.

É interessante observar como está sempre disposto o homem a se apropriar de circunstâncias que o elevem no alheio conceito com facilidade. Sempre inclinado a destacar-se nos círculos do bem que ainda lhe não pertence de modo substancial, raramente assume a paternidade dos erros que comete. Essa é uma das singulares contradições da criatura.

Não te esqueças. O serviço é de todos. Uns plantam, outros adubam. Vive contente no setor de trabalho confiado às tuas mãos ou à tua inteligência e serve sem pretensões, porque o homem prepara a terra e organiza a semeadura, por misericórdia da Providência, mas é Deus quem põe as flores nas frondes e concede os frutos, segundo o merecimento.

(*Caminho, verdade e vida.* FEB Editora. Cap. 138)

Compromisso pessoal[31]

Nada de personalismo dissolvente na lavoura do espírito.

Qual ocorre em qualquer campo terrestre, cultivador algum, na gleba da alma, pode jactar-se de tudo fazer nos domínios da sementeira ou da colheita.

Após o esforço de quem planta, há quem siga o vegetal nascente, quem o auxilie, quem o corrija, quem o proteja.

Pensando, porém, no impositivo da descentralização, no serviço espiritual, muitos companheiros fogem à iniciativa nas construções de ordem moral que nos competem. Muitos deles, convidados a compromissos edificantes, nesse ou naquele setor de trabalho, afirmam-se inaptos para a tarefa, como se nunca devêssemos iniciar o aprendizado do aprimoramento íntimo, enquanto que outros asseveram, quase sempre com ironia, que não nasceram para líderes. Os que assim procedem costumam relegar para Deus comezinhas obrigações no que tange à elevação, progresso, acrisolamento ou melhoria, mas as leis do Criador não isentam a criatura do dever de colaborar na edificação do bem e da verdade, em favor de si mesma.

Vejamos a palavra do Apóstolo Paulo, quando já conhecia os problemas do autoaperfeiçoamento, em nos referindo à evangelização: "eu plantei, Apolo regou, mas o crescimento veio de Deus".

A necessidade do devotamento individual à causa da verdade transparece, clara, de semelhante conceituação.

Sabemos que a essência de toda atividade, numa lavra agrícola, procede, originariamente, da Providência Divina. De Deus vêm a semente, o solo, o clima, a seiva e a orientação para o desenvolvimento da árvore, como também dimanam de Deus a inteligência, a saúde, a coragem e o discernimento do cultivador, mas somos obrigados a reconhecer que alguém deve plantar.

(*Entre irmãos de outras terras*. FEB Editora. Cap. 18)

---

[31] Texto publicado em *Ceifa de luz*. FEB Editora. Cap. 39; *Segue-me!...* Ed. O Clarim. Cap. "Alguém deve plantar".

*Nós somos cooperadores de Deus, e vós sois
a seara de Deus, o edifício de Deus.*

I Coríntios
3:9

Sementeira e construção

Asseverando Paulo a sua condição de cooperador de Deus e designando a lavoura e o edifício do Senhor nos seguidores e beneficiários do Evangelho que o cercavam, traçou o quadro espiritual que sempre existirá na Terra em aperfeiçoamento, entre os que conhecem e os que ignoram a verdade divina.

Se já recebemos da Boa-Nova a lâmpada acesa para a nossa jornada, somos compulsoriamente considerados colaboradores do ministério de Jesus, competindo-nos a sementeira e a construção dele em todas as criaturas que nos partilham a estrada.

Conhecemos, pois, na essência, qual o serviço que a Revelação nos indica, logo nos aproximemos da luz cristã.

Se já guardamos a bênção do Mestre, cabe-nos restaurar o equilíbrio das correntes da vida, em que permanecemos, ajudando aos que se desajudam, enxergando algo para os que jazem cegos e ouvindo alguma coisa em proveito dos que permanecem surdos, a fim de que a obra do reino divino cresça, progrida e santifique toda a Terra.

O serviço é de plantação e edificação, reclamando esforço pessoal e boa vontade para com todos, porquanto, de conformidade com a própria simbologia do Apóstolo, o vegetal pede tempo e carinho para desenvolver-se e a casa sólida não se ergue num dia.

Em toda parte, porém, vemos pedreiros que clamam contra o peso do tijolo e da areia e cultivadores que detestam as exigências de adubo e proteção à planta frágil.

O ensinamento do Evangelho, contudo, não deixa margem a qualquer dúvida.

Se já conheces os benefícios de Jesus, és colaborador dele, na vinha do mundo e na edificação do espírito humano para a Eternidade.

Avança na tarefa que te foi confiada e não temas. Se a fé representa a nossa coroa de luz, o trabalho em favor de todos é a nossa bênção de cada dia.

(*Fonte viva*. FEB Editora. Cap. 68)

Cooperemos fielmente

O Pai é o Supremo Criador da Vida, mas o homem pode ser fiel cooperador dele.

Deus visita a criatura pela própria criatura.

Almas cerradas sobre si mesmas declarar-se-ão incapazes de serviços nobres; afirmar-se-ão empobrecidas ou incompetentes.

Há companheiros que atingem o disparate de se proclamarem tão pecadores e tão maus que se sentem inabilitados a qualquer espécie de concurso sadio na obra cristã, como se os devedores e os ignorantes não necessitassem trabalhar na própria melhoria.

As portas da colaboração com o Divino Amor, porém, permanecem constantemente abertas e qualquer homem de mediana razão pode identificar a chamada para o serviço divino.

Cultivemos o bem, eliminando o mal.

Façamos luz onde a treva domine.

Conduzamos harmonia às zonas em discórdia.

Ajudemos a ignorância com o esclarecimento fraterno.

Seja o amor ao próximo nossa base essencial em toda construção no caminho evolutivo.

Até agora, temos sido pesados à economia da vida.

Filhos perdulários, ante o Orçamento Divino, temos despendido preciosas energias em numerosas existências, desviando-as para o terreno escuro das retificações difíceis ou do cárcere expiatório.

Ao que nos parece, portanto, segundo os conhecimentos que possuímos, por "acréscimo de misericórdia", já é tempo de cooperarmos fielmente com Deus, no desempenho de nossa tarefa humilde.

(*Vinha de luz*. FEB Editora. Cap. 48)

A obra de cada um será posta em evidência. O Dia a tornará conhecida, pois ele se manifestará pelo fogo e o fogo provará o que vale a obra de cada um.

I Coríntios
3:13

Obra pessoal

Ninguém julgue que seus trabalhos individuais sejam elementos perdidos na vastidão imensurável da obra coletiva.

Tudo está sendo analisado pelas Forças Superiores que dominam a vida.

Se o homem pudesse apreender a extensão das energias que o cercam modificaria toda atitude que não evidenciasse a verdade, renovaria qualquer conceito que fugisse do bem.

Há seres cujo padrão de vida, por enquanto, não poderá se distanciar em excesso das operações propriamente animais.

Mas quantos possuem raciocínio para a indagação da origem e do destino, deveriam compreender que se encontram em uma expressão de lutas transitórias.

Que lhes pede a existência fragmentária?

Nutrição e reprodução são meios.

O homem, portanto, não tem por finalidade suprema o ato de comer e de perpetuar-se, já convertidos por sua imprevidência em glutoneria e perversidade.

O fim de sua passagem no mundo é aprendizado, é a aquisição do espírito de serviço, é a obra de seu aperfeiçoamento, através de labores duros e persistentes.

O planeta é a oficina luminosa, que jamais se encontrou acéfala.

Quem te enviou ao trabalho da Terra está observando o teu esforço.

Não peças muita apreciação dos que te cercam; eles também são identificados por olhos vigilantes.

Cumpre o teu dever.

As gotas d'água fornecem uma ideia de nosso patrimônio coletivo, mas não somos simples gotas d'água.

Somos filhos de Deus e nossa tarefa pessoal se manifestará, fatalmente, na obra d'Ele.

(*Luz no caminho*. Ed. Cultura Espírita União. Cap. "Obra pessoal")

Provas de fogo

A indústria mecanizada dos tempos modernos muito se refere às provas de fogo para positivar a resistência de suas obras e, ponderando o feito, recordemos que o Evangelho, igualmente, se reporta a essas provas, há quase vinte séculos, com respeito às aquisições espirituais.

Escrevendo aos coríntios, Paulo imagina os obreiros humanos construindo sobre o único fundamento, que é Jesus Cristo, organizando cada qual as próprias realizações, de conformidade com os recursos evolutivos.

Cada discípulo, entretanto, deve edificar o trabalho que lhe é peculiar, convicto de que os tempos de luta descobri-lo-ão aos olhos de todos, para que se efetue reto juízo acerca de sua qualidade.

O aperfeiçoamento do mundo, na feição material, pode fornecer a imagem do que seja a importância dessas aferições de grande vulto. A Terra permanece cheia de fortunas, posições, valores e inteligências que não suportam as provas de fogo; mal se aproximam os movimentos purificadores, descem, precipitadamente, os degraus da miséria, da ruína, da decadência. No serviço do Cristo, também é justo que o aprendiz aguarde o momento de verificação das próprias possibilidades. O caráter, o amor, a fé, a paciência, a esperança representam conquistas para a vida eterna, realizadas pela criatura, com o auxílio santo do Mestre, mas todos os discípulos devem contar com as experiências necessárias que, no instante oportuno, lhe provarão as qualidades espirituais.

(*Pão nosso*. FEB Editora. Cap. 18)

Não sabeis que sois templo de Deus e que o Espírito de Deus habita em vós?

I Coríntios
3:16

Educa

Na semente minúscula reside o germe do tronco benfeitor.
No coração da terra, há melodias da fonte.
No bloco de pedra, há obras-primas de estatuária.
Entretanto, o pomar reclama esforço ativo.
A corrente cristalina pede aquedutos para transportar-se incontaminada.
A joia de escultura pede milagres do buril.
Também o espírito traz consigo o gene da Divindade.
Deus está em nós, quanto estamos em Deus.

Mas, para que a luz divina se destaque da treva humana, é necessário que os processos educativos da vida nos trabalhem no empedrado caminho dos milênios.

Somente o coração enobrecido no grande entendimento pode vazar o heroísmo santificante.

Apenas o cérebro cultivado pode produzir iluminadas formas de pensamento.

Só a grandeza espiritual consegue gerar a palavra equilibrada, o verbo sublime e a voz balsamizante.

Interpretemos a dor e o trabalho por artistas celestes de nosso acrisolamento.

Educa e transformarás a irracionalidade em inteligência, a inteligência em Humanidade e a Humanidade em angelitude.

Educa e edificarás o paraíso na Terra.

Se sabemos que o Senhor habita em nós, aperfeiçoemos a nossa vida, a fim de manifestá-lo.

(*Fonte viva.* FEB Editora. Cap. 30)

Ora, o que se requer dos administradores, é que cada um seja fiel.

I Coríntios
4:2

Guardemos lealdade

Vivamos cada dia fazendo o melhor ao nosso alcance.
Se administras, sê justo na distribuição do trabalho.
Se legislas, sê fiel ao bem de todos.
Se espalhas os dons da fé, não te descuides das almas que te rodeiam.
Se ensinas, sê claro na lição.
Se te devotas à arte, não corrompas a inspiração divina.
Se curas, não menosprezes o doente.
Se constróis, atende à segurança.
Se aras o solo, faze-o com alegria.
Se cooperas na limpeza pública, abraça na higiene o teu sacerdócio.
Se edificaste um lar, sublima-o para as bênçãos de amor e luz, ainda mesmo que isso te custe aflição e sacrifício.

Não te inquietes por mudanças inesperadas, nem te impressione a vitória aparente daqueles que cuidam de múltiplos interesses, com exceção dos que lhes dizem respeito.

Recorda o olhar vigilante da Divina Providência que nos observa todos os passos.

Lembra-te de que vives, onde te encontras, por iniciativa do Poder Maior que nos supervisiona os destinos e guardemos lealdade às obrigações que nos cercam. E, agindo incessantemente na extensão do bem no campo de luta que a vida nos confia, esperemos por novas decisões da Lei a nosso respeito, porque a própria Lei nos elevará de plano e nos sublimará as atividades no momento oportuno.

(*Fonte viva*. FEB Editora. Cap. 115)

Permaneçamos fiéis[32]

Num aparelho, a segurança da produção exige que cada peça funcione, no lugar próprio. Numa orquestra, para que a sinfonia alcance todo o vigor melódico, é forçoso se localize cada instrumento na função que lhe cabe.

---

[32] Texto publicado em *Palavras de vida eterna*. Ed. Comunhão Espírita Cristã. Cap. 124.

Na obra do Evangelho, é imprescindível também que cada tarefeiro se compenetre das atribuições de que foi investido.

Dirás que o Senhor liquidará todas as necessidades, que Ele não dorme sobre as promessas feitas, que a Sua Infinita Bondade solucionará todos os problemas, que a nossa fé precisa sustentar-se, incondicional, e estarás proclamando a verdade, mas a verdade não endossa a preguiça ou a imprudência dos servos.

O comandante de um grande navio pode ser um gênio de sabedoria e bondade, mas toda a direção se compromete, de imediato, se o mais obscuro cooperador da embarcação coloca uma bomba na casa de máquinas.

Seja qual seja a nossa posição, a serviço do Mestre, é imperioso refletir que, se esperamos por Ele, é natural que Ele igualmente espere por nós.

Não obstante os erros que ainda nos assinalem o coração, sejamos sinceros em nós mesmos e estejamos decididos a cumprir o dever que esposamos, diante de consciência.

Desistamos de alegar tropeços e culpas, inibições e defeitos para a fuga das responsabilidades que nos competem.

O próprio boi, mostrando os cascos empastados de lama, para servir no arado, junto ao homem, deve ser um animal fiel.

(*Reformador*, nov. 1962, p. 242)

Julgo que Deus nos expôs, a nós, apóstolos, em último lugar, como condenados à morte: fomos dados em espetáculo ao mundo, aos anjos e aos homens.

I Coríntios
4:9

Apóstolos

O apóstolo é o educador por excelência. Nele residem a improvisação de trabalho e o sacrifício de si mesmo para que a mente dos discípulos se transforme e se ilumine, rumo à Esfera superior.

O legislador formula decretos que determinam o equilíbrio e a justiça na zona externa do campo social.

O administrador dispõe dos recursos materiais e humanos, acionando a máquina dos serviços terrestres.

O sacerdote ensina ao povo as maneiras da fé, em manifestações primárias.

O artista embeleza o caminho da inteligência, acordando o coração para as mensagens edificantes que o mundo encerra em seu conteúdo de espiritualidade.

O cientista surpreende as realidades da Sabedoria Divina criadas para a evolução da criatura e revela-lhes a expressão visível ou perceptível ao conhecimento popular.

O pensador interroga, sondando os fenômenos passageiros.

O médico socorre a carne enfermiça.

O guerreiro disciplina a multidão e estabelece a ordem.

O operário é o ativo menestrel das formas, aperfeiçoando os vasos destinados à preservação da vida.

Os apóstolos, porém, são os condutores do espírito.

Em todas as grandes causas da Humanidade, são instituições vivas do exemplo revelador, respirando no mundo das causas e dos efeitos, oferecendo em si mesmos a essência do que ensinam, a verdade que demonstram e a claridade que acendem ao redor dos outros. Interferem na elaboração dos pensamentos dos sábios e dos ignorantes, dos ricos e dos pobres, dos grandes e dos humildes, renovando-lhes o modo de crer e de ser, a fim de que o mundo se engrandeça e se santifique. Neles surge a equação dos fatos e das ideias, de que se constituem pioneiros ou defensores, pela doação total de si próprios em benefício de todos. Por isso, passam na Terra, trabalhando e lutando, sofrendo e crescendo sem descanso, com etapas numerosas pelas cruzes da incompreensão e da dor. Representando, em si, o fermento espiritual que leveda a massa do progresso e do aprimoramento, transitam no mundo, conforme a definição de Paulo de Tarso, como se estivessem colocados pela Providência Divina nos últimos lugares da experiência humana, à maneira de condenados a incessante sofrimento, pois neles estão condensadas a demonstração positiva do bem para o mundo, a possibilidade de atuação para os Espíritos superiores e a fonte de benefícios imperecíveis para a Humanidade inteira.

(*Fonte viva*. FEB Editora. Cap. 57)

Mas, se o Senhor o permitir, em breve irei ter convosco, e tomarei conhecimento não das palavras dos orgulhosos, mas do seu poder.

I Coríntios
4:19

Não as palavras

Cristo e os seus cooperadores não virão ao encontro dos aprendizes para conhecerem as palavras dos que vivem na falsa concepção do destino, mas sim dos que se identificaram com o espírito imperecível da construção evangélica.

É indubitável que o Senhor se interessará pelas obras; contudo, toda vez que nos reportamos a obras, geralmente os ouvintes somente se lembram das instituições materiais, visíveis no mundo, ricas ou singelas, simples ou suntuosas.

Muita vez, as criaturas menos favorecidas de faculdades orgânicas, qual o cego ou o aleijado, acreditam-se aniquiladas ou inúteis, ante conceituação dessa natureza.

É que, comumente, se esquece o homem das obras de santificação que lhe compete efetuar no próprio espírito.

Raros entendem que é necessário manobrar pesados instrumentos da vontade a fim de conquistar terreno ao egoísmo; usar enxada de esforço pessoal para o estabelecimento definitivo da harmonia no coração. Poucos se recordam de que possuem ideias frágeis e pequeninas acerca do bem e que é imprescindível manter recursos íntimos de proteção a esses germens para que frutifiquem mais tarde.

É lógico que as palavras dos que não vivem inchados de personalismo serão objeto das atenções do Mestre, em todos os tempos, mesmo porque o verbo é também força sagrada que esclarece e edifica. Urge, todavia, fugir aos abusos do palavrório improdutivo que menospreza o tempo na "vaidade das vaidades".

Não olvides, pois, que, antes das obras externas de qualquer natureza, sempre fáceis e transitórias, tens por fazer a construção íntima da sabedoria e do amor, muito difícil de ser realizada, na verdade, mas, por isto mesmo, sublimada e eterna.

(*Vinha de luz*. FEB Editora. Cap. 72)

Que preferis? Que eu vos visite com vara ou com amor e em espírito de mansidão?

I Coríntios
4:21

De que modo?

Por vezes, o Apóstolo dos Gentios, inflamado de sublimes inspirações, trouxe aos companheiros interrogativas diretas, quase cruéis, se consideradas tão somente em sentido literal, mas portadoras de realidade admirável, quando vistas por intermédio da luz imperecível.

Em todas as casas cristãs vibram irradiações de amor e paz. Jesus nunca deixou os seguidores fiéis esquecidos, por mais separados caminhem no terreno das interpretações.

Emissários abnegados do devotamento celestial espalham socorro santificante em todas as épocas da Humanidade. A História é demonstração dessa verdade inconteste.

A nenhum século faltaram missionários legítimos do bem.

Promessas e revelações do Senhor chegam aos portos do conhecimento, de mil modos.

Os aprendizes que ingressaram nas fileiras evangélicas, portanto, não podem alegar ignorância de objetivo a fim de esconderem as próprias falhas. Cada qual, no lugar que lhe compete, já recebeu o programa de serviço que lhe cabe executar, cada dia. Se fogem ao trabalho e se escapam ao testemunho, devem semelhante anomalia à própria vontade paralítica.

Eis por que é possível surja um momento em que o discípulo ocioso e pedinchão poderá ouvir o Mestre, sem intermediários, exclamando de igual modo: "Que quereis? Irei ter convosco com vara ou com amor e espírito de mansidão?".

(Pão nosso. *FEB Editora.* Cap. 152)

[...] Não sabeis que um pouco de fermento leveda toda a massa?

I Coríntios
5:6

Fermento espiritual

O fermento é uma substância que excita outras substâncias, e nossa vida é sempre um fermento espiritual com que influenciamos as existências alheias. Ninguém vive só.

Temos conosco milhares de expressões do pensamento dos outros e milhares de outras pessoas nos guardam a atuação mental, inevitavelmente.

Os raios de nossa influência entrosam-se com as emissões de quantos nos conhecem direta ou indiretamente, e pesam na balança do mundo para o bem ou para o mal.

Nossas palavras determinam palavras em quem nos ouve, e, toda vez que não formos sinceros, é provável que o interlocutor seja igualmente desleal.

Nossos modos e costumes geram modos e costumes da mesma natureza, em torno de nossos passos, mormente naqueles que se situam em posição inferior à nossa, nos círculos da experiência e do conhecimento.

Nossas atitudes e atos criam atitudes e atos do mesmo teor, em quantos nos rodeiam, porquanto aquilo que fazemos atinge o domínio da observação alheia, interferindo no centro de elaboração das forças mentais de nossos semelhantes.

O único processo, portanto, de reformar edificando é aceitar as sugestões do bem e praticá-las intensivamente, por intermédio de nossas ações.

Nas origens de nossas determinações, porém, reside a ideia.

A mente, em razão disso, é a sede de nossa atuação pessoal, onde estivermos.

Pensamento é fermentação espiritual. Em primeiro lugar estabelece atitudes, em segundo gera hábitos e, depois, governa expressões e palavras, por intermédio das quais a individualidade influencia na vida e no mundo. Regenerado, pois, o pensamento de um homem, o caminho que o conduz ao Senhor se lhe revela reto e limpo.

(*Fonte viva.* FEB Editora. Cap. 76)

Um pouco de fermento[33]

Ninguém vive só.
Nossa alma é sempre núcleo de influência para os demais.
Nossos atos possuem linguagem positiva.
Nossas palavras atuam a distância.
Achamo-nos magneticamente associados uns aos outros.
Ações e reações caracterizam-nos a marcha.
É preciso saber, portanto, que espécie de forças projetamos naqueles que nos cercam.
Nossa conduta é um livro aberto.
Quantos de nossos gestos insignificantes alcançam o próximo, gerando inesperadas resoluções!
Quantas frases, aparentemente inexpressivas, arrojadas de nossa boca, estabelecem grandes acontecimentos!
Cada dia, emitimos sugestões para o bem ou para o mal...
Dirigentes arrastam dirigidos.
Servos inspiram administradores.
Qual é o caminho que a nossa atitude está indicando?
Um pouco de fermento leveda a massa toda.
Não dispomos de recursos para analisar a extensão de nossa influência, mas podemos examinar-lhe a qualidade essencial.
Acautela-te, pois, com o alimento invisível que forneces às vidas que te rodeiam.
Desdobra-se-nos o destino em correntes de fluxo e refluxo. As forças que hoje se exteriorizam de nossa atividade voltarão ao centro de nossa atividade, amanhã.

(*Fonte viva*. FEB Editora. Cap. 108)

---

[33] Texto publicado em *Segue-me!...* Ed. O Clarim. Cap. "As forças do amanhã".

Purificai-vos do velho fermento para serdes nova massa [...].

I Coríntios
5:7

Fermento velho

Existem velhas fermentações de natureza mental, que representam tóxicos perigosos ao equilíbrio da alma.

Muito comum observarmos companheiros ansiosos por íntima identificação com o pretérito, na teia de passadas reencarnações.

Acontece, porém, que a maioria dos encarnados na Terra não possuem uma vida pregressa respeitável e digna, em que possam recolher sementes de exemplificação cristã.

Quase todos nos embebedávamos com o licor mentiroso da vaidade, administrando os patrimônios do mundo, quando não nos embriagávamos com o vinho destruidor do crime, se chamados a obedecer nas obras do Senhor.

Quem possua forças e luzes para conhecer experiências fracassadas, compreendendo a própria inferioridade, talvez aproveite algo de útil, relendo páginas vivas que se foram. Os aprendizes desse jaez, contudo, são ainda raros, nos trabalhos de recapitulação na carne, junto da qual a Compaixão Divina concede ao servo falido a bênção do esquecimento para a valorização das novas iniciativas.

Não guardes, portanto, o fermento velho no coração.

Cada dia nos conclama à vida mais nobre e mais alta.

Reformemo-nos, à claridade do Infinito Bem, a fim de que sejamos nova massa espiritual nas mãos de Nosso Senhor Jesus.

(*Vinha de luz*. FEB Editora. Cap. 64)

De qualquer modo, já é para vós uma falta a existência de litígios entre vós. Por que não preferis, antes, padecer uma injustiça? Por que não vos deixais, antes, defraudar?

I Coríntios
6:7

Revides

Nem sempre as demandas permanecem nos tribunais judiciários, no terreno escandaloso dos processos públicos.

Expressam-se em muito maior escala no centro dos lares e das instituições. Aí se movimentam, por meio do desregramento mental e da conversação em surdina, no lodo invisível do ódio que asfixia corações e anula energias. Se vivem, contudo, é porque componentes da família ou da associação as alimentam com o óleo da animosidade recalcada.

Aprendizes inúmeros se tornam vítimas de semelhantes perturbações, por se acastelarem nos falsos princípios regenerativos.

De modo geral, grande parte prefere a atitude agressiva, de espada às mãos, esgrimindo com calor na ilusória suposição de operar o conserto do próximo.

Prontos a protestar, a acusar e criticar nos grandes ruídos, costumam esclarecer que servem à verdade. Por que motivo, porém, não exemplificam a própria fé, suportando a injustiça e o dano heroicamente, no silêncio da alma fiel, antes da opção por qualquer revide?

Quantos lares seriam felizes, quantas instituições se converteriam em mananciais permanentes de luz, se os crentes do Evangelho aprendessem a calar para falar, a seu tempo, com proveito?

Não nos referimos aqui aos homens vulgares, e sim aos discípulos de Jesus.

Quanto lucrará o mundo, quando o seguidor do Cristo se sentir venturoso em ser mero instrumento do bem nas Divinas Mãos, esquecendo o velho propósito de ser orientador arbitrário do serviço celeste?

(*Pão nosso*. FEB Editora. Cap. 142)

"Os alimentos são para o ventre e o ventre para os alimentos, e Deus destruirá aqueles e este".[34]

I Coríntios
6:13

Manjares

O alimento do corpo e da alma, no que se refere ao pão e à emoção, representa meio para a evolução e não o fim da evolução em si mesma.

Há criaturas, no entanto, que fazem do prato e do continuísmo simplista da espécie únicas razões de ser em toda a vida.

Trabalham para comer e procriam sem pensar.

Quando se lhes fala do espírito ou da eternidade, bocejam despreocupadas, quando não trocam, aflitivamente, de assunto.

Efetivamente, a satisfação dos sentidos fisiológicos é para a alma o amparo que o solo e o adubo constituem para a semente. Todavia, se a semente persiste em reter-se na cova para gozar as delícias do adubo, contrariando a Divina Lei, nunca se lhe utilizará a colaboração preciosa.

Valioso e indispensável à experiência física é o estômago.

Veneráveis e sublimes são as faculdades criadoras.

Urge, contudo, entender as necessidades do espírito imperecível.

Esclarecimento pelo estudo, crescimento mental pelo trabalho e iluminação pela virtude santificante são imperativos para o futuro estágio dos homens.

Quem gasta o tempo consagrando todas as forças da alma às fantasias do corpo, esquecendo-se de que o corpo deve permanecer a serviço da alma, cedo esbarrará na perturbação, na inutilidade ou na sombra.

Para a comunidade dos aprendizes aplicados e prudentes, todavia, brilha no Evangelho o eloquente aviso de Paulo: "Os manjares são para o ventre e o ventre para os manjares; Deus, porém, aniquilará tanto um como os outros".

(*Vinha de luz*. FEB Editora. Cap. 172)

---

[34] O texto do versículo está entre aspas porque a fala é dos coríntios, que enviaram uma carta a Paulo contendo uma série de afirmações que Paulo contesta, explica ou esclarece na presente epístola. Neste caso específico, a resposta de Paulo é: "Mas o corpo não é para a fornicação e, sim, para o Senhor, e o Senhor é para o corpo." Ver *I Coríntios*, 6:13.

[...] glorificai, portanto, a Deus em vosso corpo.[35]

I Coríntios
6:20

Harmonização

(*Harmonização*. Ed. GEEM. Cap. Harmonização)[36]

---

[35] A maioria das traduções, na época de elaboração do comentário, traz como complemento "e no vosso espírito". Os textos gregos críticos atuais, bem como as traduções mais recentes, não trazem essa parte. A carta de Paulo deixa claro que a questão posta pelos membros da comunidade de Corinto era em relação ao uso do corpo, não havendo dúvida quanto à necessidade de glorificar a Deus em espírito.
[36] Vide nota 5.

[...] Mas a ciência incha; é a caridade que edifica.

I Coríntios
8:1

Ciência e amor

A ciência pode estar cheia de poder, mas só o amor beneficia. A ciência, em todas as épocas, conseguiu inúmeras expressões evolutivas. Vemo-la no mundo, exibindo realizações que pareciam quase inatingíveis. Máquinas enormes cruzam os ares e o fundo dos oceanos. A palavra é transmitida, sem fios, a longas distâncias. A imprensa difunde raciocínios mundiais. Mas, para essa mesma ciência pouco importa que o homem lhe use os frutos para o bem ou para o mal. Não compreende o desinteresse, nem as finalidades santas.

O amor, porém, aproxima-se de seus labores e retifica-os, conferindo-lhe a consciência do bem. Ensina que cada máquina deve servir como utilidade divina, no caminho dos homens para Deus, que somente se deveria transmitir a palavra edificante como dádiva do Altíssimo, que apenas seria justa a publicação dos raciocínios elevados para o esforço redentor das criaturas.

Se a ciência descobre explosivos, esclarece o amor quanto à utilização deles na abertura de estradas que liguem os povos; se a primeira confecciona um livro, ensina o segundo como gravar a verdade consoladora. A ciência pode concretizar muitas obras úteis, mas só o amor institui as obras mais altas. Não duvidamos de que a primeira, bem interpretada, possa dotar o homem de um coração corajoso; entretanto, somente o segundo pode dar um coração iluminado.

O mundo permanece em obscuridade e sofrimento, porque a ciência foi assalariada pelo ódio, que aniquila e perverte, e só alcançará o porto de segurança quando se render plenamente ao amor de Jesus Cristo.

(*Caminho, verdade e vida*. FEB Editora. Cap. 152)

Se alguém julga saber alguma coisa, ainda não sabe como deveria saber.

I Coríntios
8:2

Saber como convém

A civilização sempre cuida saber excessivamente, mas, em tempo algum, soube como convém saber.

É por isto que, ainda agora, o avião bombardeia, o rádio transmite a mentira e a morte, e o combustível alimenta maquinaria de agressão.

Assim também, na esfera individual, o homem apenas cogita saber, esquecendo que é indispensável saber como convém.

Em nossas atividades evangélicas, toda a atenção é necessária ao êxito na tarefa que nos foi cometida.

Aprendizes do Evangelho existem que pretendem guardar toda a revelação do Céu para impô-la aos vizinhos; que se presumem de posse da humildade para tiranizarem os outros; que se declaram pacientes, irritando a quem os ouve; que se afirmam crentes, confundindo a fé alheia; que exibem títulos de benemerência, olvidando comezinhas obrigações domésticas.

Esses amigos, principalmente, são daqueles que cuidam saber sem saberem de fato.

Os que conhecem espiritualmente as situações ajudam sem ofender, melhoram sem ferir, esclarecem sem perturbar. Sabem como convém saber e aprenderam a ser úteis. Usam o silêncio e a palavra, localizam o Bem e o Mal, identificam a sombra e a luz e distribuem com todos os dons do Cristo. Informam-se quanto à Fonte da Eterna Sabedoria e ligam-se a ela como lâmpadas perfeitas ao centro da força. Fracassos e triunfos, no plano das formas temporárias, não lhes modificam as energias. Esses sabem porque sabem e utilizam os próprios conhecimentos como convém saber.

(*Vinha de luz*. FEB Editora. Cap. 44)

> *[...] Ai de mim, se eu não anunciar o evangelho!*

I Coríntios
9:16

Na seara evangélica[37]

Às vezes, fugimos ao serviço evangélico, justificando a omissão com os defeitos que ainda nos caracterizam.

Dizemo-nos demasiado fracos para cooperar com a beneficência e desertamos do contato com os irmãos em penúria...

Afirmamo-nos inábeis e recusamos encargos honrosos que se nos confiam...

Proclamamo-nos rudes em excesso e rejeitamos a possibilidade de cooperar no ensinamento edificante...

Asseveramo-nos na posição de Espíritos endividados e fantasiamos incapacidade para o cultivo da fé...

Entretanto, é grande contrassenso semelhante norma de proceder.

Se a criatura humana surgisse instruída no berço, para que a escola na Terra?

Jesus transmitiu as revelações e lições do Evangelho a homens e mulheres débeis, infelizes, revoltados, obsessos, inibidos, ignorantes, desanimados, doentes. Ele próprio declarou não ter vindo ao mundo para curar os sãos.

Evitemos escapatórias, diante da construção do bem, que é dever nosso.

A obra de evangelização e, notadamente, a que Jesus nos concede na seara luminosa da Doutrina Espírita, é oportunidade rara de serviço, melhoria, aprimoramento e felicidade, cujo valor não sabemos ainda apreciar.

Recordemos Paulo de Tarso. Ele, o Apóstolo que recolheu apelos diretos do Cristo à sementeira de luz, foi positivo ao confessar: "Ai de mim se não pregar o Evangelho!".

E nós, em lhe meditando o exemplo, podemos reconhecer que se não aproveitarmos os recursos de trabalho, que o Espiritismo nos oferece, permaneceremos na inferioridade em que temos vivido até hoje, se não descambarmos para coisa pior.

(*Reformador*, jul. 1965, p. 148)

---

[37] Texto publicado em *Bênção de paz*. Ed. GEEM. Cap. 16, com pequenas alterações.

Para os fracos, fiz-me fraco, a fim de ganhar os fracos. Tornei-me tudo para todos, a fim de salvar alguns a todo custo.

I Coríntios
9:22

Incompreensão

A incompreensão, indiscutivelmente, é assim como a treva perante a luz, entretanto, se a vocação da claridade te assinala o íntimo, prossegue combatendo as sombras, nos menores recantos de teu caminho.

Não te esqueças, porém, da Lei do Auxílio e observa-lhe os princípios, antes da ação.

Descer para ajudar é a arte divina de quantos alcançaram conscienciosamente a vida mais alta.

A luz ofuscante produz a cegueira.

Se as estrelas da sabedoria e do amor te povoam o coração, não humilhes quem passa sob o nevoeiro da ignorância e da maldade.

Gradua as manifestações de ti mesmo para que o teu socorro não se faça destrutivo.

Se a chuva alagasse indefinidamente o deserto, a pretexto de saciar-lhe a sede, e se o Sol queimasse o lago, sem medida, com a desculpa de subtrair-lhe o barro úmido, nunca teríamos clima adequado à produção de utilidades para a vida.

Não te faças demasiado superior diante dos inferiores ou excessivamente forte perante os fracos.

Das escolas não se ausentam todos os aprendizes, habilitados em massa, e sim alguns poucos cada ano.

Toda mordomia reclama noção de responsabilidade, mas exige também o senso das proporções.

Conserva a energia construtiva do exemplo respeitável, mas não olvides que a ciência de ensinar só triunfa integralmente no orientador que sabe amparar, esperar e repetir.

Não clames, pois, contra a incompreensão, usando inquietude e desencanto, vinagre e fel.

Há méritos celestiais naquele que desce ao pântano sem contaminar-se, na tarefa de salvação e reajustamento.

O bolo de matéria densa reveste-se de lodo, quando arremessado ao poço lamacento, todavia, o raio de luz visita as entranhas do abismo e dele se retira sem alterar-se.

Que seria de nós se Jesus não houvesse apagado a própria claridade, fazendo-se à semelhança de nossa fraqueza, para que lhe testemunhássemos a missão redentora? Aprendamos com Ele a descer, auxiliando sem prejuízo de nós mesmos.

E, nesse sentido, não podemos esquecer a expressiva declaração de Paulo de Tarso quando afirma que, para a vitória do bem, se fez fraco para os fracos, fazendo-se tudo para todos, a fim de, por todos os meios, chegar a erguer alguns.

(*Fonte viva*. FEB Editora. Cap. 72)

Quanto a mim, é assim que corro, não ao incerto; é assim que pratico o pugilato, mas não como quem fere o ar.

I Coríntios
9:26

Açoitando o ar[38]

Definindo o trabalho intenso que lhe era peculiar na extensão do Evangelho, disse o Apóstolo Paulo com inegável acerto: "Eu por minha parte assim corro, não como na incerteza; de tal modo combato, não como açoitando o ar".

Hoje como ontem, milhares de aprendizes da Boa-Nova gastam-se inutilmente, através da vida agitada, asseverando-se em atividade do Mestre, quando apenas simbolizam números vazios nos quadros da precipitação.

Possuem planos admiráveis que nunca realizam.

Comentam, apressados, os méritos do amor, guardando lamentável indiferença para com determinados familiares que o Senhor lhes confia.

Exaltam a tolerância, como fator de equilíbrio no sustento da paz, contudo se queixam amargamente do chefe que lhes preside o serviço ou do subordinado que lhes empresta concurso.

Recebem os problemas que o mundo lhes oferece, buscando o escape mental.

Expressam-se, acalorados, em questões de fé, alimentando dúvidas íntimas quanto à imortalidade da alma.

Exigem a regeneração plena dos outros, sem cogitar de reajustamento a si mesmos.

Clamam, acusam, projetam, discutem, correm, sonham...

Mas, visitados pela crise que afere em cada Espírito os valores que acumulou em si próprio, diante da vida eterna, vacilam, desencantados, nas sombras da incerteza, e, quando chamados pela morte do corpo à grande renovação, reconhecem, aflitos, que em verdade estiveram na carne combatendo improficuamente, como quem passa na Terra açoitando o ar.

(*Reformador*, jan. 1958, p. 3)

---

[38] Texto publicado em *Palavras de vida eterna*. Ed. Comunhão Espírita Cristã. Cap. 26.

Trato duramente o meu corpo e reduzo-o à servidão, a fim de que não aconteça que, tendo proclamado a mensagem aos outros, venha eu mesmo a ser reprovado.

I Coríntios
9:27

Governo interno

Efetivamente, o corpo é miniatura do Universo.

É imprescindível, portanto, saber governá-lo.

Representação em material terrestre da personalidade espiritual, é razoável esteja cada um atento às suas disposições. Não é que a substância passiva haja adquirido poder superior ao da vontade humana; todavia, é imperioso reconhecer que as tendências inferiores procuram subtrair-nos o poder de domínio.

É indispensável esteja cada homem em dia com o governo de si mesmo.

A vida interior, de alguma sorte, assemelha-se à vida de um Estado. O espírito assume a autochefia, auxiliado por vários ministérios, quais os da reflexão, do conhecimento, da compreensão, do respeito e da ordem. As ideias diversas e simultâneas constituem apelos bons ou maus do parlamento íntimo. Existem, no fundo de cada mente, extensas potencialidades de progresso e sublimação, reclamando trabalho.

O governador supremo que é o espírito, no cosmo celular, redige leis benfeitoras, mas nem sempre mobiliza os órgãos fiscalizadores da própria vontade. E as zonas inferiores continuam em antigas desordens, não lhes importando os decretos renovadores que não hostilizam, nem executam. Em se verificando semelhante anomalia, passa o homem a ser um enigma vivo, quando se não converte num cego ou num celerado.

Quem espera vida sã sem autodisciplina não se distancia muito do desequilíbrio ruinoso ou total.

É necessário instalar o governo de nós mesmos em qualquer posição da vida. O problema fundamental é de vontade forte para conosco, e de boa vontade para com os nossos irmãos.

(*Pão nosso*. FEB Editora. Cap. 158)

Não vos torneis idólatras [...].

I Coríntios
10:7

Perigos sutis

A recomendação de Paulo aos coríntios deve ser lembrada e aplicada em qualquer tempo, nos serviços de ascensão religiosa do mundo.

É indispensável evitar a idolatria em todas as circunstâncias. Suas manifestações sempre representaram sérios perigos para a vida espiritual.

As crenças antigas permanecem repletas de cultos exteriores e de ídolos mortos.

O Consolador, enviado ao mundo na venerável missão espiritista, vigiará contra esse venenoso processo de paralisia da alma.

Aqui e acolá, surgem pruridos de adoração que se faz imprescindível combater. Não mais imagens dos círculos humanos, nem instrumentos físicos supostamente santificados para cerimônias convencionais, mas entidades amigas e médiuns terrenos que a inconsciência alheia vai entronizando, inadvertidamente, no altar frágil de honrarias fantasiosas. É necessário reconhecer que aí temos um perigo sutil, por meio do qual inúmeros trabalhadores têm resvalado para o despenhadeiro da inutilidade.

As homenagens inoportunas costumam perverter os médiuns dedicados e inexperientes, além de criarem certa atmosfera de incompreensão que impede a exteriorização espontânea dos verdadeiros amigos do bem, no plano espiritual.

Ninguém se esqueça da condição de aperfeiçoamento relativo dos mensageiros desencarnados que se comunicam e do quadro de necessidades imediatas da vida dos medianeiros humanos.

Combatamos os ídolos falsos que ameaçam o Espiritismo Cristão. Utilize cada discípulo os amplos recursos da Lei de Cooperação, atire-se ao esforço próprio com sincero devotamento à tarefa e lembremo-nos todos de que, no apostolado do Mestre Divino, o amor e a fidelidade a Deus constituíram o tema central.

(*Pão nosso*. FEB Editora. Cap. 52)

Sem idolatria

Núcleos religiosos de todos os tempos e mesmo certas práticas, estranhas à Religião, têm usado a idolatria como tradição fundamental para manter sempre viva a chama da fé e o calor do ideal.

O hábito vinculou-se tão profundamente ao espírito popular que, em plena atualidade, nos arraiais do Espiritismo Cristão, a desfraldar a bandeira da fé raciocinada, às vezes ainda encontramos criaturas tentando a substituição dos ídolos inertes pelos companheiros de carne e osso da experiência comum, quando chamados ao desempenho da responsabilidade mediúnica.

Urge, desse modo, compreendermos a impropriedade da idolatria de qualquer natureza, fugindo, entretanto, à iconoclastia e à violência no cultivo do respeito e da compreensão diante das convicções alheias de modo a servirmos na libertação mental dos outros, na esfera do bom exemplo.

A advertência apostólica vem comprovar que a Doutrina Cristã, em sua pureza de fundamentos, surgiu no clima da Galileia, dispensando a adoração indébita, em todas as circunstâncias, devendo-se exclusivamente à interferência humana os excedentes que lhe foram impostos ao exercício simples e natural.

Assim, proscreve de teu caminho qualquer prurido idolátrico em torno de objetos ou pessoas, reafirmando a própria emancipação das algemas seculares que vêm cerceando o intercâmbio das criaturas encarnadas com o reino do Espírito, mediante a legítima confiança.

Recebemos hoje a incumbência de aplicar, na edificação do bem desinteressado, o tempo e a energia que desperdiçávamos, outrora, à frente dos ídolos mortos, de maneira a substancializarmos o ideal religioso, no progresso e na educação, prelibando as realidades da vida gloriosa.

(*O espírito da verdade*. FEB Editora. Cap. 72)

*Assim, pois, aquele que julga estar em pé,
tome cuidado para não cair.*

I Coríntios
10:12

No zelo fraternal[39]

Observaste com pesar todos os irmãos do caminho que se arrojaram em situações aflitivas, angariando, para si mesmos, complicados problemas na sombra:

os que perderam a confiança na Providência Divina e se desbordaram nos precipícios da rebeldia;

os que desanimaram à frente das tentações e caíram no logro da morte voluntária;

os que abandonaram as obrigações santificantes que lhes competiam, a pretexto de fadiga ou dificuldade;

os que esmoreceram no serviço de elevação espiritual e buscaram repouso nos refúgios da ilusão;

os que se aprisionaram nas armadilhas da delinquência;

os que se enrodilharam nas teias da obsessão;

os que se cansaram de fazer o bem;

os que trocaram os percalços do trabalho pelos enganos do comodismo.

Diante de todos eles, os nossos irmãos que entraram no cipoal dos obstáculos maiores, não pronuncies censura ou condenação. Ao invés disso, ora por eles.

Recordemos a sábia advertência do Apóstolo Paulo: "Aquele, pois, que pensa estar em pé, olhe não caia".

(*Reformador*, jun. 1967, p. 122)

---

[39] Texto publicado em *Bênção de paz*. Ed. GEEM. Cap. 40.

[...] *"Tudo é permitido",[40] mas nem tudo edifica.*

I Coríntios
10:23

E os fins?

Sempre existiram homens indefiníveis que, se não fizeram mal a ninguém, igualmente não beneficiaram pessoa alguma.

Examinadas nesse mesmo prisma, as coisas do caminho precisam interpretação sensata, para que se não percam na inutilidade.

É lícito ao homem dedicar-se à literatura ou aos negócios honestos do mundo e ninguém poderá contestar o caráter louvável dos que escolhem conscientemente a linha de ação individual no serviço útil. Entretanto, será justo conhecer os fins daquele que escreve ou os propósitos de quem negocia. De que valerá ao primeiro a produção de longas obras, cheias de lavores verbais e de arroubos teóricos, se as suas palavras permanecem vazias de pensamento construtivo para o plano eterno da alma? Em que aproveitará ao comerciante a fortuna imensa, conquistada por meio da operosidade e do cálculo, quando vive estagnada nos cofres, aguardando os desvarios dos descendentes? Em ambas as situações, não se poderia dizer que tais homens cogitavam de realizações ilícitas; todavia, perderam tempo precioso, esquecendo que as menores coisas trazem finalidade edificante.

O trabalhador cônscio das responsabilidades que lhe competem não se desvia dos caminhos retos.

Há muita aflição e amargura nas oficinas do aperfeiçoamento terrestre, porque os seus servidores cuidam, antes de tudo, dos ganhos de ordem material, olvidando os fins a que se destinam. Enquanto isso ocorre, intensificam-se projetos e experimentos, mas falta sempre a edificação justa e necessária.

(*Pão nosso*. FEB Editora. Cap. 28)

---

[40] O texto entre aspas é fala dos membros da comunidade de Corinto. Paulo transcreve na carta a afirmação e a contrapõe.

É preciso que haja até mesmo cisões[41] entre vós, a fim de que se tornem manifestos entre vós aqueles que são comprovados.

I Coríntios
11:19

Heresias

Recebamos os hereges com simpatia, falem livremente os materialistas, ninguém se insurja contra os que duvidam, que os descrentes possuam tribunais e vozes.

Isso é justo.

Paulo de Tarso escreveu este versículo sob profunda inspiração.

Os que condenam os desesperados da sorte não ajuízam sobre o amor divino, com a necessária compreensão. Que dizer-se do pai que amaldiçoa o filho por haver regressado a casa enfermo e sem esperança?

Quem não consegue crer em Deus está doente. Nessa condição, a palavra dos desesperados é sincera, por partir de almas vazias, em gritos de socorro, por mais dissimulados que esses gritos pareçam, sob a capa brilhante dos conceitos filosóficos ou científicos do mundo. Ainda que os infelizes dessa ordem nos ataquem, seus esforços inúteis redundam em benefício para todos, possibilitando a seleção dos valores legítimos na obra iniciada.

Quanto à suposta necessidade de ministrarmos fé aos negadores, esqueçamos a presunção de satisfazê-los, guardando conosco a certeza de que Deus tem muito a dar-lhes. Recebamo-los como irmãos e estejamos convictos de que o Pai fará o resto.

(*Caminho, verdade e vida*. FEB Editora. Cap. 36)

---

[41] A palavra que está nos textos gregos é αἱρέσεις (aireseis), que deu origem a heresia. Essa palavra traz um conjunto de significados dogmáticos, que afasta o seu sentido primordial, que indicava divisão, cisão, separação. As traduções disponíveis à época da elaboração do comentário traziam heresia; contudo, as traduções atuais trazem o termo cisão, que melhor corresponde ao sentido primitivo do termo. Optamos por manter a tradução mais recente do versículo, a fim de que o leitor possa considerar esse aspecto na leitura do comentário.

Há diversidade de dons, mas o Espírito é o mesmo.

I Coríntios
12:4

Cada qual

Em todos os lugares e posições, cada qual pode revelar qualidades divinas para a edificação de quantos com ele convivem.

Aprender e ensinar constituem tarefas de cada hora, para que colaboremos no engrandecimento do tesouro comum de sabedoria e de amor.

Quem administra, mais frequentemente pode expressar a justiça e a magnanimidade.

Quem obedece, dispõe de recursos mais amplos para demonstrar o dever bem cumprido.

O rico, mais que os outros, pode multiplicar o trabalho e dividir as bênçãos.

O pobre, com mais largueza, pode amealhar a fortuna da esperança e da dignidade.

O forte, mais facilmente, pode ser generoso, a todo instante.

O fraco, sem maiores embaraços, pode mostrar-se humilde, em quaisquer ocasiões.

O sábio, com dilatados cabedais, pode ajudar a todos, renovando o pensamento geral para o bem.

O aprendiz, com oportunidades multiplicadas, pode distribuir sempre a riqueza da boa vontade.

O são, comumente, pode projetar a caridade em todas as direções.

O doente, com mais segurança, pode plasmar as lições da paciência no ânimo geral.

Os dons diferem, a inteligência se caracteriza por diversos graus, o merecimento apresenta valores múltiplos, a capacidade é fruto do esforço de cada um, mas o Espírito divino que sustenta as criaturas é substancialmente o mesmo.

Todos somos suscetíveis de realizar muito, na esfera de trabalho em que nos encontramos.

Repara a posição em que te situas e atende aos imperativos do Infinito Bem. Coloca a Vontade Divina acima de teus desejos, e a Vontade Divina te aproveitará.

(*Fonte viva*. FEB Editora. Cap. 4)

No serviço mediúnico[42]

Examinando os dons espirituais ou, mais propriamente, as faculdades mediúnicas, entre os aprendizes do Evangelho, o Apóstolo Paulo afirma categórico no capítulo 12 de sua *Primeira epístola aos coríntios*:

— "Há diversidade de dons, mas o Espírito é o mesmo, há diversidade de ministérios, mas o Senhor é o mesmo e há diversidade de operações, mas é o mesmo Deus que opera tudo em todos. A manifestação do Espírito, porém, é concedida a cada um para o que for útil, pois que a um, pelo Espírito, é dada a palavra da sabedoria, e a outro, pelo mesmo Espírito, a palavra da Ciência; a outro, pelo mesmo Espírito, a fé, e a outro, pelo mesmo Espírito, os dons de curar; a outro, a operação de fenômenos e a outro a profecia; a outro, o dom de discernir os espíritos e a outro a variedade de línguas, e, ainda a outro, a interpretação das línguas. Mas um só e o mesmo Espírito opera todas essas coisas, repartindo particularmente a cada um como lhe apraz."

Parece incrível que explicações tão claras ao redor da mediunidade tenham vindo à luz há dezenove séculos, traçando diretrizes e especificando deveres, pela mão firme daquele que se constituiu em amigo fiel da gentilidade.

Qual disse outrora Paulo, relembremos hoje que a mediunidade é cedida a cada um para o que for útil.

É por isso que, nos quadros da ação espírita, temos instrumentos mediúnicos para o esclarecimento, para a informação, para o reconforto, para a convicção, para o fenômeno, para o socorro aos enfermos, para as manifestações idiomáticas, para a interpretação e para o discernimento, tanto quanto para numerosas outras peculiaridades de serviço; entretanto, nós todos, tarefeiros encarnados e desencarnados que procuramos a nossa regeneração no Evangelho, devemos saber que o Bem de Todos é a luz do Espírito Glorioso de Jesus Cristo que precisamos refletir, nesse ou naquele setor do trabalho.

Abstenhamo-nos, assim, do contato com as forças que operam a perturbação e a desordem, visíveis ou invisíveis, na certeza de que daremos conta dos dotes mediúnicos com que fomos temporariamente felicitados, porque o Espírito do Senhor, por seus Mensageiros, nos aquinhoa com esse ou aquele empréstimo de energias medianímicas, a título precário, para a nossa própria edificação e segundo as nossas necessidades.

(*Reformador*, out. 1958, p. 219)

---

[42] Texto publicado em *Palavras de vida eterna*. Ed. Comunhão Espírita Cristã. Cap. 42.

Diversos modos de ação, mas é o mesmo
Deus que realiza tudo em todos.

I Coríntios
12:6

Diversidade

Sem luz espiritual no caminho, reduz-se a experiência humana a complicado acervo de acontecimentos sem sentido.

Distantes da compreensão legítima, os corações fracos interpretam a vida por mera penitência expiatória, enquanto os cérebros fortes observam na luta planetária desordenada aventura.

A peregrinação terrena, todavia, é curso preparatório para a vida mais completa. Cada espírito exercita-se no campo que lhe é próprio, dilatando a celeste herança de que é portador.

A Força Divina está operando em todas as inteligências e superintendendo todos os trabalhos.

É indispensável, portanto, guardarmos muito senso da obra evolutiva que preside aos fenômenos do Universo.

Não existem milagres de construção repentina no plano do espírito, como é impossível improvisar, de momento para outro, qualquer edificação de valor na zona da matéria.

O serviço de iluminação da mente, com a elevação dos sentimentos e raciocínios, demanda tempo, esforço, paciência e perseverança. Daí, a multiplicidade de caracteres a se aprimorarem na oficina da vida humana, e, por isso mesmo, a organização de classes, padrões e esferas em número infinito, obedecendo aos superiores desígnios do Pai.

É necessário, pois, que os discípulos da Revelação Nova, com o Cristianismo redivivo, aprendam a valorizar a oportunidade do serviço de cada dia, sem inquietudes, sem aflições. Todas as atividades terrestres, enquadradas no bem, procedem da orientação divina que aproveita cada um de nós outros, segundo a posição em que nos colocamos na ascensão espiritual.

Toda tarefa respeitável e edificante é de origem celeste. Cada homem e cada mulher podem funcionar em campos diferentes, no entanto, em circunstância alguma deveremos esquecer a indiscutível afirmação de Paulo, quando assevera que "há diversidade de operações, mas é o mesmo Deus que opera tudo em todos".

(*Vinha de luz*. FEB Editora. Cap. 96)

Cada um recebe o dom de manifestar o Espírito para a utilidade de todos.

I Coríntios
12:7

Encargos[43]

Cada individualidade encontra na reencarnação um quadro de valores potenciais de trabalho, análogos àqueles que a pessoa recebe quando é favorecida por um cargo determinado.

Assim como o obreiro é indicado para integrar a tabela nominativa de certa repartição, com atribuições específicas, também nós, quando nos dirigimos para a esfera física, recolhemos semelhante designação; somos como que nomeados para servir em determinado setor de atividade e, consequentemente, colocados na equipe de familiares e companheiros que nos possibilitam a execução da tarefa. Mas, se a obtenção do cargo resulta de concessão ou de ordem do Plano superior, o aproveitamento do encargo depende do interessado em desenvolver ou consolidar os próprios méritos. À face disso, precisamos considerar que todos possuímos o talento da capacidade para investir na edificação do bem, onde estivermos.

Ninguém está órfão de oportunidade.

Em toda parte, há serviço que prestar e o melhor que fazer.

Observa em torno de ti e ouvirás múltiplos chamamentos à obra do progresso geral. Ninguém está privado do ensejo de auxiliar o próximo, elevar, consolar, instruir, renovar.

Não te detenhas.

O amparo do Senhor é concedido a cada ser humano, visando ao proveito de todos.

Considera a indicação que recebeste para servir, segundo as possibilidades que te enriquecem o coração e as mãos.

O cargo vem à nossa esfera de ação, por efeito da Providência Divina, mas a valorização do encargo parte de nós.

(*Ceifa de luz*. FEB Editora. Cap. 40)

---

[43] Texto publicado em *Segue-me!...* Ed. O Clarim. Cap. "O proveito de todos".

Disponibilidades mediúnicas[44]

São muitos os chamados ao campo da atividade espírita-cristã.

Encontramo-los, a cada trecho do caminho, sobretudo relacionando fenômenos.

Descrevem sonhos, expõem revelações que lhes dizem respeito, alinham ocorrências de sentido premonitório, narram visões...

A maioria, no entanto, deserta do serviço.

Alguns chegam a solicitar o socorro de amigos para se livrarem das possibilidades medianímicas com que foram beneficiados, à maneira de enfermos interessados em evitar o remédio que lhes asseguraria a saúde ou de lavradores que se determinassem a fugir do arado capaz de propiciar-lhes o tesouro da colheita. Junto desses, aparecem ainda os que se encantam com os recursos psíquicos de que são detentores, para atraírem vantagens pessoais, ante os caçadores de entretenimentos vazios.

A observação do Evangelho, todavia, é clara demais para que nos enganemos.

Ninguém recebe disponibilidades mediúnicas para escondê-las ou esbanjá-las através de inutilidade ou conveniência.

Reflitamos no conceito sábio e oportuno do Apóstolo Paulo: "A manifestação do Espírito é concedida a cada um, visando a um fim proveitoso".

(*Reformador*, abr. 1965, p. 74)

Manifestações espirituais

Com a revivescência do Cristianismo puro, nos agrupamentos do Espiritismo com Jesus, verifica-se idêntica preocupação às que torturavam os aprendizes dos tempos apostólicos, no que se refere à mediunidade.

A maioria dos trabalhadores na evangelização inquieta-se pelo desenvolvimento imediato de faculdades incipientes.

Em determinados centros de serviço, exigem-se realizações superiores às possibilidades de que dispõem; em outros, sonha-se com fenômenos de grande alcance.

O problema, no entanto, não se resume a aquisições de exterior.

---

[44] Texto publicado em *Bênção de paz*. Ed. GEEM. Cap. 11, com pequenas alterações.

Enriqueça o homem a própria iluminação íntima, intensifique o poder espiritual, por meio do conhecimento e do amor, e entrará na posse de tesouros eternos, de modo natural.

Muitos aprendizes desejariam ser grandes videntes ou admiráveis reveladores, embalados na perspectiva de superioridade, mas não se abalançam nem mesmo a meditar no suor da conquista sublime.

Inclinam-se aos proventos, mas não cogitam do esforço. Nesse sentido, é interessante recordar que Simão Pedro, cujo espírito se sentia tão bem com o Mestre glorioso no Tabor, não suportou as angústias do Amigo flagelado no Calvário.

É justo que os discípulos pretendam o engrandecimento espiritual; todavia, quem possua faculdade humilde não a despreze porque o irmão mais próximo seja detentor de qualidades mais expressivas. Trabalhe cada um com o material que lhe foi confiado, convicto de que o supremo Senhor não atende, no problema de manifestações espirituais, conforme o capricho humano, mas sim de acordo com a utilidade geral.

(*Pão nosso*. FEB Editora. Cap. 162)

Se o corpo todo fosse olho, onde estaria a audição?
Se fosse todo ouvido, onde estaria o olfato?

I Coríntios
12:17

Encargos pequeninos[45]

Se não acreditas no valor dos instrumentos e encargos diminutos, pensa num carro sem rodas, num piano sem teclas, num grande sistema de serviço elétrico sem o fio de condução da força...

Não fossem as gotas d´água e a fonte não existiria.

Recusasse a semente a própria segregação no solo e a Terra se converteria em deserto.

Não se resignasse a pedra com o próprio anonimato nos alicerces e um edifício seguro jamais se colocaria de pé.

Lembra-te da poção medicamentosa que te suprime a dor, do copo de água pura que te dessedenta, do livro simples que baseia a cultura complexa e jamais te digas inútil.

Somente aquele que se dispõe a fazer as coisas pequeninas, que sabe e pode, virá a saber e a poder realizar grandes coisas.

Qualquer subida exige passos e degraus.

Assim também nas ascensões do espírito a que se refere o Evangelho do Senhor. Chegarás futuramente às culminâncias do serviço e da luz, na esfera de ação direta do Cristo de Deus, mas, para isso, é imprescindível que faças agora tão bem, quanto te seja possível, todo o bem que és capaz de fazer.

(*Reformador*, out. 1967, p. 218)

---

[45] Texto publicado em *Bênção de paz*. Ed. GEEM. Cap. 7, com pequenas alterações; *Centelhas*. Ed. IDE. Cap. 6.

Se o conjunto fosse um só membro, onde estaria o corpo?

I Coríntios
12:19

Em equipe[46]

Na edificação espírita-cristã, auxiliemos cada companheiro a perceber o valor do esforço que se lhe atribui.

Nunca será demais repetir que todos, encarnados e desencarnados, atendendo aos interesses da própria evolução, na obra da Doutrina Espírita, funcionamos em equipe, visando a um fim – a consolidação do bem geral.

Cada tarefeiro é situado no lugar certo, para a cooperação exata.

Esse retém a palavra vibrante, aquele conserva com mais segurança o senso da direção, outro escreve de modo convincente, outro ainda, com mais propriedade, fornece a energia curadora... Há quem se responsabilize pela escola, pelo conforto moral, pela assistência aos necessitados, pela enfermagem da alma...

Todo trabalho a fazer, quanto ocorre a cada peça de determinado engenho, é de suma importância. Em razão disso, não existem privilégios ou distinções na construção da Espiritualidade Superior.

O colaborador requestado à produção de fenômenos espetaculares ou aos efeitos brilhantes da inteligência, não é maior que o obreiro encarregado de lenir feridas ou suprimir aflições na retaguarda.

O Apóstolo Paulo, em se reportando ao assunto, articulou esta feliz expressão: "Se todos, porém, fossem um só membro, onde estaria o corpo?".

Os olhos não substituem os ouvidos e nem as mãos tomam para si os deveres dos pés; contudo, trabalham todos, interligados, em proveito da personalidade real.

Aprendamos com a Natureza e, sustentando-nos na posição que nos é própria, aprimoremos, quanto possível, a nossa capacidade de servir, reconhecendo sempre que a seara do bem pertence ao Senhor.

(*Reformador*, abr. 1965, p. 74)

---

[46] Texto publicado em *Bênção de paz*. Ed. GEEM. Cap. 10.

Ora, vós sois o corpo de Cristo e sois os seus membros, cada um por sua parte.

I Coríntios
12:27

Na construção do Mestre[47]

O Evangelho não nos convida à confiança preguiçosa nos poderes do Cristo, qual se estivéssemos assalariados para funcionar em claques de adoração vazia.

O Apóstolo Paulo faz-nos sentir toda a extensão da responsabilidade que nos compete à frente da Boa-Nova.

Cada cristão é parte viva do corpo de princípios do Mestre, com serviço em particular.

Não te iludas, assim, fixando-te exclusivamente em afirmações labiais de fé no Senhor, sem adesão do próprio esforço ao trabalho edificante que nos foi reservado.

Sentindo, pensando, falando e agindo nessa ou naquela ocorrência, é indispensável compreender que é preciso sentir, pensar, falar e agir, como se o Mestre estivesse sentindo, pensando, falando e agindo em nós e por nós.

Alguém provavelmente dirá que isso seria atrevida superestimação de nós próprios; entretanto, apesar de nossas evidentes imperfeições, é forçoso começar a viver no Senhor para que o Senhor viva onde nos cabe viver.

Para isso, perguntemos diariamente a nós mesmos como faria Jesus o que estamos fazendo, porque, sendo o Cristo o dirigente e mentor de nossa fé, todos nós, servos dele, somos chamados, no setor da atividade individual, a defini-lo e retratá-lo com fiel expressão.

(*Reformador*, abr. 1964, p. 74)

Ante a bênção do corpo

A pretexto de atingir a virtude não menosprezes o corpo que te auxilia a conquistá-la.

O veículo orgânico para o espírito reencarnado é a máquina preciosa, capaz de ofertar-lhe às mãos de operário da Vida imperecível o rendimento da evolução.

---

[47] Texto publicado em *Palavras de vida eterna*. Ed. Comunhão Espírita Cristã. Cap. 157.

Há quem lhe condene as peças enobrecidas à ferrugem destruidora.

São os irmãos que se deixam vencer pelas teias da inércia ou pelo bolor do desânimo.

Conhecemos aqueles que lhe relegam a engrenagem à perturbação e à desordem.

São os companheiros que preferem o desequilíbrio e a intemperança para conselheiros de cada dia.

Observamos frequentemente os que lhe arrojam as possibilidades ao fogo devorador.

São os amigos, voluntariamente entregues a furiosas paixões que lhes devastam a mente.

Anotamos, ainda, aqueles que lhe cedem a direção a malfeitores confessos.

Temos nessa imagem todos aqueles que se comprazem com os empreiteiros da delinquência, a desenvolverem lamentáveis processos de obsessão.

Preserva o teu corpo à feição do trabalhador responsável e consciente que protege o instrumento de serviço que a vida lhe confiou.

Foge ao tormento do excesso, ao azinhavre da preguiça e à excitação da imprudência.

Bendizendo o templo de recursos físicos em que te situas passarás sobre a Terra, abençoando e servindo, convertendo as cordas de tua alma em harpa divina para que o Senhor, através delas, possa desferir para o mundo as melodias da beleza, os cânticos do progresso e os poemas do amor, em celeste exaltação da Alegria imortal.

(*Ceifa de luz*. FEB Editora. Cap. 33)

Na seara espírita[48]

Em Doutrina Espírita, é indispensável nos convençamos, definitivamente — todos nós, os seus cultivadores —, de que não fomos chamados às construções de espiritualidade para desempenhar a mera função de espectadores.

Jamais escorarmo-nos na ideia de imperfeição pessoal, para demitir-nos do trabalho a fazer.

Observar que as edificações do bem comum, acima de tudo, pertencem a nós, que lhes percebemos a urgência e a necessidade, e não a outros que ainda não despertaram, em espírito, para considerar-lhes a importância.

---

[48] Texto publicado em *Bênção de paz*. Ed. GEEM. Cap. 41.

Não nos queixarmos da falta de orientação no dever a cumprir, porquanto estamos informados com respeito às atitudes que nos competem na esfera da consciência.

Não transferir aos amigos, sejam quais forem, a culpa de nossos fracassos ou qualquer das obrigações que a vida nos atribui.

Olvidar a sensibilidade ferida e atuar incessantemente, para que se realize o bem de todos.

Fugirmos de contendas, em torno de problemas doutrinários acessórios, mas sustentar o conceito criterioso e sereno, na preservação dos valores essenciais.

Estimar a posição de todos os companheiros no degrau em que se colocam, sem desprezar a nenhum.

Cientificarmo-nos de que o conselho bom, sem o bom exemplo, é comparável a promissória sem crédito a caminho de protesto nos tribunais da vida, por falta de pagamento.

Erguer o esforço da ação construtiva ao nível de nossa responsabilidade, identificável na altura de nossa palavra edificante.

Acatar as experiências alheias e aproveitá-las.

Resistirmos à influência do mal, sem render-nos à falsa suposição de que não podemos abolir ou diminuir o quadro das provações necessárias.

Nunca vivermos tão profundamente mergulhados nos grandes ideais, que não encontremos tempo para as demonstrações pequeninas de entendimento e de afeto.

Equilibrarmos os recursos da existência, de modo que não sejamos pesados à coletividade a que se vincula a nossa cooperação.

Recusar privilégios.

Reconhecermos que, se a Doutrina Espírita nos serve e auxilia de inúmeros modos, é natural que ela chegue até nós, esperando venhamos a conhecer e praticar a nossa obrigação de auxiliar e servir.

(*Reformador*, fev. 1967, p. 26)

Membros divinos

Não é admissível que alguém entregue o espírito à direção do Cristo e a veste corporal aos adversários da Luz Divina.

Muitos crentes transviados realizam estações de prazer, nos continentes do crime, e exclamam inconscientes: "Hoje, meu corpo atende a fatalidades do mundo, mas, amanhã, estarei na igreja com Jesus".

Outros, depois de confiarem a mocidade à tutela do vício, aguardam a decrepitude, a fim de examinarem os magnos problemas espirituais.

Existem, igualmente, os que flagelam a carne, com mortificações descabidas, supondo cooperar no aprimoramento da alma, empregando, para isso, tão somente alguns fenômenos de epiderme.

Todos os aprendizes dessa classe desconhecem que a vida em Cristo é equilíbrio justo, encarnando-lhe os sentimentos e os desígnios, em todas as linhas do serviço terrestre. Paulo de Tarso assevera que somos os membros do Mestre, "em particular".

Onde estivermos, atendamos ao impositivo de nossas tarefas, convencidos de que nossas mãos substituem as do celeste Trabalhador, embora em condição precária.

O Senhor age em nós, a favor de nós.

É indiscutível que Jesus pode tudo, mas, para fazer tudo, não prescinde da colaboração do homem que lhe procura as determinações. Os cooperadores fiéis do Evangelho são o corpo de trabalho em sua obra redentora.

Haja, pois, entre o servo e o orientador legítimo entendimento.

Jesus reclama instrumentos e companheiros. Quem puder satisfazer ao imperativo sublime, recorde que deve comparecer diante dele, demonstrando harmonia de vistas e objetivos, em primeiro lugar.

(*Vinha de luz*. FEB Editora. Cap. 148)

Aspirai aos dons mais altos. Aliás, passo a indicar-vos um caminho que ultrapassa a todos.

I Coríntios
12:31

Procuremos com zelo

A ideia de que ninguém deve procurar aprender e melhorar-se para ser mais útil à Revelação divina é muito mais uma tentativa de consagração à ociosidade que um ensaio de humildade incipiente.

A vida é curso avançado de aprimoramento, por meio do esforço e da luta, e se a própria pedra deve sofrer o burilamento para refletir a luz, que dizer de nós mesmos, chamados, desde agora, a exteriorizar os recursos divinos?

Ninguém interrompa o serviço abençoado da sua educação, a pretexto de cooperar com o Céu, porque o progresso é um comboio de rodas infatigáveis que relega para trás os que se rebelam contra os imperativos da frente.

É indispensável avançar com a melhoria consequente de tudo o que nos rodeia.

E o Evangelho não endossa qualquer atitude de expectativa displicente.

A palavra de Paulo é demasiado significativa.

Dirigindo-se aos coríntios, o Apóstolo da Gentilidade exorta-os a procurarem com fervor os melhores dons.

É imprescindível nos disponhamos a adquirir as qualidades mais nobres de inteligência e coração, sublimando a individualidade imperecível.

Cultura e santificação, por meio do trabalho e da fraternidade, constituem dever para todas as criaturas.

Autoaperfeiçoamento é obrigação comum.

Busquemos, zelosos, a elevação de nós mesmos, assinalando a nossa presença, seja onde for, com as bênçãos do serviço a todos, e tão logo estejamos integrados no esforço digno, dentro da ação pessoal e incessante no bem, o Alto nos descortinará mais iluminados caminhos para a ascensão.

(*Fonte viva*. FEB Editora. Cap. 54)

Em ação espírita[49]

Em ação espírita evangélica, é preciso saber, antes de tudo, que nos achamos na edificação do Reino de Deus, a começar no burilamento de nós mesmos.

Reconhecer diante de qualquer pessoa que estamos convidados pelo Senhor à tarefa bendita de auxiliar.

Substituir a crítica pelo apoio fraterno, tanto possível, e, mesmo quando estejamos intimados ao serviço de correção, nunca executá-lo sem colocar-nos no lugar do companheiro passível de reprimenda, a fim de que a nossa palavra perca a propriedade de ferir.

Jamais esquecermos a obrigação de estudar para discernir com segurança.

Considerarmos com apreço e gratidão o esforço construtivo de todos os companheiros.

Aceitarmos com alegria a indicação para prestar pequeninos serviços.

Opinar em qualquer assunto com sinceridade sem rudeza, e com brandura sem engodo. Interpretarmos as dificuldades da vida por testes que nos positivem o valor da fé.

Usar para o bem comum quaisquer talentos que possuamos.

Não nos ausentarmos dos compromissos assumidos.

Compreendermos que todos necessitamos uns dos outros, e que ninguém pode trabalhar com eficiência, sem cultivar a cooperação.

Encontrar na mediunidade um instrumento para a sustentação da felicidade geral, sem escravizá-la aos nossos caprichos.

Aplicar os princípios da caridade no total das nossas obrigações.

Nunca desesperar nem desanimar, à frente das provações, sejam elas quais forem.

Servir sempre.

Confiar na vitória final do bem.

(*Reformador*, fev. 1967, p. 26)

---

[49] Texto publicado em *Bênção de paz*. Ed. GEEM. Cap. 42.

Ainda que eu falasse línguas, as dos homens e as dos anjos, se eu não tivesse a caridade, seria como bronze que soa ou como címbalo que tine.

I Coríntios
13:1

Compreensão

Parafraseando o Apóstolo Paulo, ser-nos-á lícito afirmar, ante as lutas renovadoras do dia a dia:

Se falo nos variados idiomas do mundo e até mesmo na linguagem do Plano Espiritual, a fim de comunicar-me com os irmãos da Terra, e não tiver compreensão dos meus semelhantes, serei qual gongo que soa vazio ou qual martelo que bate inutilmente;

Se cobrir-me de dons espirituais e adquirir fé, a ponto de transplantar montanhas, e não tiver compreensão das necessidades do próximo, nada sou;

E se vier a distribuir todos os bens que acaso possua, a benefício dos companheiros em dificuldades maiores que as nossas, ou entregar-me à fogueira em louvor de minhas próprias convicções, e não demonstrar compreensão, em auxílio dos que me cercam, isso de nada me aproveitaria.

A compreensão é tolerante, prestimosa, não sente inveja, não se precipita e não se ensoberbece em coisa alguma. Não se desvaira em ambição, não se apaixona pelos interesses próprios, não se irrita, nem suspeita mal. Tudo suporta, crê no bem, espera o melhor e sofre sem reclamar. Não se regozija com a injustiça e, sim, procura ser útil, em espírito e verdade.

De todas as virtudes, permanecem por maiores a fé, a esperança e a caridade; e a caridade, evidentemente, é a maior de todas; entretanto, urge observar que, se fora da caridade não há salvação, sem compreensão a caridade falha sempre em seus propósitos, sem completar-se para ninguém.

(*Ceifa de luz*. FEB Editora. Cap. 29)

Qualificação espírita[50]

Adotando a caridade por base de todas as suas aspirações e instituições, o espírita evangélico em tudo patenteia as marcas do caráter cristão de que dá testemunho.

---

[50] Texto publicado em *Bênção de paz*. Ed. GEEM. Cap. 47.

É por isso que se mostra:
- justo sem rigorismo;
- sincero sem agressão;
- paciente sem preguiça;
- digno sem orgulho;
- generoso sem desperdício;
- previdente sem avareza;
- alegre sem abuso;
- entusiasta sem imprudência;
- simples sem afetação;
- correto sem frieza;
- fervoroso sem dogmatismo;
- indulgente sem leviandade;
- afetuoso sem ciúme;
- humilde sem baixeza;
- sensível sem pieguice;
- brando sem subserviência;
- enérgico sem dureza;
- tolerante sem exagero;
- altruísta sem pretensão.

Informado de que "fora da caridade não há salvação" e compreendendo que "salvar", essencialmente, significa "livrar de ruína ou perigo", dá-se o espírita à divina virtude, desde o mais singelo recurso da beneficência até o mais profundo traço do próprio caráter, demonstrando ao mundo, conforme os preceitos do Cristo, que, se as boas obras constituem a educação da caridade, os bons exemplos formam a caridade da educação.

(*Reformador*, maio 1967, p. 98)

Ainda que distribuísse todos os meus bens aos famintos, ainda que entregasse meu corpo às chamas, se não tivesse a caridade, isso nada me adiantaria.

I Coríntios 13:3

Doação e atitude

Coloca o próprio coração na dádiva que fizeres.

Reveste de amor as tuas ações de bondade a fim de que os irmãos, caídos em penúria, se levantem ao toque de tua influência e nunca se vejam ofuscados ou deprimidos, diante das virtudes que, porventura, já possas demonstrar.

Foi o Apóstolo Paulo quem proclamou com sabedoria: "E ainda que eu distribua todos os meus bens, entre os necessitados, se não tiver caridade, nada disso me aproveitará".

(*Material de construção*. Ed. IDEAL. Cap. 5)

A caridade é paciente, a caridade é prestativa, não é invejosa, não se ostenta, não se incha de orgulho.

I Coríntios
13:4

Serviço e inveja[51]

Muitos companheiros asseveram a disposição de ajudar, em nome da caridade; entretanto, para isso, exigem os recursos que pertencem aos outros.

Querem amparar os necessitados...

Mas dizem aguardar vencimento igual ao do colega que lhes tomou a frente na organização de trabalho.

Declaram-se inclinados ao socorro de meninos desprotegidos...

Alegam, todavia, que apenas assumirão a iniciativa quando possuírem casa semelhante à do amigo mais próspero.

Afirmam-se desejosos de colaborar na construção da fé, amando e esclarecendo a quem sofre...

Interpõem, no entanto, a condição de desfrutarem a autoridade dos irmãos que se encarregam dessa ou daquela instituição, antes deles.

Expõem a intenção de escrever, na difusão da luz espiritual...

Contudo, somente entrarão em atividade quando dispuserem da competência de quantos já despenderam larga parte da vida, na estruturação da palavra escrita.

Se aspiras a servir ao bem, não te detenhas na cobiça expectante, a pedir que a possibilidade dos outros te passe às mãos.

A caridade não é invejosa.

Façamos a nossa parte.

(*Reformador*, abr. 1961, p. 76)

Beneficência e paciência[52]

Beneficência, sim, para com todos:

Prato dividido.

Veste aos nus.

Remédio aos doentes.

---

[51] Texto publicado em *Palavras de vida eterna*. Ed. Comunhão Espírita Cristã. Cap. 93.
[52] Texto publicado em *Palavras de vida eterna*. Ed. Comunhão Espírita Cristã. Cap. 94, com pequenas alterações.

Asilo aos que vagueiam sem teto.
Proteção à criança desamparada.
Auxílio ao ancião em desvalimento.
Socorro às viúvas.
Refúgio aos indigentes.
Consolo aos tristes.
Esperança aos que choram.
Entretanto, é preciso estender a bondade noutros setores:
Compreensão em família.
Trabalho sem queixa.
Cooperação sem atrito.
Pagamento sem choro.
Atenção a quem fale, ainda mesmo sem qualquer propósito edificante.
Respeito aos problemas dos outros.
Serenidade nas horas difíceis.
Silêncio às provocações.
Tolerância para com as ideias alheias.
Gentileza na rua.

A beneficência pode efetuar prodígios, levantando a generosidade e conquistando a gratidão; contudo, em nome da caridade, toda beneficência, para completar-se, não pode viver sem a paciência.

(*Reformador,* abr. 1961, p. 76)

Paciência e construção[53]

Indiscutivelmente, não consegues corrigir, como talvez desejes, os desacertos da Humanidade, mas é possível ajustar o próprio coração à lei do amor, a fim de que a redenção do mundo encontre em ti mesmo o ponto necessário de expansão.

Não julgues, porém, que pressa ou violência sejam climas adequados de ação para a vitória do bem.

Amarás e servirás; entretanto, não só isso: esperarás também.

Compreensão pede amadurecimento de raciocínio nos refolhos da alma.

Que dizer do lavrador que propiciasse leito e adubo à semente, sob a condição de ser correspondido com o fruto em apenas algumas horas? Do

---

[53] Texto publicado em *Bênção de paz.* Ed. GEEM. Cap. 60, com pequenas alterações.

professor que instituísse o apoio da escola, exigindo, por isso, que o aluno efetue a conquista de todos os louros culturais numa semana?

Auxilia aqueles a quem amas; no entanto, não lhes solicites espetáculos de entendimento e gratidão que ainda não sejam capazes de oferecer.

Que seria de nós se fôssemos constrangidos a pagar de improviso as contas do amor que temos recebido e com que temos sido sustentados na longa fieira de nossas reencarnações, através dos séculos? Pensa nisso e semeia o bem quanto possas, porque a caridade é paciente e na caridade infatigável se edifica, em favor de nós todos, a paciência de Deus.

(*Reformador*, set. 1967, p. 196)

O irmão

Quem dá para mostrar-se é vaidoso.

Quem dá para torcer o pensamento dos outros, dobrando-o aos pontos de vista que lhe são peculiares, é tirano.

Quem dá para livrar-se do sofredor é displicente.

Quem dá para exibir títulos efêmeros é tolo.

Quem dá para receber com vantagens é ambicioso.

Quem dá para humilhar é companheiro das obras malignas.

Quem dá para sondar a extensão do mal é desconfiado.

Quem dá para afrontar a posição dos outros é soberbo.

Quem dá para situar o nome na galeria dos benfeitores e dos santos é invejoso.

Quem dá para prender o próximo e explorá-lo é delinquente potencial.

Em todas essas situações, na maioria dos casos, quem dá se revela um tanto melhor que todo aquele que não dá, de mente cristalizada na indiferença ou na secura; todavia, para aquele que dá, irradiando o amor silencioso, sem propósitos de recompensa e sem mescla de personalismo inferior, reserva o Plano maior o título de Irmão.

(*Vinha de luz*. FEB Editora. Cap. 163)

[...] tudo suporta.

I Coríntios
13:7

O amor tudo sofre[54]

O noticiário terrestre reporta-se diariamente a desvarios cometidos em nome do amor.

Homicídios são perpetrados publicamente.

Suicídios sulcam de pranto e desolação a rota de lares esperançosos.

Furto, contenda, injúria e perversidade aparecem todos os dias invocando a inspiração do sentimento sublime.

Mulheres indefesas, homens dignos, jovens promissores e infelizes crianças, em toda a parte, sofrem abandono e aflição sob a legenda celeste.

Entretanto, só o egoísmo, traduzindo apego da alma ao bem próprio, é que patrocina os golpes da delinquência, os enganos da posse, os erros da impulsividade e os desacertos da pressa... Apenas o egoísmo gera ciúme e despeito, vingança e discórdia, acusação e cegueira.

O amor, longe disso, sabe rejubilar-se com a alegria dos corações amados, esposando-lhes as lições e as dificuldades, as dores e os compromissos.

Não se atropela, nem se desmanda.

Abraça o sacrifício próprio, em favor da felicidade da criatura a quem ama, a razão da própria felicidade.

Por esse motivo, no amor verdadeiro não há sinal de qualquer precipitação conclamando à imoderação ou à loucura.

O Apóstolo Paulo afirmou divinamente inspirado: "O amor tudo sofre...".

E, de nossa parte, acrescentaremos: O amor genuíno jamais se desregra ou se cansa, porque realmente sabe esperar.

(*Reformador*, abr. 1958, p. 74)

---

[54] Texto publicado em *Palavras de vida eterna*. Ed. Comunhão Espírita Cristã. Cap. 32.

A caridade jamais passará. Quanto às profecias, desaparecerão. Quanto às línguas, cessarão. Quanto à ciência, também desaparecerá.

I Coríntios
13:8

Nas trilhas da caridade[55]

A caridade possui maneiras múltiplas de ajudar, em tudo aplicando o senso das dimensões.

No atendimento de cada necessidade, ei-la que se expressa, não somente com a luz da bondade, mas também com o metro da prudência:

distribuindo alimento com as vítimas da penúria, abstém-se de azedar o pão com o vinagre da repreenda, respeitando a condição dos que lhe batem à porta;

medicando o enfermo, não lhe exige atitudes em desacordo com os desajustes orgânicos em que o socorrido se veja, e sim escolhe os melhores gestos de tolerância e compreensão, de modo a servi-lo;

alfabetizando o ignorante, não lhe reclama demonstrações de cultura, antes do aprendizado, mas revela paciência e brandura para guiar-lhe a inteligência, nos mais simples degraus da escola.

Assim também, se invocamos a caridade a fim de orientar os que se transviam, não nos cabe esquecer as dificuldades em que se encontram. Para recuperar-lhes o equilíbrio, não basta identificar-lhes as fraquezas e reprová-las. É imprescindível anotar-lhes a posição desfavorável e socorrê-los sem exigência.

Daí, o impositivo de se reconhecer, em qualquer parte, quanto à distribuição da verdade, que, se existe um modo distinto para que a beneficência exerça a caridade de saber assistir, nos domínios do corpo, nos reinos do espírito é preciso que ela aperfeiçoe, igualmente, a caridade de saber explicar.

(*Reformador*, jul. 1966, p. 146)

Progresso e amor[56]

Mais atenção para os fenômenos da vida e verificaremos a instabilidade de todos os processos de aperfeiçoamento a que se lhe atrela o carro evolutivo, com exceção do amor que lhe sustenta as bases eternas.

---

[55] Texto publicado em *Bênção de paz*. Ed. GEEM. Cap. 30, com pequenas alterações.
[56] Texto publicado em *Bênção de paz*. Ed. GEEM. Cap. 57, com pequenas alterações.

Muitas vezes, afligem-se os cultivadores da fé, perante os exotismos que surgem nos caminhos do povo, nos tempos de mais intensiva renovação.

Obviamente, é preciso guardar a chama da confiança em Deus, com absoluta fidelidade às leis do Bem Eterno, a cavaleiro de quaisquer extravagâncias que alguém nos queira impingir; todavia, com a nossa lealdade ao Senhor, é forçoso não conturbar a nossa tarefa com receios pueris.

"A caridade jamais acaba..." asseverou o Apóstolo Paulo, guiado pela Inspiração Divina.

Remontemos ao passado e observaremos, com apoio na História, que as definições propriamente humanas sofrem transformações incessantes.

Leis terrestres, com raras exceções, são muito diferentes de século para século.

A ciência é sempre clara no propósito de acertar, mas é um quadro de afirmações provisórias, lidando, incessantemente, a caminho de mais amplos contatos com os princípios que regem as atividades do Universo.

A cultura intelectual assemelha-se a largo movimento de ideias que procura esquecer a maior parte das concepções que valorizava ontem, para lembrar o que precisa estudar hoje, de modo a atingir o que deve ser amanhã.

A arte modifica-se, de época para época.

Progresso, na essência, é mudança com alicerces na experimentação.

Tudo, na superfície da vida, é transformação permanente, mas por dentro dela vige o amor invariável.

Não te assustes, assim, diante das inovações que caracterizam o espírito humano, insatisfeito e irrequieto, até que obtenha a madureza necessária, à frente do Mundo e do Universo.

Cultiva o amor que constrói e ilumina, na esfera de cada um de nós, para a imortalidade, de vez que, enquanto aparecem e desaparecem as inquietações humanas, "a caridade jamais acaba".

(*Reformador*, set. 1967, p. 196)

A luz inextinguível

Permaneces no campo da experiência humana, em plena atividade transformadora.

Todas as situações de que te envaideces, comumente, são apenas ângulos necessários, mas instáveis de tua luta.

A fortuna material, se não a fundamentas no trabalho edificante e contínuo, é patrimônio inseguro.

A família humana, sem laços de verdadeira afinidade espiritual, é ajuntamento de almas, em experimentação de fraternidade, da qual te afastarás, um dia, com extremas desilusões.

A eminência diretiva, quando não solidificada em alicerces robustos de justiça e sabedoria, de trabalho e consagração ao bem, é antecâmara do desencanto.

A posição social é sempre um jogo transitório.

As emoções da esfera física, em sua maior parte, apagam-se como a chama duma vela.

A mocidade do corpo denso é floração passageira.

A fama e a popularidade costumam ser processos de tortura incessante.

A tranquilidade mentirosa é introdução a tormentos morais.

A festa desequilibrante é véspera de laborioso reparo.

O abuso de qualquer natureza compele ao reajustamento apressado.

Tudo, ao redor de teus passos, na vida exterior, é obscuro e problemático.

O amor, porém, é a luz inextinguível.

A caridade jamais se acaba.

O bem que praticares, em algum lugar é teu advogado em toda parte.

Pelo amor que nos eleva, o mundo se aprimora.

Ama, pois, em Cristo, e alcançarás a glória eterna.

(*Vinha de luz*. FEB Editora. Cap. 162)

A caridade nunca falha

Quem escolhe intenções elevadas no desempenho de sua atividade, jamais esbarra em fracasso.

Quem perdoa de coração qualquer ofensa, não aloja o arrependimento no íntimo.

Quem se vê incompreendido ao elaborar o ato digno, recebe em seu favor a compreensão da Misericórdia de Cima.

Quem visa o interesse do próximo na obra em curso, somente descobre motivos para confiar no próprio êxito.

Quem estuda para ajudar a outrem com o facho do conhecimento, invariavelmente alcançará o aprendizado.

Quem se sacrifica para minorar o sofrimento daqueles que lhe rodeiam a marcha, demanda novos domínios da felicidade essencial.

Quem se esforça por viver o amor puro sob qualquer aspecto, acerta sempre no instante de definição.

Eis por que assevera o Apóstolo aos irmãos de Corinto:

— "A caridade nunca falha".

Realmente, a caridade expressa a perfeição dentre as manifestações da criatura e dimana, em seus fundamentos, do Amor Infinito de Deus.

Um ato de caridade traz em si a argamassa indestrutível da Eterna Perfeição, composta de sabedoria e justiça, trabalho e solidariedade, confiança e paz.

O erro torna-se inexequível ao espírito quando o coração perdoa sem condições, estuda com dignidade ou trabalha desinteressadamente.

Assim, a luz da caridade jamais se extingue.

Onde surge, as controvérsias transformam-se em colóquios fraternais, a tristeza rende-se à alegria, o desânimo perde a razão de ser e as almas aceleram o voo na esteira evolutiva.

Muitos aprendizes da Verdade pesquisam sofregamente a fórmula ideal para a vitória na Vida, no entanto, ela aí brilha à mão de qualquer um, estruturada na gradação infinita da caridade.

Busquemos, pois, prosseguir sem falhas.

Volta o olhar para o cosmo interior e procede à avaliação da própria conduta segundo o câmbio único da virtude sublime e estarás vivendo, em ti mesmo, a batalha sem derrotas, o itinerário sem desvios, a luta sem quedas e a luz sem sombras, sob o beneplácito d'Aquele que é Todo-Amor e Todo-Justiça.

(*Ideal espírita*. Ed. Comunhão Espírita Cristã. Cap. 70)

Quando era criança, falava como criança, pensava como criança, raciocinava como criança. Depois que me tornei homem, fiz desaparecer o que era próprio da criança

I Coríntios
13:11

Madureza espiritual[57]

Antes do esclarecimento espírita, é compreensível que a criatura subverta o valores da vida, mas, depois de investir-se na posse do conhecimento da própria imortalidade e das leis que lhe regem os destinos, a maneira espírita de se conduzir claramente lhe revela o caráter cristão nas mínimas circunstâncias da existência.

É por esse motivo que o espírita evangélico:
– age sem apego;
– progride sem soberbia;
– ama sem egoísmo;
– serve sem recompensa;
– auxilia sem reclamação;
– aprende sem vaidade;
– ensina sem exigência;
– esclarece sem azedume;
– perdoa sem condição;
– espera sem ociosidade;
– corrige sem reproche;
– observa sem malícia;
– socorre sem barulho;
– opera sem temeridade;
– colabora sem constrangimento;
– constrói sem alarde;
– confia sem bazófia;
– administra sem imposição;
– obedece sem servilismo.

O espírita evangélico, onde esteja e com quem esteja, sabe perfeitamente que as suas convicções se erigem à condição de veículos das ideias que abraça e, em razão disso, seleciona as suas próprias atitudes perante o mundo e a

---

[57] Texto publicado em *Benção de paz*. Ed. GEEM. Cap. 48.

vida, consciente de que, havendo atingido a madureza espiritual, se pode fazer o que quer, somente acerta com as Leis do Senhor quando faz o que deve.

(*Reformador*, maio 1967, p. 98)

Agora, portanto, permanecem fé, esperança, caridade, essas três coisas. A maior delas, porém, é a caridade.

I Coríntios
13:13

Caridade do entendimento

Na sustentação do progresso espiritual precisamos tanto da caridade quanto do ar que nos assegura o equilíbrio orgânico.

Lembra-te de que a interdependência é o regime instituído por Deus para a estabilidade de todo o Universo e não olvides a compreensão que devemos a todas as criaturas.

Compreensão que se exprima, através de tolerância e bondade incessantes, na sadia convicção de que ajudando aos outros é que poderemos encontrar o auxílio indispensável à própria segurança.

À frente de qualquer problema complexo naqueles que te rodeiam, recorda que não seria justa a imposição de teus pontos de vista para que se orientem na estrada que lhes é própria.

O Criador não dá cópias e cada coração obedece a sistema particular de impulsos evolutivos.

Só o amor é o clima adequado ao entrelaçamento de todos os seres da Criação e somente através dele integrar-nos-emos na sinfonia excelsa da vida.

Guarda, em todas as fases do caminho, a caridade que identifica a presença do Senhor nos caminhos alheios, respeitando-lhes a configuração com que se apresentem.

Não te esqueças de que ninguém é ignorante porque o deseje e, estendendo fraternos braços aos que respiram atribulados na sombra, diminuirás a penúria que se extinguirá, por fim, no mundo, quando cada consciência ajustar-se à obrigação de servir sem mágoa e sem exigência, na certeza de que apenas amando e auxiliando sem reclamar é que permaneceremos felizes na ascensão para Deus.

(*Ceifa de luz*. FEB Editora. Cap. 1)

Caridade

A caridade é sempre uma bênção de Deus, mas não se restringe ao pão e ao agasalho que distribuas.

Vemo-la por serviço aos outros, em qualquer parte.

Caridade será tolerar com paciência o parente necessitado, respeitar as dificuldades do vizinho sem comentá-las, amparar a criança tresmalhada na rua ou socorrer a um animal doente.

Não te digas incapaz de praticá-la.

Caridade é a bênção da compreensão, a palavra encorajadora, o gesto de bondade, o sorriso de simpatia.

Podes começar a exercê-la, prestando serviço aos teus, em tua própria casa.

(*Escultores de almas*. Ed. Cultura Espírita União. Cap. "Caridade")

[...] como reconhecer o que toca a flauta ou a cítara?

I Coríntios
14:7

Na instrumentalidade

Cada companheiro de serviço cristão deveria considerar-se instrumento nas mãos do Divino Mestre, a fim de que a sublime harmonia do Evangelho se faça irrepreensível para a vitória completa do bem.

Todavia, se a ilimitada sabedoria do Celeste Emissor se mantém soberana e perfeita, os receptores terrenos pecam por deficiências lamentáveis.

Esse tem fé, mas não sabe tolerar as lacunas do próximo.

Aquele suporta cristãmente as fraquezas do vizinho, contudo, não possui energia nem mesmo para governar os próprios impulsos.

Aquele outro é bondoso e confiante, mas foge ao estudo e à meditação, favorecendo a ignorância.

Outro, ainda, é imaginoso e entusiasta, entretanto, escapa sutilmente ao esforço dos braços.

Um é conselheiro excelente, no entanto, não santifica os próprios atos.

Outro retém brilhante verbo na pregação doutrinária, todavia, é apaixonado cultor de anedotas menos dignas com que desfigura o respeito à revelação de que é portador.

Esse estima a castidade do corpo, mas desvaira-se pela aquisição de dinheiro fácil.

Outro, mais além, conseguiu desprender-se das posses de ouro e terra, casa e moinho, mas cultiva verdadeiro incêndio na carne.

É indiscutível a nossa imperfeição de seguidores da Boa-Nova.

Por isso mesmo, guardamos o título de aprendizes.

O planeta não é o paraíso terminado e achamo-nos, por nossa vez, muito distantes da angelitude.

Todavia, obedecendo ou administrando, ensinando ou combatendo, é indispensável afinar o nosso instrumento de serviço pelo diapasão do Mestre, se não desejamos prejudicar-lhe as obras.

Evitemos a execução insegura, indistinta ou perturbadora, oferecendo-lhe plena boa vontade na tarefa que nos cabe, e o Reino Divino se manifestará mais rapidamente onde estivermos.

(*Fonte viva*. FEB Editora. Cap. 84)

*E, se a trombeta emitir um som confuso,
quem se preparará para a guerra?*

I Coríntios
14:8

O som

Ninguém julgue sejam necessários grandes cataclismos para que se efetue a modificação de planos da criatura.

O homem pode mudar-se de esfera, sem alarido cósmico, e as zonas superiores e inferiores representam graus de vida, na escala do Infinito.

Elevação e queda, diante da própria consciência, constituem impulso para cima ou para baixo, no campo ilimitado de manifestações do espírito imperecível.

Toda modificação para melhor reclama luta, tanto quanto qualquer ascensão exige esforço.

É imprescindível a preparação de cada um para a subida espiritual.

É natural, portanto, que os vanguardeiros sejam porta-vozes a todos aqueles que acompanham o trabalho de melhoria, aglomerados em multidão.

Eis por que, personificando no discípulo do Evangelho a trombeta viva do Cristo, dele devemos esperar avisos seguros.

Em quase todos os lugares, observamos os instrumentos de sons incertos que dão notícia do serviço a fazer, mas não revelam caminhos justos.

Na maioria dos núcleos do Cristianismo renascente, deparam-se-nos trabalhadores altamente dotados de luz espiritual, que duvidam de si mesmos, companheiros valiosos cuja fé somente vibra em descontínuas fulgurações.

É necessário compreender, porém, que o som incerto não atende ao roteiro exato. Serve para despertar, mas não fornece orientação.

Os aprendizes da Boa-Nova constituem a instrumentalidade do Senhor. Sabemos que, coletivamente, permanecem todos empenhados em servi-lo, entretanto, ninguém olvide a necessidade de afinar a trombeta dos sentimentos e pensamentos pelo diapasão do divino Mestre, para que a interferência individual não se faça nota dissonante no sublime concerto do serviço redentor.

(*Vinha de luz*. FEB Editora. Cap. 124)

Que fazer, pois, irmãos? Quando estais reunidos, cada um de vós pode cantar um cântico, proferir um ensinamento ou uma revelação, falar em línguas ou interpretá-las; mas que tudo se faça para a edificação!

I Coríntios
14:26

Mãos à obra[58]

A igreja de Corinto lutava com certas dificuldades mais fortes, quando Paulo lhe escreveu a observação aqui transcrita.

O conteúdo da carta apreciava diversos problemas espirituais dos companheiros do Peloponeso, mas podemos insular o versículo e aplicá-lo a certas situações dos novos agrupamentos cristãos, formados no ambiente do Espiritismo, na revivescência do Evangelho.

Quase sempre notamos intensa preocupação nos trabalhadores, por novidades em fenomenologia e revelação.

Alguns núcleos costumam paralisar atividades quando não dispõem de médiuns adestrados.

Por quê?

Médium algum solucionará, em definitivo, o problema fundamental da iluminação dos companheiros.

Nossa tarefa espiritual seria absurda se estivesse circunscrita à frequência mecânica de muitos, a um centro qualquer, simplesmente para assinalarem o esforço de alguns poucos.

Convençam-se os discípulos de que o trabalho e a realização pertencem a todos e que é imprescindível se movimente cada qual no serviço edificante que lhe compete. Ninguém alegue ausência de novidades, quando vultosas concessões da esfera superior aguardam a firme decisão do aprendiz de boa vontade, no sentido de conhecer a vida e elevar-se.

Quando vos reunirdes, lembrai a doutrina e a revelação, o poder de falar e de interpretar de que já sois detentores e colocai mãos à obra do bem e da luz, no aperfeiçoamento indispensável.

(*Pão nosso*. FEB Editora. Cap. 1)

---

[58] Texto publicado em *Educandário de luz*. Ed. IDEAL. Cap. 9.

Mas tudo se faça com decoro e com ordem.

I Coríntios
14:40

Ordem[59]

Todos os êxitos da ciência humana se verificam na base da ordem estabelecida pela Sabedoria Divina, em todas as esferas da Criação.

A Astronomia assinala com antecedência determinados fenômenos que se verificarão no Cosmo, à face do equilíbrio em que se regem os movimentos do Universo.

A Medicina formula prognósticos exatos, em vista de contar com a regularidade das ocorrências orgânicas no veículo físico.

Em qualquer região da Terra, é possível prever as horas de sombra e luz.

Cultivadores orientam atividades na gleba, segundo as estações.

A planta produz, conforme a espécie, e toda enxertia praticada pelo homem se caracteriza por limitações definidas, nas estruturas do reino vegetal.

Tudo na Obra Divina se engrena em princípios de harmonia.

Abstenhamo-nos, pois, de tumultuar as construções do espírito, com a desculpa de exaltar a caridade ou com o pretexto de cumprir a Vontade de Deus.

Evolução e aperfeiçoamento constituem realização de todos, atribuindo tarefas a cada um.

A primeira mostra do Desígnio da Providência, seja onde for, aparece no dever a que somos chamados na construção do bem comum.

Sejamos, assim, leais ao encargo que nos compete.

Qualquer engenho, para atender com segurança, pede ordem. E a ordem solicita se afirme cada peça em seu justo lugar.

(*Reformador*, jun. 1963, p. 123)

---

[59] Texto publicado em *Palavras de vida eterna*. Ed. Comunhão Espírita Cristã. Cap. 138.

E pelo qual sois salvos, se o guardais como vo-lo anunciei; doutro modo, teríeis acreditado em vão.

I Coríntios
15:2

Crer em vão

Qual acontece a muitas flores que não atingirão a frutescência na estação adequada, existem inúmeras almas, nos serviços da crença, que não alcançam em longos períodos de luta terrestre a iluminação de si mesmas, por haverem crido em vão nos trilhos da vida.

Paulo de Tarso foi muito explícito quando asseverou aos coríntios que eles seriam salvos se retivessem o Evangelho.

A revelação de Jesus é campo extenso onde há lugar para todos os homens, em nos referindo aos serviços diversos.

Muitos chegam à obra; todavia, não passam além da letra, cooperando nas organizações puramente intelectuais; uns improvisam sistemas teológicos, outros contribuem na estatística e outros ainda se preocupam com a localização histórica do Senhor.

É imperioso reconhecer que toda tarefa digna se reveste de utilidade a seu tempo, de conformidade com os sentimentos do colaborador; contudo, no que condiz com a vida eterna que o Cristianismo nos desdobra ao olhar, é imprescindível retermos em nós o ensinamento do Mestre, com vistas à necessária aplicação.

Cada aprendiz há de ser uma página viva do livro que Jesus está escrevendo com o material evolutivo da Terra. O discípulo gravará o Evangelho na própria existência ou então se preparará ao recomeço do aprendizado, porquanto, sem fixar em si mesmo a luz da lição, debalde terá crido.

(*Pão nosso*. FEB Editora. Cap. 149)

Pois sou o menor dos apóstolos, nem sou digno de ser chamado apóstolo, porque persegui a Igreja de Deus.

I Coríntios
15:9

A caminho do alto[60]

Decididamente, muitos defeitos nos caracterizam ainda o progresso moral deficitário. Não nos será lícito, porém, esquecer algumas das bênçãos que já conseguimos amealhar com o amparo do Mestre Divino.

Não temos a santidade; no entanto, já nos matriculamos na escola do bem, aprendendo a evitar as arremetidas do mal.

Não dispomos de sabedoria, mas já percebemos a importância do estudo, diligenciando entesourar-lhe os valores imperecíveis.

Não possuímos a inexpugnabilidade moral; todavia, já sabemos orar, organizando a própria resistência contra o assédio das tentações.

Não nos galardoamos ainda com o total desprendimento de nós mesmos, notadamente no capítulo do perdão incondicional; contudo, já aceitamos a necessidade de abandonar a concha do egoísmo, exercitando-nos em diminutos gestos de entendimento e fraternidade para alcançar a vivência da grande abnegação.

Não atingimos o sentimento imaculado; entretanto, pelo esforço na disciplina de nossas inclinações e desejos, já nos adestramos, a pouco e pouco, para a aquisição do amor puro.

Não entremostramos, de leve, o heroísmo da fé absoluta, mas já assimilamos grau relativo de confiança na Divina Providência, buscando agradecer-lhe a paz dos dias serenos, tanto quanto invocando-lhe a proteção para a travessia das horas difíceis.

Sem dúvida, estamos muito longe, infinitamente muito longe da perfeição... Cabe, porém, a nós, aprendizes do Evangelho, a obrigação de confrontar-nos hoje com o que éramos ontem e, a nosso ver, feito isso, cada um de nós pode, sem pretensão, parafrasear as palavras do Apóstolo Paulo, nos versículos 9 e 10, do capítulo 15, de sua *Primeira epístola aos coríntios*: "Dos servidores do Senhor, sei que sou o menor e o mais endividado perante a Lei, mas com a graça de Deus sou o que sou"...

(*Reformador*, out. 1967, p. 218)

---

[60] Texto publicado em *Bênção de paz*. Ed. GEEM. Cap. 1.

Anotação em serviço[61]

Corrigir-nos sim, e sempre.
Condenar-nos, não.
Valorizemos a vida pelo que a vida nos apresente de útil e belo, nobre e grande.

Mero dever melhorar-nos, melhorando o próprio caminho, em regime de urgência; todavia, abstermo-nos do hábito de remexer inutilmente as próprias feridas, alargando-lhes a extensão.

Somos espíritos endividados de outras eras e, evidentemente, ainda não nos empenhamos, como é preciso, ao resgate de nossos débitos; no entanto, já reconhecemos as próprias contas com a disposição de extingui-las.

Virtudes não possuímos; contudo, já não mais descambamos, conscientemente, para criminalidade e vingança, violência e crueldade.

Não damos aos outros toda felicidade que lhes poderíamos propiciar; entretanto, voluntariamente, não mais cultivamos o gosto de perseguir ou injuriar seja a quem seja.

Indiscutivelmente, não nos dedicamos, de todo, por enquanto, à prática do bem, como seria de desejar; todavia, já sabemos orar, solicitando da Divina Providência nos sustente o coração contra a queda no mal.

Não conseguimos infundir confiança nos irmãos carecentes de fé; no entanto, já aprendemos a usar algum entendimento no auxílio a eles.

Por agora, não logramos romper integralmente com as tendências infelizes que trazemos de existências passadas, mas já nos identificamos na condição de espíritos inferiores, aceitando a obrigação de reeducar-nos.

Servos dos servos que se vinculam aos obreiros do Senhor, na Seara do Senhor, busquemos esquecer-nos, a fim de trabalhar e servir. Para isso, recordemos as palavras do Apóstolo Paulo, nos versículos 9 e 10, do capítulo 15, de sua *Primeira carta aos coríntios*: "Não sou digno de ser chamado apóstolo, mas pela graça de Deus, já sou o que sou".

(*Reformador*, fev. 1970, p. 8)

---

[61] Texto publicado em *Paz e renovação*. Ed. IDE. Cap. 22; *Família*. Ed. Cultura Espírita União. Cap. "Anotações em serviço", com pequenas alterações.

Mas pela graça de Deus sou o que sou: e Sua graça a mim dispensada não foi estéril. Ao contrário, trabalhei mais do que todos eles; não eu, mas a graça de Deus que está comigo.

I Coríntios
15:10

Na luta educativa[62]

Ninguém nos desconhece a inferioridade de Espíritos ainda vinculados aos processos evolutivos da Terra, sempre que tenhamos as nossas condições imperfeitas confrontadas com as qualidades sublimes que imaginamos nas entidades angélicas. Não nos é lícito, porém, negar os recursos de aperfeiçoamento que já nos felicitam.

Somos incipientes no trato dos conhecimentos superiores, mas já estamos instruídos, quanto à necessidade de adquiri-los.

Achamo-nos empenhados a débitos enormes, diante de muitas existências transcorridas no erro; no entanto, já sabemos que se formos leais ao cumprimento dos deveres que o resgate nos impõe, é possível atenuar muitas dificuldades e transpor vitoriosamente as barreiras que nos separam da vitória sobre nós mesmos.

Experimentamos tentações escabrosas, segundo as falhas que ainda nos marcam a posição; todavia, não ignoramos que triunfaremos sobre todos os alvitres da sombra, desde que estejamos atentos aos impositivos do serviço e da vigilância.

Percebemos as fragilidades que nos assinalam a existência para o levantamento de construções morais, nos domínios da virtude; entretanto, dispomos das mais nobres instruções para guiar-nos no caminho da elevação.

Melhoremo-nos, melhorando a vida.

Aprendamos para ensinar.

Impossível ocultar as deficiências de que somos ainda portadores; conquanto isso, podemos parafrasear Paulo de Tarso, asseverando: dentre os Espíritos devedores e imperfeitos, reconhecemos estar em meio dos mais necessitados de regeneração e ensinamento, mas pela graça de Deus já somos o que somos.

(*Reformador*, jul. 1965, p. 148)

---

[62] Texto publicado em *Bênção de paz*. Ed. GEEM. Cap. 17, com pequenas alterações.

Pela graça de Deus

Notamos aprendizes do Evangelho que se declaram incapazes para a execução dos menores serviços na lavoura do bem.

Se convidados a orar, afirmam-se indignos.

Se convocados à proteção de um simples doente, em nome do Divino Médico, fogem à obrigação, proclamando-se fracos para a tarefa.

Se chamados à exposição da verdade, fazem-se mudos de acanhamento.

Se constrangidos à posição de responsabilidades, na direção das boas obras, alegam imperfeições e impedimentos.

Se trazidos ao esforço assistencial de qualquer natureza, retraem-se à pressa, pretextando inaptidão ou inexperiência.

Se indicados para a cooperação na sementeira do esclarecimento iluminativo, declaram-se em trevas.

Estudam, recebem nova luz, progridem mentalmente, mas não possuem espírito de iniciativa, coragem moral e ousadia na autossuperação. E, por isso, são devorados devagarinho pelas gigantescas mandíbulas do tempo, que lhes consomem o corpo e as oportunidades de crescimento espiritual, sem se abalançarem a novas aquisições para a vida eterna.

Paulo de Tarso, reconhecendo a sua condição de ex-perseguidor do Cristianismo nascente, assevera: "Mas, pela graça de Deus, sou o que sou".

A lição é admirável.

Ninguém pode alegar incompetência ou inferioridade, ante as exigências do bem, se já reconhece a grandeza desse mesmo bem.

Quem algo possui, alguma coisa pode gastar.

Quem alguma coisa conhece, algo pode fazer.

Em verdade, no caminho que vamos percorrendo, derramamos ainda detritos e sombras do nosso próprio "eu", entretanto, à maneira do grande defensor da gentilidade, podemos também pronunciar as encorajadoras palavras: "Mas, pela graça de Deus, somos o que já somos".

(*Cartas do coração*. Ed. LAKE. Cap. "Pela graça de Deus")

Se não há ressurreição dos mortos, também Cristo não ressuscitou.

I Coríntios
15:13

Além-Túmulo

Teólogos eminentes, tentando harmonizar interesses temporais e espirituais, obscureceram o problema da morte, impondo sombrias perspectivas à simples solução que lhe é própria.

Muitos deles situaram as almas em determinadas zonas de punição ou de expurgo, como se fossem absolutos senhores dos elementos indispensáveis à análise definitiva. Declararam outros que, no instante da grande transição, submerge-se o homem num sono indefinível até o dia derradeiro consagrado ao Juízo Final.

Hoje, no entanto, reconhece a inteligência humana que a lógica evolveu com todas as possibilidades de observação e raciocínio.

Ressurreição é vida infinita. Vida é trabalho, júbilo e criação na eternidade.

Como qualificar a pretensão daqueles que designam vizinhos e conhecidos para o inferno ilimitado no tempo? Como acreditar permaneçam adormecidos milhões de criaturas, aguardando o minuto decisivo de julgamento, quando o próprio Jesus se afirma em atividade incessante?

Os argumentos teológicos são respeitáveis; no entanto, não deveremos desprezar a simplicidade da lógica humana.

Comentando o assunto, portas adentro do esforço cristão, somos compelidos a reconhecer que os negadores do processo evolutivo do homem espiritual, depois do sepulcro, definem-se contra o próprio Evangelho. O Mestre dos mestres ressuscitou em trabalho edificante. Quem, desse modo, atravessará o portal da morte para cair em ociosidade incompreensível? Somos almas em função de aperfeiçoamento, e, além do túmulo, encontramos a continuação do esforço e da vida.

(*Caminho, verdade e vi*da. FEB Editora. Cap. 68)

Se temos esperança em Cristo somente para esta vida, somos os mais dignos de compaixão de todos os homens.

I Coríntios
15:19

Esperar em Cristo

O exame do versículo fornece ao estudioso explicações muito claras.

É natural confiar em Cristo e aguardar n'Ele, mas que dizer da angústia da alma atormentada no círculo de cuidados terrestres, esperando egoisticamente que Jesus lhe venha satisfazer os caprichos imediatos?

Seria razoável contar com o Senhor tão só nas expressões passageiras da vida fragmentária?

É indispensável descobrir a grandeza do conceito de "vida", sem confundi-lo com "uma vida". Existir não é viajar da zona de infância, com escalas pela juventude, madureza e velhice, até o porto da morte; é participar da Criação pelo sentimento e pelo raciocínio, é ser alguém e alguma coisa no concerto do Universo.

Na condição de encarnados, raros assuntos confundem tanto como os da morte, interpretada erroneamente como o fim daquilo que não pode desaparecer.

É imprescindível, portanto, esperar em Cristo com a noção real da eternidade. A filosofia do imediatismo, na Terra, transforma os homens em crianças.

Não vos prendais à idade do corpo físico, às circunstâncias e condições transitórias. Indagai da própria consciência se permaneceis com Jesus. E aguardai o futuro, amando e realizando com o bem, convicto de que a esperança legítima não é repouso, e sim confiança no trabalho incessante.

(*Caminho, verdade e vida.* FEB Editora. Cap. 123)

Não vos deixeis iludir: "As más companhias corrompem os bons costumes".[63]

I Coríntios
15:33

Más palestras

A conversação menos digna deixa sempre o traço da inferioridade por onde passou. A atmosfera de desconfiança substitui, imediatamente, o clima da serenidade. O veneno de investigações doentias espalha-se com rapidez. Depois da conversação indigna, há sempre menos sinceridade e menor expressão de força fraterna. Em seu berço ignominioso, nascem os fantasmas da calúnia que escorregam por entre criaturas santamente intencionadas, tentando a destruição de lares honestos; surgem as preocupações inferiores que espiam de longe, enegrecendo atitudes respeitáveis; emerge a curiosidade criminosa, que comparece onde não é chamada, emitindo opiniões desabridas, induzindo os que a ouvem à mentira e à demência.

A má conversação corrompe os pensamentos mais dignos. As palestras proveitosas sofrem-lhe, em todos os lugares, a perseguição implacável, e imprescindível se torna manter-se o homem em guarda contra o seu assédio insistente e destruidor.

Quando o coração se entregou a Jesus, é muito fácil controlar os assuntos e eliminar as palavras aviltantes.

Examina sempre as sugestões verbais que te cercam no caminho diário. Trouxeram-te denúncias, más notícias, futilidades, relatórios malsãos da vida alheia? Observa como ages. Em todas as ocasiões, há recurso para retificares amorosamente, porquanto podes renovar todo esse material, em Jesus Cristo.

(*Pão nosso*. FEB Editora. Cap. 74)

---

[63] Paulo cita provavelmente o poeta Menandro (342 a.C.–292 a.C.), razão pela qual a frase está entre aspas.

E o que semeias, não é o corpo da futura planta que deve nascer, mas um simples grão, de trigo ou de qualquer outra espécie.

I Coríntios
15:37

A semente

Nos serviços da Natureza, a semente reveste-se, aos nossos olhos, do sagrado papel de sacerdotisa do Criador e da Vida.

Gloriosa herdeira do Poder Divino, coopera na evolução do mundo e transmite silenciosa e sublime lição, tocada de valores infinitos, à criatura.

Exemplifica sabiamente a necessidade dos pontos de partida, as requisições justas de trabalho, os lugares próprios, os tempos adequados.

Há homens inquietos e insaciados que ainda não conseguiram compreendê-la. Exigem as grandes obras de um dia para outro, impõem medidas tirânicas pela força das ordenações ou das armas ou pretendem trair as leis profundas da Natureza; aceleram os processos da ambição, estabelecem domínio transitório, alardeiam mentirosas conquistas, incham-se e caem, sem nenhuma edificação santificadora para si ou para outrem.

Não souberam aprender com a semente minúscula que lhes dá trigo ao pão de cada dia e lhes garante a vida, em todas as regiões de luta planetária.

Saber começar constitui serviço muito importante.

No esforço redentor, é indispensável que não se percam de vista as possibilidades pequeninas: um gesto, uma palestra, uma hora, uma frase pode representar sementes gloriosas para edificações imortais. Imprescindível, pois, jamais desprezá-las.

(*Pão nosso*. FEB Editora. Cap. 7)

Semeado corpo psíquico ressuscita corpo espiritual. Se há um corpo psíquico, há também um corpo espiritual.

I Coríntios
15:44

No campo físico

Ninguém menospreze a expressão animal da vida humana, a pretexto de preservar-se na santidade.

A imersão da mente nos fluidos terrestres é uma oportunidade de sublimação que o espírito operoso e desperto transforma em estruturação de valores eternos.

A sementeira comum é símbolo perfeito.

O gérmen lançado à cova escura sofre a ação dos detritos da terra, afronta a lama, o frio, a resistência do chão, mas em breve se converte em verdura e utilidade na folhagem, em perfume e cor nas flores e em alimento e riqueza nos frutos.

Compreendamos, pois, que a semente não estacionou. Rompeu todos os obstáculos e, sobretudo, obedeceu à influência da luz que a orientava para cima, na direção do Sol.

A cova do corpo é também preciosa para a lavoura espiritual, quando nos submetemos à lei que nos induz para o Alto.

Toda criatura provisoriamente algemada à matéria pode aproveitar o tempo na criação de espiritualidade divina.

O Apóstolo, todavia, é muito claro quando emprega o termo "semeia-se". Quem nada planta, quem não trabalha na elevação da própria vida, coagula a atividade mental e rola no tempo à maneira do seixo que avança quase inalterável, a golpes inesperados da natureza.

Quem cultiva espinhos, naturalmente alcançará espinheiros.

O coração prevenido, que semeia o bem e a luz, no solo de si mesmo, espere, feliz, a colheita da glória espiritual.

(*Vinha de luz*. FEB Editora. Cap. 171)

Anotação

[...] O Apóstolo Paulo, no versículo 44 do capítulo 15 de sua primeira epístola aos coríntios, asseverou, convincente: "Semeia-se corpo animal, ressuscitará corpo espiritual. Se há corpo animal, há também corpo espiritual".

Nessa preciosa síntese, encontramos no verbo "semear" a ideia da evolução filogenética do ser e, dentro dela, o corpo físico e o corpo espiritual como veículos da mente em sua peregrinação ascensional para Deus. [...]

(*Evolução em dois mundos*. FEB Editora. Prefácio – "Anotação")

Eis que vos dou a conhecer um mistério: nem todos morreremos, mas todos seremos transformados.

I Coríntios
15:51

Transformação

Refere-se o Apóstolo dos Gentios a uma das mais belas realidades da vida espiritual.

Nos problemas da morte, as escolas cristãs, trabalhadas pelas cogitações teológicas de todos os tempos, erigiram teorias diversas, definindo a situação da criatura, após o desprendimento carnal. É justo que semelhante situação seja a mais diversificada possível. Ninguém penetra o círculo da vida terrena em processo absolutamente uniforme, como não existem fenômenos de desencarnação com analogia integral. Cada alma possui a sua porta de "entrada" e "saída", conforme as conquistas próprias.

Fala-se demasiadamente em zonas purgatoriais, em trevas exteriores, em regiões de sono psíquico.

Tudo isso efetivamente existe em plano grandioso e sublime que, por enquanto, transcende o limitado entendimento humano.

Todos os que se abeberam nas fontes puras da verdade, com o Cristo, devem guardar sempre o otimismo e a confiança.

"Nem todos dormiremos" — diz Paulo. Isto significa que nem todas as criaturas caminharão às tontas, nas regiões mentais da semi-inconsciência, nem todas serão arrebatadas a esferas purgatoriais e, ainda que tais ocorrências sucedessem, ouçamos, ainda, o abnegado amigo do Evangelho, quando nos assevera — "mas todos seremos transformados".

Paulo não promete sofrimento inesgotável nem repouso sem-fim. Promete transformação.

Ninguém parte ao chamado da Vida eterna senão para transformar-se.

Morte do corpo é crescimento espiritual.

O túmulo numa esfera é berço em outra.

E, como a função da vida é renovar para a perfeição, transformemo-nos para o bem, desde hoje.

(*Vinha de luz*. FEB Editora. Cap. 158)

Assim, irmãos bem-amados, sede firmes, inabaláveis, fazei incessantes progressos na obra do Senhor, ciente de que a vossa fadiga não é vã no Senhor.

I Coríntios
15:58

Firmeza e constância

Muita gente acredita que abraçar a fé será confiar-se ao êxtase improdutivo. A pretexto de garantir a iluminação da alma, muitos corações fogem à luta, trancando-se entre as quatro paredes do santuário doméstico, entre vigílias de adoração e pensamentos profundos acerca dos mistérios divinos, esquecendo-se de que todo o conjunto da vida é Criação universal de Deus.

Fé representa visão.

Visão é conhecimento e capacidade de auxiliar.

Quem penetrou a "terra espiritual da verdade", encontrou o trabalho por graça maior.

O Senhor e os discípulos não viveram apenas na contemplação.

Oravam, sim, porque ninguém pode sustentar-se sem o banho interior de silêncio, restaurando as próprias forças nas correntes superiores de energia sublime que fluem dos Mananciais celestes.

A prece e a reflexão constituem o lubrificante sutil em nossa máquina de experiências cotidianas.

Importa reconhecer, porém, que o Mestre e os aprendizes lutaram, serviram e sofreram na lavoura ativa do bem e que o Evangelho estabelece incessante trabalho para quantos lhe esposam os princípios salvadores.

Aceitar o Cristianismo é renovar-se para as Alturas e só o clima do serviço consegue reestruturar o espírito e santificar-lhe o destino.

Paulo de Tarso, invariavelmente peremptório nas advertências e avisos, escrevendo aos coríntios, encareceu a necessidade de nossa firmeza e constância nas tarefas de elevação, para que sejamos abundantes em ações nobres com o Senhor.

Agir ajudando, criar alegria, concórdia e esperanças, abrir novos horizontes ao conhecimento superior e melhorar a vida, onde estivermos, é o apostolado de quantos se devotaram à Boa-Nova.

Procuremos as águas vivas da prece para lenir o coração, mas não nos esqueçamos de acionar os nossos sentimentos, raciocínios e braços, no progresso e aperfeiçoamento de nós mesmos, de todos e de tudo, compreendendo que Jesus reclama obreiros diligentes para a edificação de seu reino em toda a Terra.

(*Fonte viva*. FEB Editora. Cap. 69)

Ação

Nas lutas do dia a dia, todos somos impelidos a várias operações para avançar no caminho...
Sentimos.
Desejamos.
Pensamos.
Falamos.
Estudamos.
Aprendemos.
Conhecemos.
Ensinamos.
Analisamos.
Trabalhamos.

Entretanto, é preciso sentir a necessidade do bem de todos para que saibamos desejar com acerto; desejar com acerto para pensar honestamente; pensar honestamente para falar aproveitando; falar aproveitando para estudar com clareza; estudar com clareza para aprender com entendimento; aprender com entendimento para conhecer discernindo; conhecer discernindo para ensinar com bondade; ensinar com bondade para analisar com justiça e analisar com justiça para trabalhar em louvor do bem, porque, em verdade, todos somos diariamente constrangidos à ação e pelo que fazemos é que cada um de nós decide quanto ao próprio destino, criando para si mesmo a inquietante descida à treva ou a sublime ascensão à luz.

(*Palavras de vida eterna*. Ed. Comunhão Espírita Cristã. Cap. 44)

Com firmeza[64]

Nos dias de aflição e desencanto, o trabalho no bem é semelhante à marcha do viajor, sob tempestade alternada em fogo e gelo.
Conheces, possivelmente, dias assim...

---

[64] Texto publicado em *Palavras de vida eterna*. Ed. Comunhão Espírita Cristã. Cap. 115, com pequenas alterações.

Desilusões alcançaram-te a alma, à feição de granizo arrasador.

Calúnias espancaram-te o sentimento, como brasas chamejantes.

Perseguições gratuitas apareceram, quais torrentes de enxurro grosso, dificultando-te os movimentos.

Crises morais repontaram da estrada, à guisa de labaredas, incendiando-te o refúgio.

É como se todas as circunstâncias te induzissem ao entorpecimento e ao desânimo.

Às vezes, quase só, perguntas pelas esperanças, pelas promessas, pelos sonhos, pelos amigos...

Ainda assim, persevera no serviço e prossegue adiante.

Os companheiros que exterminaram intentos nobres e votos edificantes, tanto quanto os que desprezaram projetos superiores e abandonaram as boas obras, voltarão, mais tarde, ao labor reconstrutivo, retomando o serviço que a vida lhes assinala, no ponto justo em que praticaram a deserção.

Ninguém se eleva sem atender às imposições da subida. À face disso, todo esforço no bem, por mínimo que seja, redundará, invariavelmente, a favor de quem o realiza, porque toda ação, pela felicidade geral, é concurso na Obra Divina.

Desse modo, mesmo que todos os acontecimentos exteriores conspirem contra nós, permaneçamos fiéis ao trabalho do Senhor, estendendo o bem a todos os que nos cercam, na certeza de que o trabalho, em nome do Senhor, não é em vão.

(*Reformador*, jul. 1962, p. 146)

Vigiai, permanecei firmes na fé, sede corajosos, sede fortes!

I Coríntios
16:13

Varonilmente

Vigiai na luta comum.
Permanecei firmes na fé, ante a tempestade.
Portai-vos varonilmente em todos os lances difíceis.
Sede fortes na dor, para guardar-lhe a lição de luz.
Reveste-se o conselho de Paulo aos coríntios, ainda hoje, de surpreendente oportunidade.
Para conquistarmos os valores substanciais da redenção, é imprescindível conservar a fortaleza de ânimo de quem confia no Senhor e em si mesmo.
Não vale a chuva de lágrimas despropositadas, ante a falta cometida.
Arrependermo-nos de qualquer gesto maligno é dever, mas pranteá-lo indefinidamente é roubar tempo ao serviço de retificação.
Certo, o mal deliberado é um crime, todavia, o erro impensado é ensinamento valioso, sempre que o homem se inclina aos desígnios do Senhor.
Sem resistência moral, no turbilhão de conflitos purificadores, o coração mais nobre se despedaça.
Não nos cabe, portanto, repousar no serviço de elevação.
É natural que venhamos a tropeçar muitas vezes.
É compreensível que nos firamos frequentemente nos espinhos da senda.
Lastimável, contudo, será a nossa situação toda vez que exigirmos rede macia de consolações indébitas, interrompendo a marcha para o Alto.
O cristão não é aprendiz de repouso falso. Discípulo de um Mestre que serviu sem acepção de pessoas até a cruz, compete-lhe trabalhar na sementeira e na seara do infinito Bem, vigiando, ajudando e agindo varonilmente.

(*Fonte viva*. FEB Editora. Cap. 90)

Fazei tudo na caridade.

I Coríntios
16:14

Com caridade

Ainda existe muita gente que não entende outra caridade, além daquela que se veste de trajes humildes aos sábados ou domingos para repartir algum pão com os desfavorecidos da sorte, que aguarda calamidades públicas para manifestar-se ou que lança apelos comovedores nos cartazes da imprensa.

Não podemos discutir as intenções louváveis desse ou daquele grupo de pessoas; contudo, cabe-nos reconhecer que o dom sublime é de sublime extensão.

Paulo indica que a caridade, expressando amor cristão, deve abranger todas as manifestações de nossa vida.

Estender a mão e distribuir reconforto é iniciar a execução da virtude excelsa. Todas as potências do espírito, no entanto, devem ajustar-se ao preceito divino, porque há caridade em falar e ouvir, impedir e favorecer, esquecer e recordar. Tempo virá em que a boca, os ouvidos e os pés serão aliados das mãos fraternas nos serviços do bem supremo.

Cada pessoa, como cada coisa, necessita da contribuição da bondade, de modo particular. Homens que dirigem ou que obedecem reclamam-lhe o concurso santo, a fim de que sejam esclarecidos no departamento da Casa de Deus, em que se encontram. Sem amor sublimado, haverá sempre obscuridade, gerando complicações.

Desempenha tuas mínimas tarefas com caridade, desde agora. Se não encontras retribuição espiritual, no domínio do entendimento, em sentido imediato, sabes que o Pai acompanha todos os filhos devotadamente.

Há pedras e espinheiros? Fixa-te em Jesus e passa.

(*Pão nosso*. FEB Editora. Cap. 31)

COMENTÁRIOS À
Segunda carta aos coríntios

Vós colaborareis para tanto mediante a vossa prece; assim, a graça que obteremos pela intercessão de muitas pessoas suscitará a ação de graças de muitos em nosso favor.

II Coríntios
1:11

Círculos intercessórios

O mal empreende o ataque, o bem organiza a defesa. O primeiro, movimenta a agressão, estabelece o terror, espalha ruínas. O segundo mobiliza o direito, cria energias novas, eleva sentimentos e consciências.

Os povos pacíficos da atualidade encontram problemas de solução imediata, cuja equação requer ânimo sadio. Como interpretar o assédio da força? Como receber as novas modalidades de tirania?

O ataque do mal vem à sombra da noite, o golpe traiçoeiro não espera declarações diplomáticas, nem a invasão generalizada obedece a protocolos políticos.

Muitas nações mantiveram-se à margem dos grandes conflitos, guardando a neutralidade e as tradições do direito internacional.

Nem por isso, todavia, tornaram-se respeitadas.

A onda de barbarismo envolve países, coletividades, continentes.

É necessário que o bem organize a defesa.

Muita gente pergunta: Combater por quê? Estamos com Jesus que ensinou o bem e a paz. Entretanto, é indispensável não esquecer que existem padrões de pacifismo e padrões de passividade.

O Mestre é o Príncipe da Paz. Contudo, é imprescindível raciocinar quanto ao que seria o cristianismo se Jesus houvesse entrado em acordo com os fariseus do templo...

A batalha do Calvário iniciou o movimento de defesa do Evangelho. Continuaram, então, as batalhas cristãs, desde os circos romanos até aos campos sangrentos da atualidade.

Eis que o Brasil, generoso e pacífico, foi convocado às lutas da defesa.

Nesta hora grave, recordemos a exortação confiante de Paulo: "Fundemos círculos intercessórios para a cooperação ativa junto às vanguardas vigilantes."

Organizemos ligas de orações nos templos, nas instituições e nos lares, compadecendo, espiritualmente no esforço defensivo, auxiliando também nós, no valoroso combate do bem.

(*Alma e luz*. Ed. IDE. Cap. 4)

O nosso motivo de ufania é este testemunho da nossa consciência [...].

II Coríntios
1:12

Glória cristã

Desde as tribos selvagens, que precederam a organização das famílias humanas, tem sido a Terra grande palco utilizado na exibição das glórias passageiras.

A concorrência intensificou a procura de títulos honoríficos transitórios.

O mundo desde muito conhece glórias sangrentas da luta homicida, glórias da avareza nos cofres da fortuna morta, do orgulho nos pergaminhos brasonados e inúteis, da vaidade nos prazeres mentirosos que precedem o sepulcro; a ciência cristaliza as que lhe dizem respeito nas academias isoladas; as religiões sectaristas nas pompas externas e nas expressões do proselitismo.

Num plano em que campeiam tantas glórias fáceis, a do cristão é mais profunda, mais difícil. A vitória do seguidor de Jesus é quase sempre no lado inverso dos triunfos mundanos. É o lado oculto. Raros conseguem vê-lo com olhos mortais.

Entretanto, essa glória é tão grande que o mundo não a proporciona, nem pode subtraí-la. É o testemunho da consciência própria, transformada em tabernáculo do Cristo vivo.

No instante divino dessa glorificação, deslumbra-se a alma ante as perspectivas do Infinito. É que algo de estranho aconteceu aí dentro, na cripta misteriosa do coração: o filho achou seu Pai em plena eternidade.

(*Caminho, verdade e vida.* FEB Editora. Cap. 119)

Paz em nós[65]

Abraçando a renovação espiritual para a conquista da luz, quase sempre somos contraditados pelas forças da sombra, qual se tivéssemos o coração exposto a todas as críticas destrutivas.

Cultivas bondade e afirmam-te idiota.

Mostras paciência e imaginam-te poltrão.

Esqueces golpes sofridos e chamam-te covarde.

---

[65] Texto publicado em *Palavras de vida eterna*. Ed. Comunhão Espírita Cristã. Cap. 155.

Praticas a humildade e apontam-te por tolo.
Falas a verdade e supõem-te obsesso.
Exerces brandura e julgam-te preguiçoso.
Auxilias fraternalmente e envenenam-te o gesto.
Confias e dizem-te fanático.
Cumpres obrigações e há quem zombe de ti.

Entretanto, a despeito de todas as dúvidas e impugnações que te cerquem os passos, segue para diante, atendendo aos deveres que a vida te preceitua, conforme o testemunho da consciência, na convicção de que felicidade verdadeira significa, em tudo, paz em nós.

(*Reformador*, mar. 1964, p. 50)

Resolvi o seguinte: não voltarei a ter convosco na tristeza.

II Coríntios
2:1

Segundo agimos[66]

Cautela com a tristeza, capaz de converter-se em lama de fel ou em labareda de angústia no coração!

Sentimentos, ideias, palavras e atitudes são agentes magnéticos de indução para o melhor ou o pior, conforme o rumo que se lhes traça.

Queixa inútil enfraquece o otimismo, gerando desconfiança e perturbação.

Azedume corta o impulso de generosidade, aniquilando boas obras no nascedouro.

Irritação abate as forças da alma, trazendo a exaustão prematura.

Mágoa anula a esperança, arrasando possibilidades de trabalho.

Desespero queima o solo do ideal, exterminando a sementeira do bem.

Se aspiras a construir, planta benevolência e serenidade, entendimento e abnegação na gleba da própria alma.

Todos dependemos uns dos outros, na desincumbência dos compromissos que nos competem. A vida, porém, através de todos aqueles que nos partilham a marcha, reage sobre nós, segundo agimos; em vista disso, para a execução da tarefa que nos cabe, quantos caminham ao nosso lado apenas colaboram conosco, na pauta de nosso auxílio, dando-nos isso ou aquilo, no tanto e na espécie daquilo ou disso que venham a receber.

(*Reformador*, mar. 1964, p. 50)

---

[66] Texto publicado em *Palavras de vida eterna*. Ed. Comunhão Espírita Cristã. Cap. 156.

Nossa carta sois vós, carta escrita em vossos corações, reconhecida e lida por todos os homens.

II Coríntios
3:2

Norma ideal[67]

O obreiro do Senhor, notadamente na Doutrina Espírita, há que se reger pela harmonia, a fim de que a segurança lhe presida todas as resoluções e atitudes.

Nem tão ardente no ideal que descambe na precipitação, nem tão extático que apenas viva de sonho.

Nem tão exigente, no trato com os outros, que se converta em figurino de intolerância, nem tão apático que se torne irresponsável.

Nem tão fanático na atividade que suscite perturbação, nem tão brando que se faça preguiça.

Nem tão extremista em questões de direito, que inspire violência, nem tão fraco que encoraje o desrespeito.

Nem tão isolado em sociedade que se encastele no egoísmo, nem tão agarrado às relações de toda espécie que se queime nas paixões.

Nem tão prudente que se atenha à frieza, nem tão desabrido que abrace a temeridade.

Nem tão aflito, ante as lutas e problemas do cotidiano, nem tão despreocupado que se arroje à indiferença.

A lógica da Doutrina Espírita nos assinala a todos uma norma ideal de ação, nas mais diversas áreas da vida: equilíbrio e mais equilíbrio, a fim de que venhamos a identificar-nos com o Bem, sempre mais e melhor.

(*Brasil espírita*, jan. 1971, p. 1)

---

[67] Texto publicado em *Páginas da fé*. Ed. IDEAL. Cap. 3, com pequenas alterações.

Evidentemente, sois uma carta de Cristo, entregue ao nosso ministério, escrita não com tinta, mas com o Espírito de Deus vivo, não em tábuas de pedra, mas em tábuas de carne, nos corações!

II Coríntios
3:3

As cartas do Cristo

É singular que o Mestre não haja legado ao mundo um compêndio de princípios escritos pelas próprias mãos.

As figuras notáveis da Terra sempre assinalam sua passagem no planeta, endereçando à posteridade a sua mensagem de sabedoria e amor, seja em tábuas de pedra, seja em documentos envelhecidos.

Com Jesus, porém, o processo não foi o mesmo. O Mestre como que fez questão de escrever sua doutrina aos homens, gravando-a no coração dos companheiros sinceros. Seu testamento espiritual constitui-se de ensinos aos discípulos e não foram grafados por Ele mesmo.

Recursos humanos seriam insuficientes para revelar a riqueza eterna de sua Mensagem. As letras e raciocínios, propriamente humanos, na maioria das vezes costumam dar margem a controvérsias. Em vista disso, Jesus gravou seus ensinamentos nos corações que o rodeavam e até hoje os aprendizes que se lhe conservam fiéis são as suas cartas divinas dirigidas à Humanidade. Esses documentos vivos do santificante amor do Cristo palpitam em todas as religiões e em todos os climas. São os vanguardeiros que conhecem a vida superior, experimentam o sublime contato do Mestre e transformam-se em sua mensagem para os homens.

Podem surgir muitas contendas a respeito das páginas mais célebres e formosas; todavia, perante a alma que se converteu em carta viva do Senhor, quando não haja vibrações superiores da compreensão, haverá sempre o divino silêncio.

(*Caminho, verdade e vida*. FEB Editora. Cap. 114)

É somente pela conversão ao Senhor que o véu cai.

II Coríntios
3:16

Véus

Não é fácil rasgar os véus que ensombram a mente humana.

Quem apenas analisa, pode ser defrontado por dificuldades inúmeras, demorando-se muito tempo nas interpretações alheias.

Quem somente se convence, pode tender ao dogmatismo feroz.

Muitos cientistas e filósofos, escritores e pregadores assemelham-se aos pássaros de bela plumagem, condenados a baixo voo em cipoais extensos. Vigorosas inteligências, temporariamente frustradas por véus espessos, estão sempre ameaçadas de surpresas dolorosas, por não se afeiçoarem, realmente, às verdades que elas mesmas admitem e ensinam.

Exportadores de teorias, eles olvidam os tesouros da prática e daí as dúvidas e negações que, por vezes, lhes assaltam o entendimento. Esperam o bem que ainda não semearam e exigem patrimônios que não construíram, por descuidados de si próprios.

Conseguem teorizar valorosamente, aconselhar com êxito, mas, nos grandes momentos da vida, sentem-se perplexos, confundidos, desalentados... É que lhes falta a verdadeira transformação para o bem, com o Cristo, e, para que sintam efetivamente a vida eterna com o Senhor, é indispensável se convertam ao serviço de redenção. Somente quando chegam a semelhante cume espiritual é que se libertam dos véus pesados que lhes obscurecem o coração e o entendimento, atingindo as esferas superiores, em voos sublimes para a Divindade.

(*Vinha de luz*. FEB Editora. Cap. 26)

Não proclamamos a nós mesmos, mas a Cristo Jesus, Senhor. Quanto a nós mesmos, apresentamo-nos como vossos servos por causa de Jesus.

II Coríntios
4:5

Elucidações

Nós, os aprendizes da Boa-Nova, quando em verdadeira comunhão com o Senhor, não podemos desconhecer a necessidade de retraimento da nossa individualidade, a fim de projetarmos para a multidão, com o proveito desejável, os ensinamentos do Mestre.

Em assuntos da vida cristã, propriamente considerada, as únicas paixões justificáveis são as de aprender, ajudar e servir, porquanto sabemos que o Cristo é o Grande Planificador das nossas realizações.

Se recordarmos que a supervisão dele age sempre em favor de quanto possamos produzir de melhor, viveremos atentos ao trabalho que nos toque, convencidos de que o seu pronunciamento permanece invariável nas circunstâncias da vida.

A nossa preocupação fundamental, em qualquer parte, portanto, deve ser a da prestação de serviço em seu nome, compreendendo que a pregação de nós mesmos, com a propaganda dos particularismos peculiares à nossa personalidade, será a simples interferência do nosso "eu" em obras da vida eterna que se reportam ao Reino de Deus.

Escrevendo aos coríntios, Paulo define a posição dele e dos demais apóstolos, como a de servidores da comunidade por amor a Jesus. Não existe indicação mais clara das funções que nos cabem.

A chefia do Divino Mestre está sempre mais viva e a programação geral dos serviços reservados aos discípulos de todas as condições permanece estruturada em seu Evangelho de Sabedoria e de Amor.

Procuremos as bases do Cristo para não agirmos em vão.

Ajustemo-nos à consciência do grande Renovador, a fim de não sermos tentados pelos nossos impulsos de dominação, porque, em todos os climas e situações, o companheiro da Boa-Nova é convidado, chamado e constrangido a servir.

(*Fonte viva*. FEB Editora. Cap. 55)

Trazemos, porém, este tesouro em vasos de argila, para que esse incomparável poder seja de Deus e não de nós.

II Coríntios
4:7

Compreendendo[68]

Sigamos compreendendo.

Lembra-te de que os talentos da fé e o conhecimento superior, o dom de consolar e a capacidade de servir, não obstante laboriosamente conquistados por teu esforço, constituem bênçãos do Criador em teu coração de criatura.

Não te furtes, desse modo, à lavoura do bem, a pretexto de te sentires ainda sob a influência do mal.

Até alcançarmos triunfo pleno sobre os nossos desejos malsãos, sofreremos na vida, seja no corpo de carne ou além dele, os flagelos da tentação.

Tentação da luxúria...

Tentação da vingança...

Tentação da cobiça...

Tentação da crueldade...

Tentações de todos os matizes que emergem do poço de nossos impulsos instintivos ainda não dominados...

Se a tentação, contudo, nasce de nós, a flama da educação e do aprimoramento vem de Deus, conduzindo-nos para a Esfera superior.

Não te espantes, assim, à frente do conflito da luz e da treva em ti mesmo...

Segue a luz e acertarás o caminho.

Riqueza mediúnica, fulgurações da inteligência, recursos geniais e consagração à virtude são tesouros do Senhor que, na feliz definição do Apóstolo Paulo, transportamos no vaso de barro de nossa profunda inferioridade, a fim de que saibamos reconhecer que todo amor, toda sabedoria, toda santificação, toda excelência e toda beleza da vida não nos pertencem de modo algum, mas sim à glória de Nosso Pai, a quem nos cabe obedecer e servir, hoje e sempre.

(*Reformador*, out. 1957, p. 234)

---

[68] Texto publicado em *Palavras de vida eterna*. Ed. Comunhão Espírita Cristã. Cap. 21.

Na mediunidade[69]

Utilizando as faculdades mediúnicas de que foste dotado, não olvides que funcionas à guisa de refletor, cujo material de estrutura nada tem de comum com a luz que retrata.

O espelho, seja de metal ou de vidro, detém os raios solares, sem comungar-lhes a natureza, e o fio simples transmite o remoinho eletrônico, sem partilhar-lhe o poder.

Entretanto, se o espelho jaz limpo consegue reter a bênção da claridade e se o fio obedece à inteligência que o norteia converte-se em portador de energia.

Assim também a mediunidade, pela qual, sem maior obstáculo, te eriges em mensageiro de instrução e refazimento, esperança e consolo. Através dela, recolhes o influxo da Esfera Superior sem compartir-lhe a grandeza, mas, se guardas contigo humildade e correção, converter-te-ás no instrumento ao socorro moral de muitos.

Todavia, assim como, às vezes, o espelho se turva e o fio se rompe, exigindo reajustamentos, também a força mediúnica em tua alma é suscetível de rupturas diversas, reclamando trabalho restaurativo.

Não te afaças, assim, ao desânimo ou à negação se essa ou aquela dificuldade aparece na obra do intercâmbio.

O erro, no clima da sinceridade, é sempre lição.

Afervora-te no trabalho do bem e recolhe-te à humildade do aprendiz atencioso e vigilante, gastando severidade contigo e benevolência para com os outros, porque qualquer dom da Luz Divina na obscuridade do ser humano, qual se expressa na conceituação apostólica, é um "tesouro em vaso de barro, para que a excelência do poder seja de Deus e não de nós".

(*Reformador*, out. 1958, p. 219)

Vasos de barro[70]

Não te furtes a transmitir os dons do Evangelho.

Se caíste, levanta-te e estende as mãos, construindo o melhor.

Se estiveste em erro até ontem, reconsidera o gesto impensado e ajuda aos semelhantes.

---

[69] Texto publicado em *Palavras de vida eterna*. Ed. Comunhão Espírita Cristã. Cap. 43.
[70] Texto publicado em *Palavras de vida eterna*. Ed. Comunhão Espírita Cristã. Cap. 88.

Se doente, permanece na confiança, encorajando e esclarecendo a quem te ouve a palavra.

Se cansado, recompõe as próprias forças na fé, e prossegue amparando sempre.

Caluniado, perdoa e esquece o golpe, procurando servir.

Menosprezado, não firas ninguém e esforça-te por ser útil.

Perseguido, esquece o mal e faze o bem que possas.

Insultado, olvida toda ofensa e auxilia sem mágoa.

Em meio de todas as fraquezas e vicissitudes que nos rodeiam a alma, estejamos convictos com o Apóstolo Paulo de que possuímos o conhecimento da verdade e a flama do amor, como quem transporta um tesouro em vasos de barro, para que a excelência da virtude resplandeça por luz de Deus e não nossa.

(*Reformador*, jan. 1961, p.4)

Somos atribulados por todos os lados, mas não esmagados; postos em extrema dificuldade, mas não vencidos pelos impasses.

II Coríntios
4:8

Atribulados e perplexos

Desde os primeiros tempos do Evangelho, os leais seguidores de Jesus conhecem tribulações e perplexidades, por permanecerem na fé.

Quando se reuniam em Jerusalém, recordando o Mestre nos serviços do reino divino, conheceram a lapidação, a tortura, o exílio e o confisco dos bens; quando instituíram os trabalhos apostólicos de Roma, ensinando a verdade e o amor fraterno, foram confiados aos leões do circo, aos espetáculos sangrentos e aos postes de martírio.

Desde então, experimentam dolorosas surpresas em todas as partes do mundo.

A idade medieval, envolvida em sombras, tentou desconhecer a missão do Cristo e acendeu-lhes fogueiras, conduzindo-os, além disso, a tormentos inesperados e desconhecidos, por meio dos tribunais políticos e religiosos da Inquisição.

E, ainda hoje, enquanto oram confiantes, exemplificando o amor evangélico, reparam o progresso dos ímpios e sofrem a dominação dos vaidosos de todos os matizes. Enquanto triunfam os maus e os indiferentes, nas facilidades terrestres, são eles relegados a dificuldades e tropeços, à frente das situações mais simples.

Apesar da evolução inegável do direito no mundo, ainda são chamados a contas pelo bem que fazem e vigiados, com rudeza, devido à verdade consoladora que ensinam.

Mas todos os discípulos fiéis sabem, com Paulo de Tarso, que "em tudo serão atribulados e perplexos", todavia, jamais se entregarão à angústia e ao desânimo. Sabem que o Mestre Divino foi o grande Atribulado e aprenderam com Ele que da perplexidade, da aflição, do martírio e da morte, transfere-se a alma para a Ressurreição eterna.

(*Vinha de luz*. FEB Editora. Cap. 102)

Por isto não nos deixamos abater. Pelo contrário, embora em nós, o homem exterior vá caminhando para a sua ruína, o homem interior se renova dia a dia.

II Coríntios
4:16

Devagar, mas sempre

Observa o espírito de sequência e gradação que prevalece nos mínimos setores da natureza.

Nada se realiza aos saltos e, na pauta da Lei divina, não existe privilégio em parte alguma.

Enche-se a espiga de grão em grão.

Desenvolve-se a árvore, milímetro a milímetro.

Nasce a floresta de sementes insignificantes.

Levanta-se a construção, peça por peça.

Começa o tecido nos fios.

As mais famosas páginas foram produzidas, letra a letra.

A cidade mais rica é edificada, palmo a palmo.

As maiores fortunas de ouro e pedras foram extraídas do solo, fragmento a fragmento.

A estrada mais longa é pavimentada, metro a metro.

O grande rio que se despeja no mar é conjunto de filetes líquidos.

Não abandones o teu grande sonho de conhecer e fazer, nos domínios superiores da inteligência e do sentimento, mas não te esqueças do trabalho pequenino, dia a dia.

A vida é processo renovador, em toda parte, e, segundo a palavra sublime de Paulo, ainda que a carne se corrompa, a individualidade imperecível se reforma, incessantemente.

Para que não nos modifiquemos, todavia, em sentido oposto à expectativa do Alto, é indispensável saibamos perseverar com o esforço de autoaperfeiçoamento, em vigilância constante, na atividade que nos ajude e enobreça.

Se algum ideal divino te habita o espírito, não olvides o servicinho diário, para que se concretize em momento oportuno.

Há ensejo favorável à realização?

Age com regularidade, de alma voltada para a meta.

Há percalços e lutas, espinhos e pedrouços na senda?

Prossegue mesmo assim.

O tempo, implacável dominador de civilizações e homens, marcha apenas com sessenta minutos por hora, mas nunca se detém.

Guardemos a lição e caminhemos para diante, com a melhoria de nós mesmos.

Devagar, mas sempre.

(*Fonte viva*. FEB Editora. Cap. 62)

Renova-te sempre

Cada dia tem a sua lição.
Cada experiência deixa o valor que lhe corresponde.
Cada problema obedece a determinado objetivo.

Há criaturas que, torturadas por temores contraproducentes, proclamam a inconformação que as possui à frente da enfermidade ou da pobreza, da desilusão ou da velhice.

Não faltam, no quadro da luta cotidiana, os que fogem espetacularmente dos deveres que lhes cabem, procurando, na desistência do bom combate e no gradual acordo com a morte, a paz que não podem encontrar.

Lembra-te de que as civilizações se sucedem no mundo, há milhares de anos, e que os homens, por mais felizes e por mais poderosos, foram constrangidos à perda do veículo de carne para acerto de contas morais com a eternidade.

Ainda que a prova te pareça invencível ou que a dor se te afigure insuperável, não te retires da posição de lidador em que a Providência Divina te colocou.

Recorda que amanhã o dia voltará ao teu campo de trabalho.

Permanece firme no teu setor de serviço, educando o pensamento na aceitação da vontade de Deus.

A moléstia pode ser uma intimação transitória e salutar da Justiça celeste.

A escassez de recursos terrestres é sempre um obstáculo educativo.

O desapontamento recebido com fervorosa coragem é trabalho de seleção do Senhor em nosso benefício.

A senectude do corpo físico é fixação da sabedoria para a felicidade eterna.

Sê otimista e diligente no bem, entre a confiança e a alegria, porque, enquanto o envoltório de carne se corrompe pouco a pouco, a alma imperecível se renova, de momento a momento, para a vida imortal.

(*Fonte viva*. FEB Editora. Cap. 141)

Busquemos a eternidade

Não te deixes abater, ante as alterações do equipamento físico.

Busquemos a Eternidade.

Moléstias não atingem a alma, quando não se filiam aos remorsos da consciência.

A velhice não alcança o espírito, quando procuramos viver segundo a luz da imortalidade.

Juventude não é um estado da carne.

Há moços que transitam no mundo, trazendo o coração repleto de pavorosas ruínas.

Lembremo-nos de que o homem interior se renova sempre. A luta enriquece-o de experiência, a dor aprimora-lhe as emoções e o sacrifício tempera-lhe o caráter.

O espírito encarnado sofre constantes transformações por fora, a fim de acrisolar-se e engrandecer-se por dentro.

Recorda que o estágio na Terra é simples jornada espiritual.

Assim como o viajante usa sandálias, gastando-as pelo caminho, nossa alma apropria-se das formas, utilizando-as na marcha ascensional para a Grande Luz.

Descerra, pois, o receptor de teu coração à onda sublime dos mais nobres ideais e dos mais belos pensamentos e aprendamos a viver longe do cupim do desânimo, e nosso espírito, ainda mesmo nas mais avançadas provas da enfermidade ou da senectude, será como sol radiante a exteriorizar-se em cânticos de trabalho e alegria, expulsando a sombra e a amargura, onde estivermos.

(*Fonte viva*. FEB Editora. Cap. 169)

Não olhamos para as coisas que se veem, mas para as que não se veem; pois o que se vê é transitório, mas o que não se vê é eterno.

II Coríntios
4:18

Entre o berço e o túmulo

A flor que vemos passa breve, mas o perfume que nos escapa enriquece a economia do mundo.

O monumento que nos deslumbra sofrerá insultos do tempo, contudo, o ideal invisível que o inspirou brilha, eterno, na alma do artista.

A Acrópole de Atenas, admirada por milhões de olhos, vai desaparecendo, pouco a pouco, entretanto, a cultura grega que a produziu é imortal na glória terrestre.

A cruz que o povo impôs ao Cristo era um instrumento de tortura visto por todos, mas o espírito do Senhor, que ninguém vê, é um sol crescendo cada vez mais na passagem dos séculos.

Não te apegues demasiado à carne transitória.

Amanhã, a infância e a mocidade do corpo serão madureza e velhice da forma.

A terra que hoje reténs será no futuro inevitavelmente dividida. Adornos de que te orgulhas presentemente serão pó e cinza. O dinheiro que agora te serve passará depois a mãos diferentes das tuas.

Usa aquilo que vês, para entesourar o que ainda não podes ver.

Entre o berço e o túmulo, o homem detém o usufruto da terra, com o fim de aperfeiçoar-se.

Não te agarres, pois, à enganosa casca dos seres e das coisas. Aprendendo e lutando, trabalhando e servindo com humildade e paciência na construção do bem, acumularás na tua alma as riquezas da vida eterna.

(*Fonte viva*. FEB Editora. Cap. 168)

Pois caminhamos pela fé e não pela visão...

II Coríntios
5:7

Na escola da confiança[71]

Terás conhecido horas inolvidáveis de alegria e de paz, junto dos seres queridos, na exaltação da ventura doméstica; no entanto, é possível tenhas o coração defrontado por amargas crises de provação, com as quais não contavas... Esse é o dia de tua fé no poder da paciência.

No círculo de tuas experiências mais nobres, conseguiste amontoar muitos anos de ação pacífica, sob o respeito e a simpatia de quantos te compartilham a caminhada terrestre; contudo, é provável apareçam dificuldades a te ensombrarem os quadros de serviço, atraindo a crítica impiedosa, e sofres com isso, qual se estivesses varando chuva de fogo... Esse é o dia de tua fé no poder do trabalho.

Por tempo indeterminado, cumpriste austeramente os deveres que a vida te assinalou, angariando acatamento e carinho em derredor de teu nome, mas é possível que a inveja e o despeito te arremessem lodo sobre a existência, torturando-te a sensibilidade... Esse é o dia de tua fé no poder do perdão.

Acolheste os entes queridos que te reconfortam a alma por riquezas eternas, oferecendo, às vezes, a própria vida para que nada lhes falte de bom e belo à sustentação; entretanto, talvez encontres a ventania da incompreensão pela frente, arrancando-te muitos deles ao escrínio do afeto, qual se eles, os entes amados, te viessem a ferir com punhaladas de ingratidão... Esse é o dia de tua fé no poder do amor.

A cultura da fé positiva, sem dúvida, qual acontece à cultura da inteligência, não se adquire por osmose; há que ser aprendida, exercitada, sofrida, assimilada e consolidada, a pouco e pouco.

Abençoa, pois, os teus dias de prova e de aflição, porquanto, através deles, obterás a confiança perfeita em Deus, entendendo, por fim, toda a significação da sentença do Apóstolo Paulo: "andamos por fé e não por visão".

(*Reformador*, ago. 1967, p. 170)

---

[71] Texto publicado em *Bênção de paz*. Ed. GEEM. Cap. 56.

Porquanto todos nós teremos de comparecer manifestamente perante o tribunal de Cristo, a fim de que cada um receba a retribuição do que tiver feito durante sua vida no corpo, seja para o bem, seja para o mal.

II Coríntios
5:10

No serviço cristão

Não falta quem veja no Espiritismo mero campo de experimentação fenomênica, sem qualquer significação de ordem moral para as criaturas.

Muitos aprendizes da consoladora Doutrina, desse modo, limitam-se às investigações de laboratório ou se limitam a discussões filosóficas.

É imperioso reconhecer, todavia, que há tantas categorias de homens desencarnados, quantas são as dos encarnados.

Entidades discutidoras, levianas, rebeldes e inconstantes transitam em toda parte. Além disso, incógnitas e problemas surgem para os habitantes dos dois planos.

Em vista de semelhantes razões, os adeptos do progresso efetivo do mundo, distanciados da vida física, pugnam pelo Espiritismo com Jesus, convertendo-nos o intercâmbio em fator de espiritualidade santificante.

Acreditamos que não se deve atacar outro círculo de vida, quando não nos encontramos interessados em melhorar a personalidade naquele em que respiramos.

Não vale pesquisar recursos que não nos dignifiquem.

Eis por que para nós outros, que supomos trazer o coração acordado para a responsabilidade de viver, Espiritismo não expressa simples convicção de imortalidade: é clima de serviço e edificação.

Não adianta guardar a certeza na sobrevivência da alma, além da morte, sem o preparo terrestre na direção da vida espiritual. E nesse esforço de habilitação, não dispomos de outro guia mais sábio e mais amoroso que o Cristo.

Somente à luz de suas lições sublimes, é possível reajustar o caminho, renovar a mente e purificar o coração.

Nem tudo o que é admirável é divino.

Nem tudo o que é grande é respeitável.

Nem tudo o que é belo é santo.

Nem tudo o que é agradável é útil.

O problema não é apenas de saber. É o de reformar-se cada um para a extensão do bem.

Afeiçoemo-nos, pois, ao Evangelho sentido e vivido, compreendendo o imperativo de nossa iluminação interior, porque, segundo a palavra oportuna e sábia do Apóstolo, "todos devemos comparecer ante o tribunal do Cristo, a fim de recebermos de acordo com o que realizamos, estando no corpo, o bem ou o mal".

(*Pão nosso*. FEB Editora. Prefácio – "No serviço cristão")

Pois a caridade de Cristo nos compele [...].

II Coríntios
5:14

Quando há luz

Quando Jesus encontra santuário no coração de um homem, modifica-se-lhe a marcha inteiramente.

Não há mais lugar dentro dele para a adoração improdutiva, para a crença sem obras, para a fé inoperante.

Algo de indefinível na terrestre linguagem transtorna-lhe o espírito.

Categoriza-o a massa comum por desajustado, entretanto, o aprendiz do Evangelho, chegando a essa condição, sabe que o Trabalhador divino como que lhe ocupa as profundidades do ser.

Renova-se-lhe toda a conceituação da existência.

O que ontem era prazer, hoje é ídolo quebrado.

O que representava meta a atingir, é roteiro errado que ele deixa ao abandono.

Torna-se criatura fácil de contentar, mas muito difícil de agradar.

A voz do Mestre, persuasiva e doce, exorta-o a servir sem descanso.

Converte-se-lhe a alma num estuário maravilhoso, em que os padecimentos vão ter, buscando arrimo, e por isso sofre a constante pressão das dores alheias.

A própria vida física afigura-se-lhe um madeiro, em que o Mestre se aflige. É-lhe o corpo a cruz viva em que o Senhor se agita crucificado.

O único refúgio em que repousa é o trabalho perseverante no bem geral.

Insatisfeito, embora resignado; firme na fé, não obstante angustiado; servindo a todos, mas sozinho em si mesmo, segue, estrada afora, impelido por ocultos e indescritíveis aguilhões...

Esse é o tipo de aprendiz que o amor do Cristo constrange, na feliz expressão de Paulo. Vergasta-o a luz celeste por dentro até que abandone as zonas inferiores em definitivo.

Para o mundo, será inadaptado e louco.

Para Jesus, é o vaso das bênçãos.

A flor é uma linda promessa, onde se encontre.

O fruto maduro, porém, é alimento para Hoje.

Felizes daqueles que espalham a esperança, mas bem-aventurados sejam os seguidores do Cristo que suam e padecem, dia a dia, para que seus irmãos se reconfortem e se alimentem no Senhor!

(*Fonte viva*. FEB Editora. Cap. 74)

*Se alguém está em Cristo, é nova criatura. Passaram-
-se as coisas antigas; eis que se fez realidade nova.*

II Coríntios
5:17

Tudo novo

É muito comum observarmos crentes inquietos, utilizando recursos sagrados da oração para que se perpetuem situações injustificáveis tão só porque envolvem certas vantagens imediatas para suas preocupações egoísticas.

Semelhante atitude mental constitui resolução muito grave.

Cristo ensinou a paciência e a tolerância, mas nunca determinou que seus discípulos estabelecessem acordo com os erros que infelicitam o mundo. Em face dessa decisão, foi à cruz e legou o último testemunho de não violência, mas também de não acomodação com as trevas em que se compraz a maioria das criaturas.

Não se engane o crente acerca do caminho que lhe compete.

Em Cristo tudo deve ser renovado. O passado delituoso estará morto, as situações de dúvida terão chegado ao fim, as velhas cogitações do homem carnal darão lugar à vida nova em espírito, onde tudo signifique sadia reconstrução para o futuro eterno.

É contrassenso valer-se do nome de Jesus para tentar a continuação de antigos erros.

Quando notarmos a presença de um crente de boa palavra, mas sem o íntimo renovado, dirigindo-se ao Mestre como um prisioneiro carregado de cadeias, estejamos certos de que esse irmão pode estar à porta do Cristo, pela sinceridade das intenções; no entanto, não conseguiu, ainda, a penetração no santuário de seu amor.

(*Caminho, verdade e vida*. FEB Editora. Cap. 7)

No convívio do Cristo[72]

É comum ouvirmos a cada passo observações de companheiros desarvorados e abatidos, a fixarem emoções e pensamentos em pessimismo e azedume, qual se acalentassem espinheiros e charcos submersos neles mesmos.

---

[72] Texto publicado em *Palavras de vida eterna*. Ed. Comunhão Espírita Cristã. Cap. 125.

Respiram e caminham, transportando consigo enorme submundo de mágoas e desilusões, deixando, onde pisem, escuro rastro de fel.

Falam de experiências dolorosas da própria vida íntima, empregando mil frases tortuosas e contundentes no apontamento que poderiam encaixar em algumas poucas palavras claras e simples.

Dramatizam desencantos.

Reconstituem doenças passadas, com a volúpia de quem lhes procura o indesejável convívio.

Queixam-se de ingratidões.

Apontam preterições e prejuízos que sofreram em épocas precedentes.

Historiam episódios tristes que a vida já relegou aos arquivos do tempo.

Fazem longas escavações em lastimáveis acontecimentos passados, como quem se compraz no clima do esgoto.

E, com isso, envenenam a vida e enceguecem a própria alma, incapazes de perceber que o Evangelho é luz e renovação nos campos do espírito.

Se antigas dores e problemas superados te voltam à imaginação, esquece-os e segue adiante...

Pensa no melhor que te espera e busca voluntariamente o trabalho a fazer.

Consoante a assertiva do Apóstolo, se alguém permanece em Cristo, nova criatura é, porque, efetivamente, quando a nossa vida está em Jesus, tudo em nós e diante de nós se faz novo.

(*Reformador*, dez. 1962, p. 268)

Seguindo à frente

Dificuldades, fracassos, conflitos e frustrações... Possivelmente, faceaste tudo isso, restando-te unicamente largo rescaldo de pessimismo.

Apesar de tudo, a vida te busca a novas empresas de trabalho e renovação.

O Sol brilha, o mar de oxigênio te refaz energias, o progresso trabalha, o chão produz e parece que a noite se te abriga no ser.

Ergue-te em espírito e empreende a jornada nova.

Uma estrada se continua em outra estrada, uma fonte associa-se à outra.

Tens contigo a riqueza do tempo a esperar-te na aplicação dela própria, a fim de que a felicidade te favoreça.

Varre os escaninhos da alma, expurgando-te de lembranças amargas, e deixa que a luz do presente consiga alcançar-te por dentro das próprias forças.

Renova-te e segue adiante, trabalhando e servindo. E à medida que avances, caminho afora, entre a bênção de compreender e o contentamento de ser útil, perceberás que todos os obstáculos e sombras de ontem se fizeram lições e experiências, enriquecendo-te o coração de segurança e de alegria, para que sigas em paz, no rumo de conquistas imperecíveis, ante o novo amanhecer.

(*Ceifa de luz*. FEB Editora. Cap. 23)

Renovemo-nos[73]

Quanta gente fala em Cristo, sem buscar-lhe a companhia!

Há quem lhe recite as lições com maravilhoso poder mnemônico, sem lhe haver soletrado jamais qualquer ensinamento na linguagem da ação.

Há quem se reporte ao Evangelho, anos a fio, sem procurar-lhe a inspiração em momento algum.

Muitos dizem: "quero Jesus!" — mas não o aceitam.

O problema do cristão, todavia, não é apenas suspirar pelo Senhor. É permanecer com Ele, assimilando-lhe a palavra e seguindo-lhe o exemplo.

Não apenas crença, mas comunhão.

Se pretendes quebrar as algemas que te agrilhoam à sombra, não bastará te rotules, com esse ou aquele título no campo das afirmações exteriores. É imprescindível te transformes por dentro, fazendo luz para o cérebro e luz para o coração.

Para isso, se procuras com a Boa-Nova o caminho da própria felicidade, lembra-te de que é preciso estar nossa alma em Jesus, para renovar-se com segurança. Aprendamos a ver com o entendimento do Senhor, a ouvir com a sublime compreensão que lhe assinalou a passagem no mundo, a trilhar a senda humana com o sentimento que lhe marcou as atitudes e a usar as mãos no Sumo Bem, como as utilizou o divino Mestre e, certamente, ainda hoje, seremos nova criatura, ajudando a Terra pela qualidade de nossa vida e edificando em nós mesmos a excelsitude do Céu.

(*Reformador*, set. 1955, p. 194)

---

[73] Texto publicado em *Segue-me!...* Ed. O Clarim. Cap. "Renovemo-nos", com pequenas alterações.

Sendo assim, em nome de Cristo exercemos a função de embaixadores [...].

II Coríntios
5:20

Embaixadores do Cristo

Na catalogação dos valores sociais, todo homem de trabalho honesto é portador de determinada delegação.

Se os políticos e administradores guardam responsabilidades do Estado, os operários recebem encargos naturais das oficinas a que emprestam seus esforços.

Cada homem de bem é mensageiro do centro de realizações onde atende ao movimento da vida, em atividade enobrecedora.

As ruas estão cheias de emissários das repartições, das fábricas, dos institutos, dos órgãos de fiscalização, produção, amparo e ensino, cujos interesses conjugados operam a composição da harmonia social.

É necessário, contudo, não esquecermos que os valores da vida eterna não permaneceriam no mundo sem representantes.

Cristo possui embaixadores permanentes em seus discípulos sinceros.

Importa considerar que na presente afirmativa de Paulo de Tarso não vemos alusão ao sacerdócio presunçoso.

Todos os colaboradores leais de Jesus, em qualquer situação da vida e no lugar mais longínquo da Terra, são conhecidos na sede espiritual dos serviços divinos. É com eles, cooperadores devotados e muita vez desconhecidos dos beneficiários do mundo, que se movimenta o Mestre, cada dia, estendendo o Evangelho aplicado entre as criaturas terrestres, até a vitória final.

Entendendo esta verdade, consulta as próprias tendências, atos e pensamentos. Repara a quem serves, porque, se já recebeste a Boa-Nova da Redenção, é tempo de te tornares embaixador de sua luz.

(*Caminho, verdade e vida*. FEB Editora. Cap. 115)

[...] Eis agora o tempo favorável por excelência.
Eis agora o dia da salvação.

II Coríntios
6:2

Sempre agora[74]

Há também uma sinonímia para as estâncias da vida e oportunidades da alma.

Todas as circunstâncias significam ocasiões para o cultivo de valores do espírito, como sejam:

- saúde – edificação;
- moléstia – aprimoramento;
- juventude – preparo;
- madureza – juízo;
- prosperidade – construção;
- penúria – diligência;
- êxito – serviço;
- fracasso – experiência;
- direção – exemplo;
- subalternidade – cooperação;
- regozijo – prudência;
- tristeza – coragem;
- liberdade – disciplina;
- compromisso – fidelidade;
- casamento – aprendizado;
- celibato – abnegação;
- trabalho – dever;
- repouso – proveito.

As mais diversas situações do cotidiano expressam a vinda de momento adequado para que venhamos a realizar o melhor.

Não te ponhas, assim, a aguardar o futuro para atender à procura da verdade e à lavoura do bem.

O Apóstolo Paulo, profundo conhecedor das necessidades humanas, indica acertadamente o tempo da elevação espiritual como sendo sempre *agora*.

(*Reformador*, dez. 1963, p. 266)

---

[74] Texto publicado em *Palavras de vida eterna*. Ed. Comunhão Espírita Cristã. Cap. 150.

Conceito de salvação[75]

Salvar, em sinonímia correta, não é divinizar, projetar ao céu, conferir santidade a alguém através de magia sublimatória ou fornecer passaporte para a intimidade com Deus.

Salvar, em legítima significação, é "livrar de ruína ou perigo", "conservar", "defender", "abrigar" e nenhum desses termos exime a pessoa da responsabilidade de se conduzir e melhorar-se.

Navio salvo de risco iminente não está exonerado da viagem, na qual enfrentará naturalmente perigos novos, e doente salvo da morte não se forra ao imperativo de continuar nas tarefas da existência, sobrepujando percalços e tentações.

O Evangelho não deixa dúvidas quanto a isso. Pedro, salvo da indecisão, é impelido a sustentar-se em trabalho até a senectude das forças físicas. Paulo, salvo da crueldade, é constrangido a esforço máximo, na própria renovação, até o último sacrifício.

Se experimentas o coração chamado à verdade pela Doutrina Espírita, compreendamos que a salvação terá efetivamente chegado até nós. Não aquela que pretende investir-nos, ingenuamente, na posse de títulos angélicos, quando somos criaturas humanas, com necessidade de aprender, evoluir, acertar e retificar-nos, mas sim a salvação no verdadeiro sentido, isto é, como auxílio do Alto para que estejamos no conhecimento de nossas obrigações, diante da Lei, dispostos a esposá-las e cumpri-las.

Sobretudo, não nos detenhamos em frases choramingueiras, perdendo mais tempo sobre o tempo perdido. Reconheçamos com o Apóstolo que "o tempo sobremodo oportuno" para a salvação ou, melhor, para a corrigenda de nossos erros e aproveitamento da nossa vida, chama-se *agora*.

(*Reformador*, fev. 1964, p. 26)

---

[75] Texto publicado em *Palavras de vida eterna*. Ed. Comunhão Espírita Cristã. Cap. 153.

Ao contrário, em tudo recomendamo-nos como ministros de Deus: por grande perseverança nas tribulações, nas necessidades, nas angústias, nos açoites, nas prisões, nas desordens, nas fadigas, nas vigílias, nos jejuns.

II Coríntios
6:4

Em tudo

A maioria dos aprendizes do Evangelho não encara seriamente o fundo religioso da vida, senão nas atividades do culto exterior. Na concepção de muitos bastará frequentar, assíduos, as assembleias da fé e todos os enigmas da alma estarão decifrados, no capítulo das relações com Deus.

Entretanto, os ensinamentos do Cristo apelam para a renovação e aprimoramento individual em todas as circunstâncias.

Que dizer de um homem aparentemente contrito nos atos públicos da confissão religiosa a que pertence e mergulhado em palavrões no santuário doméstico? Não são poucos os que se declaram crentes ao lado da multidão, revelando-se indolentes no trabalho, desesperados na dor, incontinentes na alegria, infiéis nas facilidades e blasfemos nas angústias do coração.

Por que motivo pugnaria Jesus pela formação dos seguidores tão só para ser incensado por eles, durante algumas horas da semana, em genuflexão? Atribuir ao Mestre semelhante propósito seria rebaixar-lhe os sublimes princípios.

É indispensável que os aprendizes se tornem recomendáveis em tudo, revelando a excelência das ideias que os alimentam, tanto em casa, quanto nas igrejas, tanto nos serviços comuns, quanto nas vias públicas.

Certo, ninguém precisará viver exclusivamente de mãos postas ou de olhar fixo no firmamento; todavia, não nos esqueçamos de que a gentileza, a boa vontade, a cooperação e a polidez são aspectos divinos da oração viva no apostolado do Cristo.

(*Pão nosso*. FEB Editora. Cap. 132)

[...] Ora, nós é que somos o templo do Deus vivo [...].

II Coríntios
6:16

Iluminemos o santuário

O esforço individual estabelece a necessária diferenciação entre as criaturas, mas a distribuição das oportunidades divinas é sempre a mesma para todos.

Indiscriminadamente, todas as pessoas recebem possibilidades idênticas de crescimento mental e elevação ao campo superior da vida.

Todos somos, pois, consoante a sentença de Paulo, santuários do Deus vivo. Apesar disso, inúmeras pessoas se declaram afastadas da luz eterna, deserdadas da fé. Enquanto dispõem da saúde e do tesouro das possibilidades humanas, fazem anedotário leve e irônico. Ao apagar das luzes terrestres, porém, inabilitados à movimentação no campo da fantasia, revoltam-se contra a Divindade e precipitam-se em abismo de desespero. São companheiros invigilantes que ocuparam o santuário do espírito com material inadequado. Absorvidos pelas preocupações imediatistas da esfera inferior, transformaram esperanças em ambições criminosas, expressões de confiança em fanatismo cego, aspirações do Alto em interesses da zona mais baixa.

Debalde se faz ouvir a palavra delicada e pura do Senhor, no santuário interno, quando a criatura, obcecada pelas ilusões do plano físico, perde a faculdade de escutar. Entre os seus ouvidos e a sublime advertência, erguem-se fronteiras espessas de egoísmo cristalizado e de viciosa aflição. E, pouco a pouco, o filho de Deus encarnado na Terra, de rico de ideais humanos e realizações transitórias, passa à condição de mendigo de luz e paz, na velhice e na morte...

O Senhor continua ensinando e amando, orientando e dirigindo, mas, porque a surdez prossegue sempre, chegam a seu tempo as bombas renovadoras do sofrimento, convidando a mente desviada e obscura à descoberta dos valores que lhe são próprios, reintegrando-a no santuário de si mesma para o reencontro sublime com a Divindade.

(*Vinha de luz.* FEB Editora. Cap. 138)

Acolhei-nos em vossos corações.[...]

II Coríntios
7:2

Na rota do Evangelho[76]

É razoável a vigilância na recepção dos ensinamentos evangélicos.

Tanto quanto possível, é imperioso manejar as ferramentas do maior esforço para verificar-lhes a clareza, de modo a transmiti-las a outrem com a autenticidade precisa.

Exatidão histórica.
Citação escorreita.
Lógica natural.
Linguagem limpa.
Comentários edificantes.
Ilustrações elevadas.

Atentos à respeitabilidade do assunto, não será justo perder de vista a informação segura, a triagem gramatical, a imparcialidade do exame e a conceituação digna, a fim de que impropriedades e sofismas não venham turvar a fonte viva e pura da verdade que se derrama originariamente do Cristo para esclarecimento da Humanidade.

Ainda assim, urge não esquecer que as instruções do Divino Mestre se nos dirigem, acima de tudo, aos sentimentos, diligenciando amparar-nos a renovação interior para que nos ajustemos aos estatutos do Bem Eterno.

Eis o motivo pelo qual, em todos os serviços da educação evangélica, é importante reflitamos no apontamento feliz do Apóstolo Paulo: "Recebei-nos em vossos corações...".

(*Reformador*, dez. 1962, p. 269)

Nos corações

Os crentes e trabalhadores do Evangelho usam diversos meios para lhe fixarem as vantagens, mas raros lhe abrem as portas da vida.

As palavras de Paulo, de Pedro, de Mateus ou de João são comumente utilizadas em longos e porfiados duelos verbais, em contendas inúteis, incapazes de produzir qualquer ação nobre. Recebem outros as advertências e luzes

---

[76] Texto publicado em *Palavras de vida eterna*. Ed. Comunhão Espírita Cristã. Cap. 126.

evangélicas, à maneira de negociantes ambiciosos, buscando convertê-las em fontes econômicas de grande vulto. Ainda outros procuram os avisos divinos, fazendo valer princípios egolátricos, em polêmicas laboriosas e infecundas.

No imenso conflito das interpretações dever-se-ia, porém, acatar o pedido de Paulo de Tarso em sua segunda epístola aos coríntios.

O Apóstolo da Gentilidade roga para que ele e seus companheiros de ministério sejam recebidos nos corações.

Muito diversa surgirá a comunidade cristã, se os discípulos atenderem à solicitação.

Quando o aprendiz da Boa-Nova receber a visita de Jesus e dos emissários divinos, no plano interno, então a discórdia e o sectarismo terão desaparecido do continente sublime da fé.

Em razão disso, meu amigo, ainda que a maioria dos irmãos de ideal conserve cerrada a porta íntima, faze o possível por não adiar a tranquilidade própria.

Registra a lição do Evangelho no ádito do ser. Não te descuides, relegando-a ao mundo externo, ao sabor da maledicência, da perturbação e do desentendimento. Abriga-a, dentro de ti, preservando a própria felicidade. Orna-te com o brilho que decorre de sua grandeza e o Céu comunicar-se-á com a Terra, pelo teu coração.

(*Vinha de luz*. FEB Editora. Cap. 147)

Alegro-me agora, não por vos ter contristado, mas porque a vossa tristeza vos levou ao arrependimento. Vós vos entristecestes segundo Deus [...].

II Coríntios
7:9

Contristação

Quanta vez se agitam famílias, agrupamentos ou coletividades para que a tormenta lhes não alcance o ambiente comum? quantas vezes a criatura contempla o céu, em súplica, para que a dor lhe não visite a senda ou para que a adversidade fuja, ao encalço de outros rumos? Entretanto, a realidade chega sempre, inevitável e inflexível.

No turbilhão de sombras da contristação, o homem, não raro, se sente vencido e abandonado.

Todavia, o que parece infortúnio ou derrota pode representar providências salvadoras do Todo-Compassivo.

Em muitas ocasiões, quando as criaturas terrestres choram, seus amigos da Esfera superior se alegram, à maneira dos pomicultores que descansam, tranquilos, depois do campo bem podado.

Lágrimas, nos lares da carne, frequentemente expressam júbilos de lares celestiais. Os orientadores divinos, porém, não folgam porque os seus tutelados sejam detentores de padecimentos, mas justamente porque semelhante situação indica possibilidades renovadoras no trabalho de aperfeiçoamento.

Todo campo deve conhecer o tempo de ceifa ou de limpeza necessárias.

Quando estiverdes contristados, em face de faltas que cometestes impensadamente, é razoável sofrais a passagem das nuvens pesadas e negras que amontoastes sobre o coração; contudo, quando a prova e a luta vos surpreenderem a casa ou o espírito, em circunstâncias que independem de vossa vontade, então é chegada a hora da contristação segundo Deus, a qual vos eleva espiritualmente e que, por isso mesmo, provoca a alegria dos anjos que velam por vós.

(*Vinha de luz*. FEB Editora. Cap. 153)

*Com efeito, a tristeza segundo Deus produz arrependimento
que leva à salvação e não volta atrás, ao passo que
a tristeza segundo o mundo produz a morte.*

II Coríntios
7:10

Tristeza

Conforme observamos na advertência de Paulo, há "uma tristeza segundo Deus" e outra "segundo a Terra". A primeira soluciona problemas atinentes à vida verdadeira, a segunda é caminho para a morte, como símbolo de estagnação, no desvio dos sentimentos.

Muita gente considera virtudes a lamentação incessante e o tédio continuado. Encontramos os tristes pela ausência de dinheiro adequado aos excessos; vemos os torturados que se lastimam pela impossibilidade de praticar o mal; ouvimos os viciados na queixa doentia, incapazes do prazer de servir sem aguilhões. Essa é a tristeza do mundo que prende o Espírito à teia de reencarnações corretivas e perigosas.

Raros homens se tocam da "tristeza segundo Deus". Muito poucos contemplam a si próprios, considerando a extensão das falhas que lhes dizem respeito, em marcha para a restauração da vida, no presente e no porvir. Quem avança por esse caminho redentor, se chora jamais atinge o plano do soluço enfermiço e da inutilidade, porque sabe reajustar-se, valendo-se do tempo, a golpes benditos de esforço para as novas edificações do destino.

(*Caminho, verdade e vida*. FEB Editora. Cap. 130)

Irmãos, nós vos damos a conhecer a graça que Deus concedeu às Igrejas da Macedônia.

II Coríntios
8:1

Deus te abençoa

Acreditas-te frágil, mas Deus te suprirá de energias.
Reconheces a própria limitação, mas Deus te conferirá crescimento.
Afirmas-te sem ânimo, mas Deus te propicia coragem.
Declaras-te pobre, mas dispões das riquezas infinitas de Deus.

Entendamos, porém, que o processo de assimilar os recursos divinos será sempre o serviço prestado aos outros.

Não alegues, assim, fraqueza, inaptidão, desalento ou penúria para desistir do lugar que te cabe no edifício do bem.

Pela hora de otimismo com que amparas o trabalho dos companheiros, Deus te abençoa.

Pelo gesto silencioso com que escoras o equilíbrio geral, Deus te abençoa.

Pela frase caridosa e esclarecedora com que asseguras o entendimento fraterno, Deus te abençoa.

Pela migalha de socorro ou de tempo que despendes no apoio aos necessitados, Deus te abençoa.

Pela atitude de tolerância e serenidade, à frente da incompreensão, Deus te abençoa.

Convivemos, sem dúvida, com almas heroicas, habilitadas aos mais altos testemunhos de fé em Deus, através do sacrifício pela felicidade dos semelhantes, mas Deus que abençoa o rio capaz de garantir as searas do campo, abençoa também a gota de orvalho que ameniza a sede da rosa.

Se erros e desacertos nos marcaram a estrada até ontem, voltemo-nos para Deus com sinceridade, refazendo a esperança e suportando sem mágoa, as acusações do caminho.

O homem, às vezes, passa enojado, à frente do charco, sem perceber que Deus alentou no charco os lírios que lhe encantam a mesa.

À face disso, se alguém te censura, ouve com paciência. Se existe sensatez na repreensão, aproveita o conselho; se for injusto o reproche, conserva a alma tranquila, na limpeza da consciência.

Em qualquer dificuldade, arrima-te à confiança, trabalhando e servindo com alegria, na certeza invariável de que Deus te abençoa e te vê.

(*Palavras de vida eterna*. Ed. Comunhão Espírita Cristã. Cap. 180)

Cada um dê como dispôs em seu coração, sem pena nem constrangimento, pois Deus ama a quem dá com alegria.

II Coríntios
9:7

Contribuir

Quando se divulgou a afirmativa de Paulo de que Deus ama o que dá com alegria, muita gente apenas lembrou a esmola material.

O louvor, todavia, não se circunscreve às mãos generosas que espalham óbolos de bondade entre os necessitados e sofredores.

Naturalmente, todos os gestos de amor entram em linha de conta no reconhecimento divino, mas devemos considerar que o verbo contribuir, na presente lição, aparece em toda a sua grandiosa excelsitude.

A cooperação no bem é questão palpitante de todo lugar e de todo dia. Qualquer homem é suscetível de fornecê-la. Não é somente o mendigo que a espera, mas também o berço de onde se renova a experiência, a família em que acrisolamos as conquistas de virtude, o vizinho, nosso irmão em Humanidade, e a oficina de trabalho, que nos assinala o aproveitamento individual, no esforço de cada dia.

Sobrevindo o momento de repouso diuturno, cada coração pode interrogar a si próprio quanto à qualidade de sua colaboração no serviço, nas palestras, nas relações afetivas, nessa ou naquela preocupação da vida comum.

Tenhamos cuidado contra as tristezas e sombras esterilizadoras. Má vontade, queixas, insatisfação, leviandades não integram o quadro dos trabalhos que o Senhor espera de nossas atividades no mundo. Mobilizemos nossos recursos com otimismo e não nos esqueçamos de que o Pai ama o filho que contribui com alegria.

(*Pão nosso*. FEB Editora. Cap. 58)

Olhai as coisas frente a frente. Se alguém está convicto de pertencer a Cristo, tome consciência uma vez por todas de que, assim como ele pertence a Cristo, nós também lhe pertencemos.

II Coríntios
10:7

Não te enganes

Não te enganes, acerca da nossa necessidade comum no aperfeiçoamento.

Muita vez, superestimando nossos valores, acreditamo-nos privilegiados na arte da elevação. E, em tais circunstâncias, costumamos esquecer, impensadamente, que outros estão fazendo pelo bem muito mais que nós mesmos.

O vaga-lume acende leves relâmpagos nas trevas e se supõe o príncipe da luz, mas encontra a vela acesa que o ofusca. A vela empavona-se sobre um móvel doméstico e se presume no trono absoluto da claridade, entretanto, lá vem um dia em que a lâmpada elétrica brilha no alto, embaciando-lhe a chama. A lâmpada, a seu turno, ensoberbece-se na praça pública, mas o Sol, cada manhã, resplandece no firmamento, clareando toda a Terra e empalidecendo todas as luzes planetárias, grandes e pequenas.

Enquanto perdura a sombra protetora e educativa da carne, quase sempre somos vítimas de nossas ilusões, mas, voltando o clarão infinito da verdade com a renovação da morte física, verificamos, ao sol da vida espiritual, que a Providência Divina é glorioso amor para a Humanidade inteira.

Não troques a realidade pelas aparências.

Respeitemos cada realização em seu tempo e cada pessoa no lugar que lhe é devido.

Todos somos companheiros de evolução e aperfeiçoamento, guardados ainda entre o bem e o mal. Onde acionarmos a nossa "parte inferior", a sombra dos outros permanecerá em nossa companhia. Da zona a que projetarmos a nossa "boa parte", a luz do próximo virá ao nosso encontro.

Cada alma é sempre uma incógnita para outra alma. Em razão disso, não será lícito erguer as paredes de nossa tranquilidade sobre os alicerces do sentimento alheio.

Não nos iludamos.

Retifiquemos em nós quanto prejudique a nossa paz íntima e estendamos braços e pensamentos fraternos, em todas as direções, na certeza de que, se somos portadores de virtudes e defeitos, nas ocasiões de juízo receberemos sempre de acordo com as nossas obras. E, compreendendo que a bondade do

Senhor brilha para todas as criaturas, sem distinção de pessoas, recordemos em nosso favor e em favor dos outros as significativas palavras de Paulo: "Se alguém confia de si mesmo que é do Cristo, pense outra vez isto consigo, porque tanto quanto esse alguém é do Cristo, também nós do Cristo somos".

(*Fonte viva.* FEB Editora. Cap. 65)

Já que essas revelações eram extraordinárias, para eu não me encher de soberba, foi-me dado um aguilhão na carne – um anjo de Satanás para me espancar – a fim de que não me encha de soberba.

II Coríntios
12:7

O espinho

Atitude sumamente perigosa louvar o homem a si mesmo, presumindo desconhecer que se encontra em plano de serviço árduo, dentro do qual lhe compete emitir diariamente testemunhos difíceis. É posição mental não somente ameaçadora, quanto falsa, porque lá vem um momento inesperado em que o espinho do coração aparece.

O discípulo prudente alimentará a confiança sem bazófia, revelando-se corajoso sem ser metediço. Reconhece a extensão de suas dívidas para com o Mestre e não encontra glória em si mesmo, por verificar que toda a glória pertence a Ele mesmo, o Senhor.

Não são poucos os homens do mundo, invigilantes e inquietos, que, após receberem o incenso da multidão, passam a curtir as amarguras da soledade; muitos deles se comprazem nos galarins da fama, qual se estivessem convertidos em ídolos eternos, para chorarem, mais tarde, a sós, com o seu espinho ignorado nos recessos do ser.

Por que assumir posição de mestre infalível, quando não passamos de simples aprendizes?

Não será mais justo servir ao Senhor, na mocidade ou na velhice, na abundância ou na escassez, na administração ou na subalternidade, com o espírito de ponderação, observando os nossos pontos vulneráveis, na insuficiência e imperfeição do que temos sido até agora?

Lembremo-nos de que Paulo de Tarso esteve com Jesus pessoalmente; foi indicado para o serviço divino em Antioquia pelas próprias vozes do Céu; lutou, trabalhou e sofreu pelo Evangelho do reino e, escrevendo aos coríntios, já envelhecido e cansado, ainda se referiu ao espinho que lhe foi dado para que se não exaltasse no sublime trabalho das revelações.

(*Pão nosso*. FEB Editora. Cap. 126)

Sonâmbulos

Sonâmbulos sublimes, temo-los no mundo honorificados no Cristianismo, por terem testemunhado, valorosos, a evidência do Plano Espiritual.

E muitos dos mais eminentes sofrem os efeitos de suas atividades psíquicas na própria constituição fisiológica, tolerando, muitas vezes, os tremendos embates das forças superiores, que glorificam a luz, com as forças inferiores que se enquistam nas trevas.

Paulo de Tarso, o apóstolo intrépido, após o comentário de suas próprias visões, fora do corpo denso, exclama na segunda carta aos coríntios: "E para que me não exaltasse pelas excelências recebidas, foi-me concedido um espinho na carne...".

Antão, o venerado eremita do vilarejo de Coma, no Egito, intensivamente assaltado por Espíritos obsessores, e em estado cataléptico, é tido como morto, despertando, porém, entre aqueles que lhe velavam o suposto cadáver.

Francisco de Assis, o herói da humildade, ouve, prostrado de febre, em Spoleto, as vozes que lhe recomendam retorno à terra natal, para o cumprimento de sua missão divina.

Antônio de Pádua, o admirável franciscano, por várias vezes entra em sono letárgico, afastando-se do corpo para misteres santificantes.

Teresa de Ávila, a insigne doutora da literatura religiosa na Espanha, permanece em regime de parada cardíaca, por quatro dias consecutivos, acordando subitamente, entre círios acesos, quando já se lhe preparava conveniente sepulcro, no convento da Encarnação.

Medianeiros excelsos foram todos eles, pelas revelações que trouxeram do Plano divino ao acanhado círculo humano.

Entretanto, fora do hagiológio conhecido, encontramos uma infinidade de sonâmbulos outros, em todas as épocas.

Sonâmbulos de inteligência enobrecida e sonâmbulos enfermos na atividade mental.

Sabe-se que Maomé recebia mensagens do Além, no intervalo de convulsões epileptoides.

Dante, apesar do monoideísmo político, registra impressões hauridas por ele mesmo, fora dos sentidos normais.

Através de profundas crises letárgicas, Auguste Comte escreve a sua Filosofia Positiva.

Frederica Hauff, na Alemanha, em princípios do século XIX, doente e acamada, entra em contato com a Esfera Espiritual.

Guy de Maupassant, em França, vê-se obsidiado pelas entidades desencarnadas que lhe inspiram os contos notáveis, habitualmente grafados por ele em transe.

Van Gogh, torturado, pinta, sob influências estranhas, padecendo acessos de loucura.

E além desses sensitivos, categorizados nas classes a que nos reportamos, surpreendemos atualmente os sonâmbulos do sarcasmo, que se valem de assunto tão grave, qual seja o sonambulismo magnético, para motivo de hilaridade, em diversões públicas, com evidente desrespeito à dignidade humana.

Todavia, igualmente hoje, com a bênção do Cristo, vemos a Ciência estudando a hipnose para aplicá-la no vasto mundo patológico em que lhe cabe operar, e a Doutrina Espírita a reviver o Evangelho, disciplinando e amparando os fenômenos da alma, no campo complexo da mediunidade, de modo a orientar a consciência dos homens no caminho da Nova Luz.

(*Religião dos espíritos*. FEB Editora. Cap. "Sonâmbulos")

Respondeu-me, porém: "Basta-te a minha graça, pois é na fraqueza que a força manifesta todo o seu poder." Por conseguinte, com todo o ânimo prefiro gloriar-me das minhas fraquezas, para que pouse sobre mim a força de Cristo.

II Coríntios
12:9

A graça do Senhor[77]

Com a graça do Senhor,
a cruz salva;
o sacrifício enaltece;
a injúria santifica;
a perseguição beneficia;
a tempestade fortalece;
a dor redime;
o trabalho aperfeiçoa;
a luta aprimora;
o anátema estimula;
o dever nobilita;
o serviço dignifica;
a calúnia engrandece;
a solidão reconforta;
o obstáculo ensina;
o adversário ajuda;
a dificuldade valoriza;
o desgosto restaura;
a pedrada edifica;
o espinho corrige;
a humildade eleva;
a ferida ilumina;
a cicatriz colabora;
a ironia constrói;
a incompreensão instrui;
o pranto limpa;
o suor melhora;

---

[77] Texto publicado em *Segue-me!...* Ed. O Clarim. Cap. "A graça do Senhor", com pequenas alterações; *Coletânea do além*. Ed. LAKE. Cap. "A graça do Senhor", com pequenas alterações.

o desencanto esclarece;
a pobreza entesoura;
a enfermidade auxilia;
a morte liberta.

É razoável que muitos homens estejam à procura de dádivas transitórias do mundo, mas que o cristão não olvide o mais sublime dom da vida — a Graça do Senhor, base da felicidade real do discípulo fiel, onde quer que se encontre.

(*Reformador*, set. 1945, p. 204)

Quanto a mim, de bom grado despenderei, e me despenderei todo inteiro, em vosso favor. Será que, dedicando-vos mais amor, serei, por isto, menos amado?

II Coríntios
12:15

Na pregação

Há numerosos companheiros da pregação salvacionista que, de bom grado, se elevam a tribunas douradas, discorrendo preciosamente sobre os méritos da bondade e da fé, mas, se convidados a contribuir nas boas obras, sentem-se feridos na bolsa e recuam apressados, sob disparatadas alegações.

Impedimentos mil lhes proíbem o exercício da caridade e afastam-se para diferentes setores, em que a boa doutrina lhes não constitua incômodo à vida calma.

Efetivamente, no entanto, na prática legítima do Evangelho não nos cabe apenas gastar o que temos, mas também dar do que somos.

Não basta derramar o cofre e solucionar questões ligadas à experiência do corpo.

É imprescindível darmo-nos, com o suor da colaboração e do esforço espontâneo na solidariedade, para atender, substancialmente, as nossas obrigações primárias, à frente do Cristo.

Quem, de algum modo, não se empenha em benefício dos companheiros, apenas conhece as lições do Alto nos círculos da palavra.

Muita gente espera o amor alheio, a fim de amar, quando tal atitude somente significa dilação nos empreendimentos santificadores que nos competem.

Quem ajuda e sofre por devoção à Boa-Nova, recolhe suprimentos celestes de força para agir no progresso geral.

Lembremo-nos de que Jesus não só cedeu, em favor de todos, quanto poderia reter em seu próprio benefício, mas igualmente fez a doação de si mesmo pela elevação comum.

Pregadores que não gastam e nem se gastam pelo engrandecimento das ideias redentoras do Cristianismo são orquídeas do Evangelho sobre o apoio problemático das possibilidades alheias; mas aquele que ensina e exemplifica, aprendendo a sacrificar-se pelo erguimento de todos, é a árvore robusta do eterno Bem, manifestando o Senhor no solo rico da verdadeira fraternidade.

(*Fonte viva*. FEB Editora. Cap. 53)

Examinai-vos a vós mesmos, e vede se estais na fé; provai-vos. [...]

II Coríntios
13:5

Nos diversos caminhos

Diversas atitudes caracterizam os estudantes da Revelação Nova.

Os que permanecem na periferia dos ensinamentos exigem novas demonstrações fenomenológicas, sem qualquer propósito de renovação interior.

Aqueles que se demoram na região da letra estimam as longas discussões sem proveito real.

Quantos preferem a zona do sectarismo, lançam-se às lutas de separatividade, lamentáveis e cruéis.

Todos os que se cristalizam no "eu" dormitam nos petitórios infindáveis, a reclamarem proteção indébita, adiando a solução dos seus problemas espirituais.

Os que se retardam nos desvarios passionais rogam alimento para as emoções, mantendo-se distantes do legítimo entendimento.

Os que se atiram às correntes da tristeza negativa gastam o tempo em lamentações estéreis.

Aqueles que se consagram ao culto da dúvida perdem a oportunidade da edificação divina em si mesmos, convertendo-se em críticos gratuitos, ferindo companheiros e estraçalhando reputações.

Quantos se prendem à curiosidade crônica, borboleteiam aqui e ali, longe do trabalho sério e necessário.

Aqueles que se regozijam na presunção, passam o dia zurzindo o próximo, quais se fossem inquisidores permanentes do mundo.

Os que vivem na fé, contudo, acompanham o Cristo, examinam a si próprios e experimentam a si mesmos, convertendo-se em refletores da Vontade Divina, cumprindo-a, fielmente, no caminho da redenção.

(*Vinha de luz*. FEB Editora. Cap. 99)

Pedimos a Deus que não cometais mal algum. Nosso desejo não é aparecer como aprovados, mas, sim, que pratiqueis o bem [...].

II Coríntios
13:7

Melhorando sempre[78]

Evidentemente, não podes garantir a felicidade do mundo que se encontra, de maneira constante, sob o impacto das lutas evolutivas que lhe orientam a marcha; no entanto, ninguém está impedido de cultivar o trato de terra em que vive, amparando uma árvore amiga ou alentando uma flor.

Certo, não podes curar as chamadas chagas sociais, indesejáveis mas compreensíveis numa coletividade de Espíritos imperfeitos quais somos ainda todos nós, em regime de correção e aperfeiçoamento; contudo, ninguém está impossibilitado de proceder honestamente e apoiar os semelhantes com a força moral do bom exemplo.

Sem dúvida, não podes socorrer todos os enfermos que choram na Terra; entretanto, ninguém está proibido de atenuar a provação de um amigo ou de um vizinho, propiciando-lhe a certeza de que o amor não desapareceu dos caminhos humanos.

Indiscutivelmente, não podes sanar as dificuldades totais da família em que nasceste; todavia, ninguém está interditado, no sentido de ajudar a um parente menos feliz ou cooperar na tranquilidade que se deve manter em casa.

Não te afastes da cultura do bem, sob o pretexto de nada conseguires realizar contra o domínio das atribulações que lavram no Planeta.

O Senhor nunca nos solicitou o impossível e nunca exigiu da criatura falível espetáculos de grandeza compulsória.

Conquanto existam numerosos desertos, a fonte pequenina corre, confiante, fecundando a gleba em que transita.

Não nos é facultado corrigir todos os erros e extinguir todas as aflições que campeiam nas trilhas da existência, mas todos podemos atravessar o cotidiano, melhorando a vida e dignificando-a, em nós e em torno de nós.

(*Reformador*, nov. 1964, p. 248)

---

[78] Texto publicado em *Palavras de vida eterna*. Ed. Comunhão Espírita Cristã. Cap. 78, com pequenas alterações.

Nada podemos contra a verdade, mas só temos poder em favor da verdade.

II Coríntios
13:8

Evolução e felicidade

Não esperavas talvez que expressões espetaculares te marcassem na Terra os processos de vivência humana.

E, muitas vezes, nós mesmos destacamos a disparidade entre as vitórias do raciocínio e as conquistas do sentimento.

Filósofos lamentam as distâncias entre a ciência e o amor.

Ainda assim, acima de nossos próprios pontos de vista, anteriormente expendidos, somos forçados a considerar que os domínios de um e outro são muito diferentes.

Onde os eletrocardiógrafos capazes de medir o grau da dedicação dos pais pelos filhos? Onde os computadores que nos traduzam em número e especificação as doenças suscitadas pelo ódio? Como encontrar as máquinas que possam frenar, entre os povos, os impulsos da guerra e da delinquência? Em que prodigioso supermercado adquirir exaustores das paixões que, na Terra, enquanto encarnados, tanta vez nos devastam a alma, inclinando-nos à loucura ou ao suicídio? E onde, por fim, surpreender as engrenagens que nos mantenham, aí no mundo, com serenidade e equilíbrio, frustrando-nos as lágrimas, quando apertamos, em vão, entre as nossas, as mãos desfalecentes das criaturas queridas que se despedem de nós, antecedendo-nos, na viagem da morte?

Não te apaixones pelo progresso sem amor.

De que te valeria palmilhar, por meses e meses, um deserto formado em pepitas de ouro, sem a bênção da fonte, ou residir num palácio sem luz?

Atende à evolução para aperfeiçoar a vida, mas cultiva a fé e a paciência, a humildade e a compreensão que te balsamizem o espírito, porque não existe felicidade sem amor e não existe amor, sem responsabilidade, fora das Leis de Deus.

(*Ceifa de luz*. FEB Editora. Cap. 65)

[...] conforme o poder que o Senhor me deu para construir, e não para destruir.

II Coríntios
13:10

Em nossa luta

Em nossa luta diária, tenhamos suficiente cuidado no uso dos poderes que nos foram emprestados pelo Senhor.

A ideia de destruição assalta-nos a mente em ocasiões incontáveis.

Associações de forças menos esclarecidas no bem e na verdade?

Somos tentados a movimentar processos de aniquilamento.

Companheiros menos desejáveis nos trabalhos de cada dia?

Intentamos abandoná-los de vez.

Cooperadores endurecidos?

Deixá-los ao desamparo.

Manifestações apaixonadas, em desacordo com os imperativos da prudência evangélica?

Nossos ímpetos iniciais resumem-se a propósitos de sufocação violenta.

Algo que nos contrarie as ideias e os programas pessoais?

Nossa intolerância cristalizada reclama destruição.

Entretanto, qual a finalidade dos poderes que repousam em nossas mãos, em nome do Divino Doador?

Responde-nos Paulo de Tarso, com muita propriedade, esclarecendo-nos que recebeu faculdades do Senhor para edificar e não para destruir.

Não estamos na obra do mundo para aniquilar o que é imperfeito, mas para completar o que se encontra inacabado.

Renovemos para o bem, transformemos para a luz.

O Supremo Pai não nos concede poderes para disseminarmos a morte. Nossa missão é de amor infatigável para a vida abundante.

(*Vinha de luz*. FEB Editora. Cap. 32)

[...] vivei em paz [...].

II Coríntios
13:11

Viver em paz[79]

Mantém-te em paz.

É provável que os outros te guerreiem gratuitamente, hostilizando-te a maneira de viver; entretanto, podes avançar em teu roteiro, sem guerrear a ninguém.

Para isso, contudo — para que a tranquilidade te banhe o pensamento —, é necessário que a compaixão e a bondade te sigam todos os passos.

Assume contigo mesmo o compromisso de evitar a exasperação.

Junto da serenidade, poderás analisar cada acontecimento e cada pessoa no lugar e na posição que lhes dizem respeito.

Repara, carinhosamente, os que te procuram no caminho...

Todos os que surgem, aflitos ou desesperados, coléricos ou desabridos, trazem chagas ou ilusões. Prisioneiros da vaidade ou da ignorância, não souberam tolerar a luz da verdade e clamam irritadiços... Unge-te de piedade e penetra-lhes os recessos do ser, e identificarás em todos eles crianças espirituais que se sentem ultrajadas ou contundidas.

Uns acusam, outros choram.

Ajuda-os, enquanto podes.

Pacificando-lhes a alma, harmonizarás, ainda mais, a tua vida.

Aprendamos a compreender cada mente em seu problema.

Recorda-te de que a natureza, sempre divina em seus fundamentos, respeita a Lei do Equilíbrio e conserva-a sem cessar.

Ainda mesmo quando os homens se mostram desvairados, nos conflitos abertos, a Terra é sempre firme e o Sol fulgura sempre.

Viver de qualquer modo é de todos, mas viver em paz consigo mesmo é serviço de poucos.

(*Fonte viva*. FEB Editora. Cap. 123)

---

[79] Texto publicado em *Segue-me!...* Ed. O Clarim. Cap. "Viver em paz".

Introdução à *Carta aos gálatas*

Gálatas não é uma carta destinada a uma comunidade específica, mas às comunidades existentes na região da Galácia, fundadas por Paulo em suas viagens.

Desde muito cedo, essa carta é acolhida pelos chamados pais da Igreja, o que atesta o seu importante papel. Tertuliano, Irineu, Justino, Clemente, Orígenes, dentre outros, conhecem e citam a carta aos Gálatas.

Embora existam semelhanças entre a *Carta aos gálatas* e a endereçada aos romanos, uma vez que tanto uma como outra apresentam o Evangelho de maneira sistemática, o caráter de *Gálatas* é, consideravelmente, mais simples do que a estrutura e argumentação largamente desenvolvidas em *Romanos*. Isso talvez se deva ao fato de que, no caso de *Romanos*, Paulo precisava se apresentar para uma comunidade que não o conhecia pessoalmente, enquanto as comunidades na Galácia foram fundadas por ele e por isso dispensavam argumentação mais desenvolvida, uma vez que sua palavra e exemplo possuíam peso por si mesmos.

Estrutura e temas

Capítulos – 6 Versículos – 149 Remetentes: Paulo e todos os que com ele estão	
Conteúdo/tema	**Versículos**
Destinatários e saudações	1:1 – 1:5
Admoestações iniciais	1:6 – 1:10
O que Paulo ensina é o Evangelho de Jesus	1:11 – 1:12
Rememoração dos fatos da vida de Paulo	1:13 – 2:15
Como o homem se torna justo	2:16 – 2:21
A prevalência da confiança e fé em Deus sobre as obras da Lei	3:1 – 3:18
O papel da Lei	3:19 – 3:22
O papel da fé/confiança	3:23 – 3:29
A filiação divina	4:1 – 4:11
Lamento pela mudança dos Gálatas	4:12 – 4:20
As duas alianças: Agar e Sara	4:21 – 4:31
A liberdade cristã	5:1 – 5:12
Liberdade e caridade	5:13 – 5:26
Orientações diversas para a comunidade	6:1 – 6:10
Conclusão de próprio punho	6:11 – 6:15
Saudação final	6:16 – 6:18

A comunidade

A região chamada Galácia teve sua origem no século III a.C. e está intimamente ligada em sua cultura e origem aos celtas. No ano 50 a.C., o rei Amintas expandiu o território, incorporando terras ao sul. O Império Romano manteve a mesma denominação de Galácia para o território expandido, muito embora no século II o que se conhecia por Galácia era, mais frequentemente, as terras ao norte. Essa evolução histórica da região faz com que os estudiosos façam uma distinção entre "Galácia do norte" e "Galácia do sul".

São comunidades cristãs, dessa região, as de Derbe, Listra, Icônio e Antioquia da Psídia. Essas comunidades surgiram, como a maioria daquelas fundadas por Paulo, na casa de pessoas que acolhiam a mensagem do Evangelho.

Autoria

Praticamente não existem objeções a que *Gálatas* seja considerada uma autêntica carta de Paulo. A atestação em *Gálatas* 6:11 é praticamente inequívoca: "Vede com que letras grandes vos escrevo, de próprio punho". Peculiarmente, esta carta não traz outros signatários que não o próprio Paulo.

Origem e possível datação

Se no que diz respeito a autoria e conteúdo, praticamente não existem controvérsias envolvendo a *Carta aos gálatas*, o mesmo não se pode dizer quanto à sua data e origem. Não existem informações na própria carta que estabeleçam, de maneira inequívoca, o local e a data de redação. Além disso, como a carta não especifica a que comunidade da Galácia ela se destina, os estudiosos se dividem entre os que defendem que ela foi destinada às comunidades da região da Galácia do Norte e os que advogam que ela foi endereçada às comunidades da Galácia do Sul. Como é quase certo que essas comunidades não surgiram ao mesmo tempo, dependendo da opção, a data de redação e, consequentemente, a sua origem podem variar bastante. Nos extremos, temos os que pretendem que *Gálatas* tenha sido escrita entre 48/49 e os que a colocam nos anos 56/57. Entre esses extremos, estão os que defendem os anos de 50/51 como data de redação. Esse amplo espectro de possibilidades deriva do fato de não ser uma carta destinada a uma comunidade, mas às comunidades de uma determinada região e aos relatos de Paulo em relação ao conflito ocorrido entre ele e Pedro em Antioquia.

Conteúdo e temática

A *Carta aos gálatas* é, em grande parte, uma resposta a um problema específico surgido naquelas comunidades: pessoas que Paulo classifica como falsos mestres aparecem nas comunidades e as desestabilizam em relação às suas crenças. Parecem valorizar em demasia as obras da lei, na identificação dos que são verdadeiramente justos e podem ser considerados cristãos, impõem padrões e práticas que se contrastam com a liberdade trazida pelo Evangelho. A resposta de Paulo é uma veemente recordação do que é o Evangelho e de alertas ao seu correto entendimento e prática. Viver de acordo com Cristo, seus preceitos, exemplos e ensinos, é o que caracteriza o cristão verdadeiro. Isso não significa eliminar ou ignorar as diferenças entre as pessoas.

Cada um possui o seu papel, podendo viver, dentro do contexto em que está, de acordo com o Cristo. Nessa linha de argumentação, Paulo toma o próprio exemplo, registrando a sua história, a sua conversão, os conflitos, mesmo com os mais renomados apóstolos, culminando na célebre frase: "Já não sou eu que vivo, mas é Cristo que vive em mim" (*Gálatas*, 2:20).

Perspectiva espírita

Do ponto de vista histórico, em *Paulo e Estêvão*, Emmanuel indica que os gálatas são membros das comunidades existentes na região à qual os estudiosos se referem hoje em dia como sendo a "Galácia do sul", ou seja, a província romana e não a região mais ao norte.

O tema da liberdade é também, prioritariamente, tratado nos comentários a essa carta. Das 35 ocorrências da palavra "liberdade" nos comentários de Emmanuel às cartas paulinas, 27 delas (77%) ocorrem em *Gálatas*, sendo que, dessas, 6 estão em títulos de comentários. Isso demonstra o profundo compromisso de Emmanuel em aclarar o caráter e a mensagem desse texto do Novo Testamento.

A Doutrina Espírita amplia a perspectiva registrada em *Gálatas*. Em primeiro lugar, facultando uma compreensão mais profunda do Evangelho, evitando que seja possível interpretar a Lei de Deus ao sabor das paixões, ou falsear o sentido de uma Lei toda de amor e de caridade.[80] Em segundo, porque já não são somente os encarnados que podem levar os homens aos equívocos de entendimento, mas, também, os Espíritos ainda imperfeitos, ou que possuem uma compreensão limitada ou equivocada das Leis Universais.[81] Por último, postulando a liberdade de consciência, mas esclarecendo as relações de causa e efeito, deixa o homem livre para agir atrelando, contudo, a essa liberdade, a responsabilidade advinda das próprias escolhas e ações.[82]

---

[80] Vide item 627 de *O livro dos espíritos*.
[81] Vide *O evangelho segundo o espiritismo*, cap. 21, "Haverá falsos cristos e falsos profetas".
[82] Vide item 466 de *O livro dos espíritos*.

COMENTÁRIOS À
Carta aos gálatas

[...] Se eu quisesse ainda agradar aos homens, não seria servo de Cristo.

Gálatas
1:10

O problema de agradar

Os sinceros discípulos do Evangelho devem estar muito preocupados com os deveres próprios e com a aprovação isolada e tranquila da consciência, nos trabalhos que foram chamados a executar, cada dia, aprendendo a prescindir das opiniões desarrazoadas do mundo.

A multidão não saberá dispensar carinho e admiração senão àqueles que lhe satisfazem as exigências e caprichos; nos conflitos que lhe assinalam a marcha, o aprendiz fiel de Jesus será um trabalhador diferente que, em seus impulsos instintivos, ela não poderá compreender.

Muita inexperiência e invigilância revelará o mensageiro da Boa-Nova que manifeste inquietude, com relação aos pareceres do mundo a seu respeito; quando se encontre na prosperidade material, em que o Mestre lhe confere mais rigorosa mordomia, muitos vizinhos lhe perguntarão, maliciosos, pela causa dos êxitos sucessivos em que se envolve, e, quando penetra o campo da pobreza e da dificuldade, o povo lhe atribui as experiências difíceis a supostas defecções ante as sublimes ideias esposadas.

É indispensável trabalhar para os homens, como quem sabe que a obra integral pertence a Jesus Cristo. O mundo compreenderá o esforço do servidor sincero, mas em outra oportunidade, quando lho permita a ascensão evolutiva.

Em muitas ocasiões, os pareceres populares equivalem à gritaria das assembleias infantis, que não toleram os educadores mais altamente inspirados, nas linhas de ordem e elevação, trabalho e aproveitamento.

Que o sincero trabalhador do Cristo, portanto, saiba operar sem a preocupação com os juízos errôneos das criaturas. Jesus o conhece e isto basta.

(*Pão nosso*. FEB Editora. Cap. 47)

Pois aquele que operava em Pedro para a missão dos circuncisos operou também em mim em favor dos gentios.

Gálatas
2:8

O Cristo operante

A vaidade humana sempre guardou a pretensão de manter o Cristo nos círculos do sectarismo religioso, mas Jesus prossegue operando em toda parte onde medre o princípio do bem.

Dentro de todas as linhas de evolução terrestre, entre santuários e academias, movimentam-se os adventícios inquietos, os falsos crentes e os fanáticos infelizes que acendem a fogueira da opinião e sustentam-na. Entre eles, todavia, surgem os homens da fé viva, que se convertem nos sagrados veículos do Cristo operante.

Simão Pedro centralizou todos os trabalhos do Evangelho nascente, reajustando aspirações do povo escolhido.

Paulo de Tarso foi poderoso ímã para a renovação da gentilidade.

Por intermédio de ambos expressava-se o mesmo Mestre, com um só objetivo — o aperfeiçoamento do homem para o Reino Divino.

É tempo de reconhecer-se a luz dessas eternas verdades.

Jesus permanece trabalhando e sua bondade infinita se revela em todos os setores em que o amor esteja erguido à conta de supremo ideal.

Ninguém se prenda ao domínio das queixas injustas, encarando os discípulos sinceros e devotados por detentores de privilégios divinos. Cada aprendiz se esforce por criar no coração a atmosfera propícia às manifestações do Senhor e de seus emissários. Trabalha, estuda, serve e ajuda sempre, em busca das esferas superiores, e sentirás o Cristo operante ao teu lado, nas relações de cada dia.

(*Pão nosso*. FEB Editora. Cap. 35)

Sois tão insensatos que, tendo começado com o espírito, agora acabais na carne?

Gálatas
3:3

Contra a insensatez

Um dos maiores desastres no caminho dos discípulos é a falsa compreensão com que iniciam o esforço na região superior, marchando em sentido inverso para os círculos da inferioridade. Dão, assim, a ideia de homens que partissem à procura de ouro, contentando-se, em seguida, com a lama do charco.

Semelhantes fracassos se fazem comuns nos vários setores do pensamento religioso.

Observamos enfermos que se dirigem à espiritualidade elevada, alimentando nobres impulsos e tomados de preciosas intenções; conseguida a cura, porém, refletem na melhor maneira de aplicarem as vantagens obtidas na aquisição do dinheiro fácil. Alguns, depois de auxiliados por amigos das esferas sublimadas, em transcendentes questões da vida eterna, pretendem atribuir a esses mesmos benfeitores a função de policiais humanos, na pesquisa de objetivos menos dignos.

Numerosos aprendizes persistem nos trabalhos do bem; contudo, eis que aparecem horas menos favoráveis e se entregam, inertes, ao desalento, reclamando prêmio aos minguados anos terrestres em que tentaram servir na lavoura do Mestre Divino e plenamente despreocupados dos períodos multimilenários em que temos sido servidos pelo Senhor.

Tais anomalias espirituais que perturbam consideravelmente o esforço dos discípulos procedem dos filtros venenosos compostos pelos pruridos de recompensa.

Trabalhemos, pois, contra a expectativa de retribuição, a fim de que prossigamos na tarefa começada, em companhia da humildade, portadora de luz imperecível.

(*Pão nosso*. FEB Editora. Cap. 155)

Mas a Jerusalém do alto é livre e esta é a nossa mãe.

Gálatas
4:26

Igreja livre

O exame isolado deste versículo sugere um tema de infinita grandeza para os discípulos religiosos do Cristianismo.

A palavra do Apóstolo aos gentios recorda-nos a igreja liberta do Cristo, não na esfera estreita dos homens, mas no ilimitado pensamento divino.

O espírito orgulhoso e sectário, há tanto tempo dominante nas atividades da fé, encontra na afirmativa de Paulo de Tarso um antídoto para as suas venenosas preocupações.

Em todas as épocas, têm vivido na Terra os nobres excomungados, os incompreendidos valorosos e os caluniados sublimes.

Passaram, nos círculos das criaturas, qual acontece ainda hoje, perseguidos e desprezados, entre o sarcasmo e a indiferença.

Por vezes, sofrem o degredo social por não se aviltarem ante as explorações delituosas do fanatismo; em outras ocasiões, são categorizados à conta de ateus pelas suas ideias mal interpretadas.

É que, de quando em quando, rajadas de ódios e dúvidas sopram nas igrejas desprevenidas da Terra. Os crentes olvidam o "não julgueis" e confiam-se a lutas angustiosas.

Semelhantes atritos, contudo, não alteram a consciência tranquila dos anatematizados que se sentem sob a tutela do divino Poder. Instintivamente, reconhecem que além da esfera obscura da ação física resplandece o templo soberano e invisível em que Jesus recolhe os servidores fiéis, sem deter-se na cor ou no feitio de suas vestimentas.

Benfeitores e servos excomungados dos caminhos humanos, se tendes uma consciência sem mácula, não vos magoe a pedra dos homens que se distanciam uns dos outros pelo separatismo infeliz! Há uma Igreja augusta e livre, na vida espiritual, que é acolhedora mãe de todos nós!...

(*Vinha de luz*. FEB Editora. Cap. 55)

É para a liberdade que Cristo nos libertou. Permanecei firmes, portanto, e não vos deixeis prender de novo ao jugo da escravidão.

Gálatas
5:1

Liberdade em Cristo

Meditemos na liberdade com que o Cristo nos libertou das algemas da ignorância e da crueldade.

Não lhe enxergamos qualquer traço de rebeldia em momento algum.

Através de todas as circunstâncias, sem perder o dinamismo da própria fé, submete-se, valoroso, ao arbítrio de nosso Pai.

Começa a Missão Divina, descendo da Glória Celestial para o estreito recinto da manjedoura desconhecida.

Não exibe uma infância destacada no burgo em que se acolhe a sua equipe familiar; respira o ambiente da vida simples, não obstante a Luz Sublime com que supera o nível intelectual dos doutores de sua época.

Inicia o apostolado da Boa-Nova, sem constranger as grandes inteligências a lhe aceitarem a doutrina santificante, contentando-se com a adesão dos pescadores de existência singela.

Fascinando as multidões com a sua lógica irresistível, não lhes açula qualquer impulso de reivindicação social, ensinando-as a despertar no próprio coração os valores do espírito.

Impondo-se pela grandeza única que lhe assinala a presença, acenam-lhe com uma coroa de rei, que Ele não aceita.

Observando o povo jugulado por dominadores estrangeiros, não lhe aconselha qualquer indisciplina, recomendando-lhe, ao invés disso, "dar a César o que é de César e a Deus o que é de Deus".

Sabe que Judas, o companheiro desditoso, surge repentinamente possuído por desvairada ambição política, firmando conchavos com perseguidores da sua Causa sublime, contudo, não lhe promove a expulsão do círculo mais íntimo.

Não ignora que Simão Pedro traz no âmago da alma a fraqueza com que o negará diante do mundo, mas não se exaspera, por isso, e ajuda-o cada vez mais.

Ele, que limpara leprosos e sarara loucos, que restituíra a visão aos cegos e o movimento aos paralíticos, não se exime à prisão e ao escárnio público, à flagelação e à cruz da morte.

Reflitamos, pois, que a liberdade, segundo o Cristo, não é o abuso da faculdade de raciocinar, empreender e fazer, mas sim a felicidade de obedecer a Deus, construindo o bem de todos, ainda mesmo sobre o nosso próprio sacrifício, porque somente nessa base estamos enfim livres para atender aos desígnios do Eterno Pai, sem necessidade de sofrer o escuro domínio das arrasadoras paixões que nos encadeiam o espírito por tempo indeterminado às trevas expiatórias.

(*Palavras de vida eterna*. Ed. Comunhão Espírita Cristã. Cap. 24)

Liberdade em Jesus[83]

Disse o Apóstolo Paulo, com indiscutível acerto, que "para a liberdade Cristo nos libertou".

E não são poucos aqueles que na opinião terrestre definem o Senhor como sendo um revolucionário comum.

Não raro, pintam-no à feição de petroleiro vulgar, ferindo instituições e derrubando princípios.

Entretanto, ninguém no mundo foi mais fiel cultor do respeito e da ordem.

Através de todas as circunstâncias, vemo-lo interessado, acima de tudo, na lealdade a Deus e no serviço aos Homens.

Não exige berço dourado para ingressar no mundo.

Aceita de bom grado a infância humilde e laboriosa.

Abraça os companheiros de ministério, quais se mostram, sem deles reclamar certidão de heroísmo e de santidade.

Nunca se volta contra a autoridade estabelecida.

Trabalha na extinção da crueldade e da hipocrisia, do simonismo e da delinquência, mas em momento algum persegue ou golpeia os homens que lhes sofrem o aviltante domínio.

Vai ao encontro dos enfermos e dos aflitos para ofertar-lhes o coração.

Serve indistintamente.

Sofre a incompreensão alheia, procurando compreender para ajudar com mais segurança.

Não espera recompensa, nem mesmo aquela que surge em forma de simpatia e entendimento nos círculos afetivos.

Padece a ingratidão de beneficiados e seguidores, sem qualquer ideia de revide.

Recebe a condenação indébita e submete-se aos tormentos da cruz, sem recorrer à justiça.

---

[83] Texto publicado em *Palavras de vida eterna*. Ed. Comunhão Espírita Cristã. Cap. 27.

E ninguém se fez mais livre que Ele — livre para continuar servindo e amando, através dos séculos renascentes.

Ensinou-nos, assim, não a liberdade que explode de nossas paixões indomesticadas, mas a que verte, sublime, do cativeiro consciente às nossas obrigações, diante do Pai Excelso.

Nas sombras do "eu", a liberdade do "faço o que quero" frequentemente cria a desordem e favorece a loucura.

Na luz do Cristo, a liberdade do "devo servir" gera o progresso e a sublimação.

Assimilemos do Mestre o senso da disciplina.

Se quisermos ser livres, aprendamos a obedecer.

Apenas através do dever retamente cumprido, permaneceremos firmes, sem nos dobrarmos diante da escravidão a que, muitas vezes, somos constrangidos pela inconsequência de nossos próprios desejos.

(*Reformador*, jan. 1958, p. 3)

Assunto de liberdade

Importante pensar como terá Jesus promovido a nossa libertação.

O Divino Mestre não nos conclamou a qualquer reação contra os padrões administrativos na movimentação da comunidade, nem desfraldou qualquer bandeira de reivindicações exteriores.

Jesus unicamente obedeceu às Leis Divinas, fazendo o melhor da própria vida e do tempo de que dispunha, em benefício de todos. Terá tido lutas e conflitos no âmbito pessoal das próprias atividades. Aflições incompreensíveis, companheiros frágeis, adversários e perseguidores não lhe faltaram; nada disso, porém, fê-lo voltar-se contra a hierarquia ou contra a segurança da vida comunitária. Por fim, a aceitação da cruz lhe assinalou a obediência suprema às Leis de Deus.

Pensa nisto e compreendamos que o Cristo nos ensinou o caminho da libertação de nós mesmos.

Dever observado e cumprido mede o nosso direito de agir com independência.

Não existe liberdade e respeito sem obrigação e desempenho.

Meditemos na lição para não cairmos de novo sob o antigo e pesado jugo de nossas próprias paixões.

(*Ceifa de luz*. FEB Editora. Cap. 16)

Um pouco de fermento leveda toda a massa.

Gálatas
5:9

No esforço comum

Não nos esqueçamos de que nossos pensamentos, palavras, atitudes e ações constituem moldes mentais para os que nos acompanham.

Cada dia, por nossa vez, sofremos a influência alheia na construção do próprio destino.

E, como recebemos conforme atraímos, e colhemos segundo plantamos, é imprescindível saibamos fornecer o melhor de nós, a fim de que os outros nos proporcionem o melhor de si mesmos.

Todos os teus pensamentos atuam nas mentes que te rodeiam.

Todas as tuas palavras gerarão impulsos nos que te ouvem.

Todas as tuas frases escritas gerarão imagens nos que te leem.

Todos os teus atos são modelos vivos, influenciando os que te cercam.

Por mais que te procures isolar, serás sempre uma peça viva na máquina da existência.

As rodas que pousam no chão garantem o conforto e a segurança do carro.

Somos uma equipe de trabalhadores, agindo em perfeita interdependência.

Da qualidade do nosso esforço nasce o êxito ou surge o fracasso do conjunto.

Nossa vida, em qualquer setor de luta, é uma grande oficina de moldagem.

Escravizar-nos-emos ao cativeiro da sombra ou libertar-nos-emos para a glória da luz, de conformidade com os moldes vivos que as nossas diretrizes e ações estabelecem.

Lembremo-nos da retidão e da nobreza nos mais obscuros gestos.

Recordemos a lição do Evangelho.

"Um pouco de fermento leveda a massa toda."

Façamos do próprio caminho abençoado manancial de trabalho e fraternidade, auxílio e esperança, a fim de que o nosso Hoje laborioso se converta para nós em Divino Amanhã.

(*Fonte viva*. FEB Editora. Cap. 161)

Vós fostes chamados à liberdade, irmãos. Entretanto, que a liberdade não sirva de pretexto para a carne, mas, pela caridade, colocai-vos a serviço uns dos outros.

Gálatas
5:13

Na conquista da liberdade[84]

A mente humana, antes do contato com o Cristo, o Divino Libertador, padecia milenárias algemas de servidão.

Era o cativeiro da violência, convertendo o mundo em arena de senhores e escravos...

Era o grilhão implacável do ódio garantindo impunidade aos crimes de raça...

Era a treva da ignorância aprisionando a inteligência nas teias do vício dourado...

Era a obsessão da guerra permanente, encarcerando os povos em torrentes de sangue e lama...

Cristo veio, porém, e conquistando a libertação espiritual do mundo, a preço de sacrifício, descerra novos horizontes à Humanidade.

Da Manjedoura à Cruz, movimenta-se o Amigo Divino, reintegrando o homem na posse da simplicidade, do equilíbrio, da esperança, da alegria e da vida eterna que constituem fatores essenciais da justa libertação do espírito.

Devemos, pois, ao Senhor, a felicidade de nossa gradativa independência, para a imortalidade; entretanto, para atingir a glória divina a que estamos destinados, é preciso saibamos renunciar conscientemente à nossa própria emancipação, sustentando-nos no serviço espontâneo em favor dos outros, porquanto somente através da nossa voluntária rendição ao dever, por amor aos nossos próprios deveres, é que realmente alcançaremos a auréola da liberdade vitoriosa.

(*Reformador*, fev. 1958, p. 27)

---

[84] Texto publicado em *Palavras de vida eterna*. Ed. Comunhão Espírita Cristã. Cap. 28.

Em torno da liberdade[85]

Quanto mais se agiganta a evolução intelectual da Terra, mais se propalam reclamos em torno da liberdade.

Há povos que se batem por liberdade mais ampla.

Aparecem os chamados campeões da liberdade, levantando quartéis de opressão e esfogueadas legendas de rebeldia.

Fala-se em mais liberdade para a juventude.

Pede-se liberdade para a criança.

No entanto, basta uma vista de olhos, nas máquinas aperfeiçoadas do mundo moderno, para que se reconheça o impositivo inevitável da disciplina.

O automóvel chispa, vencendo barreiras, mas, se o motorista foge do equilíbrio ao volante ou se desobedece aos sinais do trânsito, o acidente sobrevém.

O avião devora distâncias, transportando o homem, através de todos os continentes, no espaço de poucas horas; todavia, se o piloto não atende aos planos traçados na direção, o desastre não se faz retardio.

Louvemos a liberdade, sim, mas a liberdade de construir, melhorar, auxiliar, elevar...

Ninguém, na Terra, foi mais livre que o Divino Mestre. Livre até mesmo da posse, da tradição, da parentela, da autoridade. Entretanto, ninguém mais do que ele se fez escravo dos Desígnios superiores, para beneficiar e iluminar a comunidade.

Eis por que nos adverte o Apóstolo, sensatamente: "Fostes chamados à liberdade, mas não useis a liberdade, favorecendo a devassidão; ao invés disso, santifiquemos a liberdade, através do amor, procurando servir".

(*Reformador*, abr. 1963, p. 74)

Liberdade

Em todos os tempos, a liberdade foi utilizada pelos dominadores da Terra. Em variados setores da evolução humana, os mordomos do mundo aproveitam-na para o exercício da tirania, usam-na os servos em explosões de revolta e descontentamento.

Quase todos os habitantes do planeta pretendem a exoneração de toda e qualquer responsabilidade, para se mergulharem na escravidão aos delitos de toda sorte.

---

[85] Texto publicado em *Palavras de vida eterna*. Ed. Comunhão Espírita Cristã. Cap. 133.

Ninguém, contudo, deveria recorrer ao Evangelho para aviltar o sublime princípio.

A palavra do Apóstolo aos gentios é bastante expressiva. O maior valor da independência relativa de que desfrutamos reside na possibilidade de nos servirmos uns aos outros, glorificando o bem.

O homem gozará sempre da liberdade condicional e, dentro dela, pode alterar o curso da própria existência, pelo bom ou mau uso de semelhante faculdade nas relações comuns.

É forçoso reconhecer, porém, que são muito raros os que se decidem à aplicação dignificante dessa virtude superior.

Em quase todas as ocasiões, o perseguido, com oportunidade de desculpar, mentaliza represálias violentas; o caluniado, com ensejo de perdão divino, recorre à vingança; o incompreendido, no instante azado de revelar fraternidade e benevolência, reclama reparações.

Onde se acham aqueles que se valem do sofrimento, para intensificar o aprendizado com Jesus Cristo? Onde os que se sentem suficientemente livres para converter espinhos em bênçãos? No entanto, o Pai concede relativa liberdade a todos os filhos, observando-lhes a conduta.

Raríssimas são as criaturas que sabem elevar o sentido da independência a expressões de voo espiritual para o Infinito. A maioria dos homens cai, desastradamente, na primeira e nova concessão do Céu, transformando, às vezes, elos de veludo em algemas de bronze.

(*Vinha de luz*. FEB Editora. Cap. 128)

Se vivemos pelo Espírito, pelo Espírito pautemos também nossa conduta.

Gálatas
5:25

Que é a carne?[86]

Quase sempre, quando se fala de espiritualidade, apresentam-se muitas pessoas que se queixam das exigências da carne.

É verdade que os apóstolos muitas vezes falaram de concupiscências da carne, de seus criminosos impulsos e nocivos desejos. Nós mesmos, frequentemente, nos sentimos na necessidade de aproveitar o símbolo para tornar mais acessíveis as lições do Evangelho. O próprio Mestre figurou que o Espírito, como elemento divino, é forte, mas que a carne, como expressão humana, é fraca.

Entretanto, que é a carne?

Cada personalidade espiritual tem o seu corpo fluídico e ainda não percebestes, porventura, que a carne é um composto de fluidos condensados? Naturalmente, esses fluidos, reunindo-se, obedecerão aos imperativos da existência terrestre, no que designais por lei de hereditariedade; mas esse conjunto é passivo e não determina por si. Podemos figurá-lo como casa terrestre, dentro da qual o espírito é dirigente, habitação essa que tomará as características boas ou más de seu possuidor.

Quando falamos em pecados da carne, podemos traduzir a expressão por faltas devidas à condição inferior do homem espiritual sobre o planeta.

Os desejos aviltantes, os impulsos deprimentes, a ingratidão, a má-fé, o traço do traidor nunca foram da carne.

É preciso se instale no homem a compreensão de sua necessidade de autodomínio, acordando-lhe as faculdades de disciplinador e renovador de si mesmo, em Jesus Cristo.

Um dos maiores absurdos de alguns discípulos é atribuir ao conjunto de células passivas, que servem ao homem, a paternidade dos crimes e desvios da Terra, quando sabemos que tudo procede do espírito.

(*Caminho, verdade e vida*. FEB Editora. Cap. 13)

---

[86] Texto publicado em *Trevo de ideias*. Ed. GEEM. Cap. "A carne é fraca?"

Irmãos, caso alguém seja apanhado em falta, vós, os espirituais, corrigi esse tal com espírito de mansidão, cuidando de ti mesmo, para que também tu não sejas tentado.

Gálatas
6:1

Na obra regenerativa

Se tentamos orientar o irmão perdido nos cipoais do erro, com aguilhões de cólera, nada mais fazemos que lhe despertar a ira contra nós mesmos.

Se lhe impusermos golpes, revidará com outros tantos.

Se lhe destacamos as falhas, poderá salientar os nossos gestos menos felizes.

Se opinamos para que sofra o mesmo mal com que feriu a outrem, apenas aumentamos a percentagem do mal, em derredor de nós.

Se lhe aplaudimos a conduta errônea, aprovamos o crime.

Se permanecemos indiferentes, sustentamos a perturbação.

Mas se tratarmos o erro do semelhante, como quem cogita de afastar a enfermidade de um amigo doente, estamos, na realidade, concretizando a obra regenerativa.

Nas horas difíceis, em que vemos um companheiro despenhar-se nas sombras interiores, não olvidemos que, para auxiliá-lo, é tão desaconselhável a condenação quanto o elogio.

Se não é justo atirar petróleo às chamas, com o propósito de apagar a fogueira, ninguém cura chagas com a projeção de perfume.

Sejamos humanos, antes de tudo.

Abeiremo-nos do companheiro infeliz, com os valores da compreensão e da fraternidade.

Ninguém perderá, exercendo o respeito que devemos a todas as criaturas e a todas as coisas.

Situemo-nos na posição do acusado e reflitamos se, nas condições dele, teríamos resistido às sugestões do mal. Relacionemos as nossas vantagens e os prejuízos do próximo, com imparcialidade e boa intenção.

Toda vez que assim procedermos, o quadro se modifica nos mínimos aspectos.

De outro modo será sempre fácil zurzir e condenar, para cairmos, com certeza, nos mesmos delitos, quando formos, por nossa vez, visitados pela tentação.

(*Fonte viva*. FEB Editora. Cap. 37)

Cada um examine sua própria conduta, e então terá o de que se gloriar por si só e não por referência ao outro.

Gálatas
6:4

Tua obra[87]

Ainda mesmo que te sintas em lugar impróprio às tuas aptidões e mesmo que as tuas atividades pareçam sem qualquer importância, lembra-te de que a Lei do Senhor te coloca presentemente na condição em que podes produzir melhor e aprender com mais segurança.

Tens, assim, a tua obra particular e intransferível na execução do plano universal de Deus.

Não aspires, desse modo, a assumir, de imediato, as responsabilidades daqueles que se encontram expostos à multidão, a pretexto de desempenhares mandato especial, ante a Providência divina.

A tarefa de que te incumbes, nos últimos degraus ou no plano mais obscuro do lar, é de suma importância nos desígnios do Senhor. A folha de papel que te sai das mãos pode ser aquela em que se grafarão palavras destinadas ao consolo de toda a comunidade, e o menino que te obriga a pesadas noites de insônia pode trazer consigo o trabalho de auxílio providencial a um povo inteiro. A fonte que proteges, em muitas ocasiões, será o alimento para milhares de criaturas, e a árvore que plantas dar-te-á, talvez amanhã, o remédio de que precises.

Tua obra de hoje é o serviço que o Senhor te deu hoje a realizar. Faze-o do melhor modo, recordando que, apesar da grandeza divina do nosso Divino Mestre, foi ele, um dia, na Terra, humilde criança, constituindo obra de abnegação e de amor para os braços de pobre mãe, recolhida temporariamente à estrebaria, sem conforto e sem lar.

(*Reformador*, out. 1960, p. 220)

---

[87] Texto publicado em *Palavras de vida eterna*. Ed. Comunhão Espírita Cristã. Cap. 82.

Pois cada qual carregará o seu próprio fardo.

Gálatas
6:5

O fardo[88]

Quando a ilusão o fizer sentir o peso do próprio sofrimento, como sendo excessivo e injusto, recorda que não segues sozinho no grande roteiro.
Cada qual tolera a carga que lhe é própria.
Fardos existem de todos os tamanhos e de todos os feitios:
A responsabilidade do legislador.
A tortura do sacerdote.
A expectativa do coração materno.
A indigência do enfermo desamparado.
O pavor da criança sem ninguém.
As chagas do corpo abatido.
Aprende a entender o serviço e a luta dos semelhantes para que te não suponhas vítima ou herói num campo onde todos somos irmãos uns dos outros, mutuamente identificados pelas mesmas dificuldades, pelas mesmas dores e pelos mesmos sonhos.
Suporta o fardo de tuas obrigações valorosamente e caminha.
Do acervo de pedra bruta nasce o ouro puro.
Do cascalho pesado emerge o diamante.
Do fardo que transportamos de boa vontade procedem as lições de que necessitamos para a vida maior.
Dirás, talvez, impulsivamente: "É o ímpio vitorioso, o mau coroado de respeito, e o gozador indiferente? Carregarão, porventura, alguma carga nos ombros?"
Responderemos, no entanto, que provavelmente viverão sob encargos mais pesados que os nossos, de vez que a impunidade não existe.
Se o suor te alaga sua fronte e se a lágrima te visita o coração, é que a tua carga já se faz menos densa, convertendo-se, gradativamente, em luz para a tua ascensão.
Ainda que não possas marchar livremente com o teu fardo, avança com ele para a frente, mesmo que seja um milímetro por dia...

---

[88] Texto publicado em *Segue-me!...* Ed. O Clarim. Cap. "O fardo".

Lembra-te do madeiro afrontoso que dobrou os ombros doridos do Mestre. Sob os braços duros no lenho infamante, jaziam ocultas as asas divinas da ressurreição para a divina imortalidade.

(*Cartas do coração*. Ed. LAKE. Cap. "O fardo")

Não vos iludais; de Deus não se zomba. O que o homem semear, isso colherá.

Gálatas
6:7

Na luta vulgar[89]

Não é preciso morrer na carne para conhecer a lei das compensações.

Reparemos a luta vulgar.

O homem que vive na indiferença pelas dores do próximo, recebe dos semelhantes a indiferença pelas dores que lhe são próprias.

Afastemo-nos do convívio social e a solidão deprimente será para nós a resposta do mundo.

Se usamos severidade para com os outros, seremos julgados pelos outros com rigor e aspereza.

Se praticamos em sociedade ou em família a hostilidade e a aversão, entre parentes e vizinhos encontraremos a antipatia e a desconfiança.

Se insultamos nossa tarefa com a preguiça, nossa tarefa relegar-nos-á à inaptidão.

Um gesto de carinho para com o desconhecido na via pública granjear-nos-á o concurso fraterno dos grupos anônimos que nos cercam.

Pequeninas sementeiras de bondade geram abençoadas fontes de alegria.

O trabalho bem vivido produz o tesouro da competência.

Atitudes de compreensão e gentileza estabelecem solidariedade e respeito, junto de nós.

Otimismo e esperança, nobreza de caráter e puras intenções atraem preciosas oportunidades de serviço, em nosso favor.

Todo dia é tempo de semear.

Todo dia é tempo de colher.

Não é preciso atravessar a sombra do túmulo para encontrar a justiça, face a face. Nos princípios de causa e efeito, achamo-nos incessantemente sob a orientação dela, em todos os instantes de nossa vida.

(*Fonte viva*. FEB Editora. Cap. 160)

---

[89] Texto publicado em *Segue-me!...* Ed. O Clarim. Cap. "Na luta vulgar".

No campo do afeto[90]

Quase sempre, anelamos trato diverso e melhor, por parte daqueles que nos rodeiam.

Ansiamos pela afeição que nos compreenda os intentos mais íntimos; que se mantenha invariável, sejam quais sejam as circunstâncias; que nos escute sem reclamar, nos momentos mais duros; que nos releve todas as faltas; que não nos exija tributações de carinho; que não nos peça impostos de gratidão; que nos encoraje e sustente nos dias tristes e nos partilhe o contentamento nas horas de céu azul...

Suspiramos pelo entendimento integral e pela amizade perfeita; entretanto, se rogamos afetos marcados por semelhantes valores, é indispensável comecemos a ser para os outros esse amigo ideal.

Se desejamos recolher amor e paciência, nas manifestações do próximo, saibamos distribuí-los com todos aqueles que nos partilham a marcha.

Bondade forma bondade.

Abnegação gera abnegação.

A palavra do Apóstolo Paulo é clara e franca nesse sentido:

"Tudo o que o homem semear, isso também ceifará."

(*Reformador*, abr. 1962, p. 77)

Troca incessante

Todos estamos situados em extenso parque de oportunidades para trabalho, renovação, desenvolvimento e melhoria. Dentre aquelas que segues no encalço, como sendo as que te respondem às melhores aspirações, detém, quanto possível, a oportunidade de auxiliar.

Tempo é comparável a solo. Serviço é plantação.

Ninguém vive deserdado da participação nas boas obras, de vez que todos retemos sobras de valores específicos da existência. Não somente disponibilidades de recursos materiais, mas também de tempo, conhecimento, amizade, influência.

Não percas por omissão.

"Colherás o que semeias", velha verdade sempre nova.

Em todos os lugares, há quem te espere a cooperação. Aparentemente, aqueles que te recorrem aos préstimos contam apenas com o apoio que lhes é

---

[90] Texto publicado em *Palavras de vida eterna*. Ed. Comunhão Espírita Cristã. Cap. 110.

necessário, seja um gesto de amparo substancial, uma nota de solidariedade, uma palavra de bom ânimo ou um aviso oportuno. Entretanto, não é só isso. A vida é troca incessante. Aqueles a quem proteges ser-te-ão protetores.

Socorres o pequenino desfalecente; é possível seja ele, mais tarde, o amigo prestimoso que te guarde a cabeceira no dia da enfermidade. O transeunte anônimo a quem prestas humilde favor pode ser em breve o elemento importante de que dependerás na solução de um problema.

O poder do amor, porém, se projeta mais longe. Doentes que sustentaste, nas fronteiras da morte, formarão entre os amigos que te assistem do plano espiritual. E ainda mesmo o auxílio desinteressado que levaste a corações empedernidos na delinquência, quando não consigas tocá-los de pronto, te granjeará a colaboração dos benfeitores que os amam, conquanto ignorados e desconhecidos.

Todos nós, os Espíritos em evolução no educandário do mundo, nos assemelhamos a viajores demandando eminências que nos conduzam à definitiva sublimação. Ninguém na Terra efetua viagem longa sem o auxílio de pontes, desde o viaduto imponente à pinguela simples, para a travessia de barrancos, depressões, vales ou abismos. Por mais regular se nos mostre a jornada, chega sempre o instante em que precisaremos de alguém para transpor obstáculo ou perigo.

Construamos pontes de simpatia com o material da bondade.

Hoje alguém surge, diante de nós, suplicando apoio. Amanhã, diante de alguém, surgiremos nós.

(*Estude e viva*. FEB Editora. Cap. 6)

Quem semear na sua carne, da carne colherá corrupção [...].

Gálatas
6:8

Semeaduras e ceifas[91]

Plantaremos todos os dias.

É da lei.

Até os inativos e ociosos estão cultivando o joio da imprevidência.

É necessário reconhecer, porém, que diariamente colheremos.

Há vegetais que produzem no curso de breves semanas, outros, no entanto, só revelam frutos na passagem laboriosa de muito tempo.

Em todas as épocas, a turba cria complicações de natureza material, acentuando o labirinto das reencarnações dolorosas, demorando-se nas dificuldades da decadência.

Ainda hoje, surgem os que pretendem curar a honra com o sangue alheio e lavar a injustiça com as represálias do crime. Daí, o ódio de ontem gerando as guerras de hoje, a ambição pessoal formando a miséria que há de vir, os prazeres fáceis reclamando as retificações de amanhã.

Até hoje, decorridos mais de dezenove séculos sobre o Cristianismo, apenas alguns discípulos, de quando em quando, compreendem a necessidade da sementeira da luz espiritual em si mesmos, diferente de quantas se conhecem no mundo, e avançam a caminho do Mestre dos mestres.

Se desejas, pois, meu amigo, plantar na Lavoura divina, foge ao velho sistema de semeaduras na corrupção e ceifas na decadência.

Cultiva o bem para a vida eterna.

Repara as multidões, encarceradas no antigo processo de se levantarem para o erro e caírem para a corrigenda, e segue rumo ao Senhor, organizando as próprias aquisições de dons imortais.

(*Vinha de luz*. FEB Editora. Cap. 53)

---

[91] Texto publicado em *Sentinelas da luz*. Ed. Cultura Espírita União. Cap. "Semeaduras e ceifas", com pequenas alterações.

Não desanimemos na prática do bem, pois, se não desfalecermos, a seu tempo colheremos.

Gálatas
6:9

Não te canses

Quando o buril começou a ferir o bloco de mármore embrutecido, a pedra, em desespero, clamou contra o próprio destino, mas, depois, ao se perceber admirada, encarnando uma das mais belas concepções artísticas do mundo, louvou o cinzel que a dilacerara.

A lagarta arrastava-se com extrema dificuldade, e, vendo as flores tocadas de beleza e perfume, revoltava-se contra o corpo disforme; contudo, um dia, a massa viscosa em que se amargurava converteu-se nas asas de graciosa e ágil borboleta e, então, enalteceu o feio corpo com que a natureza lhe preparara o voo feliz.

O ferro, colocado na bigorna rubra, espantou-se e sofreu inconformado; todavia, quando se viu desempenhando importantes funções nas máquinas do progresso, sorriu reconhecidamente para o fogo que o purificara e engrandecera.

A semente lançada à cova escura chorou atormentada, e indagou por que motivo era confiada, assim, ao extremo abandono; entretanto, vendo-se transformada em arbusto, avançou para o Sol e fez-se árvore respeitada e generosa, abençoando a terra que a isolara no seu seio.

Não te canses de fazer o bem.

Quem hoje te não compreende a boa vontade, amanhã te louvará o devotamento e o esforço.

Jamais te desesperes, e auxilia sempre.

A perseverança é a base da vitória.

Não olvides que ceifarás, mais tarde, em tua lavoura de amor e luz, mas só alcançarás a divina colheita se caminhares para diante, entre o suor e a confiança, sem nunca desfaleceres.

(*Fonte viva*. FEB Editora. Cap. 124)

Sem desfalecimentos

Há pessoas de singulares disposições em matéria de serviço espiritual.

Hoje creem, amanhã descreem.

Entregaram-se, ontem, às manifestações da fé; entretanto, porque alguém não se curou de uma enxaqueca, perdem hoje a confiança, penetrando o caminho largo da negação.

Iniciam a prática do bem, mas, se aparece um espinho de ingratidão dos semelhantes, proclamam a falência dos propósitos de bem-fazer.

São crianças que ensaiam aprendizado na escola da vida, distantes ainda da posição de discípulos do Mestre.

O exercício do amor verdadeiro não pode cansar o coração.

Quem ama em Cristo Jesus, guarda confiança em Deus, é feliz na renúncia e sabe alimentar-se de esperança.

O mal extenua o espírito, mas o bem revigora sempre.

O aprendiz sincero do Evangelho, portanto, não se irrita nem conhece a derrota nas lutas edificantes, porque compreende o desânimo por perda de oportunidade.

Problemas da alma não se circunscrevem a questões de dias e semanas terrestres, nem podem viver condicionados a deficiências físicas. São problemas de vida, renovação e eternidade.

Não te canses, pois, de fazer o bem, convencido, todavia, de que a colheita, por tuas próprias mãos, depende de prosseguires no sacerdócio do amor, sem desfalecimentos.

(*Vinha de luz*. FEB Editora. Cap. 82)

Para ser feliz

Confia em Deus.
Aceita no dever de cada dia a vontade do Senhor para as horas de hoje.
Não fujas da simplicidade.
Conserva a mente interessada no trabalho edificante.
Detém-te no "lado bom" das pessoas, das situações e das coisas.
Guarda o coração sem ressentimentos.
Cria esperança e otimismo onde estiveres.
Reflete nas necessidades alheias, buscando suprimi-las ou atenuá-las.
Faze todo o bem que puderes, em favor dos outros, sem pedir remuneração.
Auxilia muito.
Espera pouco.
Serve sempre.

Espalha a felicidade no caminho alheio, quanto seja possível.

Experimentemos semelhantes conceitos na vida prática e adquiriremos a luminosa ciência de ser feliz.

(*Reformador*, ago. 1966, p. 170)

Por conseguinte, enquanto temos tempo, pratiquemos o bem para com todos, mas sobretudo para com os irmãos na fé.

Gálatas
6:10

Na fonte do bem[92]

Muita gente só admite auxílio eficiente, quando o dinheiro aparece.

Entretanto, há serviços que o ouro não consegue remunerar.

Há vencimentos justos para os encargos do professor; todavia, ninguém pode estabelecer pagamento aos sacrifícios com que ele abraça os misteres da escola.

Existem honorários para as atividades do médico; no entanto, pessoa alguma logrará recompensar em valores amoedados o devotamento a que se entrega o missionário da cura, no socorro aos enfermos.

Não se compra estímulo ao trabalho.

Não se vende esperança nos armazéns.

O sorriso fraternal não é matéria de negócio.

Gentileza não é artigo de mercado.

Onde a vida te situe, aí recolherás, todo dia, múltiplas ocasiões de fazer o bem.

Nem sempre movimentarás bolsa farta para mitigar a penúria alheia, mas sempre disporás da frase confortadora, da oração providencial, da referência generosa, do gesto amigo.

O Apóstolo Paulo reconhece que, às vezes, atravessamos grandes ou pequenos períodos de inibições e provações, pelo que nos recomenda: "enquanto temos tempo, façamos o bem a todos"; contudo, mesmo nas circunstâncias difíceis, urge endereçar aos outros o melhor ao nosso alcance, porque, segundo as leis da vida, aquilo que o homem semeie, isso mesmo colherá.

(*Reformador*, fev. 1963, p. 26)

Enquanto temos tempo[93]

Às vezes, o ambiente surge tão perturbado que o único meio de auxiliar é fazer silêncio com a luz íntima da prece.

---

[92] Texto publicado em *Palavras de vida eterna*. Ed. Comunhão Espírita Cristã. Cap. 129, com pequenas alterações.
[93] Texto publicado em *Palavras de vida eterna*. Ed. Comunhão Espírita Cristã. Cap. 145.

Em muitas circunstâncias, o companheiro se mostra sob o domínio de enganos tão extensos que a forma de ajudá-lo é esperar que a vida lhe renove o campo do espírito.

Aparecem ocasiões em que determinado acontecimento surge tão deturpado que não dispomos de outro recurso senão contemporizar com a dificuldade, aguardando melhores dias para o trabalho esclarecedor.

Repontam males na estrada com tanta força de expansão que, em muitos casos, não há remédio senão entregar os que se acumpliciam com eles às consequências deploráveis que se lhes fazem seguidas.

Entretanto, as ocasiões de construir o bem se destacam às dezenas, nas horas do dia a dia.

Uma indicação prestada com paciência...

Uma palavra que inspire bom ânimo...

Um gesto que dissipe a tristeza...

Um favor que remova a aflição...

Analisemos a trilha cotidiana.

A paz e o concurso fraterno, a explicação e o contentamento são obras morais que pedem serviço edificante como as realizações da esfera física.

Ergue-se a casa, elemento a elemento.

Constrói-se a oportunidade para a vitória do bem, esforço a esforço.

E, tanto numa quanto noutra, a diligência é indispensável.

Não vale esperança com inércia.

O tijolo serve na obra, mas nossas mãos devem buscá-lo.

(*Reformador*, out. 1963, p. 219)

Testemunho doméstico[94]

Decerto que o Apóstolo Paulo, em nos recomendando carinho especial para com a família da nossa fé, mantinha em vista a obrigação inarredável da assistência imediata aos que convivem conosco.

Se não formos úteis e compreensivos, afáveis e devotados, junto de alguns companheiros, como testemunhar a vivência das lições de Jesus, diante da Humanidade?

Admitimos, porém, à luz da Doutrina Espírita, que o aviso apostólico se reveste de significação mais profunda. É que, entre os nossos domésticos,

---

[94] Texto publicado em *Palavras de vida eterna*. Ed. Comunhão Espírita Cristã. Cap. 169.

estão particularmente os laços de existências passadas, muitos deles reclamando reajuste e limpeza.

Na equipe dos familiares do dia a dia formam, comumente, aqueles Espíritos que, por força de nossos compromissos do pretérito, nos fiscalizam, criticam, advertem e experimentam.

Sempre fácil dar boa impressão a quem não prive intimamente conosco. Num gesto ou numa frase, arrancamos, de improviso, o aplauso ou a admiração de quantos nos encontram exclusivamente na paisagem escovada dos atos sociais. Diante dos amigos que se despedem de nós, depois de uma solenidade ou de qualquer encontro formal, nada difícil cairmos desastradamente sob a hipnose de lisonja com que se pretende exagerar as nossas virtudes de superfície.

Examinemos, contudo, as nossas conquistas morais, demonstrando-as perante aqueles que nos conhecem os pontos fracos.

Não nos iludamos.

Façamos o bem a todos, mas provemos, a nós mesmos, se já somos bons, fazendo o bem, a cavaleiro de todos os embaraços, diante daqueles que diariamente nos acompanham a vida, policiando o nosso comportamento entre o bem e o mal.

(*Reformador*, out. 1964, p. 223)

Doravante ninguém mais me moleste. Pois trago em meu corpo as marcas de Jesus.

Gálatas
6:17

Marcas

Todas as realizações humanas possuem marca própria.

Casas, livros, artigos, medicamentos, tudo exibe um sinal de identificação aos olhos atentos.

Se medida semelhante é aproveitada na lei de uso dos objetos transitórios, não se poderia subtrair o mesmo princípio na catalogação de tudo o que se refira à vida eterna.

Jesus possui igualmente os sinais dele.

A imagem utilizada por Paulo de Tarso, em suas exortações aos gálatas, pode ser mais extensa.

As marcas do Cristo não são apenas as da cruz, mas também as de sua atividade na experiência comum.

Em cada situação, o homem pode revelar uma demonstração do divino Mestre.

Jesus forneceu padrões educativos em todas as particularidades da sua passagem pelo mundo. O Evangelho no-lo apresenta nos mais diversos quadros, junto ao trabalho, à simplicidade, ao pecado, à pobreza, à alegria, à dor, à glorificação e ao martírio. Sua atitude, em cada posição da vida, assinalou um traço novo de conduta para os aprendizes.

Todos os dias, portanto, o discípulo pode encontrar recursos de salientar suas ações mais comuns com os registros de Jesus.

Quando termine cada dia, passa em revista as pequeninas experiências que partilhaste na estrada vulgar. Observa os sinais com que assinalaste os teus atos, recordando que a marca do Cristo é, fundamentalmente, aquela do sacrifício de si mesmo para o bem de todos.

(*Vinha de luz*. FEB Editora. Cap. 8)

Introdução à *Carta aos efésios*

A *Carta aos efésios* constitui um escrito com características que a tornam um caso quase particular em todo o Novo Testamento. A sua temática mais geral e a ausência de elementos específicos que possibilitem uma identificação precisa dos destinatários tem suscitado, ao longo dos séculos, as mais diversas opiniões e teorias sobre os aspectos de autenticidade, tema e datação. Quatro elementos se destacam como raízes dessa problemática: 1) Os manuscritos mais antigos não trazem a indicação de "aos efésios" no texto; 2) Esse escrito guarda um grande conjunto de *hapax legomenon*,[95] 35 ao todo. Em relação às outras cartas de Paulo, existem 41 palavras usadas exclusivamente em *Efésios*; 3) O estilo peculiar salta aos olhos, como já observara Erasmo de Rotherdan, tanto quanto as suas semelhanças com *Colossenses*; 4) Diferentemente das demais cartas, não é possível identificar, de maneira indiscutível, um problema ou circunstância que lhe tenha dado origem.

Apenas como exemplificação da variedade de opiniões que essa carta suscitou, ao longo do tempo, Marcião considerava que ela se destinava à comunidade de Laodiceia e não de Éfeso; há quem defenda que a carta não

---

[95] Palavras que são encontradas uma única vez em todo o Novo Testamento.

tinha uma indicação do destinatário para que fosse copiada e endereçada a muitas comunidades, tratando-se, assim, de uma carta circular; embora, até o século XVIII, a autoria da carta tivesse pouco ou quase nenhum questionamento, a partir daí as opiniões que a consideravam uma carta pseudopaulina foram se acumulando, de forma que, hoje em dia, a imensa maioria dos estudiosos não a considera como uma carta de Paulo. Essa diversidade de opiniões e propostas refletem as dificuldades e riscos com os quais os estudiosos têm se debatido ao longo do tempo ao abordar esse escrito.

Apesar de tudo isso, a *Carta aos efésios* é conhecida e reconhecida desde a Antiguidade. Ireneu, Clemente, Policarpo, Orígenes, Cipriano, dentre outros, a conhecem e a utilizam.

Estrutura e temas

Capítulos – 6
Versículos – 155
Remetente: Paulo

Conteúdo/tema	Versículos
Destinatários e saudações	1:1 – 1:2
Desde o início, Deus tem um plano para a redenção	1:3 – 1:14
Gratidão e desejo que os membros da comunidade continuem progredindo no Evangelho	1:15 – 1:23
A situação anterior dos membros da comunidade e a ação transformadora do Cristo	2:1 – 2:22
O trabalho de Paulo	3:1 – 3:13
Oração pelos membros da comunidade	3:14 – 3:21
Pedido de união, humildade e bondade na comunidade	4:1 – 4:7
Como as bênçãos são dispensadas pelo Cristo	4:8 – 4:11
Objetivo das bênçãos dispensadas	4:12 – 4:13
Pela verdade e amor, amadurecemos e não somos mais crianças	4:14 – 4:16
Exortação a uma vida nova	4:17 – 4:32
Exortação a agir como filhos de Deus	5:1 – 5:20
As esposas em relação aos esposos – a comunidade em relação a Cristo	5:21 – 5:24
Os esposos em relação às esposas – Cristo em relação à comunidade	5:25 – 5:33
Deveres dos filhos	6:1 – 6:3
Deveres dos pais	6:4 – 6:4

Capítulos – 6
Versículos – 155
Remetente: Paulo

Conteúdo/tema	Versículos
Deveres dos servos	6:5 – 6:8
Deveres dos senhores	6:9 – 6:9
Fortalecimento no Senhor para enfrentar os dias maus	6:10 – 6:13
Como deve sempre estar o cristão	6:14 – 6:17
Exortação e pedido de orações	6:18 – 6:20
Tíquico é enviado como portador e para dar notícias de Paulo	6:21 – 6:22
Bênção final	6:23 – 6:24

A comunidade

Éfeso fica localizada no território da atual Turquia. À época de Paulo, era uma cidade próspera que contava com o famoso templo a Ártemis, considerado uma das sete maravilhas do mundo antigo. Possuía uma sinagoga (ver *Atos*, 18:19 e 19:8) em que tanto Paulo quanto Apolo pregaram. Lá residiram João Evangelista e Maria, mãe de Jesus.

Paulo passa por Éfeso em sua segunda viagem no retorno para Jerusalém e, por ocasião da terceira viagem, ali permanece, durante, aproximadamente, três anos, ensinando primeiramente na sinagoga local e depois na escola de Tirano.

Origem e data

Os problemas de autoria geram, consequentemente, problemas na datação da carta. Entre os que advogam que ela seja de Paulo, as datas variam de 62 a 67. Já para os que defendem que ela não é de autoria de Paulo, as datas variam de 80 a 100. Não há qualquer informação na carta que possibilite uma identificação de onde ela tenha sido escrita, por isso também há uma diversidade de opiniões que variam de Roma a Éfeso.

O portador da carta, como indicado em *Efésios*, 6:21 e 22, é Tíquico. Como ele também aparece em *Atos*, 20:4, como sendo da Ásia, e, em *II Timóteo*, 4:12, como tendo sido enviado para Éfeso por Paulo, acredita-se que estes sejam indícios que confirmam a destinação da carta como sendo a Éfeso.

Perspectiva espírita

Em relação aos aspectos de origem, datação e destinatário, Emmanuel traz nos comentários a *Efésios,* 4:1 uma indicação clara de que Paulo estava em Roma quando elaborou a carta, que ela foi endereçada de fato à comunidade de Éfeso e que ele a redigira depois de seu discurso diante de Nero, quando estava sendo acompanhado de perto pelos guardas do Império.

A *Carta aos efésios* contém, proporcionalmente, um conjunto muito maior de recomendações práticas para a comunidade do que os demais escritos de Paulo, o que demonstra a intenção de indicar, no cotidiano, as ações que caracterizam uma conduta cristã que se estende para muito além das paredes dos templos de oração, englobando todos os aspectos da vida cotidiana de uma pessoa.

A Doutrina Espírita nos esclarece que as diversas circunstâncias que nos rodeiam não são o resultado de conjunções fortuitas, mas o desejo da Divindade a nosso respeito e às necessidades que trazemos de crescimento e progresso. Saber aproveitá-las, aquilatando o seu devido valor, é passo decisivo no nosso amadurecimento espiritual, capacitando-nos a ser servidores do Cristo em toda parte, porque "Somente assim, abandonaremos a caverna da impulsividade primitiva, colocando-nos a caminho do mundo melhor."[96]

---

[96] Emmanuel, comentário a *Efésios,* 4:1 intitulado "Obediência construtiva".

COMENTÁRIOS À
Carta aos efésios

Pois somos criaturas dele, criados em Cristo Jesus para as boas obras que Deus já antes preparara para que nelas andássemos.

Efésios
2:10

Caridade e riqueza[97]

Se acreditas que apenas o ouro é base correntia da caridade, lembra-te de Jesus, que enriqueceu a Terra sem possuir uma pedra onde repousar a cabeça.

Descerrando o próprio coração, ei-lo a espalhar os bens imarcescíveis do espírito.

Fez luzir a estrela da humildade à frente dos poderosos.
Acentuou a alegria nas bodas singelas de Caná.
Ensinou aos discípulos a verdade sem afetação.
Deu assistência aos enfermos.
Forneceu coragem aos desalentados.
Ministrou consolação aos aflitos.
Imprimiu visão nova aos olhos de Madalena.
Acendeu súbita claridade no ânimo de Zaqueu.
Envolveu em compassivo entendimento a incompreensão de Judas.
Cercou de bondade o esmorecimento de Simão Pedro.
Endereçou bênçãos de compaixão à turba desenfreada aos pés da cruz.
Brindou o mundo com o esquecimento do mal, retomando-lhe o convívio, depois do túmulo.

Recorda, pois, que também podes distribuir das riquezas que fluem de ti próprio, cuja aquisição é inacessível à moeda comum.

Oferece aprovação e estímulo ao bem, apoio e conforto à dor...
Estende ternura e simpatia, concurso e fraternidade...
Espalha compreensão e esperança entre aqueles com quem convives e recebe com gentileza e bondade aqueles que te procuram...

Não aguardes sobras na bolsa para atender aos planos da caridade.

Lembra-te de que o amor é inesgotável na fonte do coração e de que Jesus, ainda hoje, com Deus e com o amor, vem multiplicando, dia a dia, os eternos tesouros da Humanidade.

(*Reformador*, jan. 1959, p. 3)

---

[97] Texto publicado em *Palavras de vida eterna*. Ed. Comunhão Espírita Cristã. Cap. 49.

Diante dos homens[98]

Não te deixes dominar pelo derrotismo, acerca da natureza humana.

Nem sempre as ações isoladas de um indivíduo são as melhores que se devem esperar dele, mas o homem, visto no conjunto da Humanidade, é um ser dotado com todos os recursos virtuais dos entes superiores, em trânsito para a angelitude.

O Criador não ergueria a criatura para insuflar-lhe maldição. Todos os filhos de Deus são potencialmente bons e encerram consigo as sementes da grandeza moral a que se destinam.

O pessimismo possivelmente objetará que, em contraposição com as nossas afirmativas, encontramos a presença dos homens nas guerras que envilecem nações, nos vários sistemas de cativeiro que ainda rebaixam a espécie humana, nos cadastros policiais que patenteiam a criminalidade existente no mundo e nos vícios que corrompem coletividades inteiras.

Conhecemos tudo isso e a isso nós todos nos referimos, nos estudos que vamos realizando, em torno de nossa própria natureza, mas, de quando em quando, é justo refletir no exemplo daqueles que nos deram a certeza de que nascemos no Universo para complementar os mais altos Propósitos Divinos.

Pensemos em nós, espíritos em reajuste perante a Lei, como sendo talvez muitos dos tiranos que censuramos nas galerias da História e meditemos na abnegação e no heroísmo de quantos nos legaram tudo de bom que hoje possuímos. Voltemo-nos para eles, os nossos benfeitores, que nos proporcionaram o melhor nas leis, costumes, edificações e ideais que nos motivam a evolução no Planeta. E, perante os irmãos que se afeiçoam ao pessimismo, malsinando-nos as instituições de socorro espiritual, como sejam as religiões e os princípios de elevação do caráter, perguntemos sinceramente a nós mesmos: se ainda nos achamos extremamente imperfeitos, com o auxílio incessante das ciências da alma, que seria de nós sem elas?

(*Reformador*, maio 1966, p. 99)

---

[98] Texto publicado em *Bênção de paz*. Ed. GEEM. Cap. 25, com pequenas alterações.

Exorto-vos, pois, eu, o prisioneiro no Senhor, a andardes de modo digno da vocação a que fostes chamados.

Efésios
4:1

Obediência construtiva

Na leitura do Evangelho, é necessário fixar o pensamento nas lições divinas, para que lhes sorvamos o conteúdo de sabedoria.

No versículo sob nossa atenção, reparamos em Paulo de Tarso o exemplo da suprema humildade, perante os desígnios da Providência.

Escrevendo aos efésios, declara-se o Apóstolo prisioneiro do Senhor.

Aquele homem sábio e vigoroso, que se rendera a Jesus, incondicionalmente, às portas de Damasco, revela à comunidade cristã a sublime qualidade de sua fé.

Não se afirma detento dos romanos, nem comenta a situação que resultava da intriga judaica. Não nomeia os algozes, nem se refere às sentinelas que o acompanham de perto.

Não examina serviços prestados.

Não relaciona lamentações.

Compreendendo que permanece a serviço do Cristo e cônscio dos deveres sagrados que lhe competem, dá-se por prisioneiro da Ordem celestial e continua tranquilamente a própria missão.

Simples frase demonstra-lhe a elevada concepção de obediência.

Anotando-lhe a nobre atitude, conviria lembrar a nossa necessidade de conferir primazia à vontade de Jesus, em nossas experiências.

Quando predominarem, nos quadros da evolução terrestre, os discípulos que se sentem administradores do Senhor, operários do Senhor e cooperadores do Senhor, a Terra alcançará expressiva posição no seio das esferas.

Imitando o exemplo de Paulo, sejamos fiéis servidores do Cristo, em toda parte. Somente assim, abandonaremos a caverna da impulsividade primitiva, colocando-nos a caminho do mundo melhor.

(*Vinha de luz*. FEB Editora. Cap. 126)

Procurando conservar a unidade do Espírito pelo vínculo da paz.

Efésios
4:3

União fraternal

À frente de teus olhos, mil caminhos se descerram, cada vez que te lembras de fixar a vanguarda distante.
São milhões de sendas que marginam a tua.
Não olvides a estrada que te é própria e avança destemeroso.
Estimarias, talvez, que todas as rotas se subordinassem à tua e reportas-te à união, como se os demais viajores da vida devessem gravitar ao redor de teus passos...
Une-te aos outros, sem exigir que os outros se unam a ti.
Procura o que seja útil e belo, santo e sublime e segue adiante...
A nascente busca o regato, o regato procura o rio e o rio liga-se ao mar.
Não nos esqueçamos de que a unidade espiritual é serviço básico da paz.
Observas o irmão que se devota às crianças?
Reparas o companheiro que se dispôs a ajudar os doentes?
Identificas o cuidado daquele que se fez o amigo dos velhos e dos jovens?
Assinalas o esforço de quem se consagrou ao aprimoramento do solo ou à educação dos animais?
Aprecias o serviço daquele que se converteu em doutrinador na extensão do bem?
Honra a cada um deles, com o teu gesto de compreensão e serenidade, convencido de que só pelas raízes do entendimento pode sustentar-se a árvore da união fraterna, que todos ambicionamos robusta e farta.
Não admitas que os outros estejam enxergando a vida através de teus olhos.
A evolução é escada infinita. Cada qual abrange a paisagem de acordo com o degrau em que se coloca.
Aproxima-te de cada servidor do bem, oferecendo-lhe o melhor que puderes, e ele te responderá com a sua melhor parte.
A guerra é sempre o fruto venenoso da violência.
A contenda estéril é resultado da imposição.
A união fraternal é o sonho sublime da alma humana, entretanto, não se realizará sem que nos respeitemos uns aos outros, cultivando a harmonia, à face do ambiente a que fomos chamados a servir. Somente alcançaremos semelhante realização "procurando guardar a unidade do espírito pelo vínculo da paz".

(*Fonte viva*. FEB Editora. Cap. 49)

*Mas a cada um de nós foi dada a graça
pela medida do dom de Cristo.*

Efésios
4:7

Nos dons do Cristo[99]

A alma humana, nestes vinte séculos de Cristianismo, é uma consciência esclarecida pela razão, em plena batalha pela conquista dos valores iluminativos.

O campo de luta permanece situado em nossa vida íntima.

Animalidade *versus* espiritualidade.

Milênios de sombras cristalizadas contra a luz nascente.

E o homem, pouco a pouco, entre as alternativas de vida e morte, renascimento no corpo e retorno à atividade espiritual, vai plasmando em si mesmo as qualidades sublimes, indispensáveis à ascensão, e que, no fundo, constituem as virtudes do Cristo, progressivas em cada um de nós.

Daí a razão de a graça divina ocupar a existência humana ou crescer dentro dela, à medida que os dons de Jesus, incipientes, reduzidos, regulares ou enormes nela se possam expressar.

Onde estiveres, seja o que fores, procura aclimatar as qualidades cristãs em ti mesmo, com a vigilante atenção dispensada à cultura das plantas preciosas, ao pé do lar.

Quanto à Terra, todos somos suscetíveis de produzir para o bem ou para o mal.

Ofereçamos ao Divino Cultivador o vaso do coração, recordando que se o "solo consciente" do nosso espírito aceitar as sementes do Celeste Pomicultor, cada migalha de nossa boa vontade será convertida em canal milagroso para a exteriorização do bem, com a multiplicação permanente das graças do Senhor, ao redor de nós.

Observa a tua "boa parte" e lembra que podes dilatá-la ao infinito.

Não intentes destruir milênios de treva de um momento para outro.

Vale-te do esforço de autoaperfeiçoamento cada dia.

Persiste em aprender com o Mestre do Amor e da Renúncia.

Não nos esqueçamos de que a Graça divina ocupará o nosso espaço individual, na medida de nosso crescimento real nos dons do Cristo.

(*Fonte viva*. FEB Editora. Cap. 25)

---

[99] Texto publicado em *Nós*. Ed. Cultura Espírita União. Cap. "Os dons de Cristo", com pequenas alterações.

Mas, seguindo a verdade em amor, cresceremos em tudo em direção àquele que é a Cabeça, Cristo.

Efésios
4:15

Seguir a verdade

Porque a verdade participa igualmente da condição relativa, inúmeros pensadores enveredam pelo negativismo absoluto, convertendo o materialismo em zona de extrema perturbação intelectual.

Como interpretar a verdade, se ela parece tão esquiva aos métodos de apreciação comum?

Alardeando superioridade, o cientista oficioso assevera que o real não vai além das formas organizadas, à maneira do fanático que só admite revelação divina no círculo dos dogmas que abraça.

Paulo, no entanto, oferece indicação proveitosa aos que desejam penetrar o domínio do mais alto conhecimento.

É necessário seguir a verdade em caridade, sem o propósito de encarcerá-la na gaiola da definição limitada.

Convertamos em amor os ensinamentos nobres recebidos. Verdade somada com caridade apresenta o progresso espiritual por resultante do esforço. Sem que atendamos a semelhante imperativo, seremos surpreendidos por vigorosos obstáculos no caminho da sublimação. Necessitamos crescer em tudo o que a experiência nos ofereça de útil e belo para a eternidade, com o Cristo, mas não conseguiremos a realização, sem transformarmos, diariamente, a pequena parcela de verdade possuída por nós em amor aos semelhantes.

A compreensão pede realidade, tanto quanto a realidade pede compreensão.

Sejamos, pois, verdadeiros, mas sejamos bons.

(*Pão nosso*. FEB Editora. Cap. 146)

Vós, porém, não aprendestes assim a Cristo.

Efésios
4:20

A quem segues?

O homem, como é natural, encontrará diversas sugestões no caminho. Não somente do plano material receberá certos alvitres tendentes a desviá-lo das realizações mais nobres. A esfera invisível, imediata ao círculo de suas cogitações, igualmente pode oferecer-lhe determinadas perspectivas que se não coadunam com os deveres elevados que a existência implica em si mesma.

Na consideração desse problema, os discípulos sinceros compreendem a necessidade de sua centralização em Jesus Cristo.

Quando esse imperativo é esquecido, as maiores perturbações podem ocorrer.

O aprendiz menos centralizado nos ensinos do Mestre acredita que pode servir a dois senhores e, por vezes, chega a admitir que é possível atender a todos os desvairamentos dos sentidos, sem prejudicar a paz de sua alma. Justificam-se, para isso, em doutrinas novas, filhas das novidades científicas do século; valem-se de certos filósofos improvisados que conferem demasiado valor aos instintos; mas, chegados a esse ponto, preparem-se para os grandes fracassos porque a necessidade de edificação espiritual permanece viva e cada vez mais imperiosa. Poderão recorrer aos conceitos dos pretensos sábios do mundo, entretanto, Jesus não ensinou assim.

(*Caminho, verdade e vida.* FEB Editora. Cap. 159)

E a renovar-vos pela transformação espiritual da vossa mente.

Efésios
4:23

Modo de sentir

Há muitos séculos o homem raciocina, obediente a regras quase inalteradas, comparando fatores externos segundo velhos processos de observação; rege a vida física com grandes mudanças no setor das operações orgânicas fundamentais e maneja a palavra como quem usa os elementos indispensáveis a determinada construção de pedra, terra e cal.

Nos círculos da natureza externa, em si, as modificações em qualquer aspecto são mínimas, exceção feita ao progresso avançado nas técnicas da ciência e da indústria.

No sentimento, porém, as alterações são profundas.

Nos povos realmente educados, ninguém se compraz com a escravidão dos semelhantes, ninguém joga impunemente com a vida do próximo, e ninguém aplaude a crueldade sistemática e deliberada, quanto antigamente.

Oriundo do coração, o ideal de Humanidade vem sublimando a mente em todos os climas do planeta.

O lar e a escola, o templo e o hospital, as instituições de previdência e beneficência são filhos da sensibilidade, e não do cálculo.

Um trabalhador poderá demonstrar altas características de inteligência e habilidade, mas, se não possui devoção para com o serviço, será sempre um aparelho consciente de repetição, tanto quanto o estômago é máquina de digerir, há milênios.

Só pela renovação íntima, progride a alma no rumo da vida aperfeiçoada.

Antes do Cristo, milhares de homens e mulheres morreram na cruz, entretanto, o madeiro do Mestre converteu-se em luz inextinguível pela qualidade de sentimento com que o crucificado se entregou ao sacrifício, influenciando a maneira de sentir das nações e dos séculos.

Crescer em bondade e entendimento é estender a visão e santificar os objetivos na experiência comum.

Jesus veio até nós a fim de ensinar-nos, acima de tudo, que o Amor é o caminho para a Vida abundante.

Vives sitiado pela dor, pela aflição, pela sombra ou pela enfermidade? Renova o teu modo de sentir, pelos padrões do Evangelho, e enxergarás o Propósito Divino da Vida, atuando em todos os lugares, com justiça e misericórdia, sabedoria e entendimento.

(*Fonte viva*. FEB Editora. Cap. 67)

Em constante renovação[100]

Aperfeiçoar para o bem é impositivo da Lei.

Em muitas ocasiões, afirmas-te cansado, sem qualquer recurso para empreender a tua transformação.

Acreditas-te doente, incapaz...

Dizes-te inabilitado, semimorto...

No entanto, agora, como há séculos de séculos, a natureza em tudo é sublime renascimento.

Renovam-se os dias.

Renovam-se as estações.

Velhas árvores decepadas deitam vergônteas novas.

Pedras multimilenárias dão forma diferente aos serviços da evolução.

Na própria química do corpo em que temporariamente resides, a renovação há de ser incessante.

Renova-se o ar que respiras.

Renova-se o alimento de que te nutres.

Renova-se a organização celular em que te apoias.

Renova-se a limpeza que te acalenta a saúde.

Deixa, assim, que a tua emoção e a tua ideia se transfigurem para fazer o melhor.

Estuda, raciocina, observa e medita...

Mais tarde, é certo que a reencarnação te conduzirá para novas lutas e novos ensinamentos; entretanto, permanece convicto de que toda a lição nobre, aprendida hoje, por mais obscura e mais simples, será sempre facilidade a sorrir-te amanhã.

(*Reformador*, fev. 1961, p. 26)

Nos padrões de Jesus[101]

Transformações ocorrem muitas.

Temos aquelas, devidas às usanças do tempo, em que somos convidados a seguir conforme as prescrições da moda...

Entramos, habitualmente, em algumas, capazes de aprovisionar-nos com facilidades de ordem humana, através de corporações que nos valorizem os interesses...

---

[100] Texto publicado em *Palavras de vida eterna*. Ed. Comunhão Espírita Cristã. Cap. 90.
[101] Texto publicado em *Palavras de vida eterna*. Ed. Comunhão Espírita Cristã. Cap. 161.

Conhecemos outras que nos atingem os costumes, por imposição da família terrestre, para que se não percam determinadas conveniências...

Experimentamos várias outras ainda, em que o recurso a certas legendas exteriores nos faculta o apoio de autoridades transitórias do mundo...

Todas essas mudanças são suscetíveis de enriquecer-nos com abençoadas ocasiões de melhorar e reconstruir os valores que nos cercam, com vista ao cultivo do bem e à vitória do bem.

Metamorfose essencial, entretanto, para nós será sempre aquela que nos alcance o imo da alma.

O Apóstolo Paulo impele-nos à renovação pelo sentimento, à luz do Evangelho. Isso equivale a dizer que, para renovar-nos, em verdade, no modelo do Cristo, é necessário, acima de tudo, sentir nos padrões do Cristo, para pensar, observar, ouvir, ver e agir com acerto, na realização da tarefa que o Cristo nos reservou.

(*Reformador*, jun. 1964, p. 125)

Estado mental

A carga de condições menos felizes que trazemos de vidas passadas pode, comumente, acarretar-nos difíceis provações e privações, de caráter negativo, quando de nossa permanência na Terra.

Provavelmente, não teremos a equipe familiar tão unida como desejaríamos e nem contamos ainda com os ideais de elevação, em todos os seres queridos, segundo as nossas aspirações.

A atividade profissional, com muita frequência, não é aquela que mais se nos harmoniza com o modo de ser, porquanto, em muitos lances da experiência, somos forçados à execução de tarefas menos agradáveis, para a regeneração de nossos impulsos inferiores.

A situação social, bastas vezes, não é a que sonhamos, uma vez que múltiplas circunstâncias nos impelem a realizar cursos de paciência e de humildade no anonimato educativo.

Obstáculos de ordem econômica, em muitos casos, se erigem como sendo cárceres de contratempos incessantes, nos quais devemos praticar o respeito aos bens da vida, aprendendo a usá-los sem abuso e sem desperdício.

Às vezes, não possuímos, no mundo, nem mesmo o corpo físico que nos corresponda à estrutura psicológica, a fim de que saibamos trabalhar, com vistas aos nossos próprios interesses para a Vida Superior.

Indiscutivelmente, nem sempre conseguimos eleger as ocorrências que nos favoreçam os melhores desejos, mas podemos, em qualquer posição, escolher o estado mental justo para aceitá-las com a possibilidade de convertê-las em trilhas de acesso ao Infinito Bem; e, depois de aceitá-las, construtivamente, verificamos que a Bondade de Deus nos concede a bênção do trabalho, na qual ser-nos-á possível ajudar-nos para que o Céu nos ajude, abreviando qualquer período de prova, renovando o campo íntimo, sublimando a existência e acendendo a luz inapagável do espírito, em nosso próprio destino, para a edificação do futuro melhor.

(*Ceifa de luz*. FEB Editora. Cap. 28)

Transformação e objetivo[102]

Sem dúvida, a existência é transformação incessante.

Indispensável nos vejamos, muitas vezes, à luz da autoanálise, observando se estamos realmente seguindo os processos da evolução. Não nos esquecermos de verificar se nos achamos gravitando em torno dos erros de muito tempo ou se vivemos com os problemas que nos foram habituais no passado sem procurar solução justa; examinar o campo íntimo e deduzir com clareza se estamos apaixonados por nós próprios, repetindo lances autobiográficos ou lamentações estéreis, em derredor de provações que tenhamos vivido, sem alterar o mecanismo de nossas emoções, disposições, atitudes e palavras...

Dia a dia, é imperioso indagar de nós se prosseguimos empenhados ao trabalho de autoburilamento, acompanhando o progresso que nos rodeia, e tomando contato com as novas criações da inteligência, da cultura, da arte e dos assuntos humanos que nos envolvem a estrada.

Todos necessitamos de intercâmbio, mantendo-nos interessados em buscar o melhor que a vida nos ofereça e interessar igualmente à vida, oferecendo a ela, na pessoa do próximo, aquilo de melhor que sejamos capazes de sugerir ou fazer.

Ampliar os interesses da personalidade, esquecer ideias impróprias, enriquecer o cadastro das relações e estabelecer conhecimentos novos é dever nosso em toda parte.

Entretanto, no rol de ideais, atividades, empreendimentos e ações que nos digam respeito, é preciso saber que modificações estamos realizando; estudemos, desse modo, o imperativo da transformação permanente, no imo

---

[102] Texto publicado em *Bênção de paz*. Ed. GEEM. Cap. 31, com pequenas alterações.

da própria alma, e aprendamos com as leis do espírito que a renovação pede serviço constante, na construção do bem comum, para criar a felicidade e integrar-se harmoniosamente em nossas aquisições para a vida eterna.

(*Reformador*, ago. 1966, p. 170)

O que furtava não mais furte, mas trabalhe com as próprias mãos, realizando o que é bom, para que tenha o que partilhar com o que tiver necessidade.

Efésios
4:28

Não furtes

Há roubos de variada natureza, jamais catalogados nos códigos de justiça da Terra.

Furtos de tempo aos que trabalham.

Assaltos à tranquilidade do próximo.

Depredações da confiança alheia.

Invasões nos interesses dos outros.

Apropriações indébitas por meio do pensamento.

Espoliações da alegria e da esperança.

Com as chaves falsas da intriga e da calúnia, da crueldade e da má-fé, almas impiedosas existem, penetrando sutilmente nos corações desprevenidos, dilapidando-os em seus mais valiosos patrimônios espirituais...

Por esse motivo, a palavra de Paulo se reveste de sublime significação: "Aquele que furtava não furte mais".

Se aceitaste o Evangelho por norma de elevação da tua vida, procura, acima de tudo, ocupar as tuas mãos em atividades edificantes, a fim de que possas ser realmente útil aos que necessitam.

Na preguiça está sediada a gerência do mal.

Quem alguma coisa faz, tem algo a repartir.

Busca o teu posto de serviço, cumpre dignamente as tuas obrigações de cada dia e, atendendo aos deveres que o Senhor te confiou, atravessarás o caminho terrestre sem furtar a ninguém.

(*Fonte viva*. FEB Editora. Cap. 142)

No plano do bem[103]

Acreditas na fraternidade e esperas que ela reine sobre as criaturas sem a imposição de conflitos quaisquer.

---

[103] Texto publicado em *Palavras de vida eterna*. Ed. Comunhão Espírita Cristã. Cap. 163, com pequenas alterações.

Aspiras, como é natural, a viver num mundo sem rixa de classes.

Almejas a luz da nova era em que o homem seja espontaneamente o irmão do homem, liquidando, sem exigência, as dificuldades um do outro.

Dói-te ao coração ver o supérfluo e a penúria, lado a lado, estimulando a loucura do excesso e o martírio da fome.

Queres que a abastança suprima a carência.

Reclamas a melhoria do nível de vida, principalmente para os que choram em privação.

Contudo, a fim de que o bem apareça, não aguardemos que semelhantes luzes venham inicialmente dos outros. Comecemos de nós, sem demandar com alguém ou contra alguém.

O Apóstolo Paulo, nesse sentido, nos ofereceu, há quase dois milênios, indicação das mais valiosas.

Cada um, diz ele, "trabalhe, fazendo com as mãos o que seja bom, para que tenha que repartir com o que tiver necessidade".

Sejamos honestos e reconheçamos, com a verdade, que se nos consagrarmos ao serviço, produzindo, de nós mesmos, o que seja proveitoso para o bem geral, cada um de nós terá o que dividir a benefício dos outros, sem a mínima ideia de queixa e sem qualquer motivo à rebelião.

(*Reformador*, jul. 1964, p. 149)

Não saia dos vossos lábios nenhuma palavra inconveniente, mas, na hora oportuna, a que for boa para edificação, que comunique graça aos que a ouvirem.

Efésios
4:29

Conversar

O gosto de conversar retamente e as palestras edificantes caracterizam as relações de legítimo amor fraternal.

As almas que se compreendem, nesse ou naquele setor da atividade comum, estimam as conversações afetuosas e sábias, como escrínios vivos de Deus, que permutam, entre si, os valores mais preciosos.

A palavra precede todos os movimentos nobres da vida. Tece os ideais do amor, estimula a parte divina, desdobra a civilização, organiza famílias e povos.

Jesus legou o Evangelho ao mundo, conversando. E quantos atingem mais elevado plano de manifestação, prezam a palestra amorosa e esclarecedora.

Pela perda do gosto de conversar com alguém, pode o homem avaliar se está caindo ou se o amigo estaciona em desvios inesperados.

Todavia, além dos que se conservam em posição de superioridade, existem aqueles que desfiguram o dom sagrado do verbo, compelindo-o às maiores torpezas. São os amantes do ridículo, da zombaria, dos falsos costumes. A palavra, porém, é dádiva tão santa que, ainda aí, revela aos ouvintes corretos a qualidade do espírito que a insulta e desfigura, colocando-o, imediatamente, no baixo lugar que lhe compete nos quadros da vida.

Conversar é possibilidade sublime. Não relaxes, pois, essa concessão do Altíssimo, porque pela tua conversação serás conhecido.

(*Caminho, verdade e vida*. FEB Editora. Cap. 45)

Asseio verbal[104]

Quanto mais se adianta a Civilização, mais se amplia o culto à higiene. Reservatórios são tratados, salvaguardando-se o asseio das águas.

---

[104] Texto publicado em *Palavras de vida eterna*. Ed. Comunhão Espírita Cristã. Cap. 164, com pequenas alterações; *Centelhas*. Ed. IDE. Cap. 10, com pequenas alterações.

Mercados sofrem fiscalização rigorosa, com vistas à pureza das substâncias alimentícias.

Laboratórios são continuamente revistos, a fim de que não surjam medicamentos deteriorados.

Instalações sanitárias recebem, diariamente, cuidadosa assepsia.

Será que não devemos exercer cautela e diligência para evitar a palavra torpe, capaz de situar-nos em perturbação e ruína moral?

Nossa conversação, sem que percebamos, age por nós em todos aqueles que nos escutam.

Nossas frases são agentes de propaganda dos sentimentos que nos caracterizam o modo de ser; se respeitáveis, trazem-nos a atenção de criaturas respeitáveis; se menos dignas, carreiam em nossa direção o interesse dos que se fazem menos dignos; se indisciplinadas, sintonizam-nos com representantes da indisciplina; se azedas, afinam-nos, de imediato, com os campeões do azedume.

Controlemos o verbo, para que não venhamos a libertar essa ou aquela palavra torpe. Por muito esmerada nos seja a educação, a expressão repulsiva articulada por nossa língua é sempre uma brecha perigosa e infeliz, pela qual perigo e infelicidade nos ameaçam com desequilíbrio e perversão.

(*Reformador*, jul. 1964, p. 149)

Toda amargura e exaltação e cólera, e toda palavra pesada e injuriosa, assim como toda malícia, sejam afastadas de entre vós.

Efésios
4:31

Em louvor do equilíbrio[105]

Na própria senda comum, surpreendemos a lição do equilíbrio que exclui todo assalto da violência e qualquer devoção à imundície.

Nas cidades litorâneas, diques reprimem o mar furioso prevenindo calamidades e arrasamentos.

Nos grandes edifícios modernos, para-raios seguros coíbem o impacto fulminatório das faíscas elétricas.

Desde tempos longevos, esgotos sólidos conduzem detritos do pouso humano.

Cada templo doméstico possui sistemas habituais de limpeza.

Entretanto, no campo do espírito, o homem desavisado acalenta nas fibras do próprio ser o lodo da maledicência e o lixo da mágoa, libertando os raios da blasfêmia e a onda letal da ira, ferindo os outros e atormentando a si mesmo...

Quantas enfermidades nascem dos pântanos da amargura e quantos crimes se configuram no extravasamento da cólera! Impossível enumerá-los...

Se a mensagem do Evangelho te anuncia as Boas-Novas da Redenção, foge, assim, ao domínio da viciação e da crueldade.

À frente da irritação e do desalento, da agressividade e da injúria, oferece o dom inefável de tua paz, falando para o bem ou silenciando na grande compreensão, porque em ti, que guardas o nome do Cristo empenhado na própria vida, o Reino do Amor deve começar.

(*Reformador*, ago. 1959, p. 170)

---

[105] Texto publicado em *Palavras de vida eterna*. Ed. Comunhão Espírita Cristã. Cap. 59, com pequenas alterações.

Sede bondosos e compassivos uns com os outros, perdoando-vos mutuamente, como Deus vos perdoou em Cristo.

Efésios
4:32

Benignidade[106]

Meditemos na Tolerância Divina, para que não venhamos a cair nos precipícios da violência.

Basta refletir na desculpa incessante do Céu às nossas fraquezas e crueldades, à frente do Cristo, para que abracemos a justa necessidade da compaixão infatigável uns para com os outros.

Desce Jesus da Espiritualidade Solar, dissipando-nos a sombra. Negamos-Lhe guarida. O Supremo Senhor, porém, não nos priva de Sua augusta presença.

O Divino Benfeitor exemplifica o amor incondicional, sanando-nos as mazelas do corpo e da alma, a ensinar-nos a bondade e a renúncia como normas de justa felicidade; contudo, recompensamo-lo com a saliva do escárnio e com a cruz da morte. A Infinita Sabedoria, no entanto, não nos recusa a herança do seu Evangelho Renovador.

Em nome do Mestre Sublime, protótipo do amor e da paz, fizemos guerras de ódio, acendendo fogueiras de perseguição e extermínio; todavia, o Altíssimo Pai não nos cassa a oportunidade de prosseguir caminhando no tempo e no espaço, em busca da evolução.

Reflete na magnanimidade de Deus e não coleciones desapontamentos e mágoas, para que o bem te encontre à feição de canal seguro e limpo.

Guardar ressentimento e vingança, melindre e rancor, é o mesmo que transformar o coração num vaso de fel.

Segundo a advertência do Apóstolo Paulo, usemos constante benignidade uns para com os outros, porque somente assim viveremos no clima de Jesus, que nos trouxe à vida a ilimitada compaixão e o auxílio incessante da Providência Celestial.

(*Reformador*, jul. 1957, p. 162)

---

[106] Texto publicado em *Palavras de vida eterna*. Ed. Comunhão Espírita Cristã. Cap. 14.

Servicinhos

Grande massa de aprendizes queixa-se, por vezes, da ausência de grandes oportunidades nos serviços do mundo.

Aqui, é alguém desgostoso por não haver obtido um cargo de alta relevância; além, é um irmão inquieto porque ainda não conseguiu situar o nome na grande imprensa.

A maioria anda esquecida do valor dos pequenos trabalhos que se traduzem, habitualmente, num gesto de boas maneiras, num sorriso fraterno e consolador... Um copo de água pura, o silêncio ante o mal que não comporta esclarecimentos imediatos, um livro santificante que se dá com amor, uma sentença carinhosa, o transporte de um fardo pequenino, a sugestão do bem, a tolerância em face de uma conversação fastidiosa, os favores gratuitos de alguns vinténs, a dádiva espontânea ainda que humilde, a gentileza natural, constituem serviços de grande valor que raras pessoas tomam à justa consideração.

Que importa a cegueira de quem recebe? Que poderá significar a malevolência das criaturas ingratas, diante do impulso afetivo dos bons corações? Quantas vezes, em outro tempo, fomos igualmente cegos e perversos para com o Cristo, que nos tem dispensado todos os obséquios, grandes e pequenos?

Não te mortifiques pela obtenção do ensejo de aparecer nos cartazes enormes do mundo. Isso pode traduzir muita dificuldade e perturbação para teu espírito, agora ou depois.

Sê benevolente para com aqueles que te rodeiam.

Não menosprezes os servicinhos úteis.

Neles repousa o bem-estar do caminho diário para quantos se congregam na experiência humana.

(*Vinha de luz*. FEB Editora. Cap. 38)

E andai em amor [...].

Efésios
5:2

Andar[107]

O verbo andar não significa unicamente "caminhar", mas também "proceder", "agir", "existir".

Compreende-se, pois, que cada criatura é conhecida pelo modo de andar.

Há quem se esmere, de forma sacrifical, para andar de acordo com a moda, com os hábitos do seu tempo, com os característicos do grupo a que pertence ou na pauta dos preconceitos da sociedade em que vive.

Em toda parte, há processos diferentes de agir.

Determinados costumes do Oriente não são os mesmos do Ocidente, e vice-versa.

Cada povo possui modos de proceder que lhe personalizam a presença no Planeta.

Aqui, a comunidade anda segundo a tradição, mais além, conforme o clima... E desde que a boa consciência esteja na base do caminho de cada um, todo estilo de andança é respeitável, mas não nos será lícito esquecer que o Evangelho de Jesus nos oferece modelo imperecível nesse particular. "Andai em amor", recomenda-nos o Livro da Vida.

Estejamos, assim, no passo de nossa época, buscando o progresso e fazendo o melhor ao nosso alcance para elevar o nível espiritual do nosso campo de ação; contudo, é preciso não olvidar que somente conseguiremos caminhar na direção da felicidade e da paz, servindo-nos mutuamente e amando-nos uns aos outros como Jesus nos amou.

(*Reformador*, abr. 1967, p. 74)

---

[107] Texto publicado em *Bênção de paz*. Ed. GEEM. Cap. 46.

Outrora éreis treva, mas agora sois luz no
Senhor: andai como filhos da luz.

Efésios
5:8

Ao clarão da verdade[108]

Curiosas estatísticas mencionam aproximadamente as quotas de tempo que a criatura humana despende com a vigília e com o sono, com o trabalho e com o entretenimento.

Muito importante para cada um de nós, porém, um balanço pessoal, de quando em quando, acerca das horas gastas com lamentações prejudiciais.

Óbvio que quase todos nós atravessamos obscuros labirintos, antes de atingirmos adequado roteiro espiritual.

Em múltiplas circunstâncias, erros e enganos povoaram-nos a mente com remorsos e arrependimentos tardios.

Isso, todavia, não justifica choro estanque.

Motorista sensato não larga um carro, atravancando a pista, porque haja perdido os freios ou sofrido desajustes. O desleixo deporia contra ele, acrescentando-se, ainda, a circunstância de criar, com isso, perigoso empeço ao trânsito.

É possível tenhamos estado em trevas até ontem...

Provavelmente, quedas temerosas ter-nos-ão assinalado experiências transcorridas...

Achávamo-nos, contudo, na condição do viajor que jornadeia circulado de sombras, tropeçando aqui e além, sem o preciso discernimento. Hoje, no entanto, que tudo se faz claro em derredor, fujamos de dramatizar desencantos ou fixar desacertos, através de queixas e recriminações que complicam e desajudam, ao invés de simplificar e auxiliar.

Assevera Paulo, refletidamente: "Porque noutro tempo éreis trevas, mas agora sois luz do Senhor; andai como filhos da luz".

Raras pessoas conseguirão afirmar que desconhecem as tentações e os riscos do nevoeiro, mas todos nós, presentemente transformados ao clarão da verdade, podemos caminhar trilha adiante, renascidos na alvorada do conhecimento superior para o trabalho da luz.

(*Reformador*, set. 1963, p. 195)

---

[108] Texto publicado em *Palavras de vida eterna*. Ed. Comunhão Espírita Cristã. Cap. 143.

Filhos da luz

Cada criatura dá sempre notícias da própria origem espiritual.

Os atos, palavras e pensamentos constituem informações vivas da zona mental de que procedemos.

Os filhos da inquietude costumam abafar quem os ouve, em mantos escuros de aflição.

Os rebentos da tristeza espalham o nevoeiro do desânimo.

Os cultivadores da irritação fulminam o espírito da gentileza com os raios da cólera.

Os portadores de interesses mesquinhos ensombram a estrada em que transitam, estabelecendo escuro clima nas mentes alheias.

Os corações endurecidos geram nuvens de desconfiança, por onde passam.

Os afeiçoados à calúnia e à maledicência distribuem venenosos quinhões de trevas com que se improvisam grandes males e grandes crimes.

Os cristãos, todavia, são filhos da luz.

E a missão da luz é uniforme e insofismável.

Beneficia a todos sem distinção.

Não formula exigências para dar.

Afasta as sombras sem alarde.

Espalha alegria e revelação crescentes.

Semeia renovadas esperanças.

Esclarece, ensina, ampara e irradia-se.

(*Vinha de luz*. FEB Editora. Cap. 160)

Pois o fruto da luz consiste em toda bondade e justiça e verdade.

Efésios
5:9

Pontos do escritor espírita[109]

Selecionar os pensamentos, compreendendo a sua responsabilidade pelas imagens que veicule.

Usar linguagem acessível a todos, evitando termos chulos.

Recorrer ao passado para ensinar e referir-se ao futuro para construir, mas viver nas realidades do presente, colaborando com os irmãos da Humanidade na solução dos problemas que lhes tumultuam a vida.

Consultar necessidades do povo a fim de ajudá-lo a encontrar caminhos de pacificação e progresso.

Abster-se de extravagâncias verbais.

Negar-se às divagações sem proveito.

Dialogar sempre com os profitentes de outros credos sem ferir-lhes as crenças, mas sem encorajar-lhes os enganos ou as superstições.

Respeitar os divergentes.

Nunca destilar ódio ou azedume, desânimo ou injustiça.

Consagrar-se ao estudo quanto possível, honorificando a Doutrina Espírita com a literatura sem ridículo.

Jamais julgar-se superior aos outros pelo fato de dominar a linguagem escrita, reconhecendo que todas as faculdades e técnicas são veneráveis perante Deus.

Reconhecer a autoridade moral de Nosso Senhor Jesus Cristo e submeter-se, sem subserviência ou pieguice, mas com dignidade e respeito, ao controle dos ensinamentos evangélicos explicados pelo Espiritismo Cristão.

Cultivar o hábito da prece para que os seus textos humanos não se mostrem vazios de luz espiritual.

(*Reformador*, jul. 1969, p. 155)

---

[109] Texto publicado em *Bênção de paz*. Ed. GEEM. Cap. 21.

E não sejais participantes das obras infrutuosas das trevas [...].

Efésios
5:11

Má vontade

Má vontade gera sombra.
A sombra favorece a estagnação.
A estagnação conserva o mal.
O mal entroniza a ociosidade.
A ociosidade cria a discórdia.
A discórdia desperta o orgulho.
O orgulho acorda a vaidade.
A vaidade atiça a paixão inferior.
A paixão inferior provoca a indisciplina.
A indisciplina mantém a dureza de coração.
A dureza de coração impõe a cegueira espiritual.
A cegueira espiritual conduz ao abismo.
Entregue às obras infrutuosas da incompreensão, pela simples má vontade pode o homem rolar indefinidamente ao precipício das trevas.

(*Pão nosso*. FEB Editora. Cap. 67)

[...] Ó tu, que dormes, desperta e levanta-te de entre os mortos, que Cristo te iluminará.

Efésios
5:14

Acordar e erguer-se

Há milhares de companheiros nossos que dormem, indefinidamente, enquanto se alonga debalde para eles o glorioso dia de experiência sobre a Terra.

Percebem vagamente a produção incessante da Natureza, mas não se recordam da obrigação de algo fazer em benefício do progresso coletivo.

Diante da árvore que se cobre de frutos ou da abelha que tece o favo de mel, não se lembram do comezinho dever de contribuir para a prosperidade comum.

De maneira geral, assemelham-se a mortos preciosamente adornados.

Chega, porém, um dia em que acordam e começam a louvar o Senhor, em êxtase admirável...

Isso, no entanto, é insuficiente.

Há muitos irmãos de olhos abertos, guardando, porém, a alma na posição horizontal da ociosidade. É preciso que os corações despertos se ergam para a vida, se levantem para trabalhar na sementeira e na seara do bem, a fim de que o Mestre os ilumine.

Esforcemo-nos por alertar os nossos companheiros adormecidos, mas não olvidemos a necessidade de auxiliá-los no soerguimento.

É imprescindível saibamos improvisar os recursos indispensáveis em auxílio dos nossos afeiçoados ou não que precisam levantar-se para as bênçãos de Jesus.

Não basta recomendar.

Quem receita serviço e virtude ao próximo, sem antes preparar-lhe o entendimento, como espírito de fraternidade, identifica-se com o instrutor exigente que reclama do aluno integral conhecimento acerca de determinado e valioso livro, sem antes ensiná-lo a ler.

Disse Paulo: "Desperta, tu que dormes! Levanta-te dentre os mortos e o Cristo te iluminará". E nós repetiremos: Acordemos para a vida superior e levantemo-nos na execução das boas obras e o Senhor nos ajudará, para que possamos ajudar os outros.

(*Fonte viva*. FEB Editora. Cap. 66)

Necessário acordar

Grande número de adventícios ou não aos círculos do Cristianismo acusa fortes dificuldades na compreensão e aplicação dos ensinamentos de Jesus. Alguns encontram obscuridades nos textos, outros perseveram nas questiúnculas literárias. Inquietam-se, protestam e rejeitam o pão divino pelo envoltório humano de que necessitou para preservar-se na Terra.

Esses amigos, entretanto, não percebem que isto ocorre porque permanecem dormindo, vítimas de paralisia das faculdades superiores.

Na maioria das ocasiões, os convites divinos passam por eles, sugestivos e santificantes; todavia, os companheiros distraídos interpretam-nos por cenas sagradas, dignas de louvor, mas depressa relegadas ao esquecimento. O coração não adere, dormitando amortecido, incapaz de analisar e compreender.

A criatura necessita indagar de si mesma o que faz, o que deseja, a que propósitos atende e a que finalidades se destina. Faz-se indispensável examinar-se, emergir da animalidade e erguer-se para senhorear o próprio caminho.

Grandes massas, supostamente religiosas, vão sendo conduzidas, através das circunstâncias de cada dia, quais fileiras de sonâmbulos inconscientes. Fala-se em Deus, em fé e em espiritualidade qual se respirassem na estranha atmosfera de escuro pesadelo. Sacudidas pela corrente incessante do rio da vida, rolam no turbilhão dos acontecimentos, enceguecidas, dormentes e semimortas até que despertem e se levantem, pelo esforço pessoal, a fim de que o Cristo as esclareça.

(*Pão nosso*. FEB Editora. Cap. 68)

Vede, pois, cuidadosamente como andais [...].

Efésios
5:15

A perda irremediável

Aprende a ver com o Cristo as dificuldades e as dores que te rodeiam, a fim de não empobreceres o próprio coração à frente dos tesouros com que o Senhor nos enriquece a vida.

Muitas vezes, a calúnia que te persegue é a força que te renova a resistência para a vitória no bem e, quase sempre, a provação que te sitia no cárcere do infortúnio é apenas o aprendizado benéfico a soerguer-te das trevas para a luz.

Em muitas ocasiões, a mão que te nega alimento transforma-se em apelo ao trabalho santificante através do qual encontrarás o pão abençoado pelo suor do próprio rosto e, por vezes numerosas, o obstáculo que te visita, impiedoso, é simples medida da esperança e da fé, concitando-te a superar as próprias fraquezas.

O ouro, na maioria dos casos, é pesada cruz de aflição nos ombros daqueles que o amealham e a evidência no mundo, frequentemente, não passa de ergástulo em que a alma padece angustiosa solidão.

Descerra a própria alma à riqueza divina, esparsa em todos os ângulos do campo em que se te desdobra a existência e incorporemo-la aos nossos sentimentos e ideias, palavras e ações, para que todos os que nos palmilham a senda se sintam ricos de paz e confiança, trabalho e alegria.

Lembra-te de que a morte, por meirinho celeste, tomará contas a cada um.

Recorda que os mordomos da fortuna material, tanto quanto as vítimas da carência de recursos terrestres, sábios e ignorantes, sãos e doentes, felizes e infelizes comparecerão ao acerto com a justiça indefectível, e guarda contigo a certeza de que a única flagelação irremediável é aquela do tempo inútil, na caminhada humana, porque afetos e haveres, oportunidades e valores, lições e talentos voltam, de algum modo, às nossas mãos, através das reencarnações incessantes, mas a hora perdida é um dom de Deus que não mais voltará.

(*Ceifa de luz*. FEB Editora. Cap. 9)

Boa vontade

Boa vontade descobre trabalho.
Trabalho opera a renovação.
Renovação encontra o bem.
O bem revela o espírito de serviço.
O espírito de serviço alcança a compreensão.
A compreensão ganha a humildade.
A humildade conquista o amor.
O amor gera a renúncia.
A renúncia atinge a luz.
A luz realiza o aprimoramento próprio.
O aprimoramento próprio santifica o homem.
O homem santificado converte o mundo para Deus.

Caminhando prudentemente, pela simples boa vontade, a criatura alcançará o Divino Reino da Luz.

(*Pão nosso*. FEB Editora. Cap. 66)

Sempre e por tudo dando graças a Deus, o Pai, em nome de nosso Senhor Jesus Cristo.

Efésios
5:20

Apreço[110]

O Universo é uma corrente de amor, em movimento incessante. Não lhe interrompas a fluência das vibrações.

Nesse sentido, recorda que ninguém é tão sacrificado pelo dever que não possa, de quando em quando, levantar os olhos ou dizer uma frase, em sinal de agradecimento.

Considera sagradas as tuas horas de obrigação, mas não te esqueças do minuto de apreço aos outros.

Os pais não te discutem o carinho, entretanto, multiplicarão as próprias forças com o teu gesto de entendimento; os filhos anotam-te a bondade, no entanto, experimentarão novo alento com o teu sorriso encorajador; os colegas de ação conhecem-te a solidariedade, mas serão bafejados por renovadora energia, perante a reafirmação de teu concurso espontâneo, e os companheiros reconhecem-te a amizade, contudo, entesouram estímulos santos, em te ouvindo a mensagem fraterna.

Ninguém pode avaliar a importância das pequeninas doações.

Uma prece, uma saudação afetuosa, uma flor ou um bilhete amistoso conseguem apagar longo fogaréu da discórdia ou dissipar rochedos de sombra.

Não nos reportamos aqui ao elogio que estraga ou à lisonja que envenena. Referimo-nos à amizade e à gratidão que valorizam o trabalho e alimentam o bem.

Por mais dura seja a estrada, aprende a sorrir e a abençoar, para que a alegria siga adiante, incentivando os corações e as mãos que operam a expansão da Bondade Infinita.

O próprio Deus nunca se encontra tão excessivamente ocupado que não se lembre de sustentar o Sol, para que o Sol aqueça, em seu nome, o último verme, na última reentrância abismal.

(*Reformador*, mar. 1961, p. 50)

---

[110] Texto publicado em *Palavras de vida eterna*. Ed. Comunhão Espírita Cristã. Cap. 91, com pequenas alterações.

Agradeçamos sempre[111]

Muita gente pergunta como se pode render graças a Deus pelas dores que sacodem a vida; entretanto, basta leve reflexão para que venhamos a reconhecer a função renovadora do sofrimento.

Atravessaste longo período de enfermidade, da qual te refazes, dificilmente, e, se ouvires a própria consciência, perceberás que a moléstia física foi socorro valioso para que te não arrojasses a tremendas lutas de espírito.

Foste surripiado na vantagem financeira que te colocava em destaque no trabalho que te assegura a subsistência, e, se meditas severamente no assunto, observarás que a suposta humilhação te livrou de compromissos perigosos e arrasadores.

Perdeste recursos materiais que apenas te acrescentariam o reconforto desnecessário, no carro da própria existência, e, se te deres ao exame desapaixonado da própria situação, verificarás que alijaste o peso dourado de enfeites suntuosos que te fariam, provavelmente, a vítima de criminosos assaltos.

Amargaste a deserção do amigo em cujo afeto depositavas a maior esperança, e, se estudares a ocorrência, com plena isenção de ânimo, concluirás que o tempo te libertou de um laço impróprio, que se transfiguraria, talvez, de futuro, em pesado grilhão.

Não te confies às aparências.

Louva o céu azul que te imprime euforia ao pensamento, mas agradece, também, a nuvem que te garante a chuva, mensageira do pão.

Mesmo que não entendas, de pronto, os desígnios da Providência Divina, recebe a provação como sendo o melhor que merecemos hoje, em favor do amanhã, e, ainda que lágrimas dolorosas te lavem a alma toda, rende graças a Deus.

(*Reformador*, jun. 1962, p. 122)

---

[111] Texto publicado em *Palavras de vida eterna*. Ed. Comunhão Espírita Cristã. Cap. 113, com pequenas alterações.

Assim também os maridos devem amar suas próprias mulheres, como a seus próprios corpos. Quem ama sua mulher ama-se a si mesmo.

Efésios 5:28

O Evangelho e a mulher[112]

Muita vez, o Apóstolo dos Gentios tem sido acusado de excessiva severidade para com o elemento feminino. Em alguns trechos das cartas que dirigiu às igrejas, Paulo propôs medidas austeras que, de certo modo, chocaram inúmeros aprendizes. Poucos discípulos repararam, na energia das palavras dele, a mobilização dos recursos do Cristo, para que se fortalecesse a defesa da mulher e dos patrimônios de elevação que lhe dizem respeito.

Com Jesus, começou o legítimo feminismo. Não aquele que enche as mãos de suas expositoras com estandartes coloridos das ideologias políticas do mundo, mas que lhes traça nos corações diretrizes superiores e santificantes.

Nos ambientes mais rigoristas em matéria de fé religiosa, quais o do Judaísmo, antes do Mestre, a mulher não passava de mercadoria condenada ao cativeiro. Vultos eminentes, quais Davi e Salomão, não conseguiram fugir aos abusos de sua época, nesse particular.

O Evangelho, porém, inaugura nova era para as esperanças femininas. Nele vemos a consagração da Mãe Santíssima, a sublime conversão de Madalena, a dedicação das irmãs de Lázaro, o espírito abnegado das senhoras de Jerusalém que acompanham o Senhor até o instante extremo. Desde Jesus, observamos crescente respeito na Terra pela missão feminil. Paulo de Tarso foi o consolidador desse movimento regenerativo. Apesar da energia áspera que lhe assinala as palavras, procurava levantar a mulher da condição de aviltada, confiando-a ao homem, na qualidade de mãe, irmã, esposa ou filha, associada aos seus destinos e, como criatura de Deus, igual a ele.

(*Pão nosso*. FEB Editora. Cap. 93)

---

[112] Texto publicado em *Mãe - antologia mediúnica*. Ed. O Clarim. Cap. "O Evangelho e a mulher".

Em resumo, cada um de vós ame a sua mulher como a si mesmo e a mulher respeite o seu marido.

Efésios
5:33

Vida conjugal[113]

As tragédias da vida conjugal costumam povoar a senda comum. Explicando o desequilíbrio, invoca-se a incompatibilidade dos temperamentos, os desencantos da vida íntima ou as excessivas aflições domésticas.

O marido disputa companhias novas ou entretenimentos prejudiciais, ao passo que, em muitos casos, abre-se a mente feminina ao império das tentações, entrando em falso rumo.

Semelhante situação, porém, será sempre estranhável nos lares formados sobre as escolas da fé, nos círculos do Cristianismo.

Os cônjuges, com o Cristo, acolhem, acima de tudo, as doces exortações da fraternidade.

É possível que os sonhos, muita vez, se desfaçam ao toque de provas salvadoras, dentro dos ninhos afetivos, construídos na árvore da fantasia. Muitos homens e mulheres exigem, por tempo vasto, flores celestes sobre espinhos terrenos, reclamando dos outros atitudes e diretrizes que eles são, por enquanto, incapazes de adotar, e o matrimônio se lhes converte em instituição detestável.

O cristão, contudo, não pode ignorar a transitoriedade das experiências humanas. Com Jesus, é impossível destruir os divinos fundamentos da amizade real. Busque-se o lado útil e santo da tarefa e que a esperança seja a lâmpada acesa no caminho...

Tua esposa mantém-se em nível inferior à tua expectativa? Lembra-te de que ela é mãe de teus filhinhos e serva de tuas necessidades. Teu esposo é ignorante e cruel? Não olvides que ele é o companheiro que Deus te concedeu...

(*Vinha de luz*. FEB Editora. Cap. 137)

---

[113] Texto publicado em *Mãe - antologia mediúnica*. Ed. O Clarim. Cap. "Vida conjugal".

Filhos, obedecei aos vossos pais, no Senhor, pois isso é justo.

Efésios
6:1

Filhos

Se o direito é campo de elevação, aberto a todos os espíritos, o dever é zona de serviço peculiar a todos os seres da Criação.

Não somente os pais humanos estão cercados de obrigações, mas igualmente os filhos, que necessitam vigiar a si mesmos, com singular atenção.

Quase sempre a mocidade sofre de estranhável esquecimento. Estima criar rumos caprichosos, desdenhando sagradas experiências de quem a precedeu, no desdobramento das realizações terrestres, para voltar, mais tarde, em desânimo, ao ponto de partida, quando o sofrimento ou a madureza dos anos lhe restauram a compreensão.

Os filhos estão marcados por divinos deveres, junto daqueles aos quais foram confiados pelo supremo Senhor, na senda humana.

É indispensável prestar obediência aos progenitores, dentro do espírito do Cristo, porque semelhante atitude é justa.

Se muitas vezes os pais se furtam à claridade do progresso espiritual, escolhendo o estacionamento em zonas inferiores, nem mesmo nas circunstâncias dessa ordem seria razoável relegá-los ao próprio infortúnio. Claro está que os filhos não devem descer ao sorvedouro da insensatez ou do crime por atender-lhes aos venenosos caprichos, mas encontrarão sempre o recurso adequado para retribuírem aos benfeitores os inestimáveis dons que lhes devem.

Não nos esqueçamos de que o filho descuidado, ocioso ou perverso é o pai inconsciente de amanhã e o homem inferior que não fruirá a felicidade doméstica.

(*Vinha de luz*. FEB Editora. Cap. 136)

E vós, pais, não deis a vossos filhos motivo de revolta contra vós, mas educai-os com correções e advertências que se inspiram no Senhor.

Efésios
6:4

Pais

Assumir compromissos na paternidade e na maternidade constitui engrandecimento do espírito, sempre que o homem e a mulher lhes compreendam o caráter divino.

Infelizmente, o planeta ainda apresenta enorme percentagem de criaturas mal-avisadas relativamente a esses sublimes atributos.

Grande número de homens e mulheres procura prazeres envenenados nesse particular. Os que se localizam, contudo, na perseguição à fantasia ruinosa, vivem ainda longe das verdadeiras noções de Humanidade e devem ser colocados à margem de qualquer apreciação.

Urge reconhecer, aliás, que o Evangelho não fala aos embriões da espiritualidade, mas às inteligências e corações que já se mostram suscetíveis de receber-lhe o concurso.

Os pais do mundo, admitidos às assembleias de Jesus, precisam compreender a complexidade e grandeza do trabalho que lhes assiste. É natural que se interessem pelo mundo, pelos acontecimentos vulgares, todavia, é imprescindível não perder de vista que o lar é o mundo essencial, onde se deve atender aos desígnios divinos, no tocante aos serviços mais importantes que lhes foram conferidos. Os filhos são as obras preciosas que o Senhor lhes confia às mãos, solicitando-lhes cooperação amorosa e eficiente.

Receber encargos desse teor é alcançar nobres títulos de confiança. Por isso, criar os filhinhos e aperfeiçoá-los não é serviço tão fácil.

A maioria dos pais humanos vivem desviados, por vários modos, seja nos excessos de ternura ou na demasia de exigência, mas à luz do Evangelho caminharão todos no rumo da era nova, compreendendo que, se para ser pai ou mãe são necessários profundos dotes de amor, à frente dessas qualidades deve brilhar o divino dom do equilíbrio.

(*Vinha de luz*. FEB Editora. Cap. 135)

Servindo-os, não quando vigiados, para agradar a homens, mas como servos de Cristo, que põem a alma em atender à vontade de Deus.

Efésios
6:6

Em silêncio

Se sabes, atende ao que ignora, sem ofuscá-lo com a tua luz.

Se tens, ajuda ao necessitado, sem molestá-lo com tua posse.

Se amas, não firas o objeto amado com exigências.

Se pretendes curar, não humilhes o doente.

Se queres melhorar os outros, não maldigas ninguém.

Se ensinas a caridade, não te trajes de espinhos, para que teu contato não dilacere os que sofrem.

Tem cuidado na tarefa que o Senhor te confiou.

É muito fácil servir à vista. Todos querem fazê-lo, procurando o apreço dos homens.

Difícil, porém, é servir às ocultas, sem o ilusório manto da vaidade.

É por isto que, em todos os tempos, quase todo o trabalho das criaturas é dispersivo e enganoso. Em geral, cuida-se de obter a qualquer preço as gratificações e as honras humanas.

Tu, porém, meu amigo, aprende que o servidor sincero do Cristo fala pouco e constrói, cada vez mais, com o Senhor, no divino silêncio do espírito...

Vai e serve.

Não te deem cuidado às fantasias que confundem os olhos da carne e nem te consagres aos ruídos da boca.

Faze o bem, em silêncio.

Foge às referências pessoais e aprendamos a cumprir, de coração, a vontade de Deus.

(*Vinha de luz*. FEB Editora. Cap. 4)

*Tende boa vontade em servi-los, como ao
Senhor e não como a homens [...].*

Efésios
6:7

Sirvamos

Se legislas, mas não aplicas a Lei, segundo os desígnios do Senhor, que considera as necessidades de todos, caminhas entre perigosos abismos, cavados por tuas criações indébitas, sem recolheres os benefícios de tua gloriosa missão na ordem coletiva.

Se administras, mas não observas os interesses do Senhor, na estrada em que te movimentas na posição de mordomo da vida, sofres a ameaça de soterrar o coração em caprichos escuros, sem desfrutares as bênçãos da função que exerces no ministério público.

Se julgas os semelhantes e não te inspiras no Senhor, que conhece todas as particularidades e circunstâncias dos processos em trânsito nos tribunais, vives na probabilidade de cair, espetacularmente, na mesma senda a que se acolhem quantos precipitadamente aprecies, sem retirares, para teu proveito, os dons da sabedoria que a Justiça conserva em tua inteligência.

Se trabalhas na cor ou no mármore, no verbo ou na melodia, sem traduzires em tuas obras a correção, o amor e a luz do Senhor, guardas a tremenda responsabilidade de quem estabelece imagens delituosas para consumo da mente popular, perdendo, em vão, a glória que te enriquece os sentimentos.

Se foste chamado à obediência, na estruturação de utilidades para o mundo, sem o espírito de compreensão com o Senhor, que ajudou as criaturas, amando-as até o sacrifício pessoal, vives entre os fantasmas da indisciplina e do desânimo, sem fixares em ti mesmo a claridade divina do talento que repousa em tuas mãos.

Amigo, a passagem pela Terra é aprendizado sublime.

O trabalho é sempre o instrutor do aperfeiçoamento.

Sirvamos sem prender-nos.

Em todos os lugares do vale humano, há recursos de ação e aprimoramento para quem deseja seguir adiante. Sirvamos, em qualquer parte, de boa vontade, como ao Senhor e não às criaturas, e o Senhor nos conduzirá para os cimos da vida.

(*Fonte viva*. FEB Editora. Cap. 29)

Por amor a Deus

Não importa que o filho-problema te arranque lágrimas de aflição se o abraças na condição da criatura eterna que Deus te deu a encaminhar.

Não existe sofrimento na abnegação, em favor de pais incompreensivos, se a eles te consagras na certeza de que os encontraste por benfeitores a que Deus te guiou, a fim de que os entendas e auxilies no reajustamento necessário.

Não há dor no sacrifício por alguém no lar ou no grupo social se temos nesse alguém a presença de uma criatura difícil que Deus colocou em nosso caminho, para que lhe sirvamos de apoio.

Não existem lágrimas nos encargos de auxílio ao próximo, bastas vezes inçadas de aversões gratuitas, se as acolhemos por serviço que Deus nos entrega, no qual se nos apagam os impulsos da personalidade, a fim de que nos transformemos em auxílio aos semelhantes.

Aceita a responsabilidade em tuas mãos ou as provas que o tempo te trouxe por trabalho que Deus te confia, trabalhando e servindo, compreendendo e auxiliando aos outros, por amor a Deus e mais depressa te desfarás de quaisquer sombras do passado, liquidando débitos e culpas, em serviço de amor a Deus, porque o amor a Deus se te fará luz no coração, fazendo-te viver ao sol do porvir.

(*Ceifa de luz*. FEB Editora. Cap. 62)

[...] fortalecei-vos no Senhor [...].

Efésios
6:10

Fortaleçamo-nos

Há muita gente que se julga forte...
Nos recursos financeiros, que surgem e fogem.
Na posse de terras, que se transferem de dono.
Na beleza física, que brilha e passa.
Nos parentes importantes, que se transformam.
Na cultura da inteligência que, muitas vezes, se engana.
Na popularidade, que conduz à desilusão.
No poder político, que o tempo desfaz.
No oásis de felicidade exclusiva, que a tempestade destrói.
Sim, há muita gente que supõe vencer hoje para acabar vencida amanhã.

Todavia, somente a consciência edificada na fé, pelos deveres bem cumpridos à face das Leis Eternas, consegue sustentar-se, invulnerável, sobre o domínio próprio.

Somente quem sabe santificar-se por amor encontra a incorruptível segurança.

Fortaleçamo-nos, pois, no Senhor e sigamos, de alma erguida, para a frente, na execução da tarefa que o Divino Mestre nos confiou.

(*Fonte viva*. FEB Editora. Cap. 111)

Pois o nosso combate não é contra o sangue nem contra a carne, mas contra os Principados, contra as Autoridades, contra os Dominadores deste mundo de trevas, contra os Espíritos do Mal, que povoam as regiões celestiais.

Efésios
6:12

A grande luta

Segundo nossas afirmativas reiteradas, a grande luta não reside no combate com o sangue e a carne, propriamente, mas sim com as nossas disposições espirituais inferiores.

Paulo de Tarso agiu divinamente inspirado, quando escreveu sua recomendação aos companheiros de Éfeso.

O silencioso e incessante conflito entre os discípulos sinceros e as forças da sombra está vinculado em nossa própria natureza, porquanto nos acumpliciávamos abertamente com o mal, em passado não remoto.

Temos sido declarados participantes das ações delituosas nos lugares celestiais.

E, ainda hoje, entre os fluidos condensados da carne ou nas esferas que lhes são próximas, agimos no serviço de autorrestauração em pleno paraíso.

A Terra é, igualmente, sublime degrau do Céu.

Quando alguém se reporta aos anjos caídos, os ouvintes humanos guardam logo a impressão de um palácio soberbo e misterioso, de onde se expulsam criaturas sábias e luminosas.

Não se verifica o mesmo quando um homem culto se entrega ao assassínio, à frente de uma universidade ou de um templo?

Geralmente o observador terrestre relaciona o crime, não se detendo, porém, no exame do lugar sagrado e venerável em que se consumou.

A grande luta, a que o Apóstolo se refere, prossegue sem descanso.

As cidades e as edificações humanas são zonas celestiais. Nem elas nem as células orgânicas que nos servem constituem os poderosos inimigos, e sim as "hostes espirituais da maldade", com as quais nos sintonizamos por intermédio dos pontos inferiores que conservamos desesperadamente conosco, vastas arregimentações de seres e pensamentos sombrios que obscurecem a visão humana, e que operam com sutileza, de modo a não perderem os ativos companheiros de ontem.

(*Pão nosso*. FEB Editora. Cap. 160)

Por isso deveis vestir a armadura de Deus, para poderdes resistir no dia mau e sair firmes de todo o combate.

Efésios
6:13

Armai-vos

O movimento da fé não proporciona consolações tão somente. Buscar-lhe as fontes sublimes para retirar apenas conforto, seria proceder à maneira das crianças que nada enxergam senão guloseimas.

É indispensável tomar as armaduras de Deus nas casas consagradas ao labor divino.

Ilógico aproximar-se o filho adulto da presença paterna com a exclusiva preocupação de receber carinho. A mente juvenil necessita aceitar a educação construtiva que lhe é oferecida, revestindo-se de poderes benéficos, na ação incessante do bem, a fim de que os progenitores se sintam correspondidos na sua heroica dedicação.

A sede de ternura palpita em todos os seres, contudo, não se deve olvidar o trabalho que enrijece as energias comuns, a responsabilidade que define a posição justa e o esforço próprio que enobrece o caminho.

Em todos os templos do pensamento religioso elevado, o Pai está oferecendo armaduras aos seus filhos.

Os crentes, num impulso louvável, podem entregar-se naturalmente às melhores expansões afetivas, mas não se esqueçam de que o Senhor lhes oferece instrumentos espirituais para a fortaleza de que necessitam, dentro da luta redentora; somente de posse de semelhantes armaduras pode a alma resistir, nos maus dias da experiência terrestre, sustentando a serenidade própria, nos instantes dolorosos e guardando-se na couraça da firmeza de Deus.

(*Vinha de luz*. FEB Editora. Cap. 115)

Diante da irritação

Quando a irritação te ameace, recorda o lado bom das criaturas e das situações. Quantos pontos satisfatórios estarão na outra face das motivações infelizes?

Realmente, obstáculos terão aparecido, induzindo-te a desconforto. Entretanto, quem dominará qualquer aprendizado sem os testes precisos?

Forçoso é considerar que ninguém com espírito de responsabilidade conseguirá facear empeços com despreocupações, mas também não precisa perder a serenidade, a fim de superá-los.

Nos momentos de crise, acalma-te e faze o melhor ao teu alcance.

Irritação é sempre uma parcela de caminho a mais, na direção da cólera, e a cólera é uma explosão de agentes destrutivos, aniquilando os melhores valores da vida.

Quando os problemas se acumulem, refugia-te na prece, mesmo que seja por instante, agradecendo à Divina Providência os bens que já possuis.

Na oração, encontrarás, de novo, a tranquilidade necessária para rearticular as próprias forças, prosseguir na construção do bem e ficar firme.

(*Reformador*, set. 1976, p. 272)

Portanto, ponde-vos de pé [...].

Efésios
6:14

A mestra divina

Arrancando-nos ao reduto da delinquência, e arrebatando-nos ao inferno da culpa, a que descemos pelo desvario da própria vontade, concede-nos o Senhor a mestra divina, que, apoiada no tempo, se converte na enfermeira de nossos males e no anjo infatigável que nos ampara o destino.

Paciente e imperturbável, devolve-nos todos os golpes com que dilaceramos o corpo da vida, para que não persistamos na grade do erro ou nos cárceres do remorso.

Aqui, modela berços entre chagas atrozes com que nos restaura os desequilíbrios do sentimento, ali traça programas reparadores entre os quais padecemos no próprio corpo as feridas que abrimos no peito dos semelhantes.

Agora, reúne nos laços do mesmo sangue ferrenhos adversários que se digladiavam no ódio para que se reconciliem por intermédio de prementes obrigações, segundo os ditames da natureza; depois constrange à carência aflitiva, no lar empobrecido e doente, quantos se desmandaram nos abusos da avareza e da ambição sem limites, a fim de que retomem ao culto da verdadeira fraternidade.

Hoje, refaz a inteligência transviada nas sombras, pelo calvário da idiotia, amanhã, recompõe com o buril de moléstias ingratas a beleza do espírito que os nossos desregramentos no corpo transformam tantas vezes em fealdade e ruína.

Aqui corrige, adiante esclarece, além reajusta, mais além aprimora.

Incansável na marcha, cria e destrói, para reconstruir ante as metas do bem eterno, usando aflição e desgosto, desencanto e amargura, para que a paz e a esperança, a alegria e a vitória nos felicitem mais tarde, no santuário da experiência.

Semelhante gênio invariável e amigo é a dor benemérita, cujo precioso poder sana todos os desequilíbrios e problemas do mal.

Recordemos: no recinto doméstico ou na estrada maior, ante os amigos e os desafetos, na jornada de cada dia quando visitados pela provação que nos imponha suor e lágrimas, asserenemos o próprio espírito e, sorrindo para o trabalho com que a dor nos favorece, agradeçamos a dificuldade, aceitando a lição.

(*Ceifa de luz*. FEB Editora. Cap. 32)

Empunhando sempre o escudo da fé, com o qual podereis extinguir os dardos inflamados do Maligno.

Efésios
6:16

O escudo

Ninguém se decide à luta sem aparelhamento necessário. Não nos referimos aqui aos choques sanguinolentos. Tomemos, para exemplificar, as realizações econômicas.

Quem garantirá êxito à produção, sem articular elementos básicos, imprescindíveis à indústria? A agricultura requisita instrumentos do campo, a fábrica pede maquinaria adequada.

Na batalha de cada um, é também indispensável a preparação de sentimentos. Requere-se intenso trabalho de semeadura, de cuidado, esforço próprio e disciplina.

Paulo de Tarso, que conheceu tão profundamente os assédios do mal, que lhe suportou as investidas permanentes, dentro e fora dele mesmo, recomendou usemos o escudo da fé, acima de todos os elementos da defensiva.

Somente a confiança no Poder Maior, na Justiça Vitoriosa, na Sabedoria Divina consegue anular os dardos invisíveis, inflamados no veneno que intoxica os corações. Todo trabalhador sincero do Cristo movimenta-se na frente de longa e porfiada luta na Terra. Golpes da sombra e estiletes da incompreensão cercam-no em todos os lugares. E, se a bondade conforta e a esperança ameniza, é imprescindível não esquecer que só a fé representa escudo bastante forte para conservar o coração imune das trevas.

(*Vinha de luz*. FEB Editora. Cap. 141)

E tomai o capacete da salvação [...].

Efésios
6:17

O capacete

Se é justa a salvaguarda de membros importantes do corpo, com muito mais propriedade é imprescindível defender a cabeça, nos momentos de luta.

Aliás, é razoável considerar que os braços e as pernas nem sempre são requisitados a maiores dispêndios de energia.

A cabeça, porém, não descansa.

A sede do pensamento é um viveiro de trabalho incessante.

Necessário se faz resguardá-la, defendê-la.

Nos movimentos bélicos, o soldado preserva-a, com recursos especiais.

Na luta diária mantida pelo discípulo de Jesus, igualmente não podemos esquecer o conselho do Apóstolo aos gentios.

É indispensável que todo aprendiz do Evangelho tome o capacete da salvação, simbolizado na cobertura mental de ideias sólidas e atitudes cristãs, estruturadas nas concepções do bem, da confiança e do otimismo sincero.

Teçamos, pois, o nosso capacete espiritual com os fios da coragem inquebrantável, da fé pura e do espírito de serviço. De posse dele enfrentaremos qualquer combate moral de grandes proporções.

Nenhum discípulo da Boa-Nova olvide a sua condição de lutador.

As forças contrárias ao bem, meu amigo, alvejar-te-ão o mundo íntimo, através de todos os flancos. Defende a tua moradia interior. Examina o revestimento defensivo que vens usando, em matéria de desejos e crenças, de propósitos e ideias, para que os projéteis da maldade não te alcancem por dentro.

(*Vinha de luz*. FEB Editora. Cap. 140)

Do qual sou o embaixador em cadeias: que fale ousadamente, como importa que fale.

Efésios
6:20

Em cadeias

Observamos nesta passagem o Apóstolo dos Gentios numa afirmativa que parece contraditória, à primeira vista.

Paulo alega a condição de emissário em cadeias e, simultaneamente, declara que isto ocorre para que possa servir ao Evangelho, livremente, quanto convinha.

O grande trabalhador dirigia-se aos companheiros de Éfeso, referindo-se à sua angustiosa situação de prisioneiro das autoridades romanas; entretanto, por isso mesmo, em vista do difícil testemunho, trazia o espírito mais livre para o serviço que lhe competia realizar.

O quadro é significativo para quantos pretendem a independência econômico-financeira ou demasiada liberdade no mundo, a fim de exemplificarem os ensinamentos evangélicos.

Há muita gente que declara aguardar os dias da abundância material e as facilidades terrestres para atenderem ao idealismo cristão. Isso, contudo, é contrassenso. O serviço de Jesus se destina a todo lugar.

Paulo, entre cadeias, se sentia mais livre na pregação da verdade. Naturalmente, nem todos os discípulos estarão atravessando esses montes culminantes do testemunho. Todos, porém, sem distinção, trazem consigo as santas algemas das obrigações diárias no lar, no trabalho comum, na rotina das horas, no centro da sociedade e da família.

Ninguém, portanto, tente quebrar as cadeias em que se encontra, na mentirosa suposição de que se candidatará a melhor posto nas oficinas do Cristo.

Somente o dever bem cumprido nos confere acesso à legítima liberdade.

(*Pão nosso*. FEB Editora. Cap. 53)

Introdução à *Carta aos filipenses*

A *Carta aos filipenses* é uma das cartas de Paulo que mais se aproxima do gênero carta pessoal do primeiro século. Muitos temas particulares e a forma pela qual é redigida denotam um tom particularmente íntimo que permeia todo o texto.

Desde os registros mais antigos, *Filipenses* é considerada uma carta legítima de Paulo. Inácio de Antioquia a conhece e a cita, Clemente de Roma, Irineu, Tertuliano e Policarpo também utilizam esse texto. Tanto o cânone reduzido de Marcião como o de Muratori incluem *Filipenses*.

Estrutura e temas

Capítulos – 4	
Versículos – 104	
Remetentes: Paulo e Timóteo	

Conteúdo/tema	Versículos
Destinatários, saudações e agradecimentos	1:1 – 1:11
Os problemas se converteram em benefícios	1:12 – 1:26

Capítulos – 4
Versículos – 104
Remetentes: Paulo e Timóteo

Conteúdo/tema	Versículos
Exortações a permanecerem firmes na fé e na humildade	1:27 – 2:5
Hino a Jesus	2:6 – 2:11
Não reclamar mesmo diante do sacrifício extremo	2:12 – 2:18
Timóteo visitará a comunidade	2:19 – 2:24
Notícias de Epafrodito	2:25 – 2:30
Alerta em relação aos dissimulados e adversários	3:1 – 3:3
Relembrando a própria história	3:4 – 3:16
Recomendação para que sigam o exemplo de Paulo	3:17 – 3:21
Conselhos dirigidos a membros da comunidade	4:1 – 4:9
Agradecimentos	4:10 – 4:20
Saudações finais	4:21 – 4:23

A comunidade

A cidade de Filipos foi fundada por Felipe da Macedônia, pai de Alexandre, o Grande, em 358/357 a.C. Em 168 a.C., foi incorporada ao Império Romano e, em 42 a.C., a cidade foi convertida em colônia militar. Esse fato e ainda a sua localização próxima da V*ia Egnatia* conferiam à cidade um status importante. Apesar de ter uma comunidade judaica, não havia sinagoga em Filipos.

Paulo fundou a comunidade na sua segunda viagem, na casa de Lídia.[114] O apoio dessa comunidade a Paulo foi, particularmente, grande, o que se depreende da ajuda enviada, cuja resposta deu origem à carta (*Filipenses*, 4:10 a 18), tendo Timóteo como portador. Dois acontecimentos durante a fundação dessa comunidade merecem menção. O primeiro é a libertação de uma pitonisa e o segundo, a conversão do carcereiro, ambos relatados em *Atos dos apóstolos*, capítulo 16.

Paulo teria visitado essa comunidade várias vezes e embora existam menções de problemas dentro da comunidade, eles são certamente menores do que os que foram tratados em outras cartas.

---

[114] Recomendamos ao leitor a leitura do volume 5 desta coleção 2ª parte – versículos *Atos,* 16:1 a 40, para informações acerca da fundação dessa comunidade e dos acontecimentos ali transcorridos.

Data e origem

Paulo está preso quando escreve a carta (*Filipenses*, 1:13) e o problema da datação está intimamente ligado ao local dessa prisão. Somente no século XVIII, o relativo consenso de que *Filipenses* teria sido escrita em Roma foi colocado em dúvida, sob o argumento principal de que a distância entre Roma e Filipos era muito grande para permitir a correspondência a que a própria carta se refere. Três hipóteses foram levantadas pelos estudiosos: Roma, Éfeso e Cesareia, todos locais onde Paulo estivera preso. Hoje em dia, contudo, somente Roma e Éfeso são defendidas, visto que a hipótese de Cesareia oferece mais dificuldades do que soluções.

Dada essa divergência de locais, as datas de origem podem variar entre os anos de 51 e 64, caso se opte por um ou outro local como sendo o da redação da carta.

Perspectiva espírita

Em um comentário feito em *Filipenses*, 4:22, intitulado "Nas casas de César", Emmanuel deixa claro que os "da casa do imperador" são realmente pessoas que frequentavam o palácio imperial. Dessa forma, de acordo com o autor espiritual, Paulo está em Roma quando escreve aos filipenses.

A *Carta aos filipenses* é marcada por uma exortação ao sentimento de alegria, mesmo entre as maiores dificuldades, uma vez que, a vinda de Jesus, o amor a Deus e a possibilidade da convivência constituem motivos de regozijo, ainda que a pessoa se veja envolvida em circunstâncias adversas. A Doutrina Espírita reforça esse sentimento, na medida em que, descortinando ao homem o seu futuro espiritual, apresenta os sofrimentos humanos como percalços temporários de uma jornada, que o conduz ao seu destino real.[115] Por outro lado, ao reconhecer em Jesus o modelo de conduta, apresenta um caminho seguro que todos podem trilhar na busca da redenção.

---

[115] Ver *O evangelho segundo o espiritismo*, cap. 1, it. 5 – O ponto de vista.

COMENTÁRIOS À
Carta aos filipenses

E é isto o que peço; que vosso amor cresça cada vez mais, em conhecimento e em sensibilidade, a fim de poderdes discernir o que é importante, para que sejais puros e irreprováveis no dia de Cristo.

Filipenses
1:9-10

Problemas do amor[116]

O amor é a força divina do Universo.

É imprescindível, porém, muita vigilância para que não a desviemos na justa aplicação.

Quando um homem se devota, de maneira absoluta, aos seus cofres perecíveis, essa energia, no coração dele, denomina-se "avareza"; quando se atormenta, de modo exclusivo, pela defesa do que possui, julgando-se o centro da vida no lugar em que se encontra, essa mesma força converte-se nele em "egoísmo"; quando só vê motivos para louvar o que representa, o que sente e o que faz, com manifesto desrespeito pelos valores alheios, o sentimento que predomina em sua órbita chama-se "inveja".

O ódio é, comumente, o amor envenenado de ontem.

O ciúme é o amor vestido de espinhos dilacerantes.

A soberba é o amor desvairado a si próprio.

Paulo, escrevendo à amorosa comunidade filipense, formula indicação de elevado alcance. Assegura que "o amor deve crescer, cada vez mais, no conhecimento e no discernimento, a fim de que o aprendiz possa aprovar as coisas que são excelentes".

Instruamo-nos, pois, para conhecer.

Eduquemo-nos para discernir.

Cultura intelectual e aprimoramento moral são imperativos da vida, possibilitando-nos a manifestação do amor, no império da sublimação que nos aproxima de Deus.

Atendamos ao conselho apostólico e cresçamos em valores espirituais para a eternidade, porque, muitas vezes, o nosso amor é simplesmente querer e tão somente com o "querer" é possível desfigurar, impensadamente, os mais belos quadros da vida.

(*Reformador*, jun. 1950, p. 122)

---

[116] Texto publicado em *Fonte viva*. FEB Editora. Cap. 91, com alterações; *Segue-me!*... Ed. O Clarim. Cap. "Problemas do amor".

Não só

A caridade é, invariavelmente, sublime nas menores manifestações, todavia, inúmeras pessoas muitas vezes procuram limitá-la, ocultando-lhe o espírito divino.

Muitos aprendizes creem que praticá-la é apenas oferecer dádivas materiais aos necessitados de pão e teto.

Caridade, porém, representa muito mais que isso para os verdadeiros discípulos do Evangelho.

Em sua carta aos filipenses, oferece Paulo valiosa assertiva, com referência ao assunto.

Indispensável é que a caridade do cristão fiel abunde em conhecimento elevado.

Certo benfeitor distribuirá muito pão, mas se permanece deliberadamente nas sombras da ignorância, do sectarismo ou da autoadoração não estará faltando com o dever de assistência caridosa a si mesmo?

Espalhar o bem não é somente transmitir facilidades de natureza material. Muitas máquinas, nos tempos modernos, distribuem energia e poder, automaticamente.

Caridade essencial é intensificar o bem, sob todas as formas respeitáveis, sem olvidarmos o imperativo de autossublimação para que outros se renovem para a vida superior, compreendendo que é indispensável conjugar, no mesmo ritmo, os verbos *dar* e *saber*.

Muitos crentes preferem apenas dar e outros se circunscrevem simplesmente em saber; as atividades de todos os benfeitores dessa espécie são úteis, mas incompletas.

Ambas as classes podem sofrer presunção venenosa.

Bondade e conhecimento, pão e luz, amparo e iluminação, sentimento e consciência são arcos divinos que integram os círculos perfeitos da caridade.

Não só receber e dar, mas também ensinar e aprender.

(*Vinha de luz*. FEB Editora. Cap. 116)

Pois vos foi concedida, em relação a Cristo, a graça não só de crer nele, mas também de por ele sofrer.

Filipenses
1:29

Direito sagrado

Cooperar pessoalmente com os administradores humanos, em sentido direto, sempre constitui objeto da ambição dos servidores dessa ou daquela organização terrestre.

Ato invariável de confiança, a partilha da responsabilidade, entre o superior que sabe determinar e fazer justiça e o subordinado que sabe servir, institui a base de harmonia para a ação diária, realização essa que todas as instituições procuram atingir.

Muitos discípulos do Cristianismo parecem ignorar que, em relação a Jesus, a reciprocidade é a mesma, elevada ao grau máximo, no terreno da fidelidade e da compreensão.

Mais entendimento do programa divino significa maior expressão de testemunho individual nos serviços do Mestre.

Competência dilatada – deveres crescidos.

Mais luz – mais visão.

Muitos homens, naturalmente aproveitáveis em certas características intelectuais, mas ainda enfermos da mente, desejariam aceitar o Salvador e crer nele, mas não conseguem, de pronto, semelhante edificação íntima. Em vista da ignorância que não removem e dos caprichos que acariciam, falta-lhes a integração no direito de sentir as verdades de Jesus, o que somente conseguirão quando se reajustem, o que se faz indispensável.

Todavia, o discípulo admitido aos benefícios da crença foi considerado digno de conviver espiritualmente com o Mestre. Entre ele e o Senhor já existe a partilha da confiança e da responsabilidade. Contudo, enquanto perseveram as alegrias de Belém e as glórias de Cafarnaum, o trabalho da fé se desdobra maravilhoso, mas sobrevindo a divisão das angústias da cruz, muitos aprendizes fogem receando o sofrimento e revelando-se indignos da escolha. Os que assim procedem categorizam-se à conta de loucos, porquanto subtrair-se à colaboração com o Cristo é menosprezar um direito sagrado.

(*Pão nosso*. FEB Editora. Cap. 104)

Empenhados no mesmo combate em que me vistes empenhado e em que, como sabeis, me empenho ainda agora.

Filipenses
1:30

Combate interior

Em plena juventude, Paulo terçou armas contra as circunstâncias comuns, de modo a consolidar posição para impor-se no futuro da raça. Pelejou por sobrepujar a inteligência de muitos jovens que lhe foram contemporâneos, deixou colegas e companheiros distanciados. Discutiu com doutores da Lei e venceu-os. Entregou-se à conquista de situação material invejável e conseguiu-a. Combateu por evidenciar-se no tribunal mais alto de Jerusalém e sobrepôs-se a velhos orientadores do povo escolhido. Resolveu perseguir aqueles que interpretava por inimigos da ordem estabelecida e multiplicou adversários em toda parte. Feriu, atormentou, complicou situações de amigos respeitáveis, sentenciou pessoas inocentes a inquietações inomináveis, guerreou pecadores e santos, justos e injustos...

Surgiu, contudo, um momento em que o Senhor lhe convoca o espírito a outro gênero de batalha – o combate consigo mesmo.

Chegada essa hora, Paulo de Tarso cala-se e escuta...

Quebra-se-lhe a espada nas mãos para sempre.

Não tem braços para hostilizar, e sim para ajudar e servir.

Caminha, modificado, em sentido inverso. Em vez de humilhar os outros, dobra a própria cerviz.

Sofre e aperfeiçoa-se no silêncio, com a mesma disposição de trabalho que o caracterizava nos tempos de cegueira.

É apedrejado, açoitado, preso, incompreendido muitas vezes, mas prossegue sempre, ao encontro da divina Renovação.

Se ainda não combates contigo mesmo, dia virá em que serás chamado a semelhante serviço. Ora e vigia, prepara-te e afeiçoa o coração à humildade e à paciência. Lembra-te, meu irmão, de que nem mesmo Paulo, agraciado pela visita pessoal de Jesus, conseguiu escapar.

(*Pão nosso*. FEB Editora. Cap. 178)

Nada fazendo por competição e vanglória, mas com humildade [...].

Filipenses
2:3

Examina-te

O serviço de Jesus é infinito. Na sua órbita, há lugar para todas as criaturas e para todas as ideias sadias em sua expressão substancial.

Se, na ordem divina, cada árvore produz segundo a sua espécie, no trabalho cristão; cada discípulo contribuirá conforme sua posição evolutiva.

A experiência humana não é uma estação de prazer. O homem permanece em função de aprendizado e, nessa tarefa, é razoável que saiba valorizar a oportunidade de aprender, facilitando o mesmo ensejo aos semelhantes.

O Apóstolo Paulo compreendeu essa verdade, afirmando que nada deveremos fazer por espírito de contenda e vanglória, mas sim por ato de humildade.

Quando praticares alguma ação que ultrapasse o quadro das obrigações diárias, examina os móveis que a determinaram. Se resultou do desejo injusto de supremacia, se obedeceu somente à disputa desnecessária, cuida de teu coração para que o caminho te seja menos ingrato. Mas se atendeste ao dever, ainda que hajas sido interpretado como rigorista e exigente, incompreensivo e infiel, recebe as observações indébitas e passa adiante.

Continua trabalhando em teu ministério, recordando que, por servir aos outros, com humildade, sem contendas e vanglórias, Jesus foi tido por imprudente e rebelde, traidor da lei e inimigo do povo, recebendo com a cruz a coroa gloriosa.

(*Caminho, verdade e vida*. FEB Editora. Cap. 3)

Tende em vós o mesmo sentimento de Cristo Jesus.

Filipenses
2:5

Modo de fazer

Todos fazem alguma coisa na vida humana, mas raros não voltam à carne para desfazer quanto fizeram.

Ainda mesmo a criatura ociosa, que passou o tempo entre a inutilidade e a preguiça, é constrangida a tornar à luta, a fim de desintegrar a rede de inércia que teceu ao redor de si mesma.

Somente constrói, sem necessidade de reparação ou corrigenda, aquele que se inspira no padrão de Jesus para criar o bem.

Fazer algo em Cristo é fazer sempre o melhor para todos:

Sem expectativa de remuneração.

Sem exigências.

Sem mostrar-se.

Sem exibir superioridade.

Sem tributos de reconhecimento.

Sem perturbações.

Em todos os passos do divino Mestre, vemo-lo na ação incessante, em favor do indivíduo e da coletividade, sem prender-se.

Da carpintaria de Nazaré à cruz de Jerusalém, passa fazendo o bem, sem outra paga além da alegria de estar executando a vontade do Pai.

Exalta o vintém da viúva e louva a fortuna de Zaqueu, com a mesma serenidade.

Conversa amorosamente com algumas criancinhas e multiplica o pão para milhares de pessoas, sem alterar-se.

Reergue Lázaro do sepulcro e caminha para o cárcere, com a atenção centralizada nos Desígnios Celestes.

Não te esqueças de agir para a felicidade comum, na linha infinita dos teus dias e das tuas horas. Todavia, para que a ilusão te não imponha o fel do desencanto ou da soledade, ajuda a todos, indistintamente, conservando, acima de tudo, a glória de ser útil, "de modo que haja em nós o mesmo sentimento que vive em Jesus Cristo".

(*Fonte viva.* FEB Editora. Cap. 2)

Ele, estando na forma de Deus não usou de seu direito de ser tratado como um deus.

Filipenses
2:6

Atualidade[117]

Todos os sofrimentos dos homens, de modo geral, originam-se da pretensão de usurpar o divino Poder.

Orgulho, vaidade, insensatez, egoísmo, perversidade, rebeldia e opressão representam apenas modalidades variadas dessa usurpação indébita. A guerra e o seu séquito pestilencial, a tirania e o instinto revolucionário, as paixões arrasadoras e os desastres espirituais que lhes são consequentes, constituem-lhe as obras.

Na vastíssima paisagem de nossas existências, vemos sempre a Misericórdia Divina e a maldade humana, a Bondade Celestial e a desobediência das criaturas... Sempre, o Pai Generoso e os filhos improvidentes, o Deus Justo e as inteligências caídas e perversas... Doloroso quadro!... Em tudo, no planeta, a harmonia das Leis do Senhor e a discórdia dos homens, a bênção providencial do céu e a rebeldia terrestre...

Por isso mesmo, a Humanidade, como aranha gigantesca, encontra-se no milenário labirinto, encarcerada na teia criminosa de suas próprias ações!

O coração do discípulo fiel do Evangelho, nos dias que passam, deve revestir-se com a vigorosa couraça da fé viva, porquanto é chamado a trabalhar numa floresta escura, onde a maldade se tornou mais requintada e a sombra mais densa. E que guarde, sobretudo, a serenidade confiante do trabalhador, compreendendo a necessidade dos testemunhos e sacrifícios para todos, porque, para o aprendiz sincero deve resplandecer o ensinamento daquele que, tendo vindo ao mundo através de anúncios divinos, assinalado por uma estrela brilhante, temido pelas autoridades de seu tempo, que transformou pescadores em apóstolos, que curou leprosos e cegos e levantou paralíticos de nascença, não quis usurpar o Direito divino e marchou, um dia, para o monte, a fim de testemunhar a obediência justa ao Senhor Supremo da Vida, no alto de uma cruz, ante o desprezo e ironia de todos.

(*Reformador*, maio 1944, p. 99)

---

[117] Texto publicado em *Segue-me!...* Ed. O Clarim. Cap. "Obediência justa", com pequenas alterações.

Mas se despojou, tomando a forma de escravo.
Tornando-se semelhante aos homens e reconhecido
em seu aspecto como um homem.

Filipenses
2:7

Jesus veio

Muitos discípulos falam de extremas dificuldades por estabelecer boas obras nos serviços de confraternização evangélica, alegando o estado infeliz de ignorância em que se compraz imensa percentagem de criaturas da Terra.

Entretanto, tais reclamações não são justas.

Para executar sua divina missão de amor, Jesus não contou com a colaboração imediata de Espíritos aperfeiçoados e compreensivos e sim "aniquilou-se a si mesmo, tomando a forma de servo, fazendo-se semelhante aos homens".

Não podíamos ir ter com o Salvador, em sua posição sublime; todavia, o Mestre veio até nós, apagando temporariamente a sua auréola de luz, de maneira a beneficiar-nos sem traços de sensacionalismo.

O exemplo de Jesus, nesse particular, representa lição demasiado profunda.

Ninguém alegue conquistas intelectuais ou sentimentais como razão para desentendimento com os irmãos da Terra.

Homem algum dos que passaram pelo orbe alcançou as culminâncias do Cristo. No entanto, vemo-lo à mesa dos pecadores, dirigindo-se fraternalmente a meretrizes, ministrando seu derradeiro testemunho entre ladrões.

Se teu próximo não pode alçar-se ao plano espiritual em que te encontras, podes ir ao encontro dele, para o bom serviço da fraternidade e da iluminação, sem aparatos que lhe ofendam a inferioridade.

Recorda a demonstração do Mestre Divino.

Para vir a nós, aniquilou a si próprio, ingressando no mundo como filho sem berço e ausentando-se do trabalho glorioso, como servo crucificado.

(*Caminho, verdade e vida*. FEB Editora. Cap. 8)

*Abaixou-se, tornando-se obediente até a
morte, à morte sobre uma cruz.*

Filipenses
2:8

Jesus para o homem[118]

O Mestre desceu para servir,
Do esplendor à escuridão...
Da alvorada eterna à noite plena...
Das estrelas à manjedoura...
Do infinito à limitação...
Da glória à carpintaria...
Da grandeza à abnegação...
Da divindade dos anjos à miséria dos homens...
Da companhia de gênios sublimes à convivência dos pecadores...
De governador do mundo a servo de todos...
De credor magnânimo a escravo...
De benfeitor a perseguido...
De salvador a desamparado...
De emissário do amor a vítima do ódio...
De redentor dos séculos a prisioneiro das sombras...
De celeste pastor a ovelha oprimida...
De poderoso trono a cruz do martírio...
Do verbo santificante ao angustiado silêncio...
De advogado das criaturas a réu sem defesa...
Dos braços dos amigos ao contato de ladrões...
De doador da vida eterna a sentenciado no vale da morte...
Humilhou-se e apagou-se para que o homem se eleve e brilhe para sempre!
Oh! Senhor, que não fizeste por nós, a fim de aprendermos o caminho da gloriosa Ressurreição no Reino?

(*Pão nosso*. FEB Editora. Cap. 62)

---

[118] Texto publicado em *Antologia mediúnica do natal*. FEB Editora. Cap. 7

[...] operai a vossa salvação [...].

Filipenses
2:12

Operemos[119]

Salvar quer dizer "guardar, preservar, livrar-se do perigo..."
Operar significa "agir, efetuar, executar..."

O Apóstolo induz-nos a refletir sobre o imperativo do próprio esforço na elevação espiritual, como a dizer-nos que o Criador não dispensa a cooperação do homem nas edificações da vida.

E, em verdade, nas faixas mais simples da natureza, vemos semelhante princípio dominar, claro e metódico.

Deus concede ao homem a gleba que produzirá pão, contudo, não lhe dispensará o concurso na lavoura frutescente; confere-lhe as vantagens da biblioteca preciosa, mas reclama-lhe a aplicação pessoal na conquista do conhecimento; cede-lhe o bloco de mármore puro, entretanto, exige-lhe suor e atenção no buril, para que a obra-prima de estatuária se expresse, vitoriosa...

Assim também, a colaboração humana jamais será excluída na solução dos problemas de natureza espiritual.

Jesus opera em nós o amor ao bem e as disposições renovadoras da fé, acrescentando-nos a sede de luz; no entanto, cabe-nos operar, por nossa vez, a transformação de nossa existência e de nossa alma, a fim de que os valores do Céu nos sublimem a vida.

O Senhor, para ajudar-nos, não prescindirá do auxílio que devemos a nós mesmos.

O Mestre acendeu a luz no caminho. Mobiliza tua alma ao encontro d'Ele.

(*Reformador*, maio 1955, p. 98)

---

[119] Texto publicado em *Segue-me!...* Ed. O Clarim. Cap. "Operemos", com pequenas alterações.

Fazei tudo sem murmurações nem reclamações.

Filipenses
2:14

Murmurações

Nunca se viu contenda que não fosse precedida de murmurações inferiores. É hábito antigo da leviandade procurar a ingratidão, a miséria moral, o orgulho, a vaidade e todos os flagelos que arruínam almas neste mundo para organizar as palestras da sombra, na qual o bem, o amor e a verdade são focalizados com malícia.

Quando alguém comece a encontrar motivos fáceis para muitas queixas, é justo proceder a rigoroso autoexame, de modo a verificar se não está padecendo da terrível enfermidade das murmurações.

Os que cumprem seus deveres, na pauta das atividades justas, certamente não poderão cultivar ensejo a reclamações.

É indispensável conservar-se o discípulo em guarda contra esses acumuladores de energias destrutivas, porque, de maneira geral, sua influência perniciosa invade quase todos os lugares de luta do planeta.

É fácil identificá-los. Para eles, tudo está errado, nada serve, não se deve esperar algo de melhor em coisa alguma. Seu verbo é irritação permanente; suas observações são injustas e desanimam.

Lutemos, quanto estiver em nossas forças, contra essas humilhantes atitudes mentais. Confiados em Deus, dilatemos todas as nossas esperanças, certos de que, conforme asseveram os velhos provérbios, o coração otimista é medicamento de paz e de alegria.

(*Pão nosso*. FEB Editora. Cap. 75)

*Pois procuram atender os seus próprios
interesses e não os de Jesus Cristo.*

Filipenses
2:21

A cortina do "eu"

Em verdade, estudamos com o Cristo a ciência divina de ligação com o Pai, mas ainda nos achamos muito distantes da genuína comunhão com os interesses divinos.

Por trás da cortina do "eu", conservamos lamentável cegueira diante da vida.

Examinemos imparcialmente as atitudes que nos são peculiares nos próprios serviços do bem, de que somos cooperadores iniciantes, e observaremos que, mesmo aí, em assuntos da virtude, a nossa porcentagem de capricho individual é invariavelmente enorme.

A antiga lenda de Narciso permanece viva, em nossos mínimos gestos, em maior ou menor porção.

Em tudo e em toda parte, apaixonamo-nos pela nossa própria imagem.

Nos seres mais queridos, habitualmente amamos a nós mesmos, porque, se demonstram pontos de vista diferentes dos nossos, ainda mesmo quando superiores aos princípios que esposamos, instintivamente enfraquecemos a afeição que lhes consagrávamos.

Nas obras do bem a que nos devotamos, estimamos, acima de tudo, os métodos e processos que se exteriorizam do nosso modo de ser e de entender, porquanto, se o serviço evolui ou se aperfeiçoa, refletindo o pensamento de outras personalidades acima da nossa, operamos, quase sem perceber, a diminuição do nosso interesse para com os trabalhos iniciados.

Aceitamos a colaboração alheia, mas sentimos dificuldade para oferecer o concurso que nos compete.

Se nos achamos em posição superior, doamos com alegria uma fortuna ao irmão necessitado que segue conosco em condição de subalternidade, a fim de contemplarmos com volúpia as nossas qualidades nobres no reconhecimento de longo curso a que se sente constrangido, mas raramente concedemos um sorriso de boa vontade ao companheiro mais abastado ou mais forte, posto pelos Desígnios divinos à nossa frente.

Em todos os passos da luta humana, encontramos a virtude rodeada de vícios e o conhecimento dignificante quase sufocado pelos espinhos da ignorância, porque, infelizmente, cada um de nós, de modo geral, vive à procura do "eu mesmo".

Entretanto, graças à bondade de Deus, o sofrimento e a morte nos surpreendem, na experiência do corpo e além dela, arrebatando-nos aos vastos continentes da meditação e da humildade, em que aprenderemos, pouco a pouco, a buscar o que pertence a Jesus Cristo, em favor da nossa verdadeira felicidade, dentro da glória de viver.

(*Fonte viva*. FEB Editora. Cap. 101)

Cuidado com os cães, cuidado com os maus operários [...].

Filipenses
3:2

Guardai-vos dos cães

Somos imensa caravana de seres na estrada evolutiva, a movimentar-se, sob o olhar do Divino Pastor, em demanda de esferas mais altas.

Em verdade, se prosseguimos caminho afora, magnetizados pelo devotamento do Condutor divino, inegavelmente somos também assediados pelos cães da ignorância, da perversidade, da má-fé.

Referindo-se a cães, Paulo de Tarso não mentalizava o animal amigo, símbolo de ternura e fidelidade após a domesticação. Reportava-se aos cães selvagens, impulsivos e ferozes. No rebanho humano, encontraremos sempre criaturas que os personificam. São os adversários sistemáticos do bem.

Atassalham reputações dignas.

Estimam a maledicência.

Exercitam a crueldade.

Sentem prazer com a imposição tirânica que lhes é própria.

Desfazem a conceituação elevada e santificante da vida.

Desarticulam o serviço dos corações bem-intencionados.

Atiram-se, desvairadamente, à substância das obras construtivas, procurando consumi-las ou pervertê-las.

Vomitam impropérios e calúnias.

Gritam, levianos, que o mal permanece vitorioso, que a sombra venceu, que a miséria consolidou o seu domínio na Terra, perturbando a paz dos servos operosos e fiéis.

E, quando o micróbio do ódio ou da cólera lhes excita a desesperação, ai daqueles que se aproximam generosos e confiantes!

É para esse gênero de irmãos que Paulo solicita de nós outros a conjugação do verbo guardar. Para eles, pobres prisioneiros da incompreensão e da ignorância, resta somente o processo educativo, no qual podemos cooperar com amor, competindo-nos reconhecer, contudo, que esse recurso de domesticação procede originariamente de Deus.

(*Fonte viva*. FEB Editora. Cap. 145)

Maus obreiros

Paulo de Tarso não recomenda sem razão o cuidado a observar-se, ante o assédio dos maus obreiros.

Em todas as atividades do bem, o trabalhador sincero necessita preservar-se contra o veneno que procede do servidor infiel.

Enquanto os servos leais se desvelam, dedicados, nas obrigações que lhes são deferidas, os maus obreiros procuram o repouso indébito, conclamando companheiros à deserção e à revolta. Em vez de cooperarem, atendendo aos compromissos assumidos, entregam-se à crítica jocosa ou áspera, menosprezando os colegas de luta.

Estimam as apreciações desencorajadoras.

Fixam-se nos ângulos ainda inseguros da obra em execução, despreocupados das realizações já feitas.

Manuseiam textos legais a fim de observarem como farão valer direitos com esquecimento de deveres.

Ouvem as palavras alheias com religiosa atenção para extraírem os conceitos verbais menos felizes, de modo a estabelecerem perturbações.

Chamam covardes aos cooperadores humildes, e bajuladores aos eficientes ou compreensivos.

Destacam os defeitos de todas as pessoas, exceto os que lhes são peculiares.

Alinham frases brilhantes e complacentes, ensopando-as em óleo de perversidades ocultas.

Semeiam a dúvida, a desconfiança e o dissídio, quando percebem que o êxito vem próximo.

Espalham suspeitas e calúnias, entre os que organizam e os que executam.

Fazem-se advogados para serem acusadores.

Vestem-se à maneira de ovelhas, dissimulando as feições de lobos.

Costumam lamentar-se por vítimas para serem verdugos mais completos.

"Guardai-vos dos maus obreiros."

O conselho do Apóstolo aos Gentios permanece cheio de oportunidade e significação.

(*Vinha de luz*. FEB Editora. Cap. 74)

Para ver se alcanço a ressurreição de entre os mortos.

Filipenses
3:11

Ante o objetivo

Alcançaremos o alvo que mantemos em mira:

O avarento sonha com tesouros amoedados e chega ao cofre-forte.

O malfeitor comumente ocupa largo tempo, planificando a ação perturbadora, e comete o delito.

O político hábil anseia por autoridade e atinge alto posto no domínio terrestre.

A mulher desprevenida, que concentra as ideias no desperdício das emoções, penetra o campo das aventuras inquietantes.

E cada meta a que nos propomos tem o preço respectivo.

O usurário, para amealhar o dinheiro, quase sempre perde a paz.

O delinquente, para efetuar a falta que delineia, avilta o nome.

O oportunista, para conseguir o lugar de mando, muitas vezes desfigura o caráter.

A mulher desajuizada, para alcançar fantasiosos prazeres, abdica, habitualmente, o direito de ser feliz.

Se impostos tão pesados são exigidos na Terra aos que perseguem resultados puramente inferiores, que tributos pagará o espírito que se candidata à glória na vida eterna?

O Mestre na cruz é a resposta para todos os que procuram a sublimidade da ressurreição.

Contemplando esse alvo, soube Paulo buscá-lo, em meio a incompreensões, açoites, aflições e pedradas, servindo constantemente, em nome do Senhor.

Se desejas, por tua vez, chegar ao mesmo destino, centraliza as aspirações no objetivo santificante e segue, com valoroso esforço, na conquista do eterno prêmio.

(*Fonte viva*. FEB Editora. Cap. 40)

*Irmãos, não julgo que eu mesmo o tenha alcançado,
mas uma coisa faço: esquecendo-me do que fica para
trás e avançando para o que está adiante.*

Filipenses
3:13

Prossigamos[120]

Se te imobilizas na estrada, a pretexto de amarguras acumuladas ou de ofensas recebidas, lembra-te de Paulo, o apóstolo intrépido, que, sobrecarregado de problemas, não se resignava a interromper o trabalho que o Mestre lhe conferira.

O amigo providencial da gentilidade não se entretinha a escutar os remorsos que trazia do seu tempo de adversário e perseguidor do Evangelho.

Não lamentava os amigos descrentes da renovação de que fornecia testemunho.

Não se queixava dos parentes que o recebiam, empunhando o azorrague da expulsão.

Não se detinha para lastimar a alteração dos afetos que a incompreensão azedara no vaso do tempo.

Não cultivava a volúpia da solidão porque lhe faltasse a benção do tálamo doméstico.

Não se fixava nos espinhos que lhe ferreteavam a alma e a carne, não obstante reconhecer-lhes a existência.

Não parava com o objetivo de reclamar contra as pedradas do caminho.

Não se concedia férias de choro inútil, ante as arremetidas do mal.

Não se demorava na rede dos elogios, sob o fascínio da ilusão.

Não se cristalizava nos próprios impedimentos.

Seguia sempre na direção do alvo que lhe cabia atingir.

Assim também nós, endividados ou pecadores, pobres ou doentes, fracos ou inábeis, desiludidos ou torturados, uma coisa façamos... Acima de todos os tropeços e inibições, prossigamos sempre para diante, olvidando o mal e fazendo o bem.

(*Reformador*, maio 1958, p. 98)

---

[120] Texto publicado em *Palavras de vida eterna*. Ed. Comunhão Espírita Cristã. Cap. 34.

Avancemos

Na estrada cristã, somos defrontados sempre por grande número de irmãos que se aquietaram à sombra da improdutividade, declarando-se acidentados por desastres espirituais.

É alguém que chora a perda de um parente querido, chamado à transformação do túmulo.

É o trabalhador que se viu dilacerado pela incompreensão de um amigo.

É o missionário que se imobilizou em face da calúnia.

É alguém que lastima a deserção de um consócio da boa luta.

É o operário do bem que clama indefinidamente contra a fuga da companheira que lhe não percebeu a dedicação afetiva.

É o idealista que espera uma fortuna material para dar início às realizações que lhe competem.

É o cooperador que permanece na expectativa do emprego ricamente remunerado para consagrar-se às boas obras.

É a mulher que se enrola no cipoal da queixa contra os familiares incompreensivos.

É o colaborador que se escandaliza com os defeitos do próximo, congelando as possibilidades de servir.

É alguém que deplora um erro cometido, menosprezando as bênçãos do tempo em remorso destrutivo.

O passado, porém, se guarda as virtudes da experiência, nem sempre é o melhor condutor da vida para o futuro.

É imprescindível exumar o coração de todos os envoltórios entorpecentes que, por vezes, nos amortalham a alma.

A contrição, a saudade, a esperança e o escrúpulo são sagrados, mas não devem representar impedimento ao acesso de nosso espírito à Esfera superior.

Paulo de Tarso, que conhecera terríveis aspectos do combate humano, na intimidade do próprio coração, e que subiu às culminâncias do apostolado com o Cristo, nos oferece roteiro seguro ao aprimoramento.

"Esqueçamos todas as expressões inferiores do dia de ontem e avancemos para os dias iluminados que nos esperam" – eis a essência de seu aviso fraternal à comunidade de Filipos.

Centralizemos nossas energias em Jesus e caminhemos para diante.

Ninguém progride sem renovar-se.

(*Fonte viva*. FEB Editora. Cap. 50)

Prossigo para o alvo [...].

Filipenses
3:14

Prosseguindo[121]

Encontras o semblante amargo da solidão no momento em que as circunstâncias te compelem a deixar o conhecido.

Supões que a construção de toda a existência desaba sobre ti mesmo, como se a ausência da moldura familiar te rasgasse o quadro da própria alma.

Corações amigos, atraídos por outras sendas, abandonaram-te os ideais; pessoas queridas deixaram-te a sós; aposentaram-te a distância do trabalho de muitos anos, ou a morte, de passagem, ceifou o sorriso dos companheiros que te eram mais caros...

Sentes, por vezes, que estás deixando para trás tudo o que te parece mais valioso, entretanto, não é verdade.

Basta jornadeies corajosamente adiante e, buscando expressar-te em novas formas, reconhecerás que o amor e o trabalho são mais belos em teu caminho.

Compreenderás, então, que podes adicionar novas parcelas de alegria à felicidade dos que mais amas e que podes servir com mais entendimento às aspirações que te inspiram a marcha.

Se a vida te apresenta a fisionomia triste da solidão, recorda a própria imortalidade e não te detenhas.

O menino deixa a infância para entrar na mocidade, o jovem deixa a mocidade para entrar na madureza, o adulto deixa a madureza para entrar na senectude e o ancião deixa a extrema velhice para entrar no mundo espiritual, não como quem perde os valores adquiridos, mas sim prosseguindo para o alvo que as Leis de Deus nos assinalam a cada um...

(*Reformador*, out. 1960, p. 220)

Apelo de sempre

Nas horas de aguaceiro, reflete na colheita que virá.

Nos instantes difíceis, age pensando na soma de alegrias que nascerão do dever cumprido.

---

[121] Texto publicado em *Palavras de vida eterna*. Ed. Comunhão Espírita Cristã. Cap. 81.

Não te detenhas em recordações amargas do pretérito.

A derrota sofrida terá sido preciosa lição para melhor aproveitamento das horas de hoje; a lágrima vertida foi talvez o colírio da verdade, ensinando-te a ver; a provação experimentada revelou-te o caminho da paciência; as afeições que desertaram se te erguem presentemente na memória por instruções da vida, impulsionando-te à descoberta do genuíno amor.

Para a frente — é o apelo de mais alto.

O passado é capaz de auxiliar, mas tão só por recurso de informação. Se duvidas disso, reflete no automóvel de que te serves comumente: o retrovisor colabora apenas para que te esclareças, quanto às advertências da retaguarda, uma vez que necessitas permanecer de atenção concentrada no caminho à frente, como quem se vê inevitavelmente chamado para o futuro.

(*Ceifa de luz*. FEB Editora. Cap. 45)

Para o alvo

Quando Paulo escreveu aos filipenses, já possuía vasta experiência de apostolado.

Doutor da Lei em Jerusalém, abandonara as vaidades de raça e de família, rendendo-se ao Mestre em santificadora humildade.

Após dominar pela força física, pela cultura intelectual e pela inteligência nobre, voltou-se para o tear obscuro, conquistando o próprio sustento com o suor diário. Ingressando nos espinhosos testemunhos para servir ao próximo, por amor a Jesus, recebeu a ironia e o desamparo de familiares, a desconfiança e o insulto de velhos amigos, os açoites da maldade e as pedradas da incompreensão.

O convertido de Damasco, no entanto, jamais desanimou, prosseguindo, invariavelmente, para o alvo, que, ainda e sempre, é a união divina do discípulo com o Mestre.

Quantos aprendizes estarão, atualmente, dispostos ao grande exemplo?

Espalham-se, em vão, os convites ao sublime banquete, debalde envia Jesus mensageiros aos estudantes novos, revelando a excelência da vida superior. A maioria deles, contudo, abrange operários fugitivos, plenamente distraídos da realização... Perdem de vista a obra por fazer, desinteressam-se das lições necessárias e esquecem as finalidades da permanência na Terra. Comumente, nos primeiros obstáculos mais fortes da marcha, nas corrigendas iniciais do serviço, põem-se em lágrimas de desespero, acabrunhados e tristes. Declaram-se, incompreensivelmente, desalentados, vencidos, sem esperança...

A explicação é simples, todavia. Perderam o rumo para o Cristo, seduzidos por espetáculos fugazes, nas numerosas estações da jornada espiritual, e, por esquecerem o alvo sublime, chega de modo inevitável o instante em que, cessados os motivos da transitória fascinação, se sentem angustiados, como viajores sedentos nos áridos desertos da vida humana.

(*Vinha de luz*. FEB Editora. Cap. 50)

Entretanto, qualquer seja o ponto a que chegamos, conservemos o rumo.

Filipenses
3:16

Buscando a frente[122]

Disse Paulo: "prossigo para o alvo...", em se referindo às conquistas supremas do espírito.

Baseados em semelhante afirmativa, numerosos aprendizes do Evangelho pretendem justificar aventuras e inovações temerárias a que se confiam. Imaginam programas fantasiosos de trabalho ou mudanças precipitadas de orientação espiritual e endereçam-se ao Apóstolo Paulo, procurando apoio evangélico para as atitudes extravagantes que assumem.

Vale, porém, reexaminar sempre como é que o amigo da gentilidade seguia para o alvo.

Paulo marchava para frente, fiel à retaguarda, em tudo aquilo que a retaguarda possuía de útil e bom, grande e santo. Caminhava para diante honorificando os compromissos abraçados, adiantava-se no tempo sem perder a visão da tarefa que prometera realizar. Não propunha realizações prematuras, nem se entregava a sonhos marginais. Andava na trilha espinhosa dos deveres que traçara a si mesmo, perante o Cristo, buscando a meta sem contradições ou discrepâncias.

Se a sede de progresso te escalda o raciocínio, lembra-te realmente de Paulo, e acompanha-lhe os exemplos no serviço renovador, mas avança para a retaguarda, sem fugir ao sentido e à disciplina dos princípios edificantes que esposaste, no encalço da Vida superior.

Não nos será lícito esquecer que o Apóstolo da Gentilidade, no versículo 14, do capítulo 3, da epístola dedicada por ele aos filipenses, grafou as suas inesquecíveis palavras de entusiasmo e esperança: *"prossigo para o alvo..."*; entretanto, no versículo 16, do mesmo documentário evangélico, não deixou de prevenir-nos, sensatamente: "todavia, andemos de acordo com o que já alcançamos."

(*Reformador*, jul. 1967, p. 152)

---

[122] Texto publicado em *Bênção de paz*. Ed. GEEM. Cap. 49.

Alegrai-vos sempre no Senhor! Repito: alegrai-vos!

Filipenses
4:4

O homem com Jesus

Com Jesus, ergue-se o Homem
Da treva à luz...
Da inércia ao serviço...
Da ignorância à sabedoria...
Do instinto à razão...
Da força ao direito...
Do egoísmo à fraternidade...
Da tirania à compaixão...
Da violência ao entendimento...
Do ódio ao amor...
Da posse mentirosa à procura dos bens imperecíveis...
Da conquista sanguinolenta à renúncia edificante...
Da extorsão à justiça...
Da dureza à piedade...
Da palavra vazia ao verbo criador...
Da monstruosidade à beleza...
Do vício à virtude...
Do desequilíbrio à harmonia...
Da aflição ao contentamento...
Do pântano ao monte...
Do lodo à glória...
Homem, meu irmão, regozijemo-nos em plena luta redentora!
Que píncaros de angelitude poderemos alcançar se nos consagrarmos realmente ao Divino Amigo que desceu e se humilhou por nós?

(*Pão nosso*. FEB Editora. Cap. 61)

Não vos inquieteis com nada [...].

Filipenses
4:6

Não te inquietes[123]

A observação do Apóstolo Paulo é importante para todos os dias.

Ninguém esteja inquieto por coisa alguma.

Em verdade, a inquietação é fator desencadeante de numerosas calamidades.

Na maioria das vezes, está presente no erro de cálculo que compromete a construção, na dosagem inadequada do remédio que se transforma em veneno, no acidente infeliz ou no desastre da via pública.

É quase sempre um espinho no lar, um cáustico no ponto de vista, uma brasa no caminho e uma pedra na profissão.

É por ela que, muitas vezes, pronunciamos a expressão descabida e articulamos o julgamento falso a respeito dos outros.

Com ela, geramos preocupações enfermiças e arruinamos a estrada própria.

Contudo, a pretexto de aboli-la, é indispensável não venhamos a cair na preguiça.

Muita gente, a pretexto de evitar a inquietação, asila-se em comodismo deplorável, alegando que foge de trabalhar para não se afligir.

Entendamos, porém, no verdadeiro sentido, a recomendação judiciosa de Paulo. Ele que disse "não estejais inquietos por coisa alguma" nunca esteve ocioso.

(*Reformador*, dez. 1960, p. 266)

Sirvamos em paz[124]

Quase que em toda a parte encontramos pessoas agoniadas, sem motivo, ou exaustas, sem razão aparente.

Transitam nos consultórios médicos, recorrem a casas religiosas, suplicando prodígios, isolam-se na inutilidade, choram de tédio. Confessam

---

[123] Texto publicado em *Palavras de vida eterna*. Ed. Comunhão Espírita Cristã. Cap. 86.
[124] Texto publicado em *Palavras de vida eterna*. Ed. Comunhão Espírita Cristã. Cap. 146.

desconhecer a causa dos males que as assoberbam; clamam, infundadamente, contra o meio em que vivem...

É que, via de regra, ao invés de situarem a mente no caminho natural da evolução, atiram-na aos despenhadeiros da margem.

Que a Terra hospeda multidões de companheiros endividados, tanto quanto nós mesmos, todos sabemos... A imprensa vulgar talha colunas e colunas dedicadas à tragédia, certas publicações cultivam o hábito de instilar a delinquência, conflitos explodem insuflando a rebeldia dessa ou daquela camada social, profetas do pessimismo adiantam escuras previsões...

Isso tudo acontece, isso tudo é inevitável.

Urge, no entanto, não dar, aos acontecimentos contrários à harmonia da vida, qualquer atenção, além da necessária. Basta empregar exageradamente a energia mental, num escândalo ou num crime, para entrar em relação com os agentes destrutivos que os provocaram. Ofereçamos ao repouso restaurativo ou à resistência ao mal mais tempo que o tempo indispensável e cairemos na preguiça ou na cólera que nos desgastam as forças.

Se consumimos alimento deteriorado, rumamos para a doença; se repletamos o cérebro de preocupações descontroladas, inclinamo-nos, de imediato, ao desequilíbrio.

Imunizando-nos contra semelhantes desajustes, exortou-nos o Apóstolo Paulo: "não estejais inquietos por coisa alguma", como a dizer-nos que compete a nós outros, os que elegemos Jesus por Mestre, a obrigação de andar no mundo, ainda conturbado e sofredor, sem gastar tempo e vida em questões supérfluas, prosseguindo, firmes, na estrada de entendimento e serviço que o Senhor nos traçou.

(*Reformador*, out. 1963, p. 219)

Finalmente, irmãos, ocupai-vos com tudo o que é verdadeiro, nobre, justo, puro, amável, honroso, virtuoso ou que de qualquer modo mereça louvor.

Filipenses
4:8

Vigiando[125]

Trabalhemos vigiando.

Aquilo que nos ocupa o pensamento é a substância de que se nos constituirá a própria vida.

Retiremos, dessa forma, o coração de tudo o que não seja material de edificação do Reino Divino, em nós próprios.

Em verdade, muita sugestão criminosa buscará enevoar-nos a mente, muito lodo da estrada procurar-nos-á as mãos na jornada de cada dia e muito detrito do mundo tentará imobilizar-nos os pés...

É a nuvem da incompreensão conturbando-nos o ambiente doméstico...

É a injúria nascida na palavra inconsciente dos desafetos gratuitos...

É a acusação indébita de permeio com a calúnia destruidora...

É a maledicência convidando-nos à mentira e à leviandade...

É o amigo de ontem que se rende às requisições da treva, passando à condição de censor das nossas qualidades ainda em processo de melhoria...

Entretanto, à frente de todos os percalços, não te prendas às teias da perturbação e da sombra.

Em todas as situações e em todos os assuntos, guardemos a alma nos ângulos em que algo surja digno de louvor, fixando o bem e procurando realizá-lo com todas as energias ao nosso alcance.

Aos mais infelizes, mais amparo.

Aos mais doentes, mais socorro.

E, ocupando o nosso pensamento com os valores autênticos da vida, aprenderemos a sorrir para as dificuldades, quaisquer que sejam, construindo gradativamente, em nós mesmos, o templo vivo de luz para a comunhão constante com o nosso Mestre e Senhor.

(*Reformador*, out. 1957, p. 234)

---

[125] Texto publicado em *Palavras de vida eterna*. Ed. Comunhão Espírita Cristã. Cap. 20.

Pensamentos

Todas as obras humanas constituem a resultante do pensamento das criaturas. O mal e o bem, o feio e o belo viveram, antes de tudo, na fonte mental que os produziu, nos movimentos incessantes da vida.

O Evangelho consubstancia o roteiro generoso para que a mente do homem se renove nos caminhos da Espiritualidade Superior, proclamando a necessidade de semelhante transformação, rumo aos planos mais altos. Não será tão somente com os primores intelectuais da Filosofia que o discípulo iniciará seus esforços em realização desse teor. Renovar pensamentos não é tão fácil como parece à primeira vista. Demanda muita capacidade de renúncia e profunda dominação de si mesmo, qualidades que o homem não consegue alcançar sem trabalho e sacrifício do coração. É por isso que muitos servidores modificam expressões verbais, julgando que refundiram pensamentos. Todavia, no instante de recapitular, pela repetição das circunstâncias, as experiências retentoras, encontram, de novo, análogas perturbações, porque os obstáculos e as sombras permanecem na mente, quais fantasmas ocultos.

Pensar é criar. A realidade dessa criação pode não exteriorizar-se, de súbito, no campo dos efeitos transitórios, mas o objeto formado pelo poder mental vive no mundo íntimo, exigindo cuidados especiais para o esforço de continuidade ou extinção.

O conselho de Paulo aos filipenses apresenta sublime conteúdo. Os discípulos que puderem compreender-lhe a essência profunda, buscando ver o lado verdadeiro, honesto, justo, puro e amável de todas as coisas, cultivando-o em cada dia, terão encontrado a divina equação.

(*Pão nosso*. FEB Editora. Cap. 15)

Falo assim não por causa das privações, pois aprendi a adaptar-me às necessidades.

Filipenses
4:11

Contentar-se

A vertigem da posse avassala a maioria das criaturas na Terra.

A vida simples, condição da felicidade relativa que o planeta pode oferecer, foi esquecida pela generalidade dos homens. Esmagadora percentagem das súplicas terrestres não consegue avançar além do seu acanhado âmbito de origem.

Pedem-se a Deus absurdos estranhos. Raras pessoas se contentam com o material recebido para a solução de suas necessidades, raríssimas pedem apenas o "pão de cada dia", como símbolo das aquisições indispensáveis.

O homem incoerente não procura saber se possui o menos para a vida eterna, porque está sempre ansioso pelo mais nas possibilidades transitórias. Geralmente, permanece absorvido pelos interesses perecíveis, insaciado, inquieto, sob o tormento angustioso da desmedida ambição. Na corrida louca para o imediatismo, esquece a oportunidade que lhe pertence, abandona o material que lhe foi concedido para a evolução própria e atira-se a aventuras de consequências imprevisíveis, em face do seu futuro infinito.

Se já compreendes tuas responsabilidades com o Cristo, examina a essência de teus desejos mais íntimos. Lembra-te de que Paulo de Tarso, o apóstolo chamado por Jesus para a disseminação da Verdade Divina, entre os homens, foi obrigado a aprender a contentar-se com o que possuía, penetrando o caminho de disciplinas acerbas.

Estarás, acaso, esperando que alguém realize semelhante aprendizado por ti?

(*Caminho, verdade e vida*. FEB Editora. Cap. 29)

Se aspiras a servir[126]

Afirmas-te no veemente propósito de servir; entretanto, para isso, apresenta cláusulas diversas.

---

[126] Texto publicado em *Palavras de vida eterna*. Ed. Comunhão Espírita Cristã. Cap. 85.

Dispões de recursos próprios, conquanto humildes, para as tarefas do socorro material; contudo, esperas pelo dinheiro dos outros.

Tens contigo vastas possibilidades para alfabetizar os necessitados de instrução, mas esperas um título oficial que talvez nunca chegue.

Mostras pés e braços livres que te garantem o auxílio aos irmãos em prova; entretanto, esperas acompanhantes que provavelmente jamais se decidam ao concurso fraterno.

Relacionas talentos múltiplos, a fim de cumprires abençoada missão de amor puro entre os homens; todavia, esperas em família pelo companheiro ideal.

Se acordaste para a cooperação com Jesus, recorda a afirmativa de Paulo: "Aprendi a contentar-me com o que tenho".

Quando o Apóstolo escreveu essa confissão, estava preso em Roma.

Em torno dele, o ambiente doloroso do cárcere. Guardiães desalmados, companheiros infelizes, pragas e palavrões. Nem sempre pão à mesa, nem sempre água pura, nem sempre consolação, nem sempre voz amiga...

No entanto, ao invés de desanimar, o pioneiro do Evangelho cede vida e força, serenidade e bom ânimo de si próprio.

Se aspiras a servir aos outros, servindo a ti mesmo, no Reino do Espírito, não percas tempo na expectativa inútil, pois todo aquele que sente, e age com o Cristo, vive satisfeito e procura melhorar-se, melhorando a vida com aquilo que tem.

(*Reformador*, dez. 1960, p. 266)

Sei viver modestamente, e sei também como haver-me na abundância.

Filipenses
4:12

Êxitos e insucessos

Em cada comunidade social, existem numerosas pessoas demasiadamente preocupadas quanto aos sucessos particularistas, afirmando-se ansiosas pelo ensejo de evidência. São justamente as que menos se fixam nas posições de destaque, quando convidadas aos postos mais altos do mundo, estragando, desastradamente, as oportunidades de elevação que a vida lhes confere.

Quase sempre, os que aprenderam a suportar a pobreza é que sabem administrar, com mais propriedade, os recursos materiais.

Por esta razão, um tesouro amontoado para quem não trabalhou em sua posse é, muitas vezes, causa de crime, separatismo e perturbação.

Pais trabalhadores e honestos formarão nos filhos a mentalidade do esforço próprio e da cooperação afetiva, ao passo que os progenitores egoístas e descuidados favorecerão nos descendentes a inutilidade e a preguiça.

Paulo de Tarso, na lição à igreja de Filipos, refere-se ao precioso imperativo do caminho no que se reporta ao equilíbrio, demonstrando a necessidade do discípulo quanto à valorização da pobreza e da fortuna, da escassez e da abundância.

O êxito e o insucesso são duas taças guardando elementos diversos que, contudo, se adaptam às mesmas finalidades sublimes. A ignorância humana, entretanto, encontra no primeiro o licor da embriaguez e no segundo identifica o fel para a desesperação. Nisto reside o erro profundo, porque o sábio extrairá da alegria e da dor, da fartura ou da escassez, o conteúdo divino.

(*Pão nosso*. FEB Editora. Cap. 56)

Tudo posso naquele que me fortalece.

Filipenses
4:13

O "mas" e os discípulos

O discípulo aplicado assevera:

— De mim mesmo, nada possuo de bom, mas Jesus me suprirá de recursos, segundo as minhas necessidades.

— Não disponho de perfeito conhecimento do caminho, mas Jesus me conduzirá.

O aprendiz preguiçoso declara:

— Não descreio da bondade de Jesus, mas não tenho forças para o trabalho cristão.

— Sei que o caminho permanece em Jesus, mas o mundo não me permite segui-lo.

O primeiro galga a montanha da decisão. Identifica as próprias fraquezas; entretanto, confia no Divino Amigo e delibera viver-lhe as lições.

O segundo estima o descanso no vale fundo da experiência inferior. Reconhece as graças que o Mestre lhe conferiu; todavia, prefere furtar-se a elas.

O primeiro fixou a mente na luz divina e segue adiante. O segundo parou o pensamento nas próprias limitações.

O "mas" é a conjunção que, nos processos verbalistas, habitualmente nos define a posição íntima perante o Evangelho. Colocada à frente do santo Nome, exprime-nos a firmeza e a confiança, a fé e o valor; contudo, localizada depois dele, situa-nos a indecisão e a ociosidade, a impermeabilidade e a indiferença.

Três letras apenas denunciam-nos o rumo.

— Assim recomendam meus princípios, *mas* Jesus pede outra coisa.

— Assim aconselha Jesus, *mas* não posso fazê-lo.

Por meio de uma palavra pequena e simples, fazemos a profissão de fé ou a confissão de ineficiência.

Lembremo-nos de que Paulo de Tarso, não obstante apedrejado e perseguido, conseguiu afirmar, vitorioso, aos filipenses: "Tudo posso naquele que me fortalece".

(*Pão nosso*. FEB Editora. Cap. 79)

O meu Deus proverá magnificamente todas as vossas necessidades, segundo a sua riqueza, em Cristo Jesus.

Filipenses
4:19

Estímulo fraternal

Não te julgues sozinho na luta purificadora, porque o Senhor suprirá todas as nossas necessidades.

Ergue teus olhos para o Alto e, de quando em quando, contempla a retaguarda.

Se te encontras em posição de servir, ajuda e segue.

Recorda o irmão que se demora sem recursos, no leito da indigência.

Pensa no companheiro que ouve o soluço dos filhinhos, sem possibilidades de enxugar-lhes o pranto.

Detém-te para ver o enfermo que as circunstâncias enxotaram do lar.

Para um momento, endereçando um olhar de simpatia à criancinha sem-teto. Medita na angústia dos desequilibrados mentais, confundidos no eclipse da razão.

Reflete nos aleijados que se algemam na imobilidade dolorosa.

Pensa nos corações maternos, torturados pela escassez de pão e harmonia no santuário doméstico.

Interrompe, de vez em quando, o passo apressado, a fim de auxiliares o cego que tateia nas sombras.

É possível, então, que a tua própria dor desapareça aos teus olhos.

Se tens braços para ajudar e cabeça habilitada a refletir no bem dos semelhantes, és realmente superior a um rei que possuísse um mundo de moedas preciosas, sem coragem de amparar a ninguém.

Quando conseguires superar as tuas aflições para criares a alegria dos outros, a felicidade alheia te buscará, onde estiveres, a fim de improvisar a tua ventura.

Que a enfermidade e a tristeza nunca te impeçam a jornada.

É preferível que a morte nos surpreenda em serviço, a esperarmos por ela numa poltrona de luxo.

Acende, meu irmão, nova chama de estímulo, no centro da tua alma, e segue além... Sê o anjo da fraternidade para os que te seguem dominados de aflição, ignorância e padecimento.

Quando plantares a alegria de viver nos corações que te cercam, em breve as flores e os frutos de tua sementeira te enriquecerão o caminho.

(*Fonte viva*. FEB Editora. Cap. 73)

A riqueza real

Cada criatura transporta em si mesma os valores que amealha na vida.

Os sábios, por onde transitam, conduzem no espírito os tesouros do conhecimento.

Os bons, onde estiverem, guardam na própria alma a riqueza da alegria.

Os homens de boa vontade carreiam consigo os talentos da simpatia.

As pessoas sinceras ocultam na própria personalidade a beleza espiritual.

Os filhos da boa-fé cultivam as flores da esperança.

Os companheiros da coragem irradiam de si mesmos a energia do bom ânimo.

As almas resignadas e valorosas se enriquecem com os dons da experiência.

Os obreiros da caridade são intérpretes da Vida Superior.

A riqueza real é atributo da alma eterna e permanece incorrutível naquele que a conquistou.

Por isso mesmo reconhecemos que o ouro, a fama, o poder e a autoridade entre os homens são meras expressões de destaque efêmero, valendo por instrumentos de serviço da alma, no estágio das reencarnações.

Desassisado será sempre aquele que indisciplinadamente disputa as aflições da posse material, olvidando que há mil caminhos sem sombras para buscarmos, com o próprio coração e com as próprias mãos, a felicidade imperecível.

A responsabilidade deve ser recebida, não provocada.

Muitos ricos da fortuna aparente da Terra funcionaram na posição de verdugos do Cristo, sentenciado à morte entre malfeitores, entretanto, o Divino Mestre, com as simples e duras traves da Cruz, produziu, usando o amor e a humildade, o tesouro crescente da vida espiritual para os povos do mundo inteiro.

(*Ceifa de luz*. FEB Editora. Cap. 11)

E ao nosso Deus e Pai seja a glória pelos séculos dos séculos! Amém.

Filipenses
4:20

Glorifiquemos

Quando o vaso se retirou da cerâmica, dizia sem palavras:
— Bendito seja o fogo que me proporcionou a solidez.
Quando o arado se ausentou da forja, afirmava em silêncio:
— Bendito seja o malho que me deu forma.
Quando a madeira aprimorada passou a brilhar no palácio, exclamava sem voz:
— Bendita seja a lâmina que me cortou cruelmente, preparando-me a beleza.
Quando a seda luziu, formosa, no templo, asseverava no íntimo:
— Bendita seja a feia lagarta que me deu vida.
Quando a flor se entreabriu, veludosa e sublime, agradeceu apressada:
— Bendita a terra escura que me encheu de perfume.
Quando o enfermo recuperou a saúde, gritou feliz:
— Bendita seja a dor que me trouxe a lição do equilíbrio.
Tudo é belo, tudo é grande, tudo é santo na casa de Deus.
Agradeçamos a tempestade que renova, a luta que aperfeiçoa, o sofrimento que ilumina.
A alvorada é maravilha do céu que vem após a noite na Terra.
Que em todas as nossas dificuldades e sombras seja nosso Pai glorificado para sempre.

(*Fonte viva*. FEB Editora. Cap. 11)

Todos os santos vos saúdam, especialmente os da casa do Imperador.

Filipenses
4:22

Nas casas de César

Muito comum ouvirmos observações descabidas de determinados irmãos na crença, relativamente aos companheiros chamados a tarefas mais difíceis, entre as possibilidades do dinheiro ou do poder.

A piedade falsa está sempre disposta a criticar o amigo que, aceitando laborioso encargo público, vai encontrar nele muito mais aborrecimentos que notas de harmonia. A análise desvirtuada tudo repara maliciosamente. Se o irmão é compelido a participar de grandes representações sociais, costuma-se estigmatizá-lo como traidor do Cristo.

É necessário despender muita vigilância nesses julgamentos.

Nos tempos apostólicos, os cristãos de vida pura eram chamados "santos". Paulo de Tarso, humilhado e perseguido em Roma, teve ocasião de conhecer numerosas almas nessas condições, e o que é mais de admirar – conviveu com diversos discípulos de semelhante posição, relacionados com a habitação palaciana de César. Deles recebeu atenções e favores, assistência e carinho.

Escrevendo aos filipenses, faz menção especial desses amigos do Cristo.

Não julgues, pois, a teu irmão pela sua fortuna aparente ou pelos seus privilégios políticos. Antes de tudo, lembra-te de que havia santos na casa de Nero e nunca olvides tão grandiosa lição.

(*Caminho, verdade e vida*. FEB Editora. Cap. 75)

Introdução à *Carta aos colossenses*

A carta de Paulo à comunidade de Colossos é conhecida desde a Antiguidade. Inácio possivelmente cita esta carta; Justino, Irineu e Clemente de Alexandria também conhecem e citam *Colossenses*. Tanto o cânon de Muratori quanto o de Marcião consideram este texto como de Paulo. Alia-se a isso a peculiar maneira com que o autor se expressa no final da carta: "A saudação eu, Paulo, a faço de meu próprio punho" (*Colossenses,* 4:18); e teremos um quadro que permaneceu durante muito tempo inquestionável em relação à autoria.

Estrutura e temas

Capítulos – 4 Versículos – 95 Remetentes: Paulo e Timóteo	
Conteúdo/tema	**Versículos**
Saudação, destinatários	1:1 – 1:8
Orações de Paulo pela comunidade em Colossos	1:9 – 1:14

Capítulos – 4	
Versículos – 95	
Remetentes: Paulo e Timóteo	

Conteúdo/tema	Versículos
A importância de Jesus	1:15 – 1:23
O trabalho de Paulo	1:24 – 2:7
Advertências	2:8 – 2:23
A união com Cristo	3:1 – 3:4
A morte da natureza terrena	3:5 – 3:11
As virtudes que devem ser cultivadas	3:12 – 3:17
Os deveres no seio da família	3:18 – 3:25
Os deveres dos que possuem autoridade	4:1 – 4:1
Importância da oração	4:2 – 4:6
Tíquico e Onésimo darão notícias pormenorizadas	4:7 – 4:9
Saudações finais	4:10 – 4:18

Comunidade/Destinatário

A cidade de Colossos está localizada na Ásia Menor, na região da Frígia, a aproximadamente 170 km de Éfeso e às margens do rio Licos. Sob o Império Romano, perdeu importância para a cidade de Laodiceia, que ficava a apenas 15 km de distância.

A comunidade parece ter sido fundada por Epafras e não por Paulo (*Colossenses*, 1:7) e aparentemente passava por problemas trazidos pelo que ele denomina "vãs e enganosas especulações da filosofia" trazidas segunda a tradição dos homens e não segundo Cristo (*Colossenses*, 2:6 a 8).

Autoria e origem

Apesar das antigas referências, estudiosos, a partir do século XIX, colocam em dúvida a autenticidade dessa carta, baseados, normalmente, em dois argumentos principais. O primeiro, de natureza literária: *Colossenses* contém 34 *hapax legomenon*;[127] dessas, 20 não são utilizadas em nenhuma das outras cartas de Paulo. A esse fato, juntam-se utilizações de algumas frases mais

---

[127] *Hapax legomenon* são palavras que ocorrem uma única vez no Novo Testamento e representam, por isso, um desafio adicional aos tradutores e exegetas do texto.

longas, ausência de termos que são comuns em outras cartas, uso frequente de genitivos dependentes, etc. O segundo, de natureza teológica: a forma com que Cristo é apresentado, o papel quase secundário da escatologia, as referências ao batismo constituiriam, na visão de vários estudiosos, indícios que suportariam a tese de que *Colossenses* não teria sido escrita por Paulo, mas por uma comunidade de seguidores do apóstolo, interessada em corrigir problemas específicos que surgiram dentro da comunidade.

Do ponto de vista do estilo, de fato, *Colossenses* apresenta características peculiares. Contudo, o problema surge quase sempre por uma questão de enfatizar essas diferenças, visto que muitos aspectos do estilo estão presentes também nas cartas consideradas autênticas, ainda que ocorram menos frequentemente. Além disso, há que considerar que estamos diante de um texto que se enquadra no gênero de correspondência e que não necessita atender aos rigores técnicos de um tratado ou de uma exposição dogmática, podendo valer-se da linguagem da forma com que melhor lhe convenha. Do ponto de vista da teologia, é muito natural que determinados aspectos percam ou ganhem relevância de acordo com os contextos de origem ou destino da carta. A forma com que Jesus é apresentado pode parecer, à primeira vista, bastante diversa da maioria das referências feitas nas outras cartas, embora *I Coríntios*, 8:6 também faça referência ao papel do Cristo na criação. Entretanto, essa diferença é muito mais aparente à mentalidade moderna do que a da época de Paulo. Para alguém que vive no século atual, as diferenças entre mundo e Universo são, evidentemente, muito maiores do que para alguém que vivia no século I d.C.

Dessa forma, tanto as datas em que se considera que *Colossenses* foi escrita quanto o local variam de 62 d.C. até 80 d.C., de acordo com a aceitação ou não de ser ela uma carta autêntica de Paulo.

Conteúdo e temática

A carta é marcada por uma perspectiva importante em relação a uma nova vida com Jesus. Nela, o homem velho cede lugar ao homem novo, que passa a agir em todos os âmbitos de sua existência de uma maneira diferente. Os vícios devem ser abandonados e as virtudes cultivadas. Essa transformação aplica-se a todas as dimensões da existência, desde os deveres familiares até os com os servos e senhores.

Perspectiva espírita

De acordo com Emmanuel, a comunidade de Colosso pediu a presença do Apóstolo dos Gentios quando este estava em Jerusalém e em um comentário ao versículo 3:15 dessa epístola, o autor espiritual refere-se à carta como sendo uma "instrução aos irmãos de Colosso", de forma que deixa explícita a sua posição de autenticidade.

A *Carta aos colossenses*, pela sua temática e referências pessoais, deixa a mensagem de que a obra de transformação do ser humano não se dá de maneira isolada. É no convívio e nos contextos em que estamos inseridos que expressamos a afinidade de nosso íntimo com a proposta do Evangelho. Nesse propósito, muitas mãos e corações se unem sustentando-se e amparando-se no trabalho de abandonar o homem velho e fazer surgir o homem novo, tendo Jesus como artífice principal desse projeto.

COMENTÁRIOS À
Carta aos colossenses

*Portanto, assim como recebestes Cristo
Jesus o Senhor, assim nele andai.*

Colossenses
2:6

Aprendamos quanto antes

Entre os que se referem a Jesus Cristo podemos identificar duas grandes correntes diversas entre si: a dos que o conhecem por informações e a dos que lhe receberam os benefícios. Os primeiros recolheram notícias do Mestre nos livros ou nas alheias exortações, entretanto caminham para a situação dos segundos, que já lhe receberam as bênçãos. A estes últimos, com mais propriedade, dever-se-á falar do Evangelho.

Como encontramos o Senhor na passagem pelo mundo? Às vezes, sua divina presença se manifesta numa solução difícil de problema humano, no restabelecimento da saúde do corpo, no retorno de um ente amado, na espontânea renovação da estrada comum para que nova luz se faça no raciocínio.

Há muita gente informada com respeito a Jesus e inúmeras pessoas que já lhe absorveram a salvadora caridade.

É indispensável, contudo, que os beneficiários do Cristo, tanto quanto experimentam alegria na dádiva, sintam igual prazer no trabalho e no testemunho de fé.

Não bastará fartarmo-nos de bênçãos. É necessário colaborarmos, por nossa vez, no serviço do Evangelho, atendendo-lhe o programa santificador.

Muitas recapitulações fastidiosas e muita atividade inútil podem ser peculiares aos espíritos meramente informados; todavia, nós, que já recebemos infinitamente da Misericórdia do Senhor, aprendamos, quanto antes, a adaptação pessoal aos seus sublimes desígnios.

(*Pão nosso*. FEB Editora. Cap. 73)

Tomai cuidado para que ninguém vos escravize por vãs e enganosas especulações da "filosofia", segundo a tradição dos homens, segundo os elementos do mundo, e não segundo Cristo.

Colossenses
2:8

Em honra da liberdade[128]

Se alcançaste um raio de luz do Evangelho, avança na direção do Cristo, o Divino Libertador.

Não julgues seja fácil semelhante viagem do espírito.

Encontrarás, em caminho, variados apelos à indisciplina e à estagnação.

Serás surpreendido a cada passo pelos sofistas da Religião, pelos falsários da Filosofia, pelos paranoicos da Ciência e pelos dilapidadores da História, empavesados nas engenhosas criações mentais em que encarceram a própria vida, buscando atrelar-te o pensamento ao carro da argumentação falaciosa a que se acolchetam, famintos de louvor e de vassalagem.

Mutilando a revelação divina, desfigurando preceitos da verdade, abusando da inteligência ou fantasiando episódios furtados ao registro fiel do tempo, armam ciladas ou levantam castelos teóricos, em que a sugestão menos digna te inclina a existência à rebelião e ao pessimismo, à viciação e à inutilidade.

Atendendo, quase sempre, a interesses escusos, lisonjeiam-te a insipiência, incensando-te o nome, quando não se desmandam na vaidade, aliciando-te a decisão para que lhes engrosses o séquito de loucura.

Acompanhando-os, porém, não te farás senão presa deles, fâmulo desditoso das ideias desequilibradas que emitem, no temerário propósito de se anteporem ao próprio Deus.

Querem escravos para os sistemas falaciosos que mentalizam, quando Jesus deseja te faças livre para a conquista da própria felicidade.

Acautela-te no trato com todos os que tudo te pedem, no campo da independência espiritual, limitando-te a capacidade de sentir e pensar, empreender e construir, porquanto, em nos fazendo tributários da falsa glória em que se encasulam, relegam-nos a existência a planos de subnível, quando o Cristo de Deus, tudo nos dando em amor e sabedoria, nos ampliou a emoção e o conhecimento, a iniciativa e o trabalho, convertendo-nos em filhos emancipados da Criação, para que tenhamos não apenas a vida, mas a Vida Santificada e Abundante.

(*Reformador*, ago. 1959, p. 170)

---

[128] Texto publicado em *Palavras de vida eterna*. Ed. Comunhão Espírita Cristã. Cap. 58, com pequenas alterações.

Pensai nas coisas do Alto, e não nas da Terra.

Colossenses
3:2

Guardemos saúde mental

O Cristianismo primitivo não desconhecia a necessidade da mente sã e iluminada de aspirações superiores, na vida daqueles que abraçam no Evangelho a renovação substancial.

O trabalho de notáveis pensadores de hoje encontra raízes mais longe.

Sabem agora, os que lidam com os fenômenos mediúnicos, que a morte da carne não impõe as delícias celestiais.

O homem encontra-se, além do túmulo, com as virtudes e defeitos, ideais e vícios a que se consagrava no corpo.

O criminoso imanta-se ao círculo dos próprios delitos, quando se não algema aos parceiros na falta cometida.

O avarento está preso aos bens supérfluos que abusivamente amontoou.

O vaidoso permanece ligado aos títulos transitórios.

O alcoólatra ronda as possibilidades de satisfazer a sede que lhe domina os centros de força.

Quem se apaixona pelas organizações caprichosas do "eu" gasta longos dias para desfazer as teias de ilusão em que se lhe segrega a personalidade.

O programa antecede o serviço.

O projeto traça a realização.

O pensamento é energia irradiante. Espraiemo-lo na Terra e prender-nos-emos, naturalmente, ao chão. Elevemo-lo para o Alto e conquistaremos a espiritualidade sublime.

Nosso espírito residirá onde projetarmos nossos pensamentos, alicerces vivos do bem e do mal. Por isso mesmo, dizia Paulo, sabiamente: "Pensai nas coisas que são de cima".

(*Pão nosso*. FEB Editora. Cap. 177)

Mas agora abandonai tudo isto: ira, exaltação, maldade, blasfêmia, conversa indecente.

Colossenses
3:8

Não é só

Na atividade religiosa, muita gente crê na reforma da personalidade, desde que o discípulo da fé se desligue de certos bens materiais.

Um homem que distribua grande quantidade de rouparia e alimento entre os necessitados é tido à conta de renovado no Senhor; contudo, isto constitui modalidade da verdadeira transformação, sem representar o conjunto das características que lhe dizem respeito.

Há criaturas que se despojam de dinheiro em favor da beneficência, mas não cedem no terreno da opinião pessoal, no esforço sublime de renunciação.

Enormes fileiras de aprendizes proclamam-se dispostas à prática do bem; no entanto, exigem que os serviços de benemerência se executem conforme os seus caprichos e não segundo Jesus.

Em toda parte, ouvem-se fervorosas promessas de fidelidade ao Cristo; todavia, ninguém conseguirá semelhante realização sem observar o conjunto das obrigações necessárias.

Pequeno erro de cálculo pode trair o equilíbrio de um edifício inteiro. Eis por que despojando-se alguém de algum patrimônio material, em benefício dos outros, não se esqueça também de desintegrar, em derredor dos próprios passos, os velhos envoltórios do rancor, do capricho doentio, do julgamento apressado ou da leviandade criminosa, dentro dos quais afivelamos pesada máscara ao rosto, de modo a parecer o que não somos.

(*Pão nosso*. FEB Editora. Cap. 147)

Portanto, como eleitos de Deus, santos e amados, revesti-vos de sentimentos de compaixão, de bondade, humildade, mansidão, longanimidade.

Colossenses
3:12

Na intimidade do ser

Indubitavelmente, não basta apreciar os sentimentos sublimes que o Cristianismo inspira.

É indispensável revestirmo-nos deles.

O Apóstolo não se refere a raciocínios.

Fala de profundidades.

O problema não é de pura cerebração.

É de intimidade do ser.

Alguém que possua roteiro certo do caminho a seguir, entre multidões que o desconhecem, é naturalmente eleito para administrar a orientação.

Detendo tão copiosa bagagem de conhecimentos, acerca da eternidade, o cristão legítimo é pessoa indicada a proteger os interesses espirituais de seus irmãos na jornada evolutiva; no entanto, é preciso encarecer o testemunho, que não se limita à fraseologia brilhante.

Imprescindível é que estejamos revestidos de "entranhas de misericórdia" para enfrentarmos, com êxito, os perigos crescentes do caminho.

O mal, para ceder terreno, compreende apenas a linguagem do verdadeiro bem; o orgulho, a fim de renunciar aos seus propósitos infelizes, não entende senão a humildade. Sem espírito fraternal, é impossível quebrar o escuro estilete do egoísmo. É necessário dilatar sempre as reservas de sentimento superior, de modo a avançarmos, vitoriosamente, na senda da ascensão.

Os espiritistas sinceros encontrarão luminoso estímulo nas palavras de Paulo. Alguns companheiros por certo observarão em nossa lembrança mero problema de fé religiosa, segundo o seu modo de entender; todavia, entre fazer psiquismo por alguns dias e solucionar questões para a vida eterna, há sempre considerável diferença.

(*Vinha de luz*. FEB Editora. Cap. 89)

Suportando-vos uns aos outros, e perdoando-vos mutuamente, se alguém tem motivo de queixa contra o outro; como o Senhor vos perdoou, assim também fazei vós.

Colossenses
3:13

Na seara do auxílio[129]

Desnecessário salientar o brilho do cérebro na cúpula da Humanidade.

As nações vanguardeiras do progresso material efetuam prodígios nos setores de pesquisa e definição do plano terrestre.

A universidade é um celeiro de luz para a inteligência.

O laboratório é uma nascente de respostas seguras para milenárias indagações.

Entretanto, na esfera do espírito, sobram discórdias e desesperos, desgosto e desilusão...

Todos nos referimos, inquietos, às calamidades da guerra, à proliferação do vício, aos estragos do ódio ou às deturpações da cultura, conscientes dos prejuízos e desastres que nos impõem ao caminho comum.

Assinalamos, aqui e além, lutas ideológicas, conflitos raciais, insânia e egoísmo...

Que fazemos nós, na condição de aprendizes do Cristo, para o reequilíbrio do mundo?

Achamo-nos convencidos de que a violência não extingue a violência. Além disso, não ignoramos que Jesus nos chamou, a fim de compreendermos e auxiliarmos, construirmos e reconstruirmos para o bem de todos.

Pensemos nisso.

Não alegues isolamento ou pequenez para desistir do esforço edificante que nos compete.

Uma fonte humilde garante o oásis na terra seca, e apenas uma lâmpada acesa vence a força das trevas.

A harmonia do todo vem da fidelidade e do serviço de cada um.

Trabalhemos unidos pela edificação da Terra Melhor.

Comecemos ou recomecemos a nossa tarefa, baseando a própria ação no aviso de Paulo: suportando-nos uns aos outros e perdoando-nos mutuamente.

(*Entre irmãos de outras terras*. FEB Editora. Cap. 28)

---

[129] Texto publicado em *Segue-me!*... Ed. O Clarim. Cap. "Na seara do auxílio", com pequenas alterações.

Aprendamos com Jesus

É impossível qualquer ação de conjunto, sem base na tolerância.

Aprendamos com o Cristo.

O Homem identifica no próprio corpo a Lei da Cooperação, sem a qual não permaneceria na Terra.

Se o estômago não suportasse as extravagâncias da boca, se as mãos não obedecessem aos impulsos da mente, se os pés não tolerassem o peso da máquina orgânica, a harmonia física resultaria de todo impraticável.

A queixa desfigura a dignidade do trabalho, retardando-lhe a execução.

Indispensável cultivar a renúncia aos pequenos desejos que nos são peculiares, a fim de conquistarmos a capacidade de sacrifício, que nos estruturará a sublimação em mais altos níveis.

Para que o trabalho nos eleve, precisamos elevá-lo.

Para que a tarefa nos ajude, é imprescindível nos disponhamos a ajudá-la.

Recordemos que o supremo Orientador das equipes de serviço cristão é sempre Jesus. Dentro delas, a nossa oportunidade de algo fazer constitui só por si valioso prêmio.

Esqueçamo-nos, assim, de todo o mal, para construirmos todo o bem ao nosso alcance.

E, para que possamos agir nessas normas, é imperioso suportar-nos como irmãos, aprendendo com o Senhor, que nos tem tolerado infinitamente.

(*Fonte viva*. FEB Editora. Cap. 163)

Mas sobre tudo isso, revesti-vos da caridade, que é o vínculo da perfeição.

Colossenses
3:14

Com amor

Todo discípulo do Evangelho precisará coragem para atacar os serviços da redenção de si mesmo.

Nenhum dispensará as armaduras da fé, a fim de marchar com desassombro sob tempestades.

O caminho de resgate e elevação permanece cheio de espinhos.

O trabalho constituir-se-á de lutas, de sofrimentos, de sacrifícios, de suor, de testemunhos.

Toda a preparação é necessária, no capítulo da resistência; entretanto, sobre tudo isto é indispensável revestir-se nossa alma de caridade, que é amor sublime.

A nobreza de caráter, a confiança, a benevolência, a fé, a ciência, a penetração, os dons e as possibilidades são fios preciosos, mas o amor é o tear divino que os entrelaçará, tecendo a túnica da perfeição espiritual.

A disciplina e a educação, a escola e a cultura, o esforço e a obra, são flores e frutos na árvore da vida, todavia, o amor é a raiz eterna.

Mas como amaremos no serviço diário?

Renovemo-nos no espírito do Senhor e compreendamos os nossos semelhantes.

Auxiliemos em silêncio, entendendo a situação de cada um, temperando a bondade com a energia, e a fraternidade com a justiça.

Ouçamos a sugestão do amor, a cada passo, na senda evolutiva.

Quem ama, compreende; e quem compreende, trabalha pelo mundo melhor.

(*Vinha de luz*. FEB Editora. Cap. 5)

E reine nos vossos corações a paz de Cristo, à qual fostes chamados em um só corpo. E sede agradecidos.

Colossenses
3:15

Doentes em casa

Se abordasses agora o Plano Espiritual, para lá da morte física, e aí encontrasses criaturas queridas em dificuldade, que farias?

Aqui, talvez surpreendesses um coração paterno em frustração, mais além abraçarias um companheiro ou um associado, um filho ou um irmão, carregando o resultado infeliz de certas ações vividas na Terra...

Que comportamento adotarias se as Leis Divinas te outorgassem livre passaporte para as Esferas superiores, facultando-te, porém, a possibilidade de permanecer com os seres inesquecíveis, em tarefas de amor?

Decerto, estarias a decidir-te pela opção insopitável. Não desejarias compartilhar os Céus com a dor de haver abandonado corações inolvidáveis à sombra transitória a que se empenharam com os próprios erros.

Reconhecê-los-ias por doentes reclamando proteção. Demorar-te-ias junto deles, na prestação do auxílio necessário.

Referimo-nos à imagem para considerar que os parentes enfermos ou difíceis são criaturas, às quais, antes do berço em que te refizeste no plano físico, prometeste amparo e dedicação.

Nascem no grupo familiar, realmente convidados por ti mesmo ao teu convívio, para que possas assisti-los no devido refazimento.

Entendemos no assunto que existem casos para os quais a segregação hospitalar demorada e distante é a medida que não se pode evitar, mas se tens contigo alguém a quem ames, a erguer-se por teste permanente de compreensão e paciência, no instituto doméstico, não afastes esse alguém do clima afetivo em que te encontres, sob o pretexto de asserenar a família ou beneficiá-la.

Guarda em tua própria casa, tanto quanto puderes, os parentes portadores de provações e não lhes decretes o exílio, ainda mesmo a preço de ouro. Apoia-os, qual se mostrem, com as necessidades e lutas que lhes marcam a existência, na certeza de que todos eles são tesouros de Deus, em tarefas sob a tua responsabilidade, ante a assistência e a supervisão dos Mensageiros de Deus.

(*Ceifa de luz*. FEB Editora. Cap. 10)

Paz indestrutível

Na Terra, muitas vezes, terás o coração cercado:
De adversários gratuitos;
De críticas indébitas;
De acusações sem sentido;
De pensamentos contraditórios;
De pedras da incompreensão;
De espinhos do sarcasmo;
De ataques e desentendimentos;
De complicações que não fizeste;
De tentações e problemas;
De processos obsessivos;

Entretanto, guarda a serenidade e prossegue agindo na extensão do bem, porque, resguardando a consciência tranquila, terás nos recessos da própria alma a paz de Cristo que ninguém destruirá.

(*Ceifa de luz*. FEB Editora. Cap. 61)

Agradecer

É curioso verificar que a multidão dos aprendizes está sempre interessada em receber graças; entretanto, é raro encontrar alguém com a disposição de ministrá-las.

Os recursos espirituais, todavia, em sua movimentação comum, deveriam obedecer ao mesmo sistema aplicado às providências de ordem material.

No capítulo de bênçãos da alma, não se deve receber e gastar insensatamente, mas recorrer ao critério da prudência e da retidão, para que as possibilidades não sejam absorvidas pela desordem e pela injustiça.

É por isso que, em suas instruções aos cristãos de Colossos, recomenda o Apóstolo que sejamos agradecidos.

Entre os discípulos sinceros, não se justifica o velho hábito de manifestar reconhecimento em frases bombásticas e laudatórias. Na comunidade dos trabalhadores fiéis a Jesus, agradecer significa aplicar proveitosamente as dádivas recebidas, tanto ao próximo, quanto a si mesmo.

Para os pais amorosos, o melhor agradecimento dos filhos consiste na elevada compreensão do trabalho e da vida, de que oferecem testemunho.

Manifestando gratidão ao Cristo, os apóstolos lhe foram leais até ao último sacrifício; Paulo de Tarso recebe o apelo do Mestre e, em sinal de alegria e de amor, serve à Causa divina, por meio de sofrimentos inomináveis, por mais de trinta anos sucessivos.

Agradecer não será tão somente problema de palavras brilhantes; é sentir a grandeza dos gestos, a luz dos benefícios, a generosidade da confiança e corresponder, espontaneamente, estendendo aos outros os tesouros da vida.

(*Pão nosso*. FEB Editora. Cap. 163)

A Palavra de Cristo habite em vós ricamente [...].

Colossenses
3:16

Ricamente

Dizes confiar no poder do Cristo, mas, se o dia aparece em cores contrárias à tua expectativa, demonstras deplorável indigência de fé na inconformação.

Afirmas cultivar o amor que o Mestre nos legou, entretanto, se o companheiro exterioriza pontos de vista diferentes dos teus, mostras enorme pobreza de compreensão, confiando-te ao desagrado e à censura.

Declaras aceitar o Evangelho em sua simplicidade e pureza, contudo, se o Senhor te pede algum sacrifício perfeitamente compatível com as tuas possibilidades, exibes incontestável carência de cooperação, lançando reptos e solicitando reparações.

Asseveras procurar a Vontade do celeste Benfeitor, no entanto, se os teus caprichos não se encontram satisfeitos, mostras lastimável miséria de paciência e esperança, arrojando teus melhores pensamentos ao lamaçal do desencanto.

Acenderemos, porém, a luz, permanecendo nas trevas?

Daremos testemunho de obediência, exaltando a revolta?

Ensinaremos a serenidade, inclinando-nos à desesperação?

Proclamaremos a glória do amor, cultivando o ódio?

A palavra do Cristo não nos convida a marchar na fraqueza ou na lamentação, como se fôssemos tutelados da ignorância.

Segundo a conceituação iluminada de Paulo, a Boa-Nova deve irradiar-se de nossa vida, habitando a nossa alma, ricamente.

(*Fonte viva*. FEB Editora. Cap. 125)

Palavra e construção[130]

Comumente nos referimos à penúria, qual se estivéssemos à frente de um monstro, instalado em definitivo, junto de nós, esquecidos de que o trabalho é infalível extintor da miséria...

Mencionamos conflitos como quem tateia chagas irreversíveis, sem ponderar que o amor opera a extirpação de todo quisto de ódio...

---

[130] Texto publicado em *Bênção de paz*. Ed. GEEM. Cap. 4, com pequenas alterações.

Comentamos provações, dando a ideia de que se erigem à condição de flagelos permanentes, distanciados do otimismo que funciona por dissolvente da sombra...

Reportamo-nos a enfermidades com tamanho luxo de minudências, como se fossem males eternos, injuriando os princípios de saúde, capazes de restituir-nos a euforia...

Destacamos a parte menos feliz dos semelhantes, com tanto empenho, que fornecemos a impressão de rentear com seres irremissivelmente condenados às trevas, ausentando-nos do bem, à luz do qual todos nos redimiremos, um dia...

Conversemos, segundo a fraternidade e o bom ânimo que o Cristo nos ensinou a cultivar.

Imperfeições, desastres, doenças, desequilíbrios e infortúnios assemelham-se a meros borrões em nossos cadernos de experiência educativa, no aprendizado da existência transitória, a fim de senhorearmos os nossos títulos de herdeiros de Deus na vida eterna. Claro que apagaremos tais desdouros com a lixívia do nosso próprio sofrimento, mas não adianta ampliá-los através da exaltação emotiva ou do comentário inconveniente.

Embaixo, a Terra parece uma estância obscura, mas o Sol brilha acima...

Recordemos a exortação de Paulo: "A palavra do Cristo habite em vós ricamente".

(*Reformador*, jan. 1965, p. 2)

E tudo o que fizerdes de palavra ou ação, fazei-o em nome do Senhor Jesus, por ele dando graças a Deus, o Pai.

Colossenses
3:17

Na palavra e na ação[131]

Dizes-te cristão, declaras-te seguidor de Jesus, afirmas-te cultor do Evangelho...

Isso quer dizer que o nome do Senhor se encontra empenhado em tuas mãos.

Se buscamos o Cristo, decerto é necessário refleti-lo.

É imprescindível, assim, saibamos agir como se lhe fôssemos representantes fiéis, no caminho em que estagiamos.

Lembra-te de semelhante obrigação e, cumprindo-a, libertar-te-ás com facilidade das sombras que te atormentam a marcha.

Assevera-nos o Apóstolo: "e tudo o que fizerdes, seja em palavra, seja em ação, fazei-o em nome do Senhor Jesus, dando por ele graças a Deus Pai".

Efetivamente, a língua e os atos representam a força de exteriorização dos nossos sentimentos e pensamentos.

O coração inspira o cérebro. O cérebro dirige a existência.

A emoção cria a ideia. A ideia plasma as ações.

É preciso, pois, sentir com Jesus para que aprendamos a raciocinar e a servir com ele.

Alguém nos sugere a extensão da maledicência, nas teias do julgamento precipitado? Há quem nos chame à contemplação das chagas e cicatrizes alheias? Surgem desavenças e mágoas em nosso campo de ação?

Usemos a palavra nos moldes do Benfeitor Sublime, ajudando para o bem de todos, entre a bondade e o perdão.

Somos tentados ao revide por ofensas inesperadas? Sofremos preterição e calúnia, apodo e perseguição? Padecemos íntimo desencanto ou desgostos e angústias no templo familiar?

Usemos a conduta do Sublime Benfeitor, ajudando para o bem de todos, entre o perdão e a bondade.

Seja onde for e com quem for, busca o lado luminoso das criaturas, mobilizando o amor puro, a fim de que estejas em verdade na companhia do Excelso Cultivador purificando a eira do mundo.

---

[131] Texto publicado em *Palavras de vida eterna*. Ed. Comunhão Espírita Cristã. Cap. 22.

Não basta declarar a nossa condição de aprendizes do Mestre dos mestres. É indispensável estejamos realmente com ele, para com ele colaborar na construção da Vida Melhor.

(*Reformador*, nov. 1957, p. 258)

Operemos em Cristo

A espera de resultados, depois de expressões e ações reconhecidamente elevadas, pode provocar enormes prejuízos em nossa romagem para a suprema Luz.

Enquanto aguardamos manifestações alheias de gratidão ou melhoria, somos suscetíveis de paralisar nossas próprias obrigações, desviando-nos para o terreno escuro da maledicência ou do julgamento precipitado.

Quanto seja possível, distribuamos o bem, entregando nossas atividades ao Cristo, divino doador dos benefícios terrestres.

É perigoso estabelecer padrões de reconhecimento para corações alheios, ainda mesmo quando sejam preciosas joias do nosso escrínio espiritual. Em nossa expectação ansiosa por enxergar a soma de nossos gestos nobres, podemos parecer egoístas, ingratos e maldizentes.

Copiemos o pomicultor sensato.

Preparemos a terra, auxiliando-a e adubando-a. Em seguida, lancemos ao solo sementes e mudas valiosas.

O serviço mais importante caberá ao Senhor da Vida. Ele cuidará das circunstâncias favoráveis no espaço e no tempo, desenvolvendo-nos a sementeira, ou anular-nos-á o serviço, por meio de processos naturais, adiando a realização de nossos desejos, em virtude de razões que desconhecemos.

O pomicultor equilibrado trabalha com títulos de sincera confiança no Céu, ignorando, de maneira absoluta, se colherá flores ou frutos de suas obras, no quadro do imediatismo humano.

Ampara-se, todavia, na Providência Divina e trabalha sempre, em benefício de todos.

Cumpramos, assim, nossa tarefa, por mais alta ou mais humilde, operando invariavelmente em nome de Jesus.

Junto dele, sejam para nós a glória de amar e o prazer de servir.

(*Vinha de luz*. FEB Editora. Cap. 108)

Em tudo o que fizerdes ponde a vossa alma, como para o Senhor e não para homens.

Colossenses 3:23

Perante Jesus

A compreensão do serviço do Cristo, entre as criaturas humanas, alcançará mais tarde a precisa amplitude, para a glorificação daquele que nos segue de perto, desde o primeiro dia, esclarecendo-nos o caminho com a divina luz.

Se cada homem culto indagasse de si mesmo quanto ao fundamento essencial de suas atividades na Terra, encontraria sempre, no santuário interior, vastos horizontes para ilações de valor infinito.

Para quem trabalhou no século?

A quem ofereceu o fruto dos labores de cada dia?

Não desejamos menoscabar a posição respeitável das pátrias, das organizações, da família e da personalidade; todavia, não podemos desconhecer-lhes a expressão de relatividade no tempo. No transcurso dos anos, as fronteiras se modificam, as leis evolucionam, o grupo doméstico se renova e o homem se eleva para destinos sempre mais altos.

Tudo o que representa esforço da criatura foi realização de si mesma, no quadro de trabalhos permanentes do Cristo. O que temos efetuado nos séculos constitui benefício ou ofensa a nós mesmos, na obra que pertence ao Senhor e não a nós outros. Legisladores e governados passam no tempo, com a bagagem que lhes é própria, e Jesus permanece a fim de ajuizar da vantagem ou desvantagem da colaboração de cada um no serviço divino da evolução e do aprimoramento.

Administração e obediência, responsabilidades de traçar e seguir são apenas subdivisões da mordomia conferida pelo Senhor aos tutelados.

O trabalho digno é a oportunidade santa. Dentro dos círculos do serviço, a atitude assumida pelo homem honrar-lhe-á ou desonrar-lhe-á a personalidade eterna, perante Jesus Cristo.

(*Pão nosso*. FEB Editora. Cap. 57)

Perseverai na oração, vigilantes, com ação de graças [...].

Colossenses
4:2

Oração

Muitos crentes estimariam movimentar a prece qual se mobiliza uma vassoura ou um martelo.

Exigem resultados imediatos, por desconhecerem qualquer esforço preparatório. Outros perseveram na oração, mantendo-se, todavia, angustiados e espantadiços. Desgastam-se e consomem valiosas energias nas aflições injustificáveis. Enxergam somente a maldade e a treva e nunca se dignam examinar o tenro broto da semente divina ou a possibilidade próxima ou remota do bem. Encarceram-se no "lado mau" e perdem, por vezes, uma existência inteira, sem qualquer propósito de se transferirem para o "lado bom".

Que probabilidade de êxito se reservará ao necessitado que formula uma solicitação em gritaria, com evidentes sintomas de desequilíbrio? O concessionário sensato, de início, adiará a solução, aguardando, prudente, que a serenidade volte ao pedinte.

A palavra de Paulo é clara nesse sentido.

É indispensável persistir na oração, velando nesse trabalho com ação de graças. E forçoso é reconhecer que louvar não é apenas pronunciar votos brilhantes. É também alegrar-se em pleno combate pela vitória do bem, agradecendo ao Senhor os motivos de sacrifício e sofrimento, buscando as vantagens que a adversidade e o trabalho nos trouxeram ao espírito.

Peçamos a Jesus o dom da paz e da alegria, mas não nos esqueçamos de glorificar-lhe os sublimes desígnios toda vez que a sua vontade misericordiosa e justa entra em choque com os nossos propósitos inferiores. E estejamos convencidos de que oração intempestiva, constituída de pensamentos desesperados e descabidas exigências, destina-se ao chão renovador qual acontece à flor improdutiva que o vento leva.

(*Pão nosso*. FEB Editora. Cap. 108)

Orando por nós também ao mesmo tempo, para que Deus nos abra uma porta à Palavra [...].

Colossenses
4:3

A porta da palavra[132]

A atualidade terrestre dispõe dos mais avançados processos de comunicação entre os homens.

Num só dia, aviões sobrevoam nações diversas.

O rádio e a televisão alteram o antigo poder do espaço.

Quantos milhões de criaturas, porém, se reconhecem profundamente isoladas dentro de si, ainda mesmo quando parte integrante da multidão?

Quantos seres humanos varam largos trechos da existência, expedindo apelos ao socorro espiritual de outros seres humanos, sem qualquer resposta que lhes asserene o campo emotivo?

O que mais singulariza o problema é que nem sempre vale a presença material de alguém para o auxílio de que outro alguém se reconhece necessitado. Quem sofre prefere solidão à companhia daqueles que lhes agravam o sofrimento.

Todos nós carecemos de alívio na hora da angústia ou de apoio em momentos difíceis, e, para isso, contamos receber daqueles que nos rodeiam a frase compreensiva e conveniente. Entanto, nesse sentido, não bastará que os nossos benfeitores nos manejem corretamente o idioma ou nos identifiquem o grau de cultura. É imperioso nos conheçam os sentimentos e problemas, os ideais e realizações.

Meditemos, pois, na importância do verbo e roguemos a Deus nos inspire, a fim de encontrarmos a porta adequada à palavra certa e sermos úteis aos outros, tanto quanto esperamos que os outros sejam úteis a nós.

(*Entre irmãos de outras terras*. FEB Editora. Cap. 14)

---

[132] Texto publicado em *Segue-me!...* Ed. O clarim. Cap. "A porta da palavra", com pequenas alterações.

A vossa palavra seja sempre agradável, temperada com sal, de modo que saibais como convém responder a cada um.

Colossenses
4:6

Responder

O ato de responder proveitosamente a inteligências heterogêneas exige qualidades superiores que o homem deve esforçar-se por adquirir.

Nem todos os argumentos podem ser endereçados, indistintamente, à coletividade dos companheiros que lutam entre si, nas tarefas evolutivas e redentoras. Necessário redarguir, com acerto, a cada um. Ao que lida no campo, não devemos retrucar mencionando espetáculos da cidade; ao que comenta dificuldades ásperas do caminho individualista, não se replicará com informações científicas de alta envergadura.

Primeiramente, é imprescindível não desagradar a quem ouve, temperando a atitude verbal com a legítima compreensão dos problemas da vida, constituindo-nos um dever contribuir para que os desviados da simplicidade e da utilidade se reajustem.

Toda resposta em assunto importante é remédio. É indispensável saber dosá-lo, com vista aos efeitos. Cada criatura tolerará, com benefício, determinada dinamização. As próprias soluções da verdade e do amor não devem ser administradas sem esse critério. Aplicada em porções inadequadas, a verdade poderá destruir, tanto quanto o amor costuma perder...

Ainda que sejas interpelado pelo maior malfeitor do mundo, deves guardar uma atitude agradável e digna para informar ou esclarecer. Saber responder é virtude do quadro da sabedoria celestial. Em favor de ti mesmo, não olvides o melhor modo de atender a cada um.

(*Pão nosso*. FEB Editora. Cap. 77)

Depois que esta carta tiver sido lida entre vós, fazei-a ler também na igreja de Laodiceia. Lede vós também a que escrevi aos de Laodiceia.

Colossenses
4:16

Cartas espirituais

O correio do céu nunca se interrompeu.

Desde que a inteligência humana se colocou em condições de receber a vibração dos planos mais altos, não cessou o Pai de enviar-lhe apelos, por meio de todos os recursos.

Em razão disso, a inspiração edificante nunca faltou às criaturas. E, na atualidade, com a intensificação do intercâmbio entre os círculos visíveis e invisíveis, à face do Espiritismo Evangélico que restaura no mundo o Cristianismo, na sua pureza essencial, as cartas espirituais são mais diretas, mais tangíveis.

Grande parte dos estudantes, contudo, seguindo a velha corrente do indiferentismo, reparando essa ou aquela página edificadora, procura avidamente os nomes daqueles a quem são dirigidas.

Se há conselhos sábios, devem ser para os outros; se surgem advertências amigas ou severos apelos, devem ser igualmente para os outros. E compacta assembleia de companheiros demonstra singular ansiedade para receber mensagens particularistas, com apontamentos individuais. Para prevenir tais extremos, recomendava Paulo que as epístolas dedicadas a determinada igreja fossem lidas e comentadas em diferentes santuários para a necessária fusão e dilatação dos conhecimentos elevados.

As cartas espirituais de hoje devem observar idêntico processo. Somos compelidos a reconhecer que todos somos, individualmente, portadores de um templo interno. Saibamos extinguir as solicitações egoísticas e busquemos em cada mensagem do Plano superior a consolação, o remédio, o conselho ou a advertência de que carecemos.

Quando soubermos compreender as pequeninas experiências de cada dia com a luz do Evangelho, concluiremos que todas as epístolas do bem procedem de Deus para a comunidade geral de seus filhos.

(*Vinha de luz*. FEB Editora. Cap. 143)

[...] Lembrai-vos das minhas prisões! [...]

Colossenses
4:18

Saibamos lembrar

Nas infantilidades e irreflexões costumeiras, os crentes recordam apenas a luminosa auréola dos espíritos santificados na Terra.

Supõem muitos encontrá-los, facilmente, além do túmulo, a fim de receber-lhes preciosas lembranças.

Não aguardam senão o céu, por meio de repouso brilhante na imensidade cósmica...

Quantos se lembrarão de Paulo tão somente na glorificação? Entretanto, nesta observação aos colossenses, o grande Apóstolo exorta os amigos a lhe rememorarem as prisões, como a dizer que os discípulos não devem cristalizar o pensamento na antevisão de facilidades celestes, e sim refletir, seriamente, no trabalho justo pela posse do Reino Divino.

A conquista da espiritualidade sublimada tem igualmente os seus caminhos. É indispensável percorrê-los.

Antes de fixarmos a coroa resplandecente dos apóstolos fiéis, meditemos nos espinhos que lhes feriram a fronte.

Paulo conseguiu atingir as culminâncias; entretanto, quantos golpes de açoite, pedradas e ironias suportou, adaptando-se aos ensinamentos do Cristo, escalando a montanha!...

Não mires, apenas, a superioridade manifesta daqueles a quem consagras admiração e respeito. Não te esqueças de imitá-los afeiçoando-te aos serviços sacrificiais a que se devotaram para alcançar os divinos fins.

(*Pão nosso*. FEB Editora. Cap. 140)

Introdução à *Primeira carta aos tessalonicenses*

As cartas em que Paulo endereça às comunidades em Tessalônica trazem como característica inicial o fato de conterem três remetentes: Paulo, Silvano e Timóteo.

Silvano aparece também em *Atos dos apóstolos* (15:22;27;32;40 / 16:19;25;29 / 19:4;10;14;15 e 18:5), com o nome de Silas; na *Segunda carta aos coríntios* (*II Coríntios*, 1:19) e na *Primeira carta de Pedro* (*I Pedro*, 5:12). Judeu, com cidadania romana (*Atos*, 16:37ss), era alguém respeitado na igreja de Jerusalém. Recebeu a incumbência de ir com Paulo comunicar as decisões do primeiro concílio e foi referido como profeta[133] (*Atos*, 15:32). Trata-se de alguém que andou não só com Paulo, mas também com Pedro. Acerca de Timóteo, ver a introdução das duas cartas a ele endereçadas.

Tertuliano, Policarpo, Marcião, dentre outros, conhecem e citam essa carta, o que comprova sua aceitação desde muito cedo como importante escrito dentro da comunidade cristã. Ela também faz parte do Cânone de Muratori.

---

[133] É importante destacar que, embora na atualidade o termo profeta seja mais particularmente visto como aplicável àquele que tem o dom fazer predições acerca do futuro, na época de Jesus ele também era aplicado, com mais frequência, a quem representava, com suas palavras e ensinos, a vontade de Deus. Portanto, como assevera Allan Kardec em *O evangelho segundo o espiritismo*, cap. 21, it. 4, "Pode, pois, um homem ser profeta sem fazer predições."

A carta refere-se a questões que surgiram na comunidade após a partida de Paulo. Uma dessas questões era o destino dos irmãos que haviam falecido antes da segunda vinda de Jesus e o retorno do Mestre, termo normalmente designado como *parusia,* palavra transliterada do grego que significa presença.

Estrutura e temas

Capítulos – 5
Versículos – 89
Remetentes: Paulo, Silvano e Timóteo

Conteúdo/tema	Versículos	
Saudação e destinatários	1:1	– 1:1
Reconhecimento e gratidão pelo trabalho da comunidade	1:2	– 1:10
A atitude de Paulo e colaborador(es) quando estiveram em Tessalônica	2:1	– 2:13
Os tessalonicenses se assemelham às comunidades da Judeia pela fé, dedicação e sofrimento	2:14	– 2:16
Desejo de Paulo de rever a comunidade e o envio de Timóteo	2:17	– 3:5
As notícias trazidas por Timóteo	3:6	– 3:13
Exortação de como viver para agradar a Deus	4:1	– 4:12
Ensino sobre os mortos e a vinda de Jesus	4:13	– 4:18
Sobre o tempo em que ocorrerá o Dia do Senhor	5:1	– 5:11
Recomendação em relação à vida comunitária	5:12	– 5:22
Bênção e encerramento	5:23	– 5:28

Comunidade e destinatários

Tessalônica foi fundada por Cassandro, em 315 a.C. ao unificar várias regiões próximas, e recebeu esse nome em homenagem a sua esposa Tessalônica, meia irmã de Alexandre Magno. À época de Paulo, a cidade era a capital da Macedônia. A sua localização, na famosa via Egnatia, lhe conferiu um papel importante no comércio. Até os dias atuais, é uma das mais importantes cidades da Grécia. Possuía, à época de Paulo, uma sinagoga onde Paulo falou, convertendo judeus e gentios que fundaram ali uma comunidade cristã.

A comunidade foi fundada por Paulo em suas viagens e a forma carinhosa pela qual ele se refere aos seus membros demonstra um apreço e cuidado especial, tanto por parte de Paulo, como dos dois corremetentes.

Autoria e datação

Embora alguns manuscritos tragam a indicação de Atenas e Roma como sendo o lugar de redação, existe uma predominância entre os estudiosos em reconhecer Corinto como local de redação. Essa também é a localidade que melhor se ajusta ao contexto e informações existentes.

Quanto à data, sabemos que Paulo deixou Corinto durante a gestão de Gálio (*Atos*, 18:18ss), que ocorreu de junho de 51 a junho de 52. Dessa forma, as datas para a redação da carta, comumente aceitas, são entre os anos 50 e 51.

Perspectiva espírita

Segundo Emmanuel,[134] Paulo e Sila, ao saírem de Filipos, foram para Tessalônica, onde encontraram Timóteo e Lucas. Os quatro ali atuaram, pregando primeiramente na Sinagoga local. Os choques com judeus e homens de má-fé, entretanto, frequentemente constituíam obstáculos pesadíssimos ao Apóstolo e seus companheiros. Paulo buscou, com seu exemplo, fazer com que o Evangelho triunfasse nos corações dos que com ele convivia.

Ao deixar a região, Paulo se dirigiu para Atenas e depois para Corinto. Nessa época, valia-se da cooperação de Silas, Timóteo e Lucas, enviando-os em seu lugar para visitar as comunidades que foram fundadas e que necessitavam de maior presença. Os problemas, contudo, se multiplicavam nas comunidades recém-fundadas. A presença pessoal do Apóstolo era requisitada em várias delas e as tricas e conflitos dos judeus com os recém-convertidos aumentavam. Foi nessa época, em Corinto, que, sentindo-se incapaz de atender a todos os chamados, ele chora, julgando que não conseguiria corresponder ao trabalho que lhe fora designado pelo Cristo. Nesse momento, Jesus aparece e indica-lhe que a situação poderia se resolver através de cartas às comunidades e que "Doravante, Estêvão permanecerá mais conchegado a ti, transmitindo-te meus pensamentos...".[135]

---

[134] Ver *O evangelho por Emmanuel*: comentários aos Atos dos Apóstolos, 2ª pt., versículo *Atos*, 17: 1 a 9.
[135] Idem, versículo *Atos*, 18:9 e 10.

No dia seguinte, chegam notícias desagradabilíssimas, trazidas por mensageiros de Tessalônica, e o ex-doutor da Lei "deliberou pôr em prática o alvitre do Mestre e, recordando que Jesus lhe prometera associar Estêvão à divina tarefa, julgou não dever atuar por si só e chamou Timóteo e Silas para redigir a primeira de suas famosas Epístolas".[136]

Dessa forma, temos em *I Tessalonicenses* a primeira carta de Paulo às comunidades, inspirada pelo próprio Cristo, cuidando de questões concretas que afligiam os cristãos. Esses textos, dessa forma, ontem e hoje, representam um importante conjunto de orientações a todos aqueles que atuam de uma maneira ou de outra na busca da vivência do Evangelho.

---

[136] Idem.

COMENTÁRIOS À
Primeira carta aos tessalonicenses

*Que cada qual saiba tratar a própria
esposa com santidade e respeito.*

I Tessalonicenses
4:4

O vaso

A recomendação de Paulo de Tarso aos tessalonicenses ainda se reveste de plena atualidade.

O vaso da criatura é o corpo que lhe foi confiado. O homem comum, em sua falsa visão do caminho evolutivo, inadvertidamente procura saturá-lo de enfermidade, lama e sombras e, em toda parte, observam-se consequências funestas de semelhantes desvios.

Aqui, aparecem abusos da alimentação; além, surgem excessos inconfessáveis. Existências numerosas esbarram no túmulo, à maneira de veículos preciosos atropelados ou esmagados pela imprevidência.

Entretanto, não faltam recursos da Bondade Divina para que o patrimônio se mantenha íntegro, nas mãos do beneficiário que é a nossa alma imortal.

A higiene, a temperança, a medicina preventiva, a disciplina jamais deverão ser esquecidas.

O Pai Compassivo não se despreocupa das necessidades dos filhos, mas sim os próprios filhos é que menoscabam os valores que a Sabedoria infinita lhes empresta por amor. Alguns superlotam o vaso sagrado com bebidas tóxicas e estonteantes, transformam-no outros em máquina da gula carniceira, quando o não despedaçam nos choques do prazer delituoso.

Em obedecer aos impositivos de equilíbrio, na Lei Divina, reside a magnífica prova para todos os filhos da inteligência e da razão. Raros saem dela integralmente vitoriosos. A maioria espera milagres para exonerar-se dos compromissos assumidos, olvidando que o problema do resgate e do reajustamento compete a cada um.

O melhor pai terrestre não conseguirá preservar o vaso dos filhos, senão transmitindo-lhes as diretrizes do reto proceder. Fora, pois, da lição da palavra e do exemplo, é imprescindível reconhecer que cada criatura deve saber possuir o próprio vaso em santificação e honra para Deus.

(*Vinha de luz*. FEB Editora. Cap. 156)

Não precisamos vos escrever sobre o amor fraterno; pois aprendestes pessoalmente de Deus a amar-vos mutuamente.

I Tessalonicenses
4:9

O justo remédio

Em sua missão de Consolador, recebe o Espiritismo milhares de consultas partidas de almas ansiosas, que imploram socorro e solução para diversos problemas.

Aqui, é um pai que não compreende e confia-se a sistemas cruéis de educação.

Ali, é um filho rebelde e ingrato, que foge à beleza do entendimento.

Acolá, é um amigo fascinado pelas aparências do mundo, e que abandona os compromissos com o ideal superior.

Além, é um irmão que se nega ao concurso fraterno.

Noutra parte, é o cônjuge que deserta do lar.

Mais adiante, é o chefe de serviço, insensível e contundente.

Contudo, o remédio para a extinção desses velhos enigmas das relações humanas está indicado, há séculos, nos ensinamentos da Boa-Nova.

A caridade fraternal é a chave de todas as portas para a boa compreensão.

O discípulo do Evangelho é alguém que foi admitido à presença do divino Mestre para servir.

A recompensa de semelhante trabalhador, efetivamente, não pode ser aguardada no imediatismo da Terra.

Como colocar o fruto na fronde verde da plantinha nascente?

Como arrancar a obra-prima do mármore com o primeiro golpe do cinzel?

Quem realmente ama, em nome de Jesus, está semeando para a colheita na Eternidade.

Não procuremos orientação com os outros para assuntos claramente solucionáveis por nosso esforço.

Sabemos que não adianta desesperar ou amaldiçoar...

Cada espírito possui o roteiro que lhe é próprio.

Saibamos caminhar, portanto, na senda que a vida nos oferece, sob a luz da caridade fraternal, hoje e sempre.

(*Fonte viva*. FEB Editora. Cap. 138)

Sentimentos fraternos

Forte contrassenso que desorganiza a contribuição humana, no divino edifício do Cristianismo, é o impulso sectário que atormenta enormes fileiras de seus seguidores.

Mais reflexão, mais ouvidos ao ensinamento de Jesus e essas batalhas injustificáveis estariam para sempre apagadas.

Ainda hoje, com as manifestações do plano espiritual na renovação do mundo, a cada momento surgem grupos e personalidades solicitando fórmulas do Além para que se integrem no campo da fraternidade pura.

Que esperam, entretanto, os companheiros esclarecidos para serem efetivamente irmãos uns dos outros?

Muita gente se esquece de que a solidariedade legítima escasseia nos ambientes onde é reduzido o espírito de serviço e onde sobra a preocupação de criticar. Instituições notáveis são conduzidas à perturbação e ao extermínio, em vista da ausência do auxílio mútuo, no terreno da compreensão, do trabalho e da boa vontade.

Falta de assistência? Não.

Toda obra honesta e generosa repercute nos planos mais altos, conquistando cooperadores abnegados.

Quando se verifique a invasão da desarmonia nos institutos do bem, que os agentes humanos acusem a si mesmos pela defecção nos compromissos assumidos ou pela indiferença ao ato de servir. E que ninguém peça ao Céu determinadas receitas de fraternidade, porque a fórmula sagrada e imutável permanece conosco no "amai-vos uns aos outros".

(*Pão nosso*. FEB Editora. Cap. 10)

Empenhai a vossa honra em levar vida tranquila, ocupar-vos dos vossos negócios e trabalhar com vossas mãos, conforme as nossas diretrizes.

I Tessalonicenses
4:11

Orientação

A cada passo, encontramos irmãos ansiosos por orientação nova, nos círculos de aprendizado evangélico.

Valiosos serviços, programas excelentes de espiritualidade superior experimentam grave dilação esperando terminem as súplicas inoportunas e reiteradas daqueles que se descuidam dos compromissos assumidos. Assim nos pronunciamos, diante de quantos se propõem servir a Jesus sinceramente, porque, indiscutivelmente, as diretrizes cristãs permanecem traçadas, de há muito, esperando mãos operosas que as concretizem com firmeza.

Procure cada discípulo manter o quinhão de paz relativa que o Mestre lhe conferiu, cuide cada qual dos negócios que lhe dizem respeito e trabalhe com as mãos com que nasceu, na conquista de expressões superiores da vida, e construirá elevada residência espiritual para si mesmo.

Aquele que conserva a harmonia, ao preço do bem infatigável, atende aos desígnios do Senhor no círculo dos compromissos individuais e da família humana; o que cuida dos próprios negócios desincumbe-se retamente das obrigações sociais, sem ser pesado aos interesses alheios, e o que trabalha com as próprias mãos encontra o luminoso caminho da eternidade gloriosa.

Antes de buscares, pois, qualquer orientação, junto de amigos encarnados ou desencarnados, não te esqueças de verificar se já atendeste a isto.

(*Vinha de luz*. FEB Editora. Cap. 37)

Vivamos calmamente

Viver sossegado não é apodrecer na preguiça.

Há pessoas cujo corpo permanece em decúbito dorsal, agasalhadas contra o frio da dificuldade por excelentes cobertores da facilidade econômica, mas torturadas mentalmente por indefiníveis aflições.

Viver calmamente, pois, não é dormir na estagnação.

A paz decorre da quitação de nossa consciência para com a vida, e o trabalho reside na base de semelhante equilíbrio.

Se desejamos saúde, é necessário lutar pela harmonia do corpo.

Se esperamos colheita farta, é indispensável plantar com esforço e defender a lavoura com perseverança e carinho.

Para garantir a fortaleza do nosso coração contra o assédio do mal é imprescindível saibamos viver dentro da serenidade do trabalho fiel aos compromissos assumidos com a ordem e com o bem.

O progresso dos ímpios e o descanso dos delinquentes são paradas de introdução à porta do inferno criado por eles mesmos.

Não queiras, assim, estar sossegado, sem esforço, sem luta, sem trabalho, sem problemas...

Todavia, consoante a advertência do Apóstolo, vivamos calmamente, cumprindo com valor, boa vontade e espírito de sacrifício, as obrigações edificantes que o mundo nos impõe cada dia, em favor de nós mesmos.

(*Fonte viva*. FEB Editora. Cap. 136)

Portanto, não durmamos, a exemplo dos outros; mas vigiemos e sejamos sóbrios.

I Tessalonicenses
5:6

Sobriedade

Em todos os setores das atividades terrestres, mesmo nos círculos externos do esforço religioso, há muita gente dormindo nos braços das ilusões.

Aqui é o egoísmo mascarado de bondade irreal, ali é a preocupação sectária sob as aparências de fé.

O discípulo sincero, todavia, aprende a receber os apelos do Evangelho, de modo a não dormir, como os demais.

É preciso estar pronto ao serviço e vigiar, fielmente. Entretanto, na vigilância ainda encontram os aprendizes certos perigos mais fortes.

São os que condizem com a ausência da sobriedade.

Quase sempre, quando se encontra essa palavra, a criatura reflete imediatamente nos desregramentos do corpo. Mas, o cristão não deve olvidar o caráter nefasto das intemperanças da alma.

Muitos aprendizes de boa vontade tornam-se irascíveis, inquietos e, por vezes, cruéis, acreditando servir à causa de Cristo.

Vigilância não quer dizer olho alerta para indicar o mal, mas posição de concurso sincero com Jesus a fim de substituir o mal pelo bem, em silêncio, onde quer que se encontre.

Sem a sobriedade, a realização dessa tarefa se torna impossível. É indispensável não desperdiçar emoções ou distrair energias em problemas desnecessários.

Sejamos, pois, vigilantes, dando a cada um aquilo que lhe pertence.

(*Sentinelas da luz*. Ed. Cultura Espírita União. Cap. "Sobriedade")

[...] sejamos sóbrios, revestidos da couraça da fé e da caridade, e do capacete da esperança da salvação.

I Tessalonicenses
5:8

Capacete da esperança

O capacete é a defesa da cabeça em que a vida situa a sede de manifestação do pensamento e Paulo não podia lembrar outro símbolo mais adequado à vestidura do cérebro cristão, além do capacete da esperança na salvação.

Se o sentimento, muitas vezes, está sujeito aos ataques da cólera violenta, o raciocínio, em muitas ocasiões, sofre o assédio do desânimo, à frente da luta pela vitória do bem, que não pode esmorecer em tempo algum.

Raios anestesiantes são desfechados sobre o ânimo dos aprendizes por todas as forças contrárias ao Evangelho salvador.

A exigência de todos e a indiferença de muitos procuram cristalizar a energia do discípulo, dispersando-lhe os impulsos nobres ou neutralizando-lhe os ideais de renovação.

Contudo, é imprescindível esperar sempre o desenvolvimento dos princípios latentes do bem, ainda mesmo quando o mal transitório estenda raízes em todas as direções.

É necessário esperar o fortalecimento do fraco, à maneira do lavrador que não perde a confiança nos grelos tenros; aguardar a alegria e a coragem dos tristes, com a mesma expectativa do floricultor que conta com revelações de perfume e beleza no jardim cheio de ramos nus.

É imperioso reconhecer, todavia, que a serenidade do cristão nunca representa atitude inoperante, por agir e melhorar continuadamente pessoas, coisas e situações, em todas as particularidades do caminho.

Por isso mesmo, talvez, o Apóstolo não se refere à touca protetora.

Chapéu, quase sempre, indica passeio, descanso, lazer, quando não defina convenção no traje exterior, de acordo com a moda estabelecida.

Capacete, porém, é indumentária de luta, esforço, defensiva.

E o discípulo de Jesus é um combatente efetivo contra o mal, que não dispõe de muito tempo para cogitar de si mesmo, nem pode exigir demasiado repouso, quando sabe que o próprio Mestre permanece em trabalho ativo e edificante.

Resguardemos, pois, o nosso pensamento com o capacete da esperança fiel e prossigamos para a vitória suprema do bem.

(*Fonte viva*. FEB Editora. Cap. 94)

Couraça da caridade

Paulo foi infinitamente sábio quando aconselhou a couraça da caridade aos trabalhadores da luz.

Em favor do êxito desejável na missão de amor a que nos propomos, em companhia do Cristo, antes de tudo é indispensável preservar o coração.

E se não agasalharmos a fonte do sentimento nas vibrações do ardente amor, servidos por uma compreensão elevada nos círculos da experiência santificante em que nos debatemos na arena terrestre, é muito difícil vencer na tarefa que o Senhor nos confia.

A irritação permanente, diante da ignorância, adia as vantagens do ensino benéfico.

A indignação excessiva, perante a fraqueza, extermina os germes frágeis da virtude.

A ira frequente, no campo da luta, pode multiplicar-nos os inimigos sem qualquer proveito para a obra a que nos devotamos.

A severidade demasiada, à frente de pessoas ainda estranhas aos benefícios da disciplina, faz-se acompanhar de efeitos contraproducentes por escassez de educação do meio em que se manifesta.

Compreendendo, assim, que o cristão se acha num verdadeiro estado de luta, em que, por vezes, somos defrontados por sugestões da irritação intemperante, da indignação inoportuna, da ira injustificada ou da severidade destrutiva, o Apóstolo dos Gentios receitou-nos a couraça da caridade, por sentinela defensiva dos órgãos centrais de expressão da vida.

É indispensável armar o coração de infinito entendimento fraterno para atender ao ministério em que nos empenhamos.

A convicção e o entusiasmo da fé bastam para começar honrosamente, mas para continuar o serviço, e terminá-lo com êxito, ninguém poderá prescindir da caridade paciente, benigna e invencível.

(*Fonte viva*. FEB Editora. Cap. 98)

Portanto, não nos destinou Deus para a ira, mas sim para alcançarmos a salvação, por nosso Senhor Jesus Cristo.

I Tessalonicenses
5:9

Na obra de salvação

Por que não somos compreendidos?
Por que motivo a solidão nos invade a existência?
Por que razões a dificuldade nos cerca?
Por que tanta sombra e tanta aspereza em torno de nossos passos?

E a cada pergunta, feita de nós para nós mesmos, seguem-se, comumente, o desespero e a inconformação, reclamando, sob os raios mortíferos da cólera, as vantagens de que nos sentimos credores.

Declaramo-nos decepcionados com a nossa família, desamparados por nossos amigos, incompreendidos pelos companheiros e até mesmo perseguidos por nossos irmãos.

A intemperança mental carreia para nosso íntimo os espinhos do desencanto e os desequilíbrios orgânicos inabordáveis, transformando-nos a existência num rosário de queixas preguiçosas e enfermiças.

Isso, porém, acontece porque não fomos designados pelo Senhor para o despenhadeiro escuro da ira, e sim para a obra de salvação.

Ninguém restaura um serviço sob as trevas da desordem.

Ninguém auxilia ferindo sistematicamente, pelo simples prazer de dilacerar.

Ninguém abençoará as tarefas de cada dia, amaldiçoando-as, ao mesmo tempo.

Ninguém pode ser simultaneamente amigo e verdugo.

Se tens notícia do Evangelho no mundo de tua alma, prepara-te para ajudar, infinitamente...

A Terra é a nossa escola e a nossa oficina.

A Humanidade é a nossa família.

Cada dia é o ensejo bendito de aprender e auxiliar.

Por mais aflitiva seja a tua situação, ampara sempre, e estarás agindo no abençoado serviço de salvação a que o Senhor nos chamou.

(*Fonte viva.* FEB Editora. Cap. 139)

Tende para com eles amor especial, por causa do seu trabalho. Vivei em paz uns com os outros.

I Tessalonicenses
5:13

Pelas obras

Esta passagem de Paulo, na *Primeira epístola aos tessalonicenses*, é singularmente expressiva para a nossa luta cotidiana.

Todos experimentamos a tendência de consagrar a maior estima apenas àqueles que leiam a vida pela cartilha dos nossos pontos de vista. Nosso devotamento é sempre caloroso para quantos nos esposem os modos de ver, os hábitos enraizados e os princípios sociais; todavia, nem sempre nossas interpretações são as melhores, nossos costumes os mais nobres e nossas diretrizes as mais elogiáveis.

Daí procede o impositivo de desintegração da concha do nosso egoísmo para dedicarmos nossa amizade e respeito aos companheiros, não pela servidão afetiva com que se liguem ao nosso roteiro pessoal, mas pela fidelidade com que se norteiam em favor do bem comum.

Se amamos alguém tão só pela beleza física, é provável encontrarmos amanhã o objeto de nossa afeição a caminho do monturo.

Se estimamos em algum amigo apenas a oratória brilhante, é possível esteja ele em aflitiva mudez, dentro em breve.

Se nos consagramos a determinada criatura só porque nos obedeça cegamente, é provável estejamos provocando a queda de outros nos mesmos erros em que temos incidido tantas vezes.

É imprescindível aperfeiçoar nosso modo de ver e de sentir, a fim de avançarmos no rumo da vida superior.

Busquemos as criaturas, acima de tudo, pelas obras com que beneficiam o tempo e o espaço em que nos movimentamos, porque, um dia, compreenderemos que o melhor raramente é aquele que concorda conosco, mas é sempre aquele que concorda com o Senhor, colaborando com ele, na melhoria da vida, dentro e fora de nós.

(*Fonte viva*. FEB Editora. Cap. 24)

No sustento da paz[137]

Costumamos referir-nos à guerra, qual se ela fosse um fenômeno de teratologia política, exclusivamente atribuível aos desmandos de ditadores cruéis, quando todos somos intimados pela vida ao sustento da paz.

Todos agimos uns sobre os outros e, ainda que a nossa influência pessoal se nos figure insignificante, ela não é menos viva na preservação da harmonia geral.

A floresta é um espetáculo imponente da natureza, mas não se agigantou sem o concurso de sementes pequeninas.

Nossa deficiência de análise, quanto à contribuição individual no equilíbrio comum, nasce, via de regra, da aflição doentia com que aguardamos ansiosamente os resultados de nossas ações, sequiosos de destaque pessoal no imediatismo da Terra; isso faz que procedamos à maneira de alguém que se decidisse a levantar uma casa com total menosprezo pelas pedras, tijolos, parafusos e vigas, aparentemente sem importância quando isoladamente considerados, mas indispensáveis à construção.

Habituamo-nos, frequentemente, a maldizer o irmão que se fez delinquente, com absoluta descaridade para com a debilitação de caráter a que chegou, depois de longo processo obsessivo que lhe corroeu a resistência moral, quase sempre após fugirmos da providência fraterna ou da simples conversação esclarecedora, capazes de induzi-lo à vitória sobre as tentações que o levaram à falta consumada.

Lideramos reclamações contra o estridor de buzinas na via pública e não nos pejamos das maneiras violentas que abalam os nervos de quem nos ouve.

Todos somos chamados à edificação da paz, que, aliás, prescinde de qualquer impulso vinculado às atividades de guerra, e que, paradoxalmente, depende de nossa luta por melhorar-nos e educar-nos, de vez que paz não é inércia e sim esforço, devotamento, trabalho e vigilância incessantes a serviço do bem. Nenhum de nós está dispensado de auxiliar-lhe a defesa e a sustentação, porquanto, muitas vezes, a tranquilidade coletiva jaz suspensa de um minuto de tolerância, de um gesto, de uma frase, de um olhar...

Não te digas, pois, inabilitado a contribuir na paz do mundo. Se não admites o poder e o valor dos recursos chamados menores no engrandecimento

---

[137] Texto publicado em *Palavras de vida eterna*. Ed. Comunhão Espírita Cristã. Cap. 45, com pequenas alterações.

da vida, faze um palácio diante de vigorosa central elétrica e procura dotá-lo de luz e força sem a tomada.

(*Reformador*, nov. 1964, p. 248)

Tenhamos paz

Se não é possível respirar num clima de paz perfeita entre as criaturas, em face da ignorância e da belicosidade que predominam na estrada humana, é razoável procure o aprendiz a serenidade interior, diante dos conflitos que buscam envolvê-lo a cada instante.

Cada mente encarnada constitui extenso núcleo de governo espiritual, subordinado agora a justas limitações, servido por várias potências, traduzidas nos sentidos e percepções.

Quando todos os centros individuais de poder estiverem dominados em si mesmos, com ampla movimentação no rumo do legítimo bem, então a guerra será banida do planeta.

Para isso, porém, é necessário que os irmãos em Humanidade, mais velhos na experiência e no conhecimento, aprendam a ter paz consigo.

Educar a visão, a audição, o gosto e os ímpetos representa base primordial do pacifismo edificante.

Geralmente, ouvimos, vemos e sentimos conforme nossas inclinações e não segundo a realidade essencial. Registramos certas informações longe da boa intenção em que foram inicialmente vazadas, e sim de acordo com as nossas perturbações internas. Anotamos situações e paisagens com a luz ou com a treva que nos absorvem a inteligência. Sentimos com a reflexão ou com o caos que instalamos no próprio entendimento.

Eis por que, quanto nos seja possível, façamos serenidade em torno de nossos passos, ante os conflitos da esfera em que nos achamos.

Sem calma, é impossível observar e trabalhar para o bem.

Sem paz dentro de nós, jamais alcançaremos os círculos da paz verdadeira.

(*Pão nosso*. FEB Editora. Cap. 65)

Alegrai-vos sempre.

I Tessalonicenses
5:16

Regozigemo-nos sempre

O texto evangélico não nos exorta ao júbilo somente nos dias em que nos sintamos pessoalmente felizes.

Assevera com simplicidade — "regozijai-vos sempre."

Nada existe no mundo que não possa transformar-se em respeitável motivo de trabalho, alegria e santificação.

E a própria natureza, cada dia, exibe expressivos ensinamentos nesse particular.

Depois da tempestade que arranca raízes, mutila árvores, destrói ninhos e enlameia estradas, a sementeira reaparece, o tronco deita vergônteas novas, as aves refazem os lares suspensos e o caminho se coroa de sol.

Somente o homem, herói da inteligência, guarda consigo a carantonha do pessimismo, por tempo indeterminado, qual se fora gênio irado e desiludido, interessado em destruir o que lhe não pertence.

Ausência continuada de esperanças e de alegria na alma significa evolução deficitária.

Por toda parte, há convites à edificação e ao aprimoramento, desafiando-nos à ação no engrandecimento comum.

Ninguém é tão infeliz que não possa produzir alguns pensamentos de bondade, nem tão pobre que não possa distribuir alguns sorrisos e boas palavras com os seus companheiros na luta cotidiana.

Tristeza de todo instante é ferrugem nas engrenagens da alma. Lamentação contumaz é ociosidade ou resistência destrutiva.

É necessário acordar o coração e atender dignamente à parte que nos compete no drama evolutivo da vida, sem ódio, sem queixa, sem desânimo.

A experiência é o que é.

Nossos companheiros são o que são.

Cada qual de nós recebe o quinhão de luta imprescindível ao aprendizado que devemos realizar. Ninguém está deserdado de oportunidades, em favor da sua melhoria.

A grande questão é obedecer a Deus, amando-o, e servir ao próximo com boa vontade. Quem solucionou semelhante problema, dentro de si mesmo, sabe que todas as criaturas e situações da senda são mensagens vivas em que podemos recolher as bênçãos do amor e da sabedoria, se aceitamos a lição que o Senhor nos oferece.

Nesse sentido, pois, não nos esqueçamos de que Paulo, o intimorato batalhador do Evangelho, sob tormentas de preocupações, encontrou recurso em si mesmo para dizer aos irmãos de luta: "Regozijai-vos sempre".

(*Fonte viva*. FEB Editora. Cap. 102)

Confiemos alegremente[138]

Lembra-te das mercês que o Senhor te concede pelos braços do tempo e espalha gratidão e alegria onde estiveres...

Repara as forças da natureza, a emergirem, serenas, de todos os cataclismos.

Corre a fonte cantando pelo crivo do charco...

Sussurra a brisa melodias de confiança após a ventania destruidora...

A árvore multiplica flores e frutos, além da poda...

Multidões de estrelas rutilam sobre as trevas da noite...

E cada manhã, ainda mesmo que os homens se tenham valido da sombra para enxovalhar a terra com o sangue do crime, volve o Sol, em luminoso silêncio, acalentando homens e vermes, montes e furnas.

Ainda mesmo que o mal te golpeie transitoriamente o corarão, recorda os bens que te compõem a riqueza da saúde e da esperança, do trabalho e do amor, e rejubila-te, buscando a frente...

Tédio é deserção.

Pessimismo é veneno.

Encara os obstáculos de ânimo firme e estampa o otimismo em tua alma para que não fujas aos teus próprios compromissos perante a vida.

Serenidade em nós é segurança nos outros.

O sorriso de paz é arco-íris no céu de teu semblante.

"Regozijai-vos sempre" — diz-nos o Apóstolo Paulo.

E acrescentamos :

— Rejubilemo-nos em tudo com a Vontade de Deus, porque a Vontade de Deus significa Bondade Eterna.

(*Reformador*, fev. 1959, p. 26)

---

[138] Texto publicado em *Palavras de vida eterna*. Ed. Comunhão Espírita Cristã. Cap. 50.

Por tudo dai graças, pois esta é a vontade de Deus a vosso respeito, em Cristo Jesus.

I Tessalonicenses
5:18

Aprendamos a agradecer

Saibamos agradecer as dádivas que o Senhor nos concede a cada dia:
– a largueza da vida;
– o ar abundante;
– a graça da locomoção;
– a faculdade do raciocínio;
– a fulguração da ideia;
– a alegria de ver;
– o prazer de ouvir;
– o tesouro da palavra;
– o privilégio do trabalho;
– o dom de aprender;
– a mesa que nos serve;
– o pão que nos alimenta;
– o pano que nos veste;
– as mãos desconhecidas que se entrelaçam no esforço de suprir-nos a refeição e o agasalho;
– os benfeitores anônimos que nos transmitem a riqueza do conhecimento;
– a conversação do amigo;
– o aconchego do lar;
– o doce dever da família;
– o contentamento de construir para o futuro;
– a renovação das próprias forças...

Muita gente está esperando lances espetaculares da "boa sorte mundana", a fim de exprimir gratidão ao Céu.

O cristão, contudo, sabe que as bênçãos da Providência Divina nos enriquecem os ângulos mais simples de cada hora, no espaço de nossas experiências.

Nada existe insignificante na estrada que percorremos.

Todas as concessões do Pai Celeste são preciosas no campo de nossa vida.

Utilizando, pois, o patrimônio que o Senhor nos empresta, no serviço incessante ao bem, aprendamos a agradecer.

(*Fonte viva*. FEB Editora. Cap. 155)

Rendamos graças

A pedra segura.
O espinho previne.
O fel remedeia.
O fogo refunde.
O lixo fertiliza.
O temporal purifica a atmosfera.
O sofrimento redime.
A enfermidade adverte.
O sacrifício enriquece a vida.
A morte renova sempre.
Aprendamos, assim, a louvar o Senhor pelas bênçãos que nos confere.
Bom é o calor que modifica, bom é o frio que conserva.
A alegria que estimula é irmã da dor que aperfeiçoa.
Roguemos à Providência Celeste suficiente luz para que nossos olhos identifiquem o celeiro da graça em que nos encontramos.
É a cegueira íntima que nos faz tropeçar em obstáculos, onde só existe o favor divino.
E, sobretudo, ao enunciar um desejo nobre, preparemo-nos a recolher as lições que nos cabe aproveitar, a fim de realizá-lo segundo os propósitos superiores que nos regem os destinos.
Não nos espantem dificuldades ou imprevistos dolorosos.
Nem sempre o socorro de cima surge em forma de manjar celeste.
Comumente, aparece na feição de recurso menos desejável. Lembremo-nos, porém, de que o homem sob o perigo de afogamento, nas águas profundas que cobrem o abismo, por vezes só consegue ser salvo ao preço de rudes golpes.
Rendamos graças, pois, por todas as experiências do caminho evolutivo, na santificante procura da Vontade Divina, em Jesus Cristo, Nosso Senhor.

(*Pão nosso*. FEB Editora. Cap. 100)

Não extingais o Espírito.

I Tessalonicenses
5:19

Aprimoremos[139]

Saibamos estender os valores do espírito.

Observa a estrada nobre que te oferece passagem com segurança e lembra-te de que ainda ontem era trato de terra inculta.

Serpentes insidiosas aí acalentavam a peçonha que se lhes acumulava no seio, enquanto vermes famintos se amontoavam no mato agreste.

Mas chegaram braços amigos e abnegados, atentos à disciplina...

Maquinaria enorme trabalhou a cabeleira verde da gleba, harmonizando-lhe as linhas; picaretas extraíram-lhe os pedrouços semelhantes a fleimões cristalizados; o cimento pavimentou a trilha aberta, e a organização lhe imprimiu determinada ordem aos movimentos.

Quantos semblantes suarentos para que a obra surgisse, quantos dedos quebrados, quantos lidadores rendidos aos acidentes inevitáveis e quantas inquietações por eles vencidas, não podes realmente saber, mas podes reconhecer que foi o trabalho inteligente – luz divina do espírito humano – a força que te facultou a vitória sobre a distância.

Cada vez que a viagem te suprime ansiedades e poupa aflições, ainda mesmo que, por agora, não saibas agradecer, a estrada te partilha a tranquilidade e o contentamento, envolvendo os operários anônimos que a construíram em sublime coro de bênçãos.

Analisa semelhante lição, encontradiça em cada canto de rua, e não olvides que a ignorância é também aflitiva selva no mundo. Abracemos o serviço da educação e da bondade, com alicerces na disciplina do Cristo, que é, para nós outros, o Engenheiro celeste, e tracemos novos caminhos de evolução e de entendimento, em que as almas se aproximem na exaltação da alegria e na ascensão do progresso.

Não importa sejamos hoje artífices sem nome. Vale o serviço feito.

Humilde réstia de luz que acendermos envolver-nos-á em seu clarão e a pequenina semente de fraternidade que venhamos a lançar no solo da vida abençoar-nos-á com os seus frutos.

(*Reformador*, maio 1959, p. 98)

---

[139] Texto publicado em *Palavras de vida eterna*. Ed. Comunhão Espírita Cristã. Cap. 54.

Renovação necessária

Quando o Apóstolo dos Gentios escreveu esta exortação, não desejava dizer que o Espírito pode ser destruído, mas procurava renovar a atitude mental de quantos vivem sufocando as tendências superiores.

Não raro, observamos criaturas que agem contra a própria consciência, a fim de não se categorizarem entre os espirituais. Entretanto, as entidades encarnadas permanecem dentro de laborioso aprendizado, para se erguerem do mundo na qualidade de espíritos gloriosos. Esta é a maior finalidade da escola humana.

Os homens, contudo, demoram-se largamente a distância da grande verdade. Habitualmente, preferem o convencionalismo a rigor e, somente a custo, abrem o entendimento às realidades da alma. Os costumes, efetivamente, são elementos poderosos e determinantes na evolução, todavia apenas quando inspirados por princípios de ordem superior.

É necessário, portanto, não asfixiarmos os germens da vida edificante que nascem, todos os dias, no coração, ao influxo do Pai Misericordioso.

Irmãos nossos existem que regressam da Terra pela mesma porta da ignorância e da indiferença pela qual entraram. Eis por que, no balanço das atividades de cada dia, os discípulos deverão interrogar a si mesmos: "Que fiz hoje? Acentuei os traços da criatura inferior que fui até ontem ou desenvolvi as qualidades elevadas do espírito que desejo reter amanhã?"

(*Pão nosso*. FEB Editora. Cap. 135)

Façamos luz espiritual

De modo geral, todos nós, no mecanismo de recapitulações das experiências terrestres, somos reconduzidos a condições difíceis do aprendizado, valorizando a responsabilidade, o livre-arbítrio e a razão, que menosprezamos em outra época. Entretanto, apesar da concessão divina do retorno à luta benéfica, precipitamo-nos em despenhadeiros diversos, à distância do caminho que o Pai nos traçou mobilizando divinos mensageiros de seu amor.

Considerando a constância da Proteção Divina somos obrigados a reconhecer que, antes do próprio Evangelho de Jesus, a Humanidade já recebia continuadas demonstrações de socorro do Alto, através de emissários numerosos da Providência, nos setores da Religião, da Filosofia e da Ciência, que induziam a criatura à necessária elevação espiritual e à iluminação do seu patrimônio de conhecimentos.

Todavia, não obstante o cuidado incessante do Senhor, não temos sabido manter o equilíbrio indispensável entre as margens do caminho reto. Assoberbam-nos tentações de variados matizes, emergindo da viciação de nós mesmos e compelindo-nos à volta às situações inferiores do pretérito. Persiste em nós, ainda mesmo em se tratando dos desencarnados que se localizam nas zonas fronteiriças da carne, o terrível dualismo da animalidade e da espiritualidade simultâneas. Grande é a batalha! Constitui a síntese de muitos séculos de escolha criminosa e de predileções prejudiciais.

Apesar disso, nossa razão é sempre vigoroso foco de observação e potencial analítico. Criamos extensa nomenclatura para classificar os erros do próximo, sabemos discernir, com rigor, as regiões nevrálgicas dos vizinhos e tabelar as faltas alheias com ausência, quase absoluta, de senso evangélico, no exame das minudências circunstanciais. Sobram-nos raciocínios contundentes e escasseia-nos sentimento divino para compreender a posição dos que caíram ao longo de penosa iniciação à vida superior, doentes da alma e aflitos do coração. Esquecemo-nos de que os sucessos amargos, determinantes das quedas de outrem, são acontecimentos suscetíveis de ferir igualmente a nós outros, que nos supomos inatingíveis.

É por isso que toda a cautela se requer na preparação de caminhos por parte dos discípulos modernos. O campo da experiência está exigindo maiores recursos de iluminação para o sentimento. O trabalhador formado para o serviço é valor da vanguarda, conclamando à renovação geral. Muita vez, faz-se preciso abandonar as situações mais reconfortantes e os laços mais estimáveis, a fim de atendermos ao chamamento divino. Para quantos se consagraram às realizações do Mestre, o relógio da evolução oferece horas muito diferentes nos tempos que passam. Urge aperfeiçoar-se o individualismo de cada servidor à luz sublime do reino de Jesus, ainda mesmo ao preço de sacrifícios pungentes. No cérebro e no coração não ressoam convites ao sentimentalismo doentio, mas ao sentimento edificante, nem apelos à indiferença ou à impassibilidade e sim exortações ao equilíbrio que o Cristo nos legou.

Não recebemos qualquer aquisição sem preço correspondente. Fatos comezinhos da existência material esclarecem-nos vivamente nesse sentido. Por que motivo aguardaríamos vantagens da compreensão sem o trabalho preciso? Não se dependura a virtude no santuário da consciência, como objeto de adorno em tabiques exteriores. Faz-se preciso renovar a mente e purificar o coração. Não adquiriremos patrimônios da imortalidade, guardando acervos de pensamentos do campo mortal. Não nos renovaremos em Cristo, perseverando nas velhas armadilhas de fantasias da esfera transitória. Para elevar a própria vida é imprescindível gastar muitas emoções, aparar inúmeras arestas da personalidade, reajustar conceitos e combater sistematicamente a ilusão.

Vigiemos, no templo de nós mesmos, de modo a não apagar e nem reduzir a luz do espírito, controlando as nossas intervenções individuais no campo infinito e eterno da vida. Para alcançar semelhante edificação, com a desejável segurança, é impossível afastar-se o aprendiz do Evangelho aplicado ao raciocínio e ao sentimento. Em suas forças vivas, encontramos possibilidades de entendimento com o Cristo, vivendo-lhes os ensinos. Seus padrões de vida eterna desafiam-nos as obras efêmeras, despertando-nos a consciência para a visão de horizontes mais vastos.

Enquanto não serenarmos a corrente das paixões que nos caracterizam a individualidade, não alcançaremos o poder indispensável à realização desejada. Seremos ouvintes estacionados no jardim ilusório da admiração apressada, crentes perdidos em nova idolatria de falsos valores, pelo olvido de nossos tesouros ocultos e pelo abandono de nossas ferramentas, da possibilidade pessoal. Seremos pródigos em aconselhar o bem, esquecidos de aplicá-lo e simbolizaremos compêndios vivos de exortações aos ouvidos alheios, mantendo-nos, embora, em lamentável necrose espiritual.

Fujamos à terrível condição da maioria das inteligências modernas, caracterizadas por raciocínios de anjo aliado a sentimentos de monstro. A desarmonia que se verifica, no quadro evolutivo das mentes encarnadas, repete-se em nosso plano de ação. Nas esferas vizinhas da Crosta Planetária instituem-se incontáveis escolas de preparação destinadas à melhoria dos que se distanciam da experiência física à maneira de verme rastejante colado à concha do egoísmo e da vaidade. É necessário reeducar, readaptar e restaurar personalidades que se demoram nas sombras do "eu", desinteressadas do santuário que lhes pertence no imo do ser.

Muitos de vós, nos centros espíritas cristãos, realizais presentemente serviços que inúmeras almas somente conseguem levar a efeito, em seguida à libertação do corpo que as materializava na Terra. Aprendem dificilmente a arte do desapego, pelas noções de posse egoística que cristalizaram em si próprias e daí a necessidade de volumosas lágrimas para a retificação dos erros da imprevidência. Os discípulos sinceros de Jesus operam atualmente, como trabalho máximo, o despertamento próprio, a própria iluminação. Esse, de fato, o objetivo primordial da doutrina, a melhoria da criatura para o mundo melhor.

O setor científico do Espiritismo, em verdade, pode construir notáveis convicções e disseminar flores admiráveis de intelectualidade e filosofia superficial. Mas a simples demonstração científica não realiza as conversões e transubstanciações necessárias à renovação benéfica do homem e do mundo. Não devemos limitar o movimento libertador das consciências que o Espiritismo instituiu no Planeta a mero serviço de informações verbalísticas entre dois planos diferente de vida. É imprescindível ponderar e raciocinar com a realidade cristã. Podemos incentivar nossas relações com as esferas mais altas, estender a visão psíquica, ampliar expressões fenomênicas, mas se relaxarmos o trabalho de manutenção da luz divina, permitindo que a chama da Divindade se apague, dentro de nós, todo o esforço resultará infrutífero.

Curemo-nos, portanto, da velha paralisia sentimental, exemplificando a humildade e a fraternidade de cuja conceituação e definição temos sido excelentes portadores. Reduzamos a exportação de conselhos fáceis, para atender à obra difícil da nossa própria redenção com o Cristo de Deus.

Instalemos a ponderação no centro de nossos pensamentos e sigamos o Mestre divino nas múltiplas circunstâncias que nos assinalam a luta.

Sustentando a lâmpada de nossa fé na superior destinação para a qual fomos lançados à torrente da vida eterna, teremos organizado a energia precisa para que a luz do espírito jamais se extinga dentro de nós.

O discípulo deve e pode refletir a vontade do Senhor, executando-lhe as lições, cada dia.

É para esse esforço que os espiritistas do Evangelho são atualmente chamados, no desdobramento do qual recebemos mais elevadas quotas de auxílio das Esferas Superiores. A zona mais alta de suas tarefas apostólicas, na atualidade terrestre, acima do proselitismo apressado e da propaganda fácil, reside no trabalho abençoado de reavivamento da luz espiritual no mundo inteiro, conservando a luz do espírito acesa e brilhante em si próprios.

(*Cartas do coração*. Ed. LAKE. Cap. "Façamos luz espiritual")

Discerni tudo e ficai com o que é bom.

I Tessalonicenses
5:21

Palavra escrita[140]

Disse o Apóstolo Paulo: "examinai tudo", mas não se esqueceu de acrescentar: "retende o bem".

Muita gente se prevalece do texto para afirmar que os aprendizes do Evangelho devem ler indiscriminadamente, ainda mesmo quando se trate de ingerir os corrosivos da opinião em letras de jornal ou as fezes do pensamento em forma de livro.

Sim, é natural que a mente amadurecida e equilibrada possa ler tudo e tudo observar, mas não é aconselhável que as crianças e os doentes, os fracos e alienados potenciais da razão tudo experimentem e tudo vejam.

Sabiamente, a Lei Divina dispõe sobre o assunto, sugerindo o levantamento de zonas indispensáveis à justa segregação.

Meninos encontram lares e escolas a fim de que se habilitem para as lutas da vida. Doentes são encaminhados ao hospital para que se refaçam. Loucos se candidatam aos serviços do manicômio em busca de reequilíbrio. Criaturas fracas que o crime assinalou com estigmas dolorosos recolhem-se à penitenciária em cuja aspereza se reajustam.

Assim, pois, se te reconheces em plenitude de robustez espiritual, analisa tudo, sabendo que é preciso reter o bem capaz de ajudar na edificação ou na cura dos outros.

Se possuis o necessário discernimento e se dispões do tempo preciso, lê tudo, usando o crivo da compreensão e da utilidade, mas não olvides escolher o que seja bom e apenas prestigiar o que seja bom, em favor daqueles que ainda não pensam com segurança quanto já podes pensar.

(*Reformador*, abr. 1959, p. 75)

Por que desdenhas?

O cristão não deve perder o bom ânimo por mais inquietantes se apresentem as perplexidades do caminho. Não somente no que diz respeito à

---

[140] Texto publicado em *Palavras de vida eterna*. Ed. Comunhão Espírita Cristã. Cap. 53.

dor, mas também no que se reporta a costumes, acontecimentos, mudanças, perturbações...

Há companheiros excessivamente preocupados com a extensão dos erros alheios, sem se precatarem contra as próprias faltas. Assinalam casas suspeitas, fogem ao movimento social, malsinam fatos ou reprovam pessoas, antes de qualquer exame sério das situações. E nesse complexo emocional que os distancia da realidade, dilatam desentendimentos com pretensas atitudes de salvadores improvisados, que apenas acentuam a esterilidade do fanatismo.

Longe de prestarem benefícios reais, constituem material neutralizante do movimento renovador.

O Evangelho do Cristo, contudo, não instituiu cubículos de isolamento; procura estabelecer, aliás, fontes de Vida abundante, em toda parte.

Examinar com imparcialidade é buscar esclarecimento.

Por que a condenação apressada ou a crítica destrutiva? Quando Paulo dirigiu a célebre recomendação aos tessalonicenses não se reportava apenas a livros e ciências da Terra. Referia-se a tudo, incluindo os próprios impulsos da opinião popular, com alusão aos fenômenos máximos e mínimos do caminho vulgar.

Em todas as ocorrências dos povos e das personalidades, em todos os fatos e realizações humanas, o aprendiz fiel da Boa-Nova deve analisar tudo e reter o bem.

Por que te afastares do trabalho e da luta em comum? Por que desencorajar os que cooperam na lide purificadora com o teu impensado desdém? Se te sentes unido ao Cristo, lembra-te de que o Senhor a ninguém abandona, nem mesmo os seres aparentemente venenosos do chão.

(*Vinha de luz*. FEB Editora. Cap. 154)

Estudo e observação

Abraçando a fé raciocinada, ao espírito não será lícito eximir-se ao estudo.

Valer-se do pensamento alheio, a fim de progredir e elevar-se, mas, formar as ideias próprias.

Ler e meditar.

Aprender e discernir.

Antes de tudo, compulsar Allan Kardec e anotar-lhe os princípios, de maneira a observá-los no cotidiano, é obrigação dos que se abeberam nas fontes do Cristianismo Redivivo.

Não só frequentar as lições do Codificador da Doutrina Espírita, mas, igualmente, confrontar-lhe os textos com os ensinamentos do Evangelho de Jesus.

Render culto à evangelização, através dos fundamentos espíritas.

Jamais esquecer de associar Kardec ao Cristo de Deus, qual o próprio Kardec se associou a Ele em toda a sua obra.

Nunca olvidar que Espiritismo significa Cristianismo interpretado com simplicidade e segurança, para que não venhamos a resvalar na negação, fantasiada de postulados filosóficos.

Estudar para compreender que sem Jesus e Kardec, o fenômeno mediúnico é um passatempo da curiosidade improdutiva.

Pesquisar a verdade para reconhecer que a própria experimentação científica, só por si, sem consequências de ordem moral, não resolve os problemas da alma.

Colaborar com simpatia nos movimentos de perquirição que se efetuam em torno das atividades medianímicas, mas, sem prejuízo dos encargos e responsabilidades espíritas, valorizando o tempo, sem perdê-lo, de modo algum, nas indagações ociosas e infindáveis.

Selecionar os livros em disponibilidade, escolhendo aqueles que nos purifiquem as fontes da emoção e nos melhorem o nível de cultura.

Conquanto admirando a palavra do Apóstolo: "examinai tudo e retende o melhor", não se comprometer com literatura reconhecidamente deteriorada.

Difundir, quanto possível, as letras nobilitantes.

Proteger o livro espírita e a imprensa espírita com as possibilidades ao nosso alcance.

Concluir, em suma, que tanto necessita o homem de alimento do corpo quanto de alimento da alma e que tanto um quanto o outro exigem cuidado e defesa, higiene e substância, na formação e na aplicação.

(*No portal da luz*. Ed. IDE. Cap. 16)

Orai por nós, irmãos.

I Tessalonicenses
5:25

Intercessão

Muitas criaturas sorriem ironicamente quando se lhes fala das orações intercessoras.

O homem habituou-se tanto ao automatismo teatral que encontra certa dificuldade no entendimento das mais profundas manifestações de espiritualidade. A prece intercessora, todavia, prossegue espalhando benefícios com os seus valores inalterados. Não é justo acreditar seja essa oração o incenso bajulatório a derramar-se na presença de um monarca terrestre a fim de obtermos certos favores.

A súplica da intercessão é dos mais belos atos de fraternidade e constitui a emissão de forças benéficas e iluminativas que, partindo do espírito sincero, vão ao objetivo visado por abençoada contribuição de conforto e energia. Isso não acontece, porém, a pretexto de obséquio, mas em consequência de leis justas. O homem custa a crer na influenciação das ondas invisíveis do pensamento; contudo, o espaço que o cerca está cheio de sons que os seus ouvidos materiais não registram; só admite o auxílio tangível; no entanto, na própria natureza física, veem-se árvores venerandas que protegem e conservam ervas e arbustos, a lhes receberem as bênçãos da vida, sem lhes tocarem jamais as raízes e os troncos.

Não olvides os bens da intercessão.

Jesus orou por seus discípulos e seguidores, nas horas supremas.

(*Pão nosso*. FEB Editora. Cap. 17)

Introdução à *Segunda carta aos tessalonicenses*

Os aspectos que geraram mais controvérsia acerca desta carta são, justamente, os que derivam do ponto menos esperado: suas vinculações com a *Primeira carta aos tessalonicenses*.

Em *II Tessalonicenses*, o tema da vinda de Jesus é retomado, aparentemente, de uma perspectiva diferente. Enquanto na primeira carta à comunidade de Tessalônica Paulo parece indicar que a vinda de Jesus está muito próxima, aqui ela é apresentada como mais distante.

Muito embora os debates gerados tenham levado a um quase consenso dos estudiosos atuais em relação a esta não ser uma carta de Paulo, Marcião, Inácio e Ireneu conhecem e citam este escrito como sendo de Paulo.

Estrutura e temas

Capítulos – 3 Versículos – 47 Remetentes: Paulo, Silvano e Timóteo		
Conteúdo/tema	**Versículos**	
Saudação e destinatários	1:1	1:2
Reconhecimento e gratidão pelo trabalho da comunidade	1:3	1:5
Recompensas aos membros da comunidade pelas dificuldades sofridas	1:6	1:10
Oração pelos membros da comunidade	1:11	1:12
Sobre a vinda de Jesus	2:1	2:12
Exortação à perseverança	2:13	2:17
Pedido de oração	3:1	3:3
A confiança que Paulo tem nessa comunidade	3:4	3:5
Advertências contra a desordem	3:6	3:12
Exortação à prática do bem e atitude para com os desobedientes	3:13	3:15
Bênção final e despedida – selo de autenticidade da carta	3:16	3:18

As informações sobre a comunidade foram apresentadas na Introdução a *I Tessalonicenses*.

Origem, data e autoria

Muito embora existam testemunhos internos na carta, como a saudação de próprio punho (*II Tessalonicenses*, 3:17), que apontam para Paulo como autor, a grande maioria dos eruditos questiona essa validade, argumentando que a dependência literária de *II Tessalonicenses* em relação a *I Tessalonicenses* é muito grande, o que levantaria a questão do motivo de Paulo ter retomado para a mesma comunidade e em período tão curto, um escrito, do ponto de vista literário, tão parecido. A explicação proposta, décadas mais tarde, é que alguém, ou um grupo de seguidores de Paulo, tomaria *I Tessalonicenses* como base para elaboração de um novo escrito, tratando, agora, de uma vinda de Jesus não tão próximo quanto a primeira carta poderia sugerir. Isso ajudaria a explicar a diferença de abordagem em relação a este ponto nas duas correspondências.

A questão da datação está intimamente relacionada com a autoria. Para os que defendem uma autoria não paulina, as datas englobam os anos de 70 a 100, com predominância do período de 80 em diante. Para os que aceitam a autoria paulina, é preciso considerar uma proximidade dos dois escritos, o que levaria a redação a ser do período 50 ou 51.

Em relação ao local de origem, os problemas são ampliados. Isso porque alguns manuscritos trazem a inscrição de Atenas como local de redação. Por isso, as propostas contemplam não só esta cidade, como também Roma, Éfeso, algum lugar da Macedônia ou da Ásia Menor.

Perspectiva espírita

O primeiro comentário feito por Emmanuel a esta epístola é bastante esclarecedor, não só do ponto de vista do reconhecimento da autoria e dos destinatários, mas também pelo seu caráter espiritual. Elucida, o benfeitor, que a afirmativa de Paulo de que a fé não é de todos, possui uma aplicação válida não só na antiguidade como na atualidade. Tanto ontem como hoje, há os que intentam apropriar-se dos princípios cristãos, unicamente pelas manifestações exteriores, esquecendo-se que a internalização da Boa-Nova exige esforço e discernimento, trabalho e testemunho. É natural, portanto, que para estes a presença do Cristo permaneça ainda no campo das expectativas distantes, uma vez que não preparam o campo íntimo para Sua chegada. Para eles, o tempo da vinda ainda não é agora. Ao contrário, para os que souberam buscar pelo esforço, pelo trabalho e pela abnegação e pela caridade a conquista da fé legítima, a presença do Mestre é constante em suas vidas. Para estes o tempo é agora.

COMENTÁRIOS À
Segunda carta aos tessalonicenses

*E para que sejamos livres de homens ímpios
e perversos; pois nem todos têm fé.*

II Tessalonicenses
3:2

Não é de todos

Dirigindo-se aos irmãos de Tessalônica, o Apóstolo dos Gentios rogou-lhes concurso em favor dos trabalhos evangélicos, para que o serviço do Senhor estivesse isento dos homens maus e dissolutos, justificando o apelo com a declaração de que a fé não é de todos.

Pelas palavras de Paulo, percebe-se-lhe a certeza de que as criaturas perversas se aproximariam dos núcleos de trabalho cristianizante, que a malícia delas poderia causar-lhes prejuízos e que era necessário mobilizar os recursos do espírito contra semelhante influência.

O grande convertido, em poucas palavras, gravou advertência de valor infinito, porque, em verdade, a cor religiosa caracterizará a vestimenta exterior de comunidades inteiras, mas a fé será patrimônio somente daqueles que trabalham sem medir sacrifícios por instalá-la no santuário do próprio mundo íntimo. A rotulagem de cristianismo será exibida por qualquer pessoa; todavia, a fé cristã revelar-se-á pura, incondicional e sublime em raros corações. Muita gente deseja assenhorear-se dela, como se fora mera letra de câmbio, enquanto inúmeros aprendizes do Evangelho a invocam, precipitados, qual se fora borboleta erradia. Esquecem-se, porém, de que se as necessidades materiais do corpo reclamam esforço pessoal diário, as necessidades essenciais do espírito nunca serão solucionadas pela expectação inoperante.

Admitir a verdade, procurá-la e acreditar nela são atitudes para todos; contudo, reter a fé viva constitui a realização divina dos que trabalharam, porfiaram e sofreram por adquiri-la.

(*Pão nosso*. FEB Editora. Cap. 23)

[...] trabalhamos para não sermos pesados a nenhum de vós.

II Tessalonicenses
3:8

Serviço[141]

Antes de Jesus, o serviço, sem dúvida, constituía abjeção ou miserabilidade.

Excetuadas as lides da guerra e as preocupações da governança que representavam o trabalho honroso da habilidade e da inteligência, qualquer gênero de atividade era considerado esforço inferior que deveria ser relegado aos homens cativos.

O serviço-punição estava em toda parte.

Escravos nas letras.

Escravos no ensino.

Escravos na rotina doméstica.

Escravos nos espetáculos.

Escravos no mar.

Escravos no solo.

Onde estivesse alguém ajudando ao próximo, no uso respeitável dos braços, aí se achava um coração jungido à vontade despótica do senhor, sem qualquer direito à própria vida.

Com Jesus, porém, o trabalho começa a receber o apreço que lhe é devido.

O Mestre inicia o apostolado numa carpintaria singela. Em seguida, é o médico dos desamparados, sem honorários; é o enfermeiro dos aflitos, sem remuneração; o educador ativo, sem recompensa. E, por fim, consagrando o concurso fraterno na máxima expressão, lava os pés aos discípulos, qual se fora deles o escravo e não o orientador.

Desde então, a Terra se renova. Cada cristão abastado ou menos favorecido procura a posição que lhe cabe a fim de agir e ser útil.

Materializando o ensino do Senhor, Paulo de Tarso consome-se de fadiga, no trabalho incessante, a fim de auxiliar a todos, sem ser pesado a ninguém. E, de século a século, sob a inspiração do Amigo Celestial, o serviço é motivo de honra e merecimento, em plano cada vez mais alto, até que o homem aprenda por si mesmo a divina lição que indica por maior aquele que se fizer o servo de todos eles.

(*Reformador*, mar. 1952, p. 50)

---

[141] Texto publicado em *Segue-me!...* Ed. O Clarim. Cap. "Serviço", com pequenas alterações.

Quanto a vós, irmãos, não vos canseis de fazer o bem.

II Tessalonicenses
3:13

Renovação em amor

Quando as crises te visitem, ante os problemas humanos, é justo medites nos princípios de causa e efeito, tanto quanto é natural reflitas no impositivo de burilamento espiritual, com que somos defrontados, entretanto, pensa igualmente na lei de renovação, capaz de trazer-nos prodígios de paz e vitória sobre nós mesmos, se nos decidimos a aceitar, construtivamente, as experiências que se nos façam precisas.

Se atingiste a integração profunda com as bênçãos da vida, considera a tarefa que a Divina Providência te confiou.

Deus não nos envia problemas de que não estejamos necessitados.

Aceitação e paciência, sem fuga ao trabalho, são quase sempre a metade do êxito em qualquer teste a que estejamos submetidos, em nosso proveito próprio.

Se qualquer tempo é suscetível de ser ocasião para resgate e reajuste, todo dia é também oportunidade de recomeçar, reaprender, instruir ou reerguer.

O amor que estejamos acrescentando à obrigação que nos cabe cumprir é sempre plantação de felicidade para nós mesmos.

Onde estiveres e como estiveres, nas áreas da dificuldade, dá-te à serenidade e ao espírito de serviço e entenderás, com facilidade, que o amor cobre realmente a multidão de nossas faltas, apressando, em nosso favor, a desejada conquista de paz e libertação.

(*Ceifa de luz*. FEB Editora. Cap. 22)

O bem é incansável

É muito comum encontrarmos pessoas que se declaram cansadas de praticar o bem. Estejamos, contudo, convictos de que semelhantes alegações não procedem de fonte pura.

Somente aqueles que visam a determinadas vantagens aos interesses particularistas, na zona do imediatismo, adquirem o tédio vizinho da desesperação, quando não podem atender a propósitos egoísticos.

É indispensável muita prudência quando essa ou aquela circunstância nos induz a refletir nos males que nos assaltam, depois do bem que julgamos haver semeado ou nutrido.

O aprendiz sincero não ignora que Jesus exerce o seu ministério de amor sem exaurir-se, desde o princípio da organização planetária. Relativamente aos nossos casos pessoais, muita vez terá o Mestre sentido o espinho de nossa ingratidão, identificando-nos o recuo aos trabalhos da nossa própria iluminação; todavia, nem mesmo verificando-nos os desvios voluntários e criminosos, jamais se esgotou a paciência do Cristo que nos corrige, amando, e tolera, edificando, abrindo-nos misericordiosos braços para a atividade renovadora.

Se Ele nos tem suportado e esperado através de tantos séculos, por que não poderemos experimentar de ânimo firme algumas pequenas decepções durante alguns dias?

A observação de Paulo aos tessalonicenses, portanto, é muito justa. Se nos entediarmos na prática do bem, semelhante desastre expressará em verdade que ainda nos não foi possível a emersão do mal de nós mesmos.

(*Pão nosso*. FEB Editora. Cap. 11)

Introdução às Cartas a Timóteo

Timóteo é um dos mais conhecidos e mencionados colaborares de Paulo. Seu nome aparece não só em *Atos dos apóstolos*, como também em 9 das 14 cartas atribuídas a Paulo, sendo que duas delas foram a ele endereçadas. Filho de uma mãe judia e de pai grego (*Atos*, 16:1), vivia em Listra e foi um dos primeiros colaboradores de Paulo e pelo qual o convertido de Damasco demonstra grande consideração, referindo-se a ele como γνησίῳ τέκνῳ ἐν πίστει *(gnesío tékno en pístei* – genuíno filho na fé) (*I Timóteo*, 1:2) e ἀγαπητῷ τέκνῳ, *(agapentô tékno* – amado filho) (*II Timóteo*, 1:2). Foi enviado em nome de Paulo para Tessalônica (*I Timóteo*, 3:2), a Filipo (*Filipenses*, 2:19 a 22) e Corinto (*I Coríntios*, 4:17). Além disso, destaca-se que ele é corremetente em 5 cartas (*II Coríntios; Filipenses; I Tessalonicenses; II Tessalonicenses* e *Colossenses*) e está presente na saudação em *Romanos* (*Romanos*,16:21).

A esse conjunto de informações, soma-se o tom afetivo com que as epístolas a ele endereçadas são construídas, sobretudo a segunda, e percebe-se que existia uma relação de confiança e respeito entre esses dois trabalhadores do Evangelho.

A Primeira carta a Timóteo

Essa carta é marcada, sobretudo, por orientações de Paulo em relação ao trabalho que Timóteo deve desenvolver, provavelmente em Éfeso a se depreender que *I Timóteo*, 1:3 indique os locais de origem e destino da carta, no que diz respeito à estruturação e ao dia a dia da comunidade. Também estão presentes um conjunto de conselhos ao próprio Timóteo.

Estrutura e temas

Capítulos – 6 Versículos – 113 Remetente: Paulo	
Conteúdo/tema	**Versículos**
Destinatário e saudação	1:1 – 1:2
O papel de Timóteo de esclarecer e orientar	1:3 – 1:7

Capítulos – 6
Versículos – 113
Remetente: Paulo

Conteúdo/tema	Versículos	
O papel da Lei	1:8	1:11
Gratidão de Paulo pela misericórdia que recebeu	1:12	1:17
Instruções de Paulo para que Timóteo não naufrague na fé	1:18	1:20
– Instruções sobre a oração	2:1	2:8
1º hino de louvor a Deus e a Jesus	2:5	2:6a
– Instruções sobre o comportamento das mulheres	2:9	2:15
– Instruções sobre os epíscopos (supervisores)	3:1	3:7
– Instruções sobre os diáconos (auxiliares)	3:8	3:13
Desejo de breve reencontro	3:14	3:16a
2º hino de louvor a Deus e a Jesus	3:16b	3:16b
– Instruções sobre os que se apegam e propagam ideias falsas	4:1	4:7a
Treinamento e exercício na fé	4:7b	4:11
Não desprezar a juventude	4:12	4:16
Instrução de como lidar com os erros dos mais velhos	5:1	5:2
Honra e cuidado para com as viúvas	5:3	5:16
Instrução sobre os mais velhos que possuem papel de liderança	5:17	5:25
Orientação aos que estão na condição de escravos	6:1	6:2a
O que Timóteo deve ensinar e recomendar	6:2b	6:2b
– Sobre os que ensinam o contrário do que Jesus ensinou	6:3	6:6
– Sobre os que buscam lucro no exercício da fé	6:6	6:7
– Sobre o contentamento com o necessário	6:8	6:9
– Sobre o amor ao dinheiro como raiz de muitos males	6:10	6:10
Recomendações aos homens de Deus	6:11	6:15a
3º hino de louvor a Deus e a Jesus	6:15b	6:16
Orientações que devem ser dadas aos ricos	6:17	6:19
Orientação final a Timóteo	6:20	2:21

Local, data e autenticidade

A data e o local onde *I Timóteo* foi escrita estão intimamente ligados à questão da autenticidade. Existem muitos debates, surgidos nos últimos 200 anos, acerca de se esta seria ou não uma carta redigida por Paulo. Essa dúvida apoia-se em argumentos relacionados a estilo, uso da linguagem e encaixe na cronologia da vida de Paulo. Esses argumentos, contudo, derivam de ênfase específica em aspectos da carta e em uma cronologia que, no caso de Paulo, está longe de ser completa e totalmente estabelecida pelo que se extrai dos textos do Novo Testamento, mesmo porque, o objetivo desses textos é menos o registro histórico factual do que a divulgação do Evangelho.

Muitos cristãos, como Policarpo, Clemente de Alexandria, Irineu e Tertuliano, conhecem e citam *I Timóteo*. O cânone de Muratori também traz, em sua relação, esta carta, embora o de Marcião não a contenha.

Dentre os que consideram a carta como autêntica, as datas de sua origem variam entre 61 e 65 e o local de origem seria algum ponto da região da Macedônia.

A *Segunda carta a Timóteo*

Nessa segunda carta, o tom pessoal se destaca de maneira intensa. Paulo registra o seu sofrimento, o lamento por somente Lucas estar ao seu lado, naquele momento, cita aqueles que o abandonaram ou que tiveram que se dirigir a outras localidades e registra seu pressentimento de que o fim de sua vida está próximo. As orientações nela contidas dirigem-se muito mais ao próprio Timóteo, tanto no sentido do que deveria fazer e ensinar, quanto no que ele deveria evitar. É por isso que muitos consideram esse escrito quase como um testamento espiritual.

Estrutura e temas

Capítulos – 4 Versículos – 83 Remetentes: Paulo	
Conteúdo/tema	Versículos
Destinatários e saudações	1:1 – 1:2
Gratidão a Deus e recordações gerais acerca de Timóteo	1:3 – 1:5
Exortação a reavivar o dom do Espírito	1:6 – 1:7
Exortação a não se envergonhar de dar testemunho	1:8 – 1:12
Exortação a seguir as sãs palavras	1:13 – 1:14
Lembranças dos que não estão mais presentes	1:15 – 1:18

Capítulos – 4 Versículos – 83 Remetentes: Paulo	
Conteúdo/tema	**Versículos**
Pedido para que Timóteo se fortaleça no Evangelho	2:1 – 2:10
Hino a Jesus	2:11 – 2:13
Exortações diversas	2:14 – 2:26
– Evitar as contendas inúteis	
– Evitar as paixões da juventude	
– Seguir a justiça, a fé e a caridade	
– Manter-se manso e evitar brigas	
– Agir com suavidade em relação aos opositores	
Os momentos difíceis dos últimos dias	3:1 – 3:9
Exortação a seguir o exemplo de Paulo	3:10 – 3:13
Exortação a permanecer firme no que aprendeu	3:14 – 3:17
Solene exortação a que Timóteo continue o trabalho que lhe foi confiado	4:1 – 4:5
Paulo pressente que está chegando o tempo de sua partida	4:6 – 4:8
Pedido para que Timóteo venha ao encontro de Paulo	4:9 – 4:9
Todos o que atuam no Evangelho se foram, exceto Lucas	4:10 – 4:11a
Pedidos e recomendações de cuidado	4:11b – 4:15
Relato da defesa solitária e da esperanças em Deus	4:16 – 4:18
Saudações e orientações finais	4:19 – 4:22

Local, data e origem

As questões em relação à autenticidade se repetem também neste caso. Entre os que a consideram autêntica, ainda resta o desafio de situar temporalmente a percepção expressa por Paulo de que seu fim está próximo. O texto de *Atos dos apóstolos* encerra com Paulo preso em Roma, mas não dá indícios de que ele teria sido martirizado logo depois. Além disso, existem algumas tradições que falam que o Apóstolo dos Gentios teria sido libertado e depois viajado para a Espanha. A sua morte teria ocorrido em Roma, em uma segunda prisão. A carta, portanto, seria desse período. O problema está em estabelecer o que teria acontecido com Paulo depois de sua libertação. Quanto tempo teria durado a sua viagem pela Espanha? O retorno teria sido para Roma ou para outra região? Qual o motivo de sua segunda prisão? Quais as circunstâncias de sua morte? Essas são questões a que a historiografia humana pode oferecer hipóteses e teorias.

Por essas razões, as datas variam entre 64 e 67, e o local, quase consensuado, seria Roma.

Perspectiva espírita

A relação entre Paulo e Timóteo, conforme o relato no livro *Paulo e Estêvão*, começa desde muito cedo, quando Paulo visita Listra e ali encontra o então jovem Timóteo, que demonstra interesse incomum na mensagem de Jesus para alguém daquela idade. Timóteo, anos mais tarde, se juntaria à caravana, passando a colaborar direta e intensamente com Paulo na divulgação do Evangelho.

Em relação à segunda carta, Emmanuel não deixa dúvida sobre a sua autenticidade, ao citar explicitamente um trecho dessa correspondência, indicando, assim, a data e local de redação como sendo o ano de 65 e a cidade de Roma, um pouco antes do martírio do ex-doutor da Lei.

Do ponto de vista do ensino, essas duas epístolas trazem um registro da importância da juventude cristã, da sua capacidade de realização e do esforço que deve ser empregado em transmitir-lhe as bases do Evangelho, a fim de que os jovens não somente vivenciem a proposta do Cristo, como também sejam capazes de dar continuidade na tarefa de ofertar as luzes da Boa-Nova aos que a buscam.

COMENTÁRIOS À
Primeira carta a Timóteo

Pretendendo passar por doutores da Lei, quando não sabem nem o que dizem e nem o que afirmam tão fortemente.

I Timóteo
1:7

Não entendem

Em todos os lugares surgem multidões que abusam da palavra.

Avivam-se discussões destrutivas, na esfera da ciência, da política, da filosofia, da religião. Todavia, não somente nesses setores da atividade intelectual se manifestam semelhantes desequilíbrios.

A sociedade comum, em quase todo o mundo, é campo de batalha, nesse particular, em vista da condenável influência dos que se impõem por doutores em informações descabidas. Pretensiosas autoridades nos pareceres gratuitos, espalham a perturbação geral, adiam realizações edificantes, destroem grande parte dos germens do bem, envenenam fontes de generosidade e fé e, sobretudo, alterando as correntes do progresso, convertem os santuários domésticos em trincheiras da hostilidade cordial.

São esses envenenadores inconscientes que difundem a desarmonia, não entendendo o que afirmam.

Quem diz alguma coisa, porém, está semeando algo no solo da vida, e quem determina isto ou aquilo está consolidando a semeadura.

Muitos espíritos nobres são cultivadores das árvores da verdade, do bem e da luz; entretanto, em toda parte movimentam-se também os semeadores do escalracho da ignorância, dos cardos da calúnia, dos espinhos da maledicência. Por intermédio deles opera-se a perturbação e o estacionamento. Abusam do verbo, mas pagam a leviandade a dobrado preço, porquanto, embora desejem ser doutores da lei e por mais intentem confundir-lhe os parágrafos e ainda que dilatem a própria insensatez por muito tempo, mais se aproximam dos resultados de suas ações, no círculo das quais, essa mesma lei lhes impõe as realidades da vida eterna, por meio da desilusão, do sofrimento e da morte.

(*Vinha de luz*. FEB Editora. Cap. 15)

Fiel é esta palavra e digna de toda aceitação: Cristo Jesus veio ao mundo para salvar os pecadores [...].

I Timóteo
1:15

Salvar-se[142]

É digna de nota a afirmativa do Apóstolo, asseverando que Jesus veio ao mundo salvar os pecadores, para reconhecermos que salvar não significa arrebatar os filhos de Deus à lama da Terra para que fulgurem, de imediato, entre os anjos do Céu.

Assinalemos que, logo após a passagem do Senhor entre as criaturas, a fisionomia íntima dos homens, de modo geral, era a mesma do tempo que lhe antecedera a vinda gloriosa.

Mantinham-se os romanos no galope de conquista ao poder, os judeus permaneciam algemados a racismo infeliz, os egípcios desciam à decadência, os gregos demoravam-se sorridentes e impassíveis, em sua filosofia recamada de dúvidas e prazeres.

Os senhores continuavam senhores, os escravos prosseguiam escravos...

Todavia, o espírito humano sofrera profundas alterações.

As criaturas, ao toque do exemplo e da palavra do Cristo, acordavam para a verdadeira fraternidade, e a redenção, por chama divina, começou a clarear os obscuros caminhos da Terra, renovando o semblante moral dos povos...

Salvar-se, pois, não será subir ao Céu com as alparcas do favoritismo religioso, mas sim converter-se ao trabalho incessante do bem, para que o mal se extinga no mundo.

Salvou-nos o Cristo ensinando-nos como erguer-nos da treva para a luz.

Salvar é, portanto, levantar, iluminar, ajudar e enobrecer, e salvar-se é educar-se alguém para educar os outros.

(*Reformador*, ago. 1958, p. 170)

---

[142] Texto publicado em *Palavras de vida eterna*. Ed. Comunhão Espírita Cristã. Cap. 38.

Pelos reis e todos os que detêm a autoridade, a fim de que levemos uma vida calma e serena, com toda piedade e dignidade.

I Timóteo
2:2

No auxílio a todos[143]

Comumente, em nossos recintos de conversação e prece, voltamo-nos compassivamente para os nossos companheiros menos felizes no mundo.

Apiedamo-nos sem dificuldade dos enfermos e dos desesperados, dos que se afundaram nas águas lodosas da miséria ou que foram vitimados por flagelos públicos.

Oramos por eles, relacionando-lhes as necessidades que tentamos socorrer na medida de nossos recursos.

Entretanto, o Apóstolo Paulo, em suas recomendações a Timóteo, lembra-nos o amparo espiritual que devemos a quantos suportam na fronte a coroa esfogueante da autoridade, comandando, dirigindo, orientando, esclarecendo e instruindo...

São eles, os nossos irmãos conduzidos à eminência do poder e da fortuna, da administração ou da liderança, que carregam tentações e provas ocultas de toda espécie, padecendo vicissitudes que, muita vez, se retratam de lamentável maneira nas coletividades que influenciam.

À feição de pastores dementados, quando se não compenetram dos deveres que lhes são próprios, sofrem perturbações aflitivas que se projetam sobre as ovelhas que lhes recolhem a atuação, criando calamidades morais e moléstias coletivas de longo curso, que atrasam a evolução e atormentam a vida.

Não nos esqueçamos, pois, da oração pelos que dirigem, auxiliando-os com a bênção da simpatia e da compaixão, não só para que se desincumbam zelosamente dos compromissos que lhes selam a rota, mas também para que vivamos, com o sadio exemplo deles, na verdadeira caridade uns para com os outros, sob a inspiração da honestidade, que é base de segurança em nosso caminho.

(*Reformador*, ago. 1958, p. 170)

---

[143] Texto publicado em *Palavras de vida eterna*. Ed. Comunhão Espírita Cristã. Cap. 39.

Quero, portanto, que os homens orem em todo lugar, erguendo mãos santas, sem ira e sem animosidade.

I Timóteo
2:8

Levantando mãos santas

Neste trecho da *Primeira epístola de Paulo a Timóteo*, recebemos preciosa recomendação de serviço.

Alguns aprendizes desejarão lobrigar no texto apenas uma exortação às atitudes de louvor; no entanto, o convertido de Damasco esclarece que devemos levantar mãos santas em todo lugar, sem ira nem contenda.

Não se referia Paulo ao ato de mãos postas que a criatura prefere sempre levar a efeito, em determinados círculos religiosos, onde, pelo artificialismo respeitável da situação, não se justificam irritações ou disputas visíveis. O Apóstolo menciona a ação honesta e edificante do homem que colabora com a Providência Divina e reporta-se ao trabalho de cada dia, que se verifica nas mais recônditas regiões do globo.

Lendo-lhe o conselho, é razoável recordar que o homem, no esforço individualista, invariavelmente ergue as mãos na tarefa diuturna. Se administra, permanece indicando caminhos; se participa de labores intelectuais, empunha a pena; se opera no campo, guiará o instrumento agrícola. Paulo acrescenta, porém, que essas mãos devem ser santificadas, depreendendo-se daí que muita gente move os braços na obra terrestre, salientando-se, todavia, a conveniência de se ajuizar da finalidade e do conteúdo da ação despendida.

Se desejas aplicar o raciocínio a ti próprio, repara, antes de tudo, se a tua realização vai prosseguindo sem cólera destrutiva e sem demandas inúteis.

(*Pão nosso*. FEB Editora. Cap. 84)

Conservando o mistério da fé com consciência limpa.

I Timóteo
3:9

Consciência

Curiosidade ou sofrimento oferecem portas à fé, mas não representam o vaso divino destinado à sua manutenção.

Em todos os lugares, observamos pessoas que, em seguida a grandes calamidades da sorte, correm pressurosas aos templos ou aos oráculos novos, manifestando esperança no remédio das palavras.

O fenômeno, entretanto, muitas vezes, é apenas verbal. O que lhes vibra no coração é o capricho insatisfeito ou ferido pelos azorragues de experiências cruéis...

Claro que semelhante recurso pode constituir um caminho para a edificação da confiança, sem ser, contudo, a providência ideal.

Paulo de Tarso, em suas recomendações a Timóteo, esclarece o problema com traço firme.

É imprescindível guardar a fé e a crença em sentimentos puros. Sem isso, o homem oscilará, na intranquilidade, pela insegurança do mundo íntimo.

A consciência obscura ou tisnada inclina-se, invariavelmente, para as retificações dolorosas, em cujo serviço podem nascer novos débitos, quando a criatura se caracteriza pela vontade frágil e enfermiça.

Os aprendizes do Evangelho devem recordar o conselho paulino que se reveste de profunda importância para todas as escolas do Cristianismo.

O divino mistério da fé viva é problema de consciência cristalina. Trabalhemos, portanto, por apresentarmos ao Pai a retidão e a pureza dos pensamentos.

(*Vinha de luz*. FEB Editora. Cap. 131)

Expondo estas coisas aos irmãos, serás bom servidor de Cristo Jesus, nutrido com as palavras da fé e da boa doutrina que tens seguido.

I Timóteo
4:6

Verbo e caminho[144]

É necessário estudar o poder do verbo e jamais abusar dele. Mobilizá-lo para estabelecer condições de saúde e equilíbrio, paz e alegria, onde estivermos. Compreendê-lo e acatá-lo para saber que a verdade, na correção do Espírito, deve ser empregada como a radioterapia na cura física, dentro da cautela aconselhável, sem que nos caiba o direito de inclinar-lhe as aplicações para o terreno da leviandade ou da malícia. Usá-lo para auxiliar e abençoar, levantar e instruir.

Falar é gravar.

Gravar é criar.

Acatemos as necessidades e os interesses dos outros, no campo dos recursos verbalistas.

Somos obviamente responsáveis pelos bens materiais de que nos apropriemos indebitamente. Outro tanto acontece, quando dilapidamos fé e otimismo, esperança e coragem nos corações alheios.

A ideia é uma força criadora e nossas palavras aderem a ela, construindo sentimentos, sugestões, formas e coisas.

Conversemos para melhorar.

Utilizemos a frase por agente de elevação.

Estejamos convencidos de que as palavras que nos escapam da boca ou da escrita assemelham-se, de maneira simbólica, ao ferro gusa; após escorrerem do forno de nossa mente, solidificam-se nos trilhos bons ou maus, sobre os quais o comboio de nossa existência estará no caminho.

(*Reformador*, mar. 1966, p. 54)

---

[144] Texto publicado em *Bênção de paz*. Ed. GEEM. Cap. 24, com pequenas alterações.

[...] Exercita-te na piedade.

I Timóteo
4:7

Conquista da compaixão

Não se conhece nenhuma conquista que chegasse ao espírito sem apoio na prática.

Um grande intérprete da música não se manteria nessa definição, sem longos exercícios com base na disciplina.

Um campeão nas lides esportivas não consegue destacar-se simplesmente sonhando com vitórias.

Nos dons espirituais, os princípios que nos regem as aquisições são os mesmos.

Se quisermos que a piedade nos ilumine, é imperioso exercitar a compreensão. E compreensão não vem a nós sem que façamos esforço para isso.

Aceitemos, assim, as nossas dificuldades por ocasiões preciosas de ensino, sobretudo, no relacionamento uns com os outros.

Nesse sentido, os que nos contrariam se nos mostram como sendo os melhores instrutores.

Se alguém comete uma falta, reflitamos na doença mental que lhe terá ditado o comportamento.

Se um amigo nos abandona, imaginemos quanto haverá sofrido no processo de incompreensão que o levou a se afastar.

Pensa na insatisfação enfermiça dos que se fazem perseguidores ou na dor dos que se entregam a esse ou àquele tipo de culpa.

Compaixão é a porta que se nos abre no sentimento para a luz do verdadeiro amor, entretanto, notemos: ninguém adquire a piedade sem construí-la.

(*Ceifa de luz*. FEB Editora. Cap. 15)

Que ninguém despreze tua jovem idade. Quanto a ti, sê para os fiéis modelo na palavra, na conduta, na caridade, na fé, na pureza.

I Timóteo
4:12

Página do moço espírita cristão[145]

Meu amigo da cristandade juvenil, que ninguém te despreze a mocidade.

Este conselho não é nosso. Foi lançado por Paulo de Tarso, o grande convertido, há dezenove séculos.

O Apóstolo da Gentilidade conhecia o teu soberano potencial de grandeza. A sua última carta, escrita com as lágrimas quentes do coração angustiado, foi também endereçada a Timóteo, o jovem discípulo que permaneceria no círculo dos testemunhos de sacrifício pessoal, por herdeiro de seus padecimentos e renunciações.

Paulo sabia que o moço é o depositário e realizador do futuro.

Em razão disso, confiava ao aprendiz a coroa da luta edificante.

Que ninguém, portanto, te menoscabe a juventude, mas não te esqueças de que o direito sem o dever é vocábulo vazio.

Ninguém exija sem dar ajudando e sem ensinar aprendendo sempre.

Sê, pois, em tua escalada do porvir, o exemplo dos mais jovens e dos mais velhos que procuram no Cristo o alvo de suas aspirações, ideais e sofrimentos.

Consagra-te à palavra elevada e consoladora.

Guarda a bondade e a compreensão no trato com todos os companheiros e situações que te cercam.

Atende à caridade que te pede estímulo e paz, harmonia e auxílio para todos.

Sublima o teu espírito na glória de servir.

Santifica a fé viva, confiando no Senhor e em ti mesmo, na lavoura do bem que deve ser cultivada todos os dias.

Conserva a pureza dos teus sentimentos, a fim de que o teu amor seja invariavelmente puro, na verdadeira comunhão com a Humanidade.

Abre as portas de tua alma a tudo o que seja útil, nobre, belo e santificante, e, de braços devotados ao serviço da Boa-Nova, pela Terra regenerada e feliz, sigamos com a vanguarda dos nossos benfeitores ao encontro do Divino Amanhã.

(*Correio fraterno*. FEB Editora. Cap. 15)

---

[145] Texto publicado em *Segue-me!...* Ed. O Clarim. Cap. "Página do moço espírita cristão".

Não descuides do dom da graça que há em ti [...].

I Timóteo
4:14

O teu dom

Em todos os setores de reorganização da fé cristã, nos quadros do Espiritismo contemporâneo, há sempre companheiros dominados por nocivas inquietações.

O problema da mediunidade, principalmente, é dos mais ventilados, esquecendo-se, não raro, o impositivo essencial do serviço.

Aquisições psíquicas não constituem realizações mecânicas.

É indispensável aplicar nobremente as bênçãos já recebidas, a fim de que possamos solicitar concessões novas.

Em toda parte, há insopitável ansiedade por recolher dons do Céu, sem nenhuma disposição sincera de espalhá-los, em benefício de todos, em nome do Divino Doador. Entretanto, o campo de lutas e experiências terrestres é a obra extensa do Cristo, dentro da qual a cada trabalhador se impõe certa particularidade de serviço.

Diariamente, haverá mais farta distribuição de luz espiritual em favor de quantos se utilizam da luz que já lhes foi concedida, no engrandecimento e na paz da comunidade.

Não é razoável, porém, conferir instrumentos novos a mãos ociosas, que entregam enxadas à ferrugem.

Recorda, pois, meu amigo, que podes ser o intermediário do Mestre, em qualquer parte.

Basta que compreendas a obrigação fundamental, no trabalho do bem, e atendas à Vontade do Senhor, agindo, incessantemente, na concretização dos Celestes Desígnios.

Não te aflijas, portanto, se ainda não recebeste a credencial para o intercâmbio direto com o plano invisível, sob o ponto de vista fenomênico. Se suspiras pela comunicação franca com os espíritos desencarnados, lembra-te de que também és um espírito imortal, temporariamente na Terra, com o dever de aplicar o sublime dom de servir que há em ti mesmo.

(*Vinha de luz*. FEB Editora. Cap. 127)

Desvela-te por estas coisas, nelas persevera, a fim de que a todos seja manifesto o teu progresso.

I Timóteo
4:15

Aproveitamento

Geralmente, o primeiro impulso dos que ingressam na fé constitui a preocupação de transformar compulsoriamente os outros.

Semelhante propósito, às vezes, raia pela imprudência, pela obsessão. O novo crente flagela a quantos lhe ouvem os argumentos calorosos, azorragando costumes, condenando ideias alheias e violentando situações, esquecido de que a experiência da alma é laboriosa e longa e de que há muitas esferas de serviço na casa de Nosso Pai.

Aceitar a boa doutrina, decorar-lhe as fórmulas verbais e estender-lhe os preceitos são tarefas importantes, mas aproveitá-la é essencial.

Muitos companheiros apregoam ensinamentos valiosos, todavia, no fundo, estão sempre inclinados a rudes conflitos, em face da menor alfinetada no caminho da crença. Não toleram pequeninos aborrecimentos domésticos e mantêm verdadeiro jogo de máscara em todas as posições.

A palavra de Paulo, no entanto, é muito clara.

A questão fundamental é de aproveitamento.

Indubitável que a cultura doutrinária representa conquista imprescindível ao seguro ministério do bem; contudo, é imperioso reconhecer que se o coração do crente ambiciona a santificação de si mesmo, a caminho das zonas superiores da vida, é indispensável se ocupe nas coisas sagradas do espírito, não por vaidade, mas para que o seu justo aproveitamento seja manifesto a todos.

(*Vinha de luz*. FEB Editora. Cap. 14)

Aprendamos, no entanto...[146]

Em muitas reencarnações passadas, adotamos igualmente a estranha maneira de muitos dos nossos irmãos, vinculados hoje ao Cristianismo, cujo comportamento religioso a vida reajustará, qual aconteceu a nós outros.

---

[146] Texto publicado em *Palavras de vida eterna*. Ed. Comunhão Espírita Cristã. Cap. 159, com pequenas alterações.

Buscávamos o Evangelho e pregávamos o Evangelho, atendendo a sentido demagógico.

Queríamos o Cristo para que o Cristo nos servisse.

Cultivávamos a oração, pretendendo subornar a Justiça Divina.

Compartíamos demonstrações e expressões de fé, à caça de vantagens pessoais, no imediatismo das gratificações terrestres.

À face disso, temos entrado múltiplas vezes no renascimento físico e atravessado os pórticos da desencarnação, carreando a consciência pesada de culpas, à maneira de aposento recheado de lixo e sucata da experiência humana, incapaz de se abrir ao sol da Bondade Divina.

O Apóstolo Paulo, no entanto, escrevendo a Timóteo – ele que foi o campeão imperterrito da fé viva –, traça a diretriz que nos é necessária, à frente das lições do Senhor.

Após valiosa série de considerações sobre os princípios evangélicos, nas quais persuade o companheiro a ler, instruir, exortar e exemplificar em boas obras, pede não apenas para que o amigo e aprendiz medite nas doutrinas que aceita, mas recomenda-lhe aplicar-se a elas, a fim de que o aproveitamento pessoal dele seja manifesto a todos.

A assertiva de Paulo não deixa dúvidas.

Quanto nos seja possível, estudemos as lições do Senhor e reflitamos em torno delas. Aprendamos, no entanto, a praticá-las, traduzindo-as em ação, no cotidiano, para que a nossa palavra não se faça vazia e a nossa fé não seja vã.

(*Reformador*, maio 1964, p. 100)

Vigia a ti mesmo e a doutrina. Persevera nestas disposições porque, assim fazendo, salvarás a ti mesmo e aos teus ouvintes.

I Timóteo
4:16

Cuidado de si

Em toda parte, há pelotões do exército dos pessimistas, de braços cruzados, em desalento.

Não compreendem o trabalho e a confiança, a serenidade e a fé viva, e costumam adotar frases de grande efeito, condenando situações e criaturas.

Às vezes, esses soldados negativos são pessoas que assumiram a responsabilidade de orientar.

Todavia, embora a importância de suas atribuições, permanecem enganados.

As dificuldades terrestres efetivamente são enormes e os seus obstáculos reclamam grande esforço das almas nobres em trânsito no planeta, mas é imprescindível não perder cada discípulo o cuidado consigo próprio. É indispensável vigiar o campo interno, valorizar as disciplinas e aceitá-las, bem como examinar as necessidades do coração. Esse procedimento conduz o espírito a horizontes mais vastos, efetuando imensa amplitude de compreensão, dentro da qual abrigamos, no íntimo, santo respeito por todos os círculos evolutivos, dilatando, assim, o patrimônio da esperança construtiva e do otimismo renovador.

Ter cuidado consigo mesmo é trabalhar na salvação própria e na redenção alheia. Esse o caminho lógico para a aquisição de valores eternos.

Circunscrever-se o aprendiz aos excessos teóricos, furtando-se às edificações do serviço, é descansar nas margens do trabalho, situando-se, pouco a pouco, no terreno ingrato da crítica satânica sobre o que não foi objeto de sua atenção e de sua experiência.

(*Caminho, verdade e vida*. FEB Editora. Cap. 148)

[...] aprendam primeiramente a exercer a piedade para com a própria família e a recompensar os seus progenitores; pois isto é agradável diante de Deus.

I Timóteo
5:4

Em família

A luta em família é problema fundamental da redenção do homem na Terra. Como seremos benfeitores de cem ou mil pessoas, se ainda não aprendemos a servir cinco ou dez criaturas? Esta é indagação lógica que se estende a todos os discípulos sinceros do Cristianismo.

Bom pregador e mau servidor são dois títulos que se não coadunam.

O Apóstolo aconselha o exercício da piedade no centro das atividades domésticas; entretanto, não alude à piedade que chora sem coragem ante os enigmas aflitivos, mas àquela que conhece as zonas nevrálgicas da casa e se esforça por eliminá-las, aguardando a decisão divina a seu tempo.

Conhecemos numerosos irmãos que se sentem sozinhos, espiritualmente, entre os que se lhes agregaram ao círculo pessoal, por meio dos laços consanguíneos, entregando-se, por isso, a lamentável desânimo.

É imprescindível, contudo, examinar a transitoriedade das ligações corpóreas, ponderando que não existem uniões casuais no lar terreno. Preponderam aí, por enquanto, as provas salvadoras ou regenerativas. Ninguém despreze, portanto, esse campo sagrado de serviço por mais se sinta acabrunhado na incompreensão. Constituiria falta grave esquecer-lhe as infinitas possibilidades de trabalho iluminativo.

É impossível auxiliar o mundo, quando ainda não conseguimos ser úteis nem mesmo a uma casa pequena – aquela em que a Vontade do Pai nos situou, a título precário.

Antes da grande projeção pessoal na obra coletiva, aprenda o discípulo a cooperar em favor dos familiares, no dia de hoje, convicto de que semelhante esforço representa realização essencial.

(*Pão nosso*. FEB Editora. Cap. 117)

Se alguém não cuida dos seus, e sobretudo dos da própria casa, renegou a fé e é pior do que um incrédulo.

I Timóteo
5:8

Parentes

A casualidade não se encontra nos laços da parentela.

Princípios sutis da Lei funcionam nas ligações consanguíneas.

Impelidos pelas causas do passado a reunir-nos no presente, é indispensável pagar com alegria os débitos que nos imanam a alguns corações, a fim de que venhamos a solver nossas dívidas para com a Humanidade.

Inútil é a fuga dos credores que respiram conosco sob o mesmo teto, porque o tempo nos aguardará implacável, constrangendo-nos à liquidação de todos os compromissos.

Temos companheiros de voz adocicada e edificante na propaganda salvacionista, que se fazem verdadeiros trovões de intolerância na atmosfera caseira, acumulando energias desequilibradas em torno das próprias tarefas.

Sem dúvida, a equipe familiar no mundo nem sempre é um jardim de flores. Por vezes, é um espinheiro de preocupações e de angústias, reclamando-nos sacrifício. Contudo, embora necessitemos de firmeza nas atitudes para temperar a afetividade que nos é própria, jamais conseguiremos sanar as feridas do nosso ambiente particular com o chicote da violência ou com o emplastro do desleixo.

Consoante a advertência do Apóstolo, se nos falha o cuidado para com a própria família, estaremos negando a fé.

Os parentes são obras de amor que o Pai compassivo nos deu a realizar. Ajudemo-los, com a cooperação e o carinho, atendendo aos desígnios da verdadeira fraternidade. Somente adestrando paciência e compreensão, tolerância e bondade, na praia estreita do lar, é que nos habilitaremos a servir com vitória, no mar alto das grandes experiências.

(*Fonte viva*. FEB Editora. Cap. 156)

Compaixão em família[147]

São muitos assim.

Descarregam primorosa mensagem nas assembleias, exortando o povo à compaixão; bordam conceitos e citações, a fim de que a brandura seja lembrada; entretanto, no instituto doméstico, são carrascos de sorriso na boca.

Traçam páginas de subido valor, em honra da virtude, comovendo multidões; mas não gravam a mínima gentileza nos corações que os cercam entre as paredes familiares.

Promovem subscrições de auxílio público, em socorro das vítimas de calamidades ocorridas em outros continentes, transformando-se em titulares da grande benemerência; contudo, negam simples olhar de carinho ao servidor que lhes põe a mesa.

Incitam a comunidade aos rasgos de heroísmo econômico, no levantamento de albergues e hospitais, disputando créditos publicitários em torno do próprio nome; entretanto, não hesitam exportar, no rumo do asilo, o avô menos feliz que a provação expõe à caducidade.

Não seremos nós quem lhes vá censurar semelhante procedimento.

Toda migalha de amor está registrada na Lei, em favor de quem a emite.

Mais vale fazer bem aos que vivem longe, que não fazer bem algum.

Ajudemos, sim, ajudemos aos outros, quanto nos seja possível; entretanto, sejamos bons para com aqueles que respiram em nosso hálito. Devedores de muitos séculos, temos em casa, no trabalho, no caminho, no ideal ou na parentela, as nossas principais testemunhas de quitação.

(*Reformador*, fev. 1962, p. 27)

---

[147] Texto publicado em *Palavras de vida eterna*. Ed. Comunhão Espírita Cristã. Cap. 107.

Altercações intermináveis entre homens de espírito corrupto e desprovidos de verdade, supondo que a piedade é fonte de lucro.

I Timóteo
6:5

Discussões

No amontoado de problemas espirituais que integram o quadro de preocupações do discípulo, destacamos o fenômeno palavroso, como dos mais importantes ao seu bem-estar.

A contenda verbal tem o seu lado útil ou o seu objetivo elevado, no entanto, é preciso considerar, antes do início, sua verdadeira finalidade.

Discussões a esmo são ventanias destruidoras. Quando alguém delibere romper o silêncio é indispensável examinar o caráter dessa atitude.

Naturalmente, não estamos falando para o homem vulgar, empenhado em críticas a todas as criaturas e coisas do caminho comum, olvidando a si mesmo, mas para o discípulo de boa e sincera intenção.

A inferioridade com seus tentáculos numerosos convida insistentemente aos atritos, todavia, o aprendiz fiel deve conservar-se vigilante, em seu posto, sob pena de ser inscrito como servo relapso, indigno da tarefa.

Surgirão, como é justo, horas de esclarecimento, dilatando as luzes espirituais nas sendas retas, contudo, quando se verifique um desafio à discussão, convém meditar gravemente no assunto, antes de se atirar ao duelo das palavras. Não haverá recurso fora dos elementos de sensacionalismo? Não será falsa piedade, mascarando a causa de ganho?

Nem sempre esse ganho é o dinheiro; pode ser também prepotência de opinião, sectarismo, vaidade.

Um homem na sua tarefa de realização com Deus, do trabalho mais simples ao mais complicado, pode estar certo de que está no lugar próprio, atendendo à Vontade do Senhor que ali o colocou sabiamente; mas quando se ponha em contendas, ninguém, nem ele mesmo, pode saber até onde irá e quanto carvão será depositado em sua alma, após o grande incêndio.

(*Sentinelas da luz*. Ed. Cultura Espírita União. Cap. "Discussões")

A piedade é de fato grande fonte de lucro,
mas para quem sabe se contentar.

I Timóteo
6:6

Piedade

Fala-se muito em piedade na Terra; todavia, quando assinalamos referências a semelhante virtude, dificilmente discernimos entre compaixão e humilhação.

– Ajudo, mas este homem é um viciado.
– Atenderei; entretanto, essa mulher é ignorante e má.
– Penalizo-me; contudo, esse irmão é ingrato e cruel.
– Compadeço-me; todavia, trata-se de pessoa imprestável.

Tais afirmativas são reiteradas a cada passo por lábios que se afirmam cristãos.

Realmente, de maneira geral, só encontramos na Terra essa compaixão de voz macia e mãos espinhosas.

Deita mel e veneno.
Balsamiza feridas e dilacera-as.
Estende os braços e cobra dívidas de reconhecimento.
Socorre e espanca.
Ampara e desestimula.
Oferece boas palavras e lança reptos hostis.
Sacia a fome dos viajores da experiência com pães recheados de fel.
A verdadeira piedade, no entanto, é filha legítima do amor.
Não perde tempo na identificação do mal.

Interessa-se excessivamente no bem para descurar-se dele em troca de ninharias e sabe que o minuto é precioso na economia da vida.

O Evangelho não nos fala dessa piedade mentirosa, cheia de ilusões e exigências. Quem revela energia suficiente para abraçar a vida cristã encontra recursos de auxiliar alegremente.

Não se prende às teias da crítica destrutiva e sabe semear o bem, fortificar-lhe os germens, cultivar-lhe os rebentos e esperar-lhe a frutificação.

Diz-nos Paulo que a "piedade com contentamento" é "grande ganho" para a alma e, em verdade, não sabemos de outra que nos possa trazer prosperidade ao coração.

(*Pão nosso*. FEB Editora. Cap. 107)

Pois nós nada trouxemos para o mundo, nem coisa alguma dele podemos levar.

I Timóteo
6:7

Autolibertação

Se desejas emancipar a alma das grilhetas escuras do "eu", começa o teu curso de autolibertação, aprendendo a viver "como possuindo tudo e nada tendo", "com todos e sem ninguém".

Se chegaste à Terra na condição de um peregrino necessitado de aconchego e socorro e se sabes que te retirarás dela sozinho, resigna-te a viver contigo mesmo, servindo a todos, em favor do teu crescimento espiritual para a imortalidade.

Lembra-te de que, por força das leis que governam os destinos, cada criatura está ou estará em solidão, a seu modo, adquirindo a ciência da autossuperação.

Consagra-te ao bem, não só pelo bem de ti mesmo, mas, acima de tudo, por amor ao próprio bem.

Realmente grande é aquele que conhece a própria pequenez, ante a vida infinita.

Não te imponhas, deliberadamente, afugentando a simpatia; não dispensarás o concurso alheio na execução de tua tarefa.

Jamais suponhas que a tua dor seja maior que a do vizinho ou que as situações do teu agrado sejam as que devam agradar aos que te seguem. Aquilo que te encoraja pode espantar a muitos e o material de tua alegria pode ser um veneno para teu irmão.

Sobretudo, combate a tendência ao melindre pessoal com a mesma persistência empregada no serviço de higiene do leito em que repousas. Muita ofensa registrada é peso inútil ao coração. Guardar o sarcasmo ou o insulto dos outros não será o mesmo que cultivar espinhos alheios em nossa casa?

Desanuvia a mente, cada manhã, e segue para diante, na certeza de que acertaremos as nossas contas com quem nos emprestou a vida, e não com os homens que a malbaratam.

Deixa que a realidade te auxilie a visão e encontrarás a divina felicidade do anjo anônimo, que se confunde na glória do bem comum.

Aprende a ser só, para seres mais livre no desempenho do dever que te une a todos, e, de pensamento voltado para o Amigo Celeste, que esposou o caminho estreito da cruz, não nos esqueçamos da advertência de Paulo, quando nos diz que, com alusão a quaisquer patrimônios de ordem material, "nada trouxemos para este mundo e manifesto é que nada podemos levar dele".

(*Fonte viva*. FEB Editora. Cap. 47)

Nos problemas da posse[148]

Não encarceres o próprio espírito no apego aos patrimônios transitórios do plano material que, muitas vezes, não passam de sombra coagulada em torno do coração.

Observa o infortúnio de quantos se agrilhoaram à paixão da posse, nos territórios do sentimento.

Muitos não se contentaram com a própria ruína, convertendo os semelhantes em vítimas dos desvarios a que se confiaram, insanos.

Supunham-se donos das criaturas que amavam e, ante os primeiros sinais de emancipação a que se mostraram dispostas, não vacilaram em abatê-las sob golpe homicida.

Julgavam-se proprietários absolutos de bens passageiros e transformaram as lágrimas dos órfãos e das viúvas em cadeias de fome e vínculos da morte.

Presumiam-se mandantes exclusivos da autoridade e fortaleceram o império da violência.

Superestimavam os próprios recursos e, enceguecidos na megalomania do poder transviado, agravaram, junto de si, os perigos da ignorância e os processos da crueldade.

Todos eles, porém, dominados pelo orgulho, despertaram, desorientados e infelizes, nas trevas que amontoaram em si mesmos, com imenso trabalho a fazer para a própria libertação.

Usa as possibilidades da vida, sem a presunção de te assenhoreares daquilo que Deus te empresta.

Nessa ou naquela vantagem efêmera, que te felicite o caminho entre os homens, recorda, com o Apóstolo Paulo, que os espíritos reencarnados não trazem consigo quaisquer propriedades materiais para este mundo e manifesto é que nenhuma delas poderão levar dele.

(*Reformador*, set. 1962, p. 194)

---

[148] Texto publicado em *Palavras de vida eterna*. Ed. Comunhão Espírita Cristã. Cap. 119.

Se, pois temos alimento e vestuário, contentemo-nos com isso.

I Timóteo
6:8

Estejamos contentes

O monopolizador de trigo não poderá abastecer-se à mesa senão de algumas fatias de pão, para saciar as exigências da sua fome.

O proprietário da fábrica de tecidos não despenderá senão alguns metros de pano para a confecção de um costume, destinado ao próprio uso.

Ninguém deve alimentar-se ou vestir-se pelos padrões da gula e da vaidade, mas sim de conformidade com os princípios que regem a vida em seus fundamentos naturais.

Por que esperas o banquete, a fim de ofereceres algumas migalhas ao companheiro que passa faminto?

Por que reclamas um tesouro de moedas na retaguarda, para seres útil ao necessitado?

A caridade não depende da bolsa. É fonte nascida no coração.

É sempre respeitável o desejo de algo possuir no mealheiro para socorro do próximo ou de si mesmo, nos dias de borrasca e insegurança, entretanto, é deplorável a subordinação da prática do bem ao cofre recheado.

Descerra, antes de tudo, as portas da tua alma e deixa que o teu sentimento fulgure para todos, à maneira de um astro cujos raios iluminem, balsamizem, alimentem e aqueçam...

A chuva, derramando-se em gotas, fertiliza o solo e sustenta bilhões de vidas.

Dividamos o pouco, e a insignificância da boa vontade, amparada pelo amor, se converterá com o tempo em prosperidade comum.

Algumas sementes, atendidas com carinho, no curso dos anos, podem dominar glebas imensas.

Estejamos alegres e auxiliemos a todos os que nos partilhem a marcha, porque, segundo a sábia palavra do Apóstolo, se possuímos a graça de contar com o pão e com o agasalho para cada dia, cabe-nos a obrigação de viver e de servir em paz e contentamento.

(*Fonte viva*. FEB Editora. Cap. 9)

Porque a raiz de todos os males é o amor ao dinheiro, por cujo desenfreado desejo alguns se afastaram da fé, e a si mesmos se afligem com múltiplos tormentos.

I Timóteo
6:10

Dinheiro

Paulo não nos diz que o dinheiro, em si mesmo, seja flagelo para a Humanidade.

Várias vezes, vemos o Mestre em contato com o assunto, contribuindo para que a nossa compreensão se dilate. Recebendo certos alvitres do povo que lhe apresenta determinada moeda da época, com a efígie do imperador romano, recomenda que o homem dê a César o que é de César, exemplificando o respeito às convenções construtivas. Numa de suas mais lindas parábolas, emprega o símbolo de uma dracma perdida. Nos movimentos do Templo, aprecia o óbolo pequenino da viúva.

O dinheiro não significa um mal. Todavia, o Apóstolo dos Gentios nos esclarece que o amor do dinheiro é a raiz de toda espécie de males. O homem não pode ser condenado pelas suas expressões financeiras, mas sim pelo mau uso de semelhantes recursos materiais, porquanto é pela obsessão da posse que o orgulho e a ociosidade, dois fantasmas do infortúnio humano, se instalam nas almas, compelindo-as a desvios da luz eterna.

O dinheiro que te vem às mãos, pelos caminhos retos, que só a tua consciência pode analisar à claridade divina, é um amigo que te busca a orientação sadia e o conselho humanitário. Responderás a Deus pelas diretrizes que lhe deres e ai de ti se materializares essa força benéfica no sombrio edifício da iniquidade!

(*Caminho, verdade e vida.* FEB Editora. Cap. 57)

Dinheiro e atitude[149]

Não encarceres o dinheiro para que o dinheiro não te encarcere.

Bênção da vida que o Senhor permite circule na organização da comunidade, qual sangue no corpo, converte-se em perigoso tirano de quem o escraviza.

---

[149] Texto publicado em *Palavras de vida eterna.* Ed. Comunhão Espírita Cristã. Cap. 48.

Deforma, por isso mesmo, os corações que o segregam no vício, como se faz verdugo implacável do avarento que o trancafia nos cofres da usura.

Algemado à inteligência perversa, transforma-se em arma destruidora, e extorquido às lágrimas de viúvas e órfãos, vinga-se daqueles que o recolhem, instilando-lhes enfermidade e cegueira de espírito.

Libertado, porém, no campo do progresso e da bondade, converte-se em oculto libertador daqueles que o libertam.

É por essa razão que se faz alegria na colher de leite à criança desamparada ou no leito simples que agasalha o doente sem teto, voltando em forma de paz àqueles que o distribuem.

Orientado na direção dos que sofrem é prece de gratidão em louvor dos braços que o movimentam e conduzido aos círculos de aflição é cântico inarticulado de amor para as almas que o semeiam na gleba castigada do sofrimento.

Não é a moeda que envilece o homem e sim o homem que a envilece, no desvario das paixões que o degradam.

Deixa, pois, que o dinheiro de passagem por tuas mãos se faça bênção de trabalho e educação, caridade e socorro, à feição do ar que respiras sem furtá-lo aos pulmões dos outros, e perceberás que o dinheiro, na origem, é propriedade simples de Deus.

(*Reformador*, jan. 1959, p. 2)

Combate o bom combate da fé, conquista a vida eterna [...].

I Timóteo
6:12

Posse da vida

A recomendação de Paulo de Tarso a Timóteo é eminentemente expressiva. Examinemos, por exemplo, a primeira sentença: "Milita a boa milícia da fé"; será aproveitar os ensejos de luta, de trabalho, de obstáculos, a fim de provar a disposição sincera no serviço do Senhor.

Fé não se exterioriza sem ocasiões adequadas e o aprendiz que se furte aos combates ásperos perde toda oportunidade de testemunho.

Realizada, porém, a devida edificação, o discípulo estará preparado a receber a Luz Divina, de conformidade com a segunda sentença: "Toma posse da vida eterna"; é o apelo supremo.

O rio da eternidade passa ao lado dos espíritos humanos, oferecendo-lhes o tesouro imperecível.

As criaturas, porém, na sua generalidade, permanecem interessadas no jogo da ambição egoística da esfera transitória ou distraídas na ilusão. Muitas fazem o simulacro de preocupação espiritual, à custa de devocionários convencionais, esperando favores do Céu que nada fizeram por merecer ou aguardando paraísos de ociosidade, após a morte do corpo.

Continuam ignorando, às vezes, voluntariamente, que é o próprio espírito quem ergue o santuário e o habita.

Cada qual povoa o mundo que construiu em si mesmo. Deus cria as Grandezas Universais e oferece-as aos homens e cada filho, sem falsa compreensão, deve entrar na posse dos Bens Eternos.

(*Sentinelas da luz*. Ed. Cultura Espírita União. Cap. "Posse da vida")

Estarão assim acumulando para si mesmos um belo tesouro para o futuro, a fim de obterem a verdadeira vida.

I Timóteo
6:19

No campo da vida[150]

Se te encontras interessado no próprio aperfeiçoamento, aproveitar é a palavra de ordem.

Repara o exemplo da Natureza.

O pão que te serve é a essência de muitos envoltórios que tornaram para o quimismo da gleba.

O clima reconfortante do lar é produto da limpeza constante.

Se pretendes avançar ao encontro do melhor, despoja-te do inútil.

Muitos aspiram à tranquilidade apegando-se à inquietação, enquanto outros muitos pretendem a primazia da fé, rendendo preito à negação de si próprios.

Querem a paz, guardando-se irritadiços, e anseiam pela segurança do bem, afirmando-se, eles mesmos, tão endividados com o mal que não lhes sobra leve possibilidade de consagração à virtude.

É natural estejamos nós sob a carga de avelhantados problemas. Herdeiros de passado culposo, é preciso revisar as próprias tendências e ajuizar quanto às nossas necessidades para que não estejamos tateando na sombra. Contudo, se aspiramos a melhorar amanhã, é forçoso sermos melhores ainda hoje.

Para isso não vale simplesmente partilhar o trabalho geral, mas selecionar a experiência comum, assimilando-lhe o ensinamento.

Não sintonizarás a antena do coração com as mensagens de toda a parte.

Recolherás aquelas que te enobreçam.

Não comprarás aflições.

Preocupar-te-ás com o que for justo.

Não te esqueças, pois, de que viver é atributo de todos, mas viver bem é o caminho de quantos se dirigem, leais ao Bem, para a Divina luz da Vida Real.

(*Reformador*, out. 1959, p. 218)

---

[150] Texto publicado em *Palavras de vida eterna*. Ed. Comunhão Espírita Cristã. Cap. 63.

Ante o mundo espiritual[151]

Fundamento é "alicerce", "sustentáculo".

A essência espírita da palavra de Paulo a Timóteo não nos deixa qualquer dúvida.

O Apóstolo solicita aos companheiros encarnados na Terra entesourarem "um bom fundamento para o futuro, para que possam alcançar a vida eterna". Claro que não se reporta ao porvir do corpo, destinado a transformações inevitáveis na química da Natureza. O convertido de Damasco se refere à alma imperecedoura. Em síntese, destaca a necessidade do máximo aproveitamento da reencarnação. Recorda aos homens que os obstáculos do mundo são recursos valiosos para o reajuste do Espírito; que as provações na carne são agentes de purificação interior; que a convivência com aqueles que nos ferem ou caluniam é oportunidade de exercitarmos humildade e que o contato de tentações é o processo de amealharmos experiência.

Paulo quer dizer que a criatura humana, em se desvencilhando da armadura física, pelo transe da morte, se aspira a conquistar os planos superiores, no rumo da imortalidade vitoriosa, precisa transportar consigo as riquezas do espírito, hauridas no estudo e no trabalho, no mérito das boas obras e no autoaprimoramento, uma vez que sem esses requisitos, conquanto desencarnada, permanecerá gravitando em torno de vicissitudes terrestres, à espera de novas reencarnações.

(*Reformador*, jun. 1965, p. 123)

---

[151] Texto publicado em *Bênção de paz*. Ed. GEEM. Cap. 15, com pequenas alterações.

Timóteo, guarda o depósito [...].

I Timóteo
6:20

Guardar

(*Harmonização*. Ed. GEEM. Cap. "Guardar")[152]

---

[152] Vide nota 5.

COMENTÁRIOS À
Segunda carta a Timóteo

Por este motivo, exorto-te a reavivar o dom espiritual que Deus depositou em ti pela imposição das minhas mãos.

II Timóteo
1:6

No reino da alma[153]

Numerosos os companheiros que pagam ou reclamam concurso alheio para que se lhes desenvolvam determinadas qualidades espirituais. Ginásticas, regimes dietéticos, penitências, austeridades místicas...

Sem dúvida, semelhantes processos de educação do corpo e da mente valem por precioso concurso ao despertamento da vida interior, sempre que empregados de intenção e pensamento voltados para os interesses superiores do espírito, mas não bastam.

A palavra do Evangelho, através do Apóstolo Paulo, é suficientemente esclarecedora. Ele se reporta à colaboração dos passes magnéticos, ministrados por ele mesmo, em favor do discípulo; entretanto, não o exonera da obrigação de acordar, em si e por si próprio, os talentos de que é portador.

O convívio com um amigo da altura moral do convertido de Damasco, as preces e ensinamentos do lar, os apelos doutrinários e o amparo externo constantemente recebido não desligavam Timóteo do dever de estudar e aprender, trabalhar e servir, a fim de burilar os seus dons de alma e acioná-los na construção da própria felicidade pela extensão do bem.

Pensemos nisso e saibamos receber reconhecidamente os auxílios que a bondade alheia nos proporcione, aproveitando-os em nosso benefício, mas lembrando sempre que o autoaperfeiçoamento, para que a luz do Senhor se nos retrate no coração e na vida, será resultado de esforço nosso, ação individual de que não poderemos fugir.

(*Reformador*, maio 1965, p. 98)

De alma desperta

É indispensável muito esforço de vontade para não nos perdermos indefinidamente na sombra dos impulsos primitivistas.

---

[153] Texto publicado em *Bênção de paz*. Ed. GEEM. Cap. 13, com pequenas alterações.

À frente dos milênios passados, em nosso campo evolutivo, somos suscetíveis de longa permanência nos resvaladouros do erro, cristalizando atitudes em desacordo com as Leis Eternas.

Para que não nos demoremos no fundo dos precipícios, temos ao nosso dispor a luz da Revelação Divina, dádiva do Alto, que, em hipótese alguma, devemos permitir se extinga em nós.

Em face da extensa e pesada bagagem de nossas necessidades de regeneração e aperfeiçoamento, as tentações para o desvio surgem com esmagadora percentagem sobre as sugestões de prosseguimento no caminho reto, dentro da ascensão espiritual.

Nas menores atividades da luta humana, o aprendiz é influenciado a permanecer às escuras.

Nas palestras comuns, cercam-no insinuações caluniosas e descabidas. Nos pensamentos habituais, recebe mil e um convites desordenados das zonas inferiores. Nas aplicações da justiça, é compelido a difíceis recapitulações, em virtude do demasiado individualismo do pretérito que procura perpetuar-se. Nas ações de trabalho, em obediência às determinações da vida, é, muita vez, levado a buscar descanso indevido. Até mesmo na alimentação do corpo é conduzido a perigosas convocações ao desequilíbrio.

Por essa razão, Paulo aconselhava ao companheiro não olvidasse a necessidade de acordar o "dom de Deus", no altar do coração.

Que o homem sofrerá tentações, que cairá muitas vezes, que se afligirá com decepções e desânimos, na estrada iluminativa, não padece dúvida para nenhum de nós, irmãos mais velhos em experiência maior; entretanto, é imprescindível marcharmos de alma desperta, na posição de reerguimento e reedificação, sempre que necessário.

Que as sombras do passado nos fustiguem, mas que jamais nos esqueçamos de reacender a própria luz.

(*Vinha de luz*. FEB Editora. Cap. 30)

Pois Deus não nos deu espírito de medo, mas um espírito de força, de amor e de sobriedade.

II Timóteo
1:7

Divinos dons[154]

Realmente, não foi o Pai excelso quem nos instilou o espírito do medo. Ao revés disso, conferiu-nos largamente a fortaleza, o amor e a moderação.

Todos somos, assim, dotados de recursos para desenvolver, ao infinito, os dons divinos da fortaleza que é valor moral, do amor que é serviço incessante no bem e da moderação que define equilíbrio.

Entretanto, à maneira do operário que foge à máquina, acreditando receber impunemente o salário da oficina, sem o suor do trabalho, desertamos da responsabilidade, supondo obter sem paga os benefícios da vida, sem o esforço do próprio burilamento. O operário, nessas circunstâncias, ganha vantagens materiais; contudo, na intimidade, permanece no nível da incompetência; e nós outros, em semelhante atitude, podemos desfrutar considerações do plano terrestre, mas, por dentro, estacamos na sombra da ignorância.

É por isso que geramos, em nosso prejuízo, o clima do medo, em que os monstros do egoísmo e da discórdia, do desespero e da crueldade se desenvolvem, tanto quanto a cultura de várias enfermidades prolifera na podridão.

Não te percas, desse modo, nas ideias enquistantes ou destruidoras do medo, capazes de operar a ruína dos melhores impulsos, porque, se utilizas a fortaleza, o amor e a moderação – talentos de que o Senhor te investiu em favor do próprio aperfeiçoamento –, seguirás para diante, na Terra e além da Terra, com a luz do coração e a paz da consciência.

(*Reformador*, nov. 1960, pág. 248)

De ânimo forte

Não faltam recursos de trabalho espiritual a todo irmão que deseje reerguer-se, aprimorar-se, elevar-se.

Lacunas e necessidades, problemas e obstáculos desafiam o espírito de serviço dos companheiros de fé, em toda parte.

---

[154] Texto publicado em *Palavras de vida eterna*. Ed. Comunhão Espírita Cristã. Cap. 84.

A ignorância pede instrutores, a dor reclama enfermeiros, o desespero suplica orientadores.

Onde, porém, os que procuram abraçar o trabalho por amor de servir?

Com raras exceções, observamos, na maioria das vezes, a fuga, o pretexto, o retraimento.

Aqui, há temor de responsabilidade; ali, receios da crítica; acolá, pavor de iniciativa em benefício de todos.

Como poderá o artista fazer ouvir a beleza da melodia se lhe foge o instrumento?

Nesse caso, temos em Jesus o artista divino e em nós outros, encarnados e desencarnados, os instrumentos dele para a eterna melodia do bem no mundo.

Se algemamos o coração ao medo de trabalhar em benefício coletivo, como encontrar serviço feito que tranquilize e ajude a nós mesmos? Como recolher felicidade que não semeamos ou amealhar dons de que nos afastamos suspeitosos?

Onde esteja a possibilidade de sermos úteis, avancemos, de ânimo forte, para a frente, construindo o bem, ainda que defrontados pela ironia, pela frieza ou pela ingratidão, porque, conforme a palavra iluminada do Apóstolo aos Gentios, "Deus não nos deu o espírito de temor, mas de fortaleza, amor e moderação".

(*Vinha de luz*. FEB Editora. Cap. 31)

Toma por modelo as sãs palavras [...].

II Timóteo
1:13

Conserva o modelo

Distribui os recursos que a Providência te encaminhou às mãos operosas; todavia, não te esqueças de que a palavra confortadora ao aflito representa serviço direto de teu coração na sementeira do bem.

O pão do corpo é uma esmola pela qual sempre receberás a justa recompensa, mas o sorriso amigo é uma bênção para a eternidade.

Envia mensageiros ao socorro fraternal; contudo, não deixes, pelo menos uma vez por outra, de visitar o irmão doente e ouvi-lo em pessoa.

A expedição de auxílio é uma gentileza que te angariará simpatia; no entanto, a intervenção direta no amparo ao necessitado conferir-te-á preparação espiritual à frente das próprias lutas.

Sobe à tribuna e ensina o caminho redentor aos semelhantes; todavia, interrompe as preleções, uma vez em quando, a fim de assinalar o lamento de um companheiro na experiência humana, ainda mesmo quando se trata de um filho do desespero ou da ignorância, para que não percas o senso das proporções em tua marcha.

Cultiva as flores do jardim particular de tuas afeições mais queridas, porque, sem o canteiro de experimentação, é muito difícil atender à lavoura nobre e intensiva, mas não fujas sistematicamente à floresta humana, com receio dos vermes e monstros que a povoam, porquanto é imprescindível te prepares a avançar, mais tarde, dentro dela.

Nos círculos da vida, não olvides a necessidade do ensinamento gravado em ti mesmo.

Assim como não podes tomar alimento individual por intermédio de um substituto, nem podes aprender a lição guardando-lhe os caracteres na memória alheia, não conseguirás comparecer, ante as Forças Supremas da Sabedoria e do Amor, com realizações e vitórias que não tenham sido vividas e conquistadas por ti mesmo.

"Conserva", pois, contigo, "o modelo das sãs palavras".

(*Pão nosso*. FEB Editora. Cap. 97)

Ao contrário, quando chegou a Roma, me procurou solicitamente até me encontrar.

II Timóteo
1:17

Procuremos

Todas as sentenças evangélicas permanecem assinaladas de beleza e sabedoria ocultas. Indispensável meditar, estabelecer comparações no silêncio e examinar experiências diárias para descobri-las.

Aquele gesto de Onesíforo, buscando o Apóstolo dos Gentios, com muito cuidado, na vida cosmopolita de Roma, representa ensinamento sobremaneira expressivo.

A anotação de Paulo designa ocorrência comum, entretanto, o aprendiz aplicado ultrapassa a letra para recolher a lição.

Quantos amigos de Jesus e de seus seguidores diretos lhes aguardam a visita, ansiosos e impacientes? Quantos se fixam, imóveis, nas atitudes inferiores, reclamando providências que não fizeram por merecer? Há crentes presunçosos que procuram impor-se aos Desígnios Divinos, formulando exigências ao Céu, em espinhosas bases de ingratidão e atrevimento. Outros se lamentam, amargurados, quais voluntariosas criancinhas, porque o Mestre não lhes satisfez os desejos absurdos e inconvenientes.

Raros os aprendizes que refletem nos serviços imensos do Cristo.

Estaria Jesus, vagueante e desocupado, na Vida Superior? Respirariam seus colaboradores diretos, cristalizados na ociosidade beatífica?

Imprescindível é meditar na magnitude do trabalho e da responsabilidade dos obreiros divinos.

Lembremo-nos de que se Paulo era um prisioneiro aos olhos do mundo, era já, em si mesmo, uma luz viva e brilhante, na condição de Apóstolo que o próprio Jesus glorificara. Não era, ante a visão do espírito, um encarcerado e sim um triunfador. Apesar disso, Onesíforo, a fim de vê-lo, foi constrangido a procurá-lo com muito cuidado.

Semelhante impositivo ainda é o mesmo nos dias que passam. Para encontrarmos Jesus e aqueles que o servem, faz-se mister buscá-los zelosamente.

(*Vinha de luz*. FEB Editora. Cap. 95)

O que de mim ouviste na presença de muitas testemunhas, confia-o a homens fiéis, que sejam idôneos para ensiná-lo a outros.

II Timóteo
2:2

Pondera sempre

Os discípulos do Evangelho, no Espiritismo Cristão, muitas vezes evidenciam insofreável entusiasmo, ansiosos de estender a fé renovada, contagiosa e ardente. No entanto, semelhante movimentação mental exige grande cuidado, não só porque assombro e admiração não significam elevação interior, como também porque é indispensável conhecer a qualidade do terreno espiritual a que se vai transmitir o poder do conhecimento.

Claro que não nos reportamos aqui ao ato de semeadura geral da verdade reveladora, nem à manifestação da bondade fraterna, que traduzem nossas obrigações naturais na ação do bem. Encarecemos, sim, a necessidade de cada irmão governar o patrimônio de dádivas espirituais recebidas do plano superior, a fim de não relegar valores celestes ao menosprezo da maldade e da ignorância.

Distribuamos a luz do amor com os nossos companheiros de jornada; todavia, defendamos o nosso íntimo santuário contra as arremetidas das trevas.

Lembremo-nos de que o próprio Mestre reservava lições diferentes para as massas populares e para a pequena comunidade dos aprendizes; não se fez acompanhar por todos os discípulos na transfiguração do Tabor; na última ceia, aguarda a ausência de Judas para comentar as angústias que sobreviriam.

É necessário atentarmos para essas atitudes do Cristo, compreendendo que nem tudo está destinado a todos. Os Espíritos enobrecidos que se comunicam na esfera carnal adotam sempre o critério seletivo, buscando criaturas idôneas e fiéis, habilitadas a ensinar aos outros. Se eles, que já podem identificar os problemas com a visão iluminada, agem com prudência, nesse sentido, como não deverá vigiar o discípulo que apenas dispõe dos olhos corporais? Trabalhemos em benefício de todos, estendamos os laços fraternais, compreendendo, porém, que cada criatura tem o seu degrau na infinita escala da vida.

(*Pão nosso*. FEB Editora. Cap. 87)

O agricultor que trabalha deve ser o primeiro a participar dos frutos.

II Timóteo
2:6

Remuneração espiritual[155]

Além do salário amoedado, o trabalho se faz invariavelmente seguido de remuneração espiritual, da qual salientamos alguns dos itens mais significativos:
– acende a luz da experiência;
– ensina-nos a conhecer as dificuldades e problemas do próximo, induzindo-nos, por isso mesmo, a respeitá-lo;
– provê a autoeducação;
– desenvolve criatividade e noção de valor do tempo;
– imuniza contra os perigos da aventura e do tédio;
– estabelece apreço em nossa área de ação;
– dilata o entendimento;
– amplia-nos o campo das relações afetivas;
– atrai simpatia e colaboração;
– extingue, a pouco e pouco, as tendências inferiores que ainda estejamos trazendo de existências passadas.

Quando o trabalho, porém, se transforma em prazer de servir, surge o ponto mais importante da remuneração espiritual: toda vez que a Justiça Divina nos procura no endereço exato, para a execução das sentenças que lavramos contra nós próprios, segundo as Leis de Causa e Efeito, se nos encontra em serviço ao próximo, manda a Divina Misericórdia que a execução seja suspensa, por tempo indeterminado. E quando ocorre, em momento oportuno, o nosso contato indispensável com os mecanismos da justiça terrena, eis que a influência de todos aqueles a quem, porventura, tenhamos prestado algum benefício aparece em nosso auxílio, já que semelhantes companheiros se convertem espontaneamente em advogados naturais de nossa causa, amenizando as penalidades em que estejamos incursos ou suprimindo-as, de todo, se já tivermos resgatado em amor aquilo que devíamos em provação ou sofrimento, para a retificação e tranquilidade em nós mesmos.

---

[155] Texto publicado em *Perante Jesus*. Ed. Ideal. Cap. 4, com pequenas alterações.

Reflitamos nisso e concluamos que trabalhar e servir, em qualquer parte, ser-nos-ão sempre apoio constante e promoção à Vida Melhor.

(*Reformador*, mar. 1973, p. 77)

Lavradores

Há lavradores de toda classe.

Existem aqueles que compram o campo e exploram-no, por intermédio de rendeiros suarentos, sem nunca tocarem o solo com as próprias mãos.

Encontramos em muitos lugares os que relegam a enxada à ferrugem, cruzando os braços e imputando à chuva ou ao Sol o fracasso da sementeira que não vigiam.

Somos defrontados por muitos que fiscalizam a plantação dos vizinhos, sem qualquer atenção para com os trabalhos que lhes dizem respeito.

Temos diversos que falam despropositadamente com referência a inutilidades mil, enquanto vermes destruidores aniquilam as flores frágeis.

Vemos numerosos acusando a terra como incapaz de qualquer produção, mas negando à gleba que lhes foi confiada a bênção da gota d'água e o socorro do adubo.

Observamos muitos que se dizem possuídos pela dor de cabeça, pelo resfriado ou pela indisposição e perdem a sublime oportunidade de semear.

A natureza, no entanto, retribui a todos eles com o desengano, a dificuldade, a negação e o desapontamento.

Mas o agricultor que realmente trabalha, cedo recolhe a graça do celeiro farto.

E assim ocorre na lavoura do espírito.

Ninguém logrará o resultado excelente, sem esforçar-se, conferindo à obra do bem o melhor de si mesmo.

Paulo de Tarso, escrevendo numa época de senhores e escravos, de superficialidade e favoritismo, não nos diz que o semeador distinguido por César ou mais endinheirado seria o legítimo detentor da colheita, mas asseverou, com indiscutível acerto, que o lavrador dedicado às próprias obrigações será o primeiro a beneficiar-se com as vantagens do fruto.

(*Fonte viva*. FEB Editora. Cap. 31)

Entende o que eu digo; e o Senhor te dará compreensão em todas as coisas.

II Timóteo
2:7

Ante a lição

Ante a exposição da verdade, não te esquives à meditação sobre as luzes que recebes.

Quem fita o céu, de relance, sem contemplá-lo, não enxerga as estrelas; e quem ouve uma sinfonia, sem abrir-lhe a acústica da alma, não lhe percebe as notas divinas.

Debalde escutarás a palavra inspirada de pregadores ardentes, se não descerrares o coração para que o teu sentimento mergulhe na claridade bendita daquela.

Inúmeros seguidores do Evangelho se queixam da incapacidade de retenção dos ensinos da Boa-Nova, afirmando-se ineptos à frente das novas revelações, e isto porque não dispensam maior trato à lição ouvida, demorando-se longo tempo na província da distração e da leviandade.

Quando a câmara permanece sombria, somos nós quem desata o ferrolho à janela para que o sol nos visite.

Dediquemos algum esforço à graça da lição e a lição nos responderá com as suas graças.

O Apóstolo dos Gentios é claro na observação.

"Considera o que te digo, porque, então, o Senhor te dará entendimento em tudo."

Considerar significa examinar, atender, refletir e apreciar.

Estejamos, pois, convencidos de que, prestando atenção aos apontamentos do Código da Vida Eterna, o Senhor, em retribuição à nossa boa vontade, dar-nos-á entendimento em tudo.

(*Fonte viva*. FEB Editora. Cap. 1)

Fiel é esta palavra: Se com ele morremos, com ele viveremos.

II Timóteo
2:11

Testemunhos de fé

[...] Certo, a esperança em Cristo será sempre um refúgio indispensável na hora da partida, mas a advertência apostólica nos convoca a ilações mais graves. Lembremos os perversos que aceitam Jesus na hora extrema. Muita gente portadora de crimes inomináveis faz ato de fé no leito de morte. Enquanto têm saúde e mocidade, vivem ao léu, entre caprichos e desregramentos; mas tanto que o corpo quebrantado lhes dá ideias de morte, alarmam-se e desfazem-se em rogativas a Deus. Podem, criaturas que tais, esperar de pronto, imediata, a glória do Cristo? E os que se sacrificam nas aras do dever enquanto lhes resta uma partícula de forças? Claudicaria a justiça, em suma, se afinal a virtude se confundisse com o crime, a verdade com a mentira, o labor com a ociosidade. Certo que será sempre útil recorrer à misericórdia do Senhor, ainda que manchados até os cabelos, bem como acreditar que, para toda enfermidade, haverá remédio adequado. Penso, porém, que a assertiva de Paulo não se refere ao termo da vida corporal, fenômeno natural e apanágio de justos e de injustos, de piedosos e de ímpios. Bafejado pela divina inspiração, o amigo do gentilismo aludiu, por certo, à morte da "criatura velha", que está dentro de todos nós. É a personalidade egoística e má que trazemos conosco e precisamos combater a cada dia, para que possamos viver em Cristo. A existência terrestre é um aprendizado em que nos consumimos devagarinho, de modo a atingir a plenitude do Mestre. No plano da própria materialidade, poderemos observar esse imperativo da lei. A infância, a mocidade e a decrepitude, em seu aspecto de transitoriedade, não podem representar a vida. São fases de luta, demonstrações da sagrada oportunidade concedida por Deus para nos expurgarmos da grosseria dos sentimentos, da crosta de imperfeição. Costuma-se dizer que a velhice é um ataúde de fantasias mortas, mas isso apenas se verifica com os que não souberam ou não quiseram "morrer" com o Cristo para alcançar a fonte eterna da sua vida gloriosa. Quem se valeu da possibilidade divina tão somente para cultivar ilusões balofas não poderá encontrar mais que o fantasma dos seus enganos caprichosos. A criatura, porém, que caminhou de olhos fixos em Jesus, em todos os pormenores da tarefa, essa, naturalmente, conquistou o segredo de viver triunfante acima de quaisquer circunstâncias adversas. Jesus palpita em seus atos, palavras e pensamentos. Seu coração, na pobreza ou na abastança, será como flor de luz, aberta ao sol da vida eterna!... [...]

(*Renúncia*. FEB Editora. Segunda parte. Cap. 3)

Recorda todas estas coisas, atestando diante de Deus que é preciso evitar as discussões de palavras: elas não servem para nada, a não ser para a perdição dos que as ouvem.

II Timóteo
2:14

Palavra e vida[156]

Beneficência para todos os dias e ao alcance de todos: a doação das boas palavras.

Estamos convencidos de que as nossas palavras, em oração, trabalham por nós, diante do Criador, mas é preciso não olvidar que aquelas outras, pronunciadas à frente das criaturas, nas ações diárias, também repercutem.

As frases que articulamos são recursos inteligentes que colocamos em circulação, nos mecanismos da vida, e cujos resultados voltam matematicamente a nós, em forma de auxílio ou prejuízo, conforme o bem ou mal de que nos fazemos portadores, inconscientemente ou não.

O verbo dita modelo à experiência.

Um conselho é uma indicação.

Um discurso é comparável a motor indutivo.

Uma página escrita não deixa de ser um figurino para criações de ordem moral.

Enquanto não nos dispomos a entender o valimento da palavra e a respeitá-la através da disciplina no uso digno e harmonioso dessa tremenda força da alma, muito pouco aproveitamos da bênção de cada reencarnação, porque, via de regra, caímos facilmente sob a hipnose da massa de agentes involuídos, aderindo, de maneira instintiva, aos processos de vampirização em que se comprazem, na esfera da animalidade primitivista.

Reflitamos, pois, na advertência do Apóstolo Paulo a Timóteo, com referência ao assunto: *"Recomenda estas coisas. Dá testemunho solene a todos, perante Deus, para que evitem contendas de palavras que para nada aproveitam, exceto para a subversão dos ouvintes"*.

(*Reformador*, mar. 1966, p. 54)

---

[156] Texto publicado em *Bênção de paz*. Ed. GEEM. Cap. 6, com pequenas alterações.

Procura apresentar-te a Deus como homem provado, trabalhador que não tem de que se envergonhar [...].

II Timóteo
2:15

Diante da providência[157]

Digna de registro a observação do Apóstolo Paulo a Timóteo, sobre a melhor maneira de mostrar-se a Deus.

Contrariamente à inquietação de muitos religiosos do mundo que aspiram ao supremo destaque espiritual, o amigo da gentilidade, cuja fé amadurecera em ásperos testemunhos de sofrimento, não recomenda ao discípulo qualquer aquisição de atributos especiais.

Não lhe pede entreter láureas de herói para a cabeça e nem lhe aconselha demandar o excelso encontro, alardeando certidões de santidade.

Não articula regras, a fim de que se sobreponha à presença dos outros e nem lhe traça penitências ou rituais, tendentes a bajular a Paternidade divina.

Roga-lhe simplesmente viver de tal modo que possa comparecer, diante de Deus, na posição do trabalhador de reta consciência, honrado nas obrigações bem cumpridas.

Se queres, por tua vez, atingir a Esfera superior, para compartilhar as alegrias dos que se identificaram com o Infinito Amor, não te percas em fantasiosa expectativa de imunidade perante a Lei.

Atende, cada dia, aos deveres que a vida te prescreveu, leal ao serviço e à paciência, e estejamos convencidos de que a mais alta forma de apresentar-nos à Providência será sempre a do obreiro honesto, aprovado na tarefa de que foi incumbido e que nada tenha de que se envergonhar.

(*Reformador*, mar. 1963, p. 52)

Oportunidade e nós

Não admitas que o bem se processe à distância de esforço paciente que o concretize.

O Criador estabelece a árvore na semente. A criatura pode protegê-la e aperfeiçoá-la.

---

[157] Texto publicado em *Palavras de vida eterna*. Ed. Comunhão Espírita Cristã. Cap. 132.

Recebes da Divina Providência o tesouro das horas, o apoio do conhecimento, a possibilidade de agir, o benefício do relacionamento, mas a formação da oportunidade para que te realizes nas próprias esperanças depende de ti.

Não há confiança profissional sem o devido certificado de competência.

Não disporás efetivamente da máquina sem conhecer-lhe a engrenagem com a respectiva função.

Nas áreas do espírito, as leis são as mesmas.

Esforçar-te-ás em adquirir entendimento; praticarás o respeito aos semelhantes; acentuarás, quanto possível, as tuas prestações de serviço em apoio dos outros e angariarás a simpatia de que necessitas no próximo, a fim de que o próximo te auxilie na edificação de teus ideais. Então, credenciarás a ti mesmo, para que a oportunidade te valorize.

Em qualquer tarefa de melhoria e elevação, em que esperemos novas aquisições de paz e alegria, felicidade e segurança, não nos esqueçamos de que a possibilidade nasce de Deus e que o trabalho vem de nós.

(*Ceifa de luz*. FEB Editora. Cap. 51)

Obreiros

Desde tempos imemoriais, idealizam as criaturas mil modos de se apresentarem a Deus e aos seus mensageiros.

Muita gente preocupa-se durante a existência inteira em como talhar as vestimentas para o concerto celestial, enquanto crentes inumeráveis anotam cuidadosamente as mágoas terrestres, no propósito de desfiá-las em rosário imenso de queixas, diante do Senhor, à busca de destaque no mundo futuro.

A maioria dos devotos deseja iniciar a viagem, além da morte, com títulos de santos; todavia, não há maneira mais acertada de refletirmos em nossa posição, com verdade, além daquela em que nos enquadramos na condição de trabalhadores.

O mundo é departamento da Casa divina.

Cátedras e enxadas não constituem elementos de divisão humilhante, e sim degraus hierárquicos para cooperadores diferentes.

O caminho edificante desdobra-se para todos.

Aqui, abrem-se covas na terra produtiva; ali, manuseiam-se livros para o sulco da inteligência, mas o espírito é o fundamento vivo do serviço manifestado.

Classificam-se os trabalhadores em posições diferentes; contudo, o campo é um só.

No centro das realidades, pois, não se preocupe ninguém com os títulos condecorativos, mesmo porque o trabalho é complexo, em todos os setores de ação dignificante, e o resultado é sempre fruto da cooperação bem vivida. Eis o motivo pelo qual julgamos com Paulo que a maior vitória do discípulo será a de apresentar-se, um dia, ao Senhor, como obreiro aprovado.

(*Pão nosso*. FEB Editora. Cap. 145)

Evita o palavreado vão e ímpio, já que os que o praticam progredirão na impiedade.

II Timóteo
2:16

Falatórios

Poucas expressões da vida social ou doméstica são tão perigosas quanto o falatório desvairado, que oferece vasto lugar aos monstros do crime.

A atividade religiosa e científica há descoberto numerosos fatores de desequilíbrio no mundo, colaborando eficazmente por extinguir-lhes os focos essenciais.

Quanto se há trabalhado, louvavelmente, no combate ao álcool e à sífilis? Ninguém lhes contesta a influência destruidora.

Arruínam coletividades, estragam a saúde, deprimem o caráter.

Não nos esqueçamos, porém, do falatório maligno que sempre forma, em derredor, imensa família de elementos enfermiços ou aviltantes, à feição de vermes letais que proliferam no silêncio e operam nas sombras.

Raros meditam nisto.

Não será, porventura, o verbo desregrado o pai da calúnia, da maledicência, do mexerico, da leviandade, da perturbação?

Deus criou a palavra, o homem engendrou o falatório.

A palavra digna infunde consolação e vida. A murmuração perniciosa propicia a morte.

Quantos inimigos da paz do homem se aproveitam do vozerio insensato, para cumprirem criminosos desejos?

Se o álcool embriaga os viciosos, aniquilando-lhes as energias, que dizer da língua transviada do bem que destrói vigorosas sementeiras de felicidade e sabedoria, amor e paz? Se há educadores preocupados com a intromissão da sífilis, por que a indiferença alusiva aos desvarios da conversação?

Em toda parte, a palavra é índice de nossa posição evolutiva. Indispensável aprimorá-la, iluminá-la e enobrecê-la.

Desprezar as sagradas possibilidades do verbo, quando a mensagem de Jesus já esteja brilhando em torno de nós, constitui ruinoso relaxamento de nossa vida, diante de Deus e da própria consciência.

Cada frase do discípulo do Evangelho deve ter lugar digno e adequado.

Falatório é desperdício. E quando assim não seja não passa de escura corrente de venenos psíquicos, ameaçando espíritos valorosos e comunidades inteiras.

(*Vinha de luz*. FEB Editora. Cap. 73)

Aquele, pois, que se purificar destes erros será vaso nobre, santificado, útil ao seu possuidor, preparado para toda boa obra.

II Timóteo
2:21

Purifiquemo-nos

Em cada dia de luta, é indispensável atentar para a utilização do vaso de nossas possibilidades individuais.

Na Terra, onde a maioria das almas encarnadas dorme ainda o sono da indiferença, é mais que necessária a vigilância do trabalhador de Jesus, nesse particular.

Quem não guarde os ouvidos pode ser utilizado pela injustiça. Quem não vigie sobre a língua pode facilmente converter-se em vaso da calúnia, pela leviandade ou pela preocupação de sensacionalismo. Quem não ilumine os olhos pode tornar-se vaso de falsos julgamentos. Quem não se orientar pelo espírito cristão, será naturalmente conduzido a muitos disparates e perturbações, ainda mesmo quando a boa-fé lhe incuta propósitos louváveis.

Os homens e mulheres, de todas as condições, estão sendo usados pelas forças da vida, diariamente. Por enquanto, a maioria constitui material utilizado pela malícia e pela viciação. Vasos frágeis e imperfeitos, eles fundem-se e refundem-se todos os dias, em meio de experiências inquietantes e rudes.

Raríssimos são aqueles que, de interior purificado, podem servir ao Senhor, habilitados para as boas obras. Muitos ambicionam essa posição elevada, mas não cuidam de si mesmos. Reclamam a situação dos grandes missionários, exigem a luz divina, clamam por revelações avançadas, contudo, em coisa alguma se esforçam por se libertarem das paixões baixas.

Observa, pois, amigo, a que princípios serves na lida diária. Lembra-te de que o vaso de tuas possibilidades é sagrado. Que forças da vida se utilizam dele? Não olvides, acima de tudo, que precisamos da legítima purificação, a fim de que sejamos vasos para honra e idôneos para uso do Senhor.

(*Vinha de luz*. FEB Editora. Cap. 78)

Foge das paixões da mocidade. Segue a justiça, a fé, a caridade, a paz com aqueles que, de coração puro, invocam o Senhor.

II Timóteo
2:22

Mocidade

Quase sempre os que se dirigem à mocidade lhe atribuem tamanhos poderes que os jovens terminam em franca desorientação, enganados e distraídos. Costuma-se esperar deles a salvaguarda de tudo.

Concordamos com as suas vastas possibilidades, mas não podemos esquecer que essa fase da existência terrestre é a que apresenta maior número de necessidades no capítulo da direção.

O moço poderá e fará muito se o espírito envelhecido na experiência não o desamparar no trabalho. Nada de novo conseguirá erigir, caso não se valha dos esforços que lhe precederam as atividades. Em tudo, dependerá de seus antecessores.

A juventude pode ser comparada a esperançosa saída de um barco para viagem importante. A infância foi a preparação, a velhice será a chegada ao porto. Todas as fases requisitam as lições dos marinheiros experientes, aprendendo-se a organizar e a terminar a viagem com o êxito desejável.

É indispensável amparar convenientemente a mentalidade juvenil e que ninguém lhe ofereça perspectivas de domínio ilusório.

Nem sempre os desejos dos mais moços constituem o índice da segurança no futuro.

A mocidade poderá fazer muito, mas que siga, em tudo, "a justiça, a fé, o amor e a paz com os que, de coração puro, invocam o Senhor".

(*Caminho, verdade e vida*. FEB Editora. Cap. 151)

Ora, o servo do Senhor não deve brigar [...]

II Timóteo
2:24

Evita contender

Foge aos que buscam demanda no serviço do Senhor.

Não estão eles à procura de claridade divina para o coração. Apenas disputam louvor e destaque no terreno das considerações passageiras. Analisando as letras sagradas, não atraem recursos necessários à própria iluminação, e sim os meios de se evidenciarem no personalismo inferior. Combatem os semelhantes que lhes não adotam a cartilha particular, atiram-se contra os serviços que lhes não guardam o controle direto, não colaboram senão do vértice para a base, não enxergam vantagens senão nas tarefas de que eles mesmos se incumbem. Estimam as longas discussões a propósito da colocação de uma vírgula e perdem dias imensos para descobrir as contradições aparentes dos escritores consagrados ao ideal de Jesus. Jamais dispõem de tempo para os serviços da humildade cristã, interessados que se acham na evidência pessoal. Encontram sempre grande estranheza na conjugação dos verbos ajudar, perdoar e servir. Fixam-se, invariavelmente, na zona imperfeita da Humanidade e trazem azorragues nas mãos pelo mau gosto de vergastar. Contendem acerca de todas as particularidades da edificação evangélica e, quando surgem perspectivas de acordo construtivo, criam novos motivos de perturbação.

Os que se incorporam ao Evangelho salvador, por espírito de contenda, são dos maiores e dos mais sutis adversários do Reino de Deus.

É indispensável a vigilância do aprendiz, a fim de que se não perca no desvario das palavras contundentes e inúteis.

Não estamos convocados a querelar, e sim a servir e a aprender com o Mestre; nem fomos chamados à entronização do "eu", mas sim a cumprir os desígnios superiores na construção do Reino Divino em nós.

(*Pão nosso*. FEB Editora. Cap. 98)

Aliás, todos os que quiserem viver com piedade em Cristo Jesus serão perseguidos.

II Timóteo
3:12

Sofrerás perseguições

Incontestavelmente, os códigos de boas maneiras do mundo são sempre respeitáveis, mas é preciso convir que, acima deles, prevalecem os códigos de Jesus, cujos princípios foram por Ele gravados com a própria exemplificação.

O mundo, porém, raramente tolera o código de boas maneiras do Mestre divino.

Se te sentes ferido e procuras a justiça terrestre, considerar-te-ão homem sensato; contudo, se preferes o silêncio do grande Injustiçado da Cruz, ser-te--ão lançadas ironias à face.

Se reclamas a remuneração de teus serviços, há leis humanas que te amparam, considerando-te prudente, mas se algo de útil produzes sem exigir recompensa, recordando o Divino Benfeitor, interpretar-te-ão por louco.

Se te defendes contra os maus, fazendo valer as tuas razões, serás categorizado por homem digno; entretanto, se aplicares a humildade e o perdão do Senhor, serás francamente acusado de covarde e desprezível.

Se praticares a exploração individual, disfarçadamente, mobilizando o próximo a serviço de teus interesses passageiros, ser-te-ão atribuídos admiráveis dotes de inteligência e habilidade; todavia, se te dispões ao serviço geral para benefício de todos, por amor a Jesus, considerar-te-ão idiota e servil.

Enquanto ouvires os ditames das leis sociais, dando para receber, fazendo algo por buscar alheia admiração, elogiando para ser elogiado, receberás infinito louvor das criaturas, mas, no momento em que, por fidelidade ao Evangelho, fores compelido a tomar atitudes com o Mestre, muita vez com pesados sofrimentos para o teu coração, serás classificado à conta de insensato.

Atende, pois, ao teu ministério onde estiveres, sem qualquer dúvida nesse particular, certo de que, por muito tempo ainda, o discípulo fiel de Jesus, na Terra, sofrerá perseguições.

(*Vinha de luz*. FEB Editora. Cap. 77)

Toda Escritura é inspirada por Deus e útil [...] para educar na justiça.

II Timóteo
3:16

Busquemos a luz

Procura a ideia pelo valor que lhe é próprio.

Quando a moeda comum te vem às mãos, não indagas de onde proveio.

Ignoras se procede da casa de um homem justo ou injusto, se esteve, antes, a serviço de um santo ou de um malfeitor.

Conhecendo-lhe a importância, sabes conservá-la ou utilizá-la, com senso prático, porque aprendeste a perceber nela o selo da autoridade que te orienta a luta humana.

O dinheiro é uma representação do poder aquisitivo do governo temporal a que te submetes e, por isso, não lhe discutes a origem, respeitando-o e aproveitando-o, na altura das possibilidades com que se apresenta.

Na mesma base, surgem as ideias renovadoras e edificantes.

Por que exigir sejam elas subscritas, em sua exposição, por nossos parentes ou amigos particulares, a fim de que produzam o efeito salutar que esperamos delas em nós e ao redor de nós?

Toda página consoladora e instrutiva é dádiva do Alto.

Não importa que os pensamentos nela corporificados tenham vindo por intermédio do espírito de nossos pais terrestres ou de nossos filhos na carne, de nossos afeiçoados ou de nossos companheiros.

O essencial é o proveito que nos possa oferecer.

O dinheiro com que adquires o pão de hoje pode ter passado ontem pelas mãos do teu adversário maior, mas não deixa de ser uma bênção para a garantia de tua sustentação, pelo valor de que se reveste.

Assim também, a mensagem de qualquer procedência, que nos induza ao bem ou à verdade, é sempre valiosa e santa em seus fundamentos, porque, usando-a em nossa alma e em nossa experiência, podemos adquirir os talentos eternos da sabedoria e do amor, por tratar-se de recurso salvador nascido da infinita misericórdia de nosso Pai Celestial.

Busquemos a luz onde se encontre, e a treva não nos alcançará.

(*Fonte viva*. FEB Editora. Cap. 121)

Tu, porém, sê sóbrio em tudo, suporta o sofrimento, faze o trabalho de evangelista, realiza plenamente teu ministério.

II Timóteo
4:5

Pontos do explicador espírita

(*Bênção de paz*. Ed. GEEM. Cap. 20)[158]

Vigiando e orando[159]

Em nos reportando aos obreiros do Senhor, recordemos que uma espécie existe que, sem dúvida, trabalha e, sem dúvida, produz algo; entretanto, vive sempre em posição deficitária e, por vezes, estraga aqueles companheiros que se lhes aproximam, quando frágeis na fé.

Onde estejam, são para logo identificáveis, porque servem, mas servem debaixo de condições especialíssimas, tais quais sejam: onde querem; como entendem; quando se vejam dispostos; tanto quanto se determinam; na faixa de ação em que não se sintam incomodados; com quem gostam; com as ideias que lhes agradem; com os recursos que venham a escolher; como julgam melhor; nas conveniências que lhes digam respeito; desde que se lhes satisfaçam as exigências; e desde que ninguém os critique, nem contrarie.

Um companheiro, assim, assemelha-se a um servidor meio-sombra e meio-luz, que beneficia com a luz que derrama e prejudica com a sombra que teima em carregar.

Daí o imperativo de orarmos e vigiarmos, procurando desvencilhar-nos de toda sombra que ainda nos pesa no orçamento da alma, a fim de que nos tornemos, a pouco e pouco, em obreiros fiéis, na causa do Eterno Bem, servindo ao Senhor, conforme os desígnios do Senhor.

(*Reformador*, jul. 1967, p. 152)

---

[158] Vide nota 5.
[159] Texto publicado em *Bênção de paz*. Ed. GEEM. Cap. 50, com pequenas alterações.

Combati o bom combate, terminei a minha carreira, guardei a fé.

II Timóteo
4:7

No bom combate[160]

Nas lides da evolução, há combate e bom combate.

No combate, visamos aos inimigos externos. Brandimos armas, inventamos ardis, usamos astúcia, criamos estratégia e, por vezes, saboreamos a derrota de nossos adversários, entre alegrias falsas, ignorando que estamos dilapidando a nós mesmos.

No bom combate, dispomo-nos a lutar contra nós próprios, assestando baterias de vigilância em oposição aos sentimentos e qualidades inferiores que nos deprimem a alma.

O combate chumba-nos o coração à crosta da Terra, em aflitivos processos de reajuste, na lei de causa e efeito.

O bom combate liberta-nos o espírito para a ascensão aos planos superiores.

Paulo de Tarso, escrevendo a Timóteo, nos últimos dias da experiência terrestre, forneceu-nos preciosa definição nesse sentido. Ele, que andara em combate até o encontro pessoal com o Cristo, passou a viver no bom combate, desde a hora da entrevista com o Mestre. Até o caminho de Damasco, estivera em função de louros mundanos, ávido de dominações transitórias, mas, desde o instante em que Ananias o recolheu encegueciado e transtornado, entrou em subalternidade dolorosa. Incompreendido, desprezado, apedrejado, perseguido, encarcerado várias vezes, abatido e doente, jamais deixou de servir à causa do bem, que abraçara com Jesus, olvidando males e achaques, constrangimentos e insultos. Ao término, porém, da carreira de semeador da verdade, o ex-conselheiro do Sinédrio, aparentemente arrasado e vencido, saiu da Terra na condição do verdadeiro triunfador.

(*Reformador*, nov. 1963, p. 242)

---

[160] Texto publicado em *Palavras de vida eterna*. Ed. Comunhão Espírita Cristã. Cap. 148, com pequenas alterações.

Procura vir antes do inverno. [...]

II Timóteo
4:21

Inverno

Claro que a análise comum deste versículo revelará a prudente recomendação de Paulo de Tarso para que Timóteo não se arriscasse a viajar na estação do frio forte.

Na época recuada da epístola, o inverno não oferecia facilidades à navegação.

É possível, porém, avançar mais longe, além da letra e acima do problema circunstancial de lugar e tempo.

Mobilizemos nossa interpretação espiritual.

Quantas almas apenas se recordam da necessidade do encontro com os emissários do divino Mestre por ocasião do inverno rigoroso do sofrimento? Quantas se lembram do Salvador somente em hora de neblina espessa, de tempestade ameaçadora, de gelo pesado e compacto sobre o coração?

Em momentos assim, o barco da esperança costuma navegar sem rumo, ao sabor das ondas revoltas.

Os nevoeiros ocultam a meta, e tudo, em torno do viajante da vida, tende à desordem ou à desorientação.

É indispensável procurar o Amigo Celeste ou aqueles que já se ligaram, definitivamente, ao seu amor, antes dos períodos angustiosos, para que nos instalemos em refúgios de paz e segurança.

A disciplina, em tempo de fartura e liberdade, é distinção nas criaturas que a seguem, mas a contenção que nos é imposta, na escassez ou na dificuldade, converte-se em martírio.

O aprendiz leal do Cristo não deve marchar no mundo ao sabor de caprichos satisfeitos e sim na pauta da temperança e da compreensão.

O inverno é imprescindível e útil, como período de prova benéfica e renovação necessária. Procura, todavia, o encontro de tua experiência com Jesus, antes dele.

(*Vinha de luz*. FEB Editora. Cap. 66)

Introdução à *Carta a Tito*

A *Carta a Tito* enquadra-se, também, na categoria de textos de exortação. Destaca-se pela autoridade que o destinatário possui diante da estruturação dos serviços e responsabilidades dentro da comunidade. Nesse sentido, Paulo parece orientar-lhe particularmente sobre essa natureza de encargos.

Em relação à história do texto, embora ele não faça parte do cânone mutilado de Marcião, o de Muratori o registra, curiosamente posicionado antes das cartas a *Timóteo*.

Estrutura e temas

Capítulos – 3 Versículos – 46 Remetente: Paulo		
Conteúdo/tema	**Versículos**	
Destinatário e saudação	1:1	1:4
Tarefa delegada a Tito	1:5	1:5
Características dos anciões	1:6	1:9
O que fazer em relação aos insubmissos que abusam da palavra	1:10	1:16
O que deve ser ensinado sobre os anciões, as mulheres e os jovens	2:1	2:6
Tito deve ser exemplo	2:7	2:8
Ensino sobre os servos	2:9	2:10
A manifestação da bondade de Deus	2:11	2:14
Tito deve ser firme no ensino	2:15	2:15
Deveres diversos	3:1	3:7
Recomendações especiais a Tito	3:8	3:14
Saudação e bênção final	3:15	3:15

Tito

Sabemos, por *II Coríntios*, que Tito era um cooperador ativo de Paulo, dadas as várias menções feitas a ele e seu papel nas crises dentro da comunidade de Corinto. Em *Gálatas*, 2:3, também há uma referência a ele, incluindo-o no grupo composto de Paulo e Barnabé, que vão a Jerusalém encontrar com Pedro, Tiago e João, por ocasião do primeiro concílio. Nessa carta, Paulo informa que Tito foi forçado a circuncidar-se, o que sugere que ele era de origem gentílica.

Origem e data

Existem, nos últimos 200 anos, muitos debates acerca de a *Carta a Tito* ter sido escrita por Paulo. Os argumentos concentram-se, em sua maioria, em dois pontos principais: o primeiro ponto refere-se ao estilo e às ideias presentes nessa carta e que estão ausentes nas demais cartas consideradas legítimas; o segundo ponto está na dificuldade de encaixar os registros ali presentes no que se entende como a cronologia do trabalho de divulgação do Apóstolo dos Gentios e no estado das comunidades existentes. Nas últimas duas décadas, a questão do estilo começou a ser revista por alguns autores, reconhecendo que esses argumentos possuem maior ou menor força a partir da ênfase que se dê a alguns aspectos do texto. Em relação ao conhecimento da cronologia, de eventos e estado das comunidades, é preciso reconhecer a extrema dificuldade em reconstruir a história, o desenvolvimento e as características específicas das comunidades que surgem do trabalho de Paulo, com base no material historiográfico utilizado pela maioria dos estudiosos.

Ao se considerar os registros da própria carta, temos uma situação bem diferente. Em *Tito*, 1:5, há a indicação de que Tito está em Creta, e, em *Tito*, 3:12, ele deveria encontrar Paulo em Nicópolis.

A palavra Nicópolis significa "cidade da vitória". Na época de Paulo, existiam várias localidades no Império Romano com esse nome, embora a maioria fosse de pequena expressão e tamanho. O mais provável é que a cidade mencionada corresponda à que estava localizada no golfo de Ambracia.

As sugestões, em relação às datas de redação, compreendem um período relativamente longo, concentrando-se entre os anos 54/55 e 65/67.

Perspectiva espírita

Os registros sobre Tito em *Paulo e Estêvão* são um importante contributo para o entendimento da personalidade e do trabalho desse trabalhador do Evangelho. Emmanuel informa que Paulo o conhecera recém-saído da infância, na cidade de Antioquia, e que ele possuía uma índole laboriosa. Era gentio e dado ao trabalho e esforço, e converteu-se em um "expoente do poder renovador do Evangelho".¹⁶¹ Pelo exemplo e conhecimento, foi um colaborador importante na estruturação dos trabalhos e na organização de comunidades nascentes, como a Igreja de Antioquia e a de Corinto.

Os conhecimentos de Tito foram também um importante argumento em favor da divulgação do Evangelho entre os gentios, quando da reunião ocorrida em Jerusalém para determinar quais as obrigações que os novos adeptos do Cristianismo deveriam ter.

Tito é um exemplo de que a conjugação entre o sentimento e a inteligência converte-se na aplicação efetiva da mensagem do Evangelho, fazendo eco nas palavras do Espírito de Verdade "Espíritas, amai-vos, este o primeiro ensinamento, instruí-vos, este o segundo". ¹⁶²

---

[161] Ver volume 5 da coleção *O Evangelho por Emmanuel – Atos dos Apóstolos*, 2ª parte, *Atos,* 15:1 e 2.
[162] *O evangelho segundo o espiritismo*, cap. 6, it. 5.

COMENTÁRIOS À
Carta a Tito

[...] mas para os impuros e descrentes, nada é puro [...].

Tito
1:15

Guardemos o cuidado

O homem enxerga sempre por meio da visão interior.

Com as cores que usa por dentro, julga os aspectos de fora.

Pelo que sente, examina os sentimentos alheios.

Na conduta dos outros, supõe encontrar os meios e fins das ações que lhe são peculiares.

Daí, o imperativo de grande vigilância para que a nossa consciência não se contamine pelo mal.

Quando a sombra vagueia em nossa mente, não vislumbramos senão sombras em toda a parte.

Junto das manifestações do amor mais puro, imaginamos alucinações carnais.

Se encontramos um companheiro trajado com louvável apuro, pensamos em vaidade.

Ante o amigo chamado à carreira pública, mentalizamos a tirania política.

Se o vizinho sabe economizar com perfeito aproveitamento da oportunidade, fixamo-lo com desconfiança e costumamos tecer longas reflexões a respeito de apropriações indébitas.

Quando ouvimos um amigo na defesa justa, usando a energia que lhe compete, relegamo-lo, de imediato, à categoria dos intratáveis.

Quando a treva se estende, na intimidade de nossa vida, deploráveis alterações nos atingem os pensamentos.

Virtudes, nessas circunstâncias, jamais são vistas.

Os males, contudo, sobram sempre.

Os mais largos gestos de bênção recebem lastimáveis interpretações.

Guardemos cuidado toda vez que formos visitados pela inveja, pelo ciúme, pela suspeita ou pela maledicência.

Casos intrincados existem nos quais o silêncio é o remédio bendito e eficaz, porque, sem dúvida, cada espírito observa o caminho ou o caminheiro, segundo a visão clara ou escura de que dispõe.

(*Fonte viva*. FEB Editora. Cap. 34)

Afirmam conhecer a Deus, mas negam-no com os seus atos, pois são abomináveis, desobedientes e incapazes para qualquer boa obra.

Tito,
1:16

Agir de acordo

O Espiritismo, em sua feição de Cristianismo Redivivo, tem papel muito mais alto que o de simples campo para novas observações técnicas da ciência instável do mundo.

A Terra, até agora, no que se refere às organizações religiosas, tem vivido repleta dos que confessam a existência de Deus, negando-o, porém, com as obras individuais.

O intercâmbio dos dois mundos, visível e invisível, de maneira direta objetiva esse reajustamento sentimental, para que a luz divina se manifeste nas relações comuns dos homens.

Como conciliar o conhecimento de Deus com o menosprezo aos semelhantes?

As antigas escolas religiosas, à força de se arregimentarem como agrupamentos políticos do mundo, sob o controle do sacerdócio, acabaram por estagnar os impulsos da fé, em exterioridades que aviltam as forças vivas do espírito.

A doutrina consoladora da sobrevivência e da comunicação entre os habitantes da Terra e do Infinito, com bases profundas e amplas no Evangelho, floresce entre as criaturas com características de nova revelação, para que o homem seja, nas atividades vulgares, real afirmação do bem que nasce da fé viva.

(*Caminho, verdade e vida*. FEB Editora. Cap. 116)

Quanto a ti, fala do que pertence à sã doutrina.

Tito
2:1

No campo do verbo[163]

Na atividade verbalista, emprega o homem grande parte da vida. E, com a palavra, habitualmente se articulam os bens e os males que lhe marcam a rota.

É de se lamentar, entretanto, o desperdício de força nesse sentido.

Quase sempre, computada a conversação de toda uma existência, o balanço acusa diminuta parcela de proveito, com largo coeficiente de prejuízo e inutilidade.

Muitas vezes, ninguém denota agradecimento pela riqueza de um dia claro; todavia, basta a passagem de uma nuvem com leve garoa a cair, para que muita gente destile exclamações vinagrosas, em longas tiradas inconsequentes. De maneira geral, não existem olhos para a contemplação de grandes serviços públicos; no entanto, vaga incerteza do trabalho administrativo gera longos debates da opinião.

Há criaturas que guardam barômetros em casa para criticarem o tempo, tanto quanto há pessoas que adquirem pontualmente o jornal para a censura ao governo.

Muitos dormem tranquilos quando se trate de ouvir ensinamentos edificantes, declarando-se enfermos da memória, mas revelam admirável controle de si mesmos, quando o rádio anuncia calamidades, gastando vastas horas de comentário eloquente.

Esmaece a atenção quando é preciso aprender o bem, contudo, o olhar flameja interesse quando o mal surge à vista.

O mundo em si é sempre um parlatório de proporções gigantescas onde as almas se encontram para falar, combinando fazer...

Raras, no entanto, conversam para ajudar...

Desborda-se a maioria no espinheiral da reprovação, no tormento da inveja, na fogueira da crítica ou no labirinto da queixa.

Para nós outros, no entanto, o Evangelho é seguro na advertência.

"Tu, porém — diz-nos o Apóstolo —, fala o que convém à sã doutrina."

---

[163] Texto publicado em *Palavras de vida eterna*. Ed. Comunhão Espírita Cristã. Cap. 62.

Não olvides, assim, que de sentimento a sentimento chegamos à ideia. De ideia em ideia, alcançamos a palavra. De frase a frase, atingimos a ação. E de ato em ato, acendemos a luz ou estendemos a treva dentro de nós.

(*Reformador*, out. 1959, p. 218)

Nas trilhas da palavra[164]

Espíritos encarnados e desencarnados, a serviço da evangelização, em nosso próprio benefício, muitas vezes somos arrastados ao verbo deturpado ou violento. Erro comum a nós todos, sempre que desprevenidos de mais ampla visão de conjunto. Centralizamos a atenção em nódoas e defeitos, faltas e quedas, conferindo-lhes um poder que não possuem ou exagerando-lhes a feição. E enquanto isso ocorre, perdemos tempo, retardando as edificações espirituais que nos competem, à maneira de operários que furtassem as horas do trabalho em que se engajaram para medir a lama do caminho que o Sol há de secar.

Avisemo-nos, tanto quanto possível, contra semelhante impropriedade.

Conversando ou escrevendo, informando ou pregando, imunizemos a nossa área de obrigações, desterrando o mal, seja de nosso pensamento ou de nossa palavra.

Se nos constitui dever de setor identificar a presença da sombra e afastá-la, sempre que a sombra ameace a comunidade, façamos luz sem tumulto contraproducente, mas fujamos de comprometer a obra do Senhor, pisando ou repisando deficiências, chagas, mazelas e infortúnios alheios, convictos de que fomos chamados a falar o que convém à sã doutrina.

(*Reformador*, jun. 1965, p. 123)

Tu, porém

Desde que não permaneças em temporária inibição do verbo, serás assediado a falar em todas as situações.

Convocar-te-ão a palavra os que desejam ser bons e os deliberadamente maus, os cegos das estradas sombrias e os caminheiros das sendas tortuosas.

Corações perturbados pretenderão arrancar-te expressões perturbadoras.

Caluniadores induzir-te-ão a caluniar.

Mentirosos levar-te-ão a mentir.

---

[164] Texto publicado em *Bênção de paz*. Ed. GEEM. Cap. 14, com pequenas alterações.

Levianos tentarão conduzir-te à leviandade.

Ironistas buscarão localizar-te a alma no falso terreno do sarcasmo.

Compreende-se que procedam assim, porquanto são ignorantes, distraídos da iluminação espiritual. Cegos desditosos sem o saberem, vão de queda em queda, desastre a desastre, criando a desventura de si mesmos.

Tu, porém, que conheces o que eles desconhecem, que cultivas na mente valores espirituais que ainda não cultivam, toma cuidado em usar o verbo, como convém ao Espírito do Cristo que nos rege os destinos. É muito fácil falar aos que nos interpelam, de maneira a satisfazê-los, e não é difícil replicar-lhes como convém aos nossos interesses e conveniências particulares; todavia, dirigirmo-nos aos outros, com a prudência amorosa e com a tolerância educativa, como convém à sã doutrina do Mestre, é tarefa complexa e enobrecedora, que requisita a ciência do bem no coração e o entendimento evangélico nos raciocínios.

Que os ignorantes e os cegos da alma falem desordenadamente, pois não sabem, nem veem... Tu, porém, acautela-te nas criações verbais, como quem não se esquece das contas naturais a serem acertadas no dia próximo.

(*Vinha de luz*. FEB Editora. Cap. 16)

Exprimindo-te numa linguagem digna e irrepreensível para que o adversário, nada tendo que dizer contra nós, fique envergonhado.

Tito 2:8

Linguagem

Pela linguagem o homem ajuda-se ou se desajuda.

Ainda mesmo que o nosso íntimo permaneça nevoado de problemas, não é aconselhável que a nossa palavra se faça turva ou desequilibrada para os outros.

Cada qual tem o seu enigma, a sua necessidade e a sua dor e não é justo aumentar as aflições do vizinho com a carga de nossas inquietações.

A exteriorização da queixa desencoraja, o verbo da aspereza vergasta, a observação do maldizente confunde...

Pela nossa manifestação malconduzida para com os erros dos outros, afastamos a verdade de nós.

Pela nossa expressão verbalista menos enobrecida, repelimos a bênção do amor que nos encheria do contentamento de viver.

Tenhamos a precisa coragem de eliminar, por nós mesmos, os raios de nossos sentimentos e desejos descontrolados.

A palavra é canal do "eu".

Pela válvula da língua, nossas paixões explodem ou nossas virtudes se estendem.

Cada vez que arrojamos para fora de nós o vocabulário que nos é próprio, emitimos forças que destroem ou edificam, que solapam ou restauram, que ferem ou balsamizam.

Linguagem, a nosso entender, se constitui de três elementos essenciais: expressão, maneira e voz.

Se não aclaramos a frase, se não apuramos o modo e se não educamos a voz, de acordo com as situações, somos suscetíveis de perder as nossas melhores oportunidades de melhoria, entendimento e elevação.

Paulo de Tarso fornece a receita adequada aos aprendizes do Evangelho.

Nem linguagem doce demais, nem amarga em excesso. Nem branda em demasia, afugentando a confiança, nem áspera ou contundente, quebrando a simpatia, mas sim "linguagem sã e irrepreensível para que o adversário se envergonhe, não tendo nenhum mal que dizer de nós".

(*Fonte viva*. FEB Editora. Cap. 43)

Porque também nós antigamente éramos insensatos [...]

Tito
3:3

Entendamos servindo

O martelo, realmente, colabora nos primores da estatuária, mas não pode golpear a pedra indiscriminadamente.

O remédio amargo estabelece a cura do corpo enfermo; no entanto, reclama ciência na dosagem.

Nem mais, nem menos.

Na sementeira da verdade, igualmente, é indispensável não nos desfaçamos em movimento impensado.

Na Terra, não respiramos num domicílio de anjos.

Somos milhões de criaturas, no labirinto de débitos clamorosos do passado, suspirando pela desejada equação.

Quem ensina com sinceridade naturalmente aprendeu as lições, atravessando obstáculos duros.

Claro que a tolerância excessiva resulta em ausência de defesa justa; entretanto, é inegável que para educarmos a outrem, necessitamos de imenso cabedal de paciência e entendimento.

Paulo, incisivo e enérgico, não desconhecia semelhante realidade.

Escrevendo a Tito, lembra as próprias incompreensões de outra época para justificar a serenidade que nos deve caracterizar a ação, a serviço do Evangelho Redentor.

Jamais atingiremos nossos objetivos, torturando chagas, indicando cicatrizes, comentando defeitos ou atirando espinhos à face alheia.

Compreensão e respeito devem preceder-nos a tarefa em qualquer parte.

Recordemos nós mesmos, na passagem pelos círculos mais baixos, e estendamos braços fraternos aos irmãos que se debatem nas sombras.

Se te encontras interessado no serviço do Cristo, lembra-te de que Ele não funcionou em promotoria de acusação, e sim na tribuna do sacrifício até à cruz, na condição de advogado do mundo inteiro.

(*Pão nosso*. FEB Editora. Cap. 179)

Depois da primeira e da segunda admoestação, nada mais tens a fazer com um homem faccioso.

Tito
3:10

Aconselhar

(*Levantar e seguir*. Ed. GEEM. Cap. "Aconselhar")[165]

---

[165] Vide nota 5.

Todos os da nossa gente precisam aprender a praticar belas obras, de sorte que se tornem aptos a atender às necessidades urgentes e, assim, não fiquem infrutíferos.

Tito
3:14

Apliquemo-nos

É preciso crer na bondade, todavia, é indispensável movimentarmo-nos com ela, no serviço de elevação.

É necessário guardar a fé, contudo, se não a testemunhamos, nos trabalhos de cada dia, permaneceremos na velha superfície do palavrório.

Claro que todos devemos aprender o caminho da iluminação, entretanto, se nos não dispomos a palmilhá-lo, não passaremos da atitude verbalista.

Há no Espiritismo cristão palpitantes problemas para os discípulos de todas as situações.

É muito importante o conhecimento do bem, mas que não esqueçamos as boas obras; é justo se nos dilate a esperança, diante do futuro, à frente da sublimidade dos outros mundos em glorioso porvir, mas não olvidemos os pequeninos deveres da hora que passa.

De outro modo, seríamos legiões de servidores, incapazes de trabalhar, belas figuras na vitrine das ideias, sem qualquer valor na vida prática.

A Natureza costuma apresentar lindas árvores que se cobrem de flores e jamais frutificam; o céu, por vezes, mostra nuvens que prometem chuva e se desfazem sem qualquer benefício à terra sedenta.

As escolas religiosas, igualmente, revelam grande número de demonstrações dessa ordem. São os crentes promissores e infrutuosos, que a todos iludem pelo aspecto brilhante. Dia virá, porém, no qual se certificarão de que é sempre melhor fazer para ensinar depois, que ensinar sempre sem fazer nunca.

(*Vinha de luz*. FEB Editora. Cap. 25)

Introdução à *Carta a Filêmon*

A *Carta a Filêmon* destaca-se não só por ser a epístola mais curta atribuída a Paulo,[166] como também pelo seu conteúdo. A maior parte do texto trata de um problema muito específico, que é o retorno de Onésimo, muito provavelmente um escravo ou servo, que teria fugido do seu senhor Filêmon.

Apesar de ser referida como carta a *Filêmon*, ela é endereçada a uma comunidade que existia na casa dele, da qual Paulo cita nominalmente alguns membros.

A antiguidade não contesta essa carta. Marcião a reconhece e ela está incluída no cânone de Muratori. Tertuliano, Orígenes e Jerônimo também reconhecem esse escrito.

Filêmon e Onésimo

Pelo teor da carta, sabemos que Filêmon era conhecido de Paulo, e, se considerarmos que os nomes de Onésimo e Arquipo referem-se às mesmas pessoas que aparecem na carta aos *Colossenses*, 4:9 e 4:17, podemos considerar que Filêmom possivelmente vivia em Colosso.

Local e data

Paulo afirma que está preso, mas que tem a expectativa de ser liberto, o que sugere que se trata da primeira prisão em Roma.

Em relação à data, os estudiosos indicam um período em torno do ano 62.

Perspectiva espírita

Emmanuel faz uma breve, mas importante, referência a esse texto em *Paulo e Estêvão*. No período em que Paulo está em prisão domiciliar em Roma, antes de sua viagem para a Espanha, ele ia até a prisão receber sua cota de alimento, e nesses momentos aproveita para falar aos prisioneiros que permaneciam encarcerados. A seguir, o trecho de *Paulo e Estêvão*: "*A palavra de Paulo de Tarso atuava como bálsamo de santas consolações. Os prisioneiros ganhavam novas esperanças e muitos se converteram ao Evangelho, como*

---

[166] As cartas *I* e *II* de *João* são ainda menores e a de Judas possui o mesmo tamanho.

Onésimo, o escravo regenerado, que passou à história do Cristianismo na carinhosa epístola a Filêmon".

A pequena *Carta a Filêmon* é um grande testemunho da atuação cristã, que não se esquiva do auxílio aos que se transviaram da lei humana, sem, contudo, fugir aos compromissos estabelecidos com a ordem e o respeito às autoridades. A forma carinhosa com que Paulo escreve a Filêmon mostra que, nas lides cristãs, ninguém está tão acima que não deva se ocupar com os problemas dos indivíduos que cruzam o seu caminho, já que em uma sociedade verdadeiramente cristã, o problema de um é de responsabilidade de todos.

COMENTÁRIOS À
Carta a Filêmon

Entretanto, nada quis fazer sem teu consentimento, para que tua boa ação não fosse como que forçada, mas espontânea.

Filêmon
1:14

Nos domínios do bem[167]

É das leis evolutivas que todos os agentes inferiores da natureza sirvam em regime de compulsória.

Pedras são arrancadas ao berço multimilenário para que obedeçam nas construções.

Tombam vegetais, a duros lances de força, para se fazerem mais úteis.

Animais sofrem imposições e pancadas, a fim de se entregarem à prestação de serviço.

Alcançando, no entanto, a razão, por atestado de madureza própria, o espírito é chamado ao livre-arbítrio, por filho do Criador que atingiu a maioridade na Criação. Chegado a essa fase, ilumina-se pela chama interior do discernimento, para a aquisição das experiências que lhe cabe realizar, de modo a erguer seus méritos, podendo, em verdade, escolher o caminho reto ou o sinuoso, claro ou escuro, em que mais se apraza.

Reflete, pois, na liberdade íntima e pessoal de que dispões para fazer o bem, amplamente, ilimitadamente, constantemente...

Escrevendo a Filêmon, disse Paulo: "mas nada quis fazer sem o teu parecer, para que o teu benefício não fosse como por obrigação, mas espontâneo."

Assim, também, o divino Mestre para conosco. Aqui e ali, propõe-nos, de maneira direta ou indireta, ensinamentos e atitudes, edificações e serviços, mas espera sempre por nossa resposta voluntária, de vez que a obra da verdadeira sublimação espiritual não comporta servos constrangidos.

(*Reformador*, set. 1962, p. 194)

Nos domínios da ação[168]

Orgulha-se o homem de teres e haveres e costuma declarar, às vezes com excelentes razões, que os ajuntou à custa de esforço enorme... Entretanto, o

---

[167] Texto publicado em *Palavras de vida eterna*. Ed. Comunhão Espírita Cristã. Cap. 120, com pequenas alterações.
[168] Texto publicado em *Palavras de vida eterna*. Ed. Comunhão Espírita Cristã. Cap. 165.

Senhor é quem lhe emprestou os meios para adquiri-los, esperando que ele os administre sensatamente.

Envaidece-se da cultura intelectual e, frequentemente, assevera, em algumas circunstâncias com seguras justificativas, que deve os tesouros do pensamento aos sacrifícios que despendeu para estudar... Todavia, o Senhor é quem lhe confiou os valores da inteligência para que ele os abrilhante na construção da felicidade comum a todos.

Ensoberbece-se do poder de que dispõe, afirmando, em determinados casos, não sem motivo, que efetuou semelhante aquisição a preço de trabalho e sofrimento... No entanto, é o Senhor quem lhe propiciou os recursos para a conquista da autoridade, na expectativa de que ele a exerça dignamente.

Ufana-se com respeito à saúde que usufrui e proclama, em certas ocasiões com base respeitável que mantém a euforia orgânica a expensas de rigorosa disciplina pessoal... Contudo, o Senhor é quem lhe faculta os elementos essenciais de sustentação do próprio equilíbrio, a fim de que ele empregue o corpo no levantamento do bem geral.

Rejubila-te, pois, com as possibilidades de auxiliar, instruir, determinar e agir, mas, consoante o ensinamento do Apóstolo, não olvides que a bondade do Senhor vige nos alicerces de tudo o que tens e reténs, a fim de que te consagres ao serviço dos semelhantes, na edificação do Mundo Melhor, não como quem assim procede, através de constrangimento, mas de livre vontade.

(*Reformador*, ago. 1964, p. 174)

E se ele te deu algum prejuízo ou te deve alguma coisa, põe isso na minha conta.

Filêmon
1:18

Por Cristo

Enviando Onésimo a Filêmon, Paulo, nas suas expressões inspiradas e felizes, recomendava ao amigo lançasse ao seu débito quanto lhe era devido pelo portador.

Afeiçoemos a exortação às nossas necessidades próprias.

Em cada novo dia de luta, passamos a ser maiores devedores do Cristo.

Se tudo nos corre dificilmente, é de Jesus que nos chegam as providências justas. Se tudo se desenvolve retamente, é por seu amor que utilizamos as dádivas da vida e é, em seu nome, que distribuímos esperanças e consolações.

Estamos empenhados à sua inesgotável misericórdia. Somos d'Ele e nessa circunstância reside nosso título mais alto. Por quê, então, o pessimismo e o desespero, quando a calúnia ou a ingratidão nos ataquem de rijo, trazendo-nos a possibilidade de mais vasta ascensão? Se estamos totalmente empenhados ao amor infinito do Mestre, não será razoável compreendermos pelo menos alguma particularidade de nossa dívida imensa, dispondo-nos a aceitar pequenina parcela de sofrimento, em memória de seu nome, junto de nossos irmãos da Terra, que são seus tutelados igualmente?

Devemos refletir que quando falamos em paz, em felicidade, em vida superior, agimos no campo da confiança, prometendo por conta do Cristo, porquanto só Ele tem para dar em abundância.

Em vista disso, caso sintas que alguém se converteu em devedor de tua alma, não te entregues a preocupações inúteis, porque o Cristo é também teu credor e deves colocar os danos do caminho em sua conta divina, passando adiante.

(*Caminho, verdade e vida*. FEB Editora. Cap. 17)

Eu te escrevo certo da tua obediência e sabendo que farás ainda mais do que te peço.

Filêmon
1:21

Obedeçamos[169]

Escrevendo ao companheiro, Paulo não afirma confiar na inteligência que pode envaidecer-se e desgovernar-se.

Nem na força que induz à mentira.

Nem no entusiasmo suscetível de enganar a si próprio.

Nem no desassombro que, muita vez, é simples temeridade.

Nem no poder capaz de iludir-se.

Nem na superioridade que costuma desmandar-se no orgulho.

O Apóstolo confia na obediência.

Não na *passividade-cegueira*, que alimenta a discórdia e o fanatismo, mas na compreensão que se subordina ao trabalho por devotamento ao bem de todos, enxergando, na felicidade alheia, a felicidade que lhe é própria.

Para que atinjas a comunhão com o Senhor, não é necessário te consagres ao incenso da adoração, admirando-o ou defendendo-o.

Obedece-lhe. Seguindo-lhe as recomendações, aperfeiçoarás a ti mesmo, pela cultura e pelo sentimento, e terás contigo o amor e a lealdade, a harmonia e o discernimento, a energia e a brandura que garantem a eficiência do serviço a que foste chamado.

Saibamos, pois, obedecer ao Senhor, em nosso mundo íntimo, e aprenderemos a fazer mais pela vida do que a vida espera de nós.

(*Reformador*, set. 1955, p. 194)

---

[169] Texto publicado em *Segue-me!...* Ed. O Clarim. Cap. "Obedeçamos".

Introdução à *Carta aos hebreus*

A *Carta aos hebreus* é talvez o mais controvertido texto do Novo Testamento. Não só pela sua forma, que se diferencia de todas as demais cartas, mas, também, por alguns aspectos que, desde o Cristianismo Primitivo, chamaram a atenção de estudiosos: o nome de Paulo não aparece uma única vez na carta; os temas que normalmente são tratados com importância nas outras cartas, aqui estão ausentes ou abordados de maneira indireta ou diferente.

O uso e abordagem ao Antigo Testamento também fazem com que, no conjunto, o texto de *Hebreus* se aproxime mais de uma exposição argumentativa do que propriamente uma carta, à exceção do seu final. Isso pode ter sido uma das razões pelas quais a carta não é colocada logo após *II Coríntios*, como seria de se esperar, dado o seu tamanho e ser ela destinada a uma coletividade.

Por essas razões, temos posições diferentes em relação à sua autoria. Tertuliano atribuía a carta a Barnabé; Clemente, de Alexandria, acreditava que a carta era de Paulo, mas que teria sido escrita em língua hebraica e depois traduzida para o grego por Lucas. Orígenes conhece e cita *Hebreus*, embora sua posição em relação à autoria pareça diferir ao longo do tempo.

Apesar disso, já existem, em Clemente de Roma, visíveis similaridades com *Hebreus*, o que sugere que ele a conhecia. Isso nos leva a crer que, para além das questões de autenticidade, o conteúdo foi acolhido pela maioria dos cristãos.

Estrutura e temas

Capítulos – 13 Versículos – 303 Remetentes: não declarado	
Conteúdo/tema	Versículos
Deus falou antes de muitos modos, agora fala por meio do Filho	1:1 – 1:2
Superioridade de Jesus	1:3 – 1:3
Jesus é superior aos anjos	1:4 – 2:18
Jesus é superior a Moisés	3:1 – 4:13
Jesus é um sumo sacerdote	4:14 – 5:10
Aqueles que deveriam ter se tornado mestres permanecem como crianças	5:11 – 5:14

Capítulos – 13	
Versículos – 303	
Remetentes: não declarado	

Conteúdo/tema	Versículos
Os temas mais elevados	6:1 – 6:3
Advertências aos que foram iluminados e caíram	6:4 – 6:8
Encorajamento e esperança	6:9 – 6:20
O sacerdócio de Melquisedec	7:1 – 7:10
O sacerdócio levítico e o de Melquisedec	7:11 – 7:20
O sacerdócio de Jesus	7:21 – 7:28
O tema mais importante da carta	8:1 – 8:5
Jesus é mediador de uma aliança maior	8:6 – 8:13
O ritual e o culto na primeira e na segunda alianças	9:1 – 9:14
O porquê de Jesus ser o mediador da nova aliança	9:15 – 9:28
Os sacrifícios feitos da forma antiga são ineficazes	10:1 – 10:10
O sacrifício de Jesus é eficaz	10:11 – 10:18
A liberdade proporcionada pelo sacerdócio e sacrifício de Jesus	10:19 – 10:22
Exortação à perseverança	10:23 – 10:39
A importância da fé	11:1 – 11:40
Perseverar com os olhos fixos em Jesus, que é o iniciador e consumador da fé	12:1 – 12:4
O sofrimento como forma de correção	12:5 – 12:13
Exortação à paz	12:14 – 12:17
Advertências para os que se aproximam das realidades celestes	12:18 – 12:29
Recomendações de amor e conduta na comunidade	13:1 – 13:6
Todos os dirigentes perecem, só Jesus permanece	13:7 – 13:9a
O fortalecimento do coração e o altar íntimo	13:9b – 13:16
Obediência aos dirigentes	13:17 – 13:17
Pedido de orações	13:18 – 13:19
Bênção final	13:20 – 13:21
Notas de envio, notícias de Timóteo e saudações finais	13:22 – 13:25

Origem e data

A única referência, no próprio texto da carta, que remete a uma possível localização, é a citação na saudação final: "Os da Itália vos saúdam".

Isso sugere uma possível composição em Roma, sem, contudo, ser conclusiva nesse sentido.

As questões relacionadas à autoria e dificuldade de localização levaram os estudiosos a proporem datas bastante distantes em relação à composição da carta, compreendendo um período que vai desde o ano 60 até o ano 90, tendo 65 a 68 como sugestões mais frequentes.

Perspectiva espírita

A carta traz um conjunto de argumentos, defendendo a superioridade de Jesus em relação a Moisés e aos anjos. Isso se ajusta à perspectiva que a Doutrina Espírita utiliza da superioridade de Jesus, a começar pela questão 625 de *O livro dos espíritos*.

Em relação a origem e data, Emmanuel, no livro *Paulo e Estêvão*, registra o momento e condições que levaram à elaboração da *Carta aos hebreus*. Paulo estava em Roma e após uma tentativa fracassada em apresentar o Evangelho aos correligionários judeus, ele decidiria concentrar seus esforços na divulgação do Evangelho entre os gentios. Nesse momento, um senhor de idade aproxima-se do ex-rabino e lhe pede que não desista de sua gente. Comovido com aquele gesto, Paulo informa que, não lhe sendo possível falar na sinagoga, dado a estar ainda em prisão domiciliar, iria escrever aos irmãos de boa vontade dentro do judaísmo. Transcrevemos a seguir o texto de *Paulo e Estêvão* que trata deste tema:

> Daí por diante, aproveitando as últimas horas de cada dia, os companheiros de Paulo viram que ele escrevia um documento a que dedicava profunda atenção. Às vezes, era visto a escrever com lágrimas, como se desejasse fazer da mensagem um depósito de santas inspirações. Em dois meses, entregava o trabalho a Aristarco para copiá-lo, dizendo:
> — Esta é a epístola aos hebreus. Fiz questão de grafá-la, valendo-me dos próprios recursos, pois que a dedico aos meus irmãos de raça e procurei escrevê-la com o coração.
> O amigo compreendeu o seu intuito e, antes de começar as cópias, destacou o estilo singular e as ideias grandiosas e incomuns.

COMENTÁRIOS À
Carta aos hebreus

[...] a quem constituiu herdeiro de todas as coisas, e pelo qual fez os séculos.

Hebreus
1:2

O herdeiro do Pai

Cede aos poderes humanos respeitáveis o que lhes cabe por direito lógico da vida, mas não te esqueças de dar ao Senhor o que lhe pertence.

Esta fórmula conciliadora do Evangelho permanece, ainda, palpitante de interesse para o bem-estar do mundo.

Não convém concentrar em organizações mutáveis do plano carnal todas as nossas esperanças e aspirações.

O homem interior renova-se diariamente. Por isso, a ciência que lhe atende as reclamações, nos minutos que passam, não é a mesma que o servia, nas horas que se foram, e a do futuro será muito diversa daquela que o auxilia no presente. A política do pretérito deu lugar à política das lutas modernas. Ao triunfo sanguinolento dos mais fortes ao tempo da selvageria sem peias, seguiu-se a autocracia militarista. A força cedeu à autoridade, a autoridade ao direito. No setor das atividades religiosas, o esforço evolutivo não tem sido menor.

Em vista de semelhantes realidades, por que te apaixonas, com tanta veemência, por criaturas falíveis e programas transitórios?

Os homens de hoje, por mais veneráveis, são herdeiros dos homens de ontem, empenhados na luta gigantesca pela redenção de si mesmos. Poderão prometer maravilhosos reinados de abastança e paz, liberdade e harmonia, entretanto, não fugirão ao serviço de corrigenda dos erros que herdaram, não só daqueles que os antecederam, no campo dos compromissos coletivos, mas igualmente de suas próprias experiências passadas, em tenebrosos desvios do sentimento.

A civilização de agora é sucessora das civilizações que faliram.

As nações que se restauram aproveitam as nações que se desfizeram.

As organizações que surgem na atualidade guardam a herança das que desapareceram na voragem da discórdia e da tirania.

Examinando a fisionomia indisfarçável da verdade, como hipertrofiar o sentimento, definindo-te, em absoluto, por instituições terrestres que carecem, acima de tudo, de teu próprio auxílio espiritual?

Como pode a casa sem teto abrigar-te da intempérie? A planta do arranha-céu, inteligentemente traçada no pergaminho, ainda não é a construção mantenedora da legítima segurança.

Não existem, pois, razões que justifiquem os tormentos dos aprendizes do Cristo, angustiados pelas inquietudes políticas da hora que passa. Semelhante estado d'alma é simples produto de inadvertência perigosa, porque todos devemos saber que os homens falíveis não podem erguer obras infalíveis e que compete a nós outros, partidários do Mestre, a posição de trabalhadores sinceros, chamados a servir e cooperar na obra paciente e longa, mas definitiva e eterna, daquele a quem o Pai "constituiu herdeiro de tudo, por quem fez também o mundo".

(*Fonte viva*. FEB Editora. Cap. 148)

Eles perecerão; tu, porém, permanecerás; todos hão de envelhecer como um vestido.

Hebreus
1:11

Transitoriedade

Fala-nos o Eclesiastes das vaidades e da aflição dos homens, no torvelinho das ambições desvairadas da Terra.

Desde os primeiros tempos da família humana, existem criaturas confundidas nos falsos valores do mundo. Entretanto, bastaria meditar alguns minutos na transitoriedade de tudo o que palpita no campo das formas para compreender-se a soberania do espírito.

Consultai a pompa dos museus e a ruína das civilizações mortas. Com que fim se levantaram tantos monumentos e arcos de triunfo? Tudo funcionou como roupagem do pensamento. A ideia evoluiu, enriqueceu-se o espírito e os envoltórios antigos permanecem a distância.

As mãos calejadas na edificação das colunas brilhantes aprenderam com o trabalho os luminosos segredos da vida. Todavia, quantas amarguras experimentaram os loucos que disputaram, até a morte, para possuí-las?

Valei-vos de todas as ocasiões de serviço, como sagradas oportunidades na marcha divina para Deus.

Valiosa é a escassez, porque traz a disciplina. Preciosa é a abundância, porque multiplica as formas do bem. Uma e outra, contudo, perecerão algum dia. Na esfera carnal, a glória e a miséria constituem molduras de temporária apresentação. Ambas passam. Somente Jesus e a Lei Divina perseveram para nós outros, como portas de vida e redenção.

(*Caminho, verdade e vida*. FEB Editora. Cap. 72)

Toda casa, com efeito, tem o seu arquiteto;
mas o arquiteto de tudo é Deus.

Hebreus
3:4

Em nosso trabalho

O Supremo Senhor criou o Universo, entretanto, cada criatura organiza o seu mundo particular.

O Arquiteto Divino é o possuidor de todas as edificações, todavia, cada Espírito constrói a habitação que lhe é própria.

O Doador dos Infinitos bens espalha valores ilimitados na Criação, contudo, cada um de nós outros deverá criar valores que nos sejam inerentes à personalidade.

A natureza maternal, rica de bênçãos, em toda parte constitui a representação do patrimônio imensurável do Poder Divino e, em todo lugar, onde exista alguém, aí palpita a vontade igualmente criadora do homem, que é o herdeiro de Deus.

O Pai levanta fundamentos e estabelece leis.

Os filhos contribuem na construção das obras e operam interferências.

É compreensível, portanto, que empenhemos todo o cuidado em nosso esforço individualista, nas edificações do mundo, convictos de que responderemos pela nossa atuação pessoal, em todos os quadros da vida.

Colaboremos no bem com o entusiasmo de quem reconhece a utilidade da própria ação, nos círculos do serviço, mas sem paixões destruidoras que nos amarrem às ilhas do isolacionismo.

Apresentemos nosso trabalho ao Senhor, diariamente, e peçamos a Ele destrua as particularidades em desacordo com os seus propósitos soberanos e justos, rogando-lhe visão e entendimento.

Seremos compelidos a formar o campo mental de nós mesmos, a erguer a casa de nossa elevação e a construir o santuário que nos seja próprio.

No desdobramento desse serviço, porém, jamais nos esqueçamos de que todos os patrimônios da vida pertencem a Deus.

(*Vinha de luz*. FEB Editora. Cap. 71)

Exortai-vos, antes, uns aos outros, dia após dia, enquanto ainda se disser "hoje", para que ninguém de vós se endureça, seduzido pelo pecado.

Hebreus
3:13

Hoje

O conselho da exortação recíproca, diária, indicado pelo Apóstolo requisita bastante reflexão para que se não estabeleça guarida a certas dúvidas.

Salientemos que Paulo imprime singular importância ao tempo que se chama Hoje, destacando a necessidade de valorização dos recursos em movimento pelas nossas possibilidades no dia que passa.

Acreditam muitos que para aconselharem os irmãos necessitam falar sempre, transformando-se em discutidores contumazes. Importa reconhecer, porém, que uma advertência, quando se constitua somente de palavras, deixa invariável vazio após sua passagem.

Qual ocorre no plano das organizações físicas, edificação espiritual alguma se levantará sem bases.

O "exortai-vos uns aos outros" representa um apelo mais importante que o simples chamamento aos duelos verbais.

Convites e conselhos transparecem, com mais força, do exemplo de cada um. Todo aquele que vive na prática real dos princípios nobres a que se devotou no mundo, que cumpre zelosamente os deveres contraídos e que demonstre o bem sinceramente, está exortando os irmãos em Humanidade ao caminho de elevação. É para esse gênero de testemunho diário que o convertido de Damasco nos convoca. Somente por intermédio desse constante exercício de melhoria própria, libertar-se-á o homem de enganos fatais.

Não te endureças, pois, na estrada que o Senhor te levou a trilhar, em favor de teu resgate, aprimoramento e santificação. Recorda a importância do tempo que se chama Hoje.

(*Pão nosso*. FEB Editora. Cap. 69)

*Quando se diz: Hoje, se lhe ouvirdes a voz,
não endureçais vossos corações [...]*

Hebreus
3:15

Enquanto é hoje

Encarecer a oportunidade de regeneração espiritual na vida física nunca será argumento fastidioso nos círculos de educação religiosa.

O corpo denso, de alguma forma, representa o molde utilizado pela compaixão divina, em nosso favor, em grande número de reencarnações, para reajustar nossos hábitos e aprimorá-los.

A carne, sob muitos aspectos, é barro vivo de sublime cerâmica, com o qual o Oleiro Celeste nos conduz muitas vezes, à mesma forma, ao calor da luta, a fim de aperfeiçoar-nos o veículo sutil de manifestação do espírito eterno; entretanto, quase sempre, estragamos a oportunidade, encaminhando-nos para a inutilidade ou para a ruína.

Dentro do assunto, porém, a palavra de Paulo é valiosa e oportuna.

Enquanto puderes escutar ou perceber a palavra hoje, com a audição ou com a reflexão, no campo fisiológico, vale-te do tempo para registrar as sugestões divinas e concretizá-las em tua marcha.

Para o homem brutalizado a morte não traz grandes diferenças. A ignorância passa o dia na impulsividade e a noite na inconsciência, até que o tempo e o esforço individual operem o desgaste das sombras, clareando-lhe o caminho.

Aqui, todavia, nos referimos à criatura medianamente esclarecida.

Todos os pequenos maus hábitos, aparentemente inexpressivos, devem ser muito bem extirpados pelos seus portadores que, desde a Terra, já disponham de algum conhecimento da vida espiritual, porque um dos maiores tormentos para a alma desencarnada, de algum modo instruída sobre os caminhos que se desdobram além da morte, é sentir, nos círculos de matéria sublimada, flores e trevas, luz e lama dentro de si mesma.

(*Vinha de luz*. FEB Editora. Cap. 169)

E, levado à perfeição, se tornou para todos os que lhe obedecem princípio de salvação eterna.

Hebreus
5:9

A quem obedeces

Toda criatura obedece a alguém ou a alguma coisa.
Ninguém permanece sem objetivo.
A própria rebeldia está submetida às forças corretoras da vida.
O homem obedece a toda hora. Entretanto, se ainda não pôde definir a própria submissão por virtude construtiva, é que, não raro, atende, antes de tudo, aos impulsos baixos da natureza, resistindo ao serviço de autoelevação.

Quase sempre transforma a obediência que o salva em escravidão que o condena. O Senhor estabeleceu as gradações do caminho, instituiu a lei do próprio esforço, na aquisição dos supremos valores da vida, e determinou que o homem lhe aceitasse os desígnios para ser verdadeiramente livre, mas a criatura preferiu atender à sua condição de inferioridade e organizou o cativeiro. O discípulo necessita examinar atentamente o campo em que desenvolve a própria tarefa.

A quem obedeces? Acaso, atendes, em primeiro lugar, às vaidades humanas ou às opiniões alheias, antes de observares o conselho do Mestre Divino?

É justo refletir sempre quanto a isso, porque somente quando atendemos, em tudo, aos ensinamentos vivos de Jesus, é que podemos quebrar a escravidão do mundo em favor da libertação eterna.

(*Pão nosso*. FEB Editora. Cap. 16)

De fato, aquele que ainda se amamenta não pode degustar a doutrina da justiça, pois é criancinha!

Hebreus
5:13

Meninos espirituais

Na apreciação dos companheiros de luta, que nos integram o quadro de trabalho diário, é útil não haja choques, quando, inesperadamente, surgirem falhas e fraquezas. Antes da emissão de qualquer juízo, é conveniente conhecer o quilate dos valores espirituais em exame.

Jamais prescindamos da compreensão ante os que se desviam do caminho reto. A estrada percorrida pelo homem experiente está cheia de crianças dessa natureza. Deus cerca os passos do sábio, com as expressões da ignorância, a fim de que a sombra receba luz e para que essa mesma luz seja glorificada. Nesse intercâmbio substancialmente divino, o ignorante aprende e o sábio cresce.

Os discípulos de boa vontade necessitam da sincera atitude de observação e tolerância. É natural que se regozijem com o alimento rico e substancioso com que lhes é dado nutrir a alma; no entanto, não desprezem outros irmãos, cujo organismo espiritual ainda não tolera senão o leite simples dos primeiros conhecimentos.

Toda criança é frágil e ninguém deve condená-la por isso.

Se tua mente pode librar no voo mais alto, não te esqueças dos que ficaram no ninho onde nasceste e onde estiveste longo tempo, completando a plumagem. Diante dos teus olhos deslumbrados, alonga-se o Infinito. Eles estarão contigo, um dia, e, porque a união integral esteja tardando, não os abandones ao acaso, nem lhes recuses o leite que amam e de que ainda necessitam.

(*Caminho, verdade e vida*. FEB Editora. Cap. 51)

Por isso, deixando de lado o ensinamento elementar sobre Cristo, elevemo-nos à perfeição adulta, sem ter que voltar aos artigos fundamentais: o arrependimento das obras mortas [...]

Hebreus
6:1

Avancemos além

Aceitar o poder de Jesus, guardar certeza da própria ressurreição além da morte, reconfortar-se ante os benefícios da crença, constituem fase rudimentar no aprendizado do Evangelho.

Praticar as lições recebidas, afeiçoando a elas nossas experiências pessoais de cada dia, representa o curso vivo e santificante.

O aluno que não se retira dos exercícios no alfabeto nunca penetra o luminoso domínio mental dos grandes mestres.

Não basta situar nossa alma no pórtico do templo e aí dobrar os joelhos reverentemente; é imprescindível regressar aos caminhos vulgares e concretizar, em nós mesmos, os princípios da fé redentora, sublimando a vida comum.

Que dizer do operário que somente visitasse a porta de sua oficina, louvando-lhe a grandeza, sem, contudo, dedicar-se ao trabalho que ela reclama? Que dizer do navio admiravelmente equipado, que vivesse indefinidamente na praia sem navegar?

Existem milhares de crentes da Boa-Nova nessa lastimável posição de estacionamento. São quase sempre pessoas corretas em todos os rudimentos da Doutrina do Cristo. Creem, adoram e consolam-se, irrepreensivelmente; todavia, não marcham para diante, no sentido de se tornarem mais sábias e mais nobres. Não sabem agir, nem lutar e nem sofrer, vendo-se sozinhas, sob o ponto de vista humano.

Precavendo-se contra semelhantes males, afirmou Paulo, com profundo acerto: "Deixando os rudimentos da doutrina de Jesus, prossigamos até a perfeição, abstendo-nos de repetir muitos arrependimentos, porque então não passaremos de autores de obras mortas".

Evitemos, assim, a posição do aluno que estuda... e jamais se harmoniza com a lição, recordando também que se o arrependimento é útil, de quando em quando, o arrepender-se a toda hora é sinal de teimosia e viciação.

(*Fonte viva*. FEB Editora. Cap. 83)

No clima da corrigenda[170]

Há que prevenir-nos, não só contra o fingimento que nos impele a exibir superioridade imaginária, como também contra aquele outro que nos induz a parecer piores do que somos.

Efetivamente, é muito difícil classificar qual deles o mais ruinoso aos interesses do Espírito, porque, se o primeiro coagula a vaidade, favorecendo desequilíbrio e obsessão, o segundo se define por sorrateiro agente de fuga, retardando, conscientemente, o serviço a fazer.

A cada passo, ouvimos de companheiros, plenamente capacitados ao exercício das boas obras, afirmações como estas:

– Compreendo a necessidade do esforço para o bem, mas não estou preparado a tomar compromisso...

– Sei que é preciso melhorar a situação, mas não sou santo...

– Quem sou eu para auxiliar!...

– Não tenho merecimento...

– Sou criatura indigna de viver...

Entretanto, esses mesmos amigos, nas lides materiais, não se acanham de asseverar que estão procurando melhoria de nível, seja no campo, na esfera dos vencimentos, no cultivo da inteligência ou nos recursos da profissão.

Busquemos edificar-nos, em espírito, reconhecendo que, em verdade, estamos infinitamente longe das criaturas perfeitas, mas, se já conhecemos algo do Cristo, estamos na trilha da corrigenda e qualquer corrigenda, mesmo ligeira, é passo da vida no rumo da perfeição.

(*Reformador*, dez. 1964, p. 270)

---

[170] Texto publicado em *Bênção de paz*. Ed. GEEM. Cap. 34, com pequenas alterações.

Pois, a terra que bebe a chuva que lhe vem abundante e produz vegetação útil aos cultivadores, receberá a bênção de Deus.

Hebreus 6:7

Terra proveitosa

Os discípulos do Cristo encontrarão sempre grandes lições, em contato com o livro da natureza.

O convertido de Damasco refere-se aqui à terra proveitosa que produz abundantemente, embebendo-se da chuva que cai, incessante, na sua superfície, representando o vaso predileto de recepção das bênçãos de Deus.

Transportemos o símbolo ao país dos corações.

Somente aqueles espíritos, atentos aos benefícios espirituais, que chovem diariamente do céu, são suscetíveis de produzir as utilidades do serviço divino, guardando as bênçãos do Senhor.

Não que o Pai estabeleça prerrogativas injustificáveis. Sua proteção misericordiosa estende-se a todos, indistintamente, mas nem todos a recebem, isto é, inúmeras criaturas se fecham no egoísmo e na vaidade, envolvendo o coração em sombras densas.

Deus dá em todo tempo, mas nem sempre os filhos recebem, de pronto, as dádivas paternais. Apenas os corações que se abrem à luz espiritual, que se deixam embeber pelo orvalho divino, correspondem ao ideal do Lavrador Celeste.

O Altíssimo é o Senhor do Universo, sumo dispensador de bênçãos a todas as criaturas. No planeta terreno, Jesus é o sublime Cultivador. O coração humano é a terra.

Cumpre-nos, portanto, compreender que não se lavra o solo sem retificá-lo ou sem feri-lo e que somente a terra tratada produzirá erva proveitosa, alimentando e beneficiando na Casa de Deus, atendendo, destarte, a esperança do horticultor.

(*Caminho, verdade e vida*. FEB Editora. Cap. 117)

Mesmo falando assim, estamos convencidos de que vós, caríssimos, estais do lado bom, o da salvação.

Hebreus 6:9

Os amados

Comenta-se com amargura o progresso aparente dos ímpios.

Admira-se o crente da boa posição dos homens que desconhecem o escrúpulo, muita vez altamente colocados na esfera financeira.

Muitos perguntam: "Onde está o Senhor que lhes não viu os processos escusos?".

A interrogação, no entanto, evidencia mais ignorância que sensatez. Onde a finalidade do tesouro amoedado do homem perverso? Ainda que experimentasse na Terra inalterável saúde de cem anos, seria compelido a abandonar o patrimônio para recomeçar o aprendizado.

A eternidade confere reduzida importância aos bens exteriores. Aqueles que exclusivamente acumulam vantagens transitórias, fora de sua alma, plenamente esquecidos da esfera interior, são dignos de piedade. Deixarão tudo, quase sempre, ao sabor da irresponsabilidade.

Isso não acontece, porém, com os donos da riqueza espiritual. Constituindo os amados de Deus, sentem-se identificados com o Pai, em qualquer parte a que sejam conduzidos. Na dificuldade e na tormenta guardam a alegria da herança divina que se lhes entesoura no coração.

Do ímpio, é razoável esperarmos a indiferença, a ambição, a avareza, a preocupação de amontoar irrefletidamente; do ignorante, é natural recebermos perguntas loucas. Entretanto, o Apóstolo da Gentilidade exclama com razão: "Mas de vós, ó amados, esperamos coisas melhores".

(*Caminho, verdade e vida*. FEB Editora. Cap. 59)

Abraão foi perseverante e viu a promessa realizar-se.

Hebreus
6:15

Esperar e alcançar

A esperança de atingir a paz divina, com felicidade inalterável, vibra em todas as criaturas.

O anseio dos patriarcas da Antiguidade é análogo ao dos homens modernos.

O lar coroado de bênçãos.

O dever bem cumprido.

A consciência edificada.

O ideal superior convenientemente atendido.

O trabalho vitorioso.

A colheita feliz.

As aspirações da alma são sempre as mesmas em toda parte.

Contudo, esperar significa persistir sem cansaço, e alcançar expressa triunfar definitivamente.

Entre o objetivo e a meta, faz-se imperativo o esforço constante e inadiável.

Esperança não é inação.

E paciência traduz obstinação pacífica na obra que nos propomos realizar.

Se pretendes materializar os teus propósitos com o Cristo, guarda a fórmula da paciência como a única porta aberta para a vitória.

Há sofrimento em teus sonhos torturados? Incompreensão de muitos em derredor de teus desejos? A ingratidão e a dor te visitam o espírito?

Não chores perdendo os minutos, nem maldigas a dificuldade.

Aguarda as surpresas do tempo, agindo sem precipitação.

Se cada noite é nova sombra, cada dia é nova luz.

Lembra-te de que nem todas as águas se acham no mesmo nível e nem todas as árvores são iguais no tamanho, no crescimento ou na espécie.

Recorda as palavras do Apóstolo dos Gentios.

Esperando com paciência, alcançaremos a promessa.

Não te esqueças de que o êxito seguro não é de quem o assalta, mas sim daquele que sabe agir, perseverar e esperar por ele.

(*Fonte viva*. FEB Editora. Cap. 103)

Aguardemos[171]

Em qualquer circunstância, espera com paciência.
Se alguém te ofendeu, espera.
Não tomes desforço a quem já carrega a infelicidade em si mesmo.
Se alguém te prejudicou, espera.
Não precisas vingar-te de quem já se encontra assinalado pela justiça.
Se sofres, espera.
A dor é sempre aviso santificante.
Se o obstáculo te visita, espera.
O embaraço de hoje, muita vez, é benefício amanhã.
A fonte, ajudando onde passa, espera pelo rio e atinge o oceano vasto.
A árvore, prestando incessante auxílio, espera pela flor e ganha a bênção do fruto.
Todavia, a enxada que espera, imóvel, adquire a ferrugem que a desgasta.
O poço que espera, guardando águas paradas, converte a si próprio em vaso de podridão.
Sejam, pois, quais forem as tuas dificuldades, espera, fazendo em favor dos outros o melhor que puderes, a fim de que a tua esperança se erga sublime, em luminosa realização.

(*Reformador*, jan. 1960, p. 3)

---

[171] Texto publicado em *Palavras de vida eterna*. Ed. Comunhão Espírita Cristã. Cap. 68.

Sem pai, sem mãe, sem genealogia, nem princípio de dias nem fim de vida! É assim que se assemelha ao Filho de Deus, e permanece sacerdote eternamente.

Hebreus
7:3

Pergunta 285 do livro *O consolador*

Pergunta: "Jesus Cristo é sem pai, sem mãe, sem genealogia". Como interpretar essa afirmativa, em face da palavra de Mateus?

Resposta: Faz-se necessário entendermos a missão universalista do Evangelho de Jesus, por meio da palavra de João, para compreender tal afirmativa no tocante à genealogia do Mestre Divino, cujas sagradas raízes repousam no infinito do amor e de sabedoria em Deus.

(*O consolador*. FEB Editora. Pergunta 285)

[...] o inferior é abençoado pelo superior.

Hebreus
7:7

Maioridade

Em todas as atividades da vida, há quem alcance a maioridade natural entre os seus parentes, companheiros ou contemporâneos.

Há quem se faz maior na experiência física, no conhecimento, na virtude ou na competência.

De modo geral, contudo, aquele que se vê guindado a qualquer nível de superioridade costuma valer-se da situação para esquecer seu débito para com o espírito comum.

Muitas vezes quem atinge a maioridade financeira torna-se avarento, quem encontra o destaque científico faz-se vaidoso e quem se vê na galeria do poder abraça o orgulho vão.

A Lei da Vida, porém, não recomenda o exclusivismo e a separatividade.

Segundo os princípios divinos, todo progresso legítimo se converte em bênçãos para a coletividade inteira.

A própria Natureza oferece lições sublimes nesse sentido.

Cresce a árvore para a frutificação.

Cresce a fonte para benefício do solo.

Se cresceste em experiência ou em elevação de qualquer espécie, lembra-te da comunhão fraternal com todos.

O Sol, com seus raios de luz, não desampara a furna barrenta e não desdenha o verme.

Desenvolvimento é poder.

Repara como empregas as vantagens de que a tua existência foi acrescentada. O Espírito mais alto de quantos já se manifestaram na Terra aceitou o sacrifício supremo, a fim de auxiliar a todos, sem condições.

Não te esqueças de que, segundo o Estatuto Divino, "o menor é abençoado pelo maior".

(*Fonte viva*. FEB Editora. Cap. 21)

[...] Ele já o fez uma vez por todas, oferecendo-se a si mesmo.

Hebreus
7:27

Oferendas

As criaturas humanas vão sempre bem na casa farta, ante o céu azul. Entretanto, logo surjam dificuldades, ei-las à procura de quem as substitua nos lugares de aborrecimento e dor. Muitas vezes, pagam preço elevado pela fuga e adiam indefinidamente a experiência benéfica a que foram convidadas pela mão do Senhor.

Em razão disso, os religiosos de todos os tempos estabelecem complicados problemas com as oferendas da fé.

Nos ritos primitivos não houve qualquer hesitação, perante o sacrifício de jovens e crianças.

Com o escoar do tempo, o homem passou à matança de ovelhas, touros e bodes nos santuários.

Por muitos séculos perdurou o plano de óbolos em preciosidades e riquezas destinadas aos serviços do culto.

Com todas essas demonstrações, porém, o homem não procura senão aliciar a simpatia exclusiva de Deus, qual se o Pai estivesse inclinado aos particularismos terrestres.

A maioria dos que oferecem dádivas materiais não procede assim, ante as casas da fé, por amor à obra divina, mas com o propósito deliberado de comprar o favor do Céu, eximindo-se ao trabalho de autoaperfeiçoamento.

Nesse sentido, contudo, o Cristo forneceu preciosa resposta aos seus tutelados do mundo. Longe de pleitear quaisquer prerrogativas, não enviou substitutos ao Calvário ou animais para sacrifício nos templos, e sim abraçou, ele mesmo, a cruz pesada, imolando-se em favor das criaturas e dando a entender que todos os discípulos serão compelidos ao testemunho próprio, no altar da própria vida.

(*Pão nosso*. FEB Editora. Cap. 139)

[...] diz o Senhor: Porei minhas leis na sua mente, e as inscreverei no seu coração; e eu serei seu Deus, e eles serão meu povo.

Hebreus
8:10

Em preparação

Traduziremos o Evangelho
Em todas as línguas,
Em todas as culturas,
Exaltando-lhe a grandeza,
Destacando-lhe a sublimidade,
Semeando-lhe a poesia,
Comentando-lhe a verdade,
Interpretando-lhe as lições,
Impondo-nos ao raciocínio,
Aprimorando o coração
E reformando a inteligência,
Renovando leis,
Aperfeiçoando costumes
E aclarando caminhos...
Mas virá o momento
Em que a Boa-Nova deve ser impressa em nós mesmos,
Nos refolhos da mente,
Nos recessos do peito,
Por meio das palavras e das ações.
Dos princípios e ideais,
Das aspirações e das esperanças,
Dos gestos e pensamentos.
Porque, em verdade,
Se o Céu nos permite espalhar-lhe a Divina Mensagem no mundo,
Um dia, exigirá nos convertamos
Em traduções vivas do Evangelho na Terra.

(*Pão nosso*. FEB Editora. Cap. 40)

Ninguém mais ensinará o seu próximo, e nem o seu irmão, afirmando: "Conhece o Senhor!" Porque todos me conhecerão, do menor até o maior.

Hebreus
8:11

No futuro[172]

Quando o homem gravar na própria alma
Os parágrafos luminosos da Divina Lei,
O companheiro não repreenderá o companheiro,
O irmão não denunciará outro irmão.
O cárcere cerrará suas portas,
Os tribunais quedarão em silêncio.
Canhões serão convertidos em arados,
Homens de armas volverão à sementeira do solo.
O ódio será expulso do mundo,
As baionetas repousarão,
As máquinas não vomitarão chamas para o incêndio e para a morte,
Mas cuidarão pacificamente do progresso planetário.
A justiça será ultrapassada pelo amor.
Os filhos da fé não somente serão justos,
Mas bons, profundamente bons.
A prece constituir-se-á de alegria e louvor
E as casas de oração estarão consagradas ao trabalho sublime da fraternidade suprema.
A pregação da Lei
Viverá nos atos e pensamentos de todos,
Porque o Cordeiro de Deus
Terá transformado o coração de cada homem
Em tabernáculo de luz eterna,
Em que o seu Reino Divino
Resplandecerá para sempre.

(*Pão nosso*. FEB Editora. Cap. 41)

---

[172] Texto publicado em *Pronto-socorro*. Ed. Centro Espírita União. Cap. "No futuro".

Holocaustos e sacrifícios pelo pecado não foram do teu agrado.

Hebreus
10:6

Oração e renovação

É certo que todo trabalho sincero de adoração espiritual nos levanta a alma, elevando-nos os sentimentos.

A súplica, no remorso, traz-nos a bênção das lágrimas consoladoras. A rogativa na aflição dá-nos a conhecer a deficiência própria, ajudando-nos a descobrir o valor da humildade. A solicitação na dor revela-nos a fonte sagrada da inesgotável misericórdia.

A oração refrigera, alivia, exalta, esclarece, eleva, mas, sobretudo, afeiçoa o coração ao serviço divino. Não olvidemos, porém, de que os atos íntimos e profundos da fé são necessários e úteis a nós próprios.

Na essência, não é o Senhor quem necessita de nossas manifestações votivas, mas somos nós mesmos que devemos aproveitar a sublime possibilidade da repetição, aprendendo com a sabedoria da vida.

Jesus espera por nossa renovação espiritual, acima de tudo.

Se erraste, é preciso procurar a porta da retificação.

Se ofendeste a alguém, corrige-te na devida reconciliação.

Se te desviaste da senda reta, volta ao caminho direito.

Se te perturbaste, harmoniza-te de novo.

Se abrigaste a revolta, recupera a disciplina de ti mesmo.

Em qualquer posição de desequilíbrio, lembra-te de que a prece pode trazer-te sugestões divinas, ampliar-te a visão espiritual e proporcionar-te consolações abundantes; todavia, para o Senhor não bastam as posições convencionais ou verbalistas.

O Mestre confere-nos a Dádiva e pede-nos a Iniciativa.

Nos teus dias de luta, portanto, faze os votos e promessas que forem de teu agrado e proveito, mas não te esqueças da ação e da renovação aproveitáveis na obra divina do mundo e sumamente agradáveis aos olhos do Senhor.

(*Vinha de luz*. FEB Editora. Cap. 21)

Assim, ele declara, primeiramente: Sacrifícios, oferendas, holocaustos, sacrifícios pelo pecado, tu não os quiseste, e não te agradaram. [...]

Hebreus
10:8

Compreendamos

O mundo antigo não compreendia as relações com o Altíssimo senão por meio de suntuosas oferendas e pesados holocaustos.

Certos povos primitivos atingiram requintada extravagância religiosa, conduzindo sangue humano aos altares.

Tais manifestações infelizes vão se atenuando no cadinho dos séculos; no entanto, ainda hoje se verificam lastimáveis pruridos de excentricidade nos votos dessa natureza.

O Cristianismo operou completa renovação no entendimento das verdades divinas; contudo, ainda em suas fileiras costumam surgir absurdas promessas, que apenas favorecem a intromissão da ignorância e do vício.

A mais elevada concepção de Deus que podemos abrigar no santuário do espírito é aquela que Jesus nos apresentou, em no-lo revelando Pai Amoroso e justo, à espera dos nossos testemunhos de compreensão e de amor.

Na própria crosta da Terra, qualquer chefe de família consciencioso e reto não deseja os filhos em constante movimentação de ofertas inúteis, no propósito de arrefecer-lhe a vigilância afetuosa. Se tais iniciativas não agradam aos progenitores humanos, caprichosos e falíveis, como atribuir semelhante falha ao Todo-Misericordioso, no pressuposto de conquistar a benemerência celeste?

É indispensável trabalhar contra o criminoso engano.

A felicidade real somente é possível no lar cristão do mundo, quando os seus componentes cumprem as obrigações que lhes competem, ainda mesmo ao preço de heroicas decisões. Com o nosso Pai Celestial, o programa não é diferente, porque o Senhor supremo não nos pede sacrifícios e lágrimas, e sim ânimo sereno para aceitar-lhe a vontade sublime, colocando-a em prática.

(*Pão nosso*. FEB Editora. Cap. 48)

*[...] Pondo as minhas leis nos seus corações
e inscrevendo-as na sua mente.*

Hebreus
10:16

Estejamos certos

As instituições humanas vivem cheias de códigos e escrituras.

Os templos permanecem repletos de pregações.

Os núcleos de natureza religiosa alinham inúmeros compêndios doutrinários.

O Evangelho, entretanto, não oculta os propósitos do Senhor.

Toda a movimentação de páginas rasgáveis, portadoras de vocabulário restrito, representa fase de preparo espiritual, porque o objetivo de Jesus é inscrever os seus ensinamentos em nossos corações e inteligências.

Poderemos aderir de modo intelectual aos mais variados programas religiosos, navegarmos a pleno mar da filosofia e da cultura meramente verbalistas, com certo proveito à nossa posição individual, diante do próximo, mas, diante do Senhor, o problema fundamental de nosso espírito é a transformação para o bem, com a elevação de todos os nossos sentimentos e pensamentos.

O Mestre escreverá nas páginas vivas de nossa alma os seus estatutos divinos.

Tenhamos disso a certeza. E não estejamos menos convencidos de que, às vezes, por acréscimo de misericórdia, nos conferirá os precisos recursos para que lavemos nosso livro íntimo com a água das lágrimas, eliminando os resíduos desse trabalho com o fogo purificador do sofrimento.

(*Vinha de luz*. FEB Editora. Cap. 81)

*Velemos uns pelos outros para nos estimularmos
à caridade e às boas obras.*

Hebreus
10:24

Necessidade do bem

Muitas instituições da vida cristã, respeitáveis por seus programas e fundamentos, sofrem prejuízos incalculáveis, em razão da leviandade com que muitos companheiros se observam uns aos outros.

Aqui, comenta-se o passado desairoso de quem procura hoje recuperar-se dignamente; ali, pequenos gestos infelizes são analisados, através das escuras lentes do sarcasmo e da crítica...

A censura e a reprovação indiscriminadas, todavia, derramam-se na família de ideal, como chuva de corrosivos na plantação, aniquilando germes nascentes, destruindo flores viçosas e envenenando frutos destinados aos celeiros do progresso comum.

Nunca é demais repetir a necessidade de perdão, bondade e otimismo, em nossas fileiras e atividades.

Lembremo-nos de que, com o nosso auxílio, tudo hoje pode ser melhor que ontem, e tudo amanhã será melhor que hoje.

O mal, em qualquer circunstância, é desarmonia à frente da Lei e todo desequilíbrio redunda em dificuldade e sofrimento.

Examinemo-nos mutuamente, acendendo a luz da fraternidade para que a fraternidade nos clareie os destinos.

Sem perseverança no bem, não há caminho para a felicidade.

Por isso mesmo, recomendou-nos o Apóstolo Paulo: "E consideremo-nos uns aos outros para nos estimularmos à caridade e às boas obras", porque somente nessa diretriz estaremos servindo à construção do Reino do Amor.

(*Fonte viva*. FEB Editora. Cap. 176)

Na execução do melhor[173]

Espalharam-se todos os companheiros dos quais contávamos receber apoio e incentivo para a realização do serviço que nos compete.

---

[173] Texto publicado em *Palavras de vida eterna*. Ed. Comunhão Espírita Cristã. Cap. 116, com pequenas alterações.

Determinados amigos tomaram destaque nos interesses do mundo e empreendem grandes negócios materiais.

Outros granjearam influência política e como que se afastam da senda que palmilhamos.

Outros ainda adquiriram prolongados compromissos de natureza familiar e jazem aparentemente agrilhoados às paredes domésticas.

Surgem os que receberam encargos públicos e distanciaram-se transitoriamente de nós.

Vemos os que conquistaram títulos profissionais, depois de aturados estudos, figurando-se-nos arremessados a vínculos outros, compelidos a centralizar atenções e energias, em assuntos que nos escapam.

Assinalamos os que sofreram pequeninos desenganos, bandeando-se para novas esferas de atividade.

Aparecem os que se dizem necessitados de mais dinheiro e despedem-se no rumo de aquisições que não mais se coadunam com o nosso modo de pensar e de ser.

Abraçamos, sensibilizados, os que se afirmam tangidos por imposições particulares, largando-nos o convívio por se transferirem de residência.

Em muitas ocasiões, somos naturalmente induzidos a lastimar essa ou aquela modificação, premidos por nossa fraqueza humana; entretanto, para todos os casos de semelhante expressão, a palavra do Apóstolo Paulo é uma advertência ao otimismo e à serenidade.

Seja qual for a posição a que nossos companheiros sejam chamados, consideremo-nos uns aos outros por irmãos necessitados de apoio recíproco e saibamos estimulá-los à caridade e às boas obras, sustentando-lhes o ânimo no trabalho e auxiliando, quanto nos seja possível, a cada um deles na execução do melhor.

(*Reformador*, jul. 1962, p. 146)

No exame recíproco[174]

Algumas vezes somos constrangidos a examinar as diretrizes dos nossos companheiros de experiência, nas horas em que se mostram em atitude menos edificante.

Vimos determinados amigos em lances perigosos do caminho, até ontem. E até ontem terão eles:

---

[174] Texto publicado em *Segue-me!...* Ed. O Clarim. Cap. "O amor puro".

Entrado em negócios escusos;
Caído em lastimáveis enganos;
Perpetrado delitos;
Descido a precipícios de sombra;
Causado prejuízo a outrem, lesando a si mesmos;
Fugido a deveres respeitáveis;
Desprezado valiosas oportunidades no erguimento do bem;
Renegado a fé que lhes servia de âncora;
Adotado companhias que lhes danificaram a existência; abraçado a irresponsabilidade por norma de ação.

Momentos existem nos quais é impossível desconhecer as nossas falhas; entretanto, tenhamos a devida prudência de situar o mal no passado.

Teremos tido comportamento menos feliz até ontem.

Hoje, porém, é novo dia.

Auxiliemo-nos reciprocamente, acendendo luz que nos dissipe a sombra. Padronizemos o sentimento em ponto alto, pensemos com a força abençoada do otimismo, falemos para o bem e realizemos o melhor ao nosso alcance, no terreno da ação.

Recordemos o ensinamento do Apóstolo, considerando-nos uns aos outros, não em sentido negativo, e sim com a fraternidade operante, para que tenhamos o necessário estímulo à prática do amor puro, superando as nossas próprias fraquezas, em caminho para a Vida Maior.

(*Ceifa de luz*. FEB Editora. Cap. 43)

[...] apenas havíeis sido iluminados, suportastes um combate doloroso.

Hebreus
10:32

Lógica da providência

Os cultivadores da fé sincera costumam ser indicados, no mundo, à conta de grandes sofredores.

Há mesmo quem afirme afastar-se deliberadamente dos círculos religiosos, temendo o contágio de padecimentos espirituais.

Os ímpios, os ignorantes e os fúteis exibem-se, espetacularmente, na vida comum, por meio de traços bizarros da fantasia exterior; todavia, quando se abeiram das verdades celestes, antes de adquirirem acesso às alegrias permanentes da Espiritualidade Superior, atravessam grandes túneis de tristeza, abatimento e taciturnidade. O fenômeno, entretanto, é natural, porquanto haverá sempre ponderação após a loucura e remorso depois do desregramento.

O problema, contudo, abrange mais vasto círculo de esclarecimentos.

A misericórdia que se manifesta na justiça de Deus transcende à compreensão humana.

O Pai confere aos filhos ignorantes e transviados o direito às experiências mais fortes somente depois de serem iluminados. Só após aprenderem a ver com o espírito eterno é que a vida lhes oferece valores diferentes. Nascer-lhes-á nos corações, daí em diante, a força indispensável ao triunfo no grande combate das aflições.

Os frívolos e oportunistas, não obstante as aparências, são habitualmente almas frágeis, quais galhos secos que se quebram ao primeiro golpe da ventania. Os espíritos nobres, que suportam as tormentas do caminho terrestre, sabem disto. Só a luz espiritual garante o êxito nas provações.

Ninguém concede a responsabilidade de um barco, cheio de preocupações e perigos, a simples crianças.

(*Pão nosso*. FEB Editora. Cap. 60)

Não percais, pois, a vossa segurança que tamanha recompensa merece.

Hebreus 10:35

Não rejeites a confiança

Não lances fora a confiança que te alimenta o coração.

Muitas vezes, o progresso aparente dos ímpios desencoraja o fervor das almas tíbias.

A virtude vacilante recua ante o vício que parece vitorioso.

Confrange-se o crente frágil, perante o malfeitor que se destaca, aureolado de louros.

Todavia, se aceitamos Jesus por nosso Divino Mestre, é preciso receber o mundo por nosso educandário.

E a escola nos revela que a romagem carnal é simples estágio do espírito no campo imenso da vida.

Todos os séculos tiveram soberanos dominadores.

Muitos se erigiram em pedestais de ouro e poder, ao preço do sangue e das lágrimas dos seus contemporâneos.

Muitos ganharam batalhas de ódio.

Outros monopolizaram o pão.

Alguns comandaram a vida política.

Outros adquiriram o temor popular.

Entretanto, passaram todos... Por prêmio terrestre às laboriosas empresas a que se consagraram, receberam apenas o sepulcro faustoso em que sobressaem na casa fria da morte.

Não rejeites a fé porque a passagem educativa pela Terra te imponha à visão aflitivos quadros no jogo das convenções humanas.

Lembra-te da imortalidade – nossa divina herança!

Por onde fores, conduze tua alma como fonte preciosa de compreensão e serviço! Onde estiveres, sê generoso, otimista e diligente no bem!

A carne é apenas tua veste.

Luta e aprimora-te, trabalha e realiza com o Cristo, e aguarda, confiante, o futuro, na certeza de que a vida de hoje te espera, sempre justiceira, amanhã.

(*Fonte viva*. FEB Editora. Cap. 128)

De fato, é de perseverança que tendes necessidade, para cumprirdes a vontade de Deus e alcançardes o que ele prometeu.

Hebreus
10:36

Guarda a paciência

Provavelmente estarás retendo, há muito tempo, a esperança torturada.

Desejarias que a resposta do mundo aos teus anseios surgisse, imediata, agasalhando-te o coração; entretanto, que paz desfrutarias no triunfo aparente dos próprios sonhos, sem resgatares os débitos que te encadeiam ao problema e à dificuldade?

Como repousar, ante a exigência do credor que nos requisita?

Descansará o delinquente, antes da justa reparação à falta cometida?

Sabes que o destino materializar-te-á os planos de ventura, que a vitória te coroará, enfim, a senda de luta, mas reconheces-te preso ao círculo de certas obrigações.

O lar convertido em forja de angústia...

A instituição a que serves, onde sofres a intromissão da calúnia ou o golpe da crueldade...

O parente a que deves respeito e carinho, do qual recolhes menosprezo e ingratidão...

A rede dos obstáculos...

A conspiração das sombras...

A perseguição gratuita, a enfermidade do corpo, a imposição do ambiente...

Se as provas te encarceram nas grades constringentes do dever a cumprir, tem paciência e satisfaze as obrigações a que te enlaçaste!...

Não renuncies ao trabalho renovador!

Recorda que a Vontade de Deus se expressa, cada hora, nas circunstâncias que nos cercam! Paguemos nossas contas com a sombra, para que a Luz nos favoreça!

Em verdade, alcançaremos a concretização dos nossos projetos de felicidade, mas, antes disso, é necessário liquidar com paciência as dívidas que contraímos perante a Lei.

(*Fonte viva*. FEB Editora. Cap. 129)

Foi pela fé que Abraão, respondendo ao chamado, obedeceu e partiu para uma terra que devia receber como herança, e partiu sem saber para onde ia.

Hebreus
11:8

Na grande romagem

Pela fé, o aprendiz do Evangelho é chamado, como Abraão, à sublime herança que lhe é destinada.

A conscrição atinge a todos.

O grande patriarca hebreu saiu sem saber para onde ia...

E nós, por nossa vez, devemos erguer o coração e partir igualmente.

Ignoramos as estações de contato na romagem enorme, mas estamos informados de que o nosso objetivo é Cristo Jesus.

Quantas vezes seremos constrangidos a pisar sobre espinheiros da calúnia? Quantas vezes transitaremos pelo trilho escabroso da incompreensão? Quantos aguaceiros de lágrimas nos alcançarão o espírito? Quantas nuvens estarão interpostas, entre o nosso pensamento e o Céu, em largos trechos da senda?

Insolúvel a resposta.

Importa, contudo, marchar sempre, no caminho interior da própria redenção, sem esmorecimento.

Hoje, é o suor intensivo; amanhã, é a responsabilidade; depois, é o sofrimento e, em seguida, é a solidão...

Ainda assim, é indispensável seguir sem desânimo.

Quando não seja possível avançar dois passos por dia, desloquemo-nos para diante, pelo menos, alguns milímetros...

Abre-se a vanguarda em horizontes novos de entendimento e bondade, iluminação espiritual e progresso na virtude.

Subamos, sem repouso, pela montanha escarpada:

Vencendo desertos...

Superando dificuldades...

Varando nevoeiros...

Eliminando obstáculos...

Abraão obedeceu, sem saber para onde ia, e encontrou a realização da sua felicidade.

Obedeçamos, por nossa vez, conscientes de nossa destinação e convictos de que o Senhor nos espera, além da nossa cruz, nos cimos resplandecentes da eterna ressurreição.

(*Fonte viva*. FEB Editora. Cap. 3)

Preferiu ser maltratado com o povo de Deus
a gozar por um tempo do pecado.

Hebreus
11:25

Por um pouco

Nesta passagem refere-se Paulo à atitude de Moisés, abstendo-se de gozar por um pouco de tempo das suntuosidades da casa do Faraó, a fim de consagrar-se à libertação dos companheiros cativos, criando imagem sublime para definir a posição do espírito encarnado na Terra.

"Por um pouco", o administrador dirige os interesses do povo.

"Por um pouco", o servidor obedece na subalternidade.

"Por um pouco", o usurário retém o dinheiro.

"Por um pouco", o infeliz padece privações.

Ah! se o homem reparasse a brevidade dos dias de que dispõe na Terra! se visse a exiguidade dos recursos com que pode contar no vaso de carne em que se movimenta!...

Certamente, semelhante percepção, diante da eternidade, dar-lhe-ia novo conceito da bendita oportunidade, preciosa e rápida, que lhe foi concedida no mundo.

Tudo favorece ou aflige a criatura terrestre, simplesmente por um pouco de tempo.

Muita gente, contudo, vale-se dessa pequenina fração de horas para complicar-se por muitos anos.

É indispensável fixar o cérebro e o coração no exemplo de quantos souberam glorificar a romagem apressada no caminho comum.

Moisés não se deteve a gozar, "por um pouco", no clima faraônico, a fim de deixar-nos a legislação justiceira.

Jesus não se abalançou a disputar, nem mesmo "por um pouco", em face da crueldade de quantos o perseguiam, de modo a ensinar-nos o segredo divino da Cruz com Ressurreição eterna.

Paulo não se animou a descansar "por um pouco", depois de encontrar o Mestre às portas de Damasco, de maneira a legar-nos seu exemplo de trabalho e fé viva.

Meu amigo, onde estiveres, lembra-te de que aí permaneces "por um pouco" de tempo. Modera-te na alegria e conforma-te na tristeza, trabalhando sem cessar, na extensão do bem, porque é na demonstração do "pouco" que caminharás para o "muito" de felicidade ou de sofrimento.

(*Fonte viva*. FEB Editora. Cap. 42)

Portanto, também nós, com tal nuvem de testemunhas ao nosso redor, rejeitando todo fardo e o pecado que nos envolve, corramos com perseverança para o certame que nos é proposto.

Hebreus 12:1

Impedimentos

Por onde transites, na Terra, transportando o vaso de tua fé a derramar-se em boas obras, encontrarás sempre impedimentos a granel, dificultando-te a ação.

Hoje, é o fracasso nas tentativas iniciais de progresso.

Amanhã, é o companheiro que falha.

Depois, é a perseguição descaridosa ao teu ideal.

Afligir-te-ás com o fel de muitos lábios que te merecem apreço.

Sofrerás, de quando em quando, a incompreensão dos outros.

Periodicamente encontrarás na vanguarda obstáculos mil, induzindo-te à inércia ou à negação.

A carreira que nos está proposta, no entanto, deve desdobrar-se no roteiro do bem incessante...

Que fazer com as pessoas e circunstâncias que nos compelem ao retardamento e à imobilidade?

O Apóstolo dos Gentios responde, categórico: "Pondo de lado todo o impedimento".

Colocar a dificuldade à margem, porém, não é desprezar as opiniões alheias quando respeitáveis ou fugir à luta vulgar. É respeitar cada individualidade, na posição que lhe é própria, é partilhar o ângulo mais nobre do bom combate, com a nossa melhor colaboração pelo aperfeiçoamento geral. E, por dentro, na intimidade do coração, prosseguir com Jesus, hoje, amanhã e sempre, agindo e servindo, aprendendo e amando, até que a luz divina brilhe em nossa consciência, tanto quanto inconscientemente já nos achamos dentro dela.

(*Fonte viva*. FEB Editora. Cap. 12)

Impedimentos

O grande Apóstolo da Gentilidade figura o trabalho cristão como uma carreira da alma, no estádio largo da vida.

Paulo, naturalmente, recorrendo a essa imagem, pensava nos jogos gregos de sua época, e, sem nos referirmos ao entusiasmo e à emulação benéfica que devem presidir semelhante esforço, recordemos tão somente o ato inicial dos competidores.

Cada participante do prélio despia a roupagem exterior para disputar a partida com indumentária tão leve quanto possível.

Assim, também, na aquisição de vida eterna, é imprescindível nos desfaçamos da indumentária asfixiante do espírito.

É necessário que o coração se faça leve, alijando todo fardo inútil.

Na claridade da Boa-Nova, o discípulo encontra-se à frente do Mestre, investido de obrigações santificantes para com todas as criaturas.

As inibições contra a carreira vitoriosa costumam aparecer todos os dias. Temo-las, com frequência, nos mais insignificantes passos do caminho.

A cada hora surge o impedimento inesperado.

É o parente frio e incompreensivo.

A secura dos corações ao redor de nós.

O companheiro que desertou.

A mulher que desapareceu, perseguindo objetivos inferiores.

O amigo que se iludiu nas ilhas de repouso, deliberando atrasar a jornada.

O cooperador que a morte levou consigo.

O ódio gratuito.

A indiferença aos apelos do bem.

A perseguição da maldade.

A tormenta da discórdia.

A Boa-Nova, porém, oferece ao cristão a conquista da glória divina.

Se quisermos alcançar a meta, ponhamos de lado todo impedimento e corramos, com perseverança, na prova de amor e luz que nos está proposta.

(*Fonte viva*. FEB Editora. Cap. 85)

As testemunhas

Este conceito de Paulo de Tarso merece considerações especiais por parte dos aprendizes do Evangelho.

Cada existência humana é sempre valioso dia de luta — generoso degrau para a ascensão infinita — e, em qualquer posição que permaneça, a criatura estará cercada por enorme legião de testemunhas. Não nos reportamos tão somente àquelas que constituem parte integrante do quadro doméstico, mas, acima de tudo, aos amigos e benfeitores de cada homem, que o observam nos diferentes ângulos da vida, dos altiplanos da Espiritualidade Superior.

Em toda parte da Terra, o discípulo respira rodeado de grande nuvem de testemunhas espirituais, que lhe relacionam os passos e anotam as atitudes, porque ninguém alcança a experiência terrestre a esmo, sem razões sólidas com bases no amor ou na justiça.

Antes da reencarnação, Espíritos generosos endossaram as súplicas da alma arrependida, juízes funcionaram nos processos que lhe dizem respeito, amigos interferiram nos serviços de auxílio, contribuindo na organização de particularidades da luta redentora... Esses irmãos e educadores passam a ser testemunhas permanentes do tutelado, enquanto perdura a nova tarefa e lhe falam sem palavras, nos refolhos da consciência. Filhos e pais, esposos e esposas, irmãos e parentes consanguíneos do mundo são protagonistas do drama evolutivo. Os observadores, em geral, permanecem no outro lado da vida.

Faze, pois, o bem possível aos teus associados de luta, no dia de hoje, e não te esqueças dos que te acompanham, em espírito, cheios de preocupação e amor.

(*Pão nosso*. FEB Editora. Cap. 76)

Vós ainda não resististes até o sangue em vosso combate contra o pecado!

Hebreus 12:4

Em combate

O discípulo sincero do Evangelho vive em silenciosa batalha no campo do coração.

A princípio, desenrola-se o combate em clima sereno, ao doce calor do lar tranquilo. As árvores das afeições domésticas amenizam as experiências mais fortes. Esperanças de todos os matizes povoam a alma, nem sempre atenta à realidade.

Falam os ideais em voz alta, relativamente às vitórias porvindouras.

O lutador domina os elementos materiais e, não poucas vezes, supõe consumado o triunfo verdadeiro.

O trabalho, entretanto, continua.

A vitória do espírito exige esforço integral do combatente. E, mais tarde, o lidador cristão é convidado a testemunhos mais ásperos, compelido à batalha solitária, sem o recurso de outros tempos. A Lei de Renovação modifica-lhe os roteiros, subtrai-lhe as ilusões, seleciona-lhe os ideais. A morte devasta-lhe o círculo íntimo, submete-o ao insulamento, impele-o à meditação. O tempo impõe retiradas, mudanças e retificações...

Muitos se desanimam na grande empreitada e voltam, medrosos, às sombras inferiores.

Os que perseverarem, todavia, experimentarão a resistência até ao sangue. Não se trata aqui, porém, do sangue das carnificinas e sim dos laços consanguíneos que não somente unem o espírito ao vaso corpóreo, como também o enlaçam aos companheiros de séquito familiar. Quando o aprendiz receber a dor em si próprio, compreendendo-lhe a santificante finalidade, e exercer a justiça ou aceitá-la, acima de toda a preocupação dos elos consanguíneos, estará atingindo a sublime posição de triunfo no combate contra o mal.

(*Vinha de luz*. FEB Editora. Cap. 79)

Pois o Senhor educa a quem ama, e castiga a quem acolhe como filho.

Hebreus 12:6

Corrigendas

Quando os discípulos do Evangelho começam a entender o valor da corrigenda, eleva-se-lhes a mente a planos mais altos da vida.

Naturalmente que o Pai ama a todos os filhos, no entanto, os que procuram compreendê-lo perceberão, de mais perto, o amor divino.

Máxima identificação com o Senhor representa máxima capacidade sentimental.

Chegado a essa posição, penetra o espírito em outras zonas de serviço e aprendizado.

A princípio, doem-lhe as corrigendas, atormentam-no os açoites da experiência, entretanto, se sabe vencer nas primeiras provas, entra no conhecimento das próprias necessidades e aceita a luta por alimento espiritual e o testemunho de serviço diário por indispensável expressão da melhoria de si mesmo.

A vida está repleta de lições nesse particular.

O mineral dorme.

A árvore sonha.

O irracional atende ao impulso.

O homem selvagem obedece ao instinto.

A infância brinca.

A juventude idealiza.

O espírito consciente esforça-se e luta.

O homem renovado e convertido a Jesus, porém, é o filho do céu, colocado entre as zonas inferiores e superiores do caminho evolutivo. Nele, o trabalho de iluminação e aperfeiçoamento é incessante; deve, portanto, ser o primeiro a receber as corrigendas do Senhor e os açoites da retificação paterna.

Se te encontras, pois, mais perto do Pai, aprende a compreender o amor da educação divina.

(*Vinha de luz*. FEB Editora. Cap. 22)

É para a vossa correção que sofreis. Deus vos trata como filhos. Qual é, com efeito, o filho cujo pai não corrige?

Hebreus
12:7

Correções

Bem-aventurado o espírito que compreende a correção do Senhor e aceita-a sem relutar.

Raras, todavia, são as criaturas que conseguem entendê-la e suportá-la.

Por vezes, a repreensão generosa do Alto — símbolo de desvelado amor — atinge o campo do homem, traduzindo advertência sagrada e silenciosa, mas, na maioria das ocasiões, a mente encarnada repele o aguilhão salvador, mergulha na noite da rebeldia, elimina possibilidades preciosas e qualifica de infortúnio insuportável a influência renovadora, destinada a clarear-lhe o escuro e triste caminho.

Muita gente, em face do fenômeno regenerativo, apela para a fuga espetacular da situação difícil e entrega-se, inerme, ao suicídio lento, abandonando-se à indiferença integral pelo próprio destino.

Quem assim procede não pode ser tratado por filho, porquanto isolou a si mesmo, afastou-se da Providência Divina e ergueu compactas paredes de sombra entre o próprio coração e as bênçãos paternas.

Aqueles que compreendem as correções do Todo-Misericordioso reajustam-se em círculo de vida nova e promissora.

Vencida a tempestade íntima, revalorizam as oportunidades de aprender, servir e construir, e, fundamentados nas amargas experiências de ontem, aplicam as graças da vida superior, com vistas ao amanhã.

Não te esqueças de que o mal não pode oferecer retificações a ninguém. Quando a correção do Senhor alcançar-te o caminho, aceita-a humildemente, convicto de que constitui verdadeira mensagem do Céu.

(*Pão nosso*. FEB Editora. Cap. 88)

Toda correção, com efeito, no momento não parece motivo de alegria, mas de tristeza. Depois, no entanto, produz naqueles que assim foram exercitados um fruto de paz e de justiça.

Hebreus
12:11

Aceita a correção

A terra, sob a pressão do arado, rasga-se e dilacera-se, no entanto, a breve tempo, de suas leiras retificadas brotam flores e frutos deliciosos.

A árvore, em regime de poda, perde vastas reservas de seiva, desnutrindo-se e afeando-se, todavia, em semanas rápidas, cobre-se de nova robustez, habilitando-se à beleza e à fartura.

A água humilde abandona o aconchego da fonte, sofre os impositivos do movimento, alcança o grande rio e, depois, partilha a grandeza do mar.

Qual ocorre na esfera simples da natureza, acontece no reino complexo da alma.

A corrigenda é sempre rude, desagradável, amargurosa; mas, naqueles que lhe aceitam a luz, resulta sempre em frutos abençoados de experiência, conhecimento, compreensão e justiça.

A terra, a árvore e a água suportam-na, sob constrangimento, mas o Homem, campeão da inteligência no planeta, é livre para recebê-la e ambientá-la no próprio coração.

O problema da felicidade pessoal, por isso mesmo, nunca será resolvido pela fuga ao processo reparador.

Exterioriza-se a correção celeste em todos os ângulos da Terra.

Raros, contudo, lhe aceitam a bênção, porque semelhante dádiva, na maior parte das vezes, não chega envolvida em arminho, e, quando levada aos lábios, não se assemelha a saboroso confeito. Surge, revestida de acúleos ou misturada de fel, à guisa de remédio curativo e salutar.

Não percas, portanto, a tua preciosa oportunidade de aperfeiçoamento.

A dor e o obstáculo, o trabalho e a luta são recursos de sublimação que nos compete aproveitar.

(*Fonte viva*. FEB Editora. Cap. 6)

Por isso, reerguei as mãos enfraquecidas e os joelhos trôpegos.

Hebreus
12:12

Servir e marchar

Se é difícil a produção de fruto sadio na lavoura comum, para que não falte o pão do corpo aos celeiros do mundo, é quase sacrificial o serviço de aquisição dos valores espirituais que significam o alimento vivo e imperecível da alma.

Planta-se a semente da boa vontade, mas obstáculos mil lhe prejudicam a germinação e o crescimento.

É a aluvião de futilidades da vida inferior.

A invasão de vermes simbolizados nos aborrecimentos de toda sorte.

A lama da inveja e do despeito.

As trovoadas da incompreensão.

Os granizos da maldade.

Os detritos da calúnia.

A canícula da irresponsabilidade.

O frio da indiferença.

A secura do desentendimento.

O escalracho da ignorância.

As nuvens de preocupações.

A poeira do desencanto.

Todas as forças imponderáveis da experiência humana como que se conjugam contra aquele que deseja avançar no roteiro do bem.

Enquanto não alcançarmos a herança divina a que somos destinados, qualquer descida será sempre fácil...

A elevação, porém, é obra de suor, persistência e sacrifício.

Não recues diante da luta, se realmente já podes interessar o coração nos climas superiores da vida.

Não obstante defrontado por toda a espécie de dificuldades, segue para a frente, oferecendo ao serviço da perfeição quanto possuas de nobre, belo e útil.

Recorda o conselho de Paulo e não te imobilizes.

Movimenta as mãos cansadas para o trabalho e ergue os joelhos desconjuntados, na certeza de que para a obtenção da melhor parte da vida é preciso servir e marchar, incessantemente.

(*Fonte viva*. FEB Editora. Cap. 52)

Persiste e segue

O lavrador desatento quase sempre escuta as sugestões do cansaço. Interrompe o serviço, em razão da tempestade, e a inundação lhe rouba a obra começada e lhe aniquila a coragem incipiente. Descansa, em virtude dos calos que a enxada lhe ofereceu, e os vermes se incumbem de anular-lhe o serviço.

Levanta as mãos, no princípio, mas não sabe "tornar a levantá-las", na continuidade da tarefa, e perde a colheita.

O viajor, por sua vez, quando invigilante, não sabe chegar convenientemente ao termo da jornada. Queixa-se da canícula e adormece na penumbra de ilusórios abrigos, onde inesperados perigos o surpreendem. De outras vezes, salienta a importância dos pés ensanguentados e deita-se às margens da senda, transformando-se em mendigo comum.

Usa os joelhos sadios, não se dispondo, todavia, a mobilizá-los quando desconjuntados e feridos, e perde a alegria de alcançar a meta na ocasião prevista.

Assim acontece conosco na jornada espiritual.

A luta é o meio.

O aprimoramento é o fim.

A desilusão amarga.

A dificuldade complica.

A ingratidão dói.

A maldade fere.

Todavia, se abandonarmos o campo do coração por não sabermos levantar as mãos, de novo, no esforço persistente, os vermes do desânimo proliferarão, precípites, no centro de nossas mais caras esperanças, e se não quisermos marchar, de joelhos desconjuntados, é possível sejamos retidos pela sombra de falsos refúgios, durante séculos consecutivos.

(*Fonte viva*. FEB Editora. Cap. 99)

Endireitai os caminhos para os vossos pés, a fim de que o que é manco não se extravie, mas antes seja curado.

Hebreus
12:13

Intentar e agir

O homem bem-intencionado refletirá intensamente em melhores caminhos, alimentando ideais superiores e inclinando-se à bondade e à justiça.

Convenhamos, porém, que a boa intenção passará sem maior benefício, caso não se ligue à esfera das realidades imediatas na ação reta.

É necessário meditar no bem; todavia, é imprescindível executá-lo.

A Providência Divina cerca a estrada das criaturas com o material de edificação eterna, possibilitando-lhes a construção das "veredas direitas" a que Paulo de Tarso se reporta. Semelhante realização por parte do discípulo é indispensável, porquanto, em torno de seus caminhos, seguem os que manquejam. Os prisioneiros da ignorância e da má-fé arrastam-se, como podem, nas margens do serviço de ordem superior, e, de quando em quando, se aproximam dos servidores fiéis do Cristo, propondo-lhes medidas e negócios que se lhes ajustem à mentalidade inferior. Somente aqueles que constroem estradas retas escapam-lhes aos assaltos sutis, defendendo-se e oferecendo-lhes também novas bases a fim de que se não desviem inteiramente dos Divinos Desígnios.

Aplica sempre as tuas boas intenções, no plano das realidades práticas, para que as tuas boas obras se iluminem de amor e para que o teu amor não se faça órfão de boas obras. Faze isso por ti, que necessitas de elevação, e por aqueles que ainda te procuram manquejando.

(*Pão nosso*. FEB Editora. Cap. 86)

Vigiando atentamente para que ninguém seja faltoso, separando-se da graça de Deus. Nem haja raiz alguma da amargura que, brotando, vos perturbe e, por meio dela, muitos sejam contaminados.

Hebreus
12:15

No trato comum[175]

É razoável estejamos sempre cautelosos a fim de não estendermos o mal ao caminho alheio.

Os outros colhem os frutos de nossas ações e oferecem-nos, de volta, as reações consequentes.

Daí, o cuidado instintivo em não ferirmos a própria consciência, seja policiando atitudes ou selecionando palavras, para que vivamos em paz à frente dos semelhantes, assegurando tranquilidade a nós mesmos.

Em muitas circunstâncias, contudo, não nos imunizamos contra os agentes tóxicos da queixa. Superestimamos nossos problemas, supomos nossas dores maiores e mais complexas que as dos vizinhos e, amimalhando o próprio egoísmo, cultivamos indesejável raiz de amargura no solo do coração. Daí brotam espinheiros mentais, suscetíveis de golpear quantos renteiam conosco, na atividade cotidiana, envenenando-lhes a vida.

Quantas sugestões infelizes teremos coagulado no cérebro dos entes amados, predispondo-os à enfermidade ou à delinquência com as nossas frases irrefletidas! Quantos gestos lamentáveis terão vindo à luz, arrancados da sombra por nossas observações vinagrosas.

Precatemo-nos contra semelhantes calamidades que se nos instalam nas tarefas do dia a dia, quase sempre sem que venhamos a perceber. Esqueçamos ofensas, discórdias, angústias e trevas, para que a raiz da amargura não encontre clima propício no campo em que atuamos.

Todos necessitamos de felicidade e paz; entretanto, felicidade e paz solicitam amor e renovação, tanto quanto o progresso e a vida pedem trabalho harmonioso e bênção de sol.

(*Ceifa de luz*. FEB Editora. Cap. 42)

---

[175] Texto publicado em *Segue-me!...* Ed. O Clarim. Cap. "Bênção do sol", com pequenas alterações.

Amargura

Para bem servir ao Senhor, não é razoável marchemos ao longo do trabalho honroso à maneira de cooperadores lacrimosos e descontentes.

A mágoa, muitas vezes, traduz desconfiança e deslealdade.

O coração operoso e confiante nunca perde o otimismo, colocando-se, antes de tudo, à frente do Infinito e da Eternidade.

Há dificuldades e problemas?

Prossigamos em serviço e o Mestre Divino oferecer-nos-á a solução.

Há sombras?

Lembremo-nos de que não existem nuvens eternas, porque o Centro da Criação é Luz imperecível.

Há quedas?

Estejamos convictos de que o reerguimento não se fará esperar.

O dever do trabalhador é continuar a tarefa que lhe foi conferida, tanto quanto a obrigação do servo fiel é marchar na realização do programa de quem lhe concedeu a bênção do serviço edificante.

Tenhamos em mente que, em favor do êxito geral de nosso esforço, é imprescindível o incessante combate às raízes de amargura no coração. Se brotarem livremente, serão venenosos arbustos, prejudicando a movimentação dos interesses coletivos de elevação e paz.

Guardemos reflexão e prudência, mas destruamos a amargura injustificável, para que não perturbemos a obra do Mestre e para que os nossos amados não se privem da graça de Deus.

(*Vinha de luz*. FEB Editora. Cap. 123)

Caminha alegremente

Raízes de amargura existirão sempre nos corações humanos, aqui e ali, como sementes de plantas inúteis ou venenosas estarão no seio de qualquer campo.

Contudo, tanto quanto é preciso expulsar a erva daninha para que haja colheita nobre e farta, é indispensável relegar ao esquecimento os problemas superados e as provações vencidas, para que reminiscências destruidoras não brotem no solo da alma, produzindo os frutos azedos das palavras e das ações infelizes.

Mãos prestimosas arrancarão o escalracho em torno da lavoura nascente, e atitudes valorosas devem extirpar do Espírito as recordações amargas, suscetíveis de perturbar o caminho.

Se alguém te trouxe dano ou se alguém te feriu, pensa nos danos e nas feridas que terás causado a outrem, muitas vezes sem perceber. E tanto quanto estimas ser desculpado, perdoa também, sem quaisquer restrições.

Observa a sabedoria de Deus na esfera da Natureza.

A fonte dissolve os detritos que lhe arrojam.

A luz não faz coleção de sombras.

Caminha alegremente e constrói para o bem, porque só o bem permanecerá.

Seja qual for a dor que hajas sofrido, lembra-te de que tudo amanhã será melhor se não engarrafares fel ou vinagre no coração.

(*O espírito da verdade*. FEB Editora. Cap. 24)

[...] sirvamos a Deus de modo que lhe seja agradável, com submissão e temor.

Hebreus
12:28

Reverência e piedade

"Sirvamos a Deus, alegremente" — solicita o Apóstolo —, mas não se esquece de acentuar a maneira pela qual nos compete servir-lhe.

Não poderíamos estender a tristeza nas tarefas do bem.

Todos os elementos da natureza obedecem às Leis do Senhor, revelando alegria.

Brilha a constelação dentro da noite.

O Sol transborda calor e luz.

Cobre-se a Terra de flor e verdura.

Tem a fonte uma cantiga peculiar.

Entoa o pássaro melodias de louvor.

Não seria justo, pois, trazer, ao serviço que o Mestre nos designa, o pessimismo e a amargura.

O contentamento de ajudar é um dos sinais de nossa fé.

Entretanto, é necessário que a nossa alegria não se desmande em excessos.

Nem ruído inadequado, nem conceitos impróprios.

Nem palavras menos dignas, nem gargalhadas que poderiam apenas sugerir sarcasmo e desprezo.

Sirvamos alegremente, com reverência e piedade.

Reverência para com o Senhor e piedade para com o próximo.

Não podes pessoalizar o Todo-Misericordioso para lhe agradar, mas podemos servir-lhe diariamente na pessoa dos nossos irmãos de luta.

Conduzamos, assim, o carro de nosso trabalho sobre os trilhos do respeito e da caridade e encontraremos, em nosso favor, a alegria que nunca se extingue.

(*Fonte viva*. FEB Editora. Cap. 178)

O amor fraterno permaneça.

Hebreus
13:1

Amor fraternal

As afeições familiares, os laços consanguíneos, as simpatias naturais podem ser manifestações muito santas da alma, quando a criatura as eleva no altar do sentimento superior; contudo, é razoável que o espírito não venha a cair sob o peso das inclinações próprias.

O equilíbrio é a posição ideal.

Por demasia de cuidado, inúmeros pais prejudicam os filhos.

Por excesso de preocupações, muitos cônjuges descem às cavernas do desespero, defrontados pelos insaciáveis monstros do ciúme que lhes aniquilam a felicidade.

Em razão da invigilância, belas amizades terminam em abismo de sombra.

O apelo evangélico, por isso mesmo, reveste-se de imensa importância.

A fraternidade pura é o mais sublime dos sistemas de relações entre as almas.

O homem que se sente filho de Deus e sincero irmão das criaturas não é vítima dos fantasmas do despeito, da inveja, da ambição, da desconfiança. Os que se amam fraternalmente alegram-se com o júbilo dos companheiros; sentem-se felizes com a ventura que lhes visita os semelhantes.

As afeições violentas, comumente conhecidas na Terra, passam vulcânicas e inúteis.

Na teia das reencarnações, os títulos afetivos modificam-se constantemente. É que o amor fraternal, sublime e puro, representando o objetivo supremo do esforço de compreensão, é a luz imperecível que sobreviverá no caminho eterno.

(*Pão nosso*. FEB Editora. Cap. 141)

Não vos esqueçais da hospitalidade, porque graças a ela alguns, sem saber, acolheram anjos.

Hebreus
13:2

Hospitalidade[176]

É provável que nem sempre disponhas dos recursos necessários à hospedagem de companheiros em casa.

Obstáculos e vínculos domésticos, em muitas ocasiões, determinam impedimentos.

Se a parentela ainda não se compraz contigo, na cultura da gentileza, não é justo violentes a harmonia do lar, estabelecendo discórdia, em nome do Evangelho que te recomenda servi-los.

Nada razoável empilhar amigos, em espaço irrisório, impondo-lhes constrangimentos, à conta de bem-querer.

Todos nós, porém, conseguimos descerrar as portas da alma e oferecer acolhimento moral.

Nem todos os desabrigados se classificam entre os que jornadeiam sem teto.

Aqui e ali, surpreendemos os que vagueiam, deserdados de apoio e convivência...

Observa e tê-los-ás no caminho, a te pedirem asilo ao entendimento.

Dá-lhes uma frase de coragem, um pensamento de paz, um gesto de amizade, um momento de atenção.

Às vezes, aquele que hoje se reergue com a tua migalha de amor é quem te vai solucionar as necessidades de amanhã, num carro de bênçãos. Não te digas inútil, nem te afirmes incapaz.

Ninguém existe que não possa auxiliar alguém, estendendo o agasalho da simpatia pelos fios do coração.

(*Reformador*, ago. 1963, p. 170)

---

[176] Texto publicado em *Palavras de vida eterna*. Ed. Comunhão Espírita Cristã. Cap. 141, com pequenas alterações.

O matrimônio seja honrado por todos, e o leito conjugal, sem mancha; porque Deus julgará os fornicadores e os adúlteros.

Hebreus
13:4

Matrimônio

(*Levantar e seguir*. Ed. GEEM. Cap. "Matrimônio")[177]

---

[177] Vide nota 5.

Que o amor ao dinheiro não inspire a vossa conduta. Contentai-vos com o que tendes, porque ele próprio disse: Eu nunca te deixarei, jamais, te abandonarei.

Hebreus
13:5

Na senda escabrosa

A palavra do Senhor não se reporta somente à sustentação da vida física, na subida pedregosa da ascensão.

Muito mais que de pão do corpo, necessitamos de pão do espírito.

Se as células do campo fisiológico sofrem fome e reclamam a sopa comum, as necessidades e desejos, impulsos e emoções da alma provocam, por vezes, aflições desmedidas, exigindo mais ampla alimentação espiritual.

Há momentos de profunda exaustão, em nossas reservas mais íntimas.

As energias parecem esgotadas e as esperanças se retraem apáticas. Instala-se a sombra, dentro de nós, como se espessa noite nos envolvesse.

E qual acontece à Natureza, sob o manto noturno, embora guardemos fontes de entendimento e flores de boa vontade, na vasta extensão do nosso país interior, tudo permanece velado pelo nevoeiro de nossas inquietações.

O Todo-Misericordioso, contudo, ainda aí, não nos deixa completamente relegados à treva de nossas indecisões e desapontamentos. Assim como faz brilhar as estrelas fulgurantes no alto, desvelando os caminhos constelados do firmamento ao viajor perdido no mundo, acende, no céu de nossos ideais, convicções novas e aspirações mais elevadas, a fim de que nosso espírito não se perca na viagem para a vida superior.

"Nunca te deixarei, nem te desampararei" — promete a Divina Bondade.

Nem solidão, nem abandono.

A Providência Celestial prossegue velando...

Mantenhamos, pois, a confortadora certeza de que toda tempestade é seguida pela atmosfera tranquila e de que não existe noite sem alvorecer.

(*Fonte viva*. FEB Editora. Cap. 41)

No bem de todos[178]

Encarna-se e reencarna-se o Espírito na Terra, a fim de aperfeiçoar-se no rumo das Estâncias Superiores do Universo.

---

[178] Texto publicado em *Palavras de vida eterna*. Ed. Comunhão Espírita Cristã. Cap. 142.

Não te encarceres, assim, nos tormentos do supérfluo que a avareza retém, como sendo recurso indispensável à vida, na cegueira com que inventa fantasiosas necessidades.

O dono do pomar não comerá dos frutos senão a quota compatível com os recursos do estômago.

O atacadista de algodão vestirá uma camisa de cada vez.

Entretanto, o cultivador e o negociante serão abençoados nos Céus se libertam os valores que administram, em louvor do trabalho que dignifica, da educação que eleva, da beneficência que restaura ou da fraternidade que sublima.

Atendamos aos deveres que as circunstâncias nos atribuem, acalentando ideais de melhoria, mas aprendamos a contentar-nos com o que temos, sem ambicionar o que não possuímos, em matéria de aquisições passageiras, a fim de conquistarmos, sem atritos desnecessários, os talentos que nos faltam.

Ainda não se viu homem no mundo, cercado de tesouros infrutíferos, que se livrasse, tão somente por isso, das leis que regem o sofrimento e a enfermidade, a velhice e a morte.

Respeitemos os princípios divinos do bem para todos.

Confiemos, trabalhando.

Caminhemos, servindo.

"Não te deixarei, nem te desampararei" — disse-nos o Senhor.

Sim, o Senhor jamais nos deixará, nem nos desamparará, mas, se não queremos experiências dolorosas, espera naturalmente que não nos releguemos à ilusão, nem lhe desprezemos a companhia.

(*Reformador*, ago. 1963, p. 170)

[...] É bom que o coração seja fortificado pela graça e não por alimentos, os quais nunca foram de proveito para aqueles que disso fazem uma questão de observância.

Hebreus
13:9

Nutrição espiritual

Há vícios de nutrição da alma, tanto quanto existem na alimentação do corpo.

Muitas pessoas trocam a água pura pelas bebidas excitantes, qual ocorre a muita gente que prefere lidar com a ilusão perniciosa, em se tratando dos problemas espirituais.

O alimento do coração, para ser efetivo na vida eterna, há de basear-se nas realidades simples do caminho evolutivo.

É imprescindível estejamos fortificados com os valores iluminativos, sem atender aos deslumbramentos da fantasia que procede do exterior. E justamente na estrada religiosa é que semelhante esforço exige mais amplo aprimoramento.

O crente, de maneira geral, está sempre sequioso de situações que lhe atendam aos caprichos nocivos, quanto o gastrônomo anseia pelos pratos exóticos; entretanto, da mesma sorte que os prazeres da mesa em nada aproveitam nas atividades essenciais, as sensações empolgantes da zona fenomênica se tornam inúteis ao espírito, quando este não possui recursos interiores suficientes para compreender as finalidades. Inúmeros aprendizes guardam a experiência religiosa que lhes diz respeito, por questão puramente intelectual. Imperioso, porém, é reconhecer que o alimento da alma para fixar-se, em definitivo, reclama o coração sinceramente interessado nas verdades divinas. Quando um homem se coloca nessa posição íntima, fortifica-se realmente para a sublimação, porque reconhece tanto material de trabalho digno, em torno dos próprios passos, que qualquer sensação transitória, para ele, passa a localizar-se nos últimos degraus do caminho.

(*Pão nosso*. FEB Editora. Cap. 134)

Temos um altar [...].

Hebreus
13:10

Altar íntimo

Até agora, construímos altares em toda a parte, reverenciando o Mestre e Senhor.

De ouro, de mármore, de madeira, de barro, recamados de perfumes, preciosidades e flores, erguemos santuários e convocamos o concurso da arte para os retoques de iluminação artificial e beleza exterior.

Materializado o monumento da fé, ajoelhamo-nos em atitude de prece e procuramos a inspiração divina.

Realmente, toda movimentação nesse sentido é respeitável, ainda mesmo quando cometemos o erro comum de esquecer os famintos da estrada, em favor das suntuosidades do culto, porque o amor e a gratidão ao Poder celeste, mesmo quando malconduzidos, merecem veneração.

Todavia, é imprescindível crescer para a vida maior.

O próprio Mestre nos advertiu, junto à Samaritana, que tempos viriam em que o Pai seria adorado em espírito e verdade.

E Paulo acrescenta que temos um altar.

A finalidade máxima dos templos de pedra é a de despertar-nos a consciência.

O cristão acordado, porém, caminha oficiando como sacerdote de si mesmo, glorificando o amor perante o ódio, a paz diante da discórdia, a serenidade à frente da perturbação, o bem à vista do mal...

Não olvidemos, pois, o altar íntimo que nos cabe consagrar ao Divino Poder e à Celeste Bondade.

Comparecer, ante os altares de pedra, de alma cerrada à luz e à inspiração do Mestre, é o mesmo que lançar um cofre impermeável de trevas à plena claridade solar. Se as ondas luminosas continuam sendo ondas luminosas, as sombras não se alteram igualmente.

Apresentemos, portanto, ao Senhor as nossas oferendas e sacrifícios em cotas abençoadas de amor ao próximo, adorando-o, no altar do coração, e prossigamos no trabalho que nos cabe realizar.

(*Fonte viva*. FEB Editora. Cap. 93)

Porque não temos aqui cidade permanente, mas estamos à procura da cidade que está para vir.

Hebreus
13:14

Em peregrinação

Risível é o instinto de apropriação indébita que assinala a maioria dos homens.

Não será a Terra comparável a grande carro cósmico, onde se encontra o espírito em viagem educativa?

Se a criatura permanece na abastança material, apenas excursiona em aposentos mais confortáveis.

Se respira na pobreza, viaja igualmente com vistas ao mesmo destino, apesar da condição de segunda classe transitória.

Se apresenta notável figuração física, somente enverga efêmera vestidura de aspecto mais agradável, através de curto tempo, na jornada empreendida.

Se exibe traços menos belos ou caracterizados de evidentes imperfeições, vale-se de indumentária tão passageira quanto a mais linda roupagem do próximo, na peregrinação em curso.

Por mais que o impulso de propriedade ateie fogueiras de perturbações e discórdias, na maquinaria do mundo, a realidade é que homem algum possui no chão do planeta domicílio permanente. Todos os patrimônios materiais a que se atira, ávido de possuir, se desgastam e transformam. Nos bens que incorpora ao seu nome, até o corpo que julga exclusivamente seu, ocorrem modificações cada dia, impelindo-o a renovar-se e melhorar-se para a eternidade.

Se não estás cego, pois, para as leis da vida, se já despertaste para o entendimento superior, examina, a tempo, onde te deixará, provisoriamente, o comboio da experiência humana, nas súbitas paradas da morte.

(*Vinha de luz*. FEB Editora. Cap. 28)

Saudai todos os vossos dirigentes e todos os santos. [...]

Hebreus
13:24

Louvemos o bem[179]

Ante a dificuldade inconteste para servir à Causa do Bem e da Verdade, entre os problemas do mundo, imitemos os espíritos corajosos que nos abrem caminho.

Louvemos os que tiveram suficiente valor para aceitar a humilhação de si mesmos para serem fiéis à própria consciência; os que recusaram vantagens materiais para não conluiarem com o erro; os que atravessaram longa existência, dedicados a melhorar as condições dos seus semelhantes; os que renasceram em dolorosas provações, no veículo físico, e não permitiram que a dor lhes suprimisse a quota de serviço à comunidade; os que sofreram a morte prematura a fim de que a ciência avançasse sobre trilhas corretas; e aqueles outros que suportaram perseguições e calúnias, por amor aos seus irmãos, sem abandonar a tarefa que o Senhor lhes confiou, quando poderiam ter fugido!... A eles, devemos todos os bens que desfrutamos na Terra, nos domínios da lei e da cultura, da civilização e do progresso! Eles foram homens e mulheres que lutaram e choraram, entre obstáculos e paixões, semelhantes as que nos marcam a vida; entretanto, obedeceram, mais cedo que nós, às leis do Senhor e ainda agora nos esclarecem que, por cima de nossos corações – por enquanto chumbados ao magnetismo do Planeta – brilham os caminhos do futuro, rasgados de horizonte a horizonte, nos céus abertos, através dos quais, um dia, nossa alma, livre e redimida, subirá, de ascensão em ascensão, para além das estrelas.

(*Reformador*, maio 1966, p. 99)

---

[179] Texto publicado em *Bênção de paz*. Ed. GEEM. Cap. 26, com pequenas alterações.

Relação dos comentários em ordem alfabética[180]

Ação – I CO 15:58
Ação espírita, Em – I CO 12:31
Aceita a correção – HB 12:11
Acima de nós – I CO 1:19
Açoitando o ar – I CO:26
Aconselhar – TT 3:10
Acordar e erguer-se – EF 5:14
Acordo, De – RM 2:6
Agir de acordo – TT 1:16
Agradar – RM 15:2
Agradeçamos sempre – EF 5:20
Agradecer – CL 3:15
Aguardemos – HB 6:15
Além-Túmulo – I CO 15:13
Alma desperta, De – II TM 1:6
Altar Íntimo – HB 13:10
Alterações na fé – RM 12:21
Amados, Os – HB 6:9
Amargura – HB 12:15
Amizade e compreensão – I CO 3:2
Amor fraternal – HB 13:1
Amor puro, O – *ver* Exame recíproco, No
Amor tudo sofre, O – I CO 13:7
Andar – EF 5:2
Ânimo forte, De – II TM 1:7

Anotação – I CO 15:44
Anotação em serviço – I CO 15:9
Anotações em serviço – *ver* Anotação em serviço
Anotações espíritas – RM 2:6
Ante a bênção do corpo – I CO 12:27
Ante a lição – II TM 2:7
Ante o mundo espiritual – I TM 6:19
Ante o objetivo – FP 3:11
Apelo de sempre – FP 3:14
Apliquemo-nos – TT 3:14
Apóstolos – I CO 4:9
Apreço – EF 5:20
Aprendamos a agradecer – I TS 5:18
Aprendamos com Jesus – CL 3:13
Aprendamos quanto antes – CL 2:6
Aprendamos, no entanto... – I TM 4:15
Aprimoremos – I TS 5:19
Aproveitamento – I TM 4:15
Armai-vos – EF 6:13
Asseio verbal – EF 4:29
Assunto de liberdade – GL 5:1
Atribulados e perplexos – II CO 4:8
Atualidade – FP 2:6
Autolibertação – I TM 6:7
Auxílio a todos, No – I TM 2:2

---

[180] Alguns comentários de Emmanuel foram publicados em mais de um livro com diferentes títulos. Nesta relação estão incluídos todos esses títulos, com a indicação, nos casos de repetição, do que foi adotado no projeto. Por exemplo, o comentário intitulado "A carne é fraca?" foi também publicado com o título "Que é a carne?", ambos com o mesmo conteúdo e referenciando o mesmo versículo da seguinte forma: A carne é fraca? – *ver* Que é a carne? Que é a carne? – Gl 5:25.

Avancemos – FP 3:13
Avancemos além – HB 6:1
Bem de todos, No – HB 13:5
Bem é incansável, O – II Ts 3:13
Bênção do sol – *ver* No trato comum
Beneficência e paciência – I CO 13:4
Benignidade – EF 4:32
Boa vontade – EF 5:15
Bom combate, No – II TM 4:7
Buscando a frente – FP 3:16
Busquemos a eternidade – II CO 4:16
Busquemos a luz – II TM 3:16
Cada qual – I CO 12:4
Cadeias, Em – EF 6:20
Caminha alegremente – HB 12:15
Caminho do alto, A – I CO 15:9
campo da vida, No – I TM 6:19
Campo do afeto, No – Gl 6:7
Campo do verbo, No – Tt 2:1
Campo físico, No – I CO 15:44
Capacete da esperança – I TS 5:8
Capacete, O – EF 6:17
Caridade – I CO 13:13
Caridade do entendimento – I CO 13:13
Caridade e riqueza – EF 2:10
Caridade nunca falha, A – I CO 13:8
Carne é fraca?, A – *ver* Que é a carne?
Cartas do Cristo, As – II CO 3:3
Cartas espirituais – CL 4:16
Casas de César, Nas – Fp 4:22
Ciência e amor – I CO 8:1
Círculos cooperadores – RM 15:30
Círculos intercessórios – II CO 1:11

Clarão da verdade, Ao – EF 5:8
Clima da corrigenda, No – HB 6:1
Coisas invisíveis – RM 1:20
Com amor – CL 3:14
Com caridade – I CO 16:14
Com firmeza – I CO 15:58
Combate interior – FP 1:30
Combate, Em – HB 12:4
Combatendo a sombra – RM 12:2
Como cooperas? – I CO 2:12
Compaixão em família – I TM 5:8
Compreendamos – HB 10:8
Compreendendo – II CO 4:7
Compreensão – I CO 13:1
Compromisso pessoal – I CO 3:6
Conceito de salvação – II CO 6:2
Confiemos alegremente – I TS 5:16
Conflito – RM 7:21
Conforme o amor – RM 14:15
Conquista da compaixão – I TM 4:7
Conquista da fé, Na – RM 5:1
Conquista da liberdade, Na – Gl 5:13
Consciência – I TM 3:9
Conserva o modelo – II TM 1:13
Constante renovação, Em – EF 4:23
Construção do Mestre, Na – I CO 12:27
Conta de si – RM 14:12
Conta pessoal – RM 14:12
Contas, Nas – RM 14:12
Contentar-se – FP 4:11
Contra a insensatez – GL 3:3
Contrários, Os – RM 8:31
Contribuir – II CO 9:7

Contristação – II CO 7:9
Conversar – EF 4:29
Convívio do Cristo, No – II CO 5:17
Cooperemos fielmente – I CO 3:9
Corações, Nos – II CO 7:2
Correções – HB 12:7
Corrigendas – HB 12:6
Cortina do "eu", A – FP 2:21
Couraça da caridade – I TS 5:8
Crer em vão – I CO 15:2
Cristo operante, O – Gl 2:8
Cuidado de Si – I TM 4:16
Cura do ódio – RM 12:20
Destruição e miséria – RM 3:16
Deus e nós – RM 2:6
Deus te abençoa – II CO 8:1
Devagar, mas sempre – II CO 4:16
Dia da incerteza, No – I CO 2:16
Diante da irritação – EF 6:13
Diante da providência – II TM 2:15
Diante do conformismo – RM 12:2
Diante dos homens – EF 2:10
Dinheiro – I TM 6:10
Dinheiro e atitude – I TM 6:10
Direito sagrado – FP 1:29
Discípulos, Aos – I CO 1:23
Discussões – I TM 6:5
Disponibilidades mediúnicas – I CO 12:7
Diversidade – I CO 12:6
Diversos caminhos, Nos – II CO 13:5
Dívida de amor – RM 13:7
Dívidas – RM 1:14

Divinos dons – II TM 1:7
Doação e atitude – I CO 13:3
Doações – RM 13:10
Doentes em casa – CL 3:15
Domínios da ação, Nos – Fm 1:14
Domínios do bem, Nos – Fm 1:14
Dons do Cristo, Nos – EF 4:7
Dons do Cristo, Os – ver Dons do Cristo, Nos
Educa – I CO 3:16
Elucidações – II CO 4:5
Em tudo – II CO 6:4
Embaixadores do Cristo – II CO 5:20
Encargos – I CO 12:7
Encargos pequeninos – I CO 12:17
Enquanto é hoje – HB 3:15
Enquanto podes – RM 14:10
Enquanto temos tempo – Gl 6:10
Entendamos servindo – Tt 3:3
Entendimento – RM 12:2
Entre o berço e o túmulo – II CO 4:18
Enxertia Divina – RM 11:23
Equipe, Em – I CO 12:19
Escola da confiança, Na – II CO 5:7
Escudo, O – EF 6:16
Esforço comum, No – Gl 5:9
Esmagamento do mal – RM 16:20
Esperança – RM 15:4
Esperança e luz – RM 2:6
Esperar e alcançar – HB 6:15
Esperar em Cristo – I CO 15:19
Espinho, O – II CO 12:7
Espírito, Em – RM 8:13

Estado mental – EF 4:23
Estejamos certos – HB 10:16
Estejamos contentes – I TM 6:8
Estendamos o bem – RM 12:21
Estímulo fraternal – FP 4:19
Estudo e observação – I TS 5:21
Evangelho e a mulher, O – EF 5:28
Evita contender – II TM 2:24
Evolução e felicidade – II CO 13:8
Exame recíproco, No – HB 10:24
Examina-te – FP 2:3
Execução do melhor, Na – HB 10:24
Êxitos e insucessos – FP 4:12
Façamos luz espiritual – I TS 5:19
Falatórios – II TM 2:16
Falta de fé – RM 14:1
Família, Em – I TM 5:4
Fardo, O – Gl 6:5
Fazer luz – *ver* Fé e cultura
Fé e Cultura – RM 14:1
Fermento espiritual – I CO 5:6
Fermento velho – I CO 5:7
Filhos – EF 6:1
Filhos da luz – EF 5:8
Fins?, E os– I CO 10:23
Firmeza e constância – I CO 15:58
Fonte do bem, Na – GL 6:10
Forças do amanhã, As – *ver*
  Pouco de fermento, Um
Fortaleçamo-nos – EF 6:10
Fortaleza – RM 5:3
Futuro, No – HB 8:11
Glória ao bem – RM 2:10

Glória cristã – II CO 1:12
Glorifiquemos – FP 4:20
Governo interno – I CO 9:27
Graça do Senhor, A – II CO 12:9
Grande luta, A – EF 6:12
Grande romagem, Na – HB 11:8
Guarda a paciência – HB 10:36
Guardai-vos dos cães – FP 3:2
Guardar – I TM 6:20
Guardemos lealdade – I CO 4:2
Guardemos o cuidado – TT 1:15
Guardemos saúde mental – CL 3:2
Harmonização – I CO 6:20
Herdeiro do Pai, O – HB 1:2
Herdeiros – RM 8:17
Heresias – I CO 11:19
Hoje – HB 3:13
Hoje, onde estivermos – RM 6:23
Homem com Jesus, O – FP 4:4
Honra da liberdade. Em– CL 2:8
Hospitalidade – HB 13:2
Igreja livre – GL 4:26
Iluminemos o santuário – II CO 6:16
Impedimentos – HB 12:1
Incompreensão – I CO 9:22
Injustiças – RM 14:22
Instrumentalidade, Na – I CO 14:7
Intentar e agir – HB 12:13
Intercessão – I TS 5:25
Intimidade do ser, Na – CL 3:12
Inverno – II TM 4:21
Irmão, O – I CO 13:4
Jesus para o homem – FP 2:8

Jesus veio – FP 2:7
Justo remédio, O – I TS 4:9
Lavradores – II TM 2:6
Levantando mãos santas – I TM 2:8
Liberdade – GL 5:13
Liberdade em Cristo – GL 5:1
Liberdade em Jesus – GL 5:1
Linguagem – TT 2:8
Lógica da providência – HB 10:32
Louvemos o bem – HB 13:24
Louvor do equilíbrio, Em – EF 4:31
Luta educativa, Na – I CO 15:10
Luta vulgar, Na – GL 6:7
Luz inextinguível, A – I CO 13:8
Má vontade – EF 5:11
Madureza espiritual – I CO 13:11
Maioridade – HB 7:7
Manifestações espirituais – I CO 12:7
Manjares – I CO 6:13
Mãos à obra – I CO 14:26
Marcas – GL 6:17
"Mas" e os discípulos, O – FP 4:13
Más palestras – I CO 15:33
Matéria de fé, Em – RM 14:22
Matrimônio – HB 13:4
Maus obreiros – FP 3:2
Mediunidade, Na– II CO 4:7
Melhorando sempre – II CO 13:7
Membros divinos – I CO 12:27
Meninos espirituais – HB 5:13
Mestra divina, A – EF 6:14
Mocidade – II TM 2:22
Modo de Fazer – FP 2:5

Modo de sentir – EF 4:23
Mudança e proveito – RM 6:4
Murmurações – FP 2:14
Na seara evangélica – I CO 9:16
Não as palavras – I CO 4:19
Não confundas – RM 10:11
Não é de todos – II TS 3:2
Não é só – CL 3:8
Não entendem – I TM 1:7
Não furtes – EF 4:28
Não rejeites a confiança – HB 10:35
Não só – FP 1:9
Não te canses – GL 6:9
Não te enganes – II CO 10:7
Não te inquietes – FP 4:6
Não te perturbes – RM 7:10
Necessário acordar – EF 5:14
Necessidade do bem – HB 10:24
Necessitados – RM 12:16
Ninguém vive para si – RM 14:7
Norma ideal – II CO 3:2
Nós devemos – RM 1:14
Nossa luta, Em – II CO 13:10
Nossas tarefas, Em – RM 12:16
Nosso trabalho, Em – HB 3:4
Nutrição espiritual – HB 13:9
Obedeçamos – FM 1:21
Obediência construtiva – EF 4:1
Obediência justa – *ver* Atualidade
Obra de salvação, Na – I TS 5:9
Obra pessoal – I CO 3:13
Obra regenerativa, Na – GL 6:1
Obreiros – II TM 2:15

Oferendas – HB 7:27
Operemos – FP 2:12
Operemos em Cristo – CL 3:17
Oportunidade e nós – II TM 2:15
Oração – CL 4:2
Oração e renovação – HB 10:6
Ordem – I CO 14:40
Orientação – I TS 4:11
Paciência e construção – I CO 13:4
Padrões de Jesus, Nos – EF 4:23
Página do moço espírita cristão – I TM 4:12
Pais – EF 6:4
Palavra da cruz, A – I CO 1:18
Palavra e construção – CL 3:16
Palavra e na ação, Na – CL 3:17
Palavra e vida – II TM 2:14
Palavra escrita – I TS 5:21
Para o alvo – FP 3:14
Para ser feliz – GL 6:9
Para vencer o mal – RM 12:21
Parecem, mas não são – RM 8:9
Parentes – I TM 5:8
Paz de espírito – RM 8:31
Paz em nós – II CO 1:12
Paz indestrutível – CL 3:15
Pela graça de Deus – I CO 15:10
Pelas obras – I TS 5:13
Pelas próprias obras – RM 2:6
Pensamentos – FP 4:8
Perante Jesus – CL 3:23
Perda irremediável, A – EF 5:15
Peregrinação, Em – HB 13:14

Pergunta 285 do livro *O consolador* – HB 7:3
Perigos sutis – I CO 10:7
Permaneçamos fiéis – I CO 4:2
Persiste e segue – HB 12:12
Piedade – I TM 6:6
Plano do bem, No – EF 4:28
Pondera sempre – II TM 2:2
Pontos do escritor espírita – EF 5:9
Pontos do explicador espírita – II TM 4:5
Por amor a Deus – EF 6:7
Por Cristo – FM 1:18
Por que desdenhas? – I TS 5:21
Por um pouco – HB 11:25
Porta da palavra, A – CL 4:3
Posse da vida – I TM 6:12
Pouco de fermento, Um – I CO 5:6
Pregação, Na – II CO 12:15
Preparação, Em – HB 8:10
Pretensões – I CO 3:6
Problema de agradar, O – GL 1:10
Problemas da posse, Nos – I TM 6:7
Problemas do amor – FP 1:9
Procuremos – II TM 1:17
Procuremos com zelo – I CO 12:31
Progresso e amor – I CO 13:8
Prosseguindo – FP 3:14
Prossigamos – FP 3:13
Provas de fogo – I CO 3:13
Proveito de todos, O – *ver* Encargos
Purifiquemo-nos – II TM 2:21
Qualificação espírita – I CO 13:1

Quando há luz – II CO 5:14
Que é a carne? – GL 5:25
Que modo?, De – I CO 4:21
Quem obedeces, A – HB 5:9
Quem segues?, A – EF 4:20
Reações – RM 2:6
Reconheçamos, porém... – RM 8:9
Regozijemo-nos sempre – I TS 5:16
Reino da alma, No – II TM 1:6
Reino interior, No – RM 14:19
Remuneração espiritual – II TM 2:6
Rendamos graças – I TS 5:18
Renovação em amor – II TS 3:13
Renovação necessária – I TS 5:19
Renova-te sempre – II CO 4:16
Renovemo-nos – II CO 5:17
Renovemo-nos dia a dia – RM 12:2
Responder – CL 4:6
Reverência e piedade – HB 12:28
Revides – I CO 6:7
Ricamente – CL 3:16
Riqueza real, A – FP 4:19
Rota do Evangelho, Na – II CO 7:2
Rotulagem – RM 8:9
Saber como convém – I CO 8:2
Saibamos lembrar – CL 4:18
Salvar-se – I TM 1:15
Se aspiras a servir – FP 4:11
Seara do auxílio, Na – CL 3:13
Seara espírita, Na – I CO 12:27
Seguindo à frente – II CO 5:17
Seguir a verdade – EF 4:15
Segundo a carne – RM 8:13

Segundo agimos – II CO 2:1
Sem desfalecimentos – GL 6:9
Sem idolatria – I CO 10:7
Semeaduras e ceifas – GL 6:8
Semente, A – I CO 15:37
Sementeira e construção – I CO 3:9
Sempre agora – II CO 6:2
Senda escabrosa, Na – HB 13:5
Sentimentos fraternos – I TS 4:9
Sepulcros abertos – RM 3:13
Serve e confia – I CO 1:9
Servicinhos – EF 4:32
Serviço – II TS 3:8
Serviço cristão, No – II CO 5:10
Serviço e inveja – I CO 13:4
Serviço mediúnico, No – I CO 12:4
Servir e marchar – HB 12:12
Sexo – RM 14:14
Silêncio, Em – EF 6:6
Sirvamos – EF 6:7
Sirvamos em paz – FP 4:6
Sobriedade – I TS 5:6
Sofrerá perseguições – II TM 3:12
Solidariedade – RM 12:15
Sonâmbulos – II CO 12:7
Som, O – I CO 14:8
Subdesenvolvimento espiritual – RM 14:1
Sustento da paz, No – I TS 5:13
Tempo – *ver* Tempo, O
Tempo, O – RM 14:6
Tenhamos paz – I TS 5:13
Terra proveitosa – HB 6:7

Testemunhas, As – HB 12:1
Testemunho doméstico – GL 6:10
Testemunhos de fé – II TM 2:11
Teu dom, O – I TM 4:14
Ti mesmo, Em – RM 14:22
Ti próprio, Em – RM 14:12
Torno da liberdade, Em – GL 5:13
Transformação – I CO 15:51
Transformação e objetivo – EF 4:23
Transitoriedade – HB 1:11
Trato comum, No – HB 12:15
Três escolhas, As – RM 2:6
Tribulações – RM 5:3
Trilhas da caridade, Nas – I CO 13:8
Trilhas da palavra, Nas – TT 2:1
Tristeza – II CO 7:10
Troca incessante – GL 6:7
Tu, porém – TT 2:1
Tua obra – GL 6:4

Tudo novo – II CO 5:17
União fraternal – EF 4:3
Usar e abusar – RM 2:6
Varonilmente – I CO 16:13
Vaso, O – I TS 4:4
Vasos de barro – II CO 4:7
Vejamos isso – I CO 1:17
Vencer o mal – RM 12:21
Verbo e caminho – I TM 4:6
Véus – II CO 3:16
Vida conjugal – EF 5:33
Vigiando – FP 4:8
Vigiando e orando – II TM 4:5
Vivamos calmamente – I TS 4:11
Viver em paz – II CO 13:11
Viver pela fé – RM 1:17
Vontade divina – RM 12:2
Vós, entretanto – RM 15:1
Zelo fraternal, No – I CO 10:12

Índice geral

A

ABANDONO
corações amigos e * dos ideais (FM 3:14)

ABNEGAÇÃO
geração da (GL 6:7)
sofrimento na * em favor de pais incompreensivos (EF 6:7)

ABORRECIMENTO
intolerância a pequeno * doméstico (I TM 4:15)

ABUNDÂNCIA
preciosidade da * que multiplica as formas do bem (HB 1:11)
valorização da * e da escassez (FM 4:12)

ABUSO
imposição ao reajustamento (I CO 13:8)

ADMINISTRADOR
combinação de versículos sagrados (RM 8:9)
cooperação pessoal com o * humano (FM 1:29)
disposição dos recursos materiais e humanos (I CO 4:9)
expressão da justiça e da magnanimidade (I CO 12:4)
justiça na distribuição do trabalho (I CO 4:2)
observação dos interesses do Senhor (EF 6:7)

ADORAÇÃO
pruridos (I CO 10:7)
trabalho sincero de * espiritual (HB 10:6)

ADVERSÁRIO
aviso (RM 14:12)
gratuito (CL 3:15)
homem de bem e * gratuito (RM 12:20)
reunião de * nos laços do mesmo sangue (EF 6:14)

ADVERSIDADE
educação das energias da * para proveito da vida (RM 12:21)

ADVOGADO DOS GENTIOS *VER* PAULO DE TARSO

AFEIÇÃO
ânsia pela * nos intentos mais íntimos (GL 6:7)
cultivo adequado (I CO 3:2)
reconforto (RM 12:2)

AFLIÇÃO
aumento da * do vizinho com nossas inquietações (TT 2:8)
palavra confortadora (II TM 1:13)
remoção (GL 6:10)
rogativa (HB 10:6)
superação da própria * para criação da alegria alheia (FM 4:19)
trabalho no bem (I CO 15:58)

AGRADECER
significado da palavra (CL 3:15)

AGRADECIMENTO
aconchego do lar (I TS 5:18)
alegria de ver (I TS 5:18)
benfeitores anônimos (I TS 5:18)
conversação do amigo (I TS 5:18)
dever da família (I TS 5:18)
faculdade de raciocínio (I TS 5:18)
fulguração da ideia (I TS 5:18)
graça da locomoção (I TS 5:18)
pão do alimento (I TS 5:18)
privilégio do trabalho (I TS 5:18)
tesouro da palavra (I TS 5:18)

AGRICULTOR
graça do celeiro farto (II TM 2:6)

AGUILHÃO
mente encarnada e * salvador (HB 12:7)

AJUDA
subserviência do escravo (RM 8:13)

ALARDE
construção (I CO 13:11)

ALCANÇAR
significado da palavra (HB 6:15)

ÁLCOOL

aniquilamento das
energias (II TM 2:16)
combate ao * e à sífilis (II TM 2:16)
formação de elementos
enfermiços (II TM 2:16)
influência destruidora (II TM 2:16)

ALCOÓLATRA
satisfação da sede dos
centros de força (CL 3:2)

ALEGRIA
aproximação das almas (I TS 5:19)
choro das criaturas terrestres
e * dos amigos da esfera
superior (II CO 7:9)
espera pela * e coragem
dos tristes (I TS 5:8)
espoliações (EF 4:28)
pagamento com * os débitos
que nos imanam (I TM 5:8)
preparação da * no acolhimento
da dor (RM 5:1)
riqueza da * na alma
dos bons (FM 4:19)
sem abuso (I CO 13:1)

ALÉM
convivência (RM 2:6)

ALÉM-TÚMULO
continuação do esforço e
da vida (I CO 15:13)

ALGEMAS
quebra das * que agrilhoam
à sombra (II CO 5:17)
santas * das obrigações
diárias no lar (EF 6:20)
transformação de elos de veludo
em * de bronze (GL 5:13)

ALIMENTAÇÃO
exigência de mais ampla
* espiritual (HB 13:5)
objeto de discussões entre
gentios e judeus (RM 14:14)

ALIMENTO
renovação (HB 10:24)

ALMA
abertura das portas da * ao
que seja útil (I TM 4:12)
abertura das portas da * e oferta
de acolhimento moral (HB 13:2)
abertura do entendimento
às realidades (I TS 5:19)
acúmulo de riquezas da
vida eterna (II CO 4:18)
acúmulo de vantagens
transitórias (HB 6:9)
apontamentos infelizes
e feridas (RM 12:21)
asfixia das melhores
aspirações (RM 8:13)
aspirações (HB 6:15)
assuntos da * e ignorância (RM 14:1)
atributo da *, riqueza real (FM 4:19)
automatização dos recursos
superiores (RM 5:1)
carreira da * no estádio
largo da vida (HB 12:1)
consagração das forças da * às
fantasias do corpo (I CO 6:13)
consciência esclarecida
pela razão (EF 4:7)
conversão da * em carta
viva de Jesus (II CO 3:3)
crença em vão nos trilhos
da vida (I CO 15:2)
decifração dos enigmas (II CO 6:4)
desilusões na * à feição de
granizo arrasador (I CO 15:58)
deslumbramento da * ante as
perspectivas do infinito (II CO 1:12)
dívida de tributo (RM 1:14)
dúvidas quanto à
imortalidade (I CO 9:26)
iluminação da * e fuga
da luta (I CO 15:58)
incapacidade de serviços (I CO 3:9)
intemperanças (I TS 5:6)
invocação aos gênios tutelares
e * sensível (RM 16:20)
irritação e abatimento (II CO 2:1)
manutenção da * na posição
da ociosidade (EF 5:14)
metamorfose (RM 6:4)
mortificações e aprimoramento
(I CO 12:27)
núcleo de influência (I CO 5:6)

oportunidade iluminativa e
* invigilante (RM 13:7)
orgulho e ociosidade (I TM 6:10)
regozijo com o alimento
rico (HB 5:13)
renovação íntima e
progresso (EF 4:23)
ruptura da força
mediúnica (II CO 4:7)
satisfação dos sentidos
fisiológicos (I CO 6:13)
sonho sublime da * humana (EF 4:3)
súplicas da * arrependida antes
da reencarnação (HB 12:1)
templo terrestre e *
paralítica (RM 15:1)
tormentos para a *
desencarnada (HB 3:15)
tóxico perigoso (I CO 5:7)
transferência da * para a residência
escura do vício (RM 3:16)
transferência da * para a
Ressurreição eterna (II CO 4:8)
vícios de nutrição (HB 13:9)

Altar
comparecimento ante o *
de pedra (HB 13:10)

Altíssimo ver Deus

Amargura
combate às raízes da * no
coração (HB 12:15)
destruição da * injustificável
(HB 12:15)
enfermidades nascentes (EF 4:31)
imobilização na estrada a pretexto
de * acumulada (FM 3:13)
raízes de * nos corações
humanos (HB 12:15)

Ambição
interesse no jogo da *
egoística (I TM 6:12)

Amigo
amparo (RM 14:12)

Amizade
ciência do cultivo (I CO 3:2)

Amor
abastecimento de * para
compreensão e auxílio (RM 14:1)
abençoada missão de * puro
entre os homens (FM 4:11)
adestramento para a aquisição
do * puro (I CO 15:9)
ajustamento do próprio
coração (I CO 13:4)
bênção (TT 2:8)
caminho para a vida
abundante (EF 4:23)
características das relações de
legítimo * fraterno (EF 4:29)
comentário apressado do
mérito (I CO 9:26)
conquista da paz e
libertação (II TS 3:13)
consciência do bem (I CO 8:1)
construção no caminho evolutivo
e * ao próximo (I CO 3:9)
conversão dos ensinamentos
nobres recebidos (EF 4:15)
coração iluminado (I CO 8:1)
crescimento do * no conhecimento
e no discernimento (FM 1:9)
cultivo do * para a
imortalidade (I CO 13:8)
desaparecimento do * nos
caminhos humanos (II CO 13:7)
desenvolvimento ao infinito
dos dons divinos (II TM 1:7)
desvarios (I CO 13:7)
distribuição da luz (II TM 2:2)
distribuição de * e paciência (GL 6:7)
dívida (RM 13:7)
entrelaçamento de todos os
seres da Criação (I CO 13:13)
esforço na vivência do
* puro (I CO 13:8)
espera pelo * alheio (II CO 12:15)
estímulo à prática do *
puro (HB 10:24)
exercício do * verdadeiro e
cansaço do coração (GL 6:9)
extirpação de todo quisto
de ódio (CL 3:16)
felicidade da criatura
amada (I CO 13:7)

força divina do Universo (FM 1:9)
força que valoriza qualquer
dádiva (RM 13:10)
geração da renúncia (EF 5:15)
inexistência de felicidade
(II CO 13:8)
ingratidão (II CO 5:7)
Jesus e exercício do ministério
do * sem exaustão (II TS 3:13)
júbilo com a alegria dos
corações amados (I CO 13:7)
luz imperecível que sobrevive
no caminho eterno (HB 13:1)
luz inextinguível (I CO 13:8)
mensagem persuasiva (RM 12:2)
paixão pelo progresso (II CO 13:8)
plantação da felicidade (II TS 3:13)
poder (GL 6:7)
prosseguimento no
sacerdócio (GL 6:9)
raiz eterna (CL 3:14)
regozijo sem ponta de inveja
e * puro (RM 12:2)
resgate (RM 13:7)
resgate das dívidas (I CO 3:2)
sustentação das bases eternas
da vida (I CO 13:8)
tear divino (CL 3:14)
utilização do tesouro (RM 12:21)

AMPARO
desestímulo (I TM 6:6)
intervenção direta no * ao
necessitado (II TM 1:13)

ANÁTEMA
estímulo (II CO 12:9)

ANDAR
significado da palavra (EF 5:2)

ANGELITUDE
distanciamento (I CO 14:7)

ANGÚSTIA
carência de alívio (CL 4:3)
meditação na * dos desequilibrados
mentais (FM 4:19)

ANIMALIDADE
dualismo da * e da
espiritualidade (I TS 5:19)

ANIMOSIDADE
estímulo da * entre irmãos (RM 8:9)

ANJO CAÍDO
criatura sábia, luminosa (EF 6:12)

ANTÃO, VENERANDO EREMITA
Espíritos obsessores (II CO 12:7)

ANTÔNIO DE PÁDUA, O ADMIRÁVEL FRANCISCANO
sono letárgico (II CO 12:7)

APARÊNCIA
ilusão com a * exterior (RM 8:9)

APEGO
ação (I CO 13:11)

APERFEIÇOAMENTO
aflição e amargura (I CO 10:23)
interesse (I TM 6:19)

APOIO
deserdados do * e da
convivência (HB 13:2)

APÓSTOLO
condutor do espírito (I CO 4:9)
demonstração positiva
do bem (I CO 4:9)
educador por excelência (I CO 4:9)
fermento espiritual que leveda a
massa do progresso (I CO 4:9)
improvisação do trabalho (I CO 4:9)
interferência na elaboração dos
pensamentos do, (I CO 4:9)

APÓSTOLO DA GENTILIDADE VER PAULO DE TARSO

APÓSTOLO DOS GENTIOS VER PAULO DE TARSO

APÓSTOLO PAULO
proclamação sábia (I CO 13:3)

APRENDIZ
atitude agressiva (I CO 6:7)
distribuição da riqueza da
boa vontade (I CO 12:4)
falsos princípios
regenerativos (I CO 6:7)
manutenção do título (I CO 14:7)
página viva do livro de
Jesus (I CO 15:2)
verificação das próprias
possibilidades (I CO 3:13)

APRENDIZ APLICADO

confiança em Jesus (FM 4:13)
declarações (FM 4:13)
fixação da mente na luz
divina (FM 4:13)
identificação das próprias
fraquezas (FM 4:13)

APRENDIZ DO EVANGELHO
busca do descanso
indevido (II TM 1:6)
convites desordenados das
zonas inferiores (II TM 1:6)
convocação ao desequilíbrio
na alimentação (II TM 1:6)
imposição a difíceis recapitulações
do pretérito (II TM 1:6)
insinuações caluniosas e
descabidas (II TM 1:6)

APRENDIZADO
recondução a condições
difíceis (I TS 5:19)

APRIMORAMENTO
convite à edificação (I TS 5:16)

APRIMORAMENTO MENTAL
constância de esforço
no bem (RM 12:2)

APRIMORAMENTO PRÓPRIO
santificação do homem (EF 5:15)

APROPRIAÇÃO INDÉBITA
reflexões a respeito (TT 1:15)

AR
renovação (EF 4:23)

ARADO
conversão do canhão (HB 8:11)
forma do * e malho (FM 4:20)

ARCO-ÍRIS
sorriso de paz, * no céu do
semblante (I TS 5:16)

ARREPENDIMENTO
perdão do coração (I CO 13:8)
utilidade (HB 6:1)

ARTE
expressão da * e do
reconforto (RM 12:16)
inspiração divina (I CO 4:2)

ARTE DA ELEVAÇÃO
privilegiados (II CO 10:7)

ARTE DIVINA
descer para ajudar (I CO 9:22)

ARTISTA
embelezamento do caminho
da inteligência (I CO 4:9)

ÁRVORE
apresentação de linda * com flores
que jamais frutificam (TT 3:14)
crescimento da * para a
frutificação (HB 7:7)
desenvolvimento (II CO 4:16)
regeneração da * de frondes
quebradas (RM 12:21)
regime de poda (HB 12:11)
velha * decepada deita
vergôntea nova (EF 4:23)

ARVOREDO
carícia do vento (RM 12:21)

ASCENSÃO
descortino de caminhos (I CO 12:31)

ASPIRAÇÃO DO ALTO
transformação da * em interesse
da zona mais baixa (II CO 6:16)

ASTRONOMIA
assinalação de fenômenos
no Cosmo (I CO 14:40)

ATENÇÃO
centralização da * em nódoas
e defeitos (TT 2:1)
necessidade de * nas atividades
evangélicas (I CO 8:2)

ATIVIDADE
sublimação da * no momento
oportuno (I CO 4:2)

ATIVIDADE ESPÍRITA
chamamento (I CO 12:7)

ATIVIDADE MENTAL
coagulação (I CO 15:44)

ATIVIDADE PROFISSIONAL
harmonização da * com o modo de ser (EF 4:23)

ATO
influência do * nos circunstantes (GL 5:9)

ATO DIGNO
incompreensão no *, compreensão da misericórdia de cima (I CO 13:8)

ATOS
linguagem positiva (I CO 5:6)

AUTOAPERFEIÇOAMENTO
esforço (II TM 1:6)
esforço de * diário (EF 4:7)
perseverança (II TM 3:12)

AUTOELEVAÇÃO
resistência ao serviço (HB 5:9)

AUTODISCIPLINA
espera pela vida sã (I CO 9:27)

AUTOLIBERTAÇÃO
curso de * e emancipação da alma (I TM 6:7)

AUTORIDADE
amparo espiritual (I TM 2:2)

AUTOSSUPERAÇÃO
aquisição (I TM 6:7)

AUXÍLIO
expedição de *, gentileza que gera simpatia (II TM 1:13)
privação do ensejo de * ao próximo (I CO 12:7)
trabalho no * ao semelhante (RM 14:12)

AVARENTO
prisão do * aos bens supérfluos amontoados (CL 3:2)
sonho (FM 3:11)

AVAREZA
alcance da maioridade financeira (HB 7:7)
devoção absoluta aos cofres perecíveis (FM 1:9)
glórias sangrentas de * nos cofres da fortuna morta (II CO 1:12)

AVISO DIVINO
utilização de * em polêmicas laboriosas e infecundas (II CO 7:2)

AZEDUME
esclarecimento (I 13:11)

B

BALANÇA DO MUNDO
raios de nossa influência (I CO 5:6)

BANQUETE
convites ao sublime (FM 3:14)
espera pelo * e oferta de migalhas ao companheiro (I TM 6:8)

BARULHO
socorro (I CO 13:11)

BATALHA CRISTÃ
continuação da * desde os circos romanos (II CO 1:11)

BELEZA
amor tão só pela * física (I TS 5:13)
personalidade das pessoas sinceras e * espiritual (FM 4:19)

BELEZA FÍSICA
fortalecimento (EF 6:10)

BEM
ação pela vitória (RM 15:1)
aceitação e prática das sugestões (I CO 5:6)
adversários sistemáticos (FM 3:2)
afastamento da cultura (II CO 13:7)
alegação de cansaço (II TS 3:13)
alegação de fraqueza para desistência (II CO 8:1)
alegação de incompetência ante as exigências (I CO 15:10)
aperfeiçoamento para o *, imperativo da lei (EF 4:23)
aplicação do tempo e energia na edificação (I CO 10:7)
aprendizado (TT 2:1)
aspiração do * e pesada bagagem de sombras (RM 7:21)
auxílio no valoroso combate (II CO 1:11)
cansaço no exercício (I CO 10:12)

certeza de auxílio para a
concretização do (I CO 1:9)
climas adequados de ação
para a vitória (I CO 13:4)
colaboração no * sem paixões
destruidoras (HB 3:4)
concretização (II TM 2:15)
confiança na vitória
final (I CO 12:31)
conhecimento do * e
boas obras (TT 3:14)
consagração ao * pelo amor
do próprio bem (I TM 6:7)
construção (GL 6:9)
construção (RM 14:19)
construção do * e oração (EF 6:13)
cultivo do * eliminando
o mal (I CO 3:9)
destaque das ocasiões de
construção (GL 6:10)
dever de colaboração na
edificação (I CO 3:6)
disposição à prática (CL 3:8)
elevação de sentimentos e
consciências (II CO 1:11)
emissão de sugestões para o
* e para o mal (I CO 5:6)
esforço no * resulta a favor de
quem o realiza (I CO 15:58)
espera pela oportunidade de
manifestação (RM 12:20)
espera pelo * ainda não
semeado (II CO 3:16)
exame imparcial das
atitudes (FM 2:21)
falta da transformação para
o * com Jesus (II CO 3:16)
fuga do *, desorientação dos
semelhantes (RM 3:16)
ideias frágeis (I CO 4:19)
incapacidade de execução de
serviços na lavoura (I CO 15:10)
indiferença aos apelos (HB 12:1)
liberdade íntima e pessoal
na prática (FM 1:14)
língua transviada (II TM 2:16)
localização do * e do mal (I CO 8:2)
lutas sem tréguas entre o
* e o mal (RM 16:20)

matrícula na escola (I CO 15:9)
necessidade do esforço (HB 6:1)
obreiros fiéis (II TM 3:16)
observação das edificações
do * comum (I CO 12:27)
oferta de aprovação e
estímulo (EF 2:10)
organização da defesa (II CO 1:11)
persistência dos aprendizes
nos trabalhos (GL 3:3)
prática do * ao associados
de luta (HB 12:1)
prática do *, advogado em
toda parte (I CO 13:8)
princípios latentes (I TS 5:8)
procedência das epístolas (CL 4:16)
recebimento dos estímulos para
o * ou para o mal (RM 14:7)
reforma à claridade do
infinito (I CO 5:7)
respeito aos princípios
divinos (HB 13:5)
revelação do espírito do
serviço (EF 5:15)
segurança (I TM 6:19)
sementeira (II CO 2:1)
sentimento de necessidade
do * de todos (I CO 15:58)
subordinação da prática do *
ao cofre recheado (I TM 6:8)
talento para investimento
na edificação (I CO 12:7)
usufrutuário do * divino (RM 8:13)
valor da cultura doutrinária
(I TM 4:15)
vitória (RM 12:21)

BEM
análise (I TS 5:21)
desejo de serviço ao * e cobiça
expectante (I CO 13:4)

BEM MATERIAL
responsabilidade pelo * apropriado
indebitamente (I TM 4:6)

BEM-ESTAR
proclamação da falência (GL 6:9)

BÊNÇÃO
aplicação nobre da *
recebida (I TM 4:14)
louvor ao Senhor pela *
conferida (I TS 5:18)

BÊNÇÃO DA ALMA
critério da prudência e
da retidão (CL 3:15)

BÊNÇÃO DO CRIADOR
talento da fé e dom de consolar, *
no coração da criatura (II CO 4:7)

BENEFICÊNCIA
auxílio ao ancião (I CO 13:4)
despojamento de dinheiro (CL 3:8)
diminuição do valor (RM 12:2)
esperança aos que
choram (I CO 13:4)
paciência (II CO 8:1)
prática (RM 13:10)
prodígios (I CO 13:4)
proteção à criança
desamparada(I CO 13:4)
remédio aos doentes (I CO 13:4)
serenidade nas horas
difíceis (I CO 13:4)

BENEFÍCIO
pavor de iniciativa em *
de todos (II TM 1:7)

BENEMERÊNCIA
serviço de * segundo Jesus (CL 3:8)
titulares (I TM 5:8)

BENFEITOR
garantia (RM 14:12)

BERÇO
aparecimento da criatura
humana (I CO 9:16)

BOA-NOVA
ajuda e sofrimento por
devoção (II CO 12:15)
aprendizes da * e instrumentalidade
de Jesus Consciência (I CO 14:8)
aprendizes (I CO 9:26)
elevação e queda (I CO 14:8)
estacionamento de milhares
de crentes (HB 6:1)
impressão da * nos refolhos
da mente (HB 8:10)
inexperiência e invigilância
do mensageiro (GL 1:10)
irradiação da * de nossa
vida (CL 3:16)
Jesus e o início do
apostolado (GL 5:1)
obrigações santificantes
do discípulo (HB 12:1)
oferta da * ao cristão (HB 12:1)
responsabilidade (I CO 12:27)
retenção dos ensinos (II TM 2:7)

BOA-NOVA VER TAMBÉM EVANGELHO

BOA PARTE
dilatação da * ao infinito (EF 4:7)

BOA VONTADE
conversão da * em prosperidade
comum(I TM 6:8)
descoberta do trabalho (EF 5:15)
observação e tolerância (HB 5:13)

BOAS OBRAS
amor órfão (HB 12:13)
iluminação do amor (HB 12:13)

BOM ÂNIMO
irradiação da energia (FM 4:19)

BOM COMBATE
ângulo mais nobre (HB 12:1)
ascensão aos planos
superiores (II TM 4:7)
luta interior (II TM 4:7)
procura da paz (II CO 4:16)

BONDADE
acolhimento (RM 14:1)
aproveitamento dos auxílios
recebidos pela * alheia (II TM 1:6)
colocação da * à frente da
análise (RM 14:15)
contribuição (I CO 16:14)
cultivo (II CO 1:12)
ensinamento com * para
análise justa (I CO 15:58)
movimentação da * no serviço
da elevação (TT 3:14)

BONDADE ETERNA
vontade de Deus (I TS 5:16)

BRANDURA
    exercício (II CO 1:12)
    lembrança (I TM 5:8)
BURIL
    esclarecimento da pedra (RM 7:10)
    joia de escultura e
    milagres (I CO 3:16)
BURILAMENTO
    reflexão no impositivo de
    * espiritual (II TS 3:13)
BUZINA
    reclamos contra o estridor de
    * na via pública (I TS 5:13)

C

CABEÇA
    sede de manifestação do
    pensamento (I TS 5:8)
    sede do pensamento (EF 6:17)
CADEIA
    tentativa de quebra da * em
    que se encontra (EF 6:20)
CALAMIDADE
    comentários ao anúncio (TT 2:1)
    criação de * moral e moléstia
    coletiva (I TM 2:2)
CALMA
    observação para o bem (I TS 5:13)
CALÚNIA
    acusação indébita (FM 4:8)
    afeiçoados da * e distribuição
    de trevas (EF 5:8)
    detritos (HB 12:12)
    engrandecimento (II CO 12:9)
    força que renova a resistência
    na vitória no bem (EF 5:15)
    imobilização (FM 3:13)
    indução (TT 2:1)
    melhor processo de
    extinção (RM 12:21)
    verbo desregrado (II TM 2:16)
CALUNIADO
    emprego da vingança (GL 5:13)
CALVÁRIO
    batalha do *, início de defesa
    do Evangelho (II CO 1:11)

CAMINHO
    necessidade de regresso
    ao * vulgar (HB 6:1)
    retorno ao * direito (HB 10:6)
CAPACETE
    confecção do * espiritual (EF 6:17)
    indumentária de luta e
    esforço (I TS 5:8)
CARGA
    conversão da * em luz para
    a ascensão (GL 6:5)
    tolerância à * própria (GL 6:5)
CARIDADE
    ajuda aos que se encontram
    em provações (RM 12:2)
    aliados das mãos (I CO 16:14)
    alma revestida de (I TS 5:21)
    aniquilamento dos frutos
    imaturos (RM 3:13)
    aplicação dos princípios (I CO 12:31)
    argamassa indestrutível da
    eterna perfeição (I CO 13:8)
    atenção à * que pede
    estímulo e paz (I TM 4:12)
    ausência (RM 14:15)
    bênção de Deus (I CO 13:13)
    beneficência (I CO 13:8)
    boas obras e educação (I CO 13:1)
    bondade e prudência (I CO 13:8)
    círculos perfeitos (FM 1:9)
    conceito (I CO 13:8)
    couraça da * aos trabalhadores
    da luz (I TS 5:8)
    crença na prática (FM 1:9)
    desempenho das mínimas
    tarefas (I CO 16:14)
    dispensa da * paciente, benigna
    e invencível (I TS 5:8)
    disposição de ajuda (I CO 13:4)
    ensino da * sem dilaceramento
    dos que sofrem (EF 6:6)
    entendimento (I CO 16:14)
    esforço paciente (RM 12:2)
    estímulo à * e às boas
    obras (HB 10:24)
    expressão da perfeição nas
    manifestações da criatura (I CO 13:8)

fonte nascida no coração (I TM 6:8)
inesgotabilidade da luz (I CO 13:8)
início da execução da virtude excelsa (I CO 16:14)
intensificação do bem e * essencial (FM 1:9)
limitação da * ocultando o espírito divino (FM 1:9)
maior de todas as virtudes (I CO 13:1)
necessidade da * na sustentação do progresso espiritual (I CO 13:13)
orientação ao transviados (I CO 13:8)
paciência de Deus (I CO 13:4)
paciência e brandura (I CO 13:8)
presença do Senhor nos caminhos alheios (I CO 13:13)
proibição do exercício (II CO 12:15)
projeção da * em todas as direções (I CO 12:4)
representação da * para os discípulos do Evangelho (FM 1:9)
tolerância e compreensão (I CO 13:8)

CARIDADE FRATERNA
chave de todas as portas para a boa compreensão (I TS 4:9)

CARNE
apego demasiado à * transitória (II CO 4:18)
composição (GL 5:25)
concupiscências (GL 5:25)
parecer do homem (RM 7:10)
pecados (GL 5:25)
queixas das exigências (GL 5:25)

CARREIRA
inibições a * vitoriosa (HB 12:1)

CARTA ESPIRITUAL
tangibilidade (CL 4:16)

CASA CRISTÃ
irradiações de amor e paz (I CO 4:21)

CASA DE ORAÇÃO
consagração da * ao trabalho da fraternidade suprema (HB 8:11)

CASTIDADE
estima pela * do corpo (I CO 14:7)

CASUALIDADE
laços de parentela (I TM 5:8)

CÁTEDRA
degrau hierárquico (II TM 2:15)

CATÓLICO ROMANO
padre, objeto de confiança (RM 10:11)

CATÓLICO-ROMANO
frequência da missa (I CO 1:17)
sacramentos materializados (I CO 1:17)

CAUTELA
extensão do mal ao caminho alheio (HB 12:15)
preparação de caminhos (I TS 5:19)

CEGO
auxílio ao * que tateia nas sombras (FM 4:19)

CEGUEIRA ESPIRITUAL
condução ao abismo (EF 5:11)

CEIFA
conhecimento do tempo (II CO 7:9)

CELEIRO DA GRAÇA
identificação do * em que nos encontramos (I TS 5:18)

CELIBATO
abnegação (II CO 6:2)

CENSURA
derramamento da * e da reprovação na família (HB 10:24)
paciência (II CO 8:1)

CÉREBRO
iluminadas formas de pensamento e * cultivado (I CO 3:16)
luz para o * e para o coração e transformação interior (II CO 5:17)
sugestões infelizes coaguladas no * dos entes amados (HB 12:15)

CERIMÔNIA
instrumentos físicos santificados para * convencional (I CO 10:7)

CÉU
dons (I TM 4:14)
interrupção do correio (CL 4:16)

CÉU AZUL
  compartilhamento do contentamento (GL 6:7)
CHAGA
  cura da chamada * social (II CO 13:7)
CIDADE
  edificação da * mais rica (II CO 4:16)
CIÊNCIA
  afirmações provisórias (I CO 13:8)
  cristalização das glórias sangrentas (II CO 1:12)
  estudo da hipnose (II CO 12:7)
  êxito da * humana (I CO 14:40)
  expressões evolutivas (I CO 8:1)
  homem de coração corajoso e * bem interpretada (I CO 8:1)
  paranoicos da (CL 2:8)
  utilização dos frutos para o bem ou para o mal (I CO 8:1)
CIÊNCIA DA GUERRA
  multiplicação dos Estados (I CO 1:19)
CIÊNCIA FILOSÓFICA
  instalação no negativismo absoluto (I CO 1:19)
CIÊNCIA RELIGIOSA
  estabelecimento de templos veneráveis (I CO 1:19)
CIENTISTA
  revelação da expressão visível do conhecimento popular (I CO 4:9)
CLAQUE
  assalariados em * de adoração vazia (I CO 12:27)
CLIMA
  comprazimento no * do esgoto (II CO 5:17)
COLABORAÇÃO
  porta aberta de * com o divino amor (I CO 3:9)
CÓLERA
  conceito (EF 6:13)
COLETIVIDADE
  argumentos endereçados à (I CO 13:8)

COLHEITA
  inquietude (RM 8:13)
  naturalidade na * de desilusões (RM 10:11)
  necessidade de plantio com esforço e * farta (I TS 4:11)
COMBATE
  chumbagem do coração à crosta da Terra (II TM 4:7)
  dilapidação íntima (II TM 4:7)
  visão (II TM 4:7)
COMÉDIA
  existência humana e * infeliz (RM 8:13)
COMODISMO
  troca dos percalços (I CO 10:12)
COMPAIXÃO
  exortação (I TM 5:8)
  necessidade da * infatigável (EF 4:32)
  porta para luz do verdadeiro amor (I TM 4:7)
  voz macia e mãos espinhosas (I TM 6:6)
COMPANHEIRO
  alegria com o júbilo (HB 13:1)
  alerta ao * adormecido (EF 5:14)
  apreciação do * de luta (HB 5:13)
  constrangimento ao * à conta de bem-querer (HB 13:2)
  deserção (HB 10:24)
  deserção (HB 12:1)
  empenho em benefício (II CO 12:15)
  estima da posição (I CO 12:27)
  exame das diretrizes do nosso * de experiência (HB 10:24)
  inabilitação de * na obra cristã (I CO 3:9)
  recursos necessários à hospedagem de * em casa (HB 13:2)
  retorno do * ao labor reconstrutivo (I CO 15:58)
  substituição do ídolo inerte pelo * de carne e osso (I CO 10:7)
COMPETÊNCIA
  produção do tesouro (GL 6:7)

COMPORTAMENTO
  reajustamento do *
  religioso (I TM 4:15)
COMPREENSÃO
  amadurecimento de
  raciocínio (I CO 13:4)
  aproximação do companheiro
  infeliz (GL 6:1)
  aquisição de fé e transplantação
  de montanhas (I CO 13:1)
  características (I CO 13:1)
  distribuição de todos os
  bens (I CO 13:1)
  domínio dos variados idiomas
  do mundo (I CO 13:1)
  falha da caridade em seus
  propósitos (I CO 13:1)
  ganho da humildade (EF 5:15)
  iluminação da piedade (I TM 4:7)
  importância da * e do respeito
  em qualquer tarefa (TT 3:3)
  leitura usando o crivo da *
  e da utilidade (I TS 5:21)
  mostras de enorme
  pobreza (CL 3:16)
  renúncia da * ante os que se
  desviam do caminho reto (HB 5:13)
  restauração da * pelo
  sofrimento (EF 6:1)
  tempero da atitude verbal (CL 4:6)
  teste permanente de * e
  paciência (CL 3:15)
  tolerância e bondade (I CO 13:13)
  trabalho por um mundo
  melhor (CL 3:14)
COMPROMETIMENTO
  fuga do * da obra do Senhor (TT 2:1)
COMPROMISSO
  assunção de * na paternidade
  e na maternidade (EF 6:4)
  fidelidade (RM 6:4)
  inaptidão para o *
  edificante (I CO 3:6)
COMTE, AUGUSTE
  crises letárgicas (II CO 12:7)

COMUNHÃO
  crescimento em experiência e *
  fraternal com todos (HB 7:7)
  distanciados da genuína * com
  os interesses divinos (FM 2:21)
COMUNICAÇÃO
  desejo de * com os espíritos
  desencarnados (I TM 4:14)
COMUNIDADE EVANGÉLICA
  interrogação de Paulo
  de Tarso (RM 8:31)
CONCEITO
  renovação da estruturação
  do * humano (I CO 1:19)
CONCESSÃO DIVINA
  abuso (RM 14:6)
CONDUTA
  avaliação (I CO 13:8)
CONFIANÇA
  alimentação da * sem
  bazófia (II CO 12:7)
  alimento do coração (HB 10:35)
  depredação da * alheia (EF 4:28)
  esquecimento da expressão de
  * em si mesmo (RM 14:22)
  exclusão da * em si
  mesmo (RM 14:22)
  melodias de * após a ventania
  destruidora (I TS 5:16)
  partilha da * e da
  responsabilidade (FM 1:29)
  permanência na * encorajando
  e esclarecendo (II CO 4:7)
  transformação de * em
  fanatismo cego (II CO 6:16)
CONFIANÇA PROFISSIONAL
  certificado de competência
  (II TM 2:15)
CONFISSÃO
  contrição nos atos públicos
  da * religiosa (II CO 6:4)
CONFLITO
  serenidade ante o * da esfera em
  que nos achamos (I TS 5:13)
CONFORMAÇÃO
  conceito (RM 12:2)

CONFORMISMO
  conceito (RM 12:2)
CONFRATERNIZAÇÃO
  estabelecimento de boas
  obras (FM 2:7)
CONHECIMENTO
  avanço no * superior (RM 12:2)
  glória do * superior (RM 12:16)
  necessidade de aquisição
  (I CO 15:10)
CÔNJUGE
  deserção do lar (I TS 4:9)
CÔNJUGES
  descida dos * às cavernas
  do desespero (HB 13:1)
  exortações da fraternidade
  e * com Jesus (EF 5:33)
CONQUISTA MORAL
  exame (GL 6:10)
CONSCIÊNCIA
  ação contra a própria (I TS 5:19)
  brilho da luz divina (HB 12:1)
  carregando a * pesada de
  culpas (I TM 4:15)
  cuidado instintivo de não
  ferimento (HB 12:15)
  cumprimento do dever (I CO 4:2)
  foro da * e sinceridade (RM 14:12)
  moléstias da alma e
  remorsos (II CO 4:16)
  sustentação da * edificada
  na fé (EF 6:10)
  transformação da * em tabernáculo
  de Jesus vivo (II CO 1:12)
  vigilância e contaminação
  da * pelo mal (TT 1:15)
CONSELHO
  redução da exportação
  de * fácil (I TS 5:19)
CONSIDERAR
  significado da palavra (II TM 2:7)
CONSÓCIO
  lástima pela deserção de um
  * de boa luta (FM 3:13)

CONSTELAÇÃO
  brilho da * dentro da
  noite (HB 12:28)
CONSTRUTOR
  atenção à segurança (I CO 4:2)
CONTÁGIO
  temor do * de padecimentos
  espirituais (HB 10:32)
CONTENDA VERBAL
  verdadeira finalidade (I TM 6:5)
CONTRISTAÇÃO
  chegada a hora de * segundo
  Deus (II CO 7:9)
  sombras da *, sentimento do homem
  vencido e abandonado (II CO 7:9)
CONVERSAÇÃO
  ação da * em todos os
  ouvintes (EF 4:29)
  coeficiente de prejuízo (TT 2:1)
  estima pela * afetuosa
  e sábia (EF 4:29)
  fantasmas da calúnia e *
  indigna (I CO 15:33)
  indiferença aos desvarios
  (II TM 2:16)
  menos sinceridade depois
  da * indigna (I CO 15:33)
  reconhecimento (EF 4:29)
  surgimento de preocupações
  inferiores (I CO 15:33)
  tentativa de destruição de
  lares honestos (I CO 15:33)
  traço da * menos digna (I CO 15:33)
CONVERTIDO DE DAMASCO VER PAULO DE TARSO
COOPERAÇÃO
  carência (CL 3:16)
  espera pela * no bem (II CO 9:7)
  exercício de * em favor dos
  familiares (I TM 5:4)
  fraco para * com a
  beneficência (I CO 9:16)
  organização dos círculos
  espirituais (RM 15:30)
  qualidade da * no dia
  a dia (II CO 9:7)
  rejeição da possibilidade de * no
  ensino edificante (I CO 9:16)

trabalho com eficiência (I CO 12:31)
COR RELIGIOSA
   vestimenta exterior da
   comunidade (II TS 3:2)
CORAÇÃO
   abastecimento do * de infinito
   entendimento fraterno (I TS 5:8)
   amor inesgotável (EF 2:10)
   base do alimento (HB 13:9)
   colocação do * operoso à frente do
   infinito e da eternidade (HB 12:15)
   cultivo da raiz de
   amargura (HB 12:15)
   despedaçamento do * sem
   resistência moral (I CO 16:13)
   envolvimento do * em
   sombras densas (HB 6:7)
   estabelecimento da
   harmonia (I CO 4:19)
   exame das necessidades (I TM 4:16)
   expectativa do * materno (GL 6:5)
   exumação do * de todo envoltório
   entorpecente (FM 3:13)
   heroísmo santificante e *
   enobrecido (I CO 3:16)
   incapacidade de análise e
   compreensão (EF 5:14)
   ofensa registrada (I TM 6:7)
   padrões de reconhecimento
   para o * alheio (CL 3:17)
   persistência no endurecimento
   (RM 12:20)
   plantio da alegria de viver no
   * do próximo (FM 4:19)
   preservação (I TS 5:8)
   procura de claridade
   divina (II TM 2:24)
   renovação da mente (I TS 5:19)
   suporte da rijeza (RM 12:2)
   transformação do * num
   vaso de fel (EF 4:32)
CORAÇÃO MATERNO
   pensamento no * torturado pela
   escassez de pão (FM 4:19)

CORDEIRO DE DEUS *VER* JESUS
CORPO
   conquista da virtude (I CO 12:27)
   permanência do * a serviço
   da alma (I CO 6:13)
   preservação do * confiado
   pela vida (I CO 12:27)
   renovação incessante na
   química (EF 4:23)
CORPO ANIMAL
   semeadura do * ressuscitação do
   corpo espiritual (I CO 15:44)
CORPO DENSO
   molde utilizado pela
   compaixão divina (HB 3:15)
CORPO ESPIRITUAL *VER* PERISPÍRITO
CORPO FÍSICO
   choques do prazer
   delituoso (CL 4:18)
   correspondência do * à estrutura
   psicológica (EF 4:23)
   corrupção do *, renovação
   da alma (II CO 4:16)
   máquina da gula
   carniceira (CL 4:18)
   peregrinação ascensional
   para Deus (I CO 15:44)
   preservação do * dos filhos (CL 4:18)
   senectude do *, fixação da
   sabedoria (II CO 4:16)
   superlotação do * com
   bebidas tóxicas (CL 4:18)
CORPO FLUÍDICO
   personalidade espiritual (GL 5:25)
CORRIGENDA
   aceitação da luz (HB 12:11)
   liberdade do homem para
   recepção (HB 12:11)
   passo da vida no rumo da
   perfeição (HB 6:1)
CORRUPÇÃO
   fuga do sistema de
   semeadura (GL 6:8)
CREDOR
   exigência (HB 10:36)

CRENÇA
fixação (I CO 15:2)
reconforto ante os
benefícios (HB 6:1)
CRENÇA CEGA
perturbação na * distante
de Jesus (RM 10:11)
CRENTE
aspecto brilhante do * promissor
e infrutuoso (TT 3:14)
confrangimento do * frágil
perante o malfeitor (HB 10:35)
CRENTES
caminhos largos da fuga (RM 5:3)
CRESCIMENTO MENTAL
recebimento de possibilidades
idênticas (II CO 6:16)
CRIANÇA
observação do irmão
devotado (EF 4:3)
CRIATURA
busca do lado luminoso (CL 3:17)
exibição de traços menos
belos (HB 13:14)
figuração física (HB 13:14)
permanência da * na abastança
material (HB 13:14)
vida em pobreza (HB 13:14)
CRIME
enxada prestimosa (I CO 2:12)
estações do prazer (I CO 12:27)
obcecação do pensamento das
criaturas terrestres (RM 8:17)
procedência da paternidade do
* e desvio da Terra (GL 5:25)
CRIMINOSO
imantação do * ao círculo dos
próprios delitos (CL 3:2)
CRISE
calma (EF 6:13)
CRISTANDADE
meu amigo da * juvenil (I TM 4:12)
CRISTÃO
aprendiz de repouso
falso (I CO 16:13)

desânimo do lidador (HB 12:4)
filho da luz (EF 5:8)
perda de ânimo (I TS 5:21)
problemas (II CO 5:17)
sacerdote de si mesmo e *
acordado (HB 13:10)
submissão do lidador * ao
insulamento (HB 12:4)
testemunhos ásperos do
lidador (HB 12:4)
transformação do *
devotado (RM 12:2)
CRISTÃO LEGÍTIMO
indicação do * para proteção dos
interesses espirituais (CL 3:12)
CRISTÃOS
afirmativas reiteradas (I TM 6:6)
CRISTIANISMO
aceitação do * e renovação
para as alturas (I CO 15:58)
apreciação dos sentimentos
inspirados (CL 3:12)
exibição da rotulagem (II TS 3:2)
gastos pelo engrandecimento das
ideias redentoras (II CO 12:15)
preconceitos dogmáticos (RM 14:15)
renovação no entendimento das
verdades divinas (HB 10:8)
situação estranhável
nos lares (EF 5:33)
sonâmbulos sublimes
honorificados (II CO 12:7)
trabalhadores do * que duvidam
de si mesmos (I CO 14:8)
vida moderna e comunidades
religiosas (I CO 1:23)
CRISTIANISMO REDIVIVO
Allan Kardec (HB 12:12)
CRISTO VER JESUS
CRITÉRIO SELETIVO
adoção (II TM 2:2)
CRÍTICA
fogueira (TT 2:1)
receio (II TM 1:7)
substituição da * pelo apoio
fraterno (I CO 12:31)

terreno ingrato da *
satânica (I TM 4:16)

CRUCIFICAÇÃO
preferência pela * ao pacto
com o mal (I CO 1:23)

CRUELDADE
aplauso à * sistemática e
deliberada (EF 4:23)

CRUELDADE
desenvolvimento do
monstro (II TM 1:7)

CRUZ
dolorosa mensagem (I CO 1:18)
linguagem (I CO 1:18)
repetição da mensagem (I CO 1:18)

CULPA
desvarios da própria
vontade (EF 6:14)

CULTIVADOR
gleba da alma (I CO 3:6)

CULTURA
deturpações (CL 3:13)
expansão da * e fé (RM 14:1)
filha do trabalho e da
verdade (RM 14:1)
imortalidade da * grega (II CO 4:18)

CULTURA DA INTELIGÊNCIA
fortalecimento (EF 6:10)

CURA
atenção ao doente (I CO 4:2)
poder (RM 12:16)
remédio amargo e * do
corpo enfermo (TT 3:3)

D

DÁDIVA
benefício da boa palavra (RM 13:10)
donativo do entendimento
(RM 13:10)
empréstimo da esperança
(RM 13:10)
oferta de * material nas
casas da fé (HB 7:27)
sorriso fraterno (RM 13:10)

DANTE
impressões hauridas fora dos
sentidos normais (II CO 12:7)

DÉBITO
empenho no resgate (I CO 15:9)
paz (HB 10:36)

DECREPITUDE
exame dos magnos problemas
espirituais (I CO 12:27)

DEDICAÇÃO
aferição do grau de * dos pais
pelos filhos (II CO 13:8)
louvor a * da melhoria das
condições do semelhante (HB 13:24)

DEFEITO
visão do * das pessoas de
boa vontade (RM 3:13)

DELINQUÊNCIA
aprisionamento nas
armadilhas (I CO 10:12)

DELINQUÊNCIA
hábito de instilação (FM 4:6)

DELINQUENTE
aviltamento (FM 3:11)
descanso do * antes da justa
reparação (HB 10:36)
difamação do irmão (I TS 5:13)

DELITO
perpetração (HB 10:24)

DEMANDA
alimentação da * com o óleo
da animosidade (I CO 6:7)

DESÂNIMO
compreensão do * por perda
de oportunidade (GL 6:9)
proliferação dos vermes (HB 12:12)
sobrevivência (II CO 4:16)

DESAPEGO
dificuldade no aprendizado
(I TS 5:19)

DESCIDA DE JESUS
da alvorada eterna à
noite plena (FM 2:8)
da divindade dos anjos à
miséria dos homens (FM 2:8)

DESCONHECIDO
da glória à carpintaria (FM 2:8)
da grandeza à abnegação (FM 2:8)
das estrelas à manjedoura (FM 2:8)
de advogado das criaturas a
réu sem defesa (FM 2:8)
de benfeitor a perseguido (FM 2:8)
de celeste pastor a ovelha
oprimida (FM 2:8)
de salvador a desamparado (FM 2:8)
do esplendor à escuridão (FM 2:8)

DESCONHECIDO
gesto de carinho com o *
na via pública (GL 6:7)

DESCONTENTAMENTO
afastamento de vantagens
(RM 14:22)
deserdado da atenção (RM 14:22)
espancamento moral (RM 14:22)
preterição no direito (RM 14:22)
repreensões imerecidas (RM 14:22)
visita frequente (RM 14:22)

DESCULPA
importância (RM 14:12)

DESENCANTO
intemperança mental (I TS 5:9)

DESENCARNAÇÃO
fenômenos de * com analogia
integral (I CO 15:51)

DESENTENDIMENTO
alegação de conquistas intelectuais
para * com os irmãos (FM 2:7)

DESEQUILÍBRIO
consequências (HB 10:24)
fatores predisponentes (FM 4:6)
preferência pelo * para conselheiro
de cada dia (I CO 12:27)

DESERÇÃO
retorno do companheiro (I CO 15:58)

DESESPERO
desenvolvimento do
monstro (II TM 1:7)

DESÍGNIO DA PROVIDÊNCIA
construção do bem (I CO 14:40)

DESÍGNIO DIVINO
crentes presunçosos (II TM 1:17)

renovação em espírito e
entendimento (RM 12:2)

DESREGRAMENTO
remorso (HB 10:32)

DESTINO
decisão quanto ao
próprio (I CO 15:58)
influência alheia na construção
do próprio (GL 5:9)
inquietude da criatura com
o * dos outros (RM 14:12)

DESTRUIÇÃO
assalto à mente (II CO 13:10)
intolerância cristalizada
(II CO 13:10)

DESVARIO
retardamento no *
passional (II CO 13:5)
vítimas (I TM 6:7)

DEUS
aceitação da vontade (HB 10:8)
acendimento de convicções
novas (HB 13:5)
apresentação a * nossas ofertas
e sacrifícios (HB 13:10)
ascensão (I CO 13:13)
bênção de * pela frase
caridosa (II CO 8:1)
bênção de * pela gota de
orvalho (II CO 8:1)
bênção de * pela tolerância
e serenidade (II CO 8:1)
bênção de * pelo amparo
ao trabalho (II CO 8:1)
bênção de * pelo gesto
silencioso (II CO 8:1)
bênção de * pelo rio que garante
a seara do campo (II CO 8:1)
bênção de * pelo socorro aos
necessitados (II CO 8:1)
compreensão das
correções (HB 12:7)
compreensão das relações (HB 10:8)
concessão do amparo de * a
cada ser humano (I CO 12:7)
conciliação do conhecimento
de * com menosprezo aos
semelhantes (TT 1:16)

confiança (GL 6:9)
consagração do altar
íntimo (HB 13:10)
consagração do bem (RM 2:10)
conservação da chama da
confiança (I CO 13:8)
cooperação fiel (I CO 3:9)
cuidado no uso dos poderes
emprestados (II CO 13:10)
economia planetária a novos
operários (RM 14:12)
impossibilidade de
personificação (HB 12:28)
Jesus e apresentação de
elevada concepção (HB 10:8)
manifestação (I CO 3:16)
manifestação da tarefa
pessoal (I CO 3:13)
modos de apresentação (II TM 2:15)
negação de * com as obras
individuais (TT 1:16)
noção justa da confiança (RM 15:1)
obra intransferível no plano
universal (GL 6:4)
oferta de armaduras
aos filhos (EF 6:13)
reflexão na magnanimidade
(EF 4:32)
renovação da oportunidade
de reerguimento (RM 8:17)
tesouros (II CO 4:7)
vigência da bondade de * nos
alicerces do homem (FM 1:14)

DEVER
demonstração do * bem
cumprido (I CO 12:4)
perseverança no (I CO 1:9)

DEVER MORAL
meditação e extensão (RM 8:9)

DEVOÇÃO
trabalhador sem *, aparelho
consciente de repetição (EF 4:23)

DEVOTAMENTO
louvor ao * e ao esforço (GL 6:9)

DEVOTO
satisfação egoística no culto
comum (RM 10:11)

DIA
valorização (RM 14:6)

DIFICULDADE
adestramento (RM 14:12)
estrada para iluminação e
engrandecimento (RM 8:13)
frio da * por cobertores da
facilidade econômica (I TS 4:11)
identificação mútua (GL 6:5)
ocasião preciosa de ensino (I TM 4:7)
referências do homem (RM 7:10)
transfiguração da * em
lição (RM 6:4)

DIGNIDADE
sem orgulho (I CO 13:1)

DINHEIRO
amigo que te busca a
orientação sadia (I TM 6:10)
amor do *, raiz de toda espécie
de males (I TM 6:10)
análise do * pela
consciência (I TM 6:10)
bênção de trabalho e
educação (I TM 6:10)
bênção para a garantia da
sustentação (II TM 3:16)
cântico inarticulado de amor nos
círculos de aflição (I TM 6:10)
conversão do * em perigoso
tirano (I TM 6:10)
encarceramento (I TM 6:10)
flagelo para a Humanidade
(I TM 6:10)
necessitados (HB 10:24)
prece de gratidão na direção
dos que sofrem (I TM 6:10)
propriedade simples de
Deus (I TM 6:10)
representação do poder do
governo temporal (II TM 3:16)
retorno do * em forma de paz
àquele que o distribui (I TM 6:10)
trancafiamento do * nos
cofres da usura (I TM 6:10)
transformação do * em arma
destruidora (I TM 6:10)

DISCERNIMENTO
  fórmula justa de aquisição (RM 12:2)
DISCIPLINA
  angustioso cárcere (RM 8:13)
  distinção das criaturas e * em tempo de fartura (II TM 4:21)
  escassez (HB 1:11)
  impositivo inevitável (GL 5:13)
  recuperação na * íntima (HB 10:6)
  valorização e aceitação (I TM 4:16)
DISCÍPULO
  anomalias espirituais (GL 3:3)
  aplicação da luz do conhecimento (RM 15:1)
  aquisição de débitos para o futuro (RM 3:16)
  asilo do desespero (RM 3:16)
  cooperação do * para estender os benefícios de sua (RM 14:15)
  cristalização da energia (I TS 5:8)
  cristalização da mente na ociosidade (RM 3:16)
  desatenção às diretrizes que servem a paz (RM 14:19)
  descida ao desfiladeiro da negação (RM 3:16)
  determinação divina para o * do Evangelho (RM 3:16)
  distanciamento da confiança em Jesus (RM 3:16)
  esquiva à ação nas linhas do exemplo (RM 3:16)
  maior desastre no caminho (GL 3:3)
  prova das qualidades espirituais (I CO 3:13)
  refúgio na casa fria da tristeza (RM 3:16)
DISCÍPULO PREGUIÇOSO
  afirmações (FM 4:13)
  estima o descanso (FM 4:13)
  parada do pensamento nas próprias limitações (FM 4:13)
  reconhecimento das graças de Jesus (FM 4:13)
DISCÍPULO SINCERO
  compreensão da probabilidade de falência (RM 10:11)

DISCÓRDIA
  condução da harmonia (I CO 3:9)
  desenvolvimento do monstro (II TM 1:7)
  despertamento do orgulho (EF 5:11)
  tormenta (HB 12:1)
DISCUSSÃO
  gosto (II TM 2:24)
DÍVIDA
  compreensão da particularidade de nossa * imensa (FM,1:18)
  extensão dos braços e cobrança de * de reconhecimento (I TM 6:6)
DIVINA PROVIDÊNCIA
  confiança (I CO 15:9)
DIVINDADE
  revolta (II CO 6:16)
DOAÇÃO
  ambição (I CO 13:4)
  amor silencioso (I CO 13:4)
  avaliação da importância (EF 5:20)
  delinquência (I CO 13:4)
  desconfiança (I CO 13:4)
  displicência (I CO 13:4)
  extinção do fogaréu da discórdia (EF 5:20)
  soberba (I CO 13:4)
  tirania (I CO 13:4)
  tolice (I CO 13:4)
  vaidade (I CO 13:4)
DOENÇA
  reconstituição de * passada (II CO 5:17)
DOENTE
  cura do * sem humilhação (EF 6:6)
  reparo ao companheiro em auxílio (EF 4:3)
DOGMATISMO
  tendência ao * feroz (II CO 3:16)
DOMINAÇÃO CRUEL
  exercício (I CO 2:12)
DOR
  alegria que estimula, irmã da * que aperfeiçoa (I TS 5:18)

aproveitamento da * e do obstáculo (HB 12:11)
aviso santificante (HB 6:15)
compreensão da finalidade santificante (HB 12:4)
correção (RM 14:12)
demonstração de heroísmo (RM 14:1)
indiferença pela * do próximo (GL 6:7)
inexistência de * no sacrifício por criatura difícil (EF 6:7)
lembrança da poção medicamentosa (I CO 12:17)
lição de luz (I CO 16:13)
mergulho na * que acreditam sem consolo (RM 14:1)
opinião do homem (RM 7:10)
possibilidade de desaparecimento (FM 4:19)
redenção (II CO 12:9)
saneamento dos desequilíbrios do mal (EF 6:14)
sofrimento constante com pressão da * alheia (II CO 5:14)
solicitação (HB 10:6)
sorriso para o trabalho que a * nos favorece (EF 6:14)

DOUTRINA
aproveitamento (I TM 4:15)

DOUTRINA CRISTÃ
surgimento da * dispensando a adoração indébita (I CO 10:7)

DOUTRINA ESPÍRITA *VER* ESPIRITISMO

DRAMA EVOLUTIVO
parentes consanguíneos (HB 12:1)

DUREZA DE CORAÇÃO
cegueira espiritual (EF 5:11)

DÚVIDA
consagração ao culto (II CO 13:5)

E

ECLESIASTES
vaidade e aflição dos homens (HB 1:11)

EDIFICAÇÃO
necessidade de * espiritual (EF 4:20)

EDIFICAÇÃO ESPIRITUAL
levantamento da * sem base (HB 3:13)
retardamento (TT 2:1)

EDIFICAÇÃO EVANGÉLICA
contenda (II TM 2:24)

EDUCAÇÃO
bom exemplos e caridade (I CO 13:1)
compreensão do amor da * divina (HB 12:6)
consagração à * dos animais (EF 4:3)
edificação do paraíso na Terra (I CO 3:16)
interrupção do serviço abençoado (I CO 12:31)
necessidade de paciência e entendimento para * alheia (TT 3:3)
origem da flama da * e do aprimoramento (II CO 4:7)
transformação da irracionalidade em inteligência (I CO 3:16)

EGÍPCIO
queda à decadência (I TM 1:15)

EGOÍSMO
aceitação da necessidade de abandono (I CO 15:9)
amor (I CO 13:11)
bondade irreal (I TS 5:6)
característico inferior da personalidade (RM 2:10)
desenvolvimento do monstro (II TM 1:7)
desintegração (I TS 5:13)
desintegração das escamas (RM 12:2)
enovelamento das forças (RM 11:23)
esquecimento do velho * animal (RM 16:20)
exaltação do * individual (RM 10:11)
geração de vingança e discórdia (I CO 13:7)
golpes da delinquência (I CO 13:7)
manobras da vontade (I CO 4:19)
quebra do escuro estilete (CL 3:12)
tormento pela defesa da posse (FM 1:9)

ELEVAÇÃO
  irmão ao caminho (HB 3:13)
ELEVAÇÃO DO HOMEM
  da aflição ao contentamento (FM 4:4)
  da extorsão à justiça (FM 4:4)
  da ignorância à sabedoria (FM 4:4)
  da inércia ao serviço (FM 4:4)
  da treva à luz (FM 4:4)
  do egoísmo à fraternidade (FM 4:4)
  do instinto à razão (FM 4:4)
  do ódio o amor (FM 4:4)
  do vício à virtude (FM 4:4)
ELEVAÇÃO ESPIRITUAL
  imperativo do próprio esforço (FM 2:12)
ELEVAÇÃO INTERIOR
  admiração (II TM 2:2)
EMBARAÇO
  prática do bem (GL 6:10)
EMBARAÇO MORAL
  condenação (RM 14:10)
EMOÇÃO
  apagamento da * como uma chama de vela (I CO 13:8)
  elevação do padrão vibratório (RM 12:2)
EMPREGO
  expectativa do * ricamente remunerado (FM 3:13)
ENCARGO
  crença no valor do instrumento e * diminuto (I CO 12:17)
  inabilidade e recusa de * honroso (I CO 9:16)
ENCARGO PÚBLICO
  recepção de * e distanciamento dos amigos (HB 10:24)
ENERGIA
  acumulador de * destrutiva (FM 2:14)
  acúmulo de * desequilibrada (I TM 5:8)
  conservação da * construtiva (I CO 9:22)
  esquecimento do desperdício (RM 8:17)
  tempero da bondade (CL 3:14)
ENERGIA MENTAL
  emprego da * para sintonia com agentes destruidores (FM 4:6)
ENFERMIDADE
  advertência (I TS 5:18)
  auxílio (II CO 12:9)
  inconformação (II CO 4:16)
  padecimento da terrível * das murmurações (FM 2:14)
  socorro valioso (EF 5:20)
ENFERMIDADE DOLOROSA
  reajuste da alma (RM 2:6)
ENFERMO
  dor e equilíbrio (FM 4:20)
  indigência do * desamparado (GL 6:5)
  obtenção da cura do * e reflexão na aquisição do dinheiro fácil (GL 3:3)
  socorro ao * que chora na Terra (II CO 13:7)
ENGANO
  lastimável (HB 10:24)
ENSINAMENTO
  sono tranquilo por ocasião do * edificante (TT 2:1)
  vigilância na recepção do * evangélico (II CO 7:2)
ENSINO EVANGÉLICO
  exteriorização do * em obras imediatas (RM 14:19)
ENTENDIMENTO
  automatismo teatral do homem (I TS 5:25)
  demonstrações pequenas de * e de afeto (I CO 12:27)
  descerramento do coração (RM 12:16)
  despertamento para o * superior (HB 13:14)
  equilíbrio, clima de * nos assuntos de fé e cultura (RM 14:1)
  esforço para aquisição (II TM 2:15)
  fuga à beleza (I TS 4:9)

pedido de asilo (HB 13:2)
perda da melhor oportunidade de * e elevação (TT 2:8)
privação de * das questões espirituais (RM 14:1)

ENTRETENIMENTO
cota de tempo gasta (EF 5:8)

ENXERTIA DO ALTO
livro amigo (RM 11:23)
palestra edificante (RM 11:23)

EQUILÍBRIO
manutenção do * indispensável (I TS 5:19)

EQUILÍBRIO ESPIRITUAL
verdadeira noção (RM 13:7)

EQUIPE FAMILIAR
união da * segundo nossa aspiração (EF 4:23)

ERRO
gravitação em torno do * de muito tempo (EF 4:23)
orientação do irmão perdido (GL 6:1)
perdão do coração (II TM 1:6)
preocupação com extensão do * alheio (I TS 5:21)

ESCALADA DO PORVIR
exemplo (I TM 4:12)

ESCÂNDALO
comercialismo da avareza (I CO 1:23)

ESCLARECIMENTO
indicação na sementeira (I CO 15:10)

ESCOLA EVOLUTIVA
erros próprios (RM 15:4)

ESCOLA RELIGIOSA
abandono do homem à miserabilidade absoluta (RM 8:17)

ESCOLHA CRIMINOSA
síntese de muitos séculos (I TS 5:19)

ESCRAVIDÃO
constrangimento (GL 5:1)
quebra da * do mundo em favor da libertação eterna (HB 5:9)

ESCULTOR
lembrança das lições eternas (RM 8:9)

ESFERA CARNAL
glória e miséria (HB 1:11)

ESFERA PURGATORIAL
arrebatamento (I CO 15:51)

ESFERA SUPERIOR
condição de acesso (II TM 2:15)

ESFORÇO
compreensão do * do servidor sincero (GL 1:10)
consideração do * construtivo (I CO 12:31)
empenho de nosso * individualista nas edificações do mundo (HB 3:4)
trabalho e * perdido (I CO 2:16)

ESFORÇO PRÓPRIO
enobrecimento (EF 6:13)

ESPERANÇA
amor em Jesus (GL 6:9)
cântico sublime do Evangelho de Jesus (RM 15:4)
confiança no trabalho incessante (I CO 15:19)
criaturas empobrecidas de * e coragem (RM 14:1)
dilatação da * diante do futuro (TT 3:14)
dilatação do patrimônio da * construtiva (I TM 4:16)
disseminação dos benefícios (RM 15:4)
Divina Providência (RM 2:6)
elevação da * sublime em luminosa realização (HB 6:15)
filhos da boa-fé (FM 4:19)
força da *, tesouro comum (RM 15:4)
Humanidade e menosprezo (RM 8:17)
lâmpada acesa (EF 5:33)
luz do cristão (RM 15:4)
luz interior (RM 15:4)
mágoa e anulação (II CO 2:1)
refazimento (II CO 8:1)
retenção da * torturada (HB 10:36)

retorno do veneno
destilado (RM 14:10)
transformação da * em ambição
criminosa (II CO 6:16)
venda de * nos armazéns (GL 6:10)

ESPERAR
significado da palavra (HB 6:15)

ESPIGA
enchimento (II CO 4:16)

ESPINHO
conversão de * em bênção (GL 5:13)
correção (II CO 12:9)
Paulo de Tarso e referência
(II CO 12:7)

ESPÍRITA
caráter cristão (I CO 13:1)
caráter cristão do * nas
circunstância da vida (I CO 13:11)
seleção das atitudes perante
o mundo (I CO 13:11)

ESPIRITISMO
aproveitamento dos recursos de
trabalho oferecido (I CO 9:16)
campo de experimentação
fenomênica (II CO 5:10)
ciência instável do mundo (TT 1:16)
clima de serviço e
edificação (II CO 5:10)
combate aos ídolos falsos (I CO 10:7)
finalidade da equipe (I CO 12:19)
florescimento crescente do *
entre as criaturas (TT 1:16)
limitações às investigações
de laboratório (II CO 5:10)
lógica (II CO 3:2)
missão de Consolador (I TS 4:9)
objetivo primordial (I TS 5:19)
obra de evangelização (I CO 9:16)
obreiro do Senhor (II CO 3:2)
revivescência do Cristianismo
puro (I CO 12:7)
revivescência do
Evangelho (II CO 12:7)

ESPIRITISTA
expressões da fé na organização
mediúnica (RM 10:11)
obstáculos terríveis e *
cristão (I CO 1:23)
sessões de intercâmbio com o
plano invisível (I CO 1:17)

ESPÍRITO
alterações no * humano (I TM 1:15)
aperfeiçoamento e regeneração
do * humano (RM 14:22)
carência de valores (RM 14:1)
compreensão e aceitação da
correção de Deus (HB 12:7)
entendimento das necessidades
do * imperecível (I CO 6:13)
esforço e luta do *
consciente (HB 12:6)
esforço integral do
combatente (HB 12:4)
extirpação das recordações
amargas (HB 12:15)
fundamento vivo do
serviço (II TM 2:15)
gene da divindade (I CO 3:16)
iluminação do * pela chama interior
do discernimento (FM 1:14)
imitação do * corajoso (HB 13:24)
inexistência de milagre (I CO 12:6)
inovações características
do * humano (I CO 13:8)
obra de santificação (I CO 4:19)
ocasiões para o cultivo
de valores (II CO 6:2)
ocupação do santuário do * com
material inadequado (II CO 6:16)
penetração do * em zonas de
serviço e aprendizado (HB 12:6)
qualidades elevadas (I TS 5:19)
representação de atos
louváveis (RM 16:20)
ressurgimento do * para a
imortalidade (RM 7:10)
sensações empolgantes da
zona fenomênica (HB 13:9)
sublimação do * na gloria
de servir (I TM 4:12)

temor do contato com as
realidades (RM 14:1)
vida segundo as leis
sublimes (RM 8:13)
visão com o * eterno e oferta de
valores diferentes (HB 10:32)

Espírito de serviço
alcance da compreensão (EF 5:15)

Espírito do mundo
significado da expressão (I CO 2:12)

Espírito encarnado
purificação e engrandecimento
do * por dentro (II CO 4:16)

Espírito humano
vida fetal (RM 2:6)

Espírito inferior
identificação (I CO 15:9)

Espírito que provém de Deus
significado da expressão (I CO 2:12)

Espírito santificado
luminosa auréola do *
na Terra (CL 4:18)
suposição de encontro com o
* além do túmulo (CL 4:18)

Espiritualidade
conquista da * sublimada (CL 4:18)

Espiritualidade Superior
inexistência de privilégio
e distinção (I CO 12:19)

Estado mental
escolha (EF 4:23)

Estagnação
conservação do mal (EF 5:11)

Estorvo
estímulo para suporte
do * leve (RM 12:2)

Estrada
pavimentação da * mais
longa (II CO 4:16)

Estrada evolutiva
caravana de seres (FM 3:2)

Estrada pobre
construção da * em sublime
coro de bênção (I TS 5:19)

extração dos pedrouços (I TS 5:19)
harmonização das linhas (I TS 5:19)
passagem com segurança (I TS 5:19)
pavimentação (I TS 5:19)
serpentes insidiosas (I TS 5:19)

Estudo
consagração ao * quanto
possível (EF 5:9)
fuga ao * e à meditação (I CO 14:7)
percepção da importância
(I CO 15:9)

Eterna Lei
fuga do julgamento (RM 14:10)

Eternidade
encontro do luminoso caminho
da * gloriosa (I TS 4:11)
importância aos bens
exteriores (HB 6:9)
semeadura para a colheita (I TS 4:9)

Eu
cristalização (II CO 13:5)
instalação no império
escuro (RM 3:13)

Evangelho
abrigo da lição do * preservando
a própria felicidade (II CO 7:2)
admissão do discípulo do * à
presença de Jesus (I TS 4:9)
anseio dos aprendizes (RM 12:16)
aperfeiçoamento dos
costumes (HB 8:10)
aprendizes do * e justificação
das aventuras e inovações
temerárias (FM 3:16)
atribuições do tarefeiro (I CO 4:2)
batalha no campo do
coração (HB 12:4)
busca da inspiração (II CO 5:17)
conflitos do discípulo
sincero (I CO 2:12)
coração do discípulo fiel (FM 2:6)
crentes do * e lares felizes (I CO 6:7)
destaque da sublimidade (HB 8:10)
discípulo do * e renovação na
conduta íntima (I CO 1:17)
discípulos do * e aceitação da luta
por alimento espiritual (HB 12:6)

discípulos do * e açoites da
experiência (HB 12:6)
discípulos do * e conhecimento das
próprias necessidades (HB 12:6)
discípulos do * e experimentação
necessária (RM 15:30)
discípulos do * e valor da
corrigenda (HB 12:6)
discípulos sinceros (RM 7:21)
endosso de atitude de expectativa
displicente (I CO 12:31)
entusiasmo do discípulo do *
no Espiritismo (II TM 2:2)
esforço cristão para a
vitória (RM 15:30)
estabelecimento de fontes de
vida abundante (I TS 5:21)
exaltação da grandeza (HB 8:10)
exame dos dons espirituais entre
os aprendizes (I CO 12:4)
fala do * às inteligências
e corações (EF 6:4)
fórmula apresentada pelo * para
extinção do flagelo (RM 12:21)
fórmula conciliadora (HB 1:2)
herança do * renovador
de Jesus (EF 4:32)
incorporação ao * por espírito
de contenda (II TM 2:24)
interpretação das lições (HB 8:10)
irritação do aprendiz
sincero (GL 6:9)
legislador e pensamentos (RM 8:9)
luz e renovação nos campos
do espírito (II CO 5:17)
meios utilizados pelos crentes
e trabalhadores (II CO 7:2)
necessidade de
chamamento (RM 8:9)
notícia do * e preparação
para o auxílio (I TS 5:9)
nova era para as esperanças
femininas (EF 5:28)
prática legítima (II CO 12:15)
preocupação dos sinceros
discípulos (GL 1:10)
recordação da lição (GL 5:9)
registro da lição do * no
ádito do ser (II CO 7:2)

renovação pelos padrões (EF 4:23)
tradução (HB 8:10)
traduções vivas do * na
Terra (HB 8:10)
transmissão dos dons (II CO 4:7)
vitória imediata do * de Jesus no
espírito dos povos (RM 14:19)

EVANGELHO *VER TAMBÉM* BOA-NOVA
afastamento da Estrada
Real (RM 3:13)

EVOLUÇÃO
alimento do corpo e da
alma (I CO 6:13)
ausência de esperança na alma
significa * deficitária (I TS 5:16)
elementos poderosos (I TS 5:19)
escada infinita (EF 4:3)

EVOLUÇÃO
companheiros de * e
aperfeiçoamento (II CO 10:7)

EVOLUÇÃO FILOGENÉTICA
ideia da * do ser (I CO 15:44)

EXASPERAÇÃO
compromisso de fuga (II CO 13:11)

EXCENTRICIDADE
lastimáveis pruridos de
* religiosa (HB 10:8)

EXEMPLO
busca de diretrizes no *
de alguém (I CO 2:16)
conselho bom (I CO 12:27)
força moral do bom (II CO 13:7)
sementeira (RM 12:2)

EXIGÊNCIA
ensinamento (I CO 13:11)

EXISTÊNCIA
equilíbrio dos recursos (I CO 12:27)
renovação da conceituação
(II CO 5:14)

EXISTÊNCIA HUMANA
degrau para a ascensão
infinita (HB 12:1)

EXISTÊNCIA PASSADA
laços de * e reclamos de
reajuste (GL 6:10)

EXISTÊNCIA TERRESTRE
    aprendizado (II TM 2:11)
    passagem para a luz eterna (RM 5:3)
EXISTIR
    significado do termo (I CO 15:19)
EXPERIÊNCIA
    acatamento e aproveitamento
    da * alheia (I CO 12:27)
    aprendizado leviano (RM 14:6)
EXPLOSIVO
    utilização do * descoberto
    pela ciência (I CO 8:1)
EXTRAVAGÂNCIA
    abstenção de * verbal (EF 5:9)
EXTRAVAGÂNCIA RELIGIOSA
    povos primitivos (HB 10:8)

F

FACULDADE
    desenvolvimento imediato
    de * incipiente (I CO 12:7)
    desprezo pela posse de *
    humilde (I CO 12:7)
FADIGA
    abandono das obrigações
    santificantes (I CO 10:12)
FALATÓRIO
    criação (II TM 2:16)
    perigo do * desvairado (II TM 2:16)
    veneno psíquico (II TM 2:16)
FALÊNCIA
    abertura de * de si mesmo (RM 5:3)
FALTA
    clemência (GL 6:7)
FAMÍLIA
    ajuntamento de almas na
    * humana (I CO 13:8)
    decepção (I TS 5:9)
    falha de cuidado (I TM 5:8)
    falsos valores do mundo
    e * humana (HB 1:11)
    recomendação especial para
    com a * da nossa fé (GL 6:10)
    saneamento das dificuldades
    (II CO 13:7)

FANATISMO
    interpretação da
    espontaneidade (RM 14:12)
FANTASIA
    procedência dos
    deslumbramentos (HB 13:9)
    velha armadilha de * da
    esfera transitória (I TS 5:19)
FARDO
    avanço com o * para
    a frente (GL 6:5)
FÉ
    aflição dos cultivadores (I CO 13:8)
    aquisição de * vitoriosa (RM 5:1)
    cerimônias exteriores dos
    cultos religiosos (RM 1:17)
    compaixão e auxílio aos
    companheiros (RM 14:1)
    compartilhamento de
    demonstrações (I TM 4:15)
    concretização dos princípios
    da * redentora (HB 6:1)
    confiança (RM 2:6)
    conservação (RM 14:22)
    conservação da * e da crença em
    sentimentos puros (I TM 3:9)
    conservação e testemunho da *
    no trabalho diário (TT 3:14)
    considerações referentes
    à coragem (RM 5:1)
    convívio com almas
    habilitadas aos testemunhos
    de * em Deus (II CO 8:1)
    cultivo (RM 14:22)
    cultivo da *, da paciência e
    da humildade (II CO 13:8)
    desafio ao espírito de
    serviço (II TM 1:7)
    desaparecimento da discórdia
    e do sectarismo (II CO 7:2)
    desejo de colaboração na
    construção (I CO 13:4)
    dispensa da armadura da * e
    marcha sob tempestade (CL 3:14)
    divino mistério da * viva (I TM 3:9)
    dons das * e cuidado com
    as almas (I CO 4:2)

embaraçamento com a
* alheia (I CO 8:2)
emprego da * por sustentáculo
das forças (RM 14:22)
escolas religiosas (TT 1:16)
escora preciosa (RM 14:22)
escudo forte para imunização
do coração (EF 6:16)
espírito orgulhoso e sectário
nas atividades (GL 4:26)
evocação da * como se fora
borboleta errante (II TS 3:2)
exame da importância
da * viva (RM 5:1)
êxtase improdutivo (I CO 15:58)
exteriorização da * em ocasião
adequada (I TM 6:12)
filha da compreensão e
do amor (RM 14:1)
guia seguro no caminho
das provas (RM 14:22)
herança (HB 11:8)
iluminação (RM 12:2)
ilusão em afirmações labiais
de * no Senhor (I CO 12:27)
incapacidade para o
cultivo (I CO 9:16)
instalação da * no santuário do
próprio mundo íntimo (II TS 3:2)
Instituto doméstico ver
Lar (RM 12:21)
intolerância às lacunas do
próximo (I CO 14:7)
irmãos alterados (RM 12:21)
julgamento da criatura (RM 14:1)
manifestações superficiais (RM 8:9)
manutenção da * em Deus e na
imortalidade da (RM 12:21)
materialização do
monumento (HB 13:10)
metamorfose da * em
boas obras (RM 14:22)
necessidade de fortalecimento
da * sublime (RM 8:17)
necessidade dos atos íntimos
e profundos (HB 10:6)
oportunidade de
testemunho (RM 5:3)
palavras (RM 14:22)
permanência firme na * ante
a tempestade (I CO 16:13)
preocupação sectária (I TS 5:6)
pretensão da primazia da * e
negação a si próprio (I TM 6:19)
primeiro impulso (I TM 4:15)
realização divina e retenção
da * viva (II TS 3:2)
recomposição das próprias
forças (II CO 4:7)
rejeição da * pela visão de
aflitivos quadros (HB 10:35)
renegação da * que serve
de âncora (HB 10:24)
respeito (RM 14:22)
revelação da * cristã pura (II TS 3:2)
salvos de maiores quedas (I CO 1:18)
santificação da * viva (I TM 4:12)
significado do cultivo (RM 15:30)
sofredores e cultivadores
da * sincera (HB 10:32)
suposta necessidade de
fornecimento (I CO 11:199)
surgimento dos homens
de * viva (GL 2:8)
tesouro de energias (RM 14:22)
traço dominante dos grandes
espíritos (RM 14:22)
voo sublime (RM 15:4)

Fé raciocinada
 estudo (I TS 5:21)

Fel
 aflição com o * de muitos
 lábios (HB 12:1)
 conservação do * e do
 azedume do mal (RM 12:21)
 transbordamento do * envenenado
 do íntimo (RM 3:13)

Felicidade
 adição de novas parcelas
 de alegria (FM 3:14)
 bondade e renúncia (EF 4:32)
 busca (II CO 5:17)
 caminhada na direção da
 * e da paz (EF 5:2)
 caminho (HB 10:24)
 divina (I TM 6:7)

espalha * no caminho alheio (GL 6:9)
exigência de educação (RM 8:17)
fuga ao processo reparador
e * pessoal (HB 12:11)
garantia da * do mundo (II CO 13:7)
liberdade para conquista (CL 2:8)
paz em nós, significado (II CO 1:12)
recolhimento de * sem
semeadura (II TM 1:7)
visão da felicidade própria
na * alheia (FM 1:21)

FEMINISMO
início do legítimo * com
Jesus (EF 5:28)

FENÔMENO MEDIÚNICO
Allan Kardec (I TS 5:21)
Jesus (I TS 5:21)

FERIDA
abstenção do hábito de remexer
a própria (I CO 15:9)
saneamento da * do ambiente
particular (I TM 5:8)

FERMENTO
levedura da massa (I CO 5:6)

FERMENTO ESPIRITUAL
influenciação das existências
alheias (I CO 5:6)

FERMENTO VELHO
conservação de * no
coração (I CO 5:7)

FERRO
espanto e sofrimento do * colocado
na bigorna rubra (GL 6:9)
sorriso de reconhecimento para
o fogo purificador (GL 6:9)

FERRUGEM
aquisição de * na enxada
que espera (HB 6:15)

FIDELIDADE
harmonia (CL 3:13)

FILEIRA EVANGÉLICA
ingresso de aprendiz (I CO 4:21)

FILHO
criação e aperfeiçoamento (EF 6:4)

divinos deveres do * junto
dos pais (EF 6:1)
melhor agradecimento do * para
os pais amorosos (CL 3:15)
novo alento do * com sorriso
encorajador dos pais (EF 5:20)
retribuição dons devidos
aos pais (EF 6:1)

FILHO-PROBLEMA
criatura eterna oferecida
por Deus (EF 6:7)

FILHOS DA INQUIETUDE
mantos escuros de aflição (EF 5:8)

FILOSOFIA
falsários (CL 2:8)
movimento de *
utilitarista (I CO 1:23)

FILÓSOFO
lamento do * pela distância entre
a ciência e o amor (II CO 13:8)

FINGIMENTO
prevenção (HB 6:1)

FLORESTA
fuga sistemática à *
humana (II TM 1:13)
nascimento (II CO 4:16)
semente pequenina e
crescimento (I TS 5:13)

FLUIDO TERRESTRE
imersão da mente (I CO 15:44)

FOME
estímulo da loucura do excesso
e do martírio (EF 4:28)
satisfação da * com pães
recheados de fel (I TM 6:6)

FONTE
transformação dos detritos da
* em bênçãos (RM 12:21)

FORÇA
emissão de * destrutiva
ou edificante (TT 2:8)

FORTALEZA
desenvolvimento ao infinito
dos dons divinos (II TM 1:7)

FORTE
generosidade (I CO 12:4)

FORTUNA
  espera por uma * material (FM 3:13)
  julgamento pela * aparente (FM 4:22)
  patrimônio inseguro da * material (I CO 13:8)
FRACASSO
  escolha de intenções elevadas (I CO 13:8)
  origem do * do conjunto (GL 5:9)
  transferência da culpa (I CO 12:27)
FRACO
  fortalecimento (I TS 5:8)
  humildade em qualquer ocasião (I CO 12:4)
FRAGILIDADE
  percepção da * que nos assinala a existência (I CO 15:10)
FRANCISCO DE ASSIS, O HERÓI DA HUMILDADE
  recomendação de retorno à terra natal (II CO 12:7)
FRASE
  retorno da * em forma de auxílio ou prejuízo (II TM 2:14)
  utilização da * por agente de elevação (I TM 4:6)
FRATERNIDADE
  auxílio (II CO 1:12)
  bênção da pequenina semente (I TS 5:19)
  concretização da verdadeira (RM 14:19)
  crença (EF 4:28)
  fórmula sagrada e imutável da (I TS 4:9)
  fórmulas do além para integração (I TS 4:9)
  luz (HB 10:24)
  manifestação do Senhor (II CO 12:15)
  sistema de relações entre as almas (HB 13:1)

G

GENEROSIDADE
  sem desperdício (I CO 13:1)
GÊNIO
  levantamento do archote (RM 12:16)
GÉRMEN
  transformação do * lançado à cova escura (I CO 15:44)
GESTO
  reconsideração do * impensado (II CO 4:7)
GESTO MALIGNO
  dever de arrependimento (I CO 16:13)
  pranto indefinido (I CO 16:13)
GLÓRIA ESPIRITUAL
  espera pela colheita (I CO 15:44)
GLORIOSA RESSURREIÇÃO NO REINO
  aprendizado do caminho (FM 2:8)
GOGH, VAN
  pintura sob influência estranha (II CO 12:7)
GOLPE
  perdão e esquecimento (II CO 4:7)
GOLPE
  esquecimento de * sofrido (II CO 1:12)
GOVERNO
  censura (TT 2:1)
  instalação do * de nós mesmos (I CO 9:27)
GRAÇA
  recepção da * e interesse dos aprendizes (CL 3:15)
GRAÇA DIVINA
  razão da * ocupar a existência humana (EF 4:7)
GRAÇA DO SENHOR
  base da felicidade real do discípulo fiel (II CO 12:9)
GRANDE LUTA
  disposições espirituais inferiores (EF 6:12)
GRANDE LUZ
  marcha ascensional (II CO 4:16)
GRANDEZA ESPIRITUAL
  geração de palavra equilibrada (I CO 3:16)

GRATIDÃO
  manifestação alheia (CL 3:17)
GREGO
  filosofia recamada de dúvidas
  e prazeres (I TM 1:15)
GUERRA
  condição para banimento da
  * no mundo (I TS 5:13)
  freio aos impulsos da * e da
  delinquência (II CO 13:8)
  fruto venenoso da violência (EF 4:3)
  ódio de ontem, geração
  da * de hoje (GL 6:8)
  referências às calamidades (CL 3:13)
GUERREIRO
  estabelecimento da ordem (I CO 4:9)
GULA
  padrões (I TM 6:8)

H

HÁBITO
  adoção de * exterior (RM 8:9)
HARMONIA
  conservação da * ao preço do
  bem infatigável (I TS 4:11)
  desconsideração aos
  acontecimentos contrários (FM 4:6)
HAUFF, FREDERICA
  contato com a esfera
  espiritual (II CO 12:7)
HERANÇA
  alegria da * divina na dificuldade
  e na tormenta (HB 6:9)
  habilitação (RM 8:17)
HEREGE
  recepção do * com
  simpatia (I CO 11:199)
HEROÍSMO
  abnegação e * de quantos
  nos legaram (EF 2:10)
  incitação aos rasgos de *
  econômico (I TM 5:8)
HESITAÇÃO
  chegada da grande (I CO 2:16)
HIGIENE
  ampliação do culto (EF 4:29)

HISTÓRIA
  dilapidadores (CL 2:8)
HOMEM
  acalento do lodo da
  maledicência (EF 4:31)
  açoites da retificação paterna
  e * renovado (HB 12:6)
  agastamento e irritação (RM 13:7)
  ajuizamento da
  colaboração (CL 3:23)
  aliança do bom * ao bom
  ritualista (RM 1:17)
  alvitres tendentes a desviar o *
  das realizações nobres (EF 4:20)
  ânsia do * pelo mais nas
  possibilidades transitórias (FM 4:11)
  aperfeiçoamento do * entre o
  berço e o túmulo (II CO 4:18)
  aperfeiçoamento incessante
  e * renovado (HB 12:6)
  aplicação pessoal na conquista
  do conhecimento (FM 2:12)
  aprimoramento das emoções
  do * pela dor (II CO 4:16)
  atitude assumida pelo *
  perante Jesus (CL 3:23)
  atitude de ofensiva ameaça
  e destruição (RM 2:10)
  Barco da vida (RM 2:6)
  brevidade dos dias de que o *
  dispõe na Terra (HB 11:25)
  comprazimento nos galarins
  da fama (II CO 12:7)
  compreensão da necessidade
  de autodomínio (GL 5:25)
  conceito do * da bendita
  oportunidade concedida (HB 11:25)
  concurso na lavoura
  frutescente (FM 2:12)
  conformação na tristeza (HB 11:25)
  conquista da autoridade (FM 1:14)
  conversão do * em ídolo
  eterno (II CO 12:7)
  conversão do * em testemunho
  vivo do bem (I CO 1:17)
  conversões necessárias à
  renovação (I TS 5:19)
  curtição das amarguras da
  soledade (II CO 12:7)

débito do * para com a Humanidade (RM 13:7)
dedicação lícita do * à literatura (I CO 10:23)
dedicação lícita do * aos negócios honesto (I CO 10:23)
educação sexual (RM 14:14)
elevação do * no alheio conceito (I CO 3:6)
empréstimos dos bens (FM 1:14)
encontro do santuário (II CO 5:14)
engrandecimento do * na vida eterna (RM 7:10)
enriquecimento do * pela luta (II CO 4:16)
envilecimento da moeda (I TM 6:10)
erro (RM 8:17)
esforço para libertação das paixões baixas (II TM 2:21)
exigência de suor e atenção no buril (FM 2:12)
existência de * indefinível (I CO 10:23)
exposição ao ridículo e à negação (I CO 1:23)
extensão das energias (I CO 3:13)
falsa visão do caminho evolutivo (CL 4:18)
finalidade da passagem do * no mundo (I CO 3:13)
finalidade suprema (I CO 3:13)
fuga do * ao serviço de corrigenda do erro herdado (HB 1:2)
função de aprendizado (FM 2:3)
gravitação em torno do próprio eu (RM 13:7)
herdeiro do Pai e coerdeiro de Jesus (RM 8:17)
imperativos para o futuro estágio (I CO 6:13)
importância do aspecto exterior (RM 2:10)
indagação sobre as atividades do * na Terra (CL 3:23)
inimigos da paz (II TM 2:16)
instinto de apropriação indébita (HB 13:14)
libertação do * das leis que regem o sofrimento (HB 13:5)
linha de conduta para com a família (RM 14:12)
moderação da alegria (HB 11:25)
mudança de esfera sem alarido cósmico (I CO 14:8)
negadores do processo evolutivo do * espiritual (I CO 15:13)
obediência do instinto e * selvagem (HB 12:6)
obras infalíveis e * falível (HB 1:2)
paisagem exterior que afeta o sensório (RM 1:20)
períodos na existência (RM 11:23)
plasmação das qualidades sublimes (EF 4:7)
raciocínio do * a regras quase inalteradas (EF 4:23)
rajadas destruidoras do destino (RM 5:3)
realizações transitórias (RM 1:20)
recursos virtuais dos entes superiores (EF 2:10)
reflexão do * bem--intencionado (HB 12:13)
renovação de qualquer conceito de fuga do bem (I CO 3:13)
renovação diária do * interior (HB 1:2)
renovação do * interior (II CO 4:16)
salvamento do * ao preço de rudes golpes (I TS 5:18)
semente e incompreensão do * inquieto (I CO 15:37)
semente pequena que dá trigo ao pão (I CO 15:37)
socorro de Deus com a indicação do futuro (RM 15:4)
sugestões encontradas pelo * no caminho (EF 4:20)
sustentação do equilíbrio orgânico (FM 1:14)
têmpera do caráter do * pelo sacrifício (II CO 4:16)
trabalho de iluminação e * renovado (HB 12:6)
transformação do coração do * em tabernáculo de luz (HB 8:11)
valores da inteligência (FM 1:14)
vaso frágil e imperfeito (II TM 2:21)

HOMEM
virtudes e defeitos do *
além do túmulo (CL 3:2)
HOMEM DIGNO
defesa contra os maus (II TM 3:12)
HOMEM SANTIFICADO
conversão do mundo
para Deus (EF 5:15)
HONESTIDADE
base de segurança (I TM 2:2)
HONRA
obtenção da gratificação
e * humanas (EF 6:6)
HORA PERDIDA
dom de Deus que não volta (EF 5:15)
HOSTILIDADE
conversão dos santuários
domésticos em trincheiras
da * cordial (I TM 1:7)
demonstração de atitude
de * indireta (RM 12:21)
metamorfose de situação
favorável em * cruel (RM 8:31)
HOSTILIDADE
prática da * e aversão
em família (GL 6:7)
HUMANIDADE
correção dos desacertos (I CO 13:4)
encarceramento da * na
teia criminosa (FM 2:6)
socorro do alto (I TS 5:19)
solvência das dívidas (I TM 5:8)
HUMILDADE
aplicação da * e acusação
de covardia (II TM 3:12)
conquista do amor (EF 5:15)
elevação (II CO 12:9)
exercício (I TM 6:19)
indisponibilidade de tempo para
os serviços da * cristã (II TM 2:24)
prática (II CO 1:12)
preparação e afeiçoamento
do coração (FM 1:30)
presunção de posse (I CO 8:2)
HUMILDE
abraço ao dever (RM 12:16)

HUMILHAÇÃO
libertação de compromissos
perigosos (EF 5:20)
louvor pela aceitação da *
de si mesmos (HB 13:24)
serviço ao semelhante (RM 8:13)

I

IDEAL SUPERIOR
abandono dos
compromissos (I TS 4:9)
IDEALISMO CRISTÃO
atendimento ao * e abundância
material (EF 6:20)
IDEIA
força criadora (I TM 4:6)
IDIOTIA
refazimento da inteligência
transviada (EF 6:14)
IDOLATRIA
impropriedade da * de qualquer
natureza (I CO 10:7)
perigos da * para a vida
espiritual (I CO 10:7)
utilização da * para manutenção
da chama da fé (I CO 10:7)
venenoso processo de paralisia
da alma (I CO 10:7)
IGNORÂNCIA
aflitiva selva do mundo (I TS 5:19)
ajuda à * com esclarecimento
fraterno (I CO 3:9)
alegação de * de objetivo (I CO 4:21)
assédio dos cães (FM 3:2)
descoberta de possibilidades
de serviço (RM 8:13)
escalracho (I TM 1:7)
espíritos doentes (RM 15:1)
estacionamento na
sombra (II TM 1:7)
êxito, licor da embriaguez (FM 4:12)
grande noite que cede lugar ao
sol da sabedoria (RM 12:21)
humilhação a quem passa
sob o nevoeiro (I CO 9:22)
indignação excessiva (I TS 5:8)

insucesso, fel para a
desesperação (FM 4:12)
prisioneiros da * e da
má-fé (HB 12:13)
regresso da Terra (I TS 5:19)
testemunho de * extrema (RM 15:1)

Ignorante
perguntas loucas (HB 6:9)

Igreja
rajadas de ódios e dúvidas sopram
na * desprevenida (GL 4:26)

Igreja de Corinto
alegações dos discípulos
inquietos (I CO 3:6)

Igreja reformada
comparecimento ao culto
externo (I CO 1:17)

Iluminação
atração de recursos
necessários (II TM 2:24)
compreensão do imperativo
de * interior (II CO 5:10)
disposição para a
caminhada (TT 3:14)

Ilusão
preferência pela *
perniciosa (HB 13:9)

Imagem
frase escrita e geração de
* nos leitores (GL 5:9)
paixão pela nossa própria (FM 2:21)

Imaginação
sobrecarga da * de quadros
deprimentes (RM 3:13)

Imediatismo
corrida louca (FM 4:11)

Imortalidade
aquisição de patrimônios (I TS 5:19)
asas divinas da ressurreição (GL 6:5)
divina herança (HB 10:35)
luz da * e velhice do
espírito (II CO 4:16)

Impedimento
alegação de imperfeição (I CO 15:10)
encontro de * no transporte
do vaso da fé (HB 12:1)

surgimento do *
inesperado (HB 12:1)

Ímpio
dificuldade, ambição e
avareza (HB 6:9)
progresso aparente (HB 10:35)
progresso aparente (HB 6:9)

Imposição
administração (I CO 13:11)
prazer com a * tirânica (FM 3:2)

Imprensa
colunas da * dedicadas
à tragédia (FM 4:6)

Imprensa espírita
proteção (I TS 5:21)

Improdutividade
aquietação (FM 3:13)

Impulsividade
abandono da caverna da
* primitiva (EF 4:1)

Impulso primitivista
perda indefinida na
sombra (II TM 1:6)

Inaptidão
retraimento à pretexto de * ou
inexperiência (I CO 15:10)

Incêndio
cultivo de verdadeiro *
na carne (I CO 14:7)

Incerteza
dia nublado (I CO 2:16)

Incompreensão
clamor contra (I CO 9:22)
dilaceramento pela * de
um amigo (FM 3:13)
nuvem da * no ambiente
doméstico (FM 4:8)
prisioneiros da * e da
ignorância (FM 3:2)
sofrimento com a * dos
outros (HB 12:1)
treva perante a luz (I CO 9:22)
trilho escabroso (HB 11:8)
trovoadas (HB 12:12)

Inconformação

demonstração de indigência de fé (CL 3:16)
INCONFORMIDADE
marginalização na moléstia (RM 14:1)
INCREDULIDADE
motivações diversas (RM 14:1)
INDIFERENÇA
descanso (RM 15:1)
INDIFERENTISMO
corrente do * e reparação de página edificadora (CL 4:16)
INDIGÊNCIA
recordação do irmão no leito (FM 4:19)
INDISCIPLINA
apelos à * e à estagnação (CL 2:8)
dureza de coração (EF 5:11)
INDIVIDUALIDADE
deterioração da carne e reforma da * imperecível (II CO 4:16)
necessidade de retraimento (II CO 4:5)
paixões características (I TS 5:19)
sublimação da * imperecível (I CO 12:31)
INDIVIDUALISMO
aperfeiçoamento do * de cada servidor (I TS 5:19)
INDUÇÃO
agentes magnéticos de * para melhor ou pior (II CO 2:1)
INDULGÊNCIA
sem leviandade (I CO 13:1)
INÉRCIA
indução à * ou à negação (HB 12:1)
vencidos pelas teias (I CO 12:27)
INFÂNCIA
caprichos da * espiritual (RM 8:17)
INFERIORIDADE
convite insistente (I TM 6:5)
INFERNO
introdução à porta (I TS 4:11)
INFLUÊNCIA
análise da extensão (I CO 5:6)
INFLUÊNCIA POLÍTICA
conquista de * e afastamento do caminho amigo (HB 10:24)
INFORMAÇÃO
registro da * de acordo com nossas perturbações internadas (I TS 5:13)
INFORTÚNIO
consequência dos erros de pensamento (RM 5:1)
INGRATIDÃO
queixas (II CO 5:17)
INIMIGO
transformação do * em constante ameaça (RM 12:20)
INJÚRIA
antídoto para o veneno (RM 12:21)
nascimento da * na palavra inconsciente (FM 4:8)
santificação (II CO 12:9)
INJUSTIÇA
lavagem da * com as represálias do crime (GL 6:8)
INQUIETAÇÃO
acidente infeliz (FM 4:6)
dosagem inadequada do remédio (FM 4:6)
erro de cálculo que compromete a construção (FM 4:6)
espinho no lar (FM 4:6)
fator desencadeante de numerosas calamidades (FM 4:6)
nociva (I TM 4:14)
pedra na profissão (FM 4:6)
INQUISIÇÃO
tribunais políticos e religiosos (II CO 4:8)
INSENSATEZ
fidelidade ao Evangelho de Jesus (II TM 3:12)
INSIPIÊNCIA
lisonja (CL 2:8)
INSPIRAÇÃO
influência da * nas decisões alheias (RM 14:7)

INSTRUÇÃO
  alfabetização dos
  necessitados (FM 4:11)
INSTRUTOR
  educação (RM 14:12)
INSUCESSO
  adaptação do êxito e do * às mesmas
  finalidades sublimes (FM 4:12)
INTELIGÊNCIA
  abuso (CL 2:8)
  aproveitamento da * para
  intensificar a ignorância
  alheia (I CO 2:12)
  dotes de * e prática da exploração
  individual (II TM 3:12)
  resposta proveitosa à *
  heterogênea (CL 4:6)
INTERCÂMBIO
  conversão do * em
  fator de espiritualidade
  santificante (II CO 5:10)
  credencial para o * direto com
  o plano invisível (I TM 4:14)
INTERCÂMBIO ESPIRITUAL
  compensações materiais e
  remunerações afetivas (RM 12:21)
INTERCÂMBIO MEDIÚNICO
  aparecimento de
  dificuldade (II CO 4:7)
INTERCESSÃO
  emissão de forças
  benéficas (I TS 5:25)
INTERDEPENDÊNCIA
  regime instituído por
  Deus (I CO 13:13)
INTERESSE
  clamor do * imediatista
  do mundo (RM 14:6)
INTERPRETAÇÃO
  análise e dificuldades na demora
  da * alheia (II CO 3:16)
INTRANQUILIDADE
  oscilação do homem na * pela
  insegurança (I TM 3:9)
INTRIGA
  chaves falsas da * e da
  calúnia (EF 4:28)
INVEJA
  lama da * e do despeito (HB 12:12)
  sentimento de louvor (FM 1:9)
  tormento (TT 2:1)
INVERNO
  dificuldade de navegação
  (II TM 4:21)
  encontro com emissários de Jesus
  no * do sofrimento (II TM 4:21)
INVIGILÂNCIA
  término de amizade (HB 13:1)
IRMÃO
  vítima dos fantasmas do
  despeito e * sincero (HB 13:1)
IRONIA
  construção (II CO 12:9)
IRRESPONSABILIDADE
  abraço a * por norma
  de ação (HB 10:24)
IRRITAÇÃO
  ameaça (EF 6:13)
  cólera (EF 6:13)
  cultivadores da * e raios
  da cólera (EF 5:8)
ISOLAMENTO
  alegação de * para desistência
  do esforço (CL 3:13)

J

JARDIM
  cultivo das flores do *
  particular (II TM 1:13)
JERUSALÉM
  abnegação das senhoras de * que
  acompanham Jesus (EF 5:28)
JESUS
  absorção da salvadora
  caridade (CL 2:6)
  ação do aprendiz de * para o
  equilíbrio do mundo (CL 3:13)
  aceitação da infância humilde
  e laboriosa (GL 5:1)
  aceitação do poder (HB 6:1)

acendimento de claridade no ânimo de Zaqueu (EF 2:10)
adaptação pessoal aos sublimes desígnios (CL 2:6)
admissão dos pais do mundo às assembleias (EF 6:4)
advertência de * junto à Samaritana (HB 13:10)
afinamento do instrumento (I CO 14:7)
ajustamento à consciência (II CO 4:5)
alegria nas bodas singelas de Caná (EF 2:10)
assimilação do senso da disciplina (GL 5:1)
assistência aos enfermos (EF 2:10)
atitudes (II TM 2:2)
ausência de * do trabalho glorioso como servo crucificado (FM 2:7)
bandeiras de reivindicações exteriores (GL 5:1)
bem-aventurados os seguidores (II CO 5:14)
bênçãos amealhadas (I CO 15:9)
caminho da libertação de nós mesmos (GL 5:1)
campo extenso da revelação (I CO 15:2)
cartas divinas dirigidas à Humanidade (II CO 3:3)
códigos de boas maneiras (II TM 3:12)
colaboradores no ministério (I CO 3:9)
colocação do ensino de * acima de tudo (RM 10:11)
compaixão à turba desenfreada aos pés da cruz (EF 2:10)
companheiro cristão (I CO 14:7)
comparecimento diante (I CO 12:27)
compreensão do serviço (CL 3:23)
compreensão e aplicação dos ensinamentos (EF 5:14)
condenação indébita (GL 5:1)
condição para execução da divina missão de amor e (FM 2:7)
condição para obtenção da comunhão (FM 1:21)

condução do pessimismo e da amargura (HB 12:28)
conduta (CL 3:17)
consciência tranquila e paz de * na alma (CL 3:15)
conservação do otimismo e da confiança (I CO 15:51)
consolação aos aflitos (EF 2:10)
construção de altares em toda a parte (HB 13:10)
conversão do madeiro de * em luz inextinguível (EF 4:23)
convite de * à tarefa bendita de auxílio (I CO 12:31)
coragem aos desalentados (EF 2:10)
correntes de referências (CL 2:6)
crescimento do espírito de * na passagem dos séculos (II CO 4:18)
Cristianismo e acordo de * com os fariseus no templo (II CO 1:11)
cumprimento da tarefa (CL 3:17)
dádivas da vida em nome (FM 1:18)
danos do caminho na conta (FM 1:18)
declamação das lições (II CO 5:17)
desconhecimento da missão (II CO 4:8)
desejo de aceitação (FM 1:29)
designados por * para a obra da salvação (I TS 5:9)
devedores de * a cada novo dia de luta (FM 1:18)
direcionamento das instruções de * aos sentimentos (II CO 7:2)
direito de sentir as verdades (FM 1:29)
dirigente e mentor de nossa fé (I CO 12:27)
discípulo de * e libertação dos laços inferiores (RM 12:20)
disposição ao serviço (II TM 3:12)
doação de si mesmo pela elevação comum (II CO 12:15)
educador ativo (II TS 3:8)
embaixadores permanentes (II CO 5:20)
encontro com os aprendizes (I CO 4:19)

enfermeiro dos aflitos (II TS 3:8)
enriquecimento da Terra (EF 2:10)
ensinamento de * na consciência
e no coração (RM 8:9)
ensinamentos (II CO 5:17)
ensinamentos (RM 12:21)
ensino da liberdade (GL 5:1)
escravo dos desígnios
superiores (GL 5:13)
esmorecimento de Simão
Pedro (EF 2:10)
espera por nossa renovação
espiritual (HB 10:6)
esquecimento do mal (EF 2:10)
Evangelho de (RM 2:6)
exemplificação do amor
incondicional (EF 4:32)
exemplo de respeito às convenções
construtivas (I TM 6:10)
extinção da crueldade e
da hipocrisia (GL 5:1)
fascínio das multidões com a
lógica irresistível (GL 5:1)
felicidade de nossa gradativa
independência (GL 5:13)
fenômeno mediúnico (I TS 5:21)
fidelidade dos conformados
às disciplinas (RM 12:2)
fiel cultor do respeito (GL 5:1)
fiel cultor do respeito e
da ordem (GL 5:1)
fome de informação (RM 8:9)
formação do colégio
apostólico (I CO 3:2)
função de * como advogado
do mundo inteiro (TT 3:3)
genealogia do Mestre
Divino (HB 7:3)
glorificação dos sublimes
desígnios (CL 4:2)
gravação dos ensinamentos de
* nos corações (II CO 3:3)
guia amoroso na preparação para
a vida espiritual (II CO 5:10)
humildade à frente dos
poderosos (EF 2:10)
imolação de * em favor
das criaturas (HB 7:27)

incompreensão de Judas (EF 2:10)
infância humilde e
laboriosa (GL 5:1)
ingresso de * no mundo como
filho sem berço (FM 2:7)
ingresso no mundo (GL 5:1)
início do apostolado (II TS 3:8)
inscrição dos estatutos de * nas
páginas de nossa alma (HB 10:16)
inspiração (FM 2:5)
invocações verbais a * e
operações comerciais (RM 8:9)
juiz e sugestões (RM 8:9)
juramentos por * nas
conversações (RM 8:9)
justificativa para os tormentos
dos aprendizes (HB 1:2)
lapidação, tortura, exílio e
leais seguidores (II CO 4:8)
lavagem dos pés dos
discípulos (II TS 3:8)
lealdade a Deus (GL 5:1)
liberdade (GL 5:1)
liberdade (GL 5:1)
liberdade que verte sublime
do cativeiro (GL 5:1)
libertação das algemas da
ignorância (GL 5:1)
lugar para todos no serviço (FM 2:3)
manifestação da presença de * na
passagem pelo mundo (CL 2:6)
manutenção de * nos círculos do
sectarismo religioso (GL 2:8)
marca de *, sacrifício de si mesmo
para o bem de todos (GL 6:17)
marcas de * na atividade da
experiência comum (GL 6:17)
marcha do aprendiz leal (II TM 4:21)
martirológio (I CO 1:18)
médico dos desamparados (II TS 3:8)
motivos de * para formação
de seguidores (II CO 6:4)
multiplicação de eternos tesouros
da Humanidade (EF 2:10)
multiplicação do pão (FM 2:5)
não acomodação com as
trevas (II CO 5:17)

necessidade de * em nossa vida (RM 8:9)
necessidade de centralização dos discípulos (EF 4:20)
novos horizontes à Humanidade (GL 5:13)
obediência às Leis divinas (GL 5:1)
objetivo (HB 10:16)
óbolo da viúva (I TM 6:10)
obrigações primárias (II CO 12:15)
oferta do coração aos enfermos e aflitos (GL 5:1)
oferta do vaso do coração (EF 4:7)
oração de * aos discípulos nas horas supremas (I TS 5:25)
padecimento e ingratidão (GL 5:1)
padecimento pela ingratidão de beneficiados (GL 5:1)
padrões educativos (GL 6:17)
parcela de sofrimento em nome (FM,1:18)
pedido a * pelo dom da paz e da alegria (CL 4:2)
perda do rumo (FM 3:14)
perseguições (II TM 3:12)
perversos que aceitam * na hora extrema (II TM 2:11)
planta espiritual (RM 11:23)
poeta e utilização das passagens (RM 8:9)
porta de vida e redenção (HB 1:11)
preferência pelo silêncio (II TM 3:12)
prevalência dos códigos (II TM 3:12)
problema fundamental de nosso espírito (HB 10:16)
produção de algo útil sem recompensa (II TM 3:12)
produção do tesouro da vida espiritual (FM 4:19)
promessas de fidelidade de (I CO 15:51)
pronunciamento do mendigo (RM 8:9)
protótipo do amor e da paz (EF 4:32)
providências justas de * ante a dificuldade (FM 1:18)
reatamento do serviço (RM 12:20)
recebimento da condenação indébita (GL 5:1)
reconhecimento da autoridade moral (EF 5:9)
referências a * em vozes da cultura terrestre (RM 8:9)
renovação (RM 14:12)
renovação da mente, purificação do coração (II CO 5:10)
representantes fiéis (CL 3:17)
revelação da riqueza eterna (II CO 3:3)
revolucionário (RM 8:9)
revolucionário comum (GL 5:1)
revolucionário comum (GL 5:1)
ricos da fortuna da Terra (FM 4:19)
satisfação dos desejos absurdos (II TM 1:17)
sentimento dos beneficiários (CL 2:6)
serviço antes de *, motivo de abjeção ou miserabilidade (II TS 3:8)
serviço aos outros com humildade (FM 2:3)
símbolo da dracma perdida (I TM 6:10)
símbolos de * nos tribunais (RM 8:9)
sofrimento pela incompreensão alheia (GL 5:1)
submissão de * ao arbítrio de Deus (GL 5:1)
superação do nível intelectual dos doutores da época (GL 5:1)
testamento espiritual (II CO 3:3)
testemunha de obediência (FM 2:6)
testemunho da vivência das lições (GL 6:10)
testemunho de não violência (II CO 5:17)
trabalhador diferente e aprendiz fiel (GL 1:10)
trabalho honroso da habilidade (II TS 3:8)
trabalho honroso da inteligência (II TS 3:8)
trabalho na extinção da crueldade e da hipocrisia (GL 5:1)
trabalho pelo estabelecimento do reino (RM 15:1)

trabalhos apostólicos em
Roma (II CO 4:8)
transfiguração do Tabor (II TM 2:2)
tribulações, perplexidades e
leais seguidores (II CO 4:8)
última ceia (II TM 2:2)
única estrada para regeneração
do mundo (RM 12:2)
utilização da palavra (CL 3:17)
vigilância do trabalhador
(II TM 2:21)
vinda de * apagando a sua
auréola de luz (FM 2:7)
visão nova aos olhos de
Madalena (EF 2:10)
vitória do seguidor (II CO 1:12)

João
utilização das palavras de * em
contendas inúteis (II CO 7:2)

Joio
cultivo do * da
imprevidência (GL 6:8)

Júbilo
lágrimas nos lares da carne, *
de lares celestiais (II CO 7:9)
texto evangélico (I TS 5:16)

Judaísmo
mulher, mercadoria condenada
ao cativeiro (EF 5:28)
tradições referentes à comida
impura (RM 14:15)

Judas
desvairada ambição política (GL 5:1)

Judeu
algemado a racismo
infeliz (I TM 1:15)

Juízo final
submersão do homem num
sono indefinível (I CO 15:13)

Julgamento
desvio para o terreno escuro
do * precipitado (CL 3:17)
espera pelo minuto
decisivo (I CO 15:13)
necessidade de vigilância (FM 4:22)

Justiça
homem sensato e busca pela
* terrestre (II TM 3:12)
sem rigorismo (I CO 13:1)
tempero da fraternidade (CL 3:14)

Justiça da Terra
roubos jamais catalogados (EF 4:28)

Justiça Divina
pretensão de suborno (I TM 4:15)

Justiça terrena
mecanismos (II TM 2:6)

Justo
indicativos da presença
do homem (RM 1:17)

Juventude
amparo conveniente (II TM 2:22)
analogia da * a saída de um
barco para viagem (II TM 2:22)

K

Kardec, Allan
Codificação da Doutrina
Espírita (I TS 5:21)
Cristianismo Redivivo (I TS 5:21)
Cristo de Deus (I TS 5:21)
fenômeno mediúnico (I TS 5:21)

L

Labor
oferta do fruto do * de
cada dia (CL 3:23)

Laço afetivo
mero acidente dos desejos
eventuais (RM 8:13)

Laço consanguíneo
manifestação santa da
alma (HB 13:1)
união do espírito ao vaso
corpóreo (HB 12:4)

Lagarta
conversão da * em graciosa
e ágil borboleta (GL 6:9)
enaltecimento do feio corpo (GL 6:9)
revolta da * contra o corpo
disforme (GL 6:9)

LÁGRIMAS
inexistência de * nos encargos de auxílio ao próximo (EF 6:7)
lavagem do livro íntimo (HB 10:16)
purificação (RM 14:12)
transformação das * dos órfãos em cadeias de fome (I TM 6:7)

LAMENTAÇÃO
cota de tempo gasta com * prejudicial (EF 5:8)
desvio (RM 3:13)

LÂMPADA ELÉTRICA
vaidade da * na praça pública (II CO 10:7)

LAR
afastamento do * para realização de ideais próprios (RM 14:1)
clima reconfortante do *, produto da limpeza constante (I TM 6:19)
conversão do * em forja de angústia (HB 10:36)
demandas (I CO 6:7)
estabelecimento da discórdia (HB 13:2)
felicidade real no * cristão (HB 10:8)
importância da tarefa no * nos desígnios do Senhor (GL 6:4)
inexistência de uniões casuais no * terreno (I TM 5:4)
possibilidades de trabalho iluminativo no * terreno (I TM 5:4)
sistemas habituais de limpeza (EF 4:31)

LAVOURA
exame diário da * afetiva (I CO 3:2)
personalismo dissolvente na * do espírito (I CO 3:6)
preciosidade da cova do corpo para a * espiritual (I CO 15:44)

LAVRADOR
abandono da enxada à ferrugem (II TM 2:6)
exploração do campo por rendeiros suarentos (II TM 2:6)
exploração do campo sem uso do solo (II TM 2:6)
imitação do * prudente e devotado (I CO 3:2)
negação da bênção da gota d'água (II TM 2:6)
perda da oportunidade de semeadura (II TM 2:6)
sugestões do cansaço e * desatento (HB 12:12)

LÁZARO
dedicação das irmãs (EF 5:28)
reerguimento de * do sepulcro (FM 2:5)

LEGISLADOR
aplicação da Lei segundo os desígnios do Senhor (EF 6:7)
equilíbrio e justiça no campo social (I CO 4:9)
fidelidade ao bem de todos (I CO 4:2)
responsabilidade (GL 6:5)

LEI DA COOPERAÇÃO
identificação do corpo do homem (CL 3:13)

LEI DA HEREDITARIEDADE
fluidos e existência terrestre (GL 5:25)

LEI DE AMOR
procura a fé e age de conformidade (I CO 1:19)

LEI DE DEUS
Lei do Bem (RM 2:6)
Livre-arbítrio (RM 2:6)

LEI DE RENOVAÇÃO
modificação dos roteiros do lidador cristão (HB 12:4)

LEI EETERNA
atitudes em desacordo (II TM 1:6)

LEI HUMANA
reclamos pela remuneração dos serviços (II TM 3:12)

LEI SOCIAL
obediência aos ditames (II TM 3:12)

LEI TERRESTRE
diferença da * de século para século (I CO 13:8)

LEMBRANÇA
  expurgo de * amarga (II CO 5:17)
LEVIANDADE
  condução (TT 2:1)
  hábito antigo da *, procura
  da ingratidão (FM 2:14)
LIBERDADE
  acesso à legítima (EF 6:20)
  campeões da * e legendas
  de rebeldia (GL 5:13)
  disciplina (II CO 6:2)
  evolução intelectual da
  Terra (GL 5:13)
  gozo da * condicional (GL 5:13)
  inexistência de * sem obrigação
  e desempenho (GL 5:1)
  louvor a * de construção
  e auxílio (GL 5:13)
  obtenção da auréola da
  * vitoriosa (GL 5:13)
  utilização da * pelos dominadores
  da Terra (GL 5:13)
LIBERTAÇÃO
  auxílio na * para a glória
  da luz (RM 14:7)
  deserção de amigo e * de um
  laço impróprio (EF 5:20)
LIÇÃO
  prática da * recebida (HB 6:1)
  preciosa * na derrota
  sofrida (FM 3:14)
  preparação (RM 14:12)
  recolhimento (I TS 5:18)
  resposta da * com suas
  graças (II TM 2:7)
LIMPEZA PÚBLICA
  higiene (I CO 4:2)
LÍNGUA
  calúnia e preservação (II TM 2:21)
LINGUAGEM
  ajuda ou desajuda (TT 2:8)
  domínio da * escrita (EF 5:9)
  elementos constitutivos (TT 2:8)
LÍRIO
  Deus nutriu no charco o * que
  encanta a mesa (II CO 8:1)

LISONJA
  queda desastrada na
  hipnose (GL 6:10)
LIVRE-ARBÍTRIO
  maioridade do espírito
  na Criação (FM 1:14)
LIVRO
  consulta ao * santo (I CO 1:17)
  proteção do * espírita (I TS 5:21)
  seleção do * disponível (I TS 5:21)
LIVRO DA NATUREZA
  discípulos de Jesus (HB 6:7)
LIVRO DA VIDA
  recomendação (EF 5:2)
LOUCURA
  ponderação (HB 10:32)
LOUVAR
  significado da palavra (CL 4:2)
LOUVOR
  circunscrição do * às mãos
  que espalham óbolos de
  bondade (II CO 9:7)
LUTA
  agradecimento pela * que
  aperfeiçoa (FM 4:20)
  assédio da perturbação e
  da fadiga (RM 8:31)
  concessão divina do retorno
  à * benéfica (I TS 5:19)
  criatura ociosa constrangida
  ao retorno (FM 2:5)
  glórias sangrentas de *
  homicida (II CO 1:12)
  ira frequente (I TS 5:8)
  quinhão de * indispensável
  ao aprendizado (I TS 5:16)
  regozijo em plena *
  redentora (FM 4:4)
  renovação (EF 5:15)
LUTA EM FAMÍLIA
  redenção do homem (I TM 5:4)
LUZ
  entrega da * da esperança
  (RM 12:21)
  meditação sobre a *
  recebida (II TM 2:7)

realização do aprimoramento próprio (EF 5:15)
renovação espiritual (II CO 1:12)

Luz da santificação
acendimento (RM 15:4)

Luz Divina
enriquecimento (RM 11:23)
preparação do discípulo para recepção (I TM 6:12)
treva humana (I CO 3:16)

Luz espiritual
compreensão da necessidade da sementeira (GL 6:8)
êxito nas provações (HB 10:32)
intenção de escrever (I CO 13:4)
trabalho abençoado de reavivamento (I TS 5:19)

M

Madalena
conversão (EF 5:28)

Mãe Santíssima
consagração (EF 5:28)

Má-fé
projeção de emanações entorpecentes (RM 3:13)

Mágoa
tradução da *, desconfiança e deslealdade (HB 12:15)

Mal
afastamento do * do pensamento ou da palavra (TT 2:1)
alcance da perfeita vitória (RM 12:21)
ataque do * à sombra da noite (II CO 1:11)
causa indesejável de sintonia (RM 7:21)
compreensão do ataque (II CO 1:11)
conluio aberto (EF 6:12)
desarmonia (HB 10:24)
desequilíbrio de força (RM 14:19)
eliminação do * a esmo (RM 16:20)
entronização da ociosidade (EF 5:11)
esquecimento do * e prática do bem (FM 3:13)
esquecimento do * e prática do bem (II CO 4:7)
esquecimento do * para construção do bem (CL 3:13)
garantia da fortaleza do coração (I TS 4:11)
ignorância (RM 2:6)
movimento (RM 15:30)
movimento da agressão e estabelecimento do terror (II CO 1:11)
oferta de retificações (HB 12:7)
paciência contra a investida (RM 12:21)
plantação (RM 12:21)
possibilidade da emersão do * de nós mesmos (II TS 3:13)
preguiça e gerência (EF 4:28)
resistência à influência (I CO 12:27)
resistência às sugestões (GL 6:1)
surgimento (TT 2:1)
sustentação do coração contra a queda (I CO 15:9)
vigilância, firmeza e limitação (RM 12:21)

Maldade
granizos (HB 12:12)
proteção contra os projéteis (EF 6:17)
sintonização com as hostes espirituais (EF 6:12)

Maldição
remédio (RM 12:21)

Maldizente
observação (TT 2:8)

Maledicência
convite da * à mentira e à leviandade (FM 4:8)
desvio para o terreno escuro (CL 3:17)
extensão da * nas teias do julgamento precipitado (CL 3:17)

Malfeitor
planificação da ação perturbadora (FM 3:11)

Malícia
análise desvirtuada (FM 4:22)

falsas apreciações do bem (RM 2:10)
MANIFESTAÇÃO
recurso precioso da *
externa (RM 8:9)
MÃO
transformação da * que
nega alimento (EF 5:15)
MAOMÉ
mensagens do além sob convulsões
epileptoides (II CO 12:7)
MÃOS
distribuição de instrumentos
novos a * ociosas (I TM 4:14)
finalidade dos poderes em
nossas (II CO 13:10)
ocupação das * em atividades
edificantes (EF 4:28)
MÃOS SANTAS
trabalho de cada dia (I TM 2:8)
MÁQUINA
serviço da * como utilidade
divina (I CO 8:1)
MARCHA
auxílio aos que partilham (I TM 6:8)
MARIDO
disputa por companhias
novas (EF 5:33)
MARTÍRIO
imposição da contenção (II TM 4:21)
MARTIROLÓGIO
capitulação irremediável (I CO 1:18)
morte infame (I CO 1:18)
perdão espontâneo (I CO 1:18)
sarcasmo e ridículo (I CO 1:18)
sede angustiosa (I CO 1:18)
MAS
profissão de fé ou confissão
de ineficiência (FM 4:13)
utilização da conjunção (FM 4:13)
MATAR O TEMPO
significado da expressão (RM 14:6)
MATÉRIA
improviso na edificação
de valor (I CO 12:6)

MATERIALISMO
conflitos impostos ao
mundo (RM 14:1)
conversão do * em zona de extrema
perturbação intelectual (EF 4:15)
manifestações contra o *
negativista (RM 1:20)
MATRIMÔNIO
conversão do * em instituição
detestável (EF 5:33)
MAU HÁBITO
extirpação (HB 3:15)
MAU OBREIRO
busca do repouso indébito (FM 3:2)
crítica jocosa e menosprezo
aos colegas de luta (FM 3:2)
destaque aos defeitos
alheios (FM 3:2)
estabelecimento de
perturbações (FM 3:2)
estima às apreciações
desencorajadoras (FM 3:2)
fixação nos ângulos inseguros
da obra (FM 3:2)
semeadura da dúvida e da
desconfiança (FM 3:2)
MAUPASSANT, GUY DE
inspiração de contos notáveis
grafados em transe (II CO 12:7)
MEDICINA
formulação de prognósticos
exatos (I CO 14:40)
MÉDICO
recompensa pelo
devotamento (GL 6:10)
socorro à carne enfermiça (I CO 4:9)
MEDITAÇÃO
necessidade de * no bem (HB 12:13)
MÉDIUM
homenagens inoportunas (I CO 10:7)
paralisação das atividades por
falta de * adestrado (I CO 14:26)
MEDIUNIDADE
cessão da * para o que
for útil (I CO 12:4)
esfera superior (II CO 4:7)

explicações claras (I CO 12:4)
instrumento de sustentação da felicidade geral (I CO 12:31)
solicitação de socorro para libertação (I CO 12:7)
tipos (I CO 12:4)
utilização (II CO 4:7)

Medo
clima (II TM 1:7)
ideias destruidoras (II TM 1:7)

Meia-bondade
emprego da * contra o mal (RM 12:21)

Melhoria íntima
voto (RM 14:12)

Melindre
combate a tendência ao * pessoal (I TM 6:7)

Mensagem
endereçamento da * de figuras notáveis à posteridade (II CO 3:3)
talento eternos da sabedoria e do amor (II TM 3:16)
valor e santificação da * de qualquer procedência (II TM 3:16)

Mensagem
ansiedade para recepção de * particularista (CL 4:16)

Mente
algemas de servidão e * humana (GL 5:13)
cativeiro da violência e * humana (GL 5:13)
estabelecimento de escuro clima na * alheia (EF 5:8)
facilidades materiais e estagnação (RM 12:2)
grilhão implacável do ódio e * humana(GL 5:13)
imagens delituosas para consumo da * popular (EF 6:7)
obsessão da guerra permanente e * humana (GL 5:13)
paixões devastadoras (I CO 12:27)
perambulação da sombra (TT 1:15)
permanência dos obstáculos (FM 4:8)
potencialidades existentes (I CO 9:27)
rasgamento dos véus que ensombram a * humana (II CO 3:16)
renovação da * nos caminhos da espiritualidade superior (FM 4:8)
sede de nossa atuação pessoal (I CO 5:6)
serviço de iluminação (I CO 12:6)
sustentação da * no voo mais alto (HB 5:13)
trabalho edificante (GL 6:9)
treva da ignorância e * humana (GL 5:13)

Mente juvenil
aceitação da educação construtiva (EF 6:13)

Merecimento
concessão dos frutos (I CO 3:6)

Messias ver Jesus

Mestra divina
enfermeira de nossos males (EF 6:14)
modelagem de berços entre chagas atrozes (EF 6:14)

Mestre ver Jesus

Miséria
formação da * ambição pessoal (GL 6:8)

Missão feminina
respeito na Terra (EF 5:28)

Missão redentora
testemunho da * de Jesus (I CO 9:22)

Mocidade
necessidades da * no capítulo da direção (II TM 2:22)
poderes da (II TM 2:22)
realizações da * de acordo com a justiça, fé e amor (II TM 2:22)

Moderação
desenvolvimento ao infinito dos dons divinos (II TM 1:7)

Moeda
indagação da * que vem às mãos (II TM 3:16)

MOINHO
　opinião do trigo (RM 7:10)
MOISÉS
　consagração de * à libertação dos companheiros cativos (HB 11:25)
MOLESTAMENTO
　ajuda ao necessitado (EF 6:6)
MORAL
　resistência * diante da tentação ou do sofrimento (RM 14:1)
MORATÓRIA
　responsabilidade de * concedida pela Misericórdia (RM 12:2)
MORDOMIA
　noção de responsabilidade (I CO 9:22)
MORTE
　acerto de contas morais com a eternidade (II CO 4:16)
　alvorada de novo dia e * aflitiva (RM 8:13)
　ato de fé no leito (II TM 2:11)
　crescimento espiritual e * do corpo (I CO 15:51)
　exalação de ruínas e tóxicos (RM 3:13)
　interpretação errônea (I CO 15:19)
　liberação (II CO 12:9)
　louvor aos que sofreram a * prematura em auxílio da ciência (HB 13:24)
　murmuração perniciosa (II TM 2:16)
　problemas da * e teorias das escolas cristãs (I CO 15:51)
　procura da paz (II CO 4:16)
　queda no logro da * voluntária (I CO 10:12)
　renovação (I TS 5:18)
　retirada das regiões escuras (RM 6:23)
　significado da palavra (RM 6:23)
　viagem além (II TM 2:15)
MUDANÇA
　inquietude por * inesperada (I CO 4:2)

MULHER
　esforço para libertação das paixões baixas (II TM 2:21)
　penetração no campo das aventuras inquietantes (FM 3:11)
　vaso frágil e imperfeito (II TM 2:21)
MULHER DESAJUIZADA
　renúncia ao direito de ser feliz (FM 3:11)
MUNDO
　aperfeiçoamento do * na feição material (I CO 3:13)
　conformação com os enganos (RM 12:2)
　contemporização com os enganos (RM 12:2)
　desequilíbrio no * e atividade religiosa e científica (II TM 2:16)
　evolução inegável (II CO 4:8)
　necessidade no * tanto de amor quanto de luz (RM 13:10)
　resposta do * afastamento do convívio social (GL 6:7)
　solução dos problemas (RM 14:12)
MUNDO MAIOR
　processos de sublimação que o * oferece (RM 12:2)
MUSEU
　consulta ao * e a ruína das civilizações mortas (HB 1:11)

N

NARCISO
　antiga lenda (FM 2:21)
NATUREZA
　agentes inferiores da * e serviço em regime de compulsória (FM 1:14)
　conservação da * e respeito a lei do equilíbrio (II CO 13:11)
　emersão das forças da * de todos os cataclismos (I TS 5:16)
　observação do espírito de sequência (II CO 4:16)
　representação do patrimônio imensurável de Deus (HB 3:4)
　retribuição da * ao lavrador (II TM 2:6)
　sublime renascimento (EF 4:23)

NECESSIDADE
  acatamento da * e interesse
  dos outros (I TM 4:6)
  socorro à * alheia (RM 14:7)
NECESSITADO
  desejo de amparo (I CO 13:4)
NEGAÇÃO
  perda da confiança (GL 6:9)
NEGÓCIO
  entrada em * escuso (HB 10:24)
NÍVEL ESPIRITUAL
  elevação do * do nosso
  campo de ação (EF 5:2)
NOITE
  inexistência de * sem
  alvorecer (HB 13:5)
NOVA ERA
  desejo da luz (EF 4:28)
NUVEM
  agradecimento a * que
  garante a chuva (EF 5:20)
  inexistência de * eterna (HB 12:15)

O

OBEDIÊNCIA
  consagração a determinada
  criatura pela * cega (I TS 5:13)
  necessidade de * aos
  progenitores (EF 6:1)
  transformação da * em
  escravidão (HB 5:9)
OBJETO VISÍVEL
  forças invisíveis no plano
  eterno (RM 1:20)
ÓBOLO
  plano de * aos serviços
  do culto (HB 7:27)
OBRA
  busca na criatura (I TS 5:13)
  concretização da *
  regenerativa (GL 6:1)
  lembrança das instituições
  materiais visíveis (I CO 4:19)
  objetivo de interesse do próximo
  na * em curso (I CO 13:8)
  objetivo de nossa estada na
  * do mundo (II CO 13:10)
  participação (GL 6:7)
  salário moral (RM 2:6)
OBRA DIVINA
  engrenagem em princípios
  de harmonia (I CO 14:40)
OBREIRO DIVINO
  magnitude do trabalho e da
  responsabilidade (II TM 1:17)
OBREIRO DO SENHOR
  Doutrina Espírita (II CO 3:2)
  identificação (II TM 3:16)
  posição deficitária (II TM 3:16)
  servidor meio-sombra,
  meio-luz (II TM 3:16)
OBRIGAÇÃO
  atendimento à * árdua e
  simples (RM 12:16)
  cumprimento (II CO 1:12)
OBSESSÃO
  desenvolvimento de lamentáveis
  processos (I CO 12:27)
  embaraçamento (I CO 10:12)
  labirinto (RM 12:21)
OBSTÁCULO
  desenho de * inesperado (RM 8:31)
  enfrentamento do * de
  ânimo firme (I TS 5:16)
  lições e experiências no *
  de ontem (II CO 5:17)
  medida da esperança
  e da fé (EF 5:15)
  quadro precioso de lição
  sublime (RM 5:3)
  reajuste do Espírito (I TM 6:19)
OCIOSIDADE
  criação da discórdia (EF 5:11)
  espera pelo paraíso de * após
  a morte do corpo (I TM 6:12)
  lamentação contumaz (I TS 5:16)
  tentativa de consagração
  (I CO 12:31)
ÓDIO
  ciência assalariada (I CO 8:1)
  doença (II CO 13:8)

expulsão do * do mundo (HB 8:11)
proclamação da glória
do amor (CL 3:16)
referências aos estragos (CL 3:13)

OFENDIDO
esquecimento da
dissensão (RM 12:20)

OFENSA
ajuda (I CO 8:2)
esquecimento da * e auxílio
sem mágoa (II CO 4:7)
esquecimento da *, da discórdia
e da angústia (HB 12:15)

OFENSOR
compreensão da nova luz (RM 12:20)

OLHOS
falsos julgamentos (II TM 2:21)

OMISSÃO
percas (GL 6:7)

OPERAR
significado da palavra (FM 2:12)

OPERÁRIO
menestrel das formas (I CO 4:9)

OPORTUNIDADE
abuso da * complicando os
caminhos da vida (RM 14:6)
atração de preciosa *
de serviço (GL 6:7)
ausência de * nos serviços
do mundo (EF 4:32)
bons amigos e * de ser
justo (RM 1:17)
distribuição da * divina (II CO 6:16)
trabalhador digno e * santa (CL 3:23)

OPORTUNISTA
desfiguração do caráter (FM 3:11)

ORAÇÃO
aspectos divinos (II CO 6:4)
construção do bem (EF 6:13)
formas especiais (RM 8:9)
utilização de recursos
sagrados (II CO 5:17)

ORAÇÃO VER TAMBÉM PRECE

ORATÓRIA
estima apenas pela * brilhante
do amigo (I TS 5:13)

ORÇAMENTO DIVINO
filhos perdulários (I CO 3:9)

ORGULHO
despertamento da vaidade (EF 5:11)
galeria do poder (HB 7:7)
glórias sangrentas de
* nos pergaminhos
brasonados (II CO 1:12)
prova da inconsequência do
* e da vaidade (RM 1:14)
renúncia aos propósitos
infelizes (CL 3:12)

ORIENTAÇÃO
irmãos ansiosos por *
nova (I TS 4:11)

ORIENTAÇÃO PESSOAL
incapacidade de
raciocinar (RM 14:1)

ORIENTE
costumes do * diferentes
do Ocidente (EF 5:2)

ORIGEM ESPIRITUAL
notícias (EF 5:8)

OTIMISMO
dilatação do patrimônio do
* renovador (I TM 4:16)
dissolvente da sombra (CL 3:16)
queixa e enfraquecimento (II CO 2:1)

OURO
pesada cruz de aflição (EF 5:15)

OUVIDOS
preservação (II TM 2:21)

P

PACIÊNCIA
aconselhamento aos que
choram (RM 12:2)
crises de provação (II CO 5:7)
curso de * e de humildade no
anonimato educativo (EF 4:23)
declaração de * e irritação
com os outros (I CO 8:2)

distribuição da * e da
bondade (RM 14:10)
espera (HB 6:15)
espera com * para obtenção
da promessa (HB 6:15)
fórmula da *, única porta aberta
para a vitória (HB 6:15)
liquidação das dívidas (HB 10:36)
mostra (II CO 1:12)
mostras de lastimável miséria
de * e esperança (CL 3:16)
obstinação pacífica (HB 6:15)
plasmação da * no ânimo
geral (I CO 12:4)
revelação do caminho da *
na provação (FM 3:14)
sem preguiça (I CO 13:1)

PACIFICAÇÃO
ajuda ao povo no caminho da
* e do progresso (EF 5:9)
poder (RM 14:12)

PACIFISMO
educação, base primordial
do * edificante (I TS 5:13)
padrões de * e padrões de
passividade (II CO 1:11)

PÁGINA
origem de toda * consoladora
e instrutiva (II TM 3:16)
selo da autoridade que orienta
a luta humana (II TM 3:16)

PÁGINA ESCRITA
figurino para criações de
ordem moral (II TM 2:14)

PAI
filho descuidado, * inconsciente
de amanhã (EF 6:1)

PAIS
caminhada dos * à luz do
Evangelho (EF 6:4)
estacionamento em zonas
inferiores (EF 6:1)
excesso de cuidado e prejuízo
aos filhos (HB 13:1)
multiplicação das forças dos *
com gesto do filho (EF 5:20)

PAIS EGOÍSTAS
favorecimento da
inutilidade (FM 4:12)

PAIS HONESTOS
formação da mentalidade do
esforço próprio (FM 4:12)

PAIXÃO
causa da * por criaturas falíveis e
programas transitórios (HB 1:2)
devastação da alma (II CO 13:8)
explosão da * pela válvula
da língua (TT 2:8)
provocação da indisciplina (EF 5:11)

PALÁCIO
construção de * egoístico (I CO 1:23)

PALAVRA
abuso (I TM 1:7)
aprimoramento, iluminação e
enobrecimento (II TM 2:16)
atuação da * à distância (I CO 5:6)
consagração à * elevada e
consoladora (I TM 4:12)
controle dos assuntos e eliminação
da * aviltante (I CO 15:33)
convocação (TT 2:1)
doação (II TM 2:14)
exteriorização de
nossos sentimentos e
pensamentos (CL 3:17)
impulso gerado pela *
nos ouvintes (GL 5:9)
índice de nossa posição
evolutiva (II TM 2:16)
inspiração de bom ânimo (GL 6:10)
precedência da * nos movimentos
nobres da vida (EF 4:29)
respeito e entendimento (II TM 2:14)
trabalho da * diante do
Criador (II TM 2:14)

PALAVRÓRIO
fuga ao abuso do *
improdutivo (I CO 4:19)

PALESTRA
estima pela * amorosa e
esclarecedora (EF 4:29)
qualidade do espírito
que insulta (EF 4:29)

PÂNTANO
   mérito celestial naquele que desce
   ao * sem contaminação (I CO 9:22)
PÃO
   entrega do * do otimismo (RM 12:21)
PÃO DO CORPO
   recompensa (II TM 1:13)
PÃO DO ESPÍRITO
   pão do corpo (HB 13:5)
PARALISIA
   cura da velha * sentimental
   (I TS 5:19)
PARA-RAIOS
   coibição do impacto
   fulminatório (EF 4:31)
PARENTE
   choro pela perda de um
   * querido (FM 3:13)
   obra de amor que Deus
   nos oferece (I TM 5:8)
PARENTE
   ingratidão (EF 5:8)
PARENTE ENFERMO
   promessa de amparo e
   dedicação (CL 3:15)
PARENTE IMPORTANTE
   fortalecimento (EF 6:10)
PARENTELA
   principal testemunha de
   quitação (I TM 5:8)
PARTIDA
   refúgio indispensável na
   hora (II TM 2:11)
PASSADO
   capacidade de auxílio (FM 3:14)
   erro (RM 14:12)
PATRIMÔNIO
   apego ao * transitório (I TM 6:7)
   desgaste e transformação
   do * material (HB 13:14)
   exigência de * não
   construído (II CO 3:16)
   governo do * de dádivas
   espirituais (II TM 2:2)

PAULO
   renovação de * e constrangimento
   a esforço máximo (II CO 6:2)
PAULO DE TARSO
   abandono das vaidades de
   raça e de família (FM 3:14)
   açoites da maldade (FM 3:14)
   adaptação aos ensinamentos
   de Jesus (CL 4:18)
   advertência de * ao otimismo
   e à serenidade (HB 10:24)
   advertências de * a
   Timóteo (II TM 2:14)
   afirmação que o justo
   viverá pela fé (RM 1:17)
   alusão ao escândalo (I CO 1:23)
   alusão de * à morte da
   criatura velha (II TM 2:11)
   alusão de * ao sacerdócio
   presunçoso (II CO 5:20)
   amadurecimento da fé (II TM 2:15)
   assédios do mal (EF 6:16)
   ato de humildade (FM 2:3)
   atualidade da recomendação
   (CL 4:18)
   bênção consoladora e
   reforma da vida (RM 5:3)
   benefício do lavrador
   dedicado (II TM 2:6)
   cães selvagens impulsivos
   e ferozes (FM 3:2)
   caminho de Damasco (II TM 4:7)
   capacete da esperança na
   salvação (I TS 5:8)
   caridade (I CO 13:8)
   caridade (I CO 16:14)
   colaboração dos passes
   magnéticos (II TM 1:6)
   combate e bom combate (II TM 4:7)
   combate no tribunal mais alto
   de Jerusalém (FM 1:30)
   conceito de * e aprendizes
   do Evangelho (HB 12:1)
   concessão de férias ao
   choro inútil (FM 3:13)
   condição de emissário
   em cadeias (EF 6:20)

confiança na compreensão
subordinada ao trabalho (FM 1:21)
confiança na força indutora
da mentira (FM 1:21)
confiança na inteligência
envaidecida (FM 1:21)
confiança na superioridade
orgulhosa (FM 1:21)
confiança no desassombro
temerário (FM 1:21)
confiança no poder
ilusório (FM 1:21)
conhecimento da força do
pensamento (RM 15:30)
conquista da confiança
e estima (I CO 3:2)
conquista de situação material
invejável (FM 1:30)
conselho da exortação
recíproca diária (HB 3:13)
consolidador do movimento
regenerativo (EF 5:28)
contendas de palavras (II TM 2:14)
convocação a outro gênero
de batalha (FM 1:30)
convocação ao exercício de
melhoria própria (HB 3:13)
cristalização nos próprios
impedimentos (FM 3:13)
cuidado ante o assédio dos
maus obreiros (FM 3:2)
cultivo da volúpia da
solidão (FM 3:13)
declaração de * e vitória
do bem (I CO 9:22)
definição do local da vitória
divina (RM 16:20)
definição quanto a posição de * e
dos demais apóstolos (II CO 4:5)
desconfiança e insulto dos
velhos amigos (FM 3:14)
despertamento do dom de Deus
no altar do coração (II TM 1:6)
Deus ama o que dá com
alegria (II CO 9:7)
dificuldades na igreja de
Corinto (I CO 14:26)
discussão com doutores
da Lei (FM 1:30)

edificação dos companheiros
de Corinto (I CO 3:2)
encontro de * com Jesus (RM 5:3)
espinhos na carne (II CO 12:7)
Espíritos transviados
da luz e (RM 3:13)
estações educativas e
restauradoras (RM 5:3)
exame da recomendação (I CO 3:6)
exame das considerações (RM 5:3)
excessiva severidade de * para com
o elemento feminino (EF 5:28)
exemplo da suprema
humildade (EF 4:1)
exortação de * à procura dos
melhores dons (I CO 12:31)
exortação para lembrança
das prisões (CL 4:18)
ex-perseguidor do
Cristianismo (I CO 15:10)
favores recebidos do Plano
superior (RM 5:3)
fidelidade a Deus (RM 1:17)
firmeza e constância nas tarefas
de elevação (I CO 15:58)
fixação nos espinhos que
ferreteavam a alma (FM 3:13)
fórmula sagrada aos tempos
atuais (RM 15:30)
fusão e dilatação dos conhecimentos
elevados (CL 4:16)
gesto de Onesíforo (II TM 1:17)
honra aos compromissos
abraçados (FM 3:16)
ímã para a renovação da
gentilidade (GL 2:8)
importância ao tempo que
se chama hoje (HB 3:13)
imposição no futuro
da raça (FM 1:30)
indicação de * para o serviço
divino em Antioquia (II CO 12:7)
interrogativas diretas (I CO 4:21)
ironia e desamparo dos
familiares (FM 3:14)
jogos gregos da época (HB 12:1)
lamento pelos amigos
descrentes (FM 3:13)

lástima pela alteração
dos afetos (FM 3:13)
legítimo devedor de todos (RM 1:14)
leitura e comentário das
epístolas nas igrejas (CL 4:16)
lembrança das próprias
incompreensões (TT 3:3)
levantamento de mãos santas
em todo lugar (I TM 2:8)
maior vitória do discípulo
(II TM 2:15)
marcha para diante fiel à
retaguarda (FM 3:16)
melhor maneira de mostrar-
-se a Deus (II TM 2:15)
moço, depositário e realizador
do futuro (I TM 4:12)
obreiros humanos e
imaginação (I CO 3:13)
palavra de * em se referindo
à evangelização (I CO 3:6)
parte final de trabalhos e
sacrifícios (RM 15:30)
pedradas da incompreensão
(FM 3:14)
perdão mútuo (CL 3:13)
perseguição àqueles interpretados
por inimigos (FM 1:30)
preço da redenção (RM 5:3)
presença de * com Jesus
pessoalmente (II CO 12:7)
prisioneiro da ordem
celestial (EF 4:1)
prisioneiro das autoridades
romanas (EF 6:20)
promessa de transformação
(I CO 15:51)
proposição de medidas
austeras (EF 5:28)
quadro espiritual na Terra (I CO 3:9)
queixa dos parentes (FM 3:13)
recebimento de faculdades
do Senhor (II CO 13:10)
receita de * aos aprendizes
do Evangelho (TT 2:8)
reclamos contra as pedradas
do caminho (FM 3:13)
reclamos pelo término dos
testemunhos (RM 15:30)

recomendação de * a
Filêmon (FM 1:18)
recomendação de * a
Timóteo (I TM 6:12)
recomendação de * a
Timóteo (II TM 4:21)
recomendação de *
para aproveitamento da
reencarnação (I TM 6:19)
recomendação do escudo
da fé (EF 6:16)
recordação do conselho (HB 12:12)
referência de * à atitude
de Moisés (HB 11:25)
remorsos (FM 3:13)
rendição a Jesus em santificadora
humildade (FM 3:14)
renovação da atitude
mental (I TS 5:19)
retenção do Evangelho e salvação
dos corintos (I CO 15:2)
retorno ao tear obscuro (FM 3:14)
revelação da sublime
qualidade da fé (EF 4:1)
rogativas pela cessação
da luta (RM 15:30)
roteiro seguro ao
aprimoramento (FM 3:13)
santificação da liberdade
através do amor (GL 5:13)
santuário do Deus vivo (II CO 6:16)
sentimento de liberdade na
pregação da verdade (EF 6:20)
serviço áspero e contínua
renunciação (RM 5:3)
sofrimento e aperfeiçoamento
no silêncio (FM 1:30)
solicitação (HB 12:28)
suporte dos enganos do
mundo (RM 12:2)
tédio na prática do bem (II TS 3:13)
tempo de elevação
espiritual (II CO 6:2)
tempo de serviço de * à
causa divina (CL 3:15)
Timóteo (I TM 4:15)
trabalho cristão (HB 12:1)
trabalho incessante em auxílio
ao próximo (II TS 3:8)

trilha espinhosa dos
deveres (FM 3:16)
tristeza segundo Deus e
segundo a Terra (II CO 7:10)
uso constante da
benignidade (EF 4:32)
utilização das palavras de * em
contendas inúteis (II CO 7:2)
vaso predileto de recepção das
bênçãos de Deus (HB 6:7)
verdadeiro sentido da
recomendação (FM 4:6)
veredas direitas (HB 12:13)
visão de * ante o espírito (II TM 1:17)

Paulo de Tarso
lembrança e aplicação da
recomendação de * aos
coríntios (I CO 10:7)

Paz
aprendizado da * consigo (I TS 5:13)
chamados à edificação (I TS 5:13)
contribuição para a * do
mundo (I TS 5:13)
coração otimista, medicamento
de * e de alegria (FM 2:14)
desejo de * e permanência
na irritação (I TM 6:19)
devotamento incessante (I TS 5:13)
esperança para obtenção
da * divina (HB 6:15)
impossibilidade de respirar num
clima de * perfeita (I TS 5:13)
instalação em refúgios de *
e segurança (II TM 4:21)
merecedores da * e honra
de Deus (RM 2:10)
obrigação (I TM 6:8)
oferta do dom inefável (EF 4:31)
perturbação da * dos servos
operosos e fiéis (FM 3:2)
quitação da consciência (I TS 4:11)
vida em * consigo mesmo,
serviço de poucos (II CO 13:11)

Paz de espírito
precipitação, inquietude (RM 8:31)

Paz Divina
fecho do amor puro (RM 14:10)

Pedra
clamor da * contra o
próprio destino (GL 6:9)
resignação da * com o próprio
anonimato nos alicerces (I CO 12:17)

Pedro
sustentação de * em trabalho até
a senectude das forças (II CO 6:2)
utilização das palavras de * em
contendas inúteis (II CO 7:2)

Pedro, Simão
centralização dos trabalhos do
Evangelho nascente (GL 2:8)
negação de Jesus (GL 5:1)

Penitenciária
recolhimento de criaturas (I TS 5:21)

Pensador
sondagem dos fenômenos
passageiros (I CO 4:9)

Pensamento
alterações (TT 1:15)
apropriações indébitas (EF 4:28)
atuação do * nas mentes
alheias (GL 5:9)
contraditório (CL 3:15)
corrupção do * digno pela má
conversação (I CO 15:33)
cristalização do * na antevisão
de facilidades celestes (CL 4:18)
dignificação do * religioso (RM 8:9)
educação do * na aceitação da
vontade de Deus (II CO 4:16)
energia irradiante (CL 3:2)
facilidade de renovação (FM 4:8)
fermentação espiritual (I CO 5:6)
fixação do * nas lições
divinas (EF 4:1)
fracassos nos setores do
* religioso (GL 3:3)
influência das ondas
invisíveis (I TS 5:25)
ocupação do * com valores
autênticos da vida (FM 4:8)
origem da constituição das
obras humanas (FM 4:8)

palavras vazias de *
construtivo (I CO 10:23)
projeção do *, residência
do espírito (CL 3:2)
qualidades indispensáveis
à renovação (FM 4:8)
regeneração do * do
homem (I CO 5:6)
resguardo do* com o capacete
da esperança (I TS 5:8)
responsabilidade do * pelas
imagens veiculadas (EF 5:9)

Penúria
condições visíveis de *
material (RM 12:16)
mitigação da * alheia (GL 6:10)

Pequenez
conhecimento da própria (I TM 6:7)

Percepção
auxílio na * do valor do
esforço (I CO 12:19)

Perdão
inveja, despeito e fé (II CO 5:7)
necessidade de *, bondade
e otimismo (HB 10:24)

Perispírito
aperfeiçoamento (HB 3:15)
peregrinação ascensional
para Deus (I CO 15:44)

Perquirição
incapacidade para
aceitação (RM 14:1)

Perseguição
aparecimento de *
gratuita (I CO 15:58)
cultivo do gosto de * ou
injúria (I CO 15:9)
louvor ao que suportaram
* e calúnia (HB 13:24)
mentalização de represálias
violentas (GL 5:13)

Perseguidor
insatisfação enfermiça (I TM 4:7)

Personalidade
criação de valores (HB 3:4)

necessidade de reeducação
e readaptação (I TS 5:19)
reforma da * e desligamento
dos bens materiais (CL 3:8)
representação em material
terrestre da * espiritual (I CO 9:27)
sucesso, insucesso (RM 2:6)
trabalho integrado em proveito
da * real (I CO 12:19)
transformação aparente (RM 12:2)

Personalidade humana
esperança (RM 15:4)

Perturbação
esclarecimento (I CO 8:2)
fruto do esquecimento
do dever (RM 6:23)
instituições conduzidas à * pela
ausência de auxílio mútuo (I TS 4:9)
prisão às teias da * e da
sombra (FM 4:8)

Pessimismo
carantonha (I TS 5:16)
fixação de emoções e pensamentos
em * e azedume (II CO 5:17)
motivo do * e do desespero
quando da calúnia (FM 1:18)
objeções (EF 2:10)
profetas do * e escuras
previsões (FM 4:6)
rescaldo (II CO 5:17)

Pessoa
deserção de * querida (RM 12:21)

Piedade
discernimento entre compaixão
e humilhação (I TM 6:6)
Evangelho e * mentirosa (I TM 6:6)
exercício da * no centro das
atividades domésticas (I TM 5:4)
filha legítima do amor (I TM 6:6)

Pieguice
gentileza e serenidade na
execução da tarefa (RM 14:12)

Plano carnal
concentração das
esperanças (HB 1:2)

Plano Espiritual
　encontro com coração paterno (CL 3:15)
　encontro com criaturas queridas (CL 3:15)
　permanência com seres inesquecíveis (CL 3:15)

Planta
　produção da * conforme a espécie (I CO 14:40)

Plantação
　fiscalização da * dos vizinhos (II TM 2:6)
　serviço de * e edificação (I CO 3:9)

Pobre
　fortuna da esperança e da dignidade (I CO 12:4)

Pobreza
　declaração de * e riquezas infinitas de Deus (II CO 8:1)
　supressão dos problemas (RM 12:16)
　valorização da * e da fortuna (FM 4:12)

Poda
　multiplicação das flores e frutos (I TS 5:16)

Poder
　enceguecimento na megalomania do * transviado (I TM 6:7)

Poder humano
　cessão ao * o que lhe cabe por direito lógico da vida (HB 1:2)

Poder político
　fortalecimento (EF 6:10)

Política
　política do pretérito e * das lutas modernas (HB 1:2)

Político
　anseio por autoridade (FM 3:11)

Pomicultor
　desvelo do * pelo aprimoramento da árvore (RM 11:23)

Ponderação
　instalação da * no centro dos nossos pensamentos (I TS 5:19)

Ponto de vista
　esmagamento do * alheio (I CO 1:17)
　imposição (I CO 13:13)

Popularidade
　fortalecimento (EF 6:10)

Posição social
　jogo transitório (I CO 13:8)

Posse
　apego à paixão (I TM 6:7)
　conflito da * e tormento do coração (RM 8:13)
　vertigem (FM 4:11)

Posse de terras
　fortalecimento (EF 6:10)

Possibilidade
　exterminação de * sagrada (RM 14:6)

Povo
　anuência do * educado com a escravidão dos semelhantes (EF 4:23)
　personalização da presença do * no planeta (EF 5:2)
　Testamento divino para conciliação dos interesses (RM 8:9)

Pranto
　lembrança dos dias de cinza (RM 14:10)

Prece
　alegria e louvor (HB 8:11)
　atitude corporal (RM 14:15)
　benefícios (HB 10:6)
　benefícios da * intercessora (I TS 5:25)
　cultivo do hábito (EF 5:9)
　destino da * intempestiva (CL 4:2)
　exigências de resultados imediatos (CL 4:2)
　iluminação (RM 14:12)
　lembrança da * no desequilíbrio (HB 10:6)
　lubrificante sutil na máquina de experiência diária (I CO 15:58)
　necessidade de persistência (CL 4:2)
　perseverança na * angustiados e espantadiços (CL 4:2)

restauração das próprias
forças (I CO 15:58)
silêncio com a luz íntima (GL 6:10)

Pregador
palavra inspirada de *
ardente (II TM 2:7)

Pregar
significado da palavra (I CO 1:23)

Preguiça
fuga ao azinhavre (I CO 12:27)
recurso mais eficiente (RM 12:21)

Pretérito
companheiros ansiosos por
identificação (I CO 5:7)
fiscalização, crítica, advertência
e compromissos (GL 6:10)
recordação amarga (FM 3:14)

Privilégio
discípulos sinceros e devotados
e * divino (GL 2:8)

Processo
estima do método e * que
se exteriorizam do nosso
modo de ser (FM 2:21)

Processo nutritivo
preocupação com as fases
diversas (RM 5:1)

Professor
estabelecimento de
pagamento (GL 6:10)

Profitente
diálogo com * de outro
credo (EF 5:9)

Progresso
conceito (I CO 13:8)
conversão do * em bênção
para a coletividade (HB 7:7)
defeitos característicos do *
moral deficitário (I CO 15:9)
fracasso nas tentativas
iniciais (HB 12:1)
necessidade de mudança
para obtenção (RM 6:4)
obrigação em benefício
do * coletivo (EF 5:14)

Promessa
certeza da * divina (RM 14:22)
espera por * humana (RM 14:22)

Prosperidade
contribuição para a *
comum (EF 5:14)

Proteção
convocação à * de um
doente (I CO 15:10)

Prova
auxílio aos irmãos (FM 4:11)
bênção aos dias de * e
aflição (II CO 5:7)

Prova de fogo
Evangelho (I TM 4:6)
indústria mecanizada (I CO 3:13)
Terra (I CO 3:13)

Provação
aprendizado benéfico elevando
das trevas para a luz (EF 5:15)
asilo ao parente (CL 3:15)
consequência do erro (RM 6:23)
desespero e desânimo (I CO 12:31)
esquecimento dos problemas
superados e da * vencida (HB 12:15)
louvor aos nascidos em
dolorosa * física (HB 13:24)
recebimento da * como o melhor
que merecemos (EF 5:20)
traumatização com a *
coletiva (RM 14:1)

Providência
forma de apresentação (II TM 2:15)
oportunidade de realização
(II TM 2:15)

Providência divina
bênçãos da * e enriquecimento
de cada hora (I TS 5:18)
glorioso amor para a Humanidade
inteira (II CO 10:7)
material de edificação
eterna (HB 12:13)
perda da confiança (RM 14:6)

Prurido idolátrico
proscrição (I CO 10:7)

PUREZA
    conservação da * dos
    sentimentos (I TM 4:12)
PURIFICAÇÃO
    dor e trabalho, artistas
    celestes (I CO 3:16)
    necessidade (II TM 2:21)
    provações da carne, agentes
    de * interior (I TM 6:19)

Q

QUADRO
    pintor e * apostólico (RM 8:9)
QUALIDADE
    aclimatação da * cristã (EF 4:7)
    desenvolvimento de *
    espiritual (II TM 1:6)
    revelação de * divina (I CO 12:4)
QUEIXA
    desfiguração da dignidade
    do trabalho (CL 3:13)
    exteriorização (TT 2:8)
    fuga de dramatização através
    de * e recriminação (EF 5:8)
    imunização contra os agentes
    tóxicos (HB 12:15)
    labirinto (TT 2:1)
QUESTIÚNCULA
    perseverança na * literária (EF 5:14)

R

RACIOCÍNIO
    desânimo (I TS 5:8)
    Evangelho aplicado ao * e
    ao sentimento (I TS 5:19)
    justiça na publicação do
    * elevado (I CO 8:1)
    vitórias do * e conquistas do
    sentimento (II CO 13:8)
REAJUSTAMENTO
    contribuição para * dos desviados
    da simplicidade (CL 4:6)
REALIDADE
    chegada da *, inevitável e
    inflexível (II CO 7:9)
REBANHO HUMANO
    personificação dos cães (FM 3:2)

REBELDIA
    arrojo à * ou ao desalento
    (RM 12:21)
    submissão da * às forças
    corretoras da vida (HB 5:9)
RECAPITULAÇÃO
    trabalho de * na carne (I CO 5:7)
RECLAMAÇÃO
    auxílio (I CO 13:11)
    escuta (GL 6:7)
RECOMPENSA
    serviço (I CO 13:11)
RECONCILIAÇÃO
    correção (HB 10:6)
    desenvolvimento das
    forças (RM 12:20)
RECONHECIMENTO
    hábito de manifestação de * em
    frases bombásticas (CL 3:15)
RECUPERAÇÃO
    comentário desairoso de quem
    procura a * digna (HB 10:24)
RECURSO
    administração do *
    material (FM 4:12)
    improvisação do * indispensável
    em auxílio dos afeiçoados (EF 5:14)
    perda de * material (EF 5:20)
RECURSO DIVINO
    processo de assimilação (II CO 8:1)
RECURSO FINANCEIRO
    fortalecimento (EF 6:10)
RECURSO PSÍQUICO
    encantamento (I CO 12:7)
REDENÇÃO
    conquista dos valores (I CO 16:13)
    conversão ao serviço (II CO 3:16)
    marcha no caminho
    interior (HB 11:8)
    renovação do semblante
    moral dos povos (I TM 1:15)
    trabalho na salvação própria
    e na * alheia (I TM 4:16)

REENCARNAÇÃO
condução para novas lutas e ensinamentos (EF 4:23)
modificação dos títulos afetivos (HB 13:1)
quadro de valores potenciais de trabalho (I CO 12:7)

REFAZIMENTO
congregação das forças divinas (RM 12:21)

REFERÊNCIA
fuga à * pessoal (EF 6:6)

REFLEXO CONDICIONADO
repetição dos belos conceitos (RM 14:12)

REFÚGIO
crises morais (I CO 15:58)

REGENERAÇÃO
encarecimento da oportunidade de * espiritual na vida física (HB 3:15)

REGIÃO DE SONO PSÍQUICO
transcendência do limitado entendimento humano (I CO 15:51)

REGRA
aconselhamento (RM 12:2)

REINO DA LUZ
obtenção (EF 5:15)

REINO DE DEUS
adversários sutis (II TM 2:24)
edificação do * e ação espírita evangélica (I CO 12:31)

REINO DE DEUS
construção (RM 13:10)

REINO DIVINO
boa vontade (I CO 14:7)
crescimento da obra (I CO 3:9)
fé na edificação (RM 14:22)
retirada de tudo que não seja material de edificação (FM 4:8)
trabalho justo (CL 4:18)

RELIGIÃO
Ciência e imposição de diretrizes (RM 14:1)
sofistas (CL 2:8)

RELIGIÃO SECTARISTA
cristalização das glórias sangrentas (II CO 1:12)

RELÓGIO
horas diferentes no * da evolução (I TS 5:19)

REMÉDIO
manifestação de esperança no * das palavras (I TM 3:9)
resposta em assunto importante (CL 4:6)

REMORSO
súplica (HB 10:6)

REMUNERAÇÃO ESPIRITUAL
auto educação (II TM 2:6)
criatividade (II TM 2:6)
entendimento (II TM 2:6)
ponto mais importante (II TM 2:6)
relações afetivas (II TM 2:6)
tendências inferiores (II TM 2:6)

RENOVAÇÃO
aceitação varonil das ocorrências adversas (RM 6:4)
chamados pela morte do corpo (I CO 9:26)
despertamento (RM 7:21)
encontro com o bem (EF 5:15)

RENOVAÇÃO INTERIOR
demonstrações fenomenológicas (II CO 13:5)

RENÚNCIA
amor em Jesus (GL 6:9)
cultivo à * dos pequenos desejos (CL 3:13)
filosofia edificante (I CO 1:23)

REPREENSÃO
aproveitamento do conselho (II CO 8:1)

REPROCHE
conservação da alma tranquila no * injusto (II CO 8:1)

REPROVAÇÃO
espinheiral (TT 2:1)

RESERVA MATERIAL
doação da escassa (RM 14:12)

RESGATE
    caminho de * cheio de espinhos (CL 3:14)
    compromisso significa * natural (RM 1:14)
RESIDÊNCIA ESPIRITUAL
    construção de elevada * para si mesmo (I TS 4:11)
RESPEITO
    exercício do * a todas as criaturas (GL 6:1)
    prática do * aos semelhantes (II TM 2:15)
RESPONSABILIDADE
    aceitação da * ou da aprova (0)
    assunção da * daqueles que se encontram expostos à multidão (GL 6:4)
    compreensão da * com Jesus (FM 4:11)
    definição de posição justa (EF 6:13)
    deserção (II TM 1:7)
    exoneração de toda e qualquer (GL 5:13)
    inexistência de amor (II CO 13:8)
    partilha (FM 1:29)
    temor (II TM 1:7)
    valorização da *, do livre-arbítrio e da razão (I TS 5:19)
RESSURREIÇÃO
    conservação da certeza da própria * além da morte (HB 6:1)
    ensino do caminho da * eterna (I CO 1:18)
    espera de Jesus nos cimos resplandecentes (HB 11:8)
    Jesus na cruz (FM 3:11)
    vida infinita (I CO 15:13)
RETIFICAÇÃO
    prazeres fáceis reclamando * de amanhã (GL 6:8)
RETRIBUIÇÃO
    trabalho contra a expectativa (GL 3:3)
REVELAÇÃO
    escritor e sublimes imagens (RM 8:9)
    mutilação da * divina (CL 2:8)
    serviço indicado (I CO 3:9)
REVELAÇÃO DIVINA
    extinção da luz da * em nós (II TM 1:6)
REVOLTA
    testemunho de obediência (CL 3:16)
RICO
    multiplicação do trabalho e divisão das bênçãos (I CO 12:4)
RIQUEZA
    agradecimento pela * de um dia claro (TT 2:1)
    distribuição da * que flui de ti próprio (EF 2:10)
    transporte da * do espírito (I TM 6:19)
RIQUEZA DIVINA
    incorporação da * aos sentimentos e ideias (EF 5:15)
RITO PRIMITIVO
    sacrifício de jovens e crianças (HB 7:27)
ROBUSTEZ ESPIRITUAL
    plenitude (I TS 5:21)
ROGATIVA
    robustecimento (RM 5:3)
ROMAGEM
    exemplo dos que glorificaram a * no caminho (HB 11:25)
ROMAGEM CARNAL
    estágio do espírito (HB 10:35)
ROMANO
    conquista do poder (I TM 1:15)
ROTULAGEM
    perigo da simples (RM 8:9)

S

SABEDORIA
    construção íntima da * e do amor (I CO 4:19)
SÁBIO
    renovação do pensamento geral para o bem (I CO 12:4)

SACERDÓCIO
  novos discípulos além do *
  organizado (I CO 1:23)
SACERDOTE
  ensino das maneiras da fé (I CO 4:9)
  tortura (GL 6:5)
SACRIFÍCIO
  agradecimento ao Senhor (CL 4:2)
  enaltecimento (II CO 12:9)
  enriquecimento da vida (I TS 5:18)
SALÁRIO DO ERRO
  constituição (RM 6:23)
SALVAÇÃO
  capacete da * aprendiz do
  Evangelho (EF 6:17)
  verdadeiro sentido (II CO 6:2)
SALVAR
  significado da palavra (FM 2:12)
  significado da palavra (I TM 1:15)
  significado da palavra (II CO 6:2)
SANGUE
  cura da honra com o
  * alheio (GL 6:8)
SANTIDADE
  coroa (RM 12:16)
SANTIFICAÇÃO
  cultura e * constituem dever
  para todos (I CO 12:31)
SANTUÁRIO
  construção do * que nos
  seja próprio (HB 3:4)
SANTUÁRIO INTERNO
  som da palavra delicada e
  pura de Jesus (II CO 6:16)
SARCASMO
  conservação do * ou do
  insulto alheio (I TM 6:7)
  falso terreno (TT 2:1)
SATANÁS
  representação do poder
  do mal (RM 16:20)
SAÚDE
  alegria pela riqueza da * e
  da esperança (I TS 5:16)
  luta pela harmonia do
  corpo (I TS 4:11)
SAÚDE DO CORPO
  prejuízo do espírito (RM 2:6)
SEAREIRO DO BEM
  cruzes dolorosas por dentro
  do coração (RM 12:16)
SEGREGAÇÃO HOSPITALAR
  inevitabilidade da * demorada
  e distante (CL 3:15)
SEGURANÇA
  encontro com a
  incorruptível (EF 6:10)
  garantia de * e tranquilidade
  (I CO 2:16)
  obrigação de estudo (I CO 12:31)
  serenidade em nós, * nos
  outros (I TS 5:16)
SEMENTE
  bênção à terra que a isola (GL 6:9)
  choro da * lançada à
  cova escura (GL 6:9)
  cooperação na evolução
  do mundo (I CO 15:37)
  germe do tronco
  benfeitor (I CO 3:16)
  germinação (RM 2:6)
  herdeira do poder
  divino (I CO 15:37)
  obediência à influência
  da luz (I CO 15:44)
  representação da * gloriosa para
  edificações imortais (I CO 15:37)
  sacerdotisa do Criador e
  da Vida (I CO 15:37)
  transformação da * em
  arbusto (GL 6:9)
SEMENTEIRA
  reaparecimento da * depois
  da tempestade (I TS 5:16)
  retorno dos homens de armas
  à * do solo (HB 8:11)
SENDA
  criaturas e situações da *,
  mensagens vivas (I TS 5:16)
  dilatação das luzes espirituais
  na * reta (I TM 6:5)

SENHOR
    julgamento dos
    semelhantes (EF 6:7)
SENSIBILIDADE
    esquecimento da *
    ferida (I CO 12:27)
    filhos (EF 4:23)
SENTIMENTO
    dilatação das reservas de
    * superior (CL 3:12)
    eliminação do *
    descontrolado (TT 2:8)
    padronização do * em
    ponto alto (HB 10:24)
    renovação pelo * à luz do
    Evangelho (EF 4:23)
    sujeição do * aos ataques da
    cólera violenta (I TS 5:8)
SEPARATISMO
    distanciamento dos homens
    pelo * infeliz (GL 4:26)
SEPULCRO
    conduta e * aberto (RM 3:13)
    imagem do * aberto (RM 3:13)
SEQUÊNCIA
    obediência (RM 12:16)
SERENIDADE
    substituição do clima (I CO 15:33)
SERROTE
    informação da madeira (RM 7:10)
SERVICINHO
    desprezo pelo * útil (EF 4:32)
SERVIÇO
    consagração ao * sem ideia
    de queixa (EF 4:28)
    desarticulação do * dos corações
    bem-intencionados (FM 3:2)
    descentralização no *
    espiritual (I CO 3:6)
    elementos para garantia
    da eficiência (FM 1:21)
    esmorecimento no * de elevação
    espiritual (I CO 10:12)
    exortação do * sem
    descanso (II CO 5:14)
    facilidade do * à vista (EF 6:6)
    fuga do * evangélico (I CO 9:16)
    inspiração do * incessante (RM 12:2)
    motivo de honra e
    merecimento (II TS 3:8)
    obras morais que pedem
    * edificante (GL 6:10)
    renovação pede *
    constante (EF 4:23)
    retardamento da execução
    de (I CO 1:9)
    sagrada oportunidade na marcha
    divina para Deus (HB 1:11)
    valorização da oportunidade
    do * de cada dia (I CO 12:6)
SERVIÇO DE PREPARAÇÃO
    início (RM 5:3)
SERVIÇO PÚBLICO
    contemplação (TT 2:1)
SERVIDOR
    veneno que procede do
    * infiel (FM 3:2)
SERVILISMO
    obediência (I CO 13:11)
SERVIR
    aprimoramento da
    capacidade (I CO 12:19)
SERVO
    obrigação do * fiel (HB 12:15)
SEVERIDADE
    efeitos contraproducentes
    da * demasiada (I TS 5:8)
SEXO
    aproximação das almas na
    paternidade e na (RM 14:14)
    criação e reprodução das
    formas (RM 14:14)
    egoísmo humano (RM 14:14)
    estímulo ao trabalho e à
    regeneração (RM 14:14)
    extensão da vida (RM 14:14)
    motivo mais sublime da existência
    do homem (RM 14:14)
SÍFILIS
    educadores preocupados
    (II TM 2:16)

SILÊNCIO
    remédio bendito (TT 1:15)
SIMPATIA
    angariação de * do
    próximo (II TM 2:15)
    auxílio com a bênção da * e
    da compaixão (I TM 2:2)
    extensão do agasalho da * pelos
    fios do coração (HB 13:2)
    homens de boa vontade (FM 4:19)
SIMPLICIDADE
    fuga (GL 6:9)
    sem afetação (I CO 13:1)
SINCERIDADE
    ensino com * e aprendizado
    das lições (TT 3:3)
    sem agressão (I CO 13:1)
SOBERANO
    elevação do * dominador em
    pedestais de ouro (HB 10:35)
SOBERBA
    progresso (I CO 13:11)
SOCORRO
    emissários abnegados e *
    santificante (I CO 4:21)
    espancamento (I TM 6:6)
    expedição de apelos ao
    * espiritual (CL 4:3)
    inclinação ao * de meninos
    desprotegidos (I CO 13:4)
    recursos para as tarefas do
    * material (FM 4:11)
SOFRIMENTO
    aceitação das lições difíceis (RM 5:1)
    agradecimento pelo * que
    ilumina (FM 4:20)
    calúnia (HB 10:36)
    desespero (RM 8:13)
    exercício salutar (RM 8:13)
    fuga dos aprendizes (FM 1:29)
    função renovadora (EF 5:20)
    nota de consolação (RM 14:12)
    origem do * dos homens (FM 2:6)
    preferência pela solidão à
    companhia que agrava (CL 4:3)
    quadro precioso de lição
    sublime (RM 5:3)
    reajustamento (RM 12:2)
    redenção (I TS 5:18)
    sacrifício para redução do
    * alheio (I CO 13:8)
    sentimento do peso (GL 6:5)
SOL
    resplandecência do * no
    firmamento (II CO 10:7)
SOLIDÃO
    encontro com o semblante
    amargo (FM 3:14)
    motivo da invasão da * na
    existência (I TS 5:9)
    presença da fisionomia
    triste d (FM 3:14)
SOLIDARIEDADE
    estabelecimento de * e respeito
    junto de nós (GL 6:7)
    recepção da bênção da * e
    do otimismo (RM 13:10)
    redução do espírito de
    serviço (I TS 4:9)
    sobra da preocupação
    de críticas (I TS 4:9)
SOLO
    consagração ao
    aprimoramento (EF 4:3)
SOLUÇÃO
    colaboração humana na *
    dos problemas de natureza
    espiritual (FM 2:12)
SOMBRA
    favorecimento à
    estagnação (EF 5:11)
    instalação da * dentro
    de nós (HB 13:5)
SONAMBULISMO MAGNÉTICO
    sonâmbulos do sarcasmo
    (II CO 12:7)
SONO
    quota de tempo gasta (EF 5:8)
SORRISO AMIGO
    bênção para a eternidade
    (II TM 1:13)

SORTE
    condenação dos desesperados
    (I CO 11:19)
SUBALTERNIDADE
    doação aos irmãos
    necessitados (FM 2:21)
SUBLIMAÇÃO
    servos constrangidos na obra
    verdadeira da * (FM 1:14)
SUCESSO
    preocupação com o *
    particularista (FM 4:12)
SUICÍDIO
    pranto e desolação nos
    lares (I CO 13:7)
SUPÉRFLUO
    encarceramento (HB 13:5)
SUPERIORIDADE
    alimentação do laivo (RM 1:14)

T

TALENTO
    utilização de qualquer * para
    o bem comum (I CO 12:31)
TAREFA
    abominação da * de
    cada dia (I TS 5:9)
    boa vontade na *
    pequena (RM 12:16)
    companheiro chamado a *
    mais difícil (FM 4:22)
    companheiros inabilitados
    para a (I CO 1:9)
    conturbação da * com
    receios pueris (I CO 13:8)
    origem de toda * respeitável
    e edificante (I CO 12:6)
TAREFA DIGNA
    toda * se reveste de
    utilidade (I CO 15:2)
TAREFA ESPIRITUAL
    limitação da * à frequência
    mecânica (I CO 14:26)
TAREFEIRO
    localização do * para a
    cooperação exata (I CO 12:19)

TÉDIO
    aquisição do * vizinho da
    desesperação (II TS 3:13)
TELHADO ALHEIO
    pedras arremessadas (RM 14:10)
TEMERIDADE
    operação (I CO 13:11)
TEMPESTADE
    agradecimento pela * que
    renova (FM 4:20)
    confiança na Divina
    Providência (RM 5:1)
    fortalecimento (II CO 12:9)
    funções regeneradoras e
    educativas (RM 5:3)
    perigo (RM 5:3)
TEMPLO
    construção do * vivo da luz (FM 4:8)
    finalidade máxima do *
    de pedra (HB 13:10)
    iluminação e santificação
    do * íntimo (RM 11:23)
TEMPO
    crítica (TT 2:1)
    eliminação de * em palestras
    compridas e ferinas (RM 3:13)
    espera pelas surpresas (HB 6:15)
    furtos (EF 4:28)
    implacável dominador de
    civilizações e homens (II CO 4:16)
    menosprezo às bênçãos do * em
    remorso destrutivo (FM 3:13)
    percepção dos valores
    infinitos (RM 14:6)
    produção da semente (RM 14:10)
    recordação da importância do *
    que se chama hoje (HB 3:13)
    utilização do * no
    reajustamento (II CO 7:10)
    utilização do * para registro das
    sugestões divinas (HB 3:15)
TEMPO DE SERVIÇO
    Paulo de Tarso e * à causa
    divina (CL 3:15)
TEMPORAL
    purificação da atmosfera (I TS 5:18)

TENTAÇÃO
  aparecimento da * para
  o desvio (II TM 1:6)
  flagelos (II CO 4:7)
  mente feminina (EF 5:33)
  resistência contra o
  assédio (I CO 15:9)
TERATOLOGIA
  referência à guerra como
  se fosse um fenômeno de
  * política (I TS 5:13)
TERESA DE ÁVILA
  permanência em parada cardíaca
  por quatro dias (II CO 12:7)
TERMO CHULO
  uso da linguagem (EF 5:9)
TERNURA
  sede (EF 6:13)
TERRA
  ajuda a * pela qualidade de
  nossa vida (II CO 5:17)
  alcance de expressiva posição
  no seio das esferas (EF 4:1)
  dádivas em trânsito (RM 13:10)
  edificação do Reino de
  Jesus (I CO 15:58)
  esquecimento da finalidade
  da permanência (FM 3:14)
  filhos da *, réus da pena
  última (RM 8:17)
  filosofia do imediatismo (I CO 15:19)
  harmonia das circunstâncias
  (RM 14:6)
  nobres excomungados
  passaram pela * perseguidos
  e desprezados (GL 4:26)
  palco na exibição das glórias
  passageiras (II CO 1:12)
  permanência na * e
  ponderação (RM 2:6)
  quadro obscuro do desenvolvimento
  intelectual (I CO 1:23)
  Solução de problema (RM 8:31)
  valorização da
  permanência (RM 2:6)
  viagem longa (GL 6:7)

vida pregressa respeitável
e digna (I CO 5:7)
TESOURO
  entrada na posse de *
  eterno (I CO 12:7)
  esquecimento do * da
  prática (II CO 3:16)
  morte e arrebatamento (RM 14:7)
  reclamação de * para oferta
  ao necessitado (I TM 6:8)
TESTE
  aceitação e paciência (II TS 3:13)
  interpretação das dificuldades
  da vida (I CO 12:31)
TIMÓTEO
  burilamento dos dons
  da alma (II TM 1:6)
  convívio de * com Paulo
  de Tarso (II TM 1:6)
  permanência de * no
  círculo dos testemunhos de
  sacrifício (I TM 4:12)
TÍTULO
  procura de * honorífico
  transitório (II CO 1:12)
TÍTULO HONROSO
  dor disfarçada sob * do
  mundo (RM 12:16)
TOLERÂNCIA
  ensaio de * e entendimento
  (RM 14:10)
  exaltação da * como fator
  de equilíbrio (I CO 9:26)
  resultado da * excessiva (TT 3:3)
  tranquilidade coletiva (I TS 5:13)
TOLERÂNCIA DIVINA
  precipícios da violência (EF 4:32)
TRABALHADOR
  dever (HB 12:15)
  preocupação do * por novidades
  em fenomenologia (I CO 14:26)
TRABALHO
  abraço ao * por amor de
  servir (II TM 1:7)
  abundância de recursos de
  * espiritual (II TM 1:7)

amizade e gratidão (EF 5:20)
bênção de cada dia (I CO 3:9)
bondade de Deus (EF 4:23)
busca voluntária (II CO 5:17)
clima de revolta (RM 8:13)
compra de estímulo (GL 6:10)
condução do * sobre os trilhos do respeito e da caridade (HB 12:28)
conquista (RM 12:2)
crítica impiedosa e fé (II CO 5:7)
curiosidade crônica e * sério (II CO 13:5)
dádiva abençoada de elevação e aprimoramento (RM 8:13)
empenho no * de autoburilamento (EF 4:23)
enrijecimento das energias (EF 6:13)
espera por melhores dias para o * esclarecedor (GL 6:10)
esquecimento do valor (EF 4:32)
exemplificação (I CO 1:17)
firmeza no lugar de (I CO 1:9)
infalível extintor da miséria (CL 3:16)
instrutor do aperfeiçoamento (EF 6:7)
lembrança do * pequenino dia a dia (II CO 4:16)
luz divina do espírito humano e * inteligente (I TS 5:19)
marcha ao longo do * honroso (HB 12:15)
perseverança no * com o bem (RM 14:22)
procura de melhoria de nível no * material (HB 6:1)
quota de tempo gasta (EF 5:8)
refúgio no * perseverante no bem geral (II CO 5:14)
renovação (EF 5:15)
renovação no * e no serviço (II CO 5:17)
renúncia ao * renovador (HB 10:36)

TRABALHO CRISTIANIZANTE
aproximação de criaturas perversas (II TS 3:2)

TRANQUILIDADE
assaltos (EF 4:28)
desejo de * e apego à inquietação (I TM 6:19)
elevação da nossa * sobre os alicerces do sentimento alheio (II CO 10:7)
introdução de tormentos morais e * mentirosa (I CO 13:8)
norma exata (RM 8:31)

TRANSFORMAÇÃO
alcance no imo da alma (EF 4:23)
enriquecimento com abençoadas ocasiões de melhora e (EF 4:23)
imperativo de * permanente no imo da alma (EF 4:23)
imposição da família terrestre (EF 4:23)
solicitação (RM 12:2)
usanças do tempo (EF 4:23)

TRANSFORMAÇÃO ESPIRITUAL
disciplina (RM 12:2)
necessidade (RM 12:2)

TREVA
criação da descida à * ou ascensão à luz (I CO 15:58)
elevação da * para a luz (I TM 1:15)
rendição às requisições (FM 4:8)
resignação aos hábitos (RM 12:2)

TREVA EXTERIOR
transcendência do limitado entendimento humano (I CO 15:51)

TREVAS
despertamento nas * amontoadas em si mesmos (I TM 6:7)

TRIBULAÇÃO
produção de fortaleza e paciência (RM 5:3)
tormenta da alma (RM 5:3)

TRIBUNA
subida à * e ensino do caminho redentor (II TM 1:13)

TRIBUNAL JUDICIÁRIO
demandas (I CO 6:7)

TRISTEZA
cautela (II CO 2:1)

cuidado com a * e sombras esterilizadoras (II CO 9:7)

extensão da * nas tarefas do bem (HB 12:28)

ferrugem nas engrenagens da alma e * de todo instante (I TS 5:16)

gesto de dissipação (GL 6:10)

lamentações estéreis e * negativa (II CO 13:5)

rebentos da * e nevoeiro do desânimo (EF 5:8)

reencarnações corretivas e perigosas e * do mundo (II CO 7:10)

TRIUNFO
fracasso e * no plano das formas temporárias (I CO 8:2)

TROMBETA
afinamento da * dos sentimentos pelo diapasão de Jesus (I CO 14:8)

personificação do discípulo do Evangelho na * de Jesus (I CO 14:8)

TROPEÇO
alegação de * e culpa para fuga das responsabilidades (I CO 4:2)

TROVÃO
substituição da voz do * cântico das aves (RM 12:21)

TÚNICA
ornamentação da * da perfeição espiritual (CL 3:14)

U

ÚLCERA
comentários no exame de * alheia (RM 3:13)

UNIÃO
sustentação da árvore da * fraterna (EF 4:3)

UNIDADE ESPIRITUAL
serviço básico da paz (EF 4:3)

UNIVERSIDADE
celeiro de luz para a inteligência (CL 3:13)

UNIVERSO
corpo, miniatura (I CO 9:27)

corrente de amor em movimento incessante (EF 5:20)

USURÁRIO
perda da paz (FM 3:11)

V

VAGA-LUME
suposição do * como príncipe da luz (II CO 10:7)

VAIDADE
aprendizado (I CO 13:11)

atenção em primeiro lugar à * humana (HB 5:9)

atiçamento da paixão inferior (EF 5:11)

destaque científico (HB 7:7)

glórias sangrentas de * dos prazeres mentirosos (II CO 1:12)

padrões (I TM 6:8)

prisioneiros da * ou da ignorância (II CO 13:11)

VAIDOSO
ligação do * aos títulos transitórios (CL 3:2)

VALE DA SOMBRA E DA MORTE
ação da dor (RM 15:4)

esperança (RM 15:4)

VALOR
preservação do * essencial (I CO 12:27)

VALOR ESPIRITUAL
alimento vivo e imperecível da alma (HB 12:12)

VALOR ETERNO
aquisição (I TM 4:16)

VANTAGEM
louvor pela recusa de * material (HB 13:24)

VASO SAGRADO VER CORPO FÍSICO

VEÍCULO ORGÂNICO VER CORPO FÍSICO

VEÍCULO SUTIL VER PERISPÍRITO

VELA
presunção da* no trono absoluto da claridade (II CO 10:7)

VELHICE
fantasias mortas (II TM 2:11)

Verbo
  acatamento (I TM 4:6)
  arrastamento ao * deturpado ou violento (TT 2:1)
  brilhante * e cultor de anedotas menos dignas (I CO 14:7)
  castigo pela aspereza (TT 2:8)
  controle do * e palavra torpe (EF 4:29)
  cuidado na utilização (TT 2:1)
  desfiguração do dom sagrado (EF 4:29)
  estudo do poder (I TM 4:6)
  importância (CL 4:3)
  mobilização (I TM 4:6)
  sagradas possibilidades (II TM 2:16)
  uso do * para auxílio e bênção (I TM 4:6)

Verdade
  afastamento da * pela manifestação malconduzida (TT 2:8)
  chamados à exposição (I CO 15:10)
  cultivadores das árvores da *, do bem e da luz (I TM 1:7)
  deturpação dos preceitos da (CL 2:8)
  devotamento individual (I CO 3:6)
  endosso da preguiça (I CO 4:2)
  espera pelo futuro (II CO 6:2)
  interpretação da * tão esquiva aos métodos de apreciação comum (EF 4:15)
  lágrima vertida (FM 3:14)
  necessidade de acompanhamento da * em caridade (EF 4:15)
  posse do conhecimento (II CO 4:7)
  retorno da * com a renovação da morte física (II CO 10:7)
  sementeira (TT 3:3)
  transformação da nossa * em amor aos semelhantes (EF 4:15)

Viajor
  queixa da canícula e * invigilante (HB 12:12)
  transformação do * em mendigo comum (HB 12:12)
  claridade no caminho (RM 14:7)

Vibração
  isenção de * adversa (RM 7:21)

Viciação
  fuga ao domínio da * e da crueldade (EF 4:31)

Vício
  referências à proliferação (CL 3:13)

Vicissitude
  gravitação da criatura desencarnada em torno da * terrestre (I TM 6:19)

Vida
  aplicação à construção da * equilibrada (RM 12:2)
  caminhada na senda oferecida (I TS 4:9)
  cautela com o alimento invisível (I CO 5:6)
  condição para alcançar a compreensão (RM 12:2)
  conservação da cegueira (FM 2:21)
  curso preparatório (I CO 12:6)
  espírito de mudança exigido pela * de cada um (RM 6:4)
  exame sério do fundo religioso (II CO 6:4)
  expressão dos desígnios do Criador (RM 2:6)
  fórmula ideal para vitória (I CO 13:8)
  função (I CO 15:51)
  imperativos da *, cultura intelectual e aprimoramento moral (FM 1:9)
  interesse na busca do melhor que a * oferece (EF 4:23)
  interpretação da * pelos corações fracos (I CO 12:6)
  leis da *, observação e acatamento (RM 5:1)
  lições (RM 2:6)
  melhoria e dignificação da * em nós (II CO 13:7)
  obtenção da resposta da * na vida procurada (RM 2:6)
  origem da solução dos problemas (RM 14:12)
  pacificação da alma e harmonia (II CO 13:11)
  reação da * sobre nós (II CO 2:1)

reações (RM 2:6)
reclamos pela melhora (EF 4:28)
restauração do equilíbrio (I CO 3:9)
revelação dos objetivos
sublimes (RM 10:11)
semeadura (I TM 1:7)
subversão dos valores (I CO 13:11)
troca incessante (GL 6:7)
valores da * eterna (II CO 5:20)
valorização (I CO 15:9)

VIDA
esquecimento da * simples (FM 4:11)
processo renovador (II CO 4:16)

VIDA CONJUGAL
tragédias (EF 5:33)

VIDA CRISTÃ
únicas paixões justificáveis
(II CO 4:5)

VIDA ESPIRITUAL
igreja augusta e livre (GL 4:26)

VIDA ETERNA
alcance (I TM 6:19)
catalogação de tudo o que
se refere (GL 6:17)
conquistas (I CO 3:13)
cultivo do bem (GL 6:8)
transformação da * em enfermiça
experimentação (RM 6:23)
tributos pagos ao espírito (FM 3:11)

VIDA HUMANA
menosprezo da expressão
animal (I CO 15:44)

VIDA INFERIOR
aluvião de futilidades (HB 12:12)

VIDA INTERIOR
despertamento (II TM 1:6)

VIDA MAIOR
procedência das lições (GL 6:5)

VIDA MELHOR
trabalho e serviço (II TM 2:6)

VIDA PASSADA
carga de condição menos
feliz (EF 4:23)

VIDA SUPERIOR
dádivas abençoadas (RM 13:10)
fuga do conhecimento (RM 14:1)
obreiros da caridade (FM 4:19)
revelação da excelência (FM 3:14)

VIGILÂNCIA
significado da palavra (I TS 5:6)

VIGÍLIA
quota de tempo gasta (EF 5:8)

VIOLÊNCIA
império (I TM 6:7)
indução a qualquer
atitude (RM 12:2)

VIRTUDE
encontro com a * rodeada
de vícios (FM 2:21)
lamentação incessante e tédio
continuado (II CO 7:10)
recuo da * vacilante ante
o vício (HB 10:35)
resplandecimento da * por
luz de Deus (II CO 4:7)

VISÃO
funcionamento da * espiritual
à frente de todos (RM 12:16)

VITÓRIA
perseverança (GL 6:9)
transposição das barreiras que nos
separam da * sobre nós (I CO 15:10)

VIÚVA
exaltação ao vintém (FM 2:5)

VONTADE DE DEUS
acicates da prova (RM 12:2)
expressão (RM 12:2)
preceitos sociais (RM 12:2)

VONTADE DIVINA
cumprimento fiel da * no caminho
da redenção (II CO 13:5)

Z

ZAQUEU
louvor a fortuna (FM 2:5)

ZELO
evidência do * das atitudes (RM 8:9)

Zona mental
: informações vivas da * de que procedemos (EF 5:8)

Zona purgatorial
: transcendência do limitado entendimento humano (I CO 15:51)

O EVANGELHO POR EMMANUEL:					
COMENTÁRIOS ÀS CARTAS DE PAULO					
EDIÇÃO	IMPRESSÃO	ANO	TIRAGEM	FORMATO	
1	1	2017	5.000	16x23	
1	2	2018	5.000	16x23	
1	3	2018	1.000	16x23	
1	4	2018	2.500	16x23	
1	5	2020	2.750	16x23	
1	6	2021	2.000	16x23	
1	7	2023	2.000	15,5x23	

O LIVRO ESPÍRITA

Cada livro edificante é porta libertadora.

O livro espírita, entretanto, emancipa a alma nos fundamentos da vida.

O livro científico livra da incultura; o livro espírita livra da crueldade, para que os louros intelectuais não se desregrem na delinquência.

O livro filosófico livra do preconceito; o livro espírita livra da divagação delirante, a fim de que a elucidação não se converta em palavras inúteis.

O livro piedoso livra do desespero; o livro espírita livra da superstição, para que a fé não se abastarde em fanatismo.

O livro jurídico livra da injustiça; o livro espírita livra da parcialidade, a fim de que o direito não se faça instrumento da opressão.

O livro técnico livra da insipiência; o livro espírita livra da vaidade, para que a especialização não seja manejada em prejuízo dos outros.

O livro de agricultura livra do primitivismo; o livro espírita livra da ambição desvairada, a fim de que o trabalho da gleba não se envileça.

O livro de regras sociais livra da rudeza de trato; o livro espírita livra da irresponsabilidade que, muitas vezes, transfigura o lar em atormentado reduto de sofrimento.

O livro de consolo livra da aflição; o livro espírita livra do êxtase inerte, para que o reconforto não se acomode em preguiça.

O livro de informações livra do atraso; o livro espírita livra do tempo perdido, a fim de que a hora vazia não nos arraste à queda em dívidas escabrosas.

Amparemos o livro respeitável, que é luz de hoje; no entanto, auxiliemos e divulguemos, quanto nos seja possível, o livro espírita, que é luz de hoje, amanhã e sempre.

O livro nobre livra da ignorância, mas o livro espírita livra da ignorância e livra do mal.

Emmanuel[1]

---

[1] Página recebida pelo médium Francisco Cândido Xavier, em reunião pública da Comunhão Espírita Cristã, na noite de 25 de fevereiro de 1963, em Uberaba (MG), e transcrita em *Reformador*, abr. 1963, p. 9.

LITERATURA ESPÍRITA

Em qualquer parte do mundo, é comum encontrar pessoas que se interessem por assuntos como imortalidade, comunicação com Espíritos, vida após a morte e reencarnação. A crescente popularidade desses temas pode ser avaliada com o sucesso de vários filmes, seriados, novelas e peças teatrais que incluem em seus roteiros conceitos ligados à Espiritualidade e à alma.

Cada vez mais, a imprensa evidencia a literatura espírita, cujas obras impressionam até mesmo grandes veículos de comunicação devido ao seu grande número de vendas. O principal motivo pela busca dos filmes e livros do gênero é simples: o Espiritismo consegue responder, de forma clara, perguntas que pairam sobre a Humanidade desde o princípio dos tempos. Quem somos nós? De onde viemos? Para onde vamos?

A literatura espírita apresenta argumentos fundamentados na razão, que acabam atraindo leitores de todas as idades. Os textos são trabalhados com afinco, apresentam boas histórias e informações coerentes, pois se baseiam em fatos reais.

Os ensinamentos espíritas trazem a mensagem consoladora de que existe vida após a morte, e essa é uma das melhores notícias que podemos receber quando temos entes queridos que já não habitam mais a Terra. As conquistas e os aprendizados adquiridos em vida sempre farão parte do nosso futuro e prosseguirão de forma ininterrupta por toda a jornada pessoal de cada um.

Divulgar o Espiritismo por meio da literatura é a principal missão da FEB, que, há mais de cem anos, seleciona conteúdos doutrinários de qualidade para espalhar a palavra e o ideal do Cristo por todo o mundo, rumo ao caminho da felicidade e plenitude.

O EVANGELHO NO LAR

Quando o ensinamento do Mestre vibra entre quatro paredes de um templo doméstico, os pequeninos sacrifícios tecem a felicidade comum.[1]

Quando entendemos a importância do estudo do Evangelho de Jesus, como diretriz ao aprimoramento moral, compreendemos que o primeiro local para esse estudo e vivência de seus ensinos é o próprio lar.

É no reduto doméstico, assim como fazia Jesus, no lar que o acolhia, a casa de Pedro, que as primeiras lições do Evangelho devem ser lidas, sentidas e vivenciadas.

O espírita compreende que sua missão no mundo principia no reduto doméstico, em sua casa, por meio do estudo do Evangelho de Jesus no Lar.

Então, como fazer?

Converse com todos que residem com você sobre a importância desse estudo, para que, em família, possam compreender melhor os ensinamentos cristãos, a partir de um momento de união fraterna, que se desenvolverá de maneira harmônica e respeitosa. Explique que as reflexões conjuntas acerca do Evangelho permitirão manter o ambiente da casa espiritualmente saneado, por meio de sentimentos e pensamentos elevados, favorecendo a presença e a influência de Mensageiros do Bem; explique, também, que esse momento facilitará, em sua residência, a recepção do amparo espiritual, já que auxilia na manutenção de elevado padrão vibratório no ambiente e em cada um que ali vive.

Convide sua família, quem mora com você, para participar. Se mora sozinho, defina para você esse momento precioso de estudo e reflexões. Lembre-se de que, espiritualmente, sempre estamos acompanhados.

Escolha, na semana, um dia e horário em que todos possam estar presentes.

O tempo médio para a realização do Evangelho no Lar costuma ser de trinta minutos.

---

[1] XAVIER, Francisco Cândido. *Luz no lar*. Por Espíritos diversos. 12. ed. 7. imp. Brasília: FEB, 2018. Cap. 1.

As crianças são bem-vindas e, se houver visitantes em casa, eles também podem ser convidados a participar. Se não forem espíritas, apenas explique a eles a finalidade e importância daquele momento.

O seguinte roteiro pode ser utilizado como sugestão:

1. Preparação: leitura de mensagem breve, sem comentários;
2. Início: prece simples e espontânea;
3. Leitura: *O evangelho segundo o espiritismo* (um ou dois itens, por estudo, desde o prefácio);
4. Comentários: breves, com a participação dos presentes, evidenciando o ensino moral aplicado às situações do dia a dia;
5. Vibrações: pela fraternidade, paz e pelo equilíbrio entre os povos; pelos governantes; pela vivência do Evangelho de Jesus em todos os lares; pelo próprio lar...
6. Pedidos: por amigos, parentes, pessoas que estão necessitando de ajuda...
7. Encerramento: prece simples, sincera, agradecendo a Deus, a Jesus, aos amigos espirituais.

As seguintes obras podem ser utilizadas nesse momento tão especial:

- *O evangelho segundo o espiritismo*, como obra básica;
- *Caminho, verdade e vida*; *Pão nosso*; *Vinha de luz*; *Fonte viva*; *Agenda cristã*.

Esse momento no lar não se trata de reunião mediúnica e, portanto, qualquer ideia advinda pela via da intuição deve permanecer como comentário geral, a ser dito de maneira simples, no momento oportuno.

No estudo do Evangelho de Jesus no Lar, a fé e a perseverança são diretrizes ao aprimoramento moral de todos os envolvidos.

CARIDADE: AMOR EM AÇÃO

S‍EDE BONS E CARIDOSOS: essa a chave que tendes em vossas mãos. Toda a eterna felicidade se contém nesse preceito: "Amai-vos uns aos outros". KARDEC, Allan. *O evangelho segundo o espiritismo*, cap. 13, it. 12.

A Federação Espírita Brasileira (FEB), em 20 de abril de 1890, iniciou sua *Assistência aos Necessitados* após sugestão de Polidoro Olavo de S. Thiago ao então presidente Francisco Dias da Cruz. Durante oitenta e sete anos, esse atendimento representava o trabalho de auxílio espiritual e material às pessoas que o buscavam na Instituição. Em 1977, esse serviço passou a chamar-se Departamento de Assistência Social (DAS), cujas atividades assistenciais nunca se interromperam.

Desde então, a FEB, por seu DAS, desenvolve ações socioassistenciais de proteção básica às famílias em situação de vulnerabilidade e risco socioeconômico. Fortalece os vínculos familiares por meio de auxílio material e orientação moral-doutrinária com vistas à promoção social e crescimento espiritual de crianças, jovens, adultos e idosos.

Seu trabalho alcança centenas de famílias. Doa enxovais para recém-nascidos, oferece refeições, cestas de alimentos, cursos para jovens, serviços de convivência e fortalecimento de vínculos para idosos e organiza doações de itens que são recebidos na Instituição e repassados a quem necessitar.

Essas atividades são organizadas pelas equipes do DAS e apoiadas com recursos financeiros da Instituição, dos frequentadores da Casa e por meio de doações recebidas, num grande exemplo de união e solidariedade.

Seja sócio-contribuinte da FEB, adquira suas obras e estará colaborando com o seu Departamento de Assistência Social.

O QUE É ESPIRITISMO?

O Espiritismo é um conjunto de princípios e leis revelados por Espíritos Superiores ao educador francês Allan Kardec, que compilou o material em cinco obras que ficariam conhecidas posteriormente como a Codificação: *O livro dos espíritos*, *O livro dos médiuns*, *O evangelho segundo o espiritismo*, *O céu e o inferno* e *A gênese*.

Como uma nova ciência, o Espiritismo veio apresentar à Humanidade, com provas indiscutíveis, a existência e a natureza do Mundo Espiritual, além de suas relações com o mundo físico. A partir dessas evidências, o Mundo Espiritual deixa de ser algo sobrenatural e passa a ser considerado como inesgotável força da Natureza, fonte viva de inúmeros fenômenos até hoje incompreendidos e, por esse motivo, são tidos como fantasiosos e extraordinários.

Jesus Cristo ressaltou a relação entre homem e Espírito por várias vezes durante sua jornada na Terra, e talvez alguns de seus ensinamentos pareçam incompreensíveis ou sejam erroneamente interpretados por não se perceber essa associação. O Espiritismo surge então como uma chave, que esclarece e explica as palavras do Mestre.

A Doutrina Espírita revela novos e profundos conceitos sobre Deus, o Universo, a Humanidade, os Espíritos e as leis que regem a vida. Ela merece ser estudada, analisada e praticada todos os dias de nossa existência, pois o seu valioso conteúdo servirá de grande impulso à nossa evolução.

FEB editora
Livro espírita para um novo mundo
www.febeditora.com.br
@febeditoraoficial
@febeditora

Conselho Editorial:
Carlos Roberto Campetti
Cirne Ferreira de Araújo
Evandro Noleto Bezerra
Geraldo Campetti Sobrinho – Coord. Editorial
Jorge Godinho Barreto Nery – Presidente
Maria de Lourdes Pereira de Oliveira
Miriam Lúcia Herrera Masotti Dusi

Produção Editorial:
Elizabete de Jesus Moreira

Preparação de conteúdo e indexação:
Cyntia Larissa Ninomia
Daniel Meirelles
Erealdo Rocelhou de Oliveira
Geraldo Campetti Sobrinho
Larissa Meirelles Barbalho Silva
Saulo Cesar Ribeiro da Silva

Revisão:
Elizabete de Jesus Moreira
Erealdo Rocelhou
Larissa Meirelles Barbalho Silva

Capa e Projeto Gráfico:
Luisa Jannuzzi Fonseca
Miguel Cunha
Thiago Pereira Campos

Diagramação:
Rones José Silvano de Lima – instagram.com/bookebooks_designer

Normalização Técnica:
Biblioteca de Obras Raras e Documentos Patrimoniais do Livro

Esta edição foi impressa pela FM Impressos Personalizados Ltda., Barueri, SP, com tiragem de 1,1 mil exemplares, todos em formato fechado de 155x230 mm e com mancha de 139,3x195,5 mm. Os papéis utilizados foram o Off white bulk 58 g/m² para o miolo e o Cartão 250 g/m² para a capa. O texto principal foi composto em fonte Noto Serif 10/15 e os títulos em Ottawa 18/30. Impresso no Brasil. *Presita en Brazilo.*